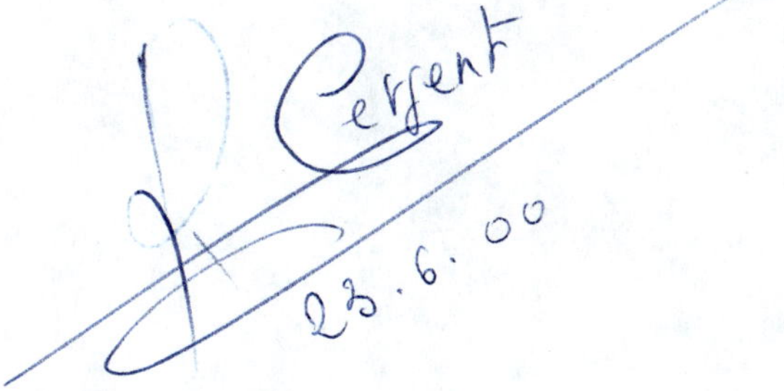

23.6.00

L'AVENTURE GRECQUE

PIERRE LÉVÊQUE
Professeur émérite à l'Université de Besançon

L'AVENTURE GRECQUE

LE GRAND LIVRE DU MOIS

La cartographie de l'ouvrage est due à Serge Bonin.

ISBN 2-7028-2970-8

SOMMAIRE

La table détaillée est placée à la fin de l'ouvrage.

Introduction

Des grandes péninsules méditerranéennes, la Grèce est la plus pauvre. L'âpreté de son sol, les caprices de son climat sont particulièrement défavorables pour l'agriculture, base des premiers établissements humains. Mais dans cette indigence même un peuple courageux trouve une salutaire contrainte : cette disgrâce foncière ne lui permet point de s'endormir dans la facilité. Accroché à une terre ingrate, il peine pour la mettre en valeur, défrichant la forêt, hérissant de terrasses les flancs des collines. Plus tard, il lui faudra pour survivre inventer d'autres expédients.

Le pays grec

Le trait le plus marquant de cette extrême avancée des Balkans dans la Méditerranée est la prédominance de la montagne qui occupe 80 p. 100 du sol.

Les plissements récents des Dinarides, affectant de puissantes séries sédimentaires surtout calcaires, se moulent sur un ensemble de vieilles terres cristallines, fragmentées, en partie effondrées à l'est sous la mer Égée. Les plissements violents, déversés vers l'ouest, sont charriés dans toute la partie centrale et accompagnés d'intrusions éruptives de roches vertes. La bordure ouest, de l'Épire à la Messénie, forme la zone externe de la chaîne, avec des plis plus calmes et des synclinaux bourrés de formations détritiques de grès et de schistes. Tout cet ensemble a été repris par des mouvements tectoniques qui se sont poursuivis jusqu'au Quaternaire et les séismes qui désolent périodiquement ces régions donnent l'impression de sols mal consolidés.

Au nord et à l'est, les cassures qui affectent le socle ancien ont donné naissance à des unités régionales d'assez grande dimension : les horsts de l'Olympe, de l'Ossa et du Pélion dominent de leurs masses trapues les plaines effondrées de Macédoine et de Thessalie. Ailleurs les complications de la tectonique, la nature des roches, la vigueur des morsures de l'érosion ont contribué à compartimenter le relief en petites plaines, dominées par des hauteurs abruptes, mal liées entre elles, condition éminemment favorable au fractionnement politique.

La mer est partout, pénétrant profondément dans les terres, qui se terminent le plus souvent par des côtes découpées où abondent les bons ports. Elle est la vraie voie de communication, car le compartimentage du sol rend les relations terrestres malaisées (et de fait la Grèce ne connaîtra pas de véritable réseau routier jusqu'à la période romaine). Elle est une tentation d'autant plus puissante que partout l'Hellade est ceinte d'îles dont les sommets sont des amers et les havres des escales pour le navigateur. À l'ouest, les îles Ioniennes forment devant la côte comme un môle gigantesque. À l'est, trois grands arcs de cercle divisent l'Égée en bassins : les Sporades du Nord continuent les montagnes de Thessalie ; les Cyclades sont l'affleurement d'un continent primaire submergé ; Cythère, la Crète et les Sporades du Sud prolongent les plissements péloponnésiens. Encore faut-il remarquer que cette mer, que les Grecs ont appelée du nom indo-européen de pont *(pontos)*, est fertile en dangers, soulevée de vagues turbulentes pendant la mauvaise saison, balayée par le vent du nord l'été, surprenant toujours le marin par ses brusques colères.

Le climat, méditerranéen dans l'ensemble, est en bien des secteurs presque continental à cause de l'importance de l'ossature montagneuse. Il offre des contrastes plus nets qu'on ne l'imagine parfois. Les hivers sont rudes, les étés chauds. À Athènes, l'écart moyen est de 19° avec maximum à 38°. Thessalie et Béotie sont en été des steppes brûlantes où le vent soulève des tourbillons de poussière. L'Attique et les îles ont des chaleurs plus supportables à cause des vents étésiens.

La pluviosité décroît notablement du nord au sud et de l'ouest à l'est (par exemple 1 300 mm annuels à Corfou contre 390 à Athènes). Le versant ionien de la Grèce continentale a de belles forêts avec des yeuses, des charmes, des châtaigniers, des chênes jusqu'à 1 200 m d'altitude, des pins, des sapins, des hêtres au-dessus. Les reliefs du Péloponnèse occidental sont bien arrosés, d'où la vigueur des cours d'eau. À l'est du Pinde, seules les hautes montagnes reçoivent des précipitations importantes – l'Olympe est couvert de sapins et de châtaigniers et le Parnasse a des cimes neigeuses jusqu'en juin – mais les régions basses connaissent une longue et cruelle sécheresse, car il n'y pleut guère de juin à septembre.

Les vents ajoutent à la rudesse du climat. En été, les basses pressions de la Méditerranée aspirent l'air des Balkans, d'où des vents du nord qui ravagent les moissons, balaient la mer Égée et alternent parfois avec des siroccos brûlants. En hiver, des coups de vent brutaux refroidissent brusquement l'atmosphère.

L'étroitesse des plaines, les outrances du climat sont peu favorables à l'agriculture. Les terres les moins infécondes portent des céréales (avec prédominance de l'orge sur le blé, notamment en Attique), les sols pierreux la vigne et l'olivier. La montagne, en grande partie déboisée dès l'Antiquité (Platon constate qu'on ne trouve plus de son temps de gros madriers comme dans les vieilles maisons), n'offre pas un milieu complémentaire propice à l'homme : les versants ravinés ne fournissent guère que des pacages d'été. Entre les deux, de pauvres garrigues recouvertes de lentisques, de cistes, de myrtes, d'asphodèles et de jacinthes, piquetées de quelques yeuses : domaine de prédilection des moutons et des chèvres.

Les richesses minérales ne sont pas plus considérables. Quelques petits gisements de fer et de cuivre. Du plomb argentifère au Sounion, « source d'argent » (Eschyle). Des bancs d'une argile très fine qui donne de l'excellente céramique.

Différences et contrastes

Cette vue générale doit être nuancée, car la diversité régionale est grande. Deux contrastes nets s'accusent, l'un nord-sud entre une Grèce balkanique et une Grèce méditerranéenne, l'autre ouest-est, celui de l'humidité relative et de la sécheresse. Plus précisément on distingue des régions géographiques à l'individualité marquée et qui sera confirmée par l'évolution historique.

La Grèce continentale est soutenue par une grande dorsale, le Pinde, qui culmine au mont Boios. Au nord, l'Épire et la Macédoine forment deux marches frontières dont la population ne fut pendant longtemps pas reconnue comme grecque. L'Épire est faite de montagnes tourmentées aux plissements parallèles où les communications sont particulièrement difficiles. L'Arachthos la parcourt de tout son long avant de se jeter dans le golfe d'Ambracie (Arta). La Macédoine, arrosée par l'Axios (qui offre une voie de communication aisée avec les affluents du Danube) et par l'Haliacmon, comporte un haut pays montagneux et une plaine steppique, assez propre à l'élevage. Plus au sud, la Thessalie est une vaste plaine, ceinte de toutes parts de montagnes, dont l'Olympe qui culmine à 2 985 m. Giboyeuse et nourricière de chevaux, elle est traversée par le plus beau des fleuves grecs, le Pénée, qui doit se frayer un chemin difficile à travers les calcaires de l'Olympe par la délicieuse vallée du Tempé. Mais l'hiver la transforme en un marécage fangeux, l'été en un désert poudreux. Elle n'a pas de débouchés maritimes, sinon dans le profond golfe Pagasétique (golfe de Volo).

Les communications sont malaisées entre les deux versants septentrionaux du Pinde ; la meilleure des passes, celle de Métsovo, mérite bien son nom actuel de col de la Malédiction. Elles ne le sont pas moins entre la Grèce du Nord et la Grèce moyenne. D'où l'importance historique des deux seuls passages qui offrent une commodité relative, les Thermopyles à l'est, et à l'ouest le défilé de Limnaia, en bordure du golfe d'Ambracie. La Grèce centrale présente de puissants contrastes. Sa partie occidentale, traversée par un grand fleuve, l'Achéloos, dont les Grecs ont tout naturellement fait un dieu, est le domaine de la montagne impénétrable et parfois élevée (le Parnasse culmine à 2 457 m) : on y distingue les rudes cantons de l'Acarnanie, de l'Étolie, des deux Locrides, de la Phocide. À l'est, la Béotie est une plaine limoneuse, insalubre à cause des marais qui la recouvraient dans l'Antiquité une partie de l'année (autour du vaste lac Copaïs), et que draine mal l'Asopos. Les caractères méditerranéens s'accusent dans la péninsule de l'Attique, où la montagne ne le cède qu'à des plaines minuscules, qui sont seulement des talus de débris.

Réuni par un étroit pédoncule à la Grèce continentale, le Péloponnèse, où l'on vit suivant les époques une feuille de platane ou une feuille de mûrier, termine la péninsule balkanique en lançant hardiment dans la mer ses quatre digitations. Il se divise en un certain nombre de régions naturelles, entre lesquelles les communications terrestres sont malaisées. La montagne y est maîtresse, mais il y a aussi des plaines fécondes, notamment les vallées parallèles de l'Eurotas (Laconie) et du Pamisos (Messénie) et la plaine d'Argos. La côte nord, sur le golfe de Corinthe, qui est comme un lac paisible, n'est guère faite que de déblais stériles. La côte ouest est généralement plate, sablonneuse, frangée de lagunes. La seule contrée purement continentale, l'Arcadie, qui en raison de son isolement a toujours servi de refuge, est partagée entre la montagne (le Lycée a assez de noblesse pour être considéré comme le séjour de Zeus) et des bassins intérieurs dont, mis à part celui de Mégalopolis drainé par l'Alphée, l'eau ne s'écoule que par des gouffres (ou catavothres) souvent engorgés, qui transforment le pays en marécages pestilentiels.

La Grèce insulaire n'offre pas moins de variété. À l'ouest, les îles Ioniennes, dont le plus grande, Corcyre (Corfou), est un véritable verger. Au sud, la Crète, au climat parfois africain, offre des contrastes puissants entre une montagne désolée, criblée d'anfractuosités, et des plaines couvertes de vignobles et d'olivettes. La mer Égée est parsemée d'îles qui relient la Grèce et l'Anatolie en trois arcs grossièrement parallèles. Seule l'Eubée a une superficie considérable. Les autres sont des pitons rocheux, presque sans arbres, où la culture n'est possible qu'en terrasses étagées. Néanmoins

Théra (Santorin), avec ses sols volcaniques, a plus de fertilité. Des deux grandes îles de la mer Thrace, Thasos et Samothrace, la première seule est propice à la culture.

Une double aventure

Malgré cette diversité, une pauvreté générale et des conditions physiques pour le moins défavorables, à l'opposé de celles que les vallées du Nil, du Tigre et de l'Euphrate, de l'Indus avaient offertes aux premières civilisations impériales. Si au Néolithique la Grèce n'a encore qu'une densité assez faible, les grandes migrations du IIIe et du IIe millénaire renforcent son peuplement, à telle enseigne que l'expansion devient pour les Grecs une nécessité absolue et la loi fondamentale qui désormais régit leur destin.

L'expansion revêt presque toujours une double forme, militaire et marchande, mais l'une ou l'autre prédomine selon les époques. Au IIe millénaire, les Achéens imposent leur emprise à une partie de la Méditerranée orientale, mais les produits de leur industrie pénètrent beaucoup plus loin, dans des terres qui conservent une indépendance totale. Au tournant des deux millénaires, de grandes migrations permettent aux Grecs de conquérir la riche frange côtière de l'Anatolie. L'archaïsme voit se développer un puissant mouvement de colonisation, qui a pour conséquences aussi bien l'appropriation de nouvelles terres que l'ouverture de débouchés dans le monde barbare. L'époque classique coïncide avec une pause dans cet essor du point de vue politique, mais un négoce amplifié ouvre à l'hellénisme un champ de pénétration profond en certaines zones. Au moment où ces échanges vitaux décroissent et où la Grèce semble menacée d'asphyxie, le génie démesuré d'Alexandre conquiert l'Orient achéménide.

Dès le premier survol, l'histoire grecque apparaît non comme un développement continu, ainsi que c'est le cas de manière si frappante dans la progressive montée de la puissance romaine, mais comme une succession de pulsations où se révèle un impérialisme tantôt politique et tantôt marchand. Sous l'apparente improvisation se devine une constante : la stricte obligation pour le génie des hommes de suppléer à l'indigence des ressources naturelles, d'inventer des moyens nouveaux pour éviter l'autarcie, génératrice de mort. L'aventure grecque est fille de la faim.

Il y a donc lieu, presque dès les premières installations des Grecs sur le sol de l'Hellade, de distinguer la Grèce et le monde grec, qui ne coïncident jamais, même aux heures les plus sombres. Dans ce monde grec il faut compter aussi bien des royaumes où des Grecs s'implantent en conquérants et des colonies, tantôt rapprochées, tantôt totalement isolées en terre barbare, que dans un sens plus large des contrées où, selon un processus constant, à savoir par le biais du commerce, pénètre l'hellénisme. Bien que de manière très évidente il préfigure l'Empire romain, qui a été son successeur direct et a largement profité de cette unité méditerranéenne créée par l'hellénisation, il s'en différencie radicalement, notamment par la faiblesse des liens politiques qui le rattachent à une Grèce elle-même divisée.

Écrire l'histoire du peuple grec impose ainsi très souvent d'élargir l'horizon loin du repaire de Mycènes, des rives de l'Eurotas ou de la colline sacrée de Pallas, où sous ses formes diverses la civilisation antique connaît ses apogées, vers un monde périphérique qui, souvent consciemment et délibérément, se pénètre d'hellénisme. On ne saurait s'étonner de la puissante impression de diversité qui s'en dégage. Par nature déjà les Grecs détestent l'uniformité : ils n'ont point fait deux temples ou deux coupes qui fussent semblables. L'histoire d'Athènes est fort différente de celle de Sparte ou de Corinthe, distantes pourtant seulement de quelques dizaines de kilomètres. À plus forte raison est-il évident que l'hellénisme qui s'est développé en Anatolie ne peut être le même que ceux d'Égypte ou de Gaule ou des Indes. Au risque de lasser le lecteur, il nous faudra marquer pour chaque période des distinctions régionales, qui sont bien autre chose que des nuances.

Une telle expansion, pour vitale qu'elle ait été, suppose une persévérance peu commune dans la recherche des moyens les plus adaptés pour pallier l'étroitesse du sol et la modicité des ressources en Grèce propre. Tel Ulysse fertile en ruses qui fut son héros préféré, le peuple grec n'a pu survivre qu'en déployant un perpétuel génie d'invention. Dès lors quoi d'étonnant à ce que l'aventure des conquérants ou des trafiquants se double vite d'une aventure spirituelle ?

Pendant longtemps, en gros durant tout le IIe millénaire, seul le mythe peut répondre de manière adéquate aux questions qui angoissent l'homme. Les mythes des Grecs forment l'ensemble le plus délicat et le plus subtil et ce n'est pas pur hasard s'ils alimentent encore aujourd'hui la réflexion des dramaturges ou des psychanalystes. Puis apparaît, dans un brusque éveil dont aucun peuple de l'Orient n'a connu l'équivalent, la pensée rationnelle, mère de la politique, de la philosophie, de la science. Dès lors c'est l'éblouissant cortège de ces inconnus qui forgent de nouvelles manières, plus équitables et moins oppressives, de vivre en société, mais aussi de ces « amis de la sagesse » (puisque tel est le sens plein du mot philosophe) qui fixent à l'homme sa place dans le *cosmos* ou posent les règles de l'éthique, de ces savants amants de la beauté des nombres ou exégètes de l'harmonie des sphères célestes. La littérature et les arts, plus que tous autres étroitement engagés dans l'action et bannissant la frivolité indigne, s'ouvrent aux mêmes recherches et donnent de l'homme la peinture la plus profonde et la plus nuancée. S'ils cherchent la beauté, c'est que la raison le leur ordonne, puisque, selon l'enseignement de Platon, elle est l'aboutissement suprême de la dialectique.

Tout s'unit dans l'âme grecque en une indissoluble unité, qui est la marque de la grandeur vraie. La tradition n'affirme-t-elle pas que Thalès et Platon ne négligeaient pas les profits du commerce ? Sophocle n'a-t-il pas été élu stratège parce qu'il avait fait jouer *Antigone* ? Profondément épris de la vie, qui a d'autant plus de prix qu'elle est éphémère, le Grec ne néglige aucun moyen pour la rendre supportable et pour l'embellir. Comme Héraclès placé selon Prodicos à la croisée de deux chemins, il choisit le *ponos*, l'effort douloureux et créateur. Il assume son destin d'homme, aime mieux s'aider qu'attendre l'aide des Olympiens, déteste l'abandon et la soumission. Tel est le secret d'une réussite unique. Tel est le secret d'une jeunesse que nous découvrons avec ravissement dans toutes ses créations, comme Plutarque la reconnaissait dans les monuments de l'Acropole quand il écrivait (*Périclès*, 27) : « Chacun des ouvrages que fit Périclès, dès lors qu'il fut parfait, sentait déjà son antique quant à la beauté ; et néanmoins, quant à la grâce et vigueur, il semble jusqu'aujourd'hui qu'il vienne tout fraîchement d'être fait et parfait, tant il y a je ne sais quoi de florissante nouveauté, qui empêche que l'injure du temps n'en empire la vue, comme si chacun desdits ouvrages avait au-dedans un esprit toujours rajeunissant et une âme non jamais vieillissante qui les entretînt en cette vigueur » (traduction Amyot).

LIVRE I

Préhellènes et Hellènes :

rencontres et synthèses jusqu'à la fin du IIe millénaire

CHAPITRE 1

L'éveil de la Grèce
(jusqu'en 1580)

Le développement des sociétés humaines est lent et faible sur le sol de l'Hellade, si on le compare aux éclatantes réussites de la Protohistoire en Égypte ou en Mésopotamie. Les fouilles menées depuis le début de ce siècle permettent cependant de dégager les linéaments principaux d'une évolution continue depuis le Paléolithique jusqu'à l'épanouissement, à partir de 1580 environ[1], d'une civilisation véritablement originale et brillante : la civilisation mycénienne.

1. LA GRÈCE AVANT LES GRECS

Les établissements paléolithiques en Grèce sont peu nombreux et de très médiocre importance, mais, dès le Néolithique, se développe une civilisation qui mérite de retenir l'attention.

Le Néolithique en Grèce

Une série d'établissements néolithiques, qui apparaissent entre 4500 et 4000, parsèment tout le sol de la Grèce, depuis la vallée de l'Axios jusqu'en Arcadie. Les populations qui les

1. Il est bien entendu que, sauf indication contraire, les dates indiquées dans le présent ouvrage s'entendent toujours *avant J.-C.*

ont fondés semblent avoir été originaires du Proche-Orient asiatique. C'est le premier âge néolithique, auquel succède, peu avant 3000, le Néolithique II. Le passage d'une phase à

Synchronismes de la Méditerranée orientale

Crète	Continent grec	Troie
Néolithique 2700	Néolithique 2600	2700
MA I[1] 2500	Arcadie 2300 / HA 1950	I 2400
MA II 2200		II 2150
MA III 2000		III-V 1850-1750
MM 1580	HM 1580	VI 1200
MR 1200	HR 1200	

1. Sigles : voir p. 22 et 41. *(D'après F. Schachermeyr.)*

Pour la chronologie de Troie, F. Schachermeyr s'écarte fort de la chronologie proposée par les fouilleurs américains, qui est la suivante :

Troie	I	3200-2600
	II	2600-2300
	III-V	2300-1900
	VI	1900-1275
	VII *a*	1275-1225
	– *b*	1225-1100
	VIII	depuis 720

l'autre est déterminé par l'arrivée d'envahisseurs, dont l'origine soulève bien des discussions. Parmi les érudits, les uns, frappés par la grande différence qui existe entre le Néolithique du continent et celui de la Crète, cherchent leur berceau dans le pays des Terres noires de la Russie méridionale, de la Bessarabie et de la Transylvanie ; plus récemment, on a insisté sur les similitudes entre le Néolithique récent de la Grèce et les cultures chalcolithiques du plateau de l'Halys en Asie Mineure, ou même avec celles du Croissant fertile de Syrie. Devant de telles incertitudes, on doit admettre que la question n'est pas encore mûre. D'ailleurs, force est de constater que les apports nouveaux des envahisseurs semblent avoir été assez faibles et que le fond de la population demeura sans grand changement. On peut donc étudier le Néolithique dans son ensemble.

Le site le mieux connu est celui de Dimini (en Thessalie), qui appartient au Néolithique II. C'est déjà une ville fortifiée, fait assez rare à cette époque, et les fortifications sont particulièrement remarquables : six lignes de remparts concentriques, sans tours, couronnent le sommet d'une colline, selon une curieuse disposition destinée sans doute à protéger des rangées successives d'archers ou de frondeurs. Le réduit central, de forme à peu près rectangulaire, enserre un *mégaron* qui suggère une organisation monarchique. S. Dow a pu voir là, sans exagération, le premier fait important dans l'histoire politique de l'Europe.

La civilisation qui s'est développée dans les sites néolithiques est essentiellement agricole et pastorale. Les instruments sont très primitifs : houes de pierre, faucilles de silex ou d'obsidienne, montées sur un manche en bois. La charrue est inconnue : les Néolithiques sont donc des horticulteurs et non des laboureurs ; ils exploitent, non des champs, mais de petits jardins où quelques sillons sont réservés aux céréales. Les cultures sont l'orge, le blé, le millet (utilisés pour la confection des bouillies), les lentilles et les vesces. C'est en Béotie et en Thessalie, régions relativement riches, que les habitants sont les plus nombreux, mais, de toute manière, seule une faible partie des plaines est cultivée. La forêt descend très bas dans les vallées : les pins, les châtaigniers, les chênes (dont les glands, réduits en farine, servent aussi à l'alimentation) y dominent, mais le figuier et l'amandier sont déjà connus.

Parmi les animaux domestiques, les moutons, les chèvres, les porcs sont les plus communs. Ces derniers jouent un rôle plus important que dans la Grèce ultérieure, à cause de l'extension des forêts. Le bœuf est encore rare. La chasse, qui au Paléolithique représentait l'essentiel dans l'activité des hommes, n'est plus qu'une activité d'appoint.

Il faut être très discret sur l'organisation de la société néolithique. On a cru pouvoir avancer que les hommes s'occupaient de l'élevage, tandis que l'agriculture qui, ignorant la charrue, ne demandait pas de grand déploiement de forces, était réservée aux femmes. C'est une croyance répandue chez beaucoup de primitifs que la fécondité féminine exerce une heureuse influence sur la fertilité des plantes. Le facteur religieux semble déjà prépondérant. Les idoles néolithiques du continent grec, semblables d'ailleurs à celles du monde crétois, représentent des déesses, soit assises soit debout, aux formes plantureuses : ce sont des Terres-Mères stéatopyges et nourricières, qui fertilisent le sol, comme elles fécondent les animaux et les hommes.

Mais tout le reste demeure et demeurera inconnu : on ne connaît ni la langue des Néolithiques ni les toponymes dont ils usaient et les efforts de certains savants pour dégager leur psychologie (tels ceux de W. Blegen, qui discerne en eux une mentalité superstitieuse, un humour grossier et une vulgarité foncière !) sont voués à l'échec.

Les débuts de l'âge du Bronze : l'Helladique ancien

Un changement profond intervient dans le peuplement de l'Hellade à une date sur laquelle on n'est point d'accord (entre 3100 et 2400). Il correspond à l'arrivée, assez massive semble-t-il, de nouveaux envahisseurs venus d'Anatolie. Il y a généralement une coupure archéologique très nette. Mais la conquête du pays dut être progressive : la montagneuse et inaccessible Arcadie ne fut touchée que tardivement (vers 2300). Certains sites écartés ou sans importance, tel Berbati en Argolide, ne montrent aucune trace de l'arrivée des Anatoliens.

La période qui s'ouvre ainsi dans l'histoire de la Grèce représente le début de l'âge du Bronze, auquel on a donné en Grèce le nom conventionnel d'Helladique. Il se divise en trois phases : Helladiques ancien, moyen, récent (en abrégé HA, HM, HR), dont la première seule correspond à la civilisation anatolienne des nouveaux venus, qui seront à leur tour submergés, vers 1950, par d'autres envahisseurs.

La Grèce avant les invasions doriennes

I. *LA GRÈCE AVANT LES GRECS*		
A. NÉOLITHIQUE I	....	4500-3000
II	....	3000-2600
B. BRONZE ANCIEN (ou HELLADIQUE ANCIEN)	....	2600-1950
→ Vers 1950 : premières invasions grecques en Grèce ←		
II. *LA GRÈCE DES PREMIERS GRECS*		
A. BRONZE MOYEN (ou HELLADIQUE MOYEN)	....	1950-1580
→ Vers 1580 : nouvelles invasions grecques : les Achéens et (??) les Éoliens ←		
B. BRONZE RÉCENT (ou HELLADIQUE RÉCENT ou PÉRIODE MYCÉNIENNE)	....	1580-1100
→ À partir de 1200 : invasions doriennes ←		

Dans ce tableau, nous avons cherché à concilier les différents systèmes chronologiques proposés par les spécialistes. Les dates y sont des dates rondes, qui doivent être entendues avec une marge d'erreur considérable, notamment pour les époques les plus hautes.

C'est essentiellement à partir de l'étude des toponymes que l'on a pu déterminer l'extension de la civilisation anatolienne en Grèce. En effet, un certain nombre de noms de lieux, utilisés continûment au Ier millénaire avant J.-C. et, pour beaucoup d'entre eux, jusqu'à nos jours, comportent des suffixes inexplicables en grec et qui doivent donc représenter une couche linguistique antérieure. Largement répandus sur le continent, comme en Crète et dans les îles de la mer Égée, ils sont aussi nombreux en Anatolie. Tels sont, par exemple, les suffixes en *-nthos* (Corinthe, Tirynthe, l'Érymanthe, Zacynthe...) ou en *-ss* ou *-tt-*, parfois simplifiés en *-s-* ou *-t-* (Cnossos, Amnisos, Tylissos, Ialysos, Parnasse, Hymette...), que l'on retrouve dans des noms anatoliens (comme Labranda, Lindos, Halicarnasse, Assos).

Le IIIe millénaire représente donc le moment où montagnes, fleuves, villes ont reçu des noms qui s'imposèrent, malgré les invasions ultérieures. Or ces noms, longtemps désignés sous le vocable commode de préhelléniques ou d'égéens, sont reconnus aujourd'hui comme étant plus spécifiquement anatoliens. Ils permettent de suivre sur le terrain ces vastes migrations qui, traversant la mer Égée, ont assuré un nouveau peuplement non seulement à la Grèce continentale, mais aussi aux îles (notamment aux Cyclades et à la Crète). Grâce à elles, la Méditerranée égéenne prend, au IIIe millénaire, une physionomie nouvelle : la Grèce continentale n'est plus isolée, comme elle l'était à la période néolithique ; elle participe à une civilisation unique, originaire d'Asie Mineure, et qui règne depuis la Macédoine jusqu'en Crète.

Nous négligerons pour l'instant les formes que cette civilisation a revêtues en Crète, où elle reçut un développement éclatant qui méritera une étude particulière, et nous nous contenterons de l'évoquer en Grèce, où elle reste beaucoup plus modeste.

La civilisation de l'Helladique ancien

Il y a un incontestable progrès par rapport au Néolithique : il témoigne des bénéfiques influences venues d'une Anatolie très avancée en comparaison avec la Grèce, grâce surtout à ses contacts avec les brillantes cultures du Moyen-Orient. L'introduction du bronze en est la manifestation essentielle et elle marque, à juste titre, le début d'une ère nouvelle. Mais, dans tous les domaines, on sent s'épanouir une vie plus intense.

Dans l'ensemble, la civilisation reste agricole et pastorale, et telle elle sera pendant de longs siècles en Grèce. Les activités essentielles demeurent la mise en valeur d'une partie de plus en plus importante du sol, grâce à l'accroissement démographique dû aux invasions, et l'élevage des animaux, domestiqués dès la période précédente. Mais les progrès ne se marquent pas seulement par l'extension des cultures, à la fois conséquence et cause de l'augmentation de la population. Avec l'introduction de la charrue, ou plutôt du modeste araire, qui gratte la terre plutôt qu'il ne la retourne, mais qui suffit amplement sur les sols légers de l'Hellade, c'est une véritable révolution : à l'horticulteur néolithique succède le laboureur ; l'homme, seul capable de mener l'araire, prend en main un travail qui avait peut-être été jusque-là réservé à la femme. En outre les cultures se diversifient et l'on voit apparaître l'olivier et la vigne, qui constitueront désormais en Grèce, avec les céréales, la base même de l'alimentation.

Quelles différences aussi dans l'habitat humain ! Les villes (ne vaudrait-il pas mieux parler de villages ?) se multiplient. Elles sont modestes de dimensions, mais nombreuses, et l'on peut voir là dès cette période les origines d'un des traits les plus frappants de la Grèce ultérieure. Elles sont très rarement fortifiées, ce qui témoigne bien de la paix qui règne généralement. L'activité artisanale s'y développe, notamment la céramique (c'est l'époque des poteries admirablement vernissées que l'on désigne du nom allemand d'*Urfiniss*), mais aussi le travail du métal, en liaison avec l'introduction de la métallurgie du bronze. Le commerce n'est plus inexistant et l'unité du peuplement de la Méditerranée orientale est certainement, de ce point de vue, un facteur important. Cette Grèce non grecque, prégrecque, a bien des traits déjà de ce que sera la Grèce après l'arrivée des Grecs.

Une cité semble avoir brillé d'un éclat tout particulier : c'est Lerne, située au fond du golfe de Nauplie, dans une région de marais dont la légende d'Héraclès gardera le souvenir. Il y avait là un établissement néolithique, avec deux phases successives, sur lequel se fonda, non sans une coupure très nette entre les deux, un établissement de l'Helladique ancien, qui comporte lui aussi deux phases. La première ville fut fortifiée à deux reprises, d'une fortification d'abord simple, puis double, massive, renforcée de tours : au centre, une construction, imposante elle aussi, qui doit être le palais. Puis la fortification fut démolie et une nouvelle ville édifiée, avec un grand palais que les fouilleurs américains ont retrouvé et appelé « Maison des tuiles » (fig. 1). C'est une belle et puissante construction, la plus importante des peuples anatoliens en Grèce, et qui n'est pas trop indigne d'être comparée aux palais de ces mêmes Anatoliens en Crète.

La prospérité de Lerne à cette époque semble considérable. Elle s'explique en grande partie par sa situation géographique, qui lui permettait de fructueux échanges avec le monde méditerranéen. L'Argolide a donc déjà la situation privilégiée qu'elle conservera après l'arrivée des Grecs. Cette richesse même dut être la cause des malheurs de Lerne : brusquement la ville fut détruite et elle ne se releva jamais véritablement. On se contenta de rassembler les restes du palais et de les enterrer sous un tumulus bas, circulaire, qui marquait comme le caractère sacré du lieu.

La chute de Lerne ne peut s'expliquer par une invasion étrangère : des envahisseurs n'auraient pas pris le soin de préserver ainsi les vestiges du temps passé ; d'autre part, les nouvelles constructions de Lerne, beaucoup plus modestes certes, ne marquent pourtant aucun changement dans les coutumes. On ne peut donc penser qu'à un coup de main fructueux opéré par une cité rivale ou par une coalition de cités jalouses de la plus florissante des villes du Péloponnèse. Encore faut-il souligner que Lerne, tant par sa puissance que par ses malheurs, semble bien représenter une exception dans la civilisation généralement modeste et pacifique de l'Helladique ancien.

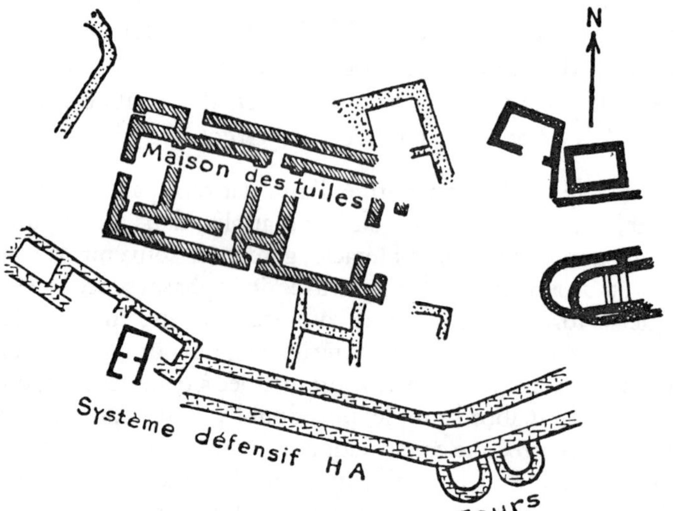

Maison néolithique.

Édifices de l'Helladique ancien antérieurs à la Maison des tuiles.

Maison des tuiles.

Maisons de l'Helladique moyen.

Fig. 1. Plan de Lerne (d'après L. Caskey).

Sur les formes supérieures de la civilisation, il convient encore d'être prudent. Un point cependant est sûr : l'existence de palais, parfois déjà fortifiés (Lerne, Égine), suppose une organisation monarchique forte. Chacun de ces royaumes devait être indépendant de ses voisins : là encore c'est déjà l'émiettement politique de la Grèce ultérieure.

La langue des Anatoliens n'est pas tout à fait inconnue, ne serait-ce que par les toponymes. Elle devait d'ailleurs être analogue au crétois, dont nous aurons l'occasion de reparler.

Sur les croyances spirituelles on ne sait pas grand-chose. Les idoles féminines stéatopyges restent nombreuses et celles des Cyclades, qui affectent parfois la forme stylisée d'un violon, sont à juste titre fameuses. Elles représentent la déesse nue, tenant parfois un enfant sur sa tête ou dans ses bras. Elles prouvent la permanence du culte d'une grande déesse matronale, dispensatrice de fertilité et de fécondité. D'autres types, comme celui du joueur de flûte ou de harpe, sont beaucoup plus rares. Les usages funéraires sont assez bien connus pour cette époque, alors que ceux des Néolithiques nous échappent presque complètement : les nécropoles sont situées en dehors des habitats humains ; les tombes sont creusées dans le roc ou bâties en forme de ciste ; les offrandes sont nombreuses (idoles et vaisselle), ce qui atteste une croyance bien établie à la survie du mort.

À la fin du IIIe millénaire, à une date que les spécialistes fixent entre 2000 et 1950, la civilisation anatolienne de l'Helade s'écroule sous les coups de nouveaux envahisseurs, les Grecs, qui font ainsi leur première apparition dans l'histoire de la Grèce (carte 1).

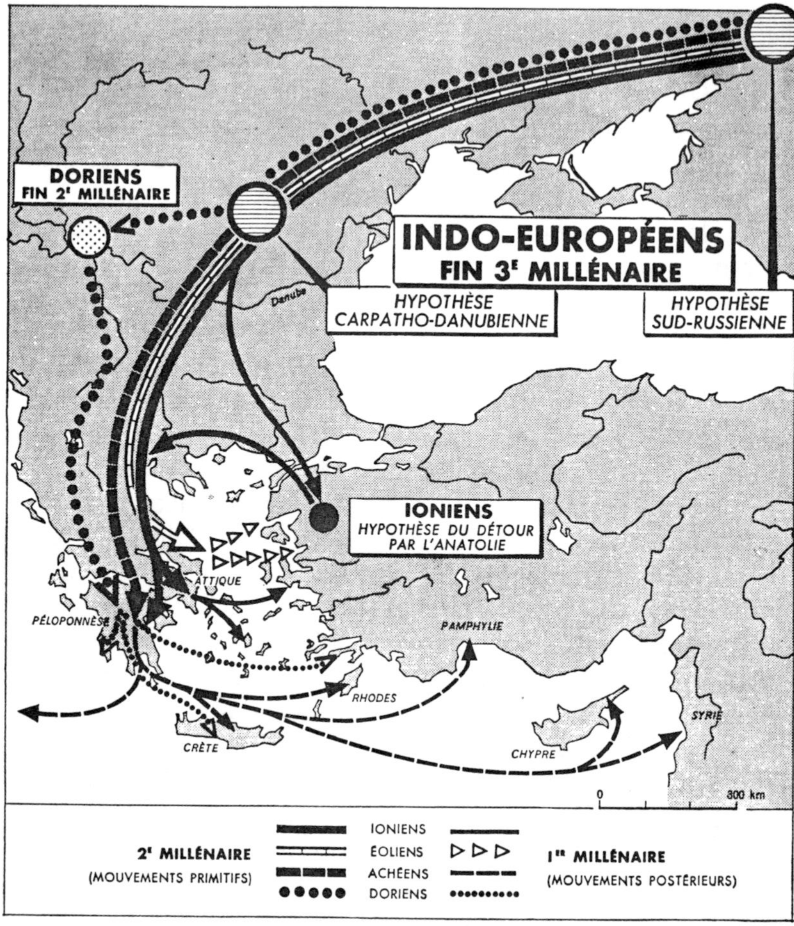

Carte 1. Les Grecs en marche.

Cette carte ne peut donner qu'un schéma très général (pour les migrations doriennes, *cf.* la carte 4). On a distingué les *mouvements primitifs*, qui ont peuplé la Grèce de Grecs, et les *mouvements postérieurs*, qui dénotent une expansion ultérieure à partir de la Grèce et prennent place généralement au Ier millénaire (sauf pour les Achéens, où elle date de la période mycénienne).

2. LES PREMIERS GRECS EN GRÈCE : L'HELLADIQUE MOYEN (1950-1580)

Les Grecs forment un rameau détaché d'un vaste ensemble de populations désignées sous le nom conventionnel d'Indo-Européens.

Les Indo-Européens

On ne croit plus, comme autrefois, que les Indo-Européens constituaient à l'origine une race unique, ni même qu'ils avaient une civilisation matérielle commune. De fait, l'archéologie ne permet pas de retrouver leur berceau, comme on l'a tenté depuis un siècle dans tant de directions différentes. Les Indo-Européens seraient plutôt des agrégats, des cristallisations de populations, sans doute déjà fort mêlées, parmi lesquelles, à une date très reculée (V^e^-IVe millénaires), se serait produite une innovation linguistique capitale, peut-être analogue à ce que sont, dans le monde végétal, les mutations : la langue de base, encore très fluide, de l'Europe mésolithique – langue de type agglutinant qui devait servir de substrat non seulement au groupe indo-européen, mais à d'autres groupes qui la continuent plus directement : finno-ougrien, basco-caucasien... – se serait transformée en une langue à flexion : l'indo-européen.

Ce phénomène capital se localiserait en deux régions d'ailleurs relativement peu éloignées l'une de l'autre : d'une part dans les steppes de la Russie méridionale, sur les rivages de la mer Noire, d'autre part dans les confins carpatho-danubiens. De ces deux groupes distincts, pontico-caucasique et carpatho-danubien, serait peut-être issue la différenciation que l'on constate dans les langues indo-européennes entre deux ensembles que l'on désigne d'après le mot notant *cent* en sanscrit et en latin : le groupe *satem* (ou groupe oriental) et le groupe *centum* (ou groupe occidental, qui comprend en particulier le grec).

Quoi qu'il en soit, avant 2000, l'unité sans doute très fluide des Indo-Européens est rompue et l'on voit s'inaugurer une série de migrations qui vont les fragmenter en plusieurs groupes évoluant désormais séparément (« Tokhariens », Indo-Iraniens, Hittites, Arméniens, Grecs, Italiques, Celtes, Balto-Slaves, Germains) et assurer, au cours des trois millénaires suivants, le peuplement de l'Europe et d'une partie de l'Asie. On ne saurait douter qu'elles représentent l'un des phénomènes les plus importants de l'histoire mondiale.

La méthode la plus ancienne pour reconstituer la civilisation des Indo-Européens avant leurs fractionnements est l'analyse du vocabulaire commun aux différentes langues du domaine indo-européen. Les mots conservés dans tous les groupes linguistiques sont extrêmement rares, mais la concordance de trois langues, et même, dans certains cas privilégiés, de deux, paraît suffisante aux spécialistes. On peut ainsi dresser un tableau où s'inscrit l'essentiel de ce que nous pouvons connaître de la civilisation indo-européenne primitive.

C'est ce que nous avons tenté de faire, en nous aidant des travaux d'A. Meillet :

Termes de parenté

Père, mère, frère, sœur, fils, fille.

Tous les degrés de parenté dans la famille de l'homme sont désignés par des termes précis, tandis que tout est vague pour la famille de la femme.

Groupes sociaux

Maison. Chef de maison.

Village. Chef de village.

Race, tribu. Roi.

Lieu fortifié (ce mot prendra dans plusieurs langues le sens de ville).

Activités humaines

Fabriquer.

Donner une forme à la terre, d'où, selon les langues : fabriquer de la poterie ou élever un rempart.

Filer, tisser, coudre.

Labourer.

Aller en char.

Acheter (c'est-à-dire échanger).

Conduire, d'où épouser.

Porter, d'où être enceinte.

Animaux

Troupeau, bœuf et vache, mouton et brebis, bouc et chèvre, porc et truie, cheval et jument, oie, canard, abeille, chien et chienne.

Lait, beurre, crème, traire. Laine. Miel.

Cerf, ours, souris, grue, serpent, mouche, frelon, guêpe.

Végétaux

Hêtre, bouleau, saule, chêne, gland.

Céréales (sans qu'il soit possible de préciser lesquelles), paille, grain, labourer, moudre, meule.

Noms religieux

Dieu (mot apparenté à la racine signifiant brillant).
Prêtre.

Noms d'objets

Hache.
Roue, char, aller en char, essieu, joug.
Bateau, rame.
Cuivre, or, argent (mais évidemment pas fer).

Noms des principales parties du corps

Noms de nombres

Système décimal comportant 10 noms distincts pour les 10 premiers nombres, des noms de dizaines, le mot cent (mais pas mille).

La méthode de philologie comparée permet ainsi de dessiner l'image d'une société patriarcale fortement organisée, qui tire l'essentiel de ses ressources de l'élevage, mais qui n'ignore pas la culture des céréales et où un certain nombre d'activités artisanales sont déjà bien attestées.

Sur le plan de la religion, l'analyse linguistique est assez stérile. Très rares sont les noms des dieux qui se retrouvent dans plusieurs domaines indo-européens, On peut à peine citer :

GREC	LATIN	SANSCRIT
Zeus	Jupiter (génitif Jovis)	Dyauh
Ouranos		Varuna
Centaures		Gandharvah

Mais la méthode de mythologie comparée, appliquée notamment dans les admirables travaux de G. Dumézil, a donné des résultats plus substantiels. Elle révèle que la société divine des Indo-Européens était fondée sur une distinction tripartite et trifonctionnelle qui se retrouvait aussi dans la société humaine. Aux trois classes formées par les prêtres, les guerriers, les paysans, correspondaient trois types divins incarnant les notions de souveraineté, de force et de fécondité. D'où l'existence de triades, telles qu'on en voit chez divers peuples d'origine indo-européenne :

Peuples	Souveraineté	Force	Fécondité
Indo-Iraniens Scandinaves Romains	Varuna et Mitra Odhinn et Tyr Jupiter	Indra Thorr Mars	Nasatya Freyr Quirinus

Tel est le capital de civilisation que les Grecs, qui sont, avec les Louwites et les Hittites, parmi les premiers à s'être dégagés du tronc indo-européen commun, ont emporté dans la migration qui allait les amener à occuper l'Hellade.

L'occupation de la Grèce par les premiers Grecs

Que les premiers Grecs soient venus des steppes qui bordent la côte septentrionale de la mer Noire ou de la région carpatho-danubienne, il est bien certain qu'ils sont descendus en Grèce en traversant les Balkans. La théorie classique, qui correspond à l'idée la plus simple que l'on peut se faire de leur migration, les représente occupant progressivement la Grèce dans un mouvement du nord au sud.

Certains indices sembleraient cependant prouver que le phénomène fut plus complexe. Dès leur arrivée en Grèce, ils sont en possession d'une technique céramique raffinée, celle de la céramique « minyenne », sur laquelle nous aurons l'occasion de revenir. Les vases « minyens » ne se retrouvent qu'à Troie VI et ils semblent dérivés de prototypes métalliques anatoliens. D'autre part, certains usages funéraires qu'on voit pratiqués par les Grecs dès leur installation, en particulier l'inhumation des morts non dans des nécropoles extérieures aux habitats humains, mais dans les villages eux-mêmes, sont attestés seulement en Asie Mineure.

L'attention est ainsi attirée sur des techniques ou des usages que les premiers Grecs n'ont pu apprendre qu'en Asie. D'où la théorie, paradoxale en apparence, qui a été soutenue récemment (Hencken) : après avoir traversé les Balkans, les Grecs auraient franchi les Détroits et occupé le nord de l'Asie

Mineure, où ils seraient entrés en contact avec des formes de civilisation beaucoup plus évoluées qui les auraient marqués de leur empreinte ; puis ils auraient gagné la Grèce (en repassant les Détroits ou par voie de mer ?), peut-être sous la pression d'autres envahisseurs, les « Hittites cunéiformes ».

Il faut remarquer en effet que la migration des premiers Grecs ne s'explique que dans un mouvement de populations beaucoup plus vaste : c'est au même moment que s'installent en Troade les fondateurs d'une ville nouvelle, Troie VI, qui interrompent brutalement le cours jusque-là continu de l'histoire troyenne, au même moment aussi que les Hittites occupent l'Asie Mineure centrale où ils vont, quelques siècles plus tard, fonder un puissant empire. Ainsi, sur les deux rives de l'Égée, simultanément, l'arrivée des Indo-Européens bouleverse l'Anatolie et la Grèce. C'est une des grandes dates de l'histoire de la Méditerranée, une des grandes dates de l'histoire.

Nous avons usé, par prudence, d'un terme vague pour désigner les envahisseurs de l'Hellade : les premiers Grecs. Il n'existe en effet aucune certitude sur leur nom exact. Une seule chose est sûre : ils ne portaient pas encore le nom d'Hellènes sous lequel ils sont connus au millénaire suivant, encore moins celui de Grecs que nous leur donnons à la suite des Romains. Le vocable de Minyens sous lequel on les désigne parfois est purement conventionnel : les Minyens sont, d'après Homère, les premiers habitants d'Orchomène de Béotie, où l'on a d'abord trouvé la poterie dite alors « minyenne », dont on s'est vite aperçu qu'elle était commune à toute la Grèce du début du IIe millénaire.

Reste le nom d'Achéens, qui est incontestablement celui des Grecs dans la seconde moitié de ce millénaire, au témoignage tant des épopées homériques que des textes égyptiens ou hittites. Mais ces Achéens sont-ils les envahisseurs de 1950 ? Certains pensent que oui : d'après eux, il n'y a donc pas eu de nouvelle invasion grecque entre 1950 et l'arrivée des derniers Grecs, les Doriens, à la fin du IIe millénaire.

Il semble cependant qu'une vue plus nuancée s'impose. Les premiers Grecs sont les Ioniens, qui reconnaissaient comme ancêtre éponyme un dieu fluvial guérisseur, Ion, dont ils auraient gardé le caractère impétueux (le mot Ionien signifierait Ardent). Les cadres sociaux – division en quatre tribus – qui les caractérisent par la suite ont toute chance de remonter au moins jusqu'à leur installation en Grèce. Ils occupèrent, sans doute de manière assez lâche, la totalité de la Grèce continentale et du Péloponnèse, sans peut-être imposer aux Préhellènes qu'ils subjuguaient un asservissement trop dur. Les traces de leur occupation primitive du Péloponnèse, rassemblées récemment dans une démonstration convaincante (M. P. Nilsson), sont certaines. Le mythe a, en particulier, gardé le souvenir de l'établissement d'Ion en Achaïe, alors appelée Aigialos : lui et ses descendants y régnèrent jusqu'à l'arrivée des Doriens. La toponymie est d'ailleurs également instructive à cet égard : le premier nom du plus grand fleuve du Péloponnèse, l'Alphée, semble avoir été Ion. Par la suite, les Ioniens furent délogés d'une partie de leurs possessions par de nouveaux venus, les Achéens (vers 1580) et les Éoliens (à une date qu'il ne nous paraît pas possible de fixer).

La civilisation matérielle à l'Helladique moyen

Il est certain que l'occupation de la Grèce par les bandes ioniennes se fit par la violence. Les populations anatoliennes, qui s'y étaient d'ailleurs établies de la même manière, furent submergées et sans doute réduites en servitude. La coupure archéologique est très nette à peu près partout et les sites comme Lerne, où il y a continuité de part et d'autre de 1950, sont bien rares.

Alors s'ouvre une nouvelle période, qui correspond aux premiers siècles de l'installation des Grecs sur un sol où ils se maintiendront jusqu'à nos jours. C'est l'âge du Bronze moyen, ou Helladique moyen, qui durera près de quatre siècles jusque vers 1580. La connaissance que nous en avons reste très limitée, d'autant que nous ne pouvons compter que sur la documentation archéologique provenant des fouilles. On est encore dans la Protohistoire et l'on n'entrera, au sens strict du terme, dans l'histoire qu'à la période suivante, celle de l'Helladique récent, qui verra l'introduction en Grèce de l'écriture.

Dans l'agriculture, les changements par rapport à la période précédente durent être très limités. Les nouveaux venus furent évidemment obligés de s'adapter à l'agriculture méditerranéenne. Certes ils connaissaient les céréales, mais les cultures arbustives caractéristiques, dès cette date, de la Grèce (olivier, vigne, figuier) étaient nouvelles pour eux. On a remarqué que la plupart des mots grecs qui relèvent de ce domaine sont inexplicables par le grec (c'est-à-dire qu'ils n'ont pas d'homologues indo-européens). Voici quelques exemples typiques :

> *sitos*, le blé ;
> *pisos*, le pois ; *érébinthos*, le pois chiche ;
> *sicyos*, le concombre ; *colocyntha*, la citrouille ;
> *séris*, la chicorée ; *sisaron*, la raiponce ;
> *oiné*, la vigne ; *élaia*, l'olivier ; *olynthos*, la figue fraîche ;
> *sycon*, la figue sèche ; *botrys*, la grappe de raisin ; *sidé*, la grenade ;
> *oinos*, le vin ; *élaion*, l'huile ;
> *leirion*, le lis ; *sisyrigchion*, l'iris ; *rodon*, la rose ; *hyacinthos*, la jacinthe ; *narcissos*, le narcisse ; *sampsychon*, la marjolaine.
>
> (Extrait de G. Glotz, *La Civilisation égéenne*, p. 441.)

Ces mots sont, selon toute vraisemblance, des emprunts au « pélasgique » (du nom de Pélasges que les Grecs donnaient aux premiers habitants de leur pays), langue qui devait être commune aux Anatoliens de Grèce et de Crète. Ils marquent bien tout ce que les Grecs ont alors appris des populations qu'ils venaient de soumettre.

Pour l'élevage, le seul fait nouveau, mais capital, semble être l'apparition du cheval, connu de longue date des nomades indo-européens et que les Grecs introduisent alors en Grèce, comme leurs cousins, les fondateurs de Troie VI, l'introduisent au même moment en Troade.

Dans le domaine de l'artisanat, la métallurgie du bronze continue à être pratiquée comme à l'Helladique ancien. La nouveauté essentielle se marque dans la céramique, par l'apparition d'une céramique nouvelle, la poterie « minyenne ». Très raffinée, elle suppose l'usage du tour, qui fait enfin son apparition en Grèce, alors qu'il était connu depuis longtemps en Crète et depuis plus longtemps encore dans le Moyen-Orient. Elle est fabriquée à partir d'une argile micacée fine et très épurée ; son aspect est mat et s'oppose donc nettement aux créations vernissées de l'époque précédente (style de l'*Urfiniss*). Les vases sont généralement gris (minyen gris), mais on voit aussi, dans le Péloponnèse puis en Béotie, se développer un minyen jaune.

La poterie minyenne pose aux spécialistes des problèmes difficiles à résoudre. Certains (F. Schachermeyr) pensent qu'elle a été créée en Macédoine ou en Grèce après l'invasion. D'autres au contraire (D. Page) veulent que les Ioniens l'aient importée en Grèce, après l'avoir apprise ou inventée ailleurs, vraisemblablement en Asie Mineure, et ils s'appuient sur un argument persuasif : elle apparaît sur les sites occupés par les envahisseurs immédiatement après leur installation (sauf dans certains cas fort limités, comme ceux de Tirynthe ou d'Égine, où elle est un peu postérieure). Quoi qu'il en soit, c'est une innovation remarquable, et la première manifestation du génie artistique grec.

Le commerce méditerranéen qui caractérisait l'Helladique ancien disparaît avec les invasions grecques. L'unité de peuplement de la mer Égée n'existe plus : dans la Grèce continentale, les Grecs se sont superposés aux populations anatoliennes, tandis que la Crète n'a pas encore été touchée par leurs invasions et que les îles continuent à vivre dans l'orbite crétoise. Certes ils n'ignorent pas totalement les routes méditerranéennes, qu'ils ont peut-être déjà empruntées pour gagner la Grèce, s'il est vrai qu'ils ont d'abord passé par l'Anatolie. Notamment, on les voit assez tôt dans les Cyclades, à Mélos, où ils vont chercher l'obsidienne et où ils entrent ainsi en contact avec les Crétois. Et cette première initiation des Grecs, jusque-là purement terriens, au monde de la mer, est un des grands faits de l'Helladique moyen.

Il n'en reste pas moins vrai qu'entre deux périodes (HA et HR) de large ouverture sur la Méditerranée, les premiers siècles du IIe millénaire représentent une époque où la Grèce vit repliée sur elle-même, fermée dans l'ensemble aux influences fécondantes venues d'outre-mer.

Société et religion de l'Helladique moyen

On ne peut guère parler que par hypothèse de l'état social de la Grèce de cette époque par comparaison avec d'autres sociétés indo-européennes primitives mieux connues. Les nouveaux venus sont des guerriers, organisés en une société de type militaire, où l'on a souvent voulu voir, non sans exagération, une préfiguration de la féodalité. Ils reconnaissent l'autorité de chefs qui, peut-être à l'imitation des rois de l'Helladique ancien, s'installent vite dans des palais. Le peuple mène une vie égalitaire et il y a tout lieu de penser que le système agraire que nous verrons attesté à l'Helladique récent, avec une terre commune répartie en lots égaux entre les chefs de famille, remonte aux premières invasions grecques.

Pour la religion, la part de l'hypothèse est également considérable. Il est certain que les idoles féminines, représentant des Terres-Mères méditerranéennes, disparaissent presque complètement. En revanche apparaissent, à Égine par exemple, des sanctuaires d'acropole. Il semble bien que la religion ouranienne des Indo-Européens se soit implantée en Grèce et qu'elle n'ait pas encore subi, comme elle le fera bientôt, la forte influence des cultes chthoniens de la Méditerranée. Les usages funéraires montrent aussi des changements profonds. Il n'y a plus de nécropoles distinctes : les morts sont enterrés dans le village, dans des tombes en ciste. Les offrandes sont inexistantes au début et rares par la suite, signe d'une éclipse dans la croyance à la survie.

L'art est à peu près inexistant à cette époque. Les invasions grecques, avec toutes les violences qu'elles ont entraînées, ont donc d'abord plongé l'Hellade dans la barbarie. Mais cette période dont nous ignorons tout ne laisse pas sans doute d'avoir une influence capitale dans l'histoire du IIe millénaire. Les Grecs ont déjà beaucoup appris au contact des populations qu'ils venaient de subjuguer : les techniques de l'agriculture méditerranéenne, peut-être celles de la navigation et un fonds de folklore et de mythes préhelléniques. D'autre part, les linéaments fondamentaux de la vie politique et sociale de la Grèce achéenne sont déjà posés. Il faut donc nuancer l'idée que les Ioniens des premiers siècles étaient barbares. Ce que montre bien d'ailleurs l'étude des sites de l'Helladique moyen.

Un site de l'Helladique moyen : Dorion-Malthi

Un nombre assez important de sites de l'Helladique moyen a été fouillé. Beaucoup étaient fortifiés, tels Égine, Mycènes, Tirynthe, ce qui prouve que la technique de la fortification héritée de certaines villes de l'Helladique ancien (non pas Lerne où le château fort n'existait plus depuis longtemps au moment de l'arrivée des Grecs, mais Égine par exemple) n'était pas perdue. Néanmoins, nulle part ne s'élèvent encore de ces burgs aux impressionnantes murailles qui seront caractéristiques de la période suivante (HR). L'art de bâtir reste assez rudimentaire, notamment dans les maisons particulières où la forme en abside se substitue souvent à la forme rectangulaire de l'Helladique ancien.

Un site où les Suédois ont mené de belles fouilles permet d'évoquer une cité de l'Helladique moyen : c'est celui de Malthi en Messénie, au nord-ouest de l'Ithome, qui est sans doute la ville ancienne de Dorion. C'est une acropole qui domine la route descendant dans la plaine du Pamisos et où les hommes s'étaient installés dès le Néolithique. L'établissement de l'HA fut détruit et brûlé par les envahisseurs ioniens, qui reconstruisirent d'abord une ville (Dorion III), ouverte comme les précédentes. Puis, vers le milieu de l'HM, ils sentirent le besoin de la fortifier. Ils élevèrent une puissante muraille, percée de portes étroites et renforcée de tours. À l'intérieur, on a retrouvé 320 maisons, qui n'occupent d'ailleurs pas toute l'aire et qui laissent des espaces vides, destinés peut-être à des marchés et à des parcs où le bétail était rassemblé en cas de danger. Des magasins spéciaux sont adossés à l'enceinte du côté ouest.

Le sommet de la colline est fortifié par une enceinte intérieure. Ce réduit contient d'abord le palais, construit sans apparat et sans luxe, guère plus grand que les maisons particulières, point isolé et ne comportant pas de plan central : c'est à peine si l'on distingue un autel dans une pièce un peu plus vaste que les autres. Nous sommes encore loin des admirables manoirs de l'époque achéenne. Il est ceint de toutes parts d'échoppes et de boutiques où travaillaient forgerons, menuisiers, potiers. Cette ville nouvelle, c'est Dorion IV.

Dorion montre bien l'évolution de l'Helladique moyen. Après une période de confusion et de troubles, les Grecs y élèvent une ville savamment fortifiée où, autour d'un palais qui révèle l'autorité souveraine d'un monarque, sont concentrés les ateliers, les magasins, les installations militaires qui étayent la puissance du roi. À la même époque où les splendides palais de Crète étalent leur luxe sans aucune protection de murailles, les Grecs du continent construisent déjà, selon des techniques héritées du passé le plus lointain (Néolithique et Helladique ancien), des villes fortifiées, barbares si l'on veut, puisque les raffinements du confort et de l'art crétois en sont absents, mais qui témoignent néanmoins d'une incontestable prospérité économique. Dorion IV, comme les sites contemporains analogues, c'est, en bien des points, la préfigure de ce que seront Mycènes ou Tirynthe à l'époque suivante.

Pendant longtemps manqua aux premiers Grecs ce je ne sais quoi qui allait leur permettre, vers 1580, de s'élever au-dessus de cette civilisation rudimentaire et d'accéder à l'apogée de l'époque mycénienne.

Avant de les suivre dans leur ascension, il convient maintenant de nous tourner vers la Crète, où les Grecs ne sont point encore installés et où survit, avec un éclat incomparable, la civilisation anatolienne que les invasions ioniennes de 1950 avaient fait disparaître de la Grèce continentale (carte 2).

3. LA CRÈTE MINOENNE

En Crète, l'évolution avait été plus rapide que sur le continent. Le sol y est riche, notamment dans la plaine de la Messara, les gisements de cuivre fournissent un minerai indispensable, et l'île est largement ouverte sur la Méditerranée, vers la Grèce, les îles, le Proche-Orient et l'Égypte. Dès 2700, c'est la fin du Néolithique et le début de la période minoenne, marquée par l'invasion des Anatoliens. L'île ne souffrit pas des migrations qui ensanglantèrent l'Hellade au début du IIe millénaire et resta indépendante plusieurs siècles.

Cette longue continuité dans la paix permit le développement d'une civilisation prospère et éclatante, que l'on nomme indifféremment minoenne, égéenne ou crétoise, et où les spécialistes distinguent plusieurs phases successives :

Carte 2. Le monde grec au IIe millénaire.

Minoen ancien (MA)	2700-2000
Minoen moyen (MM)	2000-1580
Minoen récent (MR)	1580-1200

Histoire comparée du peuplement de la Crète et de la Grèce continentale

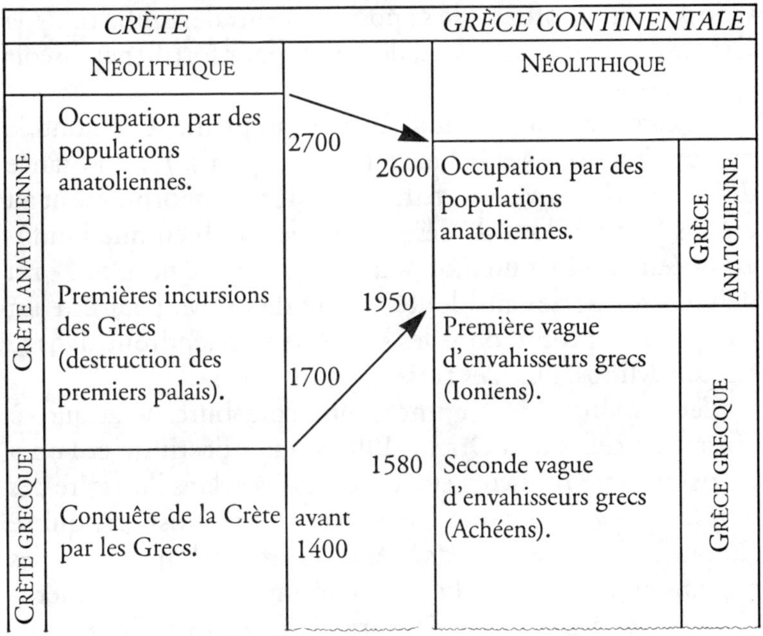

Puissance et prospérité de la Crète

Vers 2000, c'est l'apparition des « premiers palais », signe certain de l'avènement d'un pouvoir central fort au moins sur trois sites : à Cnossos, à Phaistos et à Mallia. Aux environs de 1700, ces palais sont détruits dans un cataclysme général, où l'on a voulu voir un tremblement de terre, mais qui a plutôt consisté en une invasion de populations venues du continent pour piller et razzier : ayant tout anéanti, ces Grecs se retirèrent, car il est sûr qu'ils ne s'installèrent pas, puisqu'il n'y a pas de changements notables dans la civilisation crétoise. Ce fléau donna l'occasion de rebâtir des palais plus vastes et plus beaux : c'est l'époque des « seconds palais » (1700-1400), qui voit la reconstruction de Mallia, de Phaistos et surtout de Cnossos. Bientôt le roi de Cnossos prend le pas sur ses voisins : il détruit Mallia et force le prince de Phaistos à accepter sa suzeraineté. C'est le triomphe de Cnossos qui, profitant de sa position centrale, unifie toute la Crète et construit un réseau de routes pour fortifier et asseoir son hégémonie.

L'existence d'une royauté forte est amplement démontrée par les dimensions et le luxe raffiné des palais. L'importance de l'institution royale est telle que les Grecs emprunteront au crétois le nom dont ils désigneront le roi, bien que l'indo-européen possédât un mot pour désigner cette notion. Le roi de Cnossos porte sans doute le titre de *minos*, peut-être un ancien nom propre dont les Grecs se souviendront dans le Crétois Minos, l'un des trois juges infernaux.

Cette monarchie est une monarchie bureaucratique, à l'instar de celles de l'Orient. Elle connaît l'écriture et l'on a pu déterminer plusieurs étapes successives dans l'histoire des *scripta Minoa* : au début, une idéographie grossière, qui se simplifie ensuite en deux systèmes hiéroglyphiques dont les signes sont de plus en plus conventionnels ; enfin des hiéroglyphes se dégage une écriture linéaire, dite linéaire A, connue surtout par un groupe important de tablettes d'Haghia Triada, mais qui s'est répandue jusqu'à Mélos et Théra. Seule la dernière est en voie de déchiffrement, et la civilisation crétoise apparaît trop souvent comme un admirable livre d'images dont on ne comprend pas les légendes (fig. 2).

La puissance des *minos* est telle qu'elle dépasse de loin le cadre de la Crète. Il y a une véritable thalassocratie minoenne, dont Thucydide gardera le souvenir (1, 4) : « Minos est le plus ancien personnage connu par la tradition qui ait eu une flotte et conquis, pour la plus grande partie, la maîtrise de la mer aujourd'hui grecque ; il imposa sa domination sur les Cyclades et installa dans la plupart les premières colonies. » C'est un empire maritime, établi essentiellement sur les îles et les côtes de l'Égée, préfigure de l'Empire athénien du Vᵉ siècle. Les Minoens se fixèrent sur plusieurs sites mineurs, où ils fondèrent des villes qui garderont le nom de Minoa : petits postes munis sans doute d'une garnison, où ils commerçaient et percevaient un tribut. Sur des sites plus favorables, ce furent de véritables colonies, à Phylacopi (Mélos), à Ialysos (Rhodes), à Samos, à Milet, à Claros.

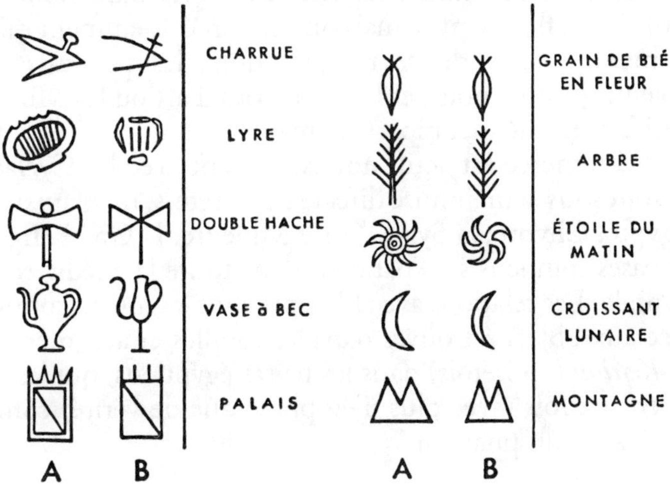

Fig. 2. Hiéroglyphes crétois A et B (d'après J. Février).

Seuls possesseurs d'une flotte puissante, les Crétois purent ainsi exploiter la mer Égée, où ils monopolisèrent le commerce, et imposèrent des contributions. Le mythe de Thésée – s'il concerne bien la Crète minoenne, ce qui est contesté – conservera la mémoire de certaines de leurs violences et notamment de ce tribut de jeunes gens et de jeunes filles perçu chaque année sur Athènes et dont le jeune héros libéra sa patrie.

L'activité économique est puissamment développée dans tous les domaines. L'agriculture est prospère : elle produit en abondance le blé et l'orge, les légumes secs (pois, vesces, lentilles, fèves), les cucurbitacées ; l'olivier, la vigne, le figuier, le palmier-dattier, le cognassier sont largement répandus. L'élevage a autant d'importance que l'agriculture : bovins, petit bétail, abeilles ; mais le cheval reste pratiquement inconnu jusqu'au Minoen récent III. La chasse et surtout la pêche ajoutent leur appoint aux produits de l'élevage : poissons et fruits de mer sont particulièrement prisés et ils reviennent souvent sur les représentations artistiques.

L'industrie est pratiquée aussi bien dans les ateliers palatiaux que dans les villes : à Gournia on a eu la chance de retrouver toute une bourgade industrielle, avec ses huileries, ses forges, ses menuiseries. Les industries alimentaires et textiles sont florissantes, mais on connaît évidemment mieux les manufactures de céramique, dont les produits sont parvenus jusqu'à nous, et les industries d'art où les Minoens manifestent une incomparable maîtrise.

Le commerce est actif, non seulement avec les Cyclades, qui sont sous la mainmise directe des Crétois, mais aussi avec l'Égypte, Chypre, la Syrie, l'Asie Mineure, la Grèce (fig. 3). Les vases minoens se répandent dans toute la Méditerranée orientale. Les relations avec l'Égypte sont les mieux connues, grâce aux objets retrouvés dans les fouilles et aux mentions des *Keftiou* (= Crétois) dans les textes égyptiens, qui les présentent parfois (avec plus d'emphase que de vérité) comme des vassaux du pharaon.

Les palais minoens

La richesse de la Crète permit le développement d'un art éclatant, qui a trouvé sa plus belle expression dans les palais. Ce sont de vastes ensembles non fortifiés, construits autour d'une cour centrale. Les toits en terrasse sont soutenus par des colonnades volontiers médianes, ce qui impose la porte latérale. L'éclairage est assuré par des fenêtres nombreuses et des courettes intérieures, qui sont autant de puits de jour. L'hydraulique est parfaitement connue : des égouts drainent l'eau des pluies torrentielles comme les eaux usées ; l'eau des sources est amenée jusque dans le palais pour les nombreuses salles de bain ou les postes d'eau. Il n'y a pas de foyer fixe et l'on utilise, en cas de besoin, des braseros.

Ce qui frappe, c'est la parfaite adaptation au climat méditerranéen, le souci du confort, et un sens profond du beau, qui se satisfait aussi bien dans la recherche du détail raffiné que dans les entrées monumentales, les terrasses superposées, les échappées ménagées sur de vastes paysages, tout ce que Gustave Glotz appelle « un goût sûr du théâtral et du pittoresque ».

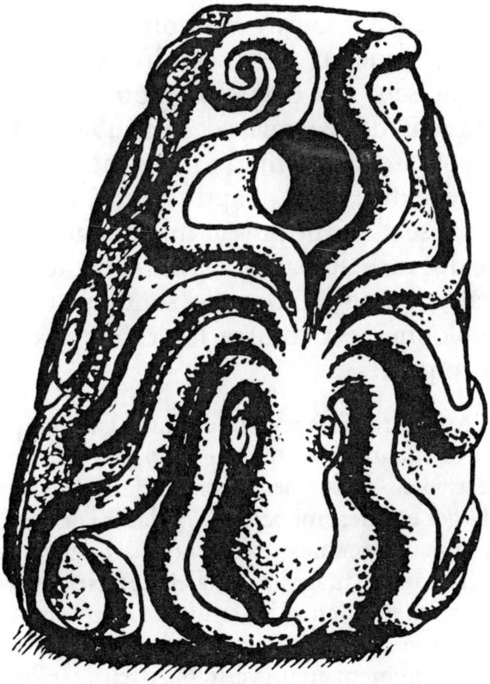

Fig. 3. Poids étalon en porphyre avec un poulpe sculpté (hauteur 0,41 m). Palais de Cnossos, Minoen récent I.

La plus belle réussite est incontestablement Cnossos, dégagé, dès le début du siècle, par A. Evans. Le palais se dresse sur une éminence qui domine la vallée du Cairatos. L'architecte a utilisé la déclivité du terrain et ordonné l'ensemble sur deux plans : l'aile orientale est à un niveau inférieur à la cour centrale et au reste de l'édifice. À l'ouest de la vaste cour (60 × 29 m environ) se trouvent les sanctuaires et les salles de réception, notamment la salle du trône, précédée d'un bassin de purification, puis, séparés par un long couloir N.-S., les magasins où, dans d'énormes *pithoi*, s'accumulaient les richesses des *minos*. À l'est, de part et d'autre d'un couloir E.-O., ce sont les ateliers et les appartements privés (grande salle des doubles haches et appartements de la reine). Au sud les communs, au nord les resserres et le théâtre, qu'Homère évoque encore en deux vers de l'*Iliade* (18, 591-2) : « la place de danse que jadis, dans la vaste Cnossos, l'art de Dédale a bâtie pour Ariane aux belles tresses ».

L'ensemble est d'une extrême complexité, à cause de la multiplicité des pièces, des couloirs, des courettes, des escaliers conduisant aux étages. Le nom de labyrinthe, qui fut peut-être celui de ce « palais de la double hache », et celui de Dédale, son architecte mythique, sont restés le symbole de cet étrange édifice, d'où, d'après la légende grecque, seuls l'amour et la ruse d'Ariane purent un jour faire sortir Thésée.

À peu de distance du palais, se dressaient le Petit palais et la Villa royale, où une grande salle, soutenue par une double rangée de colonnes, est comme le prototype des basiliques grecques et romaines.

À Phaistos, les fouilles italiennes ont dégagé un palais bâti sur une acropole à quatre niveaux, qui ont permis d'admirables effets de perspective au-dessus des olivettes de la Messara. De nombreux et larges escaliers mènent d'un plan à l'autre. Les éléments essentiels sont les mêmes qu'à Cnossos : salles de réception, appartements privés, magasins, ateliers et resserres. Tout en haut, un balcon permettait au roi d'embrasser l'ensemble du manoir et du noble paysage. Non loin, la villa d'Haghia Triada, transformée ultérieurement en un véritable palais, est l'un des édifices les plus luxueux que la Crète ait laissés.

À Mallia enfin, le palais, fouillé par l'École française, est dans la plaine, à quelque distance de la mer. Tout l'ensemble s'ordonne, ici aussi, autour d'une vaste cour centrale. Le quartier ouest est le plus important : il est parcouru par un large corridor N.-S. qui sépare les magasins des sanctuaires et des appartements officiels (où la pièce la plus remarquable est dallée et soutenue par deux piliers décorés de signes). L'aile orientale est occupée par des magasins, étroites cellules donnant sur un couloir. Le quartier nord, groupé autour d'une cour plus modeste, comporte notamment une belle salle hypostyle et un bain.

La floraison artistique

Décrire l'architecture des palais ne suffit pas, car c'est laisser de côté le luxe extraordinaire de leur décoration intérieure. Les murs étaient couverts de larges fresques, exécutées à la détrempe sur un enduit de stuc encore humide, d'où les qualités de vie et d'entrain si remarquables dans toutes ces œuvres. Il est possible, notamment à Cnossos, de suivre l'évolution de l'art pictural. Au départ, un naturalisme exubérant, que rien ne laisse indifférent, ni les plantes, ni les animaux, ni les hommes : ce sont les bouquets de roseaux sur un tapis de lis blancs, les dauphins nageant au milieu des poissons de l'appartement de la reine, ou bien le taureau au-dessus duquel un toréador fait le saut périlleux, devant une foule grouillante et enthousiaste.

Puis apparaît un véritable classicisme, qui se complaît presque exclusivement dans la représentation humaine : le meilleur exemple en est l'adorable « Parisienne » avec son visage fin, dévoré par les yeux, son nez cabossé, sa bouche mutine, son long cou, sa chevelure mouvante et indisciplinée.

Enfin, la peinture se stylise. Moins proche de la vie, elle produit encore d'admirables fresques, la procession hiératique des porteurs de vases, surtout l'étonnante composition des toréadors : un homme saute hardiment au-dessus d'un taureau furieux en plein élan, vers une jeune fille qui lui tend les bras, tandis qu'un autre a saisi les longues cornes de l'animal et semble tenter un rétablissement.

Un art mixte enfin, le relief plat de stuc peint, a produit de véritables chefs-d'œuvre : le prince aux lys ou une tête de taureau animée d'une vie prodigieuse.

Assurément les peintres minoens obéissent à de strictes conventions, qui rappellent celles de la peinture égyptienne : couleurs différentes qui distinguent personnages masculins et féminins, œil de face dans un visage de profil, absence d'ombres et de véritable perspective. Mais comment ne pas admirer leur sens de la couleur, leur habileté à rendre le mouvement le plus instantané, leur goût de l'individuel ? Quelle grâce légère, quelle richesse décorative, quelle fougue et quelle joie de vivre ! Ce sont des qualités que la Grèce, plus ordonnée, plus intellectuelle, ignorera trop souvent.

La sculpture est beaucoup moins développée en Crète que la peinture. La grande plastique est inconnue : on ne trouve ni sculpture monumentale, ni statues de culte, mais seulement des statuettes (fig. 4). Ce sont essentiellement la stéatite, la faïence, l'ivoire, le bronze qui sont travaillés, ainsi que l'argile. L'œuvre la plus fameuse est la déesse aux serpents de Cnossos : vêtue d'une jupe à volants et d'un tablier, le front ceint d'une haute tiare, la poitrine nue et offerte, la tête et le buste ceints de trois reptiles, c'est la grande divinité crétoise de la Terre.

Fig. 4. Couvercle de pyxide en stéatite avec un chien sculpté. Mochlos, Minoen ancien II (d'après Ch. Zervos).

Le relief est représenté par des plaques de faïence qui servaient sans doute de panneaux décoratifs (fig. 5). Sur l'une c'est une chèvre allaitant ses petits, sur une autre un crabe si parfait que les fouilleurs de Cnossos le prirent d'abord pour un fossile : admirable exemple du talent animalier des Crétois. Trois beaux vases de stéatite d'Haghia Triada étaient ornés de reliefs : hommage au roi, jeux gymniques, procession champêtre. On y trouve le même naturalisme que dans les productions de la peinture, qui semblent d'ailleurs avoir exercé une grande influence sur l'art du relief, et, au moins pour le dernier d'entre eux, un humour et une fantaisie qui en disent long sur le tempérament crétois.

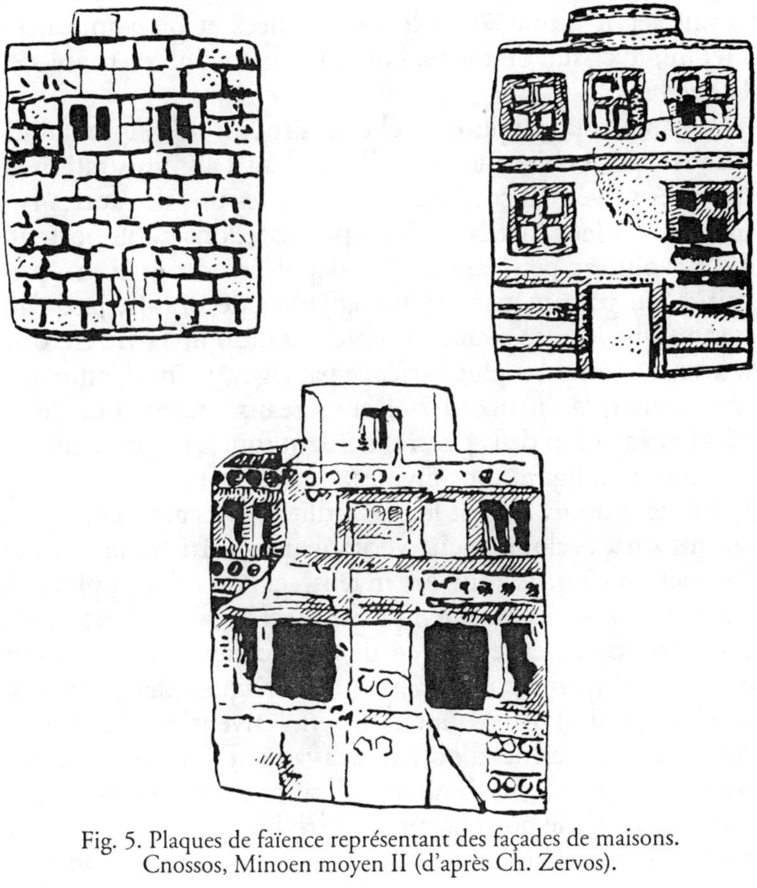

Fig. 5. Plaques de faïence représentant des façades de maisons. Cnossos, Minoen moyen II (d'après Ch. Zervos).

C'est surtout dans les arts mineurs que s'affirme le génie artistique des Crétois. La Crète, qui passa aux yeux des Grecs pour la patrie de l'ingénieux Dédale, pratiquait avec une perfection consommée le travail des métaux et des pierres précieuses. Sur les fresques, hommes et femmes portent toujours des bijoux. Les tombes ont révélé beaucoup de colliers et de pendeloques, tel cet admirable pendentif d'or, découvert dans la nécropole royale de Mallia, à Chrysolaccos, où deux guêpes s'affrontent. La technique de l'incrustation, peut-être d'origine orientale, est parfaitement connue. On a retrouvé à Cnossos la boîte du lapidaire surpris par la ruine du palais. Certains objets sortis de son atelier montrent ce qu'il savait réaliser : ainsi une table incrustée de 72 marguerites, qui devait servir à une sorte de jeu d'échecs et où s'unissaient l'ivoire, le cristal de roche, l'or, l'argent et une pierre bleue, le *cyanos*.

Quant à la glyptique, elle a produit d'innombrables sceaux, qui jouaient un grand rôle dans l'administration et les actes privés. Ils sont très différents les uns des autres par leur forme, leur matière et les représentations qu'ils portent. Leur évolution peut être étudiée depuis les idéogrammes primitifs, en passant par les hiéroglyphes décoratifs, jusqu'au naturalisme qui se plaît à la représentation de la vie crétoise dans ses formes les plus variées : paysages, plantes, animaux (notamment animaux marins et taureaux), scènes humaines où (à l'exception de la guerre) défilent toutes les occupations de l'homme, figurations divines.

La céramique, qui est le plus utilitaire des arts mineurs, a connu un développement véritablement artistique. Dès le Minoen ancien, le tour est inventé et le potier apprend à construire un four où la température est suffisamment élevée pour donner d'heureux effets de vitrification. La décoration est faite uniquement d'éléments géométriques (lignes droites, cercles, spirales). Au Minoen moyen, l'invention d'un tour à rotation lente permet d'obtenir des vases dont les parois n'ont pas plus d'épaisseur qu'une coquille d'œuf, merveille de technique. Une riche polychromie s'introduit. Les motifs restent parfois linéaires, mais sont plus souvent végétaux ou animaux. Lignes et couleurs se combinent, selon une stylisation du plus heureux effet décoratif. C'est le style dit de Camarès, d'après le lieu des premières trouvailles. Enfin le Minoen récent abandonne d'abord la stylisation pour le naturalisme : des poulpes effrayants déroulent leurs tentacules au flanc des vases. Puis on retourne à un style décoratif, le « style du palais », qui sait adapter au galbe des poteries les entrelacs des motifs linéaires et végétaux auxquels il se complaît. Il n'est pas de meilleure illustration de l'extraordinaire puissance décorative des Crétois que ces humbles récipients de terre cuite.

La religion des Crétois

Dans l'attente du déchiffrement, nous connaissons mal la religion de ces Crétois qui avaient un sens si aigu du beau. Nous devinons pourtant qu'elle était optimiste, invitait à communier avec les forces intimes de la vie et ouvrait à ses fidèles d'heureux espoirs. On a longtemps parlé d'un fétichisme primitif et, de fait, la pierre sacrée, le pilier, la double hache (ou *labrys*), le bouclier bilobé, les arbres ou animaux sacrés sont nombreux sur les représentations, vestiges d'un temps où l'on adorait les formes élémentaires de la nature et la valeur magique des armes. Mais déjà ces objets ne sont plus conçus que comme le symbole des divinités.

Ces divinités sont figurées sous forme généralement anthropomorphique, encore que des êtres hybrides, hommes à tête de chèvre, femmes à tête d'oiseau, ne soient pas rares. Les déesses jouent un rôle plus grand que les dieux. Elles sont représentées sous l'arbre sacré, sur le sommet des montagnes, sur un navire, ou brandissant le bouclier ; de grands fauves ou des oiseaux (particulièrement des colombes) les accompagnent. Ce sont les différentes formes que revêt la Terre-Mère originelle, qui incarne l'élan vital et étend son empire sur les végétaux, les animaux, les hommes. Les dieux apparaissent beaucoup moins ; souvent fils ou amants, ils servent de parèdres à la Grande Déesse, sans jamais l'égaler, ni en taille sur les représentations figurées, ni en puissance : survivance, à coup sûr, des croyances profondes des premières civilisations au lien essentiel qui unit la femme aux puissances de la vie.

D'aucuns inclinent à croire qu'un véritable monothéisme régnait et qu'une divinité féminine unique vivifiait l'univers et recevait les honneurs des Crétois. De bonnes raisons permettent de croire qu'il n'en est rien et que le polythéisme des Grecs plonge des racines lointaines dans le polythéisme des Crétois. Certains groupements se dessinent déjà, comme celui de la Grande Mère avec un « enfant-dieu » qui meurt et ressuscite, ou celui de deux déesses, une mère et sa fille enlevée par le Seigneur infernal : deux mythes qui symbolisent le cycle végétatif.

Pour ces dieux, point de temples, mais de petits sanctuaires sans doute érigés au début en pleine nature : les innombrables grottes, récemment explorées avec méthode, étaient des lieux sacrés, dont plusieurs sont restés fameux dans le mythe grec (grotte d'Ilithyie à Amnisos, grotte de Zeus enfant sur l'Ida...) ; de même, une intaille de Cnossos montre un fidèle adorant, sur une cime, une *Potnia théron* flanquée de ses deux lions. Dans le palais, de petites salles étaient réservées au culte ; elles comportaient généralement une banquette dans le fond, sur laquelle s'accumulaient les offrandes. Des « cornes de consécration » sacralisaient ces lieux et les marquaient d'un caractère surnaturel.

Les cérémonies, pleines de pompe, comprenaient plus de processions que de sacrifices sanglants. On faisait des libations ; on offrait à la divinité les fruits de la terre, pour appeler sur eux la protection divine, d'où l'usage de ces tables ou vases d'offrandes à compartiments multiples *(kernoi)* dont les fouilles ont livré maints exemplaires. Le serpent, animal chthonien par excellence, puisqu'il rampe sur la terre et y fait son trou, était l'objet d'une dilection particulière (fig. 6). Le taureau aussi était un animal sacré, incarnation du principe mâle, d'où les représentations tauromachiques des grandes fresques ou des arts mineurs, d'où aussi les rhytons tauromorphes qui servaient peut-être à des libations de sang de taureau.

Le monde des morts est par essence proche du monde des dieux. Or, les morts étaient en Crète soigneusement enterrés et dotés d'offrandes qui supposent évidemment la croyance à la survie. Quelle idée se faisait-on de l'au-delà auquel ils accédaient ? Il serait imprudent de la trop vouloir préciser. Il est notable cependant que, chez les Grecs, l'accès aux Champs-Élysées, demeure des Bienheureux – où règne d'ailleurs une déesse crétoise, Perséphone –, était subordonné au jugement de deux Crétois, Minos et Rhadamante. D'autre part, les cultes à mystères du monde grec, qui ouvraient aux initiés d'heureuses perspectives sur la vie éternelle, semblent remonter au plus lointain passé crétois. Le nom de *héros*, sous lequel les Grecs désignaient des morts illustres honorés d'un culte particulier, est aussi d'origine crétoise (fig. 7).

Il y a donc tout un faisceau de preuves qui permettent d'attribuer aux Crétois des croyances précises sur un au-delà bénéfique, où certains morts, rendus semblables aux dieux par l'héroïsation, jouissaient de la félicité éternelle sous la protection, continuée par-delà le trépas, de la compatissante Terre-Mère.

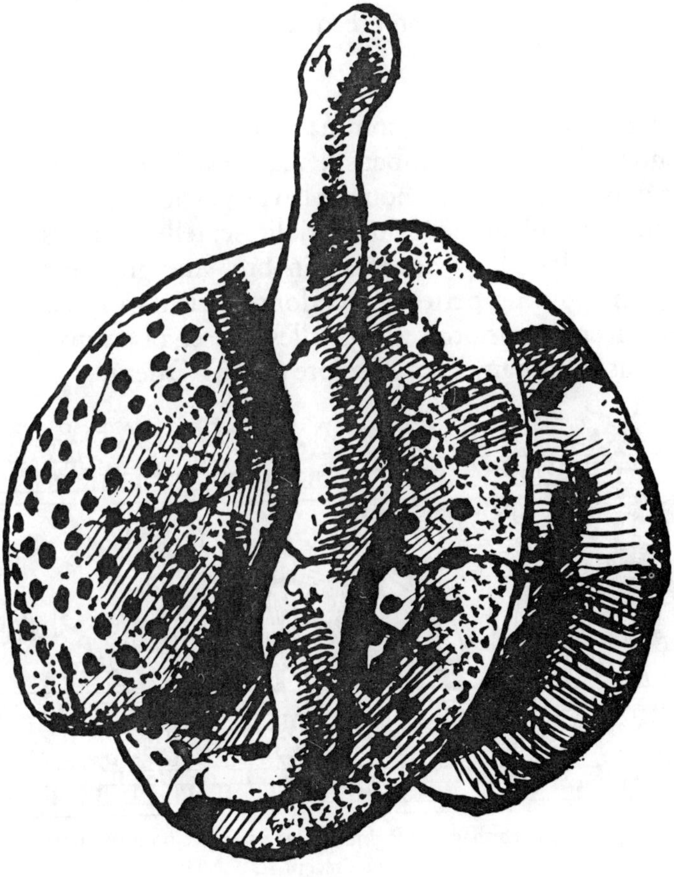

Fig. 6. Vase en terre cuite destiné à la nourriture des serpents sacrés. Palais de Cnossos, Minoen récent I.

On ne saurait trop insister sur l'importance historique de la religion crétoise, qui, par l'intermédiaire de la religion achéenne, a tant fourni à la religion grecque du Ier millénaire. Et il ne s'agit pas seulement de la survivance de certains noms de dieux : Britomartis (la Bonne Vierge), Dictynne, Ilithyie, Velchanos (le dieu au coq, dont les Grecs feront un Zeus Velchanos), ou de certains noms d'héroïnes : Ariane, Europe.

C'est toute l'atmosphère des cultes égéens qui subsistera dans les cultes chthoniens et mystiques du monde hellénique ; c'est leur spiritualité, leur optimisme, leur préoccupation de l'outre-tombe que nous retrouverons constamment dans notre étude de la religion grecque.

Une évocation aussi sommaire ne peut faire revivre le monde éclatant des Minoens. Paix, prospérité, harmonie de l'organisation sociale, amour de la vie, passion pour la beauté et plus particulièrement pour la joliesse, telles sont ses caractéristiques les plus évidentes. En bref une grande réussite humaine pour un petit peuple, dont les créations réussissent à balancer dans notre esprit celles des civilisations, à tant d'égards inhumaines, de l'Égypte ou de l'Orient.

Fig. 7. Le sarcophage d'Haghia Triada : sacrifice pour un mort. Minoen récent II.

Le mystère de ses origines n'en est que plus irritant pour l'historien, qui ne se satisfait pas de répéter qu'il venait d'Anatolie, et aimerait à remonter plus haut dans son passé. Des tentatives ont été faites pour scruter les faibles restes de sa langue, le crétois, dit aussi conventionnellement « pélasgique ». En usant de la méthode des résidus et en extrayant du vocabulaire grec les mots qui ne peuvent être expliqués par le grec, un fond de vocabulaire crétois a pu être constitué, auquel s'ajoutent de nombreux toponymes et maintenant les premiers résultats du déchiffrement du linéaire A. En contradiction avec l'opinion courante selon laquelle les Crétois représentaient le substrat méditerranéen antérieur à l'arrivée des Indo-Européens, des études récentes ont montré que le « pélasgique » était apparenté avec les langues indo-européennes d'Asie Mineure (louwite et hittite). Les Crétois seraient donc des Proto-Indo-Européens, des cousins des Grecs, pourrait-on dire, détachés, avant eux, du tronc indo-européen commun.

Vers 1400, le palais de Cnossos est entièrement détruit. Est-ce l'invasion des Achéens, venus du continent ? On pense plutôt qu'il s'agit d'un cataclysme, consécutif à l'éruption du volcan de Santorin. La conquête de la Crète par les Achéens, qui transforme la grande île en une principauté grecque, doit être antérieure.

Il est donc temps de revenir maintenant vers la Grèce continentale, que nous avons abandonnée au début de l'Helladique récent. Mais comment ne pas dire que la Crète ne disparut pas de l'histoire avec la conquête de Cnossos ? Elle « vainquit son farouche vainqueur » et fut le levain qui fit monter la pâte, jusque-là amorphe, de l'hellénisme. C'est son influence que nous allons retrouver à chaque pas en étudiant le monde achéen.

CHAPITRE 2

L'élaboration d'un monde achéen (1580-1200)

Vers 1600-1580, une transformation profonde se dessine dans la civilisation de la Grèce : c'est, dans la terminologie des archéologues, le passage de l'Helladique moyen à l'Helladique récent. Cette dernière période, qui dure environ jusqu'en 1100, et aussi appelée période mycénienne, du nom du site le plus important de l'Argolide. Les travaux des céramologues ont permis de diviser la période mycénienne en un certain nombre de phases. Voici la plus récente et la plus complète des chronologies (A. Furumark) :

Helladique récent I		....	1550-1500
Helladique récent II	A	....	1500-1450
	B	....	1450-1425
Helladique récent III	A	....	1425-1300
	B	....	1300-1230
	C	....	1230-1100

L'Helladique récent

Cette transformation n'est pas marquée sur le terrain par une coupure archéologique profonde, comme celle qui, au début du IIe millénaire, correspond à l'arrivée des Grecs, ou comme celle des invasions doriennes, à la fin du même millénaire. Il n'y a manifestement pas irruption massive de nouvelles populations. Il s'agit plutôt d'une évolution rapide et même brutale, que l'on pourrait comparer à celle qui, aux environs de 500, fait passer la Grèce de l'archaïsme au classicisme. Au monde terne de l'Helladique moyen, sans grandes ouvertures sur la Méditerranée, succède le monde éclatant de l'Helladique récent, largement ouvert vers la Crète, vers l'Orient et vers l'Occident. Selon toute vraisemblance, c'est l'influence de la Crète minoenne qui fait ainsi sortir la Grèce de sa léthargie. Pour A. Evans, il y a eu conquête du continent par la Crète, mais cette théorie est abandonnée aujourd'hui. Grâce aux relations diplomatiques et au commerce, à l'occasion aussi de certains heurts militaires, la Grèce s'initie à la civilisation méditerranéenne des Crétois, elle importe des objets minoens et les imite, fait venir des artistes de Crète, adopte les croyances d'une religion très différente de la sienne. Elle est séduite, et cette séduction la transforme dans tous les domaines.

Selon certains savants (M. Nilsson), la crétisation de la Grèce ne serait pas suffisante pour expliquer cette brusque floraison d'une civilisation nouvelle. Des influences nordiques se seraient aussi exercées en Grèce, visibles en particulier dans l'engouement pour l'ambre, matière précieuse venue des bords de la Baltique et à peu près totalement méprisée des Crétois, ou dans le goût que l'on constate pour les casques décorés avec des dents de sanglier (fig. 8). Ces deux modes apparaissent au début de l'Helladique récent et elles disparaîtront assez vite. Elles correspondraient à l'arrivée de nouveaux Grecs, venus des Balkans, qui sont sans doute les Achéens. On les trouve en Thessalie (Achéens Phthiotes), mais ils s'installèrent surtout dans le Péloponnèse, et ils y refoulèrent les Ioniens qui ne restèrent plus qu'en certains points de la côte : en Cynourie, où Hérodote signale que les Ioniens autochtones se dorisèrent ultérieurement ; à Épidaure, où, au moment de l'invasion dorienne, régnait Pityreus, fils d'Ion ; à Pylos, où les Néléides s'embarquèrent pour coloniser l'Ionie.

Encore faut-il insister sur le fait que les envahisseurs achéens furent relativement peu nombreux : il n'y a pas de coupure archéologique dans le Péloponnèse au début de l'Helladique récent. Ce furent des bandes, faibles numériquement, mais déterminées, qui y déferlèrent, s'imposèrent par la force et conquirent sans doute le pouvoir, sans que le fond de la population fût transformé. Les philologues ne sont pas d'accord sur leur dialecte, l'achéen (tel que l'ont révélé les tablettes). Certains (E. Risch) le rapprochent de l'ionien, avec qui il formerait le « grec méridional », ce qui supposerait un habitat commun dans les Balkans où les Achéens se seraient attardés. D'autres (L. Palmer) nient cette parenté étroite et insistent sur ses affinités avec l'éolien.

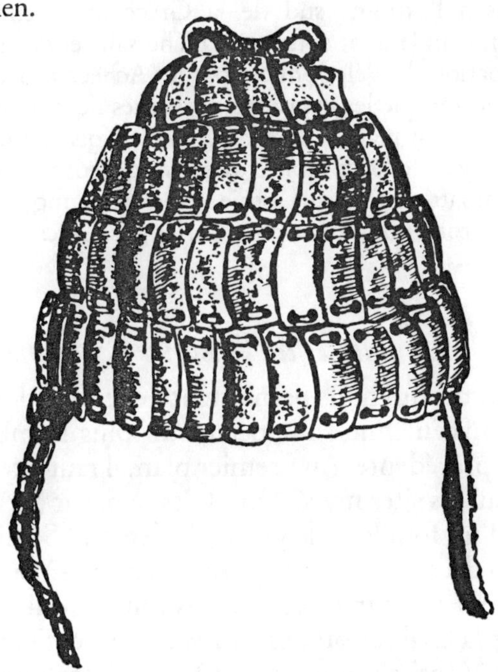

Fig. 8. Casque à décoration de dents de sanglier découvert à Mycènes dans une tombe à chambre de l'Helladique récent.

Est-ce alors que d'autres Grecs, les Éoliens, firent leur apparition en Grèce ? On les voit installés à l'Helladique récent, donc bien avant les invasions doriennes, sans qu'il soit possible, à notre sens, de préciser davantage et en particulier de fixer leur invasion par rapport à celle des Achéens. Ils occupèrent solidement la future Thessalie et la future Béotie (Thucydide les fait même descendre jusqu'à Corinthe) et en délogèrent les Ioniens qui durent refluer vers l'Attique et l'Eubée, où leur densité s'en trouva considérablement accrue. Leurs origines restent mystérieuses : leur nom même d'Éoliens (Bariolés) autorise à voir en eux une population assez mêlée. Ils apportèrent avec eux leur dialecte, l'éolien, nettement distinct des dialectes du groupe méridional (ionien et achéen) d'après E. Risch, mais proche parent de l'achéen d'après L. Palmer.

Cet afflux de populations nouvelles ne fut pas sans être bénéfique. Il explique assurément en grande partie le dynamisme dont va faire preuve la Grèce au cours de l'Helladique récent. Ajoutons enfin que se trouvent alors dessinés définitivement certains traits ethniques de la Grèce ultérieure : refoulement des Ioniens à l'extrême sud de la Grèce continentale (Attique, Eubée), peuplement éolien de la Thessalie et de la Béotie. Avec l'occupation du Péloponnèse par les Achéens, la Grèce montre – bien avant que les invasions doriennes ne viennent l'accroître – une remarquable bigarrure. Toutefois l'importance des Achéens y est telle qu'Homère désigne de leur nom tous les Grecs qui combattirent devant Troie. C'est de ce mot commode que nous userons nous aussi pour parler des Grecs de l'Helladique récent.

Les sources de l'histoire achéenne

Les sources qui nous permettent de retracer l'histoire de la période mycénienne sont beaucoup plus nombreuses qu'à l'époque précédente. Au premier plan, il faut citer les fouilles menées sur les sites mycéniens. C'est à partir de 1874 que les travaux d'un fouilleur de génie, l'Allemand Schliemann, qui avait déjà découvert Troie, exhumèrent peu à peu « Mycènes riche en or » ; ce furent ensuite les fouilles qui permirent de retrouver la civilisation des Minyens de Béotie, puis celle de Tirynthe. Ainsi s'imposait peu à peu l'idée que les poèmes homériques n'étaient pas sortis de l'imagination d'un admirable poète, mais qu'ils peignaient un monde qui avait eu une existence historique. Le mouvement de recherche s'amplifia au XXe siècle et les résultats ne furent pas décevants : Coracou (près de Corinthe), Asiné et Midéa (en Argolide), Malthi (en Messénie), Amyclées (en Laconie), Ithaque donnèrent une ample moisson d'objets mycéniens. Plus récemment encore, Mycènes attirait derechef l'attention des savants par le second cercle de tombes, découvert au pied de l'acropole, et le site de « la sablonneuse Pylos » livrait un nouveau grand palais, rival de ceux d'Argolide, qui ne peut être que celui du vieux et sage Nestor. Au total, une énorme documentation archéologique, qui déborde largement la Grèce, puisque des objets mycéniens ont été trouvés sur presque toutes les rives de la Méditerranée orientale.

Plusieurs de ces sites avaient fourni des tablettes inscrites en une curieuse écriture, dite linéaire B. Elles restèrent longtemps lettre morte pour l'historien, jusqu'au déchiffrement proposé en 1953 par M. Ventris et J. Chadwick. Depuis cette date, les travaux relatifs aux tablettes se sont multipliés et, bien que les inscriptions achéennes posent encore d'innombrables problèmes de lecture ou d'interprétation, on peut dire qu'un pas décisif a été franchi. Nous analyserons plus loin tout ce que notre connaissance du monde achéen doit à ces archives palatiales.

Enfin les deux épopées homériques, qui rapportent des événements situés à la fin de la période achéenne, peuvent souvent être invoquées en témoignage, mais il faut prendre garde à leur nature équivoque. Ce sont des textes qui, en certaines de leurs parties, remontent jusqu'à l'époque achéenne ; mais il y a eu ensuite la longue déformation d'une tradition purement orale, d'innombrables altérations et additions jusqu'à la « composition » définitive due à des poètes des IXe ou VIIIe siècles. Certes la véracité de maints détails a été prouvée de manière éclatante par les fouilles ; il n'en reste pas moins qu'on ne peut jamais dater exactement un épisode ou une indication précise. L'*Iliade* et l'*Odyssée* sont trop composites pour que l'historien aborde leur étude sans beaucoup de cautèle.

1. LES ROYAUMES ACHÉENS

C'est pourtant à un texte de l'*Iliade*, mais à un texte que l'on considère aujourd'hui comme très ancien et remontant pour l'essentiel à l'époque mycénienne, que nous emprunterons notre description de la Grèce achéenne. Le *Catalogue des vaisseaux*, inséré dans le chant 2, donne le dénombrement des nefs qui prirent part à l'expédition contre Troie, ainsi que les noms des chefs. La Grèce y apparaît comme morcelée en un certain nombre de principautés. L'énumération commence par la Grèce centrale, continue par l'Eubée, Athènes, Salamine ; puis vient le Péloponnèse avec les deux royaumes argiens de Diomède et d'Agamemnon, Lacédémone, Pylos, l'Arcadie, l'Élide ; puis les îles Ioniennes et l'Étolie ; puis la Crète et les îles de l'Égée ; enfin la Grèce du Nord. Les forces navales oscillent généralement entre 30 et 50 navires ; sur 28 royaumes, 7 seulement n'arrivent pas à 30 ; 6 dépassent 50. Ce sont les grands États de la Grèce achéenne :

Mycènes	100 navires
Argos et Tirynthe	90 –
Pylos	90 –
Crète	80 –
Lacédémone	60 –
Arcadie	60 –

Il est caractéristique que, la Crète mise à part, ce soient tous des États péloponnésiens. Mycènes vient au premier rang avec 100 navires. Encore faut-il ajouter que son roi, Agamemnon, a prêté 60 nefs aux Arcadiens, « qui des besognes marines n'avaient cure jusque-là ».

L'hégémonie de Mycènes

Ainsi se trouve posé un problème particulièrement difficile : ces principautés sont-elles indépendantes ou forment-elles un empire unifié, dont le centre ne pourrait alors être que la plus impressionnante et la plus riche des citadelles achéennes, Mycènes ? Les tablettes de Pylos et de Cnossos sont les archives de deux États souverains ; elles ne mentionnent jamais de relations de vassalité avec le roi de Mycènes, ni de tributs qui lui seraient dus. De même des documents hittites parlent d'un royaume d'Achaïe (Akhkhijawa), qui doit être Rhodes ou la Pamphylie – bien que certains le cherchent dans le Péloponnèse – et dont le roi, assez puissant pour mener une politique active et ambitieuse sur la côte d'Asie, n'a évidemment aucun suzerain.

D'un autre côté, certaines entreprises militaires ne pouvaient être menées à bien sans la coopération de toutes les forces achéennes. Tel fut le cas de la conquête de la Crète, pour laquelle nous ne disposons d'aucun document écrit ; tel fut aussi le cas de la guerre de Troie, où le témoignage d'Homère est clair : tous les chefs achéens admettent l'hégémonie d'Agamemnon, le roi de Mycènes, dont l'autorité, souvent bafouée par la violence d'autres héros, tel Achille, ne s'impose pas moins. De même, le mur qui, à la fin de l'époque mycénienne, a été construit pour barrer l'isthme de Corinthe contre d'éventuels envahisseurs venus du nord, a dû être l'œuvre de tous les Péloponnésiens unis.

Une conciliation n'est pas impossible entre ces deux thèses. Manifestement on ne peut parler d'un empire au sens strict du terme. Les différents royaumes achéens sont, dans une large mesure, indépendants les uns des autres. Toutefois, unis par des intérêts communs, possédés d'une même soif de puissance qui suppose leur coalition, ils admettent bon gré mal gré, en cas de besoin, l'autorité d'un seul, le roi de Mycènes, qui joue bien le rôle d'un *primus inter pares*. Ainsi, le morcellement politique de la Grèce du Ier millénaire est déjà en germe dans la Grèce achéenne, de même que ces confédérations qui unissent plusieurs États devant un ennemi commun.

Le burg de Mycènes

Ce qui reste de plus tangible de ces royaumes achéens ce sont les châteaux forts où les chefs concentraient leur puissance. Aucun n'est plus impressionnant que celui de Mycènes : un véritable nid d'aigle sur une acropole grossièrement triangulaire, culminant à 278 m et délimitée, sauf d'un côté, par des ravins abrupts ; des sommets arides et rocailleux dominent cet éperon entouré de gorges sauvages, caché, inaccessible, invisible de la mer, pourtant distante de 15 km seulement. Un site sinistre, en parfait accord avec les sinistres légendes que les Grecs y localisèrent (fig. 9).

Ce sont d'abord les Perséides que la légende faisait régner sur l'Argolide en général et sur Mycènes en particulier : Mycènes, fondée par Persée, fut ensuite gouvernée par son fils Sthénélos et son petit-fils Eurysthée. Puis le pouvoir passa aux Pélopides (dits aussi Atrides). Les fils de Pélops, Atrée et Thyeste, chassés par la malédiction paternelle, s'étaient réfugiés à Mycènes. Les Mycéniens, leur roi Eurysthée étant mort sans enfant, leur confièrent le trône sur la foi d'un oracle. Ce fut Atrée qu'ils choisirent, d'où des haines et des malédictions inexpiables qui vont rejaillir de génération en génération. Parmi les familles maudites de la mythologie héllénique, celle des Atrides est sans aucun doute la plus sanglante, celle où tous les stupres, l'adultère, l'inceste, l'assassinat, offrent les exemples les plus éclatants. Il n'est que de rappeler le tableau généalogique des descendants de Pélops pour voir ce qu'à eux tous ils représentent de passions, de violences, de drames :

Les Pélopides

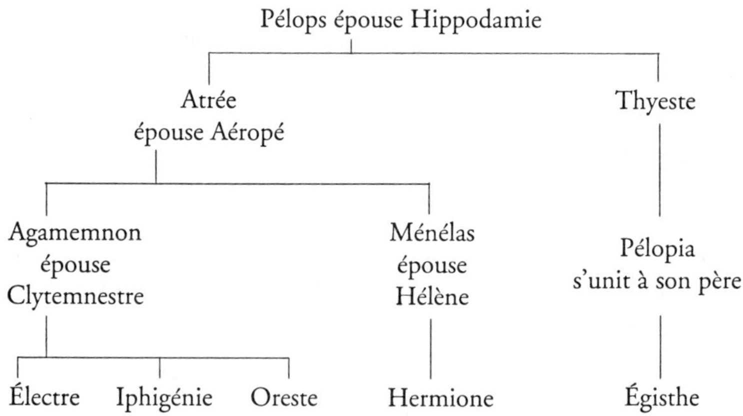

Or le château fort des Atrides est aujourd'hui autre chose que la vision d'or et de sang restée vivante dans la conscience des Grecs et qu'Eschyle a traduite dans les vers admirables de son *Orestie.* Les fouilles menées depuis Schliemann ont permis de retrouver les ruines de l'acropole de Mycènes, où des édifices se sont succédé tout au long du IIe millénaire, mais surtout à l'Helladique récent. Dans son état définitif, c'est une enceinte de 900 m de circuit, puissamment fortifiée de murs généralement cyclopéens, percée à l'ouest d'une porte (la porte des lionnes) encadrée dans un solide bastion, et au nord d'une poterne dérobée.

L'intérieur comporte des magasins, quelques maisons et essentiellement le palais qui se dresse au point le plus élevé. Bâti sur un terrain inégal, il comprend une salle du trône, un sanctuaire et surtout un *mégaron* (ou une grande salle) composé de trois éléments : un vestibule extérieur *(aithousa)*, pavé de dalles de gypse, un vestibule intérieur *(prodomos)* et la pièce principale (le *mégaron* proprement dit), avec un foyer central entouré de quatre colonnes soutenant un lanterneau par où s'échappait la fumée.

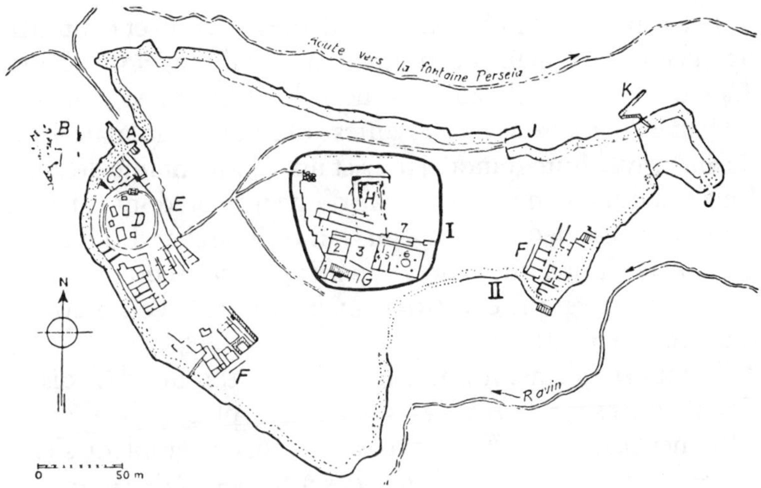

Fig. 9. La citadelle de Mycènes (d'après A.J.B. Wace).

I. Première enceinte (XVIIe siècle ?) – II. Murs cyclopéens (milieu du XIVe siècle).

A. Porte des lionnes. – B. Cimetière préhistorique hors des murs. – C. Grenier. – D. Cercle des tombes de Schliemann. – E. Rampe. – F. Maisons mycéniennes. – G. Palais (1, Grand escalier ; 2, Salle du trône ; 3, Cour centrale ; 4, *Prothyron* ; 5, *Prodomos* ; 6, *Mégaron* ; 7, Quartier domestique). – H. Temple dorique archaïque. – J. Poterne. – K. Citerne.

Ce palais, dont les dispositions essentielles se retrouvent à Tirynthe ou à Pylos, représente un type architectural qui diffère profondément du type crétois. Au labyrinthe minoen s'oppose un ensemble clairement ordonné, au toit en terrasse un toit à double pente, à la colonnade centrale entraînant une division bipartite de la façade une colonnade double avec une division tripartite, à une demeure large et sans profondeur, ouverte à l'air et au soleil, une demeure plus profonde que large avec entrée unique sur le petit côté, au brasero mobile un foyer central fixe. Par plusieurs de ces traits (toit à double pente, demeure fermée, foyer fixe), le palais mycénien évoque les pays nordiques, froids et humides, où il a sans doute pris naissance, encore qu'il puisse avoir aussi des origines anatoliennes. Il s'oppose foncièrement au palais spécifiquement méditerranéen qu'est le palais crétois.

La ville basse et les tombeaux de Mycènes

L'acropole était uniquement la demeure du roi et peut-être de quelques seigneurs de sa suite. La véritable agglomération était une ville basse, au sud-ouest de la forteresse. On y a retrouvé des maisons intéressantes : « la maison du marchand de vin », avec huit grandes jarres et une cinquantaine de vases à étriers, qui est en réalité la cave d'une maison dont la partie supérieure est détruite ; « la maison du marchand d'huile », où l'on a exhumé une série de *pithoi* ayant contenu de l'huile et des tablettes qui constituaient peut-être la comptabilité d'un commerçant.

Les morts n'étaient point oubliés. Les tombes des rois et des grands sont parmi les vestiges les plus nobles de la Mycènes achéenne. Trois types principaux semblent s'être succédé. Il y a d'abord les tombes à fosse des deux cercles, celui de la plaine, récemment découvert à côté du « tombeau de Clytemnestre » (cercle B), et celui de l'acropole, joyau des fouilles de Schliemann (cercle A), qui est légèrement postérieur au premier (fig. 10). Le second cercle a été entouré d'une enceinte de dalles dressées, plusieurs siècles après le creusement des tombes, quand on a voulu séparer nettement dans la citadelle le domaine des vivants du domaine des morts ; dans le premier cercle, en revanche, l'enceinte est contemporaine des tombes. Les morts étaient accompagnés d'un mobilier funéraire (masques, armes d'apparat, vases, bijoux) qui a fourni quelques-uns des objets les plus étincelants de l'art mycénien.

Puis les tombes à chambre prennent la suite des tombes à fosse : un couloir *(dromos)* donne accès à une chambre taillée dans le roc, qui est, au moins dans les tombes princières, maçonnée avec un appareil très soigné.

Enfin le type le plus raffiné est constitué par la tombe à coupole *(tholos)*, où le *dromos* conduit à une chambre circulaire voûtée en encorbellement. Il y a 9 *tholoi* à Mycènes, auxquelles on a donné, dès leur découverte, des noms conventionnels : « tombeaux de Clytemnestre, d'Égisthe... ». La plus célèbre est le prétendu « trésor d'Atrée », qui représente la plus belle salle voûtée sans soutien intérieur que l'Antiquité ait édifiée avant le Panthéon d'Hadrien ; elle offre la particularité de comporter une petite pièce annexe, qui était peut-être un ossuaire.

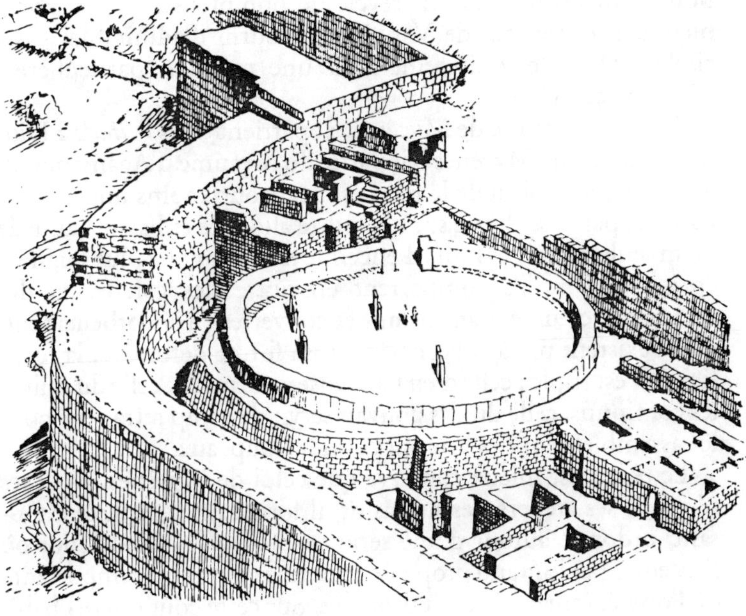

Fig. 10. Mycènes. Essai de restauration du cercle supérieur des tombes, par Piet de Jong.

Les sites achéens du Péloponnèse

Par sa citadelle, par son palais, par la richesse de ses tombes, Mycènes, même ruinée, produit encore une impression profonde. Mais elle est loin d'être unique et d'autres sites achéens montrent la puissance d'autres rois, possesseurs d'imposants manoirs et maîtres d'opulentes cités. Nous nous contenterons de quelques exemples caractéristiques.

C'est le Péloponnèse qui est le plus riche en vestiges achéens, ce qui correspondrait bien à l'importance que le *Catalogue des vaisseaux* reconnaît à ses princes. Coracou, sur l'isthme de

Corinthe, a permis d'établir, grâce à ses 11 niveaux, une stratigraphie rigoureuse de l'Helladique. En Argolide, signalons Berbati avec ses maisons, Dendra-Midéa avec sa citadelle aux murs cyclopéens, au pied de laquelle on a fouillé une nécropole particulièrement riche, et le port d'Asiné, avec son acropole fortifiée, ses habitations, ses tombes. En Laconie, Amyclées est construite autour du sanctuaire d'Hyacinthos, un jeune héros de la végétation, dont les fouilles ont révélé de nombreuses idoles mycéniennes ; les tombes de Vaphio ont fourni d'admirables vases ciselés. Mais deux sites méritent une mention particulière : Tirynthe et Pylos.

Tirynthe, voisine de Mycènes, appartient dans l'*Iliade* à Diomède, alors que Mycènes fait partie du royaume d'Agamemnon. Son site, plus voisin de la mer, est beaucoup moins impressionnant : le palais se dresse sur une butte allongée et basse, haute de 26 m seulement. Les murs d'enceinte n'en sont que plus soignés : épais de 6 m, ils comportent en outre des galeries et des casemates, creusées dans le mur et couvertes en encorbellement, qui n'existent pas à Mycènes. Sous sa forme définitive, la fortification est triple : celle d'en haut enserre le palais, celle du milieu les communs, celle du bas pouvait servir de camp retranché pour le rassemblement des hommes et des troupeaux.

Le palais est mieux conservé que celui de Mycènes. Avec ses réserves, ses ateliers, ses magasins, il forme un complexe imposant, ordonné autour d'une série de cours : la grande cour où l'on entre par le grand propylée, puis une cour moins importante où l'on pénètre par le petit propylée. Sur cette cour ouvre l'habitation seigneuriale proprement dite, le *mégaron*, construit sur le même plan tripartite qu'à Mycènes. Enfin une dernière cour donne accès à un second *mégaron*, le « *mégaron* des femmes » selon l'appellation traditionnelle et conventionnelle, qui doit être en réalité un appartement plus ancien conservé malgré la construction d'un appartement plus grand et plus luxueux. À côté du *mégaron* principal, signalons une salle de bains avec restes d'une baignoire en terre cuite : cette pièce, qui ne paraît pas exister à Mycènes, était sans doute destinée aux ablutions des hôtes, telles qu'on les voit encore pratiquées dans les poèmes homériques.

Pylos de Messénie, récemment exhumée par des fouilles gréco-américaines, présente un palais de même type : un propylée donne accès à une cour sur laquelle ouvre le *mégaron* avec ses trois pièces successives, dont la dernière, soutenue par 4 colonnes entourant un foyer, renferme le trône. Sous sa forme définitive, le palais de Pylos, contrairement à ceux de Mycènes et de Tirynthe, n'était pas fortifié. L'élément original est représenté par la salle des archives, à gauche du propylée, qui a fourni plus de 1 000 tablettes en linéaire B. Dans les petites pièces qui jouxtent l'appartement royal, on a retrouvé plus de 8 000 vases, qui ont permis de conclure à l'existence probable d'une fabrique royale. Autour de Pylos, une série de tombes à chambre et à coupole, comme à Mycènes. Malgré de nombreuses contestations, il est raisonnable de voir dans ce site la Pylos d'Homère, celle de Nélée et de Nestor (fig. 11).

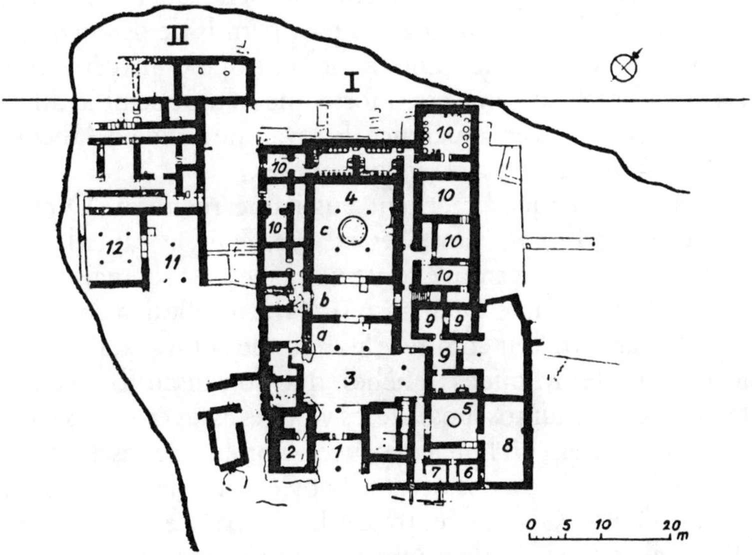

Fig. 11. Palais de Pylos de Messénie.
Le palais de Pylos comporte deux ensembles :

I. Nouveau palais (Helladique récent III B) : 1. *Propylon* – 2. Dépôt d'archives – 3. Cour – 4. *Mégaron* (*a, prothyron ; b, prodomos ; c, mégaron* proprement dit avec trône) ; – 5. Appartement de la reine : grande salle – 6. Boudoir – 7. Cabinet de toilette – 8. Cour de la reine –9. Salles des hôtes – 10. Magasins.

II. Ancien palais (Helladique récent III A) : 11. Salle d'État – 12. Salle du trône.

Manoirs d'Attique et de Béotie

Il faut au moins mentionner certains sites mycéniens extérieurs au Péloponnèse. À Athènes, l'Acropole était fortifiée d'une redoutable enceinte, dont il reste encore des vestiges (mur dit pélasgique). Elle renfermait un palais, qui se dressait sans doute à l'emplacement du futur Érechtheion et où déjà Athéna était honorée, du moins à en croire Homère qui, dans l'*Iliade* (2,546), évoque « Athènes, la belle cité, peuple d'Érechthée au grand cœur, qu'Athéné fille de Zeus jadis éleva, puis installa à Athènes dans son riche sanctuaire ». Les fouilles américaines ont d'autre part permis de découvrir, à l'ouest de l'Acropole, une riche nécropole mycénienne. L'unité du monde grec est si forte que rien ne semble différencier, au moins en apparence, le royaume ionien d'Athènes des royaumes achéens du Péloponnèse.

Les sites béotiens méritent aussi une mention. Orchomène, dont l'*Iliade* vante les trésors, était la capitale des Minyens. On y a retrouvé toute une ville avec ses maisons et ses tombes, parmi lesquelles un superbe tombeau à coupole, que Pausanias décrit comme « le trésor de Minyas », l'ancêtre légendaire des Myniens. Thèbes, que l'on disait fondée par le Phénicien Cadmos, possède les vestiges assez évanides d'un palais mycénien, où l'on a découvert nombre de vases, et qui a livré récemment des sceaux babyloniens du XIVe siècle. Enfin, l'île de Gla, au centre du lac Copaïs, est couronnée d'un palais fortifié, aussi impressionnant que ceux d'Argolide. L'enceinte, de 3 km de circuit, suit les sinuosités du rocher ; l'intérieur est divisé par des murs transversaux en quatre réduits. Dans l'un d'eux, se dresse le palais, composé de deux ailes en équerre donnant sur une cour : chacune des ailes comporte un *mégaron* et une suite de petites pièces, desservies par un long corridor, qui constituaient sans doute des appartements privés.

La royauté achéenne

Toutes ces citadelles se ressemblent. Elles imposent l'idée d'un pouvoir monarchique fort, qui concentre ses richesses à l'abri d'énormes murailles (les Grecs, ne pouvant croire qu'elles étaient l'œuvre humaine, les attribuaient aux Cyclopes), sur des acropoles déjà défendues par la nature. Ce ne sont généralement pas des villes fortifiées, mais des palais fortifiés. L'aspect militaire de cette civilisation saute aux yeux, surtout si l'on compare ces burgs puissants et menaçants aux pacifiques demeures des princes crétois. Il suffit de rouvrir Homère pour imaginer la rude vie de razzias, de pillages, d'expéditions lointaines des princes qui avaient là leurs demeures et leurs trésors.

Mais les tablettes en linéaire B permettent de préciser et de nuancer ce que l'on pouvait deviner du pouvoir royal dans les monarchies achéennes d'après les palais et les épopées homériques. Le prince y porte le nom de *wanax* (et pas du tout de *basileus*, comme dans Homère). Il est aidé d'un fonctionnaire de très haut rang, le *lawagétas*, dont l'épopée ne fait pas mention. Le sens de ce mot n'est point clair : certains l'interprètent comme « conducteur du peuple », d'autres comme « conducteur de l'armée ». On ne peut encore décider s'il s'agit d'un grand vizir ou d'un commandant en chef. *Wanax* et *lawagétas*, qui sont les deux personnages les plus importants de l'État, sont dotés de grandes propriétés, ou *téméné*, dont le souvenir subsiste encore à l'époque d'Homère. Ils ont sous leurs ordres une bureaucratie nombreuse et efficace, dont nous aurons l'occasion d'étudier les rouages essentiels.

La Grèce achéenne nous apparaît ainsi comme morcelée en un certain nombre de royaumes autonomes groupés chacun autour d'un manoir fortifié. Mais il est impossible de limiter notre attention à la Grèce propre. Les Achéens se sont révélés comme dévorés par un appétit de puissance. Très vite ils ont porté leurs ambitions vers d'autres terres, où ils ont fondé des royaumes semblables pour l'essentiel à ceux du Péloponnèse ou de la Béotie. Comme si, dès l'origine, était posée une des caractéristiques fondamentales de l'hellénisme ultérieur qui n'a jamais su, jamais voulu se confiner aux limites de ce qui est géographiquement la Grèce.

2. L'EXPANSION MILITAIRE DES ACHÉENS

Le phénomène des invasions péninsulaires trouve son application dans la Grèce achéenne : les Achéens, qui avaient conquis toute la Grèce, se sentirent à l'étroit dans leur conquête et se lancèrent sur la mer à la recherche de nouvelles terres (carte 3).

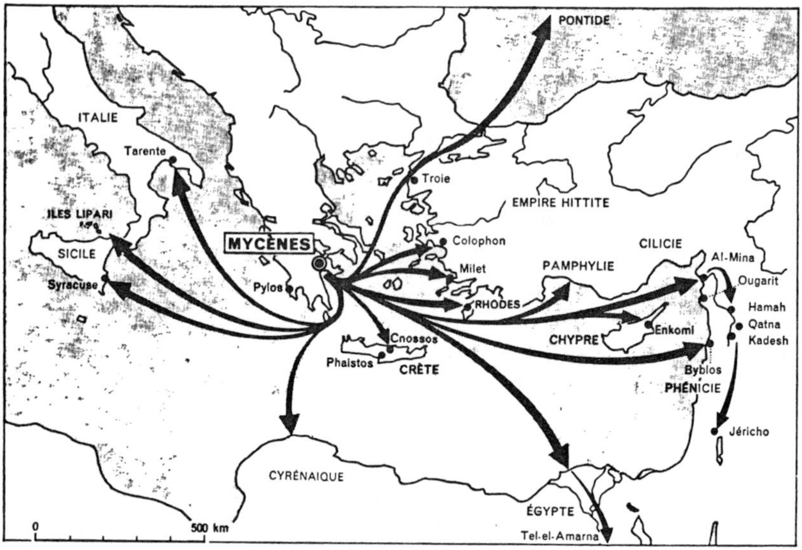

Carte 3. L'expansion achéenne en Méditerranée.

La conquête de la Crète

L'une de leurs premières annexions fut celle de la Crète. Les Achéens étaient déjà en contact avec les Crétois, dont la thalassocratie s'étendait sur une partie de la Méditerranée égéenne et dont la culture exerçait sur eux une forte attraction et s'était partiellement répandue dans le Péloponnèse. Il semble que dès 1 700 ils soient venus du continent et aient mené une opération méthodique de pillage, ce à quoi correspondrait la ruine des premiers palais (voir p. 41). Plus tard ce fut une véritable conquête, avec installation à Cnossos d'un prince achéen. Il est maintenant impossible de la dater de 1 400, d'une part parce que la destruction des seconds palais à la fin du XVe siècle est vraisemblablement due à un cataclysme (voir p. 55), d'autre part parce qu'il paraît établi qu'avant cette catastrophe les archives cnossiennes sont déjà rédigées en grec (voir p. 79). Elle doit donc remonter au moins au XVe siècle.

Les conséquences de cette conquête furent considérables. Ce fut d'abord la fin de l'autonomie du monde minoen qui avait créé une civilisation originale et développé un vaste empire maritime et qui avait réussi, avec des moyens bien faibles en comparaison de ceux des grandes monarchies de l'Orient, à s'imposer comme une des nations les plus puissantes de la Méditerranée orientale. Ce fut aussi la création d'un État achéen en Crète, connu grâce aux archives palatiales du *wanax* grec de Cnossos, État qui semble totalement indépendant des royaumes du continent. Ce fut encore l'enrichissement des rois péloponnésiens qui avaient conçu et mené à bien l'expédition, vraisemblablement sous la direction du roi de Mycènes : l'opulence de Mycènes peut s'expliquer partiellement par le butin considérable, qui dut être ramené de Crète.

Mais la ruine du monde minoen ne devait pas éteindre pour autant son influence sur les Achéens : nous aurons dans l'invention de l'écriture achéenne un bon exemple de la perpétuation du rôle civilisateur de la Crète.

Les principautés achéennes en Méditerranée orientale

L'installation des Achéens dans la partie orientale du monde méditerranéen n'est pas moins sûre que leur conquête de la Crète, mais il n'est pas toujours aisé de distinguer entre l'occupation de terres nouvelles, qui préfigure la colonisation de l'époque archaïque, et l'établissement de simples comptoirs de commerce que nous étudierons dans le prochain chapitre. Les points suivants peuvent être considérés comme vraisemblables.

À Rhodes, les trois sites de Camiros, de Lindos et surtout d'Ialysos ont révélé, en quantité impressionnante, des poteries mycéniennes, ainsi que de très belles armes dans des tombeaux à coupole. On ne peut guère imaginer une autre solution qu'une occupation stable de l'île par les Achéens. D'autre part, les tablettes hittites de Boghaz-Keui mentionnent une vingtaine de fois un royaume d'Achaïe (Akhkhijawa), royaume maritime qui entretient d'étroites relations avec des rois hittites comme Mursilis II et Tuthalijas IV. Il est assez important pour que ce dernier, dans une première rédaction d'un de ses textes, bientôt effacée par le scribe, le compare à l'Égypte, à la Babylonie et à l'Assyrie. On a beaucoup discuté sur la localisation de ce royaume des Achéens, d'aucuns le cherchant sur la côte d'Asie Mineure (notamment en Pamphylie), d'autres dans le Péloponnèse. D'après le contexte géographique, nous pourrions le situer à Rhodes. Ainsi le témoignage des tablettes corroborerait celui de l'archéologie et permettrait de deviner l'importance de la principauté achéenne de Rhodes.

À Chypre aussi, cette plaque tournante de la Méditerranée orientale, les Achéens se sont solidement installés en plusieurs vagues à partir de 1400. Sous le nom d'Alasiya, la grande île apparaît souvent dans les textes hittites ou égyptiens, ce qui témoigne de l'importance des relations diplomatiques et commerciales entre les trois pays. L'un des établissements principaux semble être Enkomi, où une redoutable enceinte (XIVe-XIIe siècles) rappelle de très près les châteaux forts d'Argolide ; les vases mycéniens y sont nombreux. Un syllabaire s'y élabore vers 1550, dérivé, comme le linéaire B des Achéens de Grèce, du linéaire A des Crétois : c'est le linéaire chypro-minoen, qui restera en usage jusqu'à la destruction d'Enkomi en 1050 ; il est connu à Chypre et, sous une forme un peu différente, à Ougarit. Bien qu'il n'ait pas encore été déchiffré, on peut avancer qu'il a servi en particulier à noter le parler achéen de l'île. Ce parler se maintint jusqu'en plein Ier millénaire, du fait que Chypre ne fut pas touchée par les invasions doriennes : c'est le dialecte chypriote, attesté par une série d'inscriptions écrites dans une nouvelle écriture, dérivée de la précédente, le syllabaire chypriote classique, qui apparaît sans doute au IXe siècle et est bien attesté à partir du VIIe.

On retrouve ce même phénomène de survivance d'un dialecte achéen jusqu'en plein Ier millénaire dans le sud de l'Asie Mineure, en Pamphylie, et l'explication doit être la même pour le pamphylien que pour le chypriote : là aussi les Achéens étaient solidement établis, comme ils l'étaient dans la voisine Cilicie, où les découvertes d'objets mycéniens ont été fort nombreuses.

Sur la bordure côtière occidentale de l'Anatolie, qui devait quelques siècles plus tard fournir à l'hellénisme l'un de ses plus merveilleux champs d'expansion, les Achéens ont eu de la peine à s'installer. Il est certain néanmoins que, dès le XIVe siècle, Milet et Colophon sont fondées.

La guerre de Troie

C'est dans le nord de l'Anatolie, près des Détroits, que se trouve Troie, dont le sort est indissolublement lié, dans les esprits, aux Achéens, depuis près de trois mille ans qu'Homère a chanté sa ruine sous leurs coups. Les fouilles menées sur le site d'Hissarlik ont permis de retrouver 8 villes successives. Troie VI est élevée vers 1900 par une population nouvellement arrivée, fabriquant de la céramique « minyenne », et probablement apparentée d'assez près aux premiers Grecs. Cette cité, fortifiée d'un admirable rempart, jouit d'une exceptionnelle opulence. Sa prospérité est fondée sur l'exploitation d'un terroir riche et sur l'élevage du mouton et du cheval (Homère appelle toujours les Troyens « dompteurs de chevaux ») ; elle entretient des relations commerciales suivies avec le monde achéen. Vers 1275, elle est détruite par un tremblement de terre, mais reconstruite aussitôt, avec un peu moins d'éclat : c'est Troie VII *a*, qui, selon toutes les vraisemblances, est la ville de Priam.

L'*Iliade* raconte un épisode illustre entre tous de la lutte qui dressa le monde achéen tout entier, sous la direction d'Agamemnon, contre Troie : la colère d'Achille qui, retiré du combat après sa querelle avec Agamemnon pour la captive Briséis, y rentrera fou de douleur lorsque Patrocle sera tombé dans la bataille, et vengera sur Hector la mort de son ami. L'*Odyssée* montre les périlleux et interminables « retours » des héros après un siège de dix ans, terminé par la chute et le sac de la ville. On ne peut plus considérer ces récits, ainsi qu'on le faisait avant la découverte des ruines de Troie et de Mycènes, comme pure fantaisie d'un poète de génie. Une réalité historique est sous-jacente au mythe, magnifiée bien entendu par l'épopée achéenne et profondément transformée et altérée par des siècles de tradition orale, qui ont précédé la « composition » définitive par Homère (IXe-VIIIe siècles) et la mise par écrit des textes homériques (VIe siècle).

Les origines du conflit

Il n'apparaît pas sans danger de vouloir discerner dans des textes aussi fameux le noyau historique. Cela est net dès la première question qui se pose : quelles sont les origines du conflit ? Nul doute, apparemment, pour qui lit Homère : la guerre a éclaté à cause du rapt d'Hélène, femme de Ménélas et donc belle-sœur du puissant Agamemnon, enlevée par un des fils du vieux Priam, le beau Pâris. Mais l'historicité même du personnage d'Hélène est discutée : pour certains, ce rapt nous replace bien dans l'ambiance de violence et d'enlèvements du IIe millénaire achéen et il a donc des chances d'être historique ; pour d'autres, on aurait affaire à un thème folklorique (celui de la belle et volage princesse qui déclenche une guerre et donne l'occasion de merveilleux exploits), trop répandu pour qu'on ne le suspecte pas d'avoir été introduit ultérieurement dans une histoire primitive, où l'élément romanesque faisait défaut.

De fait, une certaine méfiance s'impose, car plusieurs indices invitent à voir en Hélène une ancienne déesse chthonienne, et, comme telle, une victime prédestinée au rapt (il n'est pas inutile de rappeler que, tout enfant, Hélène avait déjà été enlevée par Thésée et récupérée à grand-peine par ses frères, les Dioscures) : on aurait alors le cas bien connu d'une déesse tombant dans l'oubli et peu à peu ravalée au rang d'héroïne, et il n'y aurait pas grand crédit à accorder à l'aventure qui lui était prêtée par le vieux poète.

Quoi qu'il en soit, l'enlèvement de la belle Hélène, historique ou fabuleux, n'a pu être qu'un prétexte, saisi par les Achéens pour légitimer une expédition militaire. Quelles étaient alors leurs véritables visées ? Une vue brillante et longtemps admise (V. Bérard) rappelait la proximité de Troie par rapport aux Détroits : la ville aurait été un port de débarquement et d'embarquement des marchandises transitant par portage de la Méditerranée vers la mer Noire, en vue d'éviter la passe difficultueuse de l'Hellespont, et sa richesse s'expliquerait par les péages perçus au passage. On ne peut plus soutenir cette thèse : il est visible que les relations avec l'intérieur sont à peu près impossibles, la ville étant isolée par une barrière montagneuse, et qu'il n'y a jamais eu de route de Troie vers le Pont-Euxin. Il faut renoncer à voir en Priam un roi de Danemark veillant sur les bords du Sund et en retirant d'incalculables profits.

Récemment, D. Page a voulu trouver dans les documents hittites le secret du déclenchement du conflit. En effet Troie et Ilion apparaissent peut-être dans un texte datant du roi Tuthalijas IV (1250-1220) comme faisant partie d'une vaste coalition. Cet ensemble de 22 villes se groupe autour du prince d'Assuwa, dont le royaume, correspondant à peu près à la future Ionie, semble avoir totalement échappé au commerce achéen. D'autres documents montrent la turbulence des princes d'Akhkhijawa, cherchant à assurer leur mainmise sur le continent à la faveur de la décomposition de l'Empire hittite. D'où l'idée que la guerre de Troie serait née des ambitions des Achéens, désireux d'étendre leur commerce au nord de la côte anatolienne, en brisant les résistances du puissant souverain d'Assuwa et de ses alliés.

Une pareille théorie ne paraît pas résister à l'examen. Le royaume d'Akhkhijawa des textes hittites représente sans doute Rhodes ; or ce sont essentiellement les Achéens du continent qui se dressent contre Troie. En outre c'eût été une curieuse façon de développer le commerce achéen que de détruire la seule ville du nord de l'Anatolie qui trafiquait régulièrement avec le monde grec.

Il faut songer à une explication beaucoup plus simple. Troie suscitait l'envie des Achéens à cause des immenses richesses accumulées, au cours de siècles de prospérité et de paix, dans le palais de ses rois. Légitimée ou non par le désir de ramener Hélène dans son foyer déserté, une expédition fut décidée, qui dut mettre en œuvre toutes les forces vives du monde mycénien. Elle réussit : la ville fut prise et méthodiquement pillée, puis les Grecs se retirèrent chacun chez soi, emportant d'incalculables richesses. Homère ne dit jamais que les Achéens s'installèrent dans la cité conquise et l'archéologie confirme que le site ne fut pas occupé par les Grecs. La prise de Troie n'est donc au fond que l'épisode ultime d'une gigantesque opération de pillage, qui jette un jour assez cru sur les mœurs militaires de l'époque et n'a dû de survivre dans les mémoires qu'à l'importance des moyens déployés et au génie des aèdes qui l'ont immortalisée.

La date de la prise de Troie

Dans l'Antiquité, on n'était pas d'accord sur la date de la prise de Troie. La date le plus généralement admise est celle qu'avançait Ératosthène : 1183, mais elle fait difficulté, notamment parce qu'à ce moment le monde achéen est déjà trop ébranlé par les premières invasions doriennes et qu'il n'eût guère pu s'unir pour une entreprise si lointaine et si dangereuse. J. Bérard, dans une construction hardie mais peut-être trop systématique, a suggéré de remonter de deux siècles la chute de Troie, jusqu'en 1380. Il paraît plus raisonnable de placer le conflit au XIIIe siècle, peut-être vers 1230-1225 (date que les fouilleurs américains avancent pour la destruction de Troie VII *a*), d'autres optant plutôt pour 1280, qui est la date que propose Hérodote.

La prise de Troie serait ainsi comme le chant du cygne de la puissance achéenne, la dernière expédition où ces hardis et vaillants pillards auraient conjugué leurs forces pour s'imposer et s'enrichir dans la Méditerranée orientale. Ce n'était sans doute qu'un exploit entre bien d'autres, mais l'épopée l'a magnifié au point qu'il est devenu le symbole de ce monde de violences et de courage qu'était le monde des seigneurs achéens. On ne sait plus rien de ceux qui sont partis vers la Crète, vers Rhodes, vers Chypre, sinon par les découvertes archéologiques, mais la colère d'Achille, la bravoure de Patrocle, la beauté d'Hélène, la sagesse de Nestor n'ont cessé durant toute l'Antiquité et les Temps modernes de féconder l'imagination grâce à la magie des épopées homériques.

Un exemple précis va maintenant nous permettre de voir combien il serait dangereux de ne vouloir connaître le monde achéen que par l'épopée : c'est celui de l'écriture, qui semble étrangère à la civilisation que dépeint Homère et qui jouait en réalité un rôle déterminant dans les royaumes achéens.

3. UNE CIVILISATION DU SCRIBE

Sur plusieurs sites achéens, principalement à Pylos et à Cnossos, où d'importantes fractions des archives palatiales avaient été découvertes, mais aussi dans une moindre mesure à Mycènes, on connaissait des tablettes d'argile. Celles-ci étaient couvertes de signes, manifestement dérivés du linéaire A crétois, et que l'on désignait sous le nom conventionnel de linéaire B (plus de la moitié des signes étant communs aux deux écritures). D'innombrables essais de déchiffrement avaient été tentés, mais on achoppait sur la double difficulté qu'offraient une langue et une graphie inconnues. Ce fut la gloire de deux érudits anglais, M. Ventris et J. Chadwick, de présenter en 1953 une interprétation de la plupart des signes mycéniens, en s'aidant des procédés de cryptographie en usage dans les états-majors et en partant d'une hypothèse de travail qui se révéla féconde, à savoir que les tablettes mycéniennes servaient à écrire du grec. Leur découverte est une des plus belles qui aient été faites dans le domaine des études mycéniennes depuis qu'ont été exhumés les palais d'Argolide (fig. 12).

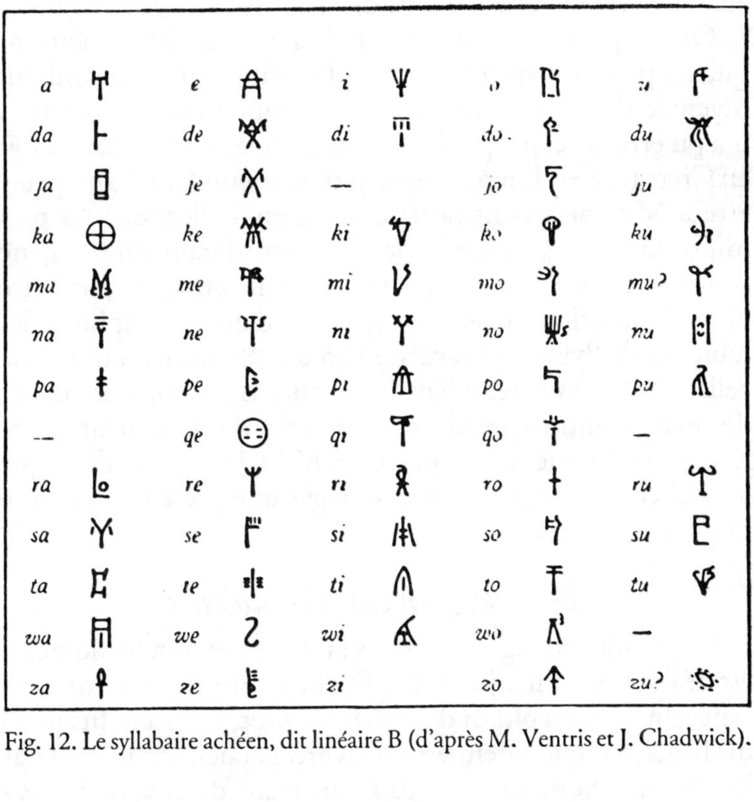

Fig. 12. Le syllabaire achéen, dit linéaire B (d'après M. Ventris et J. Chadwick).

Le syllabaire achéen et son origine

L'écriture ainsi déchiffrée est non un alphabet, mais un syllabaire de 84 ou 87 signes. Il est assez mal adapté au grec : parmi les occlusives, la sourde n'est pas distinguée de la sonore, sauf pour les dentales ; les deux liquides (*l* et *r*) sont confondues ; ni l'aspiration, ni la quantité des voyelles ne sont notées, pas plus que les diphtongues (sauf les diphtongues en *a*) ; les consonnes finales et les groupes de consonnes disparaissent presque complètement. Il y a enfin des doublets inexplicables. Or, toutes ces difficultés, qui rendent si malaisée pour les érudits modernes la lecture des textes mycéniens, existaient au même degré pour les scribes achéens. Pourquoi donc un système si incommode ? Parce que les Achéens ont adapté tant bien que mal le système d'écriture des Crétois (linéaire A), conçu pour noter une langue dont la phonétique était différente de celle du grec.

On ne peut répondre avec précision aux deux questions qui se posent naturellement à l'esprit : où et quand fut inventée l'écriture mycénienne ? L'adaptation du linéaire A n'a pu être faite que par les scribes minoens eux-mêmes, soit en Crète (et c'est l'hypothèse la plus vraisemblable), soit peut-être à Mycènes. Pour la date, les deux collections les plus importantes, base essentielle de notre documentation, ne sont pas contemporaines, bien qu'on ne constate pas entre elles d'évolution dans la langue ni dans la graphie : les tablettes de Pylos sont tardives (fin du XIIIe siècle), tandis que celles de Cnossos semblent bien, au terme d'une épuisante discussion entre spécialistes, provenir d'une couche antérieure à la destruction du palais en 1400. Il apparaît donc que les Achéens ont vite vu les avantages que présente l'écriture pour l'administration.

Les enseignements des tablettes

Le premier enseignement des tablettes, et non le moindre, est de faire remonter jusqu'à la fin du XVe siècle notre connaissance du grec, ou plutôt d'un dialecte grec, l'achéen. Jusqu'au déchiffrement, les premiers textes grecs étaient constitués par les épopées homériques, qui ne peuvent dater que des IXe-

VIIIe siècles. Mais les historiens ont autant gagné que les philologues à la lecture des documents achéens.

Avant le déchiffrement, on avait fait beaucoup de rêves sur le contenu des tablettes : on pensait y trouver des textes religieux et littéraires, peut-être une *Iliade* ou une *Odyssée* primitives. Ils se sont révélés vains. Les tablettes sont uniquement des documents administratifs, des listes et des inventaires. Leur minutie est particulièrement digne de remarque : on note le poids du bronze qui a été distribué pour fabriquer 500 000 pointes de flèches ou 2 300 épées, ainsi que le nombre de forgerons en activité dans chaque village, celui des cochons qu'un district doit fournir, la quantité de blé destinée à ensemencer les différentes catégories de terre, le nombre des roues entreposées dans les magasins du palais de Cnossos, la ration de blé et de figues allouée aux 37 servantes du bain de Pylos. Les détails les plus personnels n'échappent pas à la curiosité de l'administration : un certain Péséro a une femme et deux enfants ; un tel a deux esclaves, homme et femme ; en un endroit il y a deux chariots, dont l'un hors d'usage...

On est pris de vertige devant l'extraordinaire effort qui était déployé pour inventorier hommes et biens à l'intérieur du royaume. Et encore n'avons-nous vraisemblablement, pour Pylos comme pour Cnossos, qu'une partie des tablettes d'une seule année, celle de l'incendie du palais, qui a cuit les tablettes d'argile crue, assurant ainsi leur survie !

Les monarchies achéennes apparaissent ainsi comme appuyées sur une bureaucratie puissante et omnisciente, comme celles du Moyen-Orient, à Ougarit ou Alalakh par exemple. C'est là une des découvertes les plus considérables qu'a permises le déchiffrement des tablettes. Rien de tel n'apparaîtra plus dans Homère, où les rois ne sont que des chefs de guerre, remarquables seulement par leurs richesses et leurs exploits guerriers : en fait ils étaient à la tête d'une administration aussi complexe que tracassière, trouvant son moyen d'action essentiel dans l'invention de l'écriture. La civilisation achéenne est une civilisation du scribe, tout autant que celles d'Égypte, de Babylone ou de Phénicie. Enfin, dans le détail, les tablettes apportent d'innombrables renseignements sur les institutions, la vie économique et sociale, l'onomastique, que nous aurons l'occasion d'utiliser au chapitre suivant. Ne leur demandons toutefois pas plus qu'elles ne peuvent donner : des domaines entiers leur restent étrangers et leur intérêt reste beaucoup moins vif que celui des archives d'Ougarit par exemple.

Diffusion et disparition de l'écriture

En Grèce même, la diffusion du syllabaire est générale dans tous les royaumes achéens : les tablettes ne se retrouvent pas seulement en Crète et dans le Péloponnèse, mais aussi à Athènes et en Béotie. Les signes qui les composent sont partout les mêmes, ce qui témoigne de l'existence d'une *koiné* dans l'écriture, comme il en existe une dans la langue et dans la civilisation.

Dans le monde de l'expansion achéenne, l'écriture connaît aussi une vaste diffusion. Le cas de Chypre est un peu particulier : il s'y élabora, nous l'avons noté, un syllabaire (dit chypro-minoen) qui dérive du linéaire A et n'est pas sans analogie avec le linéaire B des Mycéniens. Mais en Occident c'est bien le linéaire B qui se répand : on a retrouvé des lettres dérivées du linéaire B sur des vases des îles Lipari. Ainsi se trouverait confirmée une tradition mythique relative à l'apparition de l'écriture en Italie : elle aurait été apportée par l'Arcadien Évandre, bien avant qu'un Corinthien n'introduisît (au VIIe siècle) l'écriture alphabétique des Grecs.

On ne sait pas quand disparut l'écriture mycénienne. On peut toutefois noter qu'il ne semble pas y avoir de tablettes tardives (sub-mycéniennes ou proto-géométriques). L'écriture, qui était un instrument d'administration et non de civilisation, dut disparaître avec les palais qui abritaient les scribes, sous les coups des Doriens. Il faudra attendre plusieurs siècles pour que les Grecs réapprennent à écrire et qu'ils inventent une nouvelle écriture, imitée des graphies phéniciennes, et beaucoup plus perfectionnée puisqu'elle notera non seulement les syllabes mais les consonnes et les voyelles, réalisant ainsi un progrès considérable dans l'analyse des sons.

On conçoit tout ce que le déchiffrement des tablettes a apporté de nouveau sur la civilisation achéenne par rapport à ce que montraient les ruines des palais et à ce que faisait entrevoir Homère. Le tableau que nous allons maintenant brosser de cette civilisation est beaucoup plus précis qu'il n'aurait été il y a une génération.

CHAPITRE 3

La vie dans les royaumes achéens

La brillante expansion des royaumes achéens s'accompagnait d'une exceptionnelle vitalité dans le domaine de l'économie, de la société et de la vie spirituelle. C'est, notamment en Argolide et même en Béotie, le premier apogée du monde grec, aussi éclatant que celui d'Athènes au Ve siècle.

1. LE DYNAMISME D'UNE ÉCONOMIE ÉTATIQUE

À la base de la puissance mycénienne, une économie florissante, qui suffit aux besoins locaux en ravitaillement et en objets de première nécessité, en même temps qu'elle permet un fructueux commerce avec les contrées les plus éloignées.

Vie rurale et régime de la terre

On a parlé de conditions climatiques favorables qui auraient permis le développement de l'agriculture, grâce à un adoucissement du climat pendant la période du Bronze, mais de telles hypothèses ne méritent peut-être pas entièrement créance.

Quoi qu'il en soit, l'agriculture est prospère, fondée essentiellement sur les céréales et sur les cultures arbustives, qui se développent. Certaines régions, telle la « creuse Lacédémone » (c'est-à-dire la Laconie), semblent avoir été particulièrement bien mises en valeur. Télémaque, dans l'*Odyssée* (4, 602 *sq.*), admire la richesse de la vallée de l'Eurotas au cours de sa visite chez Ménélas, et il l'oppose à l'aridité du sol d'Ithaque : « En cadeau, si tu veux, j'accepte le bijou, mais ne puis emmener des chevaux en Ithaque ; c'est un luxe qu'ici j'aime mieux te laisser ; car ton royaume à toi est une vaste plaine, qui porte en abondance le trèfle, le souchet, l'épeautre, le froment et la grande orge blanche. »

L'élevage est tout aussi prospère. Les seigneurs des manoirs sont propriétaires d'immenses troupeaux de gros ou de petit bétail. Les poèmes homériques sont remplis d'évocations pastorales. Ulysse possède, tant sur le continent qu'à Ithaque, un cheptel de plusieurs milliers de bêtes, parfaitement encadré grâce à un personnel compétent de bouviers, de pâtres et de porchers. La figure de son porcher-chef, Eumée, est inoubliable pour qui a lu l'*Odyssée.*

Les tablettes pyliennes et cnossiennes ont permis de jeter un jour entièrement nouveau sur le régime de la terre, qui paraît avoir été d'une extrême complexité. Le roi et le *lawagétas* disposent de vastes domaines, ou *téméné.* Les grands officiers ou fonctionnaires jouissent de tenures, d'une superficie moindre, en échange des services qu'ils rendent au roi ou de la charge qui leur incombe : c'est la *kitiména kotona* (ou terre acquise). Les dieux se sont vu aussi réserver des propriétés importantes, ou *étonija*, qui semblent avoir donné lieu parfois à des contestations avec le peuple. Une tablette de Pylos nous met au fait de l'une d'elles : « Érita la prêtresse a et proclame qu'elle a un *étonijo* pour le dieu, mais le peuple déclare qu'elle a un *onato* de terres communales. »

Tout le reste de la terre appartient au *damos* (peuple). Il y a là un souvenir de la conquête, pourtant déjà lointaine. À leur arrivée en Grèce, les premiers Grecs ont éliminé les occupants antérieurs et se sont approprié la totalité de la terre cultivable, qui constitue la terre commune, ou *kékéména kotona.* On reconnaît là le principe égalitaire des sociétés indo-européennes. Chaque chef de famille s'est vu allouer un lot, qui lui est concédé, mais dont il n'a pas la pleine propriété, et qu'il cultive selon le système de l'*open field.* C'est bien une des découvertes les plus importantes qu'a permises le récent déchiffrement des tablettes que cette confirmation d'une propriété communautaire de la terre à l'époque achéenne, que la perspicacité de certains savants avait déjà cru pouvoir inférer d'une allusion d'Homère à la « terre commune ».

Mais une évolution a ensuite modifié le système primitif. Dans les tablettes sont mentionnées des terres prises sur la *kékéména kotona* et qui sont attribuées à des particuliers, soit à titre onéreux, contre paiement d'une redevance (*onata*), soit même à titre gracieux (*anona*). Les *anona* sont donnés seulement à de très grands personnages, qui voient sans doute récompensés ainsi d'éminents services. Les aliénations définitives constituent une grave entorse à la communauté des terres ; elles préparent, dans une faible mesure, la propriété individuelle qui ne se développera qu'au millénaire suivant. Mais les *onata* sont parfois très modestes de superficie et peuvent être entre les mains de simples citoyens. Leur multiplication a été mise en rapport, non sans de bonnes raisons, avec le développement des cultures arbustives (vigne, olivier, figuier), qui supposent des investissements et sont difficilement conciliables avec le système de la terre communautaire.

Industrie et expansion commerciale

Le haut degré d'évolution de la société mycénienne est perceptible dans la spécialisation des artisans cités dans les tablettes. Toutes les industries sont représentées, textile, céramique, métallurgie, armurerie, travail des métaux précieux, de l'ivoire, de la corne... La plus importante semble la céramique, qui fournit d'énormes contingents à l'exportation, et qui produit non seulement des objets utilitaires comme des baignoires, mais aussi ces beaux vases mycéniens, recueillis sur presque toutes les côtes de la Méditerranée, qui, par leurs transformations selon les caprices de la mode, ont permis d'établir une chronologie rigoureuse de la période. Cette production céramique est d'ailleurs, sur tous les sites, d'une étonnante unité : les mêmes formes, tel le vase à étrier, les mêmes motifs décoratifs, tel le poulpe hérité de l'art crétois, se rencontrent partout. Le métal joue aussi son rôle, qui est de premier plan : l'époque mycénienne correspond à l'âge du Bronze récent ; le seul métal connu et largement utilisé est le bronze, dont sont faites notamment toutes les armes, capitales dans la civilisation guerrière des Achéens. De ce point de vue, la Grèce est nettement en retard sur l'Anatolie, où les Hittites pratiquent depuis des siècles la métallurgie du fer, dont ils se réservent jalousement le monopole.

Le grand nombre d'objets mycéniens que les fouilles ont mis au jour sur les rives de la Méditerranée éclaire un aspect capital : l'expansion commerciale d'un monde en pleine vitalité. Certes, les établissements mycéniens en Méditerranée orientale, qui résultaient de la conquête, ont dû faciliter les développements du commerce, mais les *businessmen* achéens ont aussi fréquenté des régions qui, politiquement, restaient tout à fait en dehors de l'orbite achéenne. Les routes qu'ils ont suivies sont d'ailleurs le plus souvent celles qu'avaient pratiquées les marins crétois. Ainsi les rapports entre l'Égypte et les « habitants des îles » (tel est le nom dont les Égyptiens désignaient les Achéens) sont attestés par maintes découvertes : aux XIVe et XIIIe siècles, il y a des objets égyptiens dans toute la Grèce, par exemple un cartouche d'Aménophis III à Mycènes ; surtout, les vases mycéniens sont nombreux en Égypte, notamment à Tell-el-Amarna, la capitale éphémère du souverain hérétique Aménophis IV.

Les produits achéens pénètrent aussi dans la Syro-Phénicie, partagée entre l'influence hittite et l'influence égyptienne et où s'élabore alors une civilisation mixte, où confluent la Grèce achéenne et l'Orient. Les vases et les ivoires mycéniens trouvés à Ougarit (Ras-Shamra) montrent au vif l'activité des commerçants achéens dans le grand port levantin et une même conclusion s'imposerait pour d'autres sites, par exemple pour Al-Mina, aux bouches de l'Oronte, ou pour Byblos. Ce qui est plus notable encore – car sur ce point grande est la différence avec les Crétois qui les avaient précédés dans ces régions – c'est que les Achéens écoulent leurs produits jusque dans l'intérieur : par la vallée de l'Oronte, ils remontent jusqu'à Hamah, Qatna et Kadesh au coude de l'Oronte ; Alalakh, centre achéen important, est pour eux la porte ouverte vers l'Euphrate et la Mésopotamie ; plus au sud, ils atteignent le Jourdain à Jéricho. L'Égypte et la Syrie (notamment Ougarit) sont en outre les deux voies de transit de l'or, qui arrive de Nubie et dont les Mycéniens ont un tel besoin.

En Asie Mineure, au contraire, l'Empire hittite et le royaume vassal d'Assuwa ne permettent guère la pénétration des Achéens, qui sont cependant au moins installés en deux points (Milet et Colophon) et surtout qui possèdent en Troie un client important. Les Troyens achètent des armes (dagues de bronze, têtes de flèche), du marbre, des ivoires, des œufs d'autruche amenés de très loin par des bateaux achéens, et principalement des vases (ces vases sont des coupes, donc des vases à boire, importés pour leur valeur esthétique et non comme récipients). En échange les Achéens se procurent sans doute des tissus et des chevaux.

Ainsi les Achéens ne se sont pas contentés d'occuper les grandes îles (Crète, Rhodes, Chypre) ; ils ont installé des établissements commerciaux, semblables aux futurs *emporia* archaïques, sur les côtes de la Méditerranée orientale, depuis la Troade jusqu'en Égypte et même en Cyrénaïque, où l'on vient de retrouver des traces de leur négoce, avec une seule lacune, d'ailleurs partielle, en Anatolie. Mais leurs visées sont plus étendues encore. Ils franchissent le Bosphore (voir p. 276). En Occident, leurs bateaux ont souvent abordé : des tombeaux aux environs de Syracuse ou de Tarente ont fourni des vases mycéniens ; Panarea, l'une des îles Lipari – un relais sur la route de l'étain des Cassitérides et de l'île d'Elbe, mentionnée dans une tablette pylienne – a livré de nombreux tessons mycéniens, dont certains portaient des signes dérivés du linéaire B ; il y a de la céramique mycénienne à Ischia et en Étrurie. On a même pensé que la lointaine Ibérie avait été atteinte : Strabon a conservé le souvenir de héros achéens, contemporains d'Agamemnon, qui s'y seraient installés, mais la rareté d'objets mycéniens en Espagne rend cette hypothèse douteuse.

La condition première d'une telle expansion était évidemment l'existence d'une marine puissante. On connaît bien les bateaux mycéniens, grâce aux représentations figurées des intailles et à quelques modèles réduits retrouvés dans des tombes (dont l'un notamment à Mycènes). Le type le plus courant est un navire à rames (généralement à 5 paires, mais des bateaux beaucoup plus gros comptent 15 paires de rames : c'est sur une triacontore de ce genre que Thésée entreprit son voyage de Crète) ; mais il porte aussi un mât et peut donc conjuguer la puissance du vent et l'effort des rameurs. Certains vaisseaux cependant ont un tillac qui s'étend sur toute la coque et exclut donc l'usage des rames : ce sont de grands voiliers, gréés pour de lointaines expéditions, les seuls qui soient attestés dans les civilisations préhistoriques ou protohistoriques de la mer Égée.

Ce puissant essor de la vie économique sous toutes ses formes ne s'explique au fond que par l'armature très solide de la société dans les royaumes achéens.

2. UNE SOCIÉTÉ TRIFONCTIONNELLE (?)

Les tablettes en linéaire B ont apporté de très importants compléments à ce que l'on pouvait savoir grâce au témoignage équivoque d'Homère. La société achéenne est fortement hiérarchisée.

Roi, dignitaires et prêtres

À sa tête se trouve le roi (*wanax*), assisté d'un commandant en chef ou grand vizir (*lawagétas*). Au-dessous, une série de grands fonctionnaires, dont les noms sont mieux connus que les fonctions réelles : les *télestai*, détenteurs de tenures, les *héquétai*, les *basileis*, les *korétéré*... Une théorie peut-être plus brillante que solide (L. Palmer) a voulu montrer qu'il y avait là tous les éléments d'une société féodale de type indo-européen, comme on en voit de fait chez les Hittites ou chez les Germains : le *lawagétas* serait le duc ; les *télestai* (que l'auteur propose de traduire : les hommes du système féodal), des barons ; les *héquétai* (littéralement : les suiveurs, les compagnons), des comtes. Mais des doutes justifiés ont été émis : déjà il n'est pas sûr que le *lawagétas* soit un chef militaire ; quant aux *télestai*, sont-ils des hommes investis d'un *télos*, c'est-à-dire d'une charge, d'un office, ou sont-ils en rapport avec l'initiation (*télété*) ? En tout cas, dans les textes on les voit parfois remplir des fonctions religieuses. Il ne serait donc pas raisonnable de vouloir à tout prix retrouver chez les Achéens la féodalité médiévale.

Il reste aussi beaucoup d'incertitudes sur les autres dignitaires, tels les *korétéré*, dont le nom pourrait aussi bien se traduire par « nourricier » ou par « héraut » ou par « chef militaire ». Cette dernière solution paraît la plus vraisemblable. À Pylos, dans l'une des deux provinces du royaume, ils semblent au nombre de 9, chacun étant chargé du commandement des troupes dans l'une des 9 circonscriptions entre lesquelles elle était divisée ; des vice-*korétéré* (*poro-korétéré*) les assistent. Les *basileis* (rois) jouent vraisemblablement un rôle assez secondaire, quoique leur nom soit appelé, au millénaire suivant, à recouvrir des réalités bien plus nobles : il n'est pas impossible qu'ils représentent le pouvoir civil dans les circonscriptions provinciales. Signalons enfin que prêtres et prêtresses sont fréquemment cités dans les tablettes, en accord avec la place importante qui est la leur dans la société.

Le damos et les esclaves

Au-dessous des privilégiés, se trouve le *damos* (peuple), dans lequel la division du travail est déjà systématique. Les inscriptions mentionnent des professions libérales, telles celles de médecin ou de héraut ; mais elles citent surtout beaucoup d'artisans : boulanger, forgeron, charpentier, ouvrier de constructions navales, potier, tisserand... La spécialisation est parfois plus poussée encore, comme lorsqu'il s'agit de fabricants d'arcs, de bouilleurs d'onguent ou de servantes de bain. Tous ces artisans peuvent être au service du roi ou du *lawagétas*, ou être établis à leur propre compte, parfois groupés en guildes. Quant à la masse des paysans, elle apparaît évidemment un peu moins dans les archives palatiales, où toutefois les mentions des diverses sortes de tenanciers ne sont point rares.

Enfin, tout à fait en bas de l'échelle sociale, les esclaves, qui peuvent appartenir au roi, aux grands, ou bien à de simples particuliers (on trouve mentionné, par exemple, l'esclave d'un forgeron). Mais les esclaves d'un dieu cités dans les tablettes semblent plutôt des dévots consacrés à une divinité, selon une coutume orientale, que de vrais esclaves. Plusieurs esclaves sont des « captives de butin » et leurs ethniques (Milésienne, Cnidienne, Lemnienne) indiquent l'endroit où elles ont été capturées.

Au total, une société où certains veulent chercher, encore assez bien conservés, les cadres de la société trifonctionnelle des Indo-Européens : deux classes de privilégiés, nobles et prêtres, dirigent et exploitent la classe productrice du *damos*.

La vie quotidienne

Sur les goûts et les occupations de cette société, le témoignage des tablettes et d'Homère et les renseignements tirés des fouilles permettent de se faire une idée relativement précise, au moins en ce qui concerne les classes supérieures.

Ainsi on voit « les princes des îles qui sont au milieu de la Grande Verte [la Méditerranée] » sur les fresques de la tombe de Rekhmiré, vizir de Toutmosis III, et sur de nombreuses représentations achéennes, en particulier sur les fameux masques en or de Mycènes, qui nous ont conservé les traits énergiques de rois barbus. Le costume masculin est tantôt le caleçon, emprunté à la Crète, tantôt le blouson court et le manteau, que l'on peut supposer être le costume traditionnel des premiers Grecs. Les femmes, elles, ont généralement adopté la mode crétoise : jupe ample et corsage très décolleté, robe droite à manches. Les bijoux riches, voire clinquants, sont fort en honneur et ce goût de la parure se retrouve dans les armes d'apparat avec lesquelles les chefs ont souvent voulu se faire enterrer.

En effet, l'armement aussi est bien connu. Le casque est en cuir, avec décoration de défenses de sanglier ou revêtement de plaques métalliques ; la cuirasse, également de cuir, est composée de deux parties solidement liées l'une à l'autre ; les jambes sont protégées par des jambières, dont Homère se souviendra quand il parlera des « Achéens aux belles cnémides » ; le bouclier revêt plusieurs formes successives, depuis l'énorme pavois en forme de tour ou de huit qui recouvre tout le corps, jusqu'au bouclier rond qui libère la main droite pour l'attaque. Parmi les armes offensives, l'arc, que les Crétois utilisaient seulement pour la chasse et qui sert maintenant aussi pour la guerre, le javelot et la lance, l'épée, plus perfectionnée que l'épée crétoise puisqu'elle peut désormais frapper non seulement d'estoc, mais aussi de taille. L'importance des armes se voit bien dans la richesse du vocabulaire qui sert à les désigner dans les tablettes en linéaire B. Même remarque pour les chars, qui jouent un grand rôle tant à la chasse qu'à la guerre : il y a à Cnossos de riches inventaires de chars ou de roues à quatre rayons, d'où l'on peut induire que le roi de Cnossos disposait de plus de 400 chars (fig. 13).

Nous avons déjà évoqué le puissant manoir où vit le *wanax*, entouré de sa famille et de ses dignitaires. Une grande partie de son temps doit être pris par l'administration d'un État centralisé et bureaucratique, mais ses occupations favorites restent la chasse et la guerre. La prédominance des thèmes cynégétiques ou guerriers dans l'art mycénien est caractéristique de l'orientation de la civilisation.

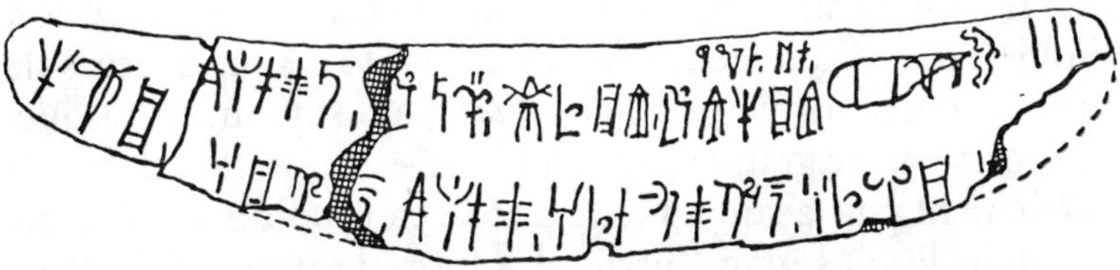

Fig. 13. Tablette en linéaire B trouvée à Cnossos (d'après M. Ventris et J. Chadwick).

Traduction : « Trois chars sans roues, incrustés d'ivoire, montés avec toutes leurs pièces, pourvus de brides avec des montants agrémentés d'ivoire et des mors en corne. Offrande de Calchidas. »

3. LE MONDE ARTISTIQUE DES PALAIS

Mais ce serait se faire une idée bien partiale des seigneurs achéens que de les imaginer seulement dans leurs chasses, leurs razzias, leurs expéditions lointaines. Leur vie inimitable se déroule parmi les trésors d'un art qui a beaucoup emprunté à la Crète, dans des festivités somptueuses au milieu desquelles les aèdes chantent des vers épiques ; elle est en outre soutenue par un corps de croyances religieuses et protégée par les dieux et les héros. L'extrême raffinement de la vie spirituelle dans les châteaux forts d'Argolide forme un contraste significatif avec la brutalité militaire des mœurs qui y règnent.

Naissance de l'épopée

C'est une gageure de parler de la littérature achéenne, car aucun texte n'est parvenu jusqu'à nous, et il est sûr que l'écriture n'a été qu'un moyen d'administration et n'a jamais servi au développement d'une littérature écrite.

Mais l'analyse des œuvres d'Homère impose l'idée que des épopées existaient dès la période achéenne, qui, transmises par voie orale jusqu'en pleins âges sombres, furent le premier noyau autour duquel les poètes ioniens développèrent les monumentales créations de l'*Iliade* et de l'*Odyssée.* Ainsi s'expliqueraient les formes arcadiennes et éoliennes, non remplaçables par des formes ioniennes, qui y sont nombreuses, comme des résidus des formes primitives de l'épopée du IIe millénaire. Ainsi s'expliquerait aussi la mention d'objets spécifiquement mycéniens, tel le casque à dents de sanglier décrit au chant 10 de l'*Iliade*, alors qu'un tel casque, qui connaît une grande vogue aux XVIe et XVe siècles, disparaît totalement par la suite. Cette poésie était uniquement orale et faisait le plus grand usage des formules toutes faites (en particulier des fameuses « épithètes homériques »), qui facilitaient la tâche du poète aussi bien dans la composition que dans la récitation. Les sujets préférés étaient d'abord les exploits guerriers, mais certainement aussi les dangereuses aventures sur la « mer vineuse ». L'art contemporain illustre ce même goût : trois rhytons d'argent de Mycènes représentent l'un le siège d'une ville, l'autre une scène de bataille, le troisième des naufragés qui se sauvent à la nage. Ce sont déjà, par avance, les thèmes de l'*Iliade* et de l'*Odyssée.*

C'est dans l'*Iliade* que se trouvent les reliques mycéniennes les plus nettes. Le thème de la guerre de Troie semble avoir été exploité très tôt après les événements. Le *Catalogue des vaisseaux* du chant 2 est considéré aujourd'hui par certains comme un des morceaux les plus anciens et les moins remaniés par les poètes ultérieurs : il donne un tableau de la Grèce achéenne au moment du conflit qui allait l'unifier sous l'autorité incertaine du roi de Mycènes. Sous cette première forme, l'épopée a dû être créée dans la Grèce centrale, autour d'un héros local, Achille, à côté duquel le principal des héros péloponnésiens, Agamemnon, fait assez piètre figure. Mais il est très probable que bien d'autres compositions avaient précédé cette *Iliade* primitive et, d'après les recherches les plus récentes, c'est jusqu'au XVe siècle au moins que pourraient remonter les premiers essais épiques. Dans ce domaine, comme dans tant d'autres, l'influence crétoise a pu être déterminante : A. Meillet avait fait remarquer que le vers homérique, l'hexamètre dactylique, n'a aucun correspondant dans le domaine indo-européen et qu'en outre il est assez mal adapté à la structure de la langue grecque ; on pourrait donc supposer qu'il s'agit d'un mètre crétois que les Achéens auraient emprunté. L'épopée serait alors une création caractéristique de l'époque mycénienne : minoenne par sa forme, achéenne par son inspiration guerrière.

Il est certain que d'autres thèmes que celui d'Ilion étaient exploités par les aèdes. Des épopées cycliques ultérieures, les *Argonautiques* et la *Thébaïde*, ont pu aussi utiliser des essais d'époque mycénienne. Les *Argonautiques* chantaient la geste de hardis navigateurs minyens, embarqués à Iolcos à la recherche d'un talisman magique, la Toison d'or ; la *Thébaïde* célébrait les combats qui opposèrent, devant Thèbes aux sept portes, les Argiens aux Thébains, souvenir peut-être de luttes intestines entre princes d'Argolide et de Béotie. On serait ainsi amené à attribuer une importance capitale à la Béotie dans la naissance de l'épopée.

La peinture et la sculpture

En abordant le domaine de l'art, nous nous trouvons sur un terrain beaucoup plus solide, en raison de la grande quantité des documents conservés. Là, l'influence crétoise apparaît dans tout son éclat. C'est en effet aux techniques et au goût crétois que les Achéens ont très tôt emprunté la décoration de leurs manoirs, comme la parure de leur vie quotidienne.

La grande peinture connaît un développement aussi important qu'en Crète. Les murs des palais sont couverts de fresques qui continuent la tradition minoenne, avec néanmoins une simplification dans le dessin et un dédain du naturalisme dans les couleurs qui ont pu faire parler de décadence. Certains sujets rappellent à s'y méprendre les sujets crétois : ainsi l'un des chefs-d'œuvre de l'art pictural, la fresque de la procession du palais de Tirynthe, montre deux défilés de femmes en brillant costume de cérémonie qui vont à la rencontre l'un de l'autre sur les murs du *mégaron*. D'autres sujets, traités également selon les techniques minoennes, répondent mieux aux goûts continentaux : à Mycènes, guerriers et chevaux se pressent sur une frise ; à Tirynthe, deux seigneurs partent pour la chasse, une paire de javelots sur l'épaule.

Les Mycéniens ont peu pratiqué la ronde-bosse, peut-être parce que cet art difficile avait disparu plus rapidement que les autres en Crète. On ne peut donc enregistrer dans ce domaine que quelques essais, dont certains fort réussis, comme une belle tête de calcaire, portant de curieux tatouages, trouvée à Mycènes. En revanche, le grand relief de pierre connaît un développement inconnu en Crète, et qui annonce la sculpture décorative de la Grèce du Ier millénaire. À l'entrée de l'acropole de Mycènes, au-dessus du linteau de la porte, le vide du triangle de décharge était masqué par un relief où s'affrontent deux lionnes héraldiques, les pattes antérieures dressées sur deux petits autels de forme crétoise, que surmonte une colonne assez voisine de celles du « trésor d'Atrée ». C'est la plus ancienne sculpture monumentale de la Grèce et l'une des plus expressives : les grands fauves, animaux familiers de la *Potnia théron* qui veillait sur le palais et était chargée d'assurer sa sécurité comme la stabilité de sa construction, sont rendus avec une étonnante fidélité qui témoigne de l'imitation de modèles orientaux. Point de détails inutiles, mais une noble et forte simplicité, qui s'accorde bien avec le caractère sévère du bastion fortifié qui précède l'entrée.

Les arts mineurs

Parmi les arts mineurs, nous avons déjà mentionné la céramique, où la quantité tend à remplacer la qualité. Techniquement les vases restent soignés (fig. 14), avec toute une gamme de formes variées, dont les plus goûtées sont le « vase à étrier », la « gourde de pèlerin », le « verre à champagne ». Mais le décor, directement inspiré à l'origine de la céramique crétoise, se stylise exagérément et, à la fin de la période mycénienne, il se réduit à des bandes horizontales et à de monotones rosaces. C'est comme l'agonie d'un art qui s'est industrialisé à l'excès.

Fig. 14. Amphore trouvée à Mycènes dans la « tombe d'Égisthe » (style du palais de l'Helladique récent II). (Reconstitution d'après A. J. B. Wace.)

Quel contraste avec l'orfèvrerie, la toreutique et la damasquinerie où le génie mycénien a donné sa pleine mesure, dans d'incomparables chefs-d'œuvre qu'il est souvent bien difficile de discerner des œuvres crétoises qui leur ont servi de modèle ! C'est toute la splendeur de « Mycènes riche en or » qui éclate encore aux regards dans la grande salle mycénienne du Musée national d'Athènes où sont concentrées les plus belles pièces. Les curieux masques d'or des tombes du cercle supérieur (cercle A) ont été longtemps considérés comme de grossiers estampages exécutés par les Achéens, selon d'ancestrales coutumes. Certes, ce n'est pas du côté de la Crète qu'on leur peut trouver des modèles, mais, maintenant que l'influence égyptienne sur les usages funéraires du monde achéen est mieux connue, on aurait plutôt tendance à en chercher l'origine dans la vallée du Nil. Les exemplaires les plus remarquables de l'art créto-mycénien (dont il est rarement aisé de dire s'ils sont importés de Crète ou façonnés sur place par des artistes formés à l'école de la Crète) proviennent du cercle supérieur de Mycènes, et notamment de la quatrième tombe, de Midéa et de Vaphio.

À Mycènes, ce sont ces rhytons d'argent, déjà mentionnés, qui illustrent par avance les épopées homériques, ou cette coupe d'or dans laquelle des colombes, perchées sur les anses, trempent leur bec. N'est-ce pas le *dépas* du vieux Nestor, tel que l'*Iliade* (11, 633) l'évoque : « La coupe splendide est ornée de clous d'or. Elle a quatre anses et deux colombes d'or becquetant à côté de chacune et un support double au-dessous » ? À Midéa, une coupe d'or montre un riche paysage sous-marin, des plus minoens, tandis que des canards s'envolent dans les médaillons quadrilobés d'un gobelet.

Mais ce sont peut-être les deux gobelets de Vaphio qui représentent l'apogée de la toreutique mycénienne, avec un sens très sûr de la composition et une clarté logique fort éloignés des principes esthétiques des Crétois et où l'on peut voir l'une des premières manifestations de l'esprit grec. L'un d'eux illustre, dans un paysage de montagnes, la vie du taureau sauvage : un splendide animal est pris au filet, tandis que deux autres chargent, furieux. Sur l'autre, une scène de plaine : des taureaux apprivoisés, dont l'un est mené à la longe, alors que l'autre cajole une vache.

Les armes d'apparat qui accompagnaient dans la mort les princes achéens n'étaient pas moins remarquables. Là encore des artistes crétois ont enseigné à forger, à ciseler, à sertir les matières précieuses. L'une des plus belles pièces est ce poignard de bronze de Mycènes dont la garde, incrustée d'argent et d'or, représente des scènes d'inspiration orientale, chasse au lion et lion en chasse.

Il y a enfin beaucoup de menus chefs-d'œuvre dans les productions de la glyptique, elles aussi directement inspirées de l'art crétois. Les scènes tirées de la vie quotidienne sont nombreuses et montrent à nouveau le goût très vif des Achéens pour la guerre (duels, départs en char, razzias de femmes ou de bétail) et pour la chasse. Mais l'abondance des chasses au lion montre qu'il s'agit souvent de motifs conventionnels, hérités, par l'intermédiaire de la Crète, de l'Orient. Dans bien des cas, les sujets sont religieux et il n'est alors plus possible de les distinguer des sujets crétois correspondants : on a pu y retrouver les différentes étapes saisonnières des cultes de la végétation. De fait, il y a bon nombre de représentations de la Grande Déesse, soit isolée, soit accompagnée de divers parèdres. Sur une très belle bague d'or provenant d'une tombe de Tirynthe, on voit un couple qui vogue sur un bateau d'apparat vers un palais, symbolisé par des propylées, devant lesquels deux autres couples l'attendent. S'agit-il du voyage annuel vers les Enfers de la Terre-Mère et du jeune dieu de la végétation, ou plutôt d'une scène d'enlèvement, comme la mythologie grecque en gardera le souvenir pour Ariane ou pour Hélène, ou enfin de la navigation vers les Champs-Élysées et l'immortalité des Bienheureux d'un couple princier délivré des misères de la vie ? Il est difficile de répondre, mais la valeur religieuse d'une telle représentation est probable, et l'on ne peut laisser d'admirer l'adresse de l'artiste qui a concentré sur un chaton cette large composition.

Si l'on ajoute les grandes réalisations de l'architecture palatiale et funéraire étudiées au chapitre précédent, on ne manque pas d'être frappé de la variété de cet art qui a créé aussi bien les robustes enceintes d'Argolide ou le relief dépouillé de la porte des lionnes que ces ravissants chefs-d'œuvre décoratifs que sont souvent les vases, les épées ou les sceaux mycéniens. Nous sommes angoissés par le nid d'aigle de Mycènes, tout plein encore de l'horreur des crimes qui y furent perpétrés, et charmés d'un oiseau au flanc d'un gobelet. Cette variété s'explique en partie par le caractère hybride d'un art qui a emprunté ses techniques et l'essentiel de son inspiration à la Crète, sans répudier pour autant certaines traditions nordiques et surtout un état d'esprit qui clarifiait et ordonnait l'héritage minoen.

Ces leçons ne seront pas perdues, malgré le long désastre des invasions doriennes, où s'abîmeront toutes les productions d'un des arts les plus vivants que la Grèce ait jamais connu.

4. LE SYNCRÉTISME RELIGIEUX

C'est à des conclusions similaires qu'amène l'étude de la religion, qui doit être conduite avec une extrême prudence. En effet, les renseignements qu'on peut tirer des tablettes sont rares ; le témoignage d'Homère est particulièrement dangereux en ce domaine, en raison de toutes les additions ultérieures ; les monuments figurés, assez peu nombreux, sont toujours susceptibles d'interprétations divergentes. De plus, on a trop longtemps confondu religion crétoise et religion mycénienne et ce n'est que récemment que les beaux travaux de M. P. Nilsson et de Ch. Picard ont permis de les distinguer.

Le caractère fondamental de cette religion, c'est d'avoir réalisé une synthèse entre des éléments nordiques et des éléments méditerranéens. Les Indo-Européens apportaient en Grèce leur religion, qui s'adressait à des dieux ouraniens et pastoraux, mais ils y sont entrés en contact avec les populations anatoliennes de la Crète, qui vénéraient des divinités chthoniennes et agraires. D'un côté, un panthéon essentiellement masculin, de l'autre, un panthéon où les déesses l'emportent de beaucoup sur les dieux, où une divinité matronale essentielle, une Terre-Mère analogue à celles de l'Orient, dispense la vie sous toutes ses formes, fertilité, fécondité, éternité. C'est d'un syncrétisme étroit entre deux types de religiosité, entre « Notre Père qui êtes aux cieux » et « Notre-Dame la souterraine », comme on l'a dit joliment pour un domaine voisin, qu'est née la religion mycénienne. Sur ces deux facteurs principaux, sont venues se greffer d'autres influences, notamment celle de l'Égypte, non négligeable pour les usages funéraires, et celle de l'Orient sémitique.

Les divinités

Il n'est pas exclu que les ancêtres des Achéens aient, tels les Romains primitifs, adoré ces forces diffuses et mal personnalisées que l'on a pris l'habitude de désigner du nom polynésien de *mana*, plutôt que des divinités personnelles. De cet état premier, il resterait des traces dans les tablettes mycéniennes et jusque dans l'œuvre d'Hésiode, où apparaissent des cultes obscurs s'adressant à des dieux ou groupes de dieux sans individualité, souvent sans nom et sans mythe. Mais il serait dangereux d'insister sur ce caractère, vite effacé. Le monde divin de l'époque achéenne est organisé autour de personnes divines, dotées d'un nom, d'une personnalité, de mythes complexes. Il ressemble au monde humain où le rôle des chefs est prédominant.

Les tablettes pyliennes et cnossiennes montrent un certain nombre de dieux : Zeus, avec une contrepartie féminine, Diwia, Poseidon, associé à une déesse Posidaéja, Hermès, Arès, Ényalos (qui s'identifiera plus tard avec Arès), Dionysos, Héphaistos (?), Héra (déjà accouplée à Zeus), Athéna (dite Potnia, Maîtresse, comme dans Homère), Artémis, Ilithyie, Érinys, Déméter. « Les deux reines et le roi » des archives de Pylos doivent être Déméter, Coré et l'enfant divin. Ni Aphrodite ni Apollon n'apparaissent, mais ce dernier est peut-être préfiguré par Paiéon. Il y a aussi un culte d'une déesse colombe (Péleia), des Vents et aussi de « tous les dieux », comme on en trouve dans l'Inde védique et comme on n'en retrouvera en Grèce qu'à l'époque hellénistique.

Quelques exemples montreront le caractère nettement composite de ces figures divines, où des éléments grecs et des éléments crétois se sont fondus dans une synthèse chaque fois originale. Zeus, qui trouve des homologues aussi bien dans le Dyauh des Indiens védiques que dans le Jupiter des Romains, est la grande divinité qu'apportèrent avec elles les populations helléniques. C'est un dieu de la voûte lumineuse du ciel, des précipitations atmosphériques et de la foudre, et aussi un dieu-roi dont l'empire s'étend sur l'Olympe comme sur les hommes. Mais des éléments crétois fort nets sont venus se greffer sur ce dieu fondamentalement indo-européen et le mythe ultérieur en a gardé des traces non équivoques : il était, disait-on, né en Crète sur le mont Ida et c'est là qu'après avoir présenté à son trop vorace époux Cronos une pierre entourée de langes qu'il avala, sa mère Rhéa le fit élever par une chèvre ou Nymphe, Amalthée, assurément une hypostase d'une Grande Mère minoenne, tandis que les Courètes exécutaient autour de lui leur danse armée. Les Grecs rationalistes imaginèrent que cette danse était destinée à couvrir les vagissements du bébé ; en réalité, c'était une mimique de ces génies de la fertilité et de la fécondité pour réveiller les forces souterraines de la terre. Ainsi Zeus apparaît comme un de ces « enfants divins » chers aux Crétois. Jusqu'en pleine époque archaïque, il sera représenté comme un adolescent imberbe, fort éloigné de l'homme barbu et majestueux, dans la force de l'âge, qui est sa figuration essentielle, et un hymne tardif, découvert à Palaiocastro (en Crète), l'évoquera comme un jeune homme bondissant, « le plus grand des Courètes ». Le maître de l'Olympe et le jeune dieu des mystères de l'Ida sont totalement distincts et cependant ils se sont fondus en une personnalité unique.

Le cas d'Hermès est semblable, et la part des éléments crétois y est plus nette encore. Son nom même semble dérivé d'un mot crétois désignant le tas de pierres rituel qui borde la route. Sa liaison avec la pierre restera un trait fondamental de sa personnalité : il sera le dieu de la pierre tombale, du seuil et de la statue-hermès. On ne peut s'empêcher d'évoquer des monuments minoens où l'on voit offrir des libations sur des tas de pierres et de rappeler l'importance de la pierre dressée (bétyle) dans les religions de l'Orient. Il est aussi le maître des grands fauves, le ravisseur des troupeaux (comme il le sera encore dans le charmant *Hymne homérique* qui raconte comment il déroba les génisses d'Apollon), le tueur de chiens (Argeiphontès). Son attribut familier, le caducée, est une baguette magique, composée d'une verge en bois sur laquelle s'enroulent deux serpents. Enfin, il est le Psychopompe, sans lequel les âmes ne peuvent accéder au bonheur éternel que la religion crétoise promet aux initiés. Ces traits minoens sont juxtaposés à des traits d'origine indo-européenne : dieu pastoral, protecteur de troupeaux, né sur le Cyllène en Arcadie, il joue un grand rôle dans cette société pastorale qu'est la société achéenne. Sa légende est d'ailleurs liée à celle du bélier à la toison d'or, talisman des royautés achéennes et gage de fécondité.

Il n'y a rien d'étonnant à ce que, dans les déesses, les traits minoens soient plus nets encore. Toutes les déesses achéennes sont les héritières des déesses préhelléniques. Ainsi Héra est une maîtresse des fauves, héroïne d'hiérogamies qui l'unissent à des dieux adolescents, et son culte gardera à Délos un évident symbolisme sexuel ; mais elle est aussi la déesse qui protège cette institution fondamentale dans la société achéenne qu'est le mariage. Athéna, dont le nom est crétois, est directement associée au serpent et à l'arbre, si fréquents dans l'imagerie minoenne. C'est une vierge guerrière, figurée en armes, comme sur cette plaque de stuc peint, retrouvée à Mycènes, où on la voit portant un énorme bouclier en huit qui la couvre tout entière et entourée de deux adorantes. L'une et l'autre sont les protectrices naturelles des acropoles où se dresse le palais mycénien : ainsi l'*Odyssée* (7, 78) présente Athéna qui regagne « les larges rues d'Athènes et, dans ses murs épais, le foyer d'Érechthée » ; à Athènes comme à Tirynthe, son sanctuaire s'élèvera sur les restes du palais mycénien. À côté de Zeus, l'époux et le père, elles représentent l'une, la matronale Héra, l'épouse ; l'autre, la virginale Athéna, la fille.

Le couple de Déméter et Coré offre l'association, courante en Crète, d'une déesse mère et d'une déesse fille. L'épisode principal qui constituera leur mythe, l'enlèvement de Coré par le dieu des Enfers et la quête angoissée de Déméter cherchant la jeune fille, évoque les scènes d'enlèvement si fréquentes dans les cultes égéens de la végétation. Quant aux mystères qui continueront à leur être associés tant à Éleusis qu'en Arcadie, ils ont leurs origines dans le plus lointain passé de la Crète. Cependant leur nom est grec : Déméter c'est la Terre-Mère ou la mère du blé ; Coré c'est la Vierge. Mais Coré possède un autre nom, Perséphone, qui, lui, est inexplicable par le grec et doit donc être crétois. La fusion n'a jamais été parfaite entre la bienveillante Coré, déesse du grain, et la lugubre Perséphone, qui règne sur le monde infernal, et cependant elles forment une même personne divine.

Il est inutile de multiplier les exemples. Beaucoup de dieux achéens ont ainsi une nature double, mi-grecque et mi-égéenne. Sous un nom grec (Zeus, Déméter) ou sous un nom minoen (Hermès, Athéna), ou même sous un double nom (Coré et Perséphone, Pallas et Athéna), ils ont une personnalité complexe, hybride, où des éléments hétérogènes et parfois contradictoires se sont fondus. Il n'y a pas eu juxtaposition de deux séries de dieux dans un panthéon unique, mais d'étranges synthèses ont amené la création de divinités syncrétiques.

Fig. 15. Les « deux déesses » et l'enfant divin, groupe d'ivoire provenant du sanctuaire palatial de Mycènes. XVe siècle. Athènes, Musée national.

Il n'est donc possible d'étudier le panthéon achéen qu'en y recherchant ses composantes nordiques et ses composantes méditerranéennes. Dès cette époque, la religion grecque est très différente des autres religions indo-européennes, celles de l'Inde, de Rome ou des Germains, qui, bien que connues à une date plus tardive, ont mieux conservé le patrimoine primitif datant de la communauté indo-européenne, et en particulier l'organisation tripartite et trifonctionnelle de la hiérarchie divine, dont il ne subsiste plus en Grèce que des lambeaux, par exemple dans le mythe du jugement de Pâris. De cette originalité, la raison apparaît évidente : ce sont les emprunts capitaux opérés dans un milieu religieux profondément différent, le milieu égéen. Cependant panthéon achéen et panthéon crétois restent distincts : en Grèce, les dieux ont une importance réelle, qui balance à peu près celle des déesses, alors qu'en Crète les déesses ont, de très loin, le pas sur les dieux ; en outre, les divinités semblent déjà y être organisées en une société hiérarchisée et féodale, conçue à l'imitation de la société humaine, où Zeus joue, parmi les dieux, un rôle qui rappelle celui d'Agamemnon parmi les hommes dans l'*Iliade*.

Le culte des dieux

L'influence de la Crète, déjà considérable dans l'élaboration des figures divines, semble avoir été plus grande encore dans le domaine du culte. Les prêtres sont souvent cités dans les tablettes. Leur rôle essentiel est de consacrer des oblations, qui sont aussi bien des prémices des récoltes que des sacrifices sanglants. Un texte de Pylos mentionne ainsi du blé, du vin, un taureau, des fromages, du miel, 4 chèvres, de la matière grasse, de la farine et 2 peaux de mouton qui seront offerts aux dieux. Ces peaux sont sans doute le vêtement liturgique d'un prêtre de rang inférieur, connu par plusieurs tablettes, le *diptéraporo* (c'est-à-dire le « porteur d'un vêtement de peau »), que l'on voit également sur plusieurs intailles crétoises et sur le sarcophage d'Haghia Triada.

Comme en Crète, les lieux de culte sont tantôt liés à la demeure humaine, tantôt distincts. Les sanctuaires palatiaux de Mycènes et d'Asiné sont bien connus. Dans celui de Mycènes a été retrouvé un ivoire représentant deux déesses, étroitement serrées dans un châle commun, un enfant à leurs pieds, préfigure de Déméter et Coré avec « l'enfant divin » Triptolème (fig. 15). Celui d'Asiné, salle rectangulaire de

7 × 5 m, avec une banquette dans un angle, selon l'usage crétois, a donné l'occasion de riches découvertes, notamment d'idoles de terre cuite dont la plus fameuse est le « Lord d'Asiné », qui semble plutôt une déesse qu'un Zeus ou un Poseidon. Les maisons elles-mêmes avaient un emplacement réservé au culte, comme le montre le quartier des potiers de Berbati (Argolide). Dans les palais, on constate en outre un culte domestique du foyer, installé à Mycènes comme à Tirynthe au centre du *mégaron.* Enfin un autel, normalement creux, donc annonçant le *bothros* grec, se trouve dans la cour, notamment à Tirynthe. Les tablettes mentionnent souvent des sanctuaires distincts des palais et où l'on porte des offrandes. On a même exhumé à Céos un véritable temple.

Des idoles, généralement en terre cuite, ont été retrouvées en grand nombre sur tous les sites mycéniens. Ce sont essentiellement des idoles féminines, habillées à la crétoise, le plus souvent debout, parfois assises ; il y a aussi quelques idoles masculines, très rares, qui figurent un jeune dieu nu. Toutes ces statuettes, si proches des figurines crétoises, semblent bien représenter des divinités. Il faut les interpréter généralement comme des consécrations qui leur sont offertes, mais les plus grandes, à Céos par exemple, peuvent déjà être des statues de culte.

Les usages funéraires et le culte des héros

Les usages funéraires sont relativement bien connus, grâce à la découverte de nombreux tombeaux. Ils semblent avoir varié au cours du IIe millénaire, mais un point essentiel reste stable : le mort est inhumé et non incinéré. À l'Helladique moyen, il n'y a pas de cimetières distincts et les morts sont enterrés au milieu de l'habitat humain ; les tombes ont la forme d'une ciste ; elles ne sont généralement pas pourvues d'offrandes. À l'Helladique récent réapparaissent des nécropoles séparées de l'habitat et le plus souvent situées à l'ouest de l'agglomération, selon un usage peut-être imité de l'Égypte, où l'on tenait l'Occident pour le champ des défunts. Les tombes sont d'abord des tombes à fosse, issues des tombes à ciste, puis des tombes à chambre, d'où dérivent enfin les *tholoi.* Les corps, contrairement à ce que l'on a longtemps cru, sont placés dans des cercueils et l'on a retrouvé, dans les couloirs d'accès des *tholoi* (*dromoi*), des rainures servant, selon l'usage égyptien, à les faire glisser. Un très riche mobilier funéraire les accompagne, composé, dans les tombes princières, d'armes, de bijoux, de vases. Une mention particulière doit être faite d'une tombe de Midéa, où l'on n'a découvert aucun squelette et qui était donc une tombe-cénotaphe, destinée, selon toute vraisemblance, à enfermer l'âme de défunts morts au loin : deux blocs de pierre, entaillés de cavités, tenaient leur place. Certaines offrandes étaient brûlées sur la tombe dans une fosse, ce qui préfigure partiellement l'usage de l'incinération du corps, attesté par un seul exemple d'époque achéenne et qui se répandra avec l'invasion dorienne. Il est très net que les usages funéraires se sont considérablement développés à l'Helladique récent, sous l'influence combinée de la Crète et de l'Égypte, témoignant en tout cas d'une croyance fermement établie à la survie.

Si tous les morts sans doute étaient ainsi l'objet d'un culte, certains d'entre eux jouissaient dans l'autre monde d'un sort différent : ce sont les anciens maîtres des palais, désignés sous le nom crétois de *héros* (c'est-à-dire vraisemblablement seigneurs). Leur culte revêtait un éclat particulier : au cercle supérieur de Mycènes, il a continué jusqu'à l'extrême fin de l'époque mycénienne. Il s'agit d'un culte des ancêtres, rendu par la famille régnante et auquel devait s'associer toute la collectivité. La croyance aux héros, c'est-à-dire aux grands morts divinisés, devenus ainsi des puissances surnaturelles intermédiaires entre les hommes et les dieux, est assurément d'origine minoenne. Elle se perpétuera jusqu'au Ier millénaire, par-delà la faille des invasions doriennes, et l'on ne saurait trop insister sur l'importance de sa genèse dans le milieu aristocratique des palais mycéniens.

À l'époque mycénienne est également apparue la mythologie héroïque, qui elle aussi devait survivre à la civilisation qui l'avait vue naître. M. P. Nilsson a justement montré que la carte des sites auxquels sont rattachées les légendes héroïques de la Grèce – notamment dans le Péloponnèse, en Attique et en Béotie – coïncide avec celle des sites achéens, ce qui ne veut évidemment pas dire que tout dans cette mythologie est achéen. Là encore, des éléments de nature différente ont dû entrer en jeu, y compris des éléments égyptiens, bien visibles dans le mythe d'Io, dont le fils Épaphos naît en Égypte, ou des éléments asiatiques, comme dans le cas de Bellérophon. On a pensé aussi à des légendes préhelléniques : Thésée, Achille, Ulysse ont des noms terminés en – *eus* qui ne seraient point grecs, contrairement à ceux de leurs fils, Démophon, Néoptolème, Télémaque. L'essentiel des mythes héroïques doit cependant être achéen et représenter une cristallisation autour de personnages historiques (comme les héros de la guerre de Troie ou des Sept contre Thèbes) ou plus folkloriques (tels les Argonautes ou Héraclès, grand pourfendeur de monstres et initiateur de lointaines équipées). On voit ainsi dans le cas des héros, comme nous l'avons vu dans celui des dieux, des synthèses hardies d'où est née toute une partie, et la plus importante, de la mythologie ultérieure.

Enfin il y a lieu de penser que les mystères crétois, qui ouvraient d'heureuses perspectives pour l'outre-tombe, ont été adoptés par les Achéens qui les ont transmis à la Grèce du Ier millénaire. On trouve dans les tablettes les noms des mystères, de l'initié et aussi d'associations cultuelles sans doute à tendance mystique, les orgéons.

Le domaine de la religion est l'un de ceux où se révèle au mieux la richesse de la Grèce achéenne, qui se laisse pénétrer d'influences méditerranéennes, sans pour autant renoncer aux traditions purement indo-européennes. Pour les dieux comme pour les héros, les linéaments fondamentaux de la religion de la Grèce ultérieure sont posés. Ils seront certes profondément modifiés par l'arrivée des Doriens, puis par l'influence nouvelle de l'Orient, mais Zeus, Hermès, Héra ou Athéna ont l'essentiel de leur personnalité fixé et Agamemnon, Ulysse ou Hélène ne cesseront de féconder l'imagination hellénique.

Tel est le monde éclatant qui va s'écrouler en l'espace d'un siècle sous les coups des Doriens.

CHAPITRE 4

Les invasions doriennes

Vers la fin du IIe millénaire, une nouvelle vague d'envahisseurs grecs vient submerger l'Hellade achéenne. Nous avons pris l'habitude de les appeler du nom, en partie conventionnel, de Doriens (carte 4).

1. HÉRACLIDES ET DORIENS : MYTHE ET HISTOIRE

Un souvenir très vif de ce vaste mouvement de peuples avait été conservé dans le mythe du retour des Héraclides, c'est-à-dire des enfants et descendants d'Héraclès. On racontait qu'après la mort lamentable et triomphante du héros, ses enfants avaient dû fuir le Péloponnèse par crainte du cruel Eurysthée, son cousin, qui lui avait imposé les douze travaux. Ils se réfugièrent en Attique, où le roi leur fit le plus courtois accueil. Eurysthée attaqua les Athéniens alliés aux Héraclides, mais il fut vaincu, perdit tous ses fils et fut lui-même tué dans sa retraite. Les Héraclides purent alors s'emparer, sans coup férir, du Péloponnèse, mais, au bout d'un an, une peste éclata et ils se retirèrent pour échapper au courroux divin. Leur chef, Hyllos, alla consulter l'oracle de Delphes qui leur enjoignit de tenter leur chance « après la troisième moisson ». Trois ans plus tard, ils attaquèrent les Péloponnésiens, et l'on décida d'un commun accord de remettre le sort des armes à un combat singulier entre les deux chefs. Hyllos fut tué par le roi de Tégée, Echémos.

Les Héraclides

Héraclès
|
Hyllos
|
Cléodaios
|
Aristomachos
|
Téménos

Deux générations plus tard, Aristomachos, petit-fils d'Hyllos, consulta à nouveau l'oracle, qui lui conseilla d'envahir le Péloponnèse « par la voie étroite ». Attaquant donc par l'isthme de Corinthe, il fut repoussé et tué. Son fils Téménos reprit l'entreprise ; il fit construire une flotte à Naupacte, pour franchir le golfe de Corinthe à son endroit le plus resserré, puis, ayant reçu de l'oracle l'avis qu'il devait se faire guider par un être à trois yeux, il s'allia avec un roi d'Élide exilé pour un meurtre involontaire, l'Étolien Oxylos, un borgne qui s'était présenté à lui monté sur un cheval. La victoire des Héraclides fut cette fois totale : ils se partagèrent les trois royaumes d'Argolide, de Laconie et de Messénie, redonnant l'Élide à Oxylos et n'abandonnant que l'Arcadie aux anciens habitants du pays. À peu près un siècle après la mort d'Héraclès, les Héraclides récupéraient donc le Péloponnèse. Certes ils avaient longtemps méconnu le sens des oracles, par nature ambigus : « la troisième moisson » désignait la troisième génération et non la troisième année, et la « voie étroite » l'endroit où se resserre le golfe de Corinthe et non l'isthme. Néanmoins le dieu Apollon les avait aidés de son constant secours.

La tradition considérait les Héraclides comme les chefs d'envahisseurs nordiques, les Doriens (parfois même, à basse époque, elle les identifiait).

La postérité d'Hellen : Doriens, Éoliens, Achéens et Ioniens

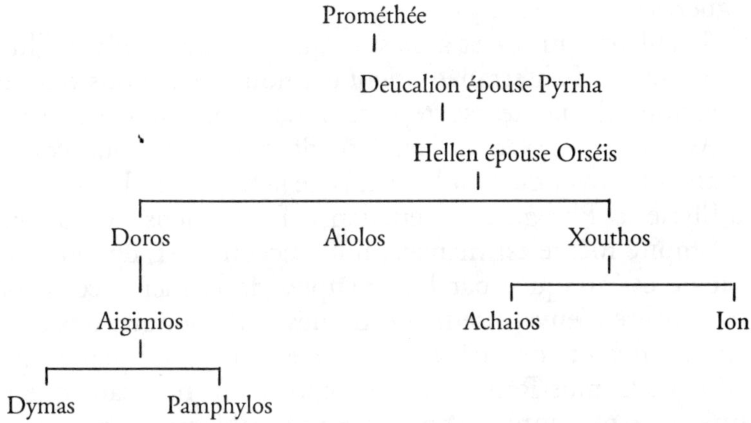

Un mythe postérieur (fin du VIIIe siècle ?) faisait descendre les Doriens d'un ancêtre éponyme, Doros, dont le fils, Aigimios, partagea son royaume entre ses deux enfants (Dymas et Pamphylos) et Hyllos, fils d'Héraclès, cela afin de remercier le héros d'une aide qu'il lui avait naguère apportée : *aition*, dans le goût des Grecs, des noms des trois tribus ethniques entre lesquelles se répartissaient les Doriens, Dymanes, Pamphyles et Hylleis, mais aussi souvenir de cette période confuse des invasions où les nouveaux venus avaient trouvé des guides et des chefs dans un clan achéen en exil, les Héraclides.

La réalité sous-jacente au mythe

On a été jusqu'à douter qu'il y eût une réalité sous-jacente à ce mythe et que le retour des Héraclides symbolisât la conquête du Péloponnèse par de nouveaux envahisseurs. Ainsi le grand Beloch lui-même niait l'historicité des invasions doriennes. Il n'y a plus lieu aujourd'hui à de tels doutes critiques. D'une part, la philologie prouve qu'une nouvelle coulée linguistique, celle des dialectes doriens, est venue se superposer aux dialectes achéens. D'autre part, l'archéologie montre que, dans l'espace d'un siècle (entre 1200 et 1100), tous les établissements achéens du Péloponnèse ont été détruits violemment, ce qui ne peut guère s'expliquer que par l'arrivée de nouvelles bandes, nombreuses et aguerries.

D'ailleurs, au fur et à mesure que se dessine mieux l'histoire de la Méditerranée orientale, nous constatons que les invasions doriennes se replacent dans un large contexte. L'Asie Mineure est alors le théâtre de violents remous, consécutifs à l'arrivée de peuples venus de la région du Danube ou d'Illyrie : Phrygiens, Teucriens, Dardaniens, Philistins. L'Empire hittite est menacé, puis succombe. L'Égypte elle-même est attaquée par les « peuples de la mer », coalition hétéroclite d'envahisseurs nordiques et de populations asiatiques fuyant devant eux, et c'est à grand-peine que Mineptah, puis Ramsès III les repoussent, non sans que la puissance pharaonique en soit considérablement ébranlée.

Cette « migration égéenne » (F. Schachermeyr) est donc très loin de n'intéresser que la Grèce, puisque l'insécurité règne sur tous les rivages de la Méditerranée orientale et qu'elle balaie aussi bien l'Empire hittite que les royautés achéennes. Ce vaste mouvement rappelle d'ailleurs, avec d'évidentes différences, ce qui s'était passé près d'un millénaire plus tôt. Vers 2000, des populations indo-européennes descendent des régions carpatho-danubiennes et, se divisant en deux branches, occupent la Grèce (premiers Grecs) et l'Asie Mineure (fondateurs de Troie VI, Hittites...) ; aux XIIIe-XIIe siècles, d'autres bandes, provenant des mêmes régions, sèment la terreur et les ruines dans l'Hellade et dans l'Anatolie, avant de s'y installer et d'élaborer une nouvelle civilisation (carte 4).

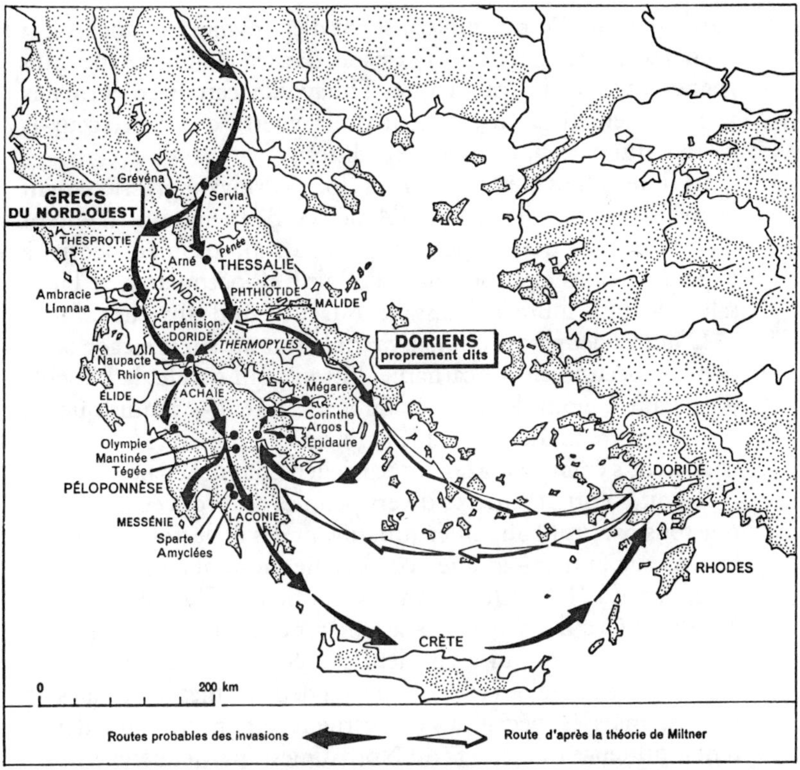

Carte 4. Les invasions doriennes.

2. ROUTES ET CHRONOLOGIE DES INVASIONS DORIENNES

Il est certain qu'à long terme les Doriens venaient de la vallée du Danube et qu'ils sont descendus par les vallées de la Morava et de l'Axios (Vardar), que leurs cimetières jalonnent.

Les voies d'invasion

On est moins sûr de la route qu'ils suivirent pour traverser la Grèce continentale et aboutir dans le Péloponnèse. Il est probable que leurs bandes se divisèrent en deux.

Le premier groupe (dit Grecs du Nord-Ouest) passa le Pinde à la hauteur du coude de l'Haliacmon, et descendit à travers l'Épire. Les Béotiens (venus d'Épire, où se trouve le mont Boios, partie nord du Pinde, qui leur servit d'éponyme), refranchissant la chaîne, s'installèrent en Thessalie, dans la région d'Arné, puis gagnèrent la Béotie, où, d'après Thucydide, certains d'entre eux se trouvaient déjà au moment de la guerre de Troie, ceux-là mêmes qui participèrent à l'expédition.

Mais les Thessaliens, quittant l'Épire et suivant grossièrement la même route, chassèrent d'Arné les Béotiens, qui n'eurent d'autre recours que de pousser plus au sud, jusqu'en Béotie, à laquelle ils donnèrent son nom définitif. Ils occupèrent la Thessaliotide, puis toute la Thessalie, qui tirèrent d'eux leur nom.

D'autres peuplades poursuivirent leur route sur la façade occidentale, occupèrent l'Acarnanie, l'Étolie, la Locride, la Phocide – prenant le nom des régions où il se fixèrent –, tandis que les plus aventureux traversaient le golfe de Corinthe vers Naupacte, et allaient s'établir en Élide et partiellement en Achaïe.

L'unité d'origine de ces divers peuples est prouvée par le fait que tous parleront au millénaire suivant des dialectes apparentés les uns aux autres – et que l'on désigne du nom conventionnel de parlers du Nord-Ouest –, à l'exception des Thessaliens et des Béotiens. Ces deux derniers adoptèrent en effet peu à peu le langage des Grecs qui les avaient précédés et qu'ils soumirent, les Éoliens : thessalien et béotien sont deux formes dialectales de l'éolien, mais les spécialistes y discernent certains traits qui dénotent l'influence des parlers du Nord-Ouest (particulièrement en Thessaliotide).

Les envahisseurs du second groupe (les Doriens proprement dits), qui parlaient tous des dialectes étroitement apparentés, les dialectes doriens, restèrent à l'est du Pinde et coupèrent à travers la Thessalie, en remontant la vallée de l'Énipeus, jusqu'au Spercheios et au golfe Maliaque. Là ils se séparèrent à leur tour. Les uns, par voie de terre, s'enfoncèrent dans la Grèce centrale, où ils donnèrent leur nom à la Doride, et passèrent aussi le golfe vers Naupacte, mais, prenant plus à l'est que les précédents, ils gagnèrent, par l'Achaïe et la dépression centrale de l'Arcadie, la Laconie et la Messénie, qu'ils occupèrent solidement.

Les autres, tentés par l'aventure maritime, s'embarquèrent dans le fond du golfe Maliaque, empruntèrent le canal d'Eubée, contournèrent l'Attique, pour débarquer vers Nauplie : ils conquirent alors l'Argolide, s'installèrent surtout à Argos, d'où ils essaimèrent ensuite vers Épidaure et Égine ou vers Corinthe et Mégare, qui fut le terme de leur migration.

Une théorie (F. Miltner) paradoxale en apparence, mais

qu'appuient divers mythes, admet que l'Argolide ne fut qu'assez tard occupée, après que les Doriens que la mer avait séduits eurent conquis la Doride d'Asie et les îles (notamment la Crète).

Le schéma que nous venons de tracer ne peut être que général. On hésite sur plusieurs détails, d'ailleurs importants. Il est possible, notamment, que tous les Doriens aient franchi le Pinde et qu'ils aient séjourné assez longtemps en Épire, dans une contrée qui (mise à part Dodone et Éphyra) avait été peu touchée par la civilisation achéenne : Pindare (*Pythiques*, 1, 61 *sq.*), qui évoque les Doriens « venus du Pinde, ayant établi à Amyclées leur règne prospère », et Hérodote aussi ont gardé le souvenir de ce passage, que l'archéologie confirmerait.

Quoi qu'il en soit, certains traits sont nets. Les Doriens ont eu moins horreur de la mer qu'on ne le croyait jadis : certains se livrèrent à une longue navigation avant d'atteindre les rivages d'Argolide ; tous les autres durent franchir le golfe de Corinthe (ce à quoi de simples radeaux pouvaient suffire), puisqu'il est avéré que l'isthme ne servit pas de voie d'invasion nord-sud et qu'il ne fut utilisé que dans le sens sud-nord par les Doriens refluant de l'Argolide vers la Mégaride.

La date des invasions doriennes

Il ne faut pas se laisser abuser par Thucydide, qui place le retour des Héraclides quatre-vingts ans après la guerre de Troie, ce qui le mettrait en 1150, en supposant la prise de Troie en 1230. En effet il n'est pas possible de localiser dans le temps avec une telle précision un mouvement qui s'est déroulé lentement et sur plusieurs siècles. Comme les précédentes invasions, celle des Doriens prit la forme de pulsations successives. On peut les imaginer, à l'instar des Vlaques du Moyen Âge, poussant leurs troupeaux devant eux et s'arrêtant le temps d'une saison pour semer et moissonner. Ce qui paraîtrait capital, serait de marquer les différentes étapes de leurs migrations : or la tradition littéraire et l'archéologie fournissent un certain nombre de jalons qui ne sont pas négligeables.

Dans la Grèce septentrionale et centrale, les invasions

doriennes (au sens large du terme) commencent dès avant la guerre de Troie. Nous avons rappelé le texte de Thucydide (1,11) qui signale que des Béotiens étaient déjà établis en Béotie et participèrent à l'expédition. Elles se poursuivent régulièrement dans les décennies suivantes. Lorsque les Béotiens sont chassés d'Arné et vont renforcer le peuplement de la Béotie, soixante ans après la prise de Troie selon le même Thucydide (soit peut-être vers 1170), ils coupent en deux les Locriens, ce qui prouve que ceux-ci étaient déjà installés.

Dans le Péloponnèse et en Attique, les assauts furent un peu plus tardifs. À la fin du XIIIe siècle, nous y constatons des signes non équivoques d'une menace latente : ce ne peut être que celle des Doriens, qui dès lors dévastent et occupent la Grèce continentale. Dans le Péloponnèse, les fortifications sont réparées ou améliorées : à Tirynthe, une enceinte basse est construite pour permettre aux campagnards de s'y réfugier avec leurs troupeaux en cas d'alerte ; à Mycènes, la fortification de l'entrée est rétablie, un bastion est ajouté ves l'est, un vaste grenier est édifié, tandis qu'un accès direct est ménagé à une dérivation de la source Perseia. Il semble même y avoir eu une coopération des divers royaumes achéens du Péloponnèse, puisque c'est de cette époque que date le mur cyclopéen qui barrait l'Isthme et dont les vestiges ont été récemment découverts. La même remarque pourrait être faite à Athènes, où la fortification est étendue et renforcée et où un accès direct est ménagé jusqu'à l'eau.

Les premières entreprises contre les villes achéennes du Péloponnèse se placeraient à la fin du siècle. C'est vers 1200 que Pylos est détruite. Une trace subsisterait peut-être, dans les tablettes du palais, des mesures de défense prises dans les mois qui précédèrent immédiatement l'attaque. Mais rien ne fut efficace, d'autant que le palais n'était plus fortifié. Pylos disparaît ainsi brutalement de l'histoire. Les citadelles de l'Argolide ne furent pas à l'abri des attaques des premières bandes doriennes, mais leurs remparts leur permirent de résister : cependant à Mycènes les maisons extérieures à l'enceinte furent détruites sensiblement au même moment que Pylos.

Mais les assauts des Doriens devinrent de plus en plus

rudes et leurs bandes de plus en plus nombreuses. Une à une, toutes les citadelles tombèrent au cours du XIIe siècle. Selon toute vraisemblance, Mycènes résista plus que les autres et ce n'est que vers 1150 ou même vers 1100 qu'elle fut anéantie. L'invasion n'épargna que peu de terres dans le Péloponnèse, où seule l'Arcadie resta aux mains des anciens possesseurs, mais elle laissa indemne l'Attique, sans qu'on puisse d'ailleurs savoir si Athènes ne fut pas attaquée ou si elle résista victorieusement. De nouveaux envahisseurs durent rejoindre pendant assez longtemps les premiers Doriens et ce n'est guère qu'au XIe siècle, ou même peut-être au Xe, que ce raz de marée qui avait submergé tout le Péloponnèse prit fin.

3. CONSÉQUENCES DE L'INVASION DORIENNE

La conséquence la plus apparente des invasions fut la destruction quasi intégrale de la civilisation mycénienne. En l'espace d'un siècle, les créations orgueilleuses des architectes achéens, palais et citadelles, ne sont plus que ruines. On voit disparaître en même temps la royauté bureaucratique, l'écriture, qui n'était guère qu'une technique d'administration, et toutes les créations artistiques suscitées par les princes. Une grande partie de la Grèce, mise à feu et à sang, retombe en pleine barbarie. Il n'y a pas de désastre plus total ni plus sinistre dans toute l'histoire de l'Hellade.

Assurément, certains éléments de civilisation surnagèrent : l'art archaïque se souviendra de la colonne mycénienne, voire du *mégaron* ; surtout, la religion du Ier millénaire restera pénétrée de l'atmosphère des cultes créto-mycéniens. Mais on ne peut oublier l'horrible assassinat d'un monde éclatant.

Le peuplement définitif de l'Hellade et de l'Anatolie

Parmi les apports positifs, si faibles, des migrations de la fin du IIe millénaire il faut d'abord souligner un afflux de populations nouvelles renforçant considérablement le peuplement de la Grèce, qui prend alors son aspect définitif. Les trois grandes ethnies, Ioniens, Éoliens, Doriens, s'ordonnent en une extraordinaire bigarrure qui témoigne de l'intense confusion de la période des invasions (carte 5).

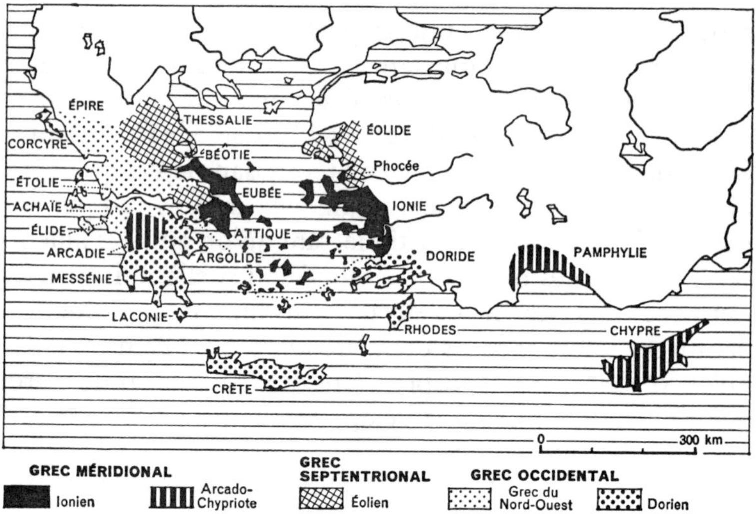

Carte 5. Les dialectes grecs au Ier millénaire.

Dans la Grèce continentale, l'essentiel du peuplement est fourni par les Ioniens, refoulés en Attique et en Eubée, et par la longue coulée des peuples du Nord-Ouest (Épirotes, Acarnaniens, Étoliens, Locriens, Phocidiens). Les Thessaliens et les Béotiens appartiennent à ce dernier groupe, mais ils se sont profondément mêlés aux éléments éoliens antérieurs, auxquels ils ont emprunté leurs dialectes. Encore ce tableau, déjà complexe, devrait-il être nuancé : il reste des Achéens en Achaïe Phthiotide et l'étroit canton de la Doride est peuplé de Doriens.

Dans le Péloponnèse, les Doriens s'imposèrent à peu près partout, mais l'étude des dialectes permet de distinguer nettement deux groupes, qui correspondent aux deux vagues principales d'invasion. L'Élide, seule atteinte par la première, parlait un dialecte (l'éléen) directement apparenté aux dialectes de la Grèce du Nord-Ouest : il y a bien là une seule coulée de peuples, descendus le long du flanc occidental du Pinde et dont l'ultime avancée au-delà du golfe de Corinthe est représentée par l'Élide (partiellement par l'Achaïe).

Les dialectes en Grèce avant et après les invasions de la fin du IIe millénaire (voir p. 58)

	I		II	III
IIe millénaire	Grec méridional		Éolien	
	1. *Ionien*	2. *Achéen*		
	Grec méridional		Éolien	Grec occidental
Ier millénaire	1. *Ionien* *a)* ionien *b)* attique	2. *Arcado-chypriote* *a)* arcadien *b)* chypriote *c)* pamphylien	1. *Thessalien* 2. *Béotien* 3. *Éolien d'Asie*	1. *Dialectes du Nord-Ouest* *a)* dialectes d'Épire, Acarnanie Étolie, Locride, Phocide *b)* éléen 2. *Dorien*

La seconde vague, celle des Doriens proprement dits, occupa l'Argolide, la Laconie et, sans doute dans une mesure plus limitée, la Messénie, où l'on parlait des dialectes doriens très voisins les uns des autres.

Mais le centre montagneux et isolé de la presqu'île, l'Arcadie, épargné par les Doriens, resta peuplé d'Achéens et continua jusqu'en plein Ier millénaire à parler l'arcadien, qui est, avec le chypriote et le pamphylien, l'un des trois misérables débris de l'achéen, qui avait connu une telle extension au IIe millénaire. L'Achaïe, en bordure du golfe, fut peuplée d'Achéens venus d'Achaïe Phthiotide et sans doute aussi des royaumes achéens du Péloponnèse, mais les infiltrations de Grecs du Nord-Ouest durent y être fortes, puisque son parler appartient à leur groupe.

Parmi les îles Ioniennes enfin, Corcyre et Leucade sont doriennes, tandis que Céphalonie et Zacynthe se rattachent aux peuples nord-occidentaux, comme l'Élide voisine.

Il n'est pas aisé de comprendre ce que devinrent alors les anciennes populations du Péloponnèse. Il y eut ceux qui périrent au milieu des violences déchaînées de l'invasion ; il y eut en outre ceux qui furent asservis : telle est vraisemblablement l'origine principale des futurs Hilotes de Laconie. D'autres, surtout dans les régions les moins dorisées, tentèrent de se réinstaller ailleurs : les Pyliens de Pylos de Messénie, après 1200, fondèrent sans doute, plus au nord, la Pylos de Triphylie. D'autres se réfugièrent hors de la puissance dorienne, en Arcadie, peut-être en Achaïe. D'autres ne virent le salut que dans la fuite et refluèrent sur l'Attique (où l'on constate un très gros afflux de population), avant de se laisser tenter par une émigration plus lointaine vers l'Anatolie.

En effet, la surpopulation due aux invasions doriennes détermina une migration vers l'Asie Mineure, qui constitue l'un des faits les plus importants de l'histoire grecque. Le mouvement était d'ailleurs, en certains points, nettement antérieur à la fin du millénaire (ainsi c'est dès les premières décennies du XIVe siècle que l'on voit des Grecs installés à Milet et à Colophon) et il semble avoir duré jusque vers 800. Le détail des migrations se révèle extrêmement complexe, comme il est naturel en un temps de grands bouleversements, mais le schéma d'ensemble reste simple. Trois zones de peuplement se dessinèrent : au nord l'Éolide, avec l'île de Lesbos, au centre l'Ionie, avec Chios et Samos, au sud la Doride, avec Rhodes ; chacune de ces zones correspond à un grand groupe dialectal (voir p. 128). Naturellement ce sont les anciennes populations qui constituèrent l'essentiel des immigrants, mais de nouveaux venus n'hésitèrent pas à achever sur les routes de mer la longue route terrestre qu'ils avaient parcourue à travers les Balkans.

Chypre enfin reçut vers 1100 de nouveaux envahisseurs achéens, en contrecoup du mouvement dorien.

La civilisation dorienne

Il est incontestable que Grecs du Nord-Ouest et Doriens, à en juger d'après le témoignage capital de leurs dialectes, représentaient des peuplades très voisines les unes des autres par leurs origines. Mais leur évolution ultérieure fut assez différente : les Doriens montrèrent un extraordinaire dynamisme, en particulier dans le domaine de la colonisation, alors que les Grecs du Nord-Ouest restèrent fort attardés, sauf les Thessaliens et les Béotiens, tant mêlés d'éléments éoliens. En outre, on connaît si peu la civilisation nord-occidentale qu'il serait aventureux d'en parler. Nous nous contenterons donc de traiter des Doriens, en signalant éventuellement au passage en quoi les usages des deux groupes pouvaient différer.

D'incontestables bouleversements apparaissent en Grèce en même temps que les Doriens et on a été peut-être un peu vite porté à les leur attribuer. Depuis le grand ouvrage de K. O. Müller (1844), un préjugé favorable aux Doriens a longtemps régné et on les créditait de nombreux et importants apports à l'hellénisme. L'examen objectif des faits amène, dans presque tous le domaines, à une conclusion opposée.

Dans le domaine matériel, on a longtemps enseigné qu'ils avaient introduit deux nouveautés capitales, la métallurgie du fer et la céramique géométrique. En particulier, leur conquête du Péloponnèse était expliquée par la supériorité de leur armement en fer sur l'armement en bronze des Achéens. Mais il est aujourd'hui établi que c'est dans le Caucase, puis en Anatolie que fut inventé le travail du fer, dont les Hittites ont longtemps eu le monopole. Après la débâcle de l'Empire hittite vers 1200, le fer se répand en Palestine et en Crète, puis sans doute en Grèce. C'est là que les Doriens ont dû se familiariser avec le nouveau métal (fig. 16).

Un processus semblable peut être admis pour la céramique géométrique, qui règne en Grèce de 1100 à 750. Cet art nouveau, que l'on ne peut plus considérer comme barbare, est né en réalité de l'art mycénien sur lequel sont venues jouer des influences orientales. Il a d'ailleurs trouvé sa plus brillante expression dans des terres que n'avait pas touchées l'invasion dorienne, à Chypre et surtout à Athènes. Là encore les Doriens ont été des disciples, non des maîtres. Avec une grande souplesse, ils ont adopté des formes techniques ou artistiques nouvelles qui se faisaient alors jour en Grèce, le plus souvent sous l'influence de l'Orient ; ils ne les ont pas créées. L'apport matériel des Dorien a donc été nul, ou du moins se réduit-il à d'infimes novations, telle l'introduction d'une nouvelle forme de fibule, la « fibule-lunette ».

C'est plutôt dans le domaine de la société que se constatent les apports doriens. Leurs bandes étaient fortement organisées autour de chefs militaires, comme dans les sociétés indo-européennes primitives. L'homme possédait une incontestable supériorité sur la femme, due à son rôle primordial qui est celui d'un guerrier. Il y avait là un renversement spectaculaire de la situation par rapport aux royaumes achéens, qui s'étaient laissés fortement influencer par les Crétois.

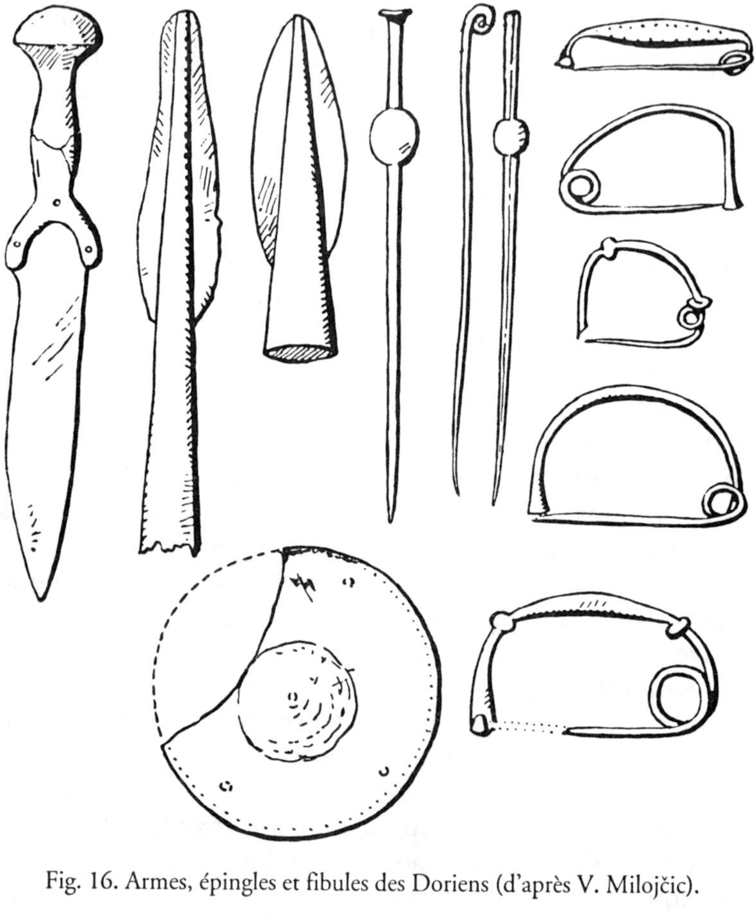

Fig. 16. Armes, épingles et fibules des Doriens (d'après V. Milojčic).

C'est de cette époque que peuvent dater des traits de mœurs fondamentaux de l'hellénisme, telles la nudité athlétique ou la pédérastie. En effet les hommes vivaient entre eux, unis par une camaraderie guerrière qui prolongeait dans la vie quotidienne la camaraderie du combat et qui devait aisément dégénérer en relations sexuelles. Strabon (10,483) évoque des usages crétois qui perpétuent assurément des usages doriens : l'adolescent, sur le point de passer dans la classe des hommes faits, est enlevé par un aîné, avec qui il part pour la campagne pendant deux mois ; à son retour, il reçoit une armure de son amant, dont il devient l'écuyer, et il est définitivement admis dans le « club des hommes » *(andreion)*. On a reconnu là une mentalité qui se développe dans tous les compagnonnages guerriers, chez les Templiers comme dans la *Hitler jugend* ou dans la jeunesse fasciste.

Mais l'essentiel n'est pas là : il est plutôt dans l'idéal chevaleresque d'une telle société, qui exalte les vertus viriles, la force, la vaillance, la fidélité. On retrouvera beaucoup de ces traits dans les sociétés doriennes les moins évoluées, à Sparte par exemple.

La société des Doriens était profondément égalitaire. La terre semble avoir été partagée entre eux en lots à peu près égaux (le système subsistera en particulier à Sparte), contrairement peut-être à ce qui se passa dans la Grèce du Nord-Ouest. Ils firent partout peser une dure loi sur les populations soumises : le servage s'instaura dans le Péloponnèse et en Crète, comme dans plusieurs des colonies qu'ils fondèrent. Signalons au passage un détail étrange : les Thessaliens eux aussi eurent des serfs, ce qui ne semble pas avoir été le cas chez les Nord-Occidentaux. On a voulu expliquer ce fait en rappelant qu'ils avaient eu comme chefs des Héraclides, à l'instar des Doriens. En plusieurs contrées cependant, les Doriens rencontrèrent une forte résistance de la part des Prédoriens et ils les admirent dans le corps civique, créant à côté des trois tribus traditionnelles (autre usage spécifiquement dorien et étranger à la Grèce du Nord-Ouest) une quatrième tribu qui leur était réservée.

Sur le plan religieux, les transformations furent aussi profondes. Chez les Achéens, les dieux balançaient en importance les déesses ; désormais ils les dépassent et l'on voit s'instaurer une société divine de type patriarcal, conçue à l'image de la société humaine. C'est le moment où, un peu partout, deux divinités masculines, Zeus et Apollon, affirment leur hégémonie aux dépens de Terres-Mères ou de jeunes dieux adolescents. Dodone et Olympie, qui jalonnent en terre grecque la marche des Doriens, deviennent le domaine de

Zeus, alors que les déesses semblent y avoir eu l'hégémonie avant eux. Apollon s'installe à Delphes en dépossédant lui aussi une divinité matronale, dont l'animal était le serpent Python qu'Apollon dut tuer à l'issue d'un dur combat ; à Amyclées, près de Sparte, il supplante Hyacinthos, jeune héros préhellénique de la végétation bulbeuse.

Sur le plan des usages funéraires, un changement profond apparaît avec les Doriens, dont il est naturel de penser qu'ils ont été les initiateurs : à l'inhumation, universellement répandue à l'époque précédente, succède la crémation, qui gagne peu à peu toute la Grèce et même l'Attique ionienne.

L'apport des Doriens ne doit donc pas être surestimé. Ce qui frappe le plus ce sont les ruines qu'ils ont semées sur leur passage et la totale destruction du monde achéen qui est leur œuvre. Néanmoins c'est à la suite de leurs invasions que la Grèce et l'Asie grecque reçoivent leur peuplement définitif. Et l'on voit s'affirmer, au tournant des deux millénaires, une antithèse fondamentale qui va dominer l'histoire de la Grèce : celle des Doriens et des Ioniens. Non certes qu'il faille considérer ces deux fractions du peuple grec comme deux entités totalement différentes, mais il y a certainement une civilisation dorienne, austère et rigide, et une civilisation ionienne, aimable et gracieuse, qui s'opposent, disaient les Anciens, comme l'homme et la femme. La force de l'hellénisme va être cette double richesse que constituent la gravité dorienne et le sourire ionien.

LIVRE II

Les créations de l'hellénisme archaïque

CHAPITRE 1

Transitions et renouvellements : l'époque géométrique (1100-750)

C'est à grand-peine, « après bien du temps, que la Grèce trouva, dans le calme, la stabilité et la fin des migrations » (Thucydide, 1, 12). Pendant des siècles en effet, la plus grande partie de la Grèce, mise à feu et à sang par les envahisseurs doriens, ne fut que ruine et confusion. C'est ce que l'on appelle, usant de diverses comparaisons, les âges sombres *(Dark Ages)* ou le moyen âge hellénique.

Le Proto-géométrique (circa *1100-900)*

Déjà pourtant certains éléments nouveaux se font jour dans les régions épargnées par l'invasion. L'Attique en particulier connaît un remarquable essor, dû à l'afflux de populations chassées du Péloponnèse. Les fouilles du cimetière du Céramique montrent le remplacement, vers 1075, du Submycénien (Mycénien tardif, qui utilise déjà le fer) par le Proto-géométrique, caractérisé par un nouveau style de poterie. La chronologie approximative y est la suivante :

Submycénien	1125-1075
Proto-géométrique	1075-950
Géométrique	950-710

À Chypre aussi, le Proto-géométrique connaît un éclatant développement. Dans ces deux contrées, l'influence de l'art géométrique oriental, notamment de celui de la Syrie du Nord, est manifeste, sans qu'il faille toutefois oublier que l'héritage du Mycénien a joué un grand rôle dans la création de la céramique proto-géométrique. C'est non pas un style vraiment nouveau, mais une simple évolution du Mycénien où toutes les formes se géométrisent. Une modification simultanée se constate dans les coutumes funéraires : la crémation succède à l'inhumation.

Dés le début du Xe siècle, la céramique proto-géométrique se répand, avec les colons ioniens venus d'Athènes, dans toute la mer Égée, notamment dans les Cyclades, dans le Dodécanèse, sur les côtes de Carie et d'Ionie. La Crète est gagnée, non dans les cantons reculés comme Vrocastro où le Submycénien se perpétue, somnolant dans l'immobilisme des formes passées, mais dans les grands centres tels que Cnossos. Le vase, couvert de vernis terne, est surtout décoré sur une bande centrale. Les ornements, tous géométriques, restent fort simples : cercles et demi-cercles concentriques, triangles hachurés. La Béotie, la Thessalie, la Grèce centrale, le Péloponnèse, les îles Ioniennes adoptent à leur tour la nouvelle poterie. Mais les exemplaires athéniens sont de beaucoup les plus beaux et ils montrent l'importance que prend désormais l'Attique dans le monde grec.

Les Grecs en Asie (1100-800)

L'extension du Proto-géométrique attique ne se comprend que si l'on rappelle les vastes migrations qui amenèrent les Grecs à coloniser la frange côtière de l'Asie Mineure, occupée antérieurement par des peuples divers, Lélèges, Cariens, Mysiens, Lydiens... Ce mouvement, commencé dès le XIVe siècle avec la fondation de Milet et de Colophon, s'intensifie à la fin du IIe millénaire (colonisation de Samos, de Chios, puis de Smyrne et d'Éphèse), et plus encore au début du Ier ; il dure jusque vers 800, date à laquelle toute la bordure anatolienne est grecque (carte 6).

Des trois grandes régions de peuplement grec, c'est la région médiane, l'Ionie, qui joue le rôle le plus important. Les immigrants venaient essentiellement de Béotie, d'Argolide et de Corinthe, mais aussi, dans une moindre mesure, d'Attique, d'Eubée, de Thessalie et d'Arcadie. Les Athéniens, dotés déjà d'une puissante marine, favorisèrent leurs projets, ce qui explique leurs prétentions ultérieures au patronage des Ioniens. Parmi les chefs, une famille se distingue tout particulièrement, celle des Néléides, originaires de Messénie et descendants de Nestor. Dès la fin du Xe siècle, les Ioniens sont solidement installés dans 12 villes, qui constitueront plus tard la dodécapole ionienne : 10 sur le continent (Milet, Myous, Priène, Éphèse, Colophon, Lébédos, Téos, Clazomènes, Érythrées, Phocée) et 2 dans les grandes îles voisines (Chios et Samos).

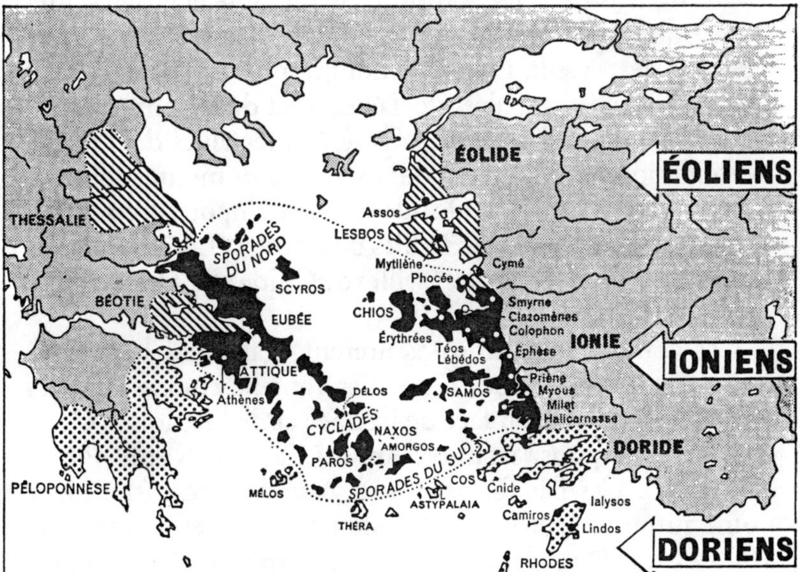

Carte 6. L'expansion grecque dans l'Archipel et en Anatolie.

L'orgueil des colons implantés par la force sur les rivages d'Asie résonne encore dans un poème de Mimnerme : « C'est nous qui avons quitté Pylos l'escarpée, ville de Nélée, et qui sommes venus sur nos bateaux dans la charmante Asie ; avec une force indomptable nous nous sommes installés dans l'aimable Colophon, pionniers à l'impétueuse violence, et de là, avec l'aide des dieux, nous avons pris Smyrne l'éolienne » (fragment 9).

Bien que la diversité d'origine des immigrants fût grande, la civilisation qu'ils développèrent était relativement une : ils avaient nombre d'usages religieux en commun, notamment la fête des Apatouries où, dans la plupart des cités ioniennes comme à Athènes, on célébrait l'admission des jeunes gens dans la phratrie.

Le nord de la côte anatolienne et les îles voisines de Ténédos et de Lesbos constituaient l'Éolide, colonisée par les Éoliens venus de Thessalie et de Béotie. Elle était, aux dires d'Hérodote, composée de trois groupes de cités : au sud les 12 villes des « vieux Éoliens », dont la plus importante était Cymé ; les cités insulaires de Ténédos et de Lesbos (la principale ville de Lesbos étant Mytilène) ; les villes de Troade, de fondation plus tardive et dont seule Assos mérite mention.

Au sud de l'Ionie, la Doride d'Asie comportait essentiellement une hexapole : les 3 villes de Rhodes (Lindos, Ialysos, Camiros), l'île de Cos et les 2 villes de Cnide et d'Halicarnasse sur le continent.

Ces grandes migrations assurèrent également le peuplement des îles de la mer Égée. Les Ioniens colonisèrent les Cyclades du Nord, en face de l'Eubée et de l'Attique : Céos, Cythnos, Sériphos, Siphnos, Andros, Ténos, Naxos, Paros, Amorgos... Ces îles forment une sorte de cercle (d'où leur nom) autour de Délos, où Apollon s'installe en maître vers 1000 et qui leur sert de sanctuaire commun. Les Doriens occupèrent les Cyclades du Sud et les Sporades méridionales (Mélos, Théra, Anaphé, Astypalaia, Calymna, Cos, Nisyros, Teios, Rhodes, Carpathos, Casos), puis Cythère et la Crète.

Ainsi se dessinaient trois grandes bandes grossièrement parallèles qui, de la Grèce propre à l'Anatolie en passant par le monde insulaire, correspondaient aux trois ethnies des Éoliens, des Ioniens et des Doriens. Une grande partie de l'histoire ultérieure de la Grèce s'explique par ce peuplement, qui a fait de la mer Égée une mer grecque. En particulier, nous allons constater que la renaissance très nette de l'hellénisme qui commence à partir du IXᵉ siècle est due surtout à l'influence de l'Orient, facilitée par l'installation des Grecs en Asie Mineure.

Le Géométrique (circa *900-750) : les recommencements de l'art*

Vers 900 une évolution interne transforme l'art céramique : le passage du Proto-géométrique au Géométrique. C'est encore à Athènes, dans la nécropole du Céramique, voisine de la porte Dipylon, que l'on a retrouvé les plus beaux exemplaires (fig. 17). L'ornementation est plus variée : aux

Fig. 17. Pyxide géométrique d'Athènes, VIIIᵉ siècle. Berlin, Staatliche Museen.

motifs géométriques déjà utilisés on voit s'ajouter le méandre et la croix gammée, puis apparaissent des animaux ou des hommes (mais pas de végétaux). Les personnages, toujours représentés nus, sont très stylisés : la tête est un cercle, le buste un triangle, les jambes des barres. Sur les plus grands vases, placés sur les tombes en guise de stèle, on voit des scènes complexes : expositions funèbres ou funérailles, défilés de chars ou de guerriers, chœurs de danse, bateaux, combats navals. Ces vastes compositions, où le goût de la narration s'unit à un sens très intellectuel et schématisé de la beauté, témoignent de la richesse d'Athènes et de l'existence d'une grande aristocratie dont elles évoquent la vie.

Les autres contrées du monde grec voient aussi se développer le Géométrique. En Béotie, il y a un style local assez primitif, paysan a-t-on pu dire, mais qui subit vite l'influence de l'art attique. Dans les Cyclades, à Théra, le décor reste très strictement linéaire (cercles, méandres et triangles) et ignore la représentation humaine : les grandes amphores sont des modèles de décoration sobre, ne visant qu'à mettre en valeur la forme et le galbe du vase.

C'est entre 850 et 750 qu'apparaissent aussi les premiers temples. Ces essais architecturaux restent encore très sommaires. À Pérachora, près de Corinthe, le temple d'Héra Acraia a un plan « en épingle à cheveux » et cette forme se retrouve sur un modèle de terre cuite exhumé dans le même sanctuaire. Mais déjà se développe le plan qui s'imposera, celui d'un édifice rectangulaire, avec un toit à double pente, muni d'un porche : il apparaît dans un *ex-voto* de l'Héraion d'Argos représentant un temple quadrangulaire, à toit à double pente, précédé d'un portique à toit plat qui n'est pas encore bien incorporé à l'édifice (fin de la période géométrique). Samos se donne vers 800 son premier Héraion, barlong et à colonnade axiale. Sur bien d'autres sites, les sanctuaires ne comportent pas de temple : ainsi Artémis Orthia est honorée à Sparte dans une enceinte à ciel ouvert qui contient seulement un autel.

Non moins humbles sont les recommencements de la sculpture. En Crète, patrie de Dédale et des Dédalides, auxquels les Grecs attribuaient les premières créations de la plastique, on a découvert dans l'antre de l'Ida une série de « boucliers » (en réalité des tympanons rituels d'un culte de Courètes) qui s'échelonnent du IXe au VIIe siècle : ils montrent de nets souvenirs mycéniens ou des influences orientales, et en particulier assyriennes. Le travail de l'ivoire apparaît plus tardivement, pas avant le VIIe siècle, aux Artémisia de Sparte ou d'Éphèse. Il faut signaler enfin à partir du VIIIe, des bronzes géométriques (fig. 18) : animaux, hommes (parmi lesquels essentiellement des guerriers), très peu de femmes. Au total, fort peu de chose. L'art de l'époque géométrique en est, sauf peut-être dans le domaine de la céramique, à ses balbutiements, alors que la littérature produit déjà d'admirables chefs-d'œuvre.

Fig. 18. Cheval géométrique de bronze, vers 750. Berlin, Staatliche Museen.

L'épopée ionienne : Homère

L'épopée achéenne n'avait pas cessé d'être chantée malgré les invasions. Elle allait s'enrichissant de nouveaux épisodes au gré de la fantaisie des aèdes, que l'on appelait aussi des rhapsodes (c'est-à-dire des « couseurs », parce qu'ils amalgamaient divers morceaux originairement indépendants, selon les caprices de leurs récitations). L'extrême fin des « âges sombres » vit une floraison du génie poétique : les vieux poèmes épiques furent repris et développés, dans un nouvel esprit et dans un nouvel idiome. De tous les poètes qui donnèrent alors une forme neuve à la matière traditionnelle, un seul nom demeure, celui d'Homère, que les anciens unanimes considéraient comme l'auteur de l'*Iliade* et de l'*Odyssée*.

Depuis le XVIIIe siècle la « question homérique » divise le monde savant. Les deux épopées sont-elles vraiment l'œuvre d'un même poète ? Chacune d'elles a-t-elle une unité interne ou est-elle plutôt faite de pièces et de morceaux d'inspiration et d'âge différents ? On s'oriente aujourd'hui vers une solution modérée de ces deux problèmes. On ne peut plus soutenir que les deux épopées ont été composées par un seul homme. Elles diffèrent par le vocabulaire, par le style, par les réalités qu'elles peignent : pour ne prendre qu'un exemple entre beaucoup, le poète de l'*Iliade* ignore le plus souvent le fer, que celui de l'*Odyssée* mentionne fréquemment. Toutes ces disparités ne peuvent s'expliquer uniquement par la différence des sujets et de l'inspiration, poésie historique d'une part, folklore et féerie de l'autre. Elles impliquent, de l'avis général, une différence de date, l'*Iliade* étant antérieure à l'*Odyssée*. Mais, si l'on veut substituer une chronologie absolue à cette chronologie relative, on se heurte à de telles difficultés qu'aucun accord ne peut être réalisé entre les spécialistes. Nous admettrions volontiers un décalage d'une cinquantaine d'années entre les deux textes, la composition de l'*Iliade* se situant à la fin du IXe siècle, celle de l'*Odyssée* vers le milieu du VIIIe.

Que faut-il alors penser de chacun des poèmes pris isolément ? Leur unité interne est évidente. L'*Iliade* apparaît comme une machine admirable, montée autour du thème de la colère d'Achille : la douleur d'avoir vu Agamemnon lui ravir sa captive Briséis amène Achille à se retirer sous sa tente ; dès lors les Achéens vont d'échec en échec, mais le retour d'Achille au combat, après la mort de son bien-aimé Patrocle, renverse le sort des armes. L'*Odyssée* certes est plus complexe, mais trois grands centres d'intérêt s'y distinguent aisément, habilement unis, d'ailleurs, les uns aux autres : le voyage de Télémaque, les errances d'Ulysse, le massacre des prétendants. Dans ces deux poèmes éclate la maîtrise d'un poète de génie ; dominant parfaitement la riche matière épique héritée du passé, il l'ordonne en un ensemble qui, malgré bien des contradictions inévitables dans une poésie orale, satisfait pleinement l'esprit. Si, pour un texte aussi fluide, le mot de composition a un sens, il indique cet effort réalisé pour raconter une histoire qui eût un commencement, des péripéties, une fin.

Parmi les innombrables rhapsodes qui, utilisant largement les chants créés depuis quatre siècles au moins sur la guerre de Troie et les retours, ont fait l'*Iliade* et l'*Odyssée*, on peut appeler Homère les deux poètes qui ont transformé la chatoyante vêture d'Arlequin en un éblouissant manteau, la mosaïque bariolée en une œuvre d'art.

La langue des épopées « homériques » est une alliance unique de formes dialectales empruntées essentiellement à l'ionien, mais aussi à l'éolien et à l'arcadien. Il est certain qu'elles ont été « composées » dans le monde ionien, où tant d'immigrants, chassés de leur patrie par les invasions doriennes, aimaient à entendre chanter les exploits du passé glorieux des Achéens. Il paraît même possible de s'aventurer à préciser davantage : l'*Iliade* serait l'œuvre d'un poète de la côte anatolienne, l'*Odyssée* d'un poète insulaire ; ainsi l'*Odyssée*, bien que postérieure à l'*Iliade*, peut ne faire aucune allusion à elle et semble l'ignorer totalement. Mais les formes étrangères et irréductibles à l'ionien gardent le souvenir des épopées primitives (l'éolien et l'arcadien étant directement issus des dialectes parlés dans la Grèce septentrionale pour l'un, méridionale pour l'autre, au IIe millénaire).

La longue histoire des épopées homériques continue par-delà « Homère ». Elles se transmettent oralement jusqu'au VIe siècle, où, notamment à Athènes sous les Pisistratides, elles seront enfin fixées par l'écriture. De nombreuses interpolations ont évidemment allongé le texte homérique, qui n'était souvent lui-même qu'un amalgame de morceaux antérieurs ; la tâche de l'historien qui voudrait distinguer les stratifications successives n'est point aisée.

Les Grecs, eux, sont restés insensibles à tout ce que l'érudition moderne décèle d'hétéroclite dans l'*Iliade* et dans l'*Odyssée*. Textes fondamentaux où l'enfant apprenait à lire et l'adolescent à penser, elles sont demeurées un inépuisable réservoir de mythes, une source intarissable de beauté. Il n'existe point, la Bible mise à part, de livre qui ait tant façonné les esprits et les âmes.

Un paysan-poète : Hésiode

Peu de temps après la « composition » des épopées homériques, peut-être vers le milieu du VIIIe siècle, un grand poète naissait à Ascra, en Béotie : Hésiode, dont Hérodote fait même à tort un contemporain d'Homère. C'était un paysan qui défrichait laborieusement une petite terre sur le versant sud de l'Hélicon, non loin du sanctuaire des Muses. Hésiode attribuait d'ailleurs aux Muses héliconiennes l'inspiration qui fit de l'âpre paysan un poète et un réformateur religieux : « Elles lui apprirent un beau chant, alors qu'il paissait ses agneaux au pied de l'Hélicon divin » (*Théogonie*, 22-23).

De son œuvre subsistent essentiellement la *Théogonie* et *Les Travaux*. La *Théogonie* est une ample composition qui chante les générations des dieux à partir de « la Terre aux larges flancs », en s'inspirant parfois des cosmogonies orientales. Elle peut se schématiser en un arbre immense, montrant les rapports généalogiques des Immortels, et témoigne ainsi d'un effort pour rationaliser le monde divin en hiérarchisant les multiples divinités héritées d'un lointain passé. Du point de vue de l'histoire des religions, cet effort est absurde. Un exemple entre mille : Hésiode donne à Héra trois enfants, Hébé, qui est une abstraction, Arès, un dieu thrace autant que grec, et Ilithyie, une vieille déesse préhellénique de l'accouchement. Mais peu importait aux contemporains d'Hésiode, qui éprouvaient l'intense besoin de voir leurs innombrables dieux synthétisés en un ensemble d'allure rationnelle. L'influence d'Hésiode a été déterminante, non sans doute qu'il fût le premier à s'engager dans cette voie, mais parce que la cohérence et la beauté de la *Théogonie* ont fait d'elle une base sûre et respectée pour quiconque se préoccupait de mythes divins.

Les Travaux et les Jours nous font retomber dans le monde des hommes. C'est une longue admonestation qu'Hésiode adresse à son frère Persès pour l'inciter à pratiquer la justice et à travailler. L'activité primordiale restant encore l'agriculture, la plus grande partie du poème est consacrée aux travaux du paysan, énumérés suivant le cycle des saisons, des semailles aux vendanges ; mais la navigation, autre source de profit, n'est pas négligée. L'œuvre s'achève par des conseils moraux et par un calendrier des jours fastes et des jours néfastes. Hésiode n'est pas un agronome qui écrit un manuel, c'est un paysan qui parle à d'autres paysans, évoquant des sujets qu'ils connaissent comme lui, pour « réformer le travail agricole et ajuster les rapports entre les dieux et les hommes par une meilleure pratique de l'agriculture » (M. Detienne). Son enseignement est donc rarement précis, sauf sur les instruments aratoires.

Mais *Les Travaux* apportent un témoignage capital sur la vie à la campagne. On voit les grands propriétaires, les « rois » comme dit le poète, dont le cœur est rempli par la démesure et qui s'acharnent sur les petites gens comme des éperviers sur des rossignols ; on entrevoit les ouvriers agricoles et les esclaves. Cependant c'est surtout au petit propriétaire que s'intéresse Hésiode. Sa vie est rude, asservie à la loi du labeur sans répit ; il fabrique lui-même sa charrue, ses vêtements de peau de chèvre, ses chaussures ; il vit dans la hantise perpétuelle de mourir de faim au cours de l'hiver, dont l'âpreté est peinte de saisissante façon ; il doit penser uniquement à travailler, pour faire rendre à une terre assez ingrate de quoi subvenir à ses besoins ; toute distraction lui est interdite, même une simple visite à la ville voisine où il risquerait de perdre son temps. Il n'est point d'évocation plus forte du monde des humbles, de ceux que généralement les épopées homériques montrent à peine.

Les nouvelles formes religieuses

Les textes littéraires de la période géométrique témoignent de l'importance des facteurs religieux. Homère présente deux sociétés parallèles, celle des dieux et celle des hommes, dont les interférences sont constantes. La *Théogonie* donne un exposé méthodique des généalogies divines et *Les Travaux* permettent d'évoquer la religion d'un paysan béotien superstitieux qui ne sèmera pas sans invoquer « Zeus Chthonien et la pure Déméter » (vers 465) et qui prendra bien garde de se marier le quatrième jour du mois « après avoir consulté les oiseaux les plus propres à le conseiller » (vers 801).

La vie religieuse a été profondément renouvelée depuis la période mycénienne. D'abord parce que les Doriens ont renforcé l'importance des dieux par rapport aux déesses (voir p. 123). En second lieu parce que le rationalisme naissant cherche à ordonner un panthéon confus, non seulement en réunissant les divinités les unes aux autres, mais encore en diminuant le nombre des dieux. Les plus importants englobent dans leur personnalité envahissante des dieux secondaires ou des héros, qui deviennent ainsi de simples épiclèses divines : tel est le cas de Zeus Agamemnon ou Amphiaraos, d'Artémis Iphigénie ou de Poseidon Érechthée. Enfin et surtout parce que de nouvelles divinités, originaires d'Orient, se sont introduites dans le monde grec, d'autant plus aisément que l'occupation par les Grecs de la bordure côtière de l'Anatolie et des îles de la Méditerranée orientale, notamment de Chypre, jetait un pont entre Asie et Grèce d'Europe.

L'exemple le plus typique serait sans doute celui de la triade des Létoïdes. Léto est une Lycienne (son nom a été rapproché du lycien *lada*, la dame) ; Artémis a sa correspondante exacte dans l'Artimuš des inscriptions lydiennes ; Apollon, toujours armé de l'arc cher aux Asiatiques et qui, dans l'*Iliade*, combat du côté des Troyens contre les Grecs, est aussi un Asiatique, un Lycien plus précisément (l'épithète de Lyceios, Lycien, lui restera attachée). Les Grecs les ont adoptés tous les trois, et ont fait d'eux une famille composée d'une mère et de deux enfants jumeaux. Mais ces emprunts n'ont pas dû être simultanés : Artémis est déjà mentionnée dans les tablettes mycéniennes, qui ignorent Léto et Apollon. Ce serait vers 1000 qu'Apollon aurait gagné Délos, où régnaient jusque-là des divinités féminines et dont les Grecs firent le lieu de sa naissance. Déjà dans Homère, il est un des dieux les plus importants du panthéon hellénique. Son éclatant succès dans le monde grec s'expliquerait peut-être par le rapprochement arbitraire qui aurait été fait de ce dieu asianique, largement attesté chez les Lyciens, les Hittites et les futurs Étrusques, avec un dieu pastoral des Doriens, Apellon, le dieu de l'*apella*, c'est-à-dire du parc à bestiaux.

Aphrodite, qui joue aussi un rôle de premier plan dans l'épopée, fournirait un autre exemple d'une divinité venue de l'Orient ; mais elle, est une Sémite. Partant de la côte phénicienne, sa migration d'est en ouest passe par Chypre, où la légende plaçait sa naissance, et par Cythère, où, aux dires de Pausanias, fut construit son premier temple en terre grecque. Son cas montre d'ailleurs la complexité de ces phénomènes d'importations divines : bien que représentant très exactement l'Astarté des Phéniciens, elle porte un nom qui intriguait déjà les Grecs (ils cherchaient vainement à l'expliquer par un jeu de mots : celle qui est née de l'écume, *aphros*) et qui n'est pas clairement tiré de celui d'Astarté ; ce serait peut-être la synthèse du nom de deux divinités préhelléniques de la mer. De fait, les influences orientales n'ont souvent que renforcé les influences égéennes, si importantes au millénaire précédent.

La dépossession des déesses par les dieux

À Delphes, à Olympie, à Délos ce furent d'abord des divinités féminines qui eurent la prééminence : la Terre, puissance oraculaire, à Delphes ; Héra à Olympie ; Artémis à Délos. Le renversement du centre de gravité de la religion grecque aux environs de l'an 1000 amène la dépossession progressive des anciennes puissances chthoniennes par des dieux, Apollon dans les premier et troisième cas, Zeus dans le deuxième. Mais cette dépossession ne fut jamais complète et une partie des sanctuaires resta consacrée à leurs anciennes maîtresses divines (fig. 19 et 20). À Delphes, la Terre et les Muses gardent un *téménos*, voisin du rocher de la Sibylle qui fut peut-être le premier siège de la mantique. À Olympie, tout le nord de l'Altis est voué à des déesses : Héra principalement, qui y eut un temple dès le VIIIe siècle, deux siècles et demi avant Zeus ; Déméter Chamyné, honorée dans le stade voisin ; plus tard Cybèle. À Délos, Artémis conserve son propre *hiéron* à l'intérieur de l'*hiéron* de son frère, tandis que leur mère est adorée dans le Létoon tout proche.

Fig. 19. La Grande Mère, Maîtresse des animaux, sur un vase béotien. Athènes, Musée national.

L'invention de l'écriture

Le syllabaire achéen avait disparu dans les ruines de l'invasion dorienne. Quelques siècles plus tard, une nouvelle écriture apparaissait dans le monde grec. C'est un alphabet de 24 signes, dérivé de l'écriture phénicienne. La dérivation ne peut être mise en doute, à cause tant de la forme des lettres que de l'ordre dans lequel elles se présentent et qui est identique dans les deux systèmes. Les Grecs eux-mêmes en avaient conscience : Hérodote (5,58) affirme que « les Phéniciens venus avec Cadmos introduisirent chez les Grecs beaucoup de connaissances, entre autres celle des lettres que les Grecs, autant qu'il me semble, ne possédaient pas auparavant ; ils les firent connaître sous le nom de *phoiniceia* (signes phéniciens) ». Mais l'emprunt nécessita de subtiles adaptations : l'alphabet phénicien ne note que les consonnes. Or, s'il est possible d'écrire une langue sémitique sans voyelles à cause

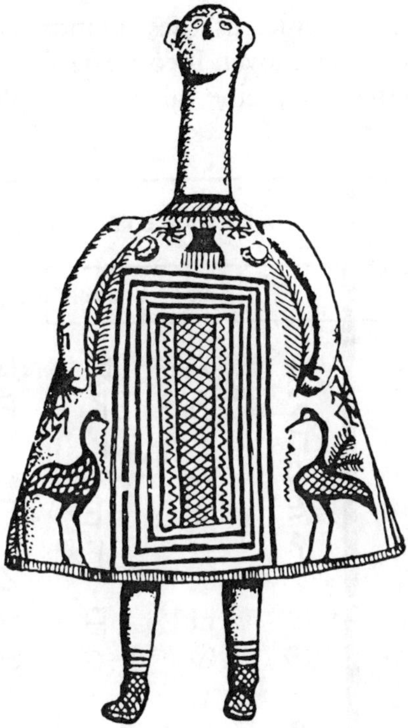

Fig. 20. La Maîtresse des animaux. Statuette de terre cuite, de provenance béotienne, du VIIIe siècle. Animaux affrontés, palmes et roues solaires décorent la robe. Musée du Louvre.

de l'importance des consonnes dans la racine, cela est impensable pour une langue indo-européenne comme le grec : en raison de la grande liberté de la construction, une phrase n'est compréhensible que si les désinences vocaliques sont lisibles. Les Grecs ont alors tiré parti du fait que le phénicien est riche en consonnes (notamment en gutturales et en sifflantes) inconnues au grec : ils ont utilisé les signes inutiles ainsi récupérés pour noter les aspirées, qu'inversement le phénicien ne possède pas, et surtout les voyelles (fig. 21).

Il y avait là un progrès considérable – pour la première fois les sons étaient totalement décomposés en consonnes et en voyelles – et de très large conséquence, puisque l'alphabet latin et presque tous les alphabets modernes de l'Europe dérivent de l'alphabet grec. Sur cet exemple concret se saisit au vif le mécanisme des créations de l'hellénisme, qui a su emprunter aux Phéniciens, ses grands rivaux dans le commerce d'alors, ce moyen incomparable qu'est l'écriture, tout en lui donnant sa pleine valeur et son plein développement.

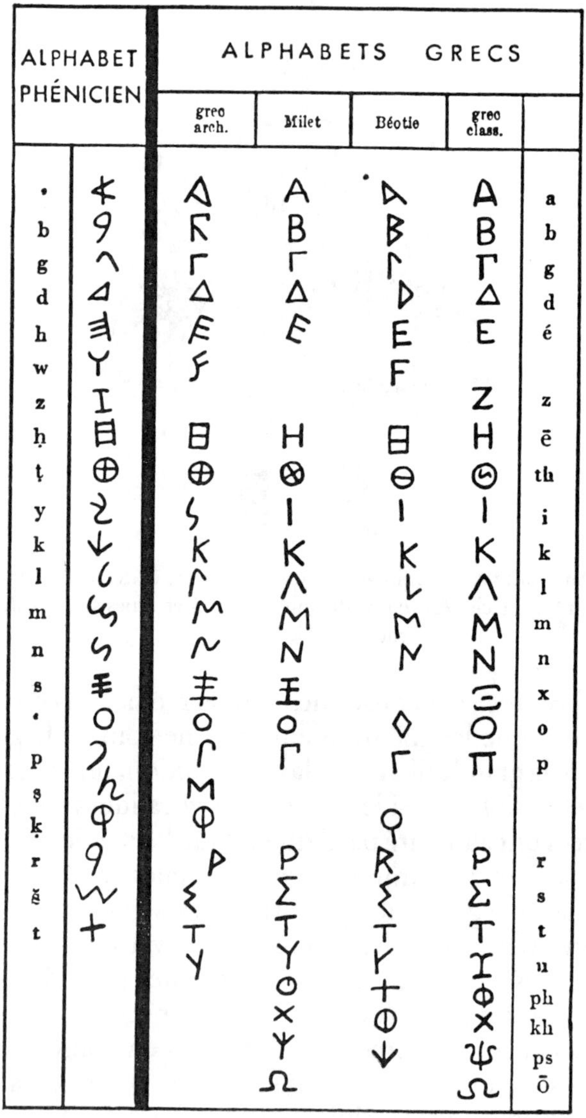

Fig. 21. L'alphabet phénicien et les alphabets grecs (d'après Ch. Higounet).

Dans le détail, l'alphabet grec se présente sous plusieurs formes assez différentes, qui se caractérisent par l'absence ou la présence des signes Φ, Χ, Ψ et par la valeur qu'on leur attribue. La répartition des alphabets ne tient pas compte des dialectes et est uniquement géographique. On distingue trois groupes :

1. *Alphabets archaïques* (Théra et Mélos) ;

2. *Alphabets orientaux* :

a. Alphabets de l'Asie Mineure, des îles orientales de la mer Égée, du nord-est du Péloponnèse (Argos, Corinthe) et de Mégare ;

b. Alphabets des îles du nord-est de l'Égée et de l'Attique ;

3. *Alphabets occidentaux* : Laconie et Arcadie ; Béotie et Phocide ; Eubée ; colonies d'Occident.

Groupes	Sons			
	ph	kh	ps	ks
1	ΠΗ	ΚΗ	ΠΣ	ΚΣ
2,*a*	Φ	Χ ou +	Ψ	Ξ
2,*b*	Φ	Χ ou +	ΦΣ	ΧΣ
3	Φ	Ψ	ΠΣ ou ΦΣ	Χ

On n'est point d'accord sur la date de l'invention de l'alphabet. Certains tessons géométriques de Corinthe, de 750 environ, portent des lettres déjà très évoluées ; il en est de même pour des vases géométriques attiques provenant de l'Hymette, qui datent aussi des années 750. Compte tenu des tâtonnements inévitables, on pourrait songer aux alentours de 900 pour les premiers essais.

Naissance de la cité

Du point de vue de l'art, de la littérature, de la religion, de l'écriture, le monde grec de l'époque géométrique a donc une incontestable unité, malgré sa diversité géographique. Pourtant, politiquement parlant, c'est un véritable émiettement que l'on constate. Les royaumes relativement étendus de la période mycénienne ont disparu avec la tourmente dorienne. On voit apparaître un type beaucoup plus restreint de groupement humain, la cité *(polis)*, qui restera caractéristique de la civilisation grecque jusqu'aux conquêtes des rois de Macédoine.

Comme il est naturel pour des temps anciens et troublés, les origines mêmes de cette forme politique sont environnées du plus grand mystère. On a parlé d'un déterminisme géographique : la Grèce, qui comporte peu de grandes plaines, se divise en petits cantons relativement isolés les uns des autres. D'ailleurs on a soutenu que, par-delà les royaumes achéens, « l'individualisme des petites cités de la Grèce peut être considéré comme ayant pris ses racines dès les temps néolithiques » (Wace-Blegen, *Klio*, 1939).

Mais ce sont les facteurs du début du Ier millénaire qui sont vraiment explicatifs. Les groupes d'envahisseurs doriens étaient indépendants les uns des autres et ils formèrent une communauté en chaque lieu où ils s'arrêtèrent ; il en était de même des immigrants grecs qui peuplèrent la côte asiatique. L'élément militaire a dû jouer d'abord un rôle prépondérant : le mot même de *polis* désignait à l'origine une citadelle, avant de prendre son sens ultérieur de cité-État ; chez les Doriens surtout, les premiers dirigeants furent les chefs des bandes armées. Peu à peu, d'autres facteurs s'imposèrent : les premiers établissements furent évidemment des villages ; puis, dans plusieurs cas privilégiés, comme celui de Sparte, on voit des villages voisins former une ville, selon un phénomène que les Grecs appelaient synœcisme (habitation commune) ; or, la ville engendre la cité, c'est-à-dire une organisation politique commune.

Dans de telles créations, on devine l'importance des éléments spirituels, comme le sentiment de la communauté d'origine et de l'appartenance à une même ethnie et surtout l'existence de cultes communs, qui pouvaient fournir une base religieuse solide aux premiers États embryonnaires. Mais la seule vicinité crée aussi des liens : les habitants se retrouvent dans un marché unique *(agora)* pour des échanges encore rudimentaires et l'on voit apparaître des groupements professionnels dont les tribus ioniennes notamment auraient, d'après certains, gardé le souvenir.

Toutes ces raisons simultanées ont dû favoriser des groupements plus vastes que les familles et que les villages, qui, selon la fameuse théorie d'Aristote dans la *Politique*, ont donné naissance aux cités. On n'insistera jamais assez sur l'importance historique de ce phénomène : les groupements ainsi constitués vont rester dans l'ensemble identiques jusqu'à ce que la Grèce perde son indépendance. Ils réunissent un nombre limité de citoyens, qui tous, normalement, peuvent donc prendre part à l'administration des affaires publiques. Mais le nombre des cités était trop élevé et des heurts devaient se révéler inévitables entre elles : toute l'histoire de la Grèce archaïque et classique, qui est celle de frères ennemis, est en germe dès cette époque.

Même embarras pour dater l'apparition des *poleis*. Remarquons toutefois que, si l'*Iliade* ne porte aucune trace d'une semblable organisation politique, déjà l'*Odyssée* la connaît. D'autre part, l'expansion coloniale, qui commence vers 775 et qui aboutira à la création de nouvelles *poleis*, suppose évidemment que les métropoles fussent auparavant politiquement organisées. Enfin un texte fondamental comme la *Grande Rhétra* de Sparte (voir p. 227), qui semble appartenir à la première moitié du VIIIe siècle, montre tous les rouages d'une cité déjà constituée, avec ses rois, son conseil, son assemblée du peuple. On ne se tromperait donc guère en plaçant vers 800 la création du système des cités.

La naissance de la cité diminua l'importance des clans *(géné)* entre lesquels se subdivisaient les tribus. Un phénomène concomitant joua dans le même sens : l'évolution de la propriété foncière, alors seule source de richesse. Partout où elles s'étaient répandues, c'est-à-dire presque dans toute la Grèce, les invasions avaient amené l'appropriation définitive du sol par les *géné*. Mais un double mouvement se produisit vite. D'une part, la propriété individuelle s'introduisit, d'abord pour les objets mobiliers et pour les maisons, puis pour les terres de bordure (l'*eschatié* d'Homère) mises en valeur par des hommes énergiques. D'autre part, le *génos* tendit à se fractionner en familles (au sens restreint du terme) entre lesquelles les domaines furent morcelés. Dès le temps d'Hésiode, la propriété collective du *génos* a disparu devant la propriété familiale, qui est partagée également entre les fils à chaque héritage et qu'un texte fameux des *Travaux et des Jours* révèle déjà cessible. Ainsi à la fin de l'époque géométrique une grande inégalité règne entre les fortunes. Elle résulte non plus seulement de la disparité des lots que les chefs de clans s'étaient appropriés à l'origine selon leur puissance et leur combativité, mais des initiatives individuelles et du jeu nouveau de mécanismes socio-économiques.

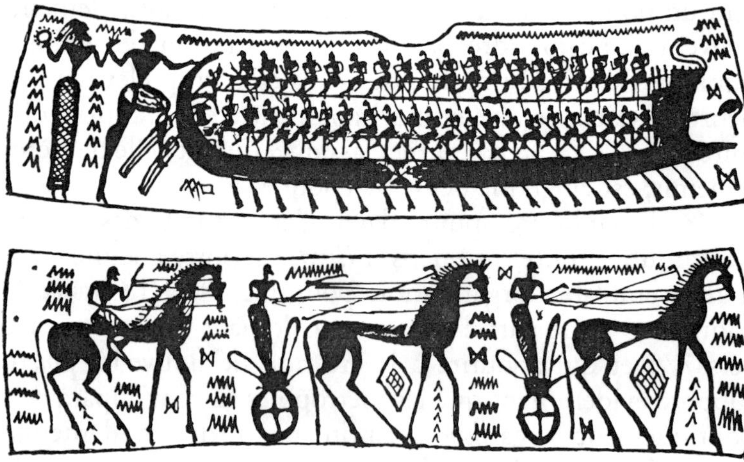

Fig. 22. Deux décors de vases géométriques attiques du Dipylon : *en haut*, bateau ; *en bas*, cavaliers et chars.

Deux aspects complémentaires des *poleis* géométriques : les débuts du commerce maritime ; une aristocratie puissante, qui est au sens propre une chevalerie.

Ainsi dans les années 750, quand s'achève l'époque géométrique, on est depuis longtemps sorti des « âges sombres ». Un art et une littérature sont apparus, qui ne font pas entièrement litière du passé mycénien ; la religion s'est définitivement constituée et rationalisée ; un outil, incomparable aussi bien pour le commerce que pour la vie de l'esprit, a été créé : l'écriture. Au désordre qui suit les invasions et les migrations s'est substituée l'organisation constitutionnelle des *poleis* (fig. 22). Une bonne partie de ces progrès n'a été possible que grâce à la reprise du commerce à travers la mer Égée. De ce point de vue, le rôle des Phéniciens semble avoir été considérable. Dans l'*Odyssée*, ils se montrent des intermédiaires particulièrement actifs. À partir de 850, des objets d'art phéniciens ou syriens apparaissent en Crète, à Sparte, à Athènes, des ivoires anatoliens à Corinthe. Un riche trésor de bijouterie orientale, découvert à Égine, montre bien l'importance du trafic phénicien avec la Grèce, vers 800, dans un centre privilégié.

Mais il n'y a là que le début d'un mouvement qui ira s'amplifiant à la période suivante. L'intensification des échanges, le développement d'un commerce véritablement hellénique auront comme conséquence des contacts plus prolongés avec l'Orient, d'où un nouvel essor qui commence dans les années 750, avec l'époque archaïque proprement dite.

CHAPITRE 2

L'évolution des cités

Une telle confusion avait régné pendant les « Âges sombres » que les Grecs avaient perdu jusqu'au nom dont ils se désignaient. Au VIIe siècle on voit apparaître un nouveau vocable qui s'applique à tous les Grecs, sans considération des ethnies qu'on pouvait distinguer : celui d'Hellènes. Les premiers emplois se rencontrent dans Archiloque, qui parle de Panhellènes (tous les Grecs), et dans une interpolation de l'*Iliade*, qui doit être contemporaine ; dès la fin du VIIe siècle sont d'autre part mentionnés à Olympie des Hellanodices (juges des Grecs).

Ce nom est ancien, puisqu'il est déjà dans une partie primitive de l'*Iliade*, mais il y désigne les habitants d'un petit canton de Thessalie, voisin de l'Achaïe Phthiotide, qui se trouvait dans la mouvance d'Achille.

Dans un texte assez récent de la Télémachie (*Odyssée*, 15, 9-42), l'Hellade désigne vraisemblablement le nord du Péloponnèse, ce qui sera plus l'Achaïe ; le passage d'un sens à l'autre s'expliquerait par des migrations d'Achéens venus d'Achaïe Phthiotide dans le Péloponnèse septentrional.

On retrouve ensuite le nom d'Hellade dans la curieuse expression de Grande-Hellade (la Grande-Grèce des Romains), c'est-à-dire la partie sud de l'Italie où s'étaient installées tant de colonies grecques prospères, notamment des colonies achéennes (sur le double sens possible de ce mot, voir p. 259) ; les indigènes voisins, qui distinguaient mal entre les différentes ethnies, auraient appelé Hellènes non seulement les colons achéens, mais encore tous les Grecs d'Italie ; les Grecs eux-mêmes auraient accepté cette désignation, l'appliquant aux Grecs de Grèce ou d'Anatolie. Telle serait l'histoire compliquée d'un nom que le hasard des migrations aurait, de très limité qu'il était à l'origine, étendu à tous ceux qu'à l'instar des Romains nous appelons Grecs.

Autre signe de cette conscience de l'unité hellénique, apparue en Grèce dès les débuts de l'archaïsme : la création, à la fin du VIIIe siècle, de cet arbre généalogique (voir p. 111) qui donne à Hellen trois fils, Doros, Aiolos et Xouthos, père lui-même d'Achaios et d'Ion. Doriens, Éoliens, Achéens et Ioniens se sentent frères et ils traduisent cette réalité dans la fiction d'un ancêtre commun.

De fait, l'unité de l'hellénisme archaïque est bien une réalité et nous pouvons tenter, sans arbitraire, de dégager ses linéaments essentiels, du double point de vue de l'évolution des cités et des créations spirituelles. Il recèle cependant une diversité fondamentale, due tant à la diversité du peuplement qu'à l'étalement géographique des conquêtes, et il faudra donc étudier aussi les différentes formes locales qu'il a revêtues.

1. DE LA MONARCHIE À L'ARISTOCRATIE

La monarchie

La première forme de gouvernement semble avoir été partout la monarchie. Le roi *(basileus)* dirige la cité, conduit l'armée, juge en matière civile (la justice criminelle reste livrée à la vendetta des clans), offre les sacrifices publics. Son autorité est fondée à la fois sur la noblesse de ses origines, toujours considérées comme divines, et sur la richesse qu'il tire de l'exploitation de ses propres domaines et du *téménos* reçu de la communauté à titre de dotation. Mais son pouvoir est loin d'être absolu ; il est entouré d'un conseil, composé des chefs des familles nobles, avec lequel il doit composer. Si, dans l'*Iliade*, le roi ressemble quelque peu au *wanax* de l'époque mycénienne, déjà la royauté de l'*Odyssée* paraît bien une institution nouvelle, la royauté des cités, que tempère la présence d'une aristocratie puissante.

Ces nobles sont essentiellement de grands propriétaires ayant accaparé les terres les plus fertiles. Leur condition sociale et morale est si proche de celle du roi qu'Hésiode peut les appeler rois. Il flétrit l'orgueil insolent et la rapacité de ces « rois mangeurs de présents » (*Travaux*, 264), qui se proclament eux-mêmes les meilleurs *(aristoi)*.

Au-dessous d'eux, les roturiers, dont la plupart se consacrent à l'agriculture. Ce sont soit de petits propriétaires, qui gagnent difficilement leur vie, en cultivant leurs terres, soit des ouvriers agricoles (thètes), qui travaillent au service du roi ou des grands. À côté des paysans, les démiurges (littéralement : ceux qui travaillent pour le peuple) ont une importance très secondaire : mis à part les hérauts, devins, aèdes, médecins, dont le témoignage de l'*Odyssée* montre qu'ils jouissent d'une certaine considération, ce sont surtout des artisans, dont l'existence est d'autant plus misérable que chaque famille cherche à produire elle-même tous les objets manufacturés qui lui sont nécessaires.

L'économie reste donc rudimentaire, se réduisant presque exclusivement à l'agriculture (cultures arbustives, mais essentiellement céréales) et à l'élevage du petit et du gros bétail. Le commerce est d'autant plus limité qu'il a nécessairement comme base le troc, puisque la monnaie n'existe pas. C'est d'abord un commerce local, qui permet l'échange des produits de consommation sur le marché de la ville. Cependant le grand commerce méditerranéen a repris dès la fin des « âges sombres », malgré la très forte concurrence des Phéniciens, et il se distingue souvent mal de la simple piraterie. Hésiode conseille au petit paysan à qui la terre ne peut suffire de se tourner vers la mer.

Le régime aristocratique

Ensuite, une évolution progressive, dans la plupart des cités, met fin à la monarchie au profit de l'aristocratie. Il semble que ce soit en Ionie, dès le début du VIIIe siècle, que ce mouvement ait commencé. L'oligarchie s'empare du pouvoir. Dans le cas le plus général, il n'y eut pas de violences :

les rois durent céder devant la pression des aristocrates, quelquefois après une période transitoire pendant laquelle la monarchie devint élective ou fut limitée dans sa durée. D'ailleurs le titre de roi subsiste souvent pour désigner une magistrature (Argos, Athènes, Corinthe) ou une prêtrise (Éphèse, Milet). Désormais, la royauté n'existe plus que sur les marges de l'hellénisme, dans les régions où le système des cités ne s'était pas développé (Macédoine, Épire) ou dans des cités très traditionalistes (Sparte et Théra et leurs colonies, notamment Tarente et Cyrène).

L'organe essentiel du gouvernement aristocratique est le conseil (*boulé* ou *gérousia*), qui continue le conseil du roi de l'époque précédente. Il est composé de membres désignés, généralement à vie, selon des systèmes variables suivant les cités : conseillers élus à Sparte, chefs d'une grande famille à Corinthe, anciens magistrats sortis de charge à Athènes. C'est lui qui dirige véritablement la cité, surveillant et bien souvent nommant les magistrats, rendant la justice. Les magistrats, émanation directe du conseil, portent des titres différents : archontes (Athènes, Béotie), éphores (Sparte), prytanes (Milet)... Mais, presque partout, ils forment un collège et changent tous les ans, ce qui écarte le risque du pouvoir personnel d'un homme de premier plan.

L'assemblée du peuple joue un rôle très effacé. Elle est souvent fort réduite, les citoyens actifs ne constituant jamais l'ensemble de la population. Elle a, dans certaines cités, le droit d'élire les magistrats ; partout elle se voit soumettre l'approbation des décisions importantes, mais ne fait qu'entériner ce qui lui est proposé, ses intérêts n'étant pas distincts de ceux des dirigeants, notamment dans les cités doriennes où ils doivent s'unir pour opprimer les populations antérieures réduites en servage.

On peut donc parler d'oligarchie à un double sens : d'abord parce que le *démos* ne comprend qu'un nombre restreint de privilégiés, en second lieu parce que tout le pouvoir réel est concentré entre les mains d'une élite plus étroite encore.

La puissance de cette aristocratie est fondée avant tout sur le prestige d'une origine réputée divine, mais aussi sur une richesse considérable, qui reste essentiellement foncière : les nobles sont de grands propriétaires et de grands éleveurs, de chevaux surtout. Les titres dont on les désigne dans certaines cités sont très caractéristiques de cet état de fait : *gamores* (ceux qui se partagent la terre) à Syracuse, *hippobotes* (éleveurs de chevaux) en Eubée. Les noms propres qu'ils portent dérivent très souvent de *hippos* (le cheval). Ils sont les seuls en effet à avoir des propriétés assez grandes et des ressources suffisantes pour se livrer à cet élevage (qui leur permet aussi bien de servir comme cavaliers que de faire courir à Olympie), dont Aristote dira qu'il est intimement lié au régime aristocratique (fig. 23).

Fig. 23. Frise du temple de Prinias (Crète) : procession de cavaliers doryphores. Début du VIIe siècle.

Mais, au fur et à mesure que s'ouvrait l'horizon du monde grec, les aristocrates ont su s'adapter aux conditions nouvelles. Beaucoup d'entre eux ont joué un rôle important dans la colonisation, tels les Corinthiens Archias et Chersicratès, fondateurs de Syracuse et de Corcyre, tous les deux membres de la famille dirigeante des Bacchiades. Beaucoup aussi se sont intéressés au commerce et y ont gagné de grosses fortunes mobilières. Ainsi Charaxos, le frère de la poétesse Sappho, trafique en Égypte, amasse suffisamment d'argent pour y affranchir la belle courtisane Rhodopis et mérite à son retour les railleries acerbes de sa sœur.

Leur vie se déroule dans l'aisance. Ils sont les seuls qui peuvent manger tous les jours à leur faim et Hésiode les appelait déjà « les gras ». Ils aiment les festivités, où les aèdes chantent toujours les épopées aristocratiques d'Homère et où le vin coule à flots. Pour Alcée, qui appartient à une grande famille de Mytilène, tout est prétexte à remplir sa coupe : « N'abandonnons pas nos cœurs à la calamité ; le chagrin ne nous guérira pas, ô Bacchos ; le meilleur remède c'est d'apporter du vin et de s'enivrer » (fragment 35). Mais ils s'enivrent aussi de gloire et rien n'est plus précieux à leur cœur que la victoire de leurs attelages ou de leurs coursiers dans l'hippodrome d'Olympie.

Tout un idéal moral sous-tend leur conception de l'existence et nul ne l'a mieux exprimé que Théognis de Mégare dans les *Élégies* qu'il a adressées à son jeune ami Cyrnos. On y voit l'ardent amour de la justice et le rôle que joue l'amitié entre hommes de la même caste : « Garde-toi de fréquenter les méchants, attache-toi toujours aux bons, plais-leur, à eux dont la puissance est grande, car c'est des gens vertueux que tu apprendras la vertu » (vers 30 *sq.*). Naturellement il faudrait nuancer ce portrait : en pays dorien, l'accent est mis sur l'équilibre physique, la valeur guerrière et la camaraderie virile ; en Ionie, ce sont le luxe, les voluptés, voire une certaine mollesse, qui caractérisent les puissants : Xénophane de Colophon les montre « qui se rendent à l'agora, tout vêtus de pourpre, au nombre de plus de mille, pleins de jactance, fiers de leur gracieuse chevelure, oints de fins parfums » (fragment 20). Mais partout le même orgueil les sépare des autres citoyens, orgueil qui se déploie jusque dans les cortèges funèbres, tels qu'on les voit au flanc des vases.

2. NAISSANCE D'UNE ÉCONOMIE MERCANTILE

Dans le cours du VIIe siècle, une crise, qui n'est pas locale mais qui secoue la plupart des cités du monde grec, ébranle l'harmonieux équilibre du régime aristocratique. À la base de tout, une révolution économique qui entraîne d'importantes transformations sociales.

L'introduction de la monnaie

Jusqu'au VIIe siècle, en Grèce comme dans tout l'Orient, les échanges étaient uniquement fondés sur le troc. Il semble que, chez les Grecs comme chez les autres peuples indo-européens (*cf.* latin *pecunia*, germanique *feo* = bétail, puis argent), le bétail ait été le premier instrument de troc. Ce ne seraient pas seulement des nécessités économiques, mais des considérations religieuses qui auraient contribué à l'élaboration de la notion d'échange, par un passage de l'idée de bœuf de sacrifice à l'idée de bœuf-monnaie. Mais le métal, en raison de son inaltérabilité relative et de son faible poids pour une valeur appréciable, était déjà utilisé en Orient sous forme de lingots estampillés, notamment en Assyrie et dans l'Empire hittite, dès le IIe millénaire.

Sur les origines de la monnaie proprement dite, c'est-à-dire d'un signe beaucoup plus maniable que le lingot et de poids étalonné, les traditions rapportées par les Grecs sont confuses et contradictoires. On s'entendait généralement pour attribuer l'invention de la monnaie à Gygès (687-652 ?), roi de cette Lydie où l'on trouvait en abondance l'électron, alliage naturel d'or et d'argent, et où coule le Pactole dont le nom est resté synonyme de richesse. Deux de ses successeurs, Alyatte (610-561) et surtout Crésus (561-546), qui émit des statères d'or pur et d'autres d'argent pur, continuèrent à battre monnaie en abondance (les créséides s'accumulaient dans les coffres de Crésus). L'invention, qui peut dater de 680, fut tout de suite adoptée (vers 670) par les aristocraties marchandes des villes de la côte : Milet, Éphèse, Phocée, puis Chios et Samos frappèrent l'électron, et bientôt, pour ces deux dernières, l'argent pur (fig. 24).

Les monnaies des différentes cités se répartissaient en deux groupes, selon qu'elles suivaient l'étalon de Milet, c'est-à-dire celui de Lydie, ou l'étalon de Phocée, adopté par Chios après une légère réduction. Elles portaient à l'origine une marque en creux (d'où leur nom de monnaies incuses), puis une marque en relief, qui est très généralement le blason de la ville : le lion à Milet, le cerf ou l'abeille à Éphèse, le phoque à Phocée, le sphinx à Chios, le taureau à Samos... La valeur relative des métaux est la suivante :

Or/argent	13 1/3/1
Or/électron	1 1/3/1
Électron/argent	10 /1

En Grèce propre, où il n'y a ni or ni électron, la situation était différente. On utilisa d'abord comme étalon le fer sous

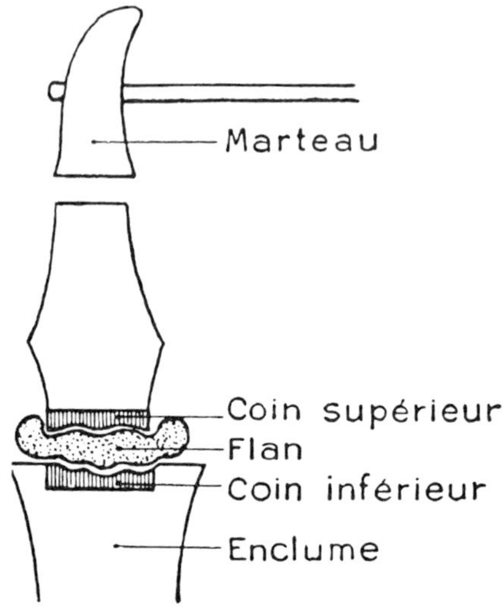

Fig. 24. La frappe d'une monnaie grecque (d'après Ch. Seltman).

forme de broches à rôtir *(obéloi)*, six broches groupées en une poignée formant une drachme. L'introduction de la monnaie était généralement attribuée au roi d'Argos, Phidon, mais l'on n'accorde plus toujours créance à cette tradition. Phidon aurait plutôt attaché son nom à une dévaluation du système pondéral, qui se placerait après 630 (?). On a retrouvé dans l'Héraion d'Argos une faisceau de broches de fer et un étalon qui seraient les nouvelles mesures consacrées à la déesse protectrice de la cité (fig. 25). D'autres fouilles, notamment les fouilles récentes des tombes d'Argos, ont révélé des *obéloi* presque intacts, qui, plus lourds, devaient appartenir au système préphidonien.

C'est à Égine, grand centre commercial dépendant d'Argos et où l'argent pouvait être importé aisément de Siphnos, que l'on constate la première frappe de monnaie en Grèce propre : ce sont les fameuses tortues d'argent, dont les premières émissions ne doivent guère être antérieures aux ultimes décennies du VIIe siècle (d'autres savants admettent une date plus haute : Ch. Seltman, 665). Les noms des pièces furent empruntés à l'ancien système des broches à rôtir : l'obole (doublet de l'*obélos*) et la drachme.

Peu à peu, la nouvelle invention gagne toutes les cités

commerçantes. Un seul trait commun : le monométallisme argent. Mais la multiplicité des économies locales est très caractéristique de l'émiettement politique du monde grec. En gros, on peut reconnaître deux grands étalons pondéraux et monétaires : l'éginétique et l'euboïque.

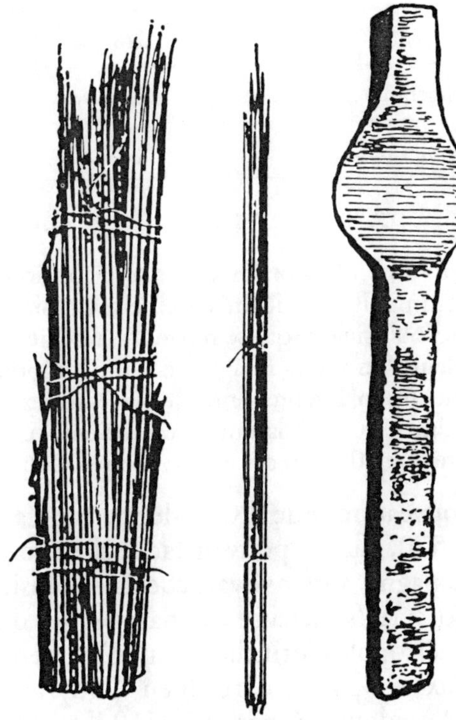

Fig. 25. Broches et lingot de fer découverts dans l'Héraion d'Argos (d'après Ch. Seltman).

Le premier système était utilisé à Égine, dans le Péloponnèse (sauf à Corinthe), à Mégare, à Athènes jusqu'à Solon, en Béotie et dans la Grèce du Nord, dans les îles de l'Égée méridionale, sur la côte sud de l'Anatolie. Au second système se rattachaient, outre les villes d'Eubée (Chalcis, Érétrie), Corinthe, Athènes après Solon, Samos, Cyrène. Alors que le premier est irréductible à l'étalon lydien, qui, avec plusieurs variantes, était celui de la Lydie, de Milet, d'Éphèse et de Phocée, le second admettait des conversions relativement aisées avec les systèmes orientaux et éginétique.

Systèmes pondéraux et monétaires de la Grèce propre

ÉQUIVALENCES	SYSTÈME ÉGINÉTIQUE	SYSTÈME EUBOÏQUE
1 talent = 60 mines	37,7 kg	26,2 kg
1 mine = 50 statères ou 100 drachmes	628 g	436 g
1 statère (ou didrachme)	12,57 g	8,73 g
1 drachme = 6 oboles	6,28 g	4,36 g
1 obole	1,04 g	0,73 g

Les systèmes pondéraux des Grecs sont inspirés de l'Orient. En Mésopotomie il existait un système sexagésimal (1 talent = 60 mines = 3 600 sicles), qui se répandit largement dans tout le Moyen-Orient. Les Grecs imaginèrent un compromis, comme il en existait un en Égypte, entre le système sexagésimal et le système décimal, puisque la mine, soixantième partie du talent, ne comporte que 50 sicles ou statères, soit 100 drachmes.

Dans le nouveau monde d'Occident enfin, la monnaie se répandit dès 570, car on pouvait facilement se procurer de l'argent en Espagne. On y voyait coexister plusieurs étalons – celui de Corcyre (soucieuse de marquer ses distances par rapport à sa métropole Corinthe), celui d'Himère, Sélinonte, Zancle et Naxos, l'étalon corinthien de Syracuse, l'étalon phocéen de Poseidonia. À partir de 510 il y a une tendance générale à l'adoption de l'étalon attique (carte 7).

Ce mouvement gagnera peu à peu, au Ve siècle, toutes les cités grecques, à telle enseigne qu'indépendance et monnayage seront intimement liés dans la conscience hellénique. Il reste pour l'instant limité aux cités commerçantes et à leurs filiales. Certaines villes le repoussèrent volontairement, telles les cités de Crète et Sparte, qui demeurent fidèles à leur vieille et incommode monnaie de fer. C'est que le monnayage n'intéresse guère que le commerce transméditerranéen : il est né en Asie, zone d'échanges très actifs, et a gagné Égine, Corinthe, l'Eubée, l'Occident, c'est-à-dire toutes les régions d'intense vie de relations ; le cas d'Athènes, qui ne bat mon-

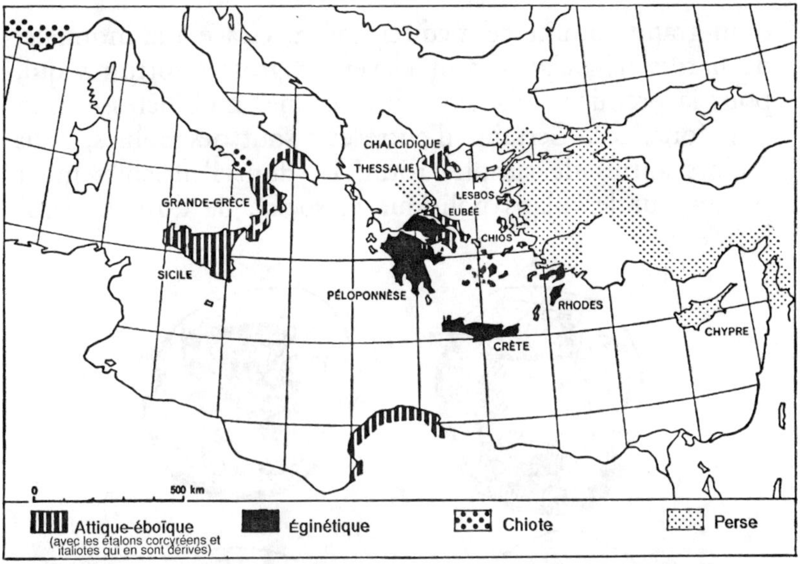

Carte 7. Les systèmes monétaires du monde grec à la fin de l'archaïsme (d'après Ch. Seltman).

naie qu'au début du VIe siècle, au moment même où commence à se développer son commerce, est très caractéristique (fig. 26). Le petit négoce de détail était peu concerné par la monnaie, à preuve la rareté des pièces divisionnaires.

Ainsi était née la monnaie, νφμισμα (le vocable, d'apparition tardive, a peut-être désigné la valeur de la pièce, son cours, avant de désigner la pièce elle-même). C'est une des coupures les plus nettes, dans l'histoire du monde antique, que l'avènement d'une économie monétaire, que d'aucuns appellent déjà, non sans jouer sur les mots, capitaliste : c'est la chrématistique des Grecs, que Platon définira « l'art qui délivre de la pauvreté » (*Gorgias*, 477 e).

Certes la diversité même des étalons monétaires, nouveau symbole de la diversité foncière du monde grec, impose de difficiles opérations de change et constitue un obstacle sérieux à la liberté des échanges. Néanmoins les Grecs, perfectionnant l'invention des rois de Lydie, se sont dotés d'un précieux instrument, indispensable au développement d'un grand commerce méditerranéen. Grâce à la monnaie, de hardis négociants vont élever de grosses fortunes qui, pour la première fois, sont des fortunes mobilières et non plus foncières. Certains d'entre eux sont des nobles, mais maints autres de simples roturiers, dont l'enrichissement posera, sur les plans politique et social, de difficiles problèmes.

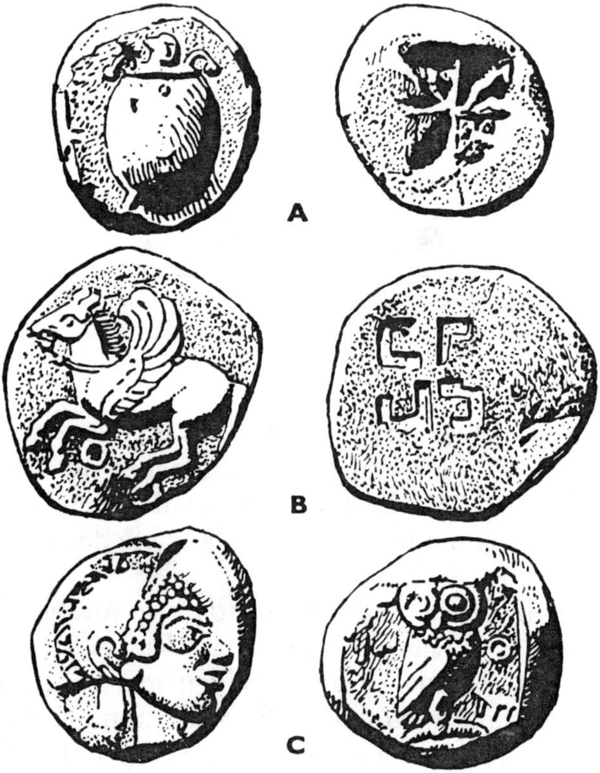

Fig. 26. Monnaies grecques archaïques.

A. Monnaie d'Égine : tortue. R/Poinçon étoilé. B. Monnaie de Corinthe (sous Périandre) : Pégase. R/Swastika. C. Monnaie d'Athènes (fin du VIe siècle) : Athéna. R/Chouette, rameau d'olivier. Légende : Athé[na].

Correspondances entre le système euboïque
et les autres systèmes monétaires

100 drachmes euboïques de	4,25 g = 425 g
70 drachmes éginétiques de	6,07 g = 425 g
60 drachmes lydo-milésiennes de	7,08 g = 425 g
26 tétradrachmes phocéens de	16,35 g = 425 g
26 didrachmes chiotes de	7,87 g = 425 g

(D'après Ch. Seltman, *Greek coins*, p. 41)

On ne s'étonnera pas que les chiffres indiqués pour les pièces ne soient pas exactement les mêmes que ceux que nous avons proposés, p. 158. Il y a une marge d'incertitude dans l'établissement de ces valeurs à partir de monnaies dont le poids n'était pas rigoureusement constant.

Développement du grand commerce grec en Méditerranée

La naissance de la monnaie n'est qu'un des facteurs de l'extraordinaire développement économique que connaît le monde grec à l'époque archaïque. Il est bon de réfléchir un instant sur les conditions imposées par les ressources naturelles de la Grèce. Le sol y est pauvre et souvent impropre aux céréales ; les forêts, à l'origine importantes, diminuaient avec le défrichement de nouvelles terres, exploitées pour l'agriculture et pour l'élevage ; enfin les minerais y sont rares. En revanche les cultures arbustives, qui y viennent bien, ne cessaient de se développer et fournissaient des excédents de vin et d'huile ; et l'habileté artisanale, alliée au goût raffiné des Grecs, leur permettait de créer des chefs-d'œuvre, en particulier dans le domaine de la céramique ou de l'armurerie.

Le commerce à l'époque archaïque

IMPORTATIONS

Ressources vivrières de première nécessité.	*Matières premières.*
Céréales. Poissons salés.	Métaux précieux, ivoire, ambre. Étain, cuivre. Bois. Laines, peaux.

↓

Industries de transformation

↓

EXPORTATIONS

Produits agricoles de demi-luxe.	*Produits fabriqués.*
Vin. Huile.	Orfèvrerie, bijouterie. Outils et armes. Navires. Draperies. Céramique. Parfums et onguents.

La colonisation par des Grecs d'une partie de l'Occident et des côtes du Pont-Euxin – phénomène capital que nous aurons l'occasion d'étudier dans son évolution – devait modifier profondément la vie économique. D'une part, il était aisé de se procurer du blé ou du poisson salé en Grande-Grèce, en Sicile ou dans le Pont ; les forêts de Thrace fournissaient largement le bois pour les charpentes et les chantiers navals ; en Occident les minerais étaient abondants. D'autre part, les nouvelles cités, et surtout les peuples barbares avec lesquels elles entretenaient d'étroits rapports, représentaient une clientèle toute désignée pour le vin et l'huile, alors considérés comme des produits de demi-luxe, et pour les objets manufacturés où le monde grec traditionnel (Grèce propre et Anatolie) avait pris une avance décisive.

Tous les éléments d'un grand commerce intraméditerranéen étaient alors réunis et la Grèce, fort incapable de vivre en autarcie, sinon d'une vie misérable, s'ouvrait largement de tous côtés. Le mouvement portait en lui une force d'expansion indéfinie : ainsi, plus on importait de blé, moins il était besoin d'en produire, plus on pouvait cultiver la vigne et l'olivier, plus on pouvait exporter de vin et d'huile (et aussi de vases pour leur transport) ; le bois d'importation permettait de construire des bateaux de plus en plus nombreux, instrument nécessaire d'un commerce uniquement maritime ; les minerais qui affluaient d'Occident fournissaient l'indispensable matière première des industries utilitaires comme des industries d'art, d'où un accroissement des exportations vers le nouveau monde. L'industrie et l'agriculture étaient simultanément stimulées et le commerce devenait la base d'une vie économique en continuel essor. La Grèce et l'Anatolie s'enrichissaient par l'incessant chassé-croisé des navires qui allaient au loin échanger leurs productions agricole et industrielle raffinées contre des vivres et des métaux.

Ces navires profitaient d'ailleurs de progrès techniques capitaux. On connaît bien les bateaux de l'époque, grâce aux nombreuses représentations figurées sur les vases. Plus allongés qu'à la période géométrique, ils sont gréés d'une importante voilure et, à partir du VIIe siècle, dotés d'ancres. Les navigateurs s'enhardissent : ils voyagent la nuit, craignent moins de s'écarter des côtes et ne tirent plus leurs vaisseaux au sec que pour les quatre mois de la mauvaise saison. En même temps que la nautique, se développe l'art d'aménager les ports : la digue de Samos, longue de deux stades, est mentionnée par Hérodote (3,60) comme un chef-d'œuvre de technique ; on drague le chenal de Leucade qui s'ensablait ; Périandre envisage même de percer l'isthme de Corinthe.

Ajoutons que des conditions politiques nouvelles favorisèrent le développement du commerce grec. En 677 Sidon est prise par les Assyriens et en 573 Tyr par les Babyloniens. Les Grecs tirèrent parti de ces malheurs des Phéniciens, jusque-là leurs principaux rivaux. Mais toutes les régions du monde grec ne s'éveillèrent pas au même moment au trafic méditerranéen. Les États doriens eurent d'abord l'avantage, notamment la Crète, Théra, Rhodes qui jalonnent la grande route centrale de la Méditerranée ; Sicyone, Corinthe et

Mégare devaient leur importance à leur situation voisine de l'Isthme ; Égine tenait les routes du golfe Saronique. Parmi les cités ioniennes, Milet monopolisa tôt le commerce avec la Propontide ; les Cyclades participèrent assez vite à la vie de relations, ainsi que Chalcis en Eubée.

Cependant, c'est à la fin du VIIe siècle que le centre de gravité se déplaça : de nouveaux débouchés s'ouvrirent en Anatolie, dans le Pont, en Égypte et en Occident, dont les marchands d'Ionie, en particulier ceux de Milet, surent profiter. Le rôle d'intermédiaires entre l'Asie antérieure et la Méditerranée, qu'avaient joué les Phéniciens, ce sont eux maintenant que le jouent. L'Ionie s'enrichit et devient la région la plus prospère du monde grec. Cette prospérité n'est pas due seulement à une heureuse situation géographique : elle est le fruit de l'esprit d'initiative et d'aventure d'un petit peuple de hardis navigateurs.

Pour qui porte son regard en arrière sur la période géométrique, la Grèce s'est transformée au point de devenir méconnaissable. Elle n'est plus un agrégat de cités essentiellement agricoles et pastorales. C'est la renaissance du grand commerce méditerranéen, comme du temps des Achéens. On peut dire, presque sans exagération, qu'avec l'économie mercantile le monde moderne est né. Une semblable transformation n'est pas sans s'accompagner d'une évolution sociale parfois très brutale.

3. LA CRISE DU RÉGIME ARISTOCRATIQUE

Plusieurs facteurs concomitants, mais indépendants, allaient en effet amener une nette diminution du pouvoir de l'aristocratie. Signalons d'abord une transformation dans l'art militaire.

Apparition de l'infanterie lourde et de la marine de guerre

Au VIIIe siècle encore, le combat est un combat de cavalerie. Vers 700, et principalement dans le Péloponnèse, s'affirme l'importance prépondérante de l'infanterie lourde. L'« homme d'armes » par excellence c'est désormais l'hoplite (tel est en effet le sens du mot), qui est souvent représenté sur les vases à partir de 675, notamment sur le vase Chigi (fig. 27). Il porte une armure complète qui lui couvre la poitrine et le ventre, un bouclier, une lance. Le combat n'est désormais possible qu'en formation serrée : pour le guerrier, il ne s'agit plus de faire éclater sa valeur personnelle en de grandes prouesses, mais bien de tenir sa place entre ses deux voisins, en brandissant sa lance de la main droite et en se protégeant du bouclier tenu de la gauche. La bataille consiste dans le choc de deux phalanges, dont la plus solide, la plus cohérente fait céder l'autre.

Fig. 27. Hoplites marchant au combat au son de la flûte. Vase Chigi. Proto-corinthien, 650-640. Rome. Villa Giulia.

Un nouvel idéal se substitue à l'idéal chevaleresque de la période précédente : la vertu essentielle du soldat est non plus la folle bravoure, génératrice d'exploits individuels, mais bien le respect de la discipline et la ferme volonté de rester dans les rangs, à la place qui lui a été assignée, aux côtés de camarades qu'il appuie et qui l'appuient. Il se développe notamment dans le gymnase, qui apparaît vers le même moment et où se forge l'âme commune des combattants.

Cette transformation tactique implique d'importantes transformations sociales, que déjà Aristote remarquait dans la *Politique* (1297 b), quand il notait que le remplacement de la cavalerie par l'infanterie supposait la prépondérance nouvelle de la classe moyenne sur l'aristocratie. Seuls les riches pouvaient posséder et entretenir un cheval, tandis que l'armure complète de l'hoplite, dont le prix n'était certes pas négligeable, devenait néanmoins accessible à un nombre plus large de citoyens.

Une évolution comparable se dessine sur la mer. Les bateaux de guerre apparaissent vers la fin du IXe siècle, se différenciant des bâtiments de commerce par une forme plus effilée, qui permet une vitesse supérieure. Les progrès sont rapides : invention de l'éperon, qui transforme la technique du combat naval ; superposition de plusieurs rangs de rameurs, qui accroît la célérité du navire et, partant, sa puissance offensive. Dès le VIIe siècle, on distingue deux modèles principaux, d'après le nombre de rameurs : pentécontore (50 rameurs) et triacontore (30 rameurs). On voit, d'abord, aussi bien des bateaux pontés que des bateaux sans pont, mais le second type tend ensuite à prédominer. Entre 550 et 525 apparaît la trière, navire étroit et allongé, sans pont, mû par trois rangs de rameurs superposés (en tout 150 rameurs), un croiseur élégant et très rapide que Polycrate fut peut-être le premier à utiliser largement et auquel les Grecs devront, au siècle suivant, leur incontestable maîtrise de la mer.

C'est à Corinthe que les nouvelles formes de vaisseaux ont pris naissance, au témoignage de Thucydide (1, 13). Les chantiers navals y étaient particulièrement réputés et, dès la fin du VIIe siècle, les Samiens leur passaient commande de quatre navires.

Pour l'équipage, de plus en plus nombreux, et pour les fantassins armés que l'on embarquait on devait faire appel aux thètes, c'est-à-dire aux citoyens les moins fortunés. La création d'une marine de guerre dans les principales cités du monde grec eut donc d'importantes conséquences sociales.

Ainsi hoplites et marins devinrent les remparts les plus solides des cités : la classe moyenne et les pauvres prenaient le pas sur les cavaliers de l'aristocratie. Or, aux yeux des Grecs, étroit était le lien entre la défense de la patrie et la participation à la vie politique. La conséquence inéluctable fut l'apparition de revendications dans les classes qui, jusque-là, avaient été pratiquement tenues à l'écart du pouvoir. Et cela au moment précis où le problème social se posait avec une acuité toute particulière.

La crise sociale

Dans le courant du VIIe siècle, les riches s'enrichissent et les pauvres s'appauvrissent. Ces deux phénomènes corrélatifs présentent une gravité extrême dans une société aristocratique, déjà fondée sur l'inégalité des fortunes. Le mécanisme, partout le même, semble avoir été le suivant : à l'occasion de mauvaises récoltes, les petits propriétaires sont obligés d'emprunter, à des taux usuraires, à des nobles voisins ; ils ne peuvent rembourser et doivent désormais céder leur terre pour éteindre leurs dettes ; réduits alors à l'état de tenanciers, ils cultivent pour autrui leur ancienne propriété, à moins que, dans un stade ultime de l'évolution, ils ne soient vendus comme esclaves.

Le phénomène est bien connu à Athènes, où nous le retrouverons : beaucoup de petites gens n'ont d'autre possibilité que d'accepter la condition d'hectémores, c'est-à-dire de sizeniers (ils livrent les 5/6 de la récolte et n'en gardent pour eux que 1/6). Mais il affecte la totalité du monde grec et aboutit partout à la création d'un prolétariat agricole misérable, dont la ressource principale est la migration, fort aléatoire, vers la ville, où les esclaves, de plus en plus nombreux, lui font une sévère concurrence.

Reste évidemment l'aventure lointaine, qui ne peut convenir à tous : certains participent à la fondation des colonies, d'autres s'engagent comme mercenaires chez les princes d'Asie ou d'Égypte, qui prisent fort ces « hommes d'airain », entièrement couverts d'une lourde armure, qui combattent avec beaucoup de vaillance.

Le génie d'un poète nous a laissé une atroce peinture du sort misérable de celui qui n'a rien et que la pauvreté chasse de partout : c'est Archiloque, dont Pindare (*Pythiques*, 2, 99) dit qu'il « ne s'engraissait que de haines amères ». Certes

Archiloque, par ses origines, n'était pas un prolétaire et il semble même avoir appartenu à une grande famille de Paros. Mais, après une ruine dont on ignore les causes, il mène une existence qui dut être celle de nombre de ses contemporains. Il quitte Paros pour Thasos, mais ne trouve que déboires dans cette île, où, comme il le dit plaisamment, « la misère de toute la Grèce s'était donné rendez-vous » (fragment 52). Cet éternel errant paraît avoir tenté aussi sa chance à Siris (en Grande-Grèce) et en Eubée. Son unique ressource est de se louer comme mercenaire. Sa lance reste désormais son seul gagne-pain : « À la pointe de la lance, les bonnes galettes bien pétries ; à la pointe de la lance, le bon vin d'Ismaros ; pour le boire, je m'appuie sur ma lance » (fragment 2). C'est au combat qu'il trouvera la mort, dans une obscure rencontre entre Pariens et Naxiens.

Aucun phénomène n'est plus patent que la crise sociale du VIIe siècle ; aucun n'est plus difficile à expliquer. On a cherché à en rendre compte par la révolution agraire qui substitue un peu partout les cultures arbustives aux céréales : seuls les riches peuvent opérer cette reconversion fructueuse et attendre la dizaine d'années nécessaires pour que les plantations d'oliviers ou de vigne commencent à rendre ; les pauvres, eux, ont besoin d'une récolte annuelle et sont donc contraints de semer du blé ou de l'orge, qui viennent généralement mal. En considérant uniquement le rendement, et indépendamment de toutes questions de surface et de fertilité – qui devaient jouer en faveur des riches –, les grandes propriétés étaient, ainsi, d'un bon rapport et les petites d'un mauvais.

On a d'autre part invoqué la lourde concurrence des blés coloniaux pour ceux que donnait difficilement le sol maigre de la Grèce. Le petit paysan, condamné à la culture céréalière, en tire d'autant moins de profit que les blés du Pont ou d'Occident sont jetés à vil prix sur le marché.

Ces raisons, nullement négligeables, n'expliquent cependant pas véritablement la ruine du petit propriétaire, antérieure au moment où elles ont pu jouer ; consacrant cette ruine, elles ne l'ont pas provoquée. Hésiode, dans *Les Travaux*

(394 *sq.*), mentionne déjà les dettes du paysan : à une époque où l'économie monétaire n'existe pas, il s'agit, bien entendu, d'emprunts en nature. Or on voit parfaitement, par ce même exemple d'Hésiode, qu'à la base de tout, il y a le nouveau droit successoral avec le partage de la terre entre les fils (voir p. 146). À chaque génération la propriété diminue de superficie. Il arrive un moment – nous pouvons le dater assez exactement au début du VIIe siècle – où le processus atteint un point critique : les partitions successives réduisent les lots, à telle enseigne qu'ils ne peuvent suffire à nourrir une famille.

C'est alors que les petits propriétaires recourent à l'emprunt, pratique immémoriale certes, mais qui se généralise maintenant, comme l'unique solution en cas de disette. Solution déplorable, qui entraîne inéluctablement la dépossession du débiteur, puis sa réduction à l'état d'ouvrier agricole, voire d'esclave. L'apparition de la monnaie vers la fin du siècle aggrave encore la situation en rendant le problème des dettes plus aigu, mais n'est pas, quoi qu'on en ait dit, la racine d'un mal bien antérieur à elle.

La terre se concentre ainsi entre les mains d'une oligarchie qui devient de plus en plus riche, partant de plus en plus puissante. En face d'elle, le *démos* s'appauvrit, quand, précisément, la part nouvelle qu'il prend à la défense de la cité l'amène à une prise de conscience politique. D'où une crise d'une violence exacerbée qui se traduit un peu partout par les haines les plus farouches et par l'apparition d'un programme extrémiste : les paysans réclament l'abolition des dettes et le partage des terres. Jusqu'en pleine époque hellénistique, ce sera, en Grèce, la double revendication du pauvre exaspéré par la misère.

Entre les petites gens et les aristocrates, la naissance d'une classe moyenne enrichie dans le commerce et l'industrie est, nous l'avons souligné, un des phénomènes les plus marquants de l'époque. Assurément des relations étroites s'établissaient, dans plusieurs cités, entre noblesse et bourgeoisie nouvelle. Beaucoup de nobles n'hésitaient pas à redorer leur blason et Théognis s'en indigne : « Un homme bien né ne se fait pas scrupule d'épouser la fille d'un vilain, si elle lui apporte beaucoup de bien ; pas davantage une femme ne refuse de s'unir à un vilain, s'il a de la fortune : c'est la richesse, et non la qualité du parti qui la tente. On a pour l'argent un vrai culte ; l'argent abâtardit la race » (185 *sq.*). Surtout dans les grandes cités commerçantes de l'Ionie, l'aristocratie eut souvent l'intelligence d'associer la bourgeoisie au pouvoir. Mais ce n'était pas toujours le cas et, au reste, le développement de l'industrie et du commerce avait engendré non seulement une bourgeoisie opulente, mais aussi une classe moyenne d'artisans ou de boutiquiers, dont les conditions de vie, comme les intérêts, étaient assez voisins de ceux des paysans. Face à une oligarchie égoïste et envahissante, ils réclamaient la participation au gouvernement et la publication des lois.

Les premiers législateurs

Les lois se transmettaient oralement dans les grandes familles, dont les chefs rendaient la justice avec arbitraire et corruption : Hésiode déjà se plaignait « des jugements tortueux des rois corrompus » (*Travaux*, 221), état de choses qui n'avait pu qu'empirer avec le développement de la crise sociale. L'une des revendications les plus fortes des mécontents restait la publication de lois valables pour tous indistinctement. Plusieurs cités entrèrent dans cette voie réformiste, désignant, pour édicter le code, des législateurs qui portèrent des noms divers selon les villes : thesmothètes à Athènes, aisymnètes en Asie. Choisis avec l'accord des différentes classes sociales, parfois à vie, généralement pour un temps déterminé, ils jouirent de pouvoirs absolus qui ont permis à Aristote d'appeler leur charge une « tyrannie élective » (*Politique*, 3, 9, 5).

C'est dans les cités coloniales de l'Occident, où la force des traditions était évidemment moindre, que sont apparus les premiers législateurs : Zaleucos à Locres (vers 660) et Charondas à Catane (une génération plus tard). On connaît assez mal leurs lois, comme celles de Phidon à Argos et de Dracon à Athènes, à peine postérieures. Les renseignements sont plus fournis sur leurs successeurs du début du VIe siècle, Solon – que nous retrouverons en étudiant Athènes – et Pittacos de Mytilène. Ce dernier, élu pour dix ans afin de mettre un terme aux discordes civiles, consécutives à la mort du tyran Mélanchros, agit avec beaucoup de fermeté, n'hésitant pas à exiler toute une coterie, dont le poète Alcée qui poursuivit de ses vers vengeurs et injustes « le misérable Pittacos fait tyran au milieu d'un concert d'éloges, dans la cité divisée et malheureuse » (fragment 37).

Il s'avère donc difficile de réduire à l'unité l'œuvre des législateurs, qui s'échelonnent sur un siècle et qui ont exercé leur charge dans des cités fort différentes par l'évolution sociale. Néanmoins, certains traits généreux peuvent être dégagés, qui éclairent nettement les problèmes cruciaux de l'époque. Le point fondamental touche l'administration de la justice. Elle sera désormais rendue conformément aux lois écrites et soustraite à l'arbitraire des aristocrates. Parfois de véritables jurys sont institués : Charondas inflige une amende, variable selon sa fortune, au citoyen qui refuse de siéger ; Solon crée le tribunal populaire de l'Héliée. Zaleucos prévoit l'appel devant l'assemblée des Mille : le magistrat et le plaignant comparaissent la corde au cou et le perdant est pendu sur-le-champ, tout cela pour assurer le respect de la justice.

La législation concernant les meurtres est l'objet de soins particuliers. Là s'opère un tournant de l'histoire du droit : jusqu'ici seule la vendetta privée des familles jouait, entraînant souvent, comme dans une réaction en chaîne, une série de nouveaux meurtres ; désormais c'est l'État qui intervient, avec le double souci d'éviter l'effusion inutile de sang et la souillure atteignant la cité entière. La conséquence est l'extrême sévérité des peines destinées à réprimer le meurtre et les violences : Zaleucos édicte la loi du talion, œil pour œil ; Charondas sévit contre les fauteurs de violences ; Dracon mérite de passer à la postérité pour la rigueur de sa législation.

Dans l'évolution du droit civil, on sent que le problème de la propriété est à l'ordre du jour. Mais l'opposition apparaît sensible entre les législateurs du VIIe siècle et ceux du VIe. Zaleucos interdit l'aliénation du lot de terre *(cléros)*, à la possession duquel est attaché le titre de citoyen. Il proscrit tout intermédiaire entre producteur et consommateur, tandis que Charondas n'admet aucune action judiciaire pour la vente à crédit. On est en effet, pour l'instant, mal dégagé de la propriété familiale inaliénable et le commerce n'a pas encore pris un véritable essor. Solon, au contraire, admet, dans certains cas précis, l'aliénation du *cléros* et oriente vers le négoce l'activité des citoyens ; son contemporain Pittacos réglemente les contrats. Ainsi, peu de temps après la naissance du grand commerce, l'État intervenait et imposait sa souveraineté dans ce nouveau domaine.

Administration de la justice, droit criminel, droit civil : partout s'affirme simultanément l'autorité de l'État au détriment des intérêts de l'aristocratie ou des préjugés traditionnels. L'œuvre des grands législateurs marque une date dans l'histoire du droit et assure le premier triomphe du *démos* sur les nobles. Restera à poser les droits de l'individu en face de l'État. Mais, encore que cette préoccupation ne soit pas entièrement étrangère à Dracon, il faudra, en général, attendre le Ve siècle pour la voir se traduire dans les faits.

4. LA TYRANNIE

Les réformes tentées par les législateurs représentaient le plus souvent un compromis entre les soucis conservateurs des aristocrates et les revendications du peuple. Elles furent cependant impuissantes à mettre fin à la crise sociale, qui trouve parfois une solution provisoire dans l'établissement, par la violence, du pouvoir d'un seul, régime que les Grecs ont appelé tyrannie.

L'établissement de la tyrannie

Celui qui s'empare du pouvoir et le conserve par la force se distingue du roi, détenteur d'une autorité légitime parce que héréditaire, et du législateur, qui s'impose avec le consentement de la majorité des citoyens. Dans toutes les cités où ce régime politique s'instaure aux VIIe et VIe siècles, on désigne son chef du nom nouveau de « tyran ».

Les origines de ce vocable sont discutées. Il n'est pas grec, cela est sûr. Il semble avoir été emprunté au lydien, comme le veut déjà Euphorion : il est attesté pour la première fois dans Archiloque, qui l'emploie à propos du roi de Lydie, Gygès, un usurpateur lui aussi comme les tyrans. On a d'ailleurs souligné sa parenté avec l'étrusque *turan* (seigneur ou dame) ou avec des noms propres d'origine étrusque (le roi Turnus, la déesse Juturne) ; or les Étrusques étaient des Anatoliens. Bien qu'on l'ait nié récemment (S. Mazzarino), c'est d'Asie Mineure que provient le mot, comme la réalité qu'il recouvre. Notons que, pendant longtemps, il n'a pas le sens défavorable que nous lui donnons et qui est le sien, dès le IVe siècle, dans les textes de penseurs politiques influencés par la nouvelle forme de la tyrannie, beaucoup plus violente et effrénée, apparue au début de ce siècle.

Ce phénomène politique se constate dans trois régions bien distinctes du monde grec. D'abord en Anatolie et dans les îles. Le VIIe siècle voit naître la tyrannie, favorisée sans doute par l'exemple de la proche Lydie, puis par le soutien et les alliances matrimoniales des rois lydiens, les Mermnades. Si l'on connaît beaucoup de noms de tyrans, on ne sait pas grand-chose d'eux. Trois méritent cependant d'être signalés. Thrasybule, qui prend le pouvoir à Milet à la fin du VIIe siècle, après avoir exercé la charge de prytane, entretient de bonnes relations avec Périandre de Corinthe et le souverain de Lydie, Alyatte. Lygdamis exerce la tyrannie à Naxos pendant une vingtaine d'années (545-524 environ). Le plus fameux est Polycrate de Samos, héros de multiples anecdotes et qui, en quelque dix ans de gouvernement (532-522), sut donner à sa patrie une place de premier plan.

Second domaine : les alentours de l'isthme de Corinthe. À Sicyone, Orthagoras s'empare du pouvoir en 655 et sa dynastie durera un siècle. À Corinthe, Cypsélos et ses descendants installent une tyrannie particulièrement éclatante, qui se maintiendra un peu moins (*circa* 657-584). Proclès d'Épidaure et Théagénès de Mégare appartiennent tous deux à la fin du VIIe siècle. Enfin la contagion de la tyrannie gagne Athènes, mais plus tardivement, avec Pisistrate et les Pisistratides (561-510).

L'implantation de ce régime dans l'Occident grec est postérieure. Les premiers tyrans sont Panaitios de Léontinoi (à la fin du VIIe siècle) et Phalaris d'Agrigente (565-549 ?), soldat et bâtisseur, mais aussi monstre de cruauté, rôtissant ses ennemis vivants dans un taureau de bronze. Une nouvelle vague de tyrans prend le pouvoir à l'extrême fin du VIe siècle, mais il faut attendre les premières décennies du Ve pour trouver les noms les plus fameux, ceux des Deinoménides de Syracuse, Gélon et Hiéron.

Une certitude s'impose donc : le régime tyrannique est uniquement le fait de cités très évoluées au point de vue politique, économique et social. Déjà Thucydide (1, 13) insistait sur l'influence de ce facteur : « Comme la Grèce s'occupait encore plus qu'auparavant d'acquérir de la richesse, on vit en général des tyrannies s'établir dans les cités, avec l'augmentation des rentrées d'argent. » La tyrannie a supplanté l'aristocratie, qui partout régnait en maîtresse. Il fallait que l'homme ambitieux – beaucoup plus souvent un aristocrate qu'un aventurier – qui aspirait au pouvoir personnel pût s'appuyer sur une bourgeoisie riche et mécontente. Mais, plus encore, il fallait qu'il pût compter sur l'appui d'un *démos* exaspéré par l'insolence nouvelle des aristocrates, engraissés par la misère des pauvres. En somme, l'existence d'une crise sociale grave est la cause profonde de l'apparition de la tyrannie.

D'autres forces ont joué, très variables selon les lieux : à Argos, ce serait l'importance récente des hoplites qui aurait permis le pouvoir absolu de Phidon, un roi qu'Hérodote et Aristote considèrent comme un tyran ; dans le nord du Péloponnèse, la tyrannie a pu profiter de l'opposition entre l'aristocratie dorienne et les populations prédoriennes asservies ; en Occident, la présence menaçante des Barbares aux portes des cités grecques a dû imposer la nécessité d'un gouvernement fort ; en Orient, après la conquête perse, les tyrans n'ont souvent été que des gouverneurs aux ordres du Roi.

Il n'en reste pas moins qu'essentiellement la tyrannie est fille des revendications de la nouvelle bourgeoisie, de la misère du peuple, de la hardiesse d'individus assoiffés de pouvoir et déterminés à tout pour réussir.

La vie politique et sociale sous les tyrans

Ce n'est pas sans beaucoup d'arbitraire que l'on peut esquisser un tableau général de la tyrannie archaïque. Cependant certains traits s'affirment, indépendamment des lieux, des temps, des hommes.

Le tyran ne change pas la constitution établie. Les anciennes magistratures continuent à être pourvues, surtout d'hommes à sa dévotion. Le conseil et l'assemblée, là où elle existe, entérinent la nouvelle politique. Mais ce n'est qu'une façade : tout le pouvoir est entre les mains du tyran, qui réside généralement dans la citadelle et se fait accompagner de cette garde du corps où les penseurs du IVe siècle ont voulu voir le signe extérieur le plus marquant de la tyrannie. Les anecdotes sont nombreuses qui insistent sur l'arbitraire et les violences des tyrans : ainsi Périandre, auteur involontaire de la mort de sa femme, brouillé avec sa mère et avec son fils, fournissait aux moralistes une belle illustration des malheurs engendrés par la démesure. Il faut garder en la matière tout son esprit critique : la plupart des tyrans étaient trop soucieux de leurs propres intérêts pour se laisser aller à d'inutiles excès, qui auraient rendu leur situation plus dangereuse encore.

Les différentes factions, qui déchiraient les cités avant l'accession au pouvoir du tyran, réagissent de très diverses façons devant le nouveau régime. L'aristocratie, dans son ensemble, est persécutée. On se rappelle la parabole des épis, telle que Thrasybule l'enseigne à Périandre : « il faut couper les épis qui dépassent », c'est-à-dire se débarrasser de tous les aristocrates dangereux par leur personnalité. À Mégare, Théagénès gagne les sympathies du peuple par un acte symbolique : il massacre les riches troupeaux des oligarques, réunis à l'abreuvoir. À Corinthe, Cypsélos confisque les terres des nobles pour les distribuer au peuple. Certes, des ralliements individuels ne sont pas exclus, tel celui, momentané, des Alcméonides ou des Cimonides à Athènes du temps des Pisistratides. Mais la majorité des oligarques sont ruinés et beaucoup doivent s'exiler.

Il n'est point de meilleur témoignage des haines farouches des aristocrates envers la tyrannie que les *Élégies* de Théognis de Mégare :

> « [La ville] où, prenant pour loi la violence, les méchants corrompent le peuple et consacrent le droit de l'injustice, afin d'en tirer profit et puissance pour eux-mêmes – même si elle repose aujourd'hui dans une paix profonde –, point d'espoir qu'une telle ville connaisse une longue quiétude, dès lors que les méchants ont pris goût à ces vils profits, présages de malheur public ; car il n'en sort que séditions, massacres entre citoyens, monarchie » (vers 43 *sq.*).

Le peuple voit dans une certaine mesure sa misère soulagée. Théognis le forcené s'écrie (vers 54 *sq.*) : « Ceux qui autrefois ne connaissaient ni droit, ni lois, juste bons à user autour de leurs flancs leurs peaux de chèvre et à pâturer hors des murs comme des cerfs, ce sont eux maintenant les bons ; les honnêtes gens d'autrefois sont devenus des gens de rien. Qui pourrait supporter ce spectacle ? » Les grandes constructions entreprises dans les villes procurent du travail ; souvent, notamment à Corinthe avec les Cypsélides, la reprise de l'expansion coloniale permet aux plus déshérités des prolétaires d'aller chercher fortune ailleurs.

Les paysans plus encore sont l'objet de la sollicitude des nouveaux dirigeants : des terres confisquées leur sont distribuées à Corinthe ; à Athènes, Pisistrate prête aux petits propriétaires, pour leur permettre de transformer leurs terres en vignobles ou en olivettes. Encore faut-il que les gens de la campagne n'aient point trop de prétentions. Les tyrans n'aiment pas les voir à la ville : Périandre leur interdit d'y venir ; Pisistrate institue des juges itinérants, afin que les plaideurs n'aient pas à se rendre à Athènes.

Malgré tout, la tyrannie a souvent rendu la misère des humbles plus supportable, assurant notamment aux petits propriétaires une existence moins précaire et moins dépendante de l'aristocratie.

Peut-on s'avancer davantage et présenter la tyrannie, en terre dorienne, comme une revanche des Prédoriens asservis ? Certains signes le laisseraient entendre : ainsi Clisthène de Sicyone dépouille de son culte le héros argien Adraste, au profit du Thébain Mélanippe et du dieu Dionysos, dont les liturgies agraires étaient chères au peuple ; il substitue aux noms traditionnels des tribus doriennes (Hylleis, Dymanes, Pamphyles) des sobriquets humoristiques (Cochonnards, Asinards, Porcelards), tandis qu'il baptise sa propre tribu, celle des non-Doriens, Chefs du peuple. De fait, aucune mesure ne semble avoir été prise pour bouleverser l'ordre social fondé sur la prééminence des Doriens possesseurs des lots de terre *(cléroi)* : à Corinthe, les tyrans n'ont pas affranchi les Périèques ; à Mégare, Théagénès n'a certainement pas renversé l'ordre établi, puisqu'il n'y a aucune allusion directe à lui dans Théognis ; à Sicyone même, on voit une catégorie de serfs chassés de la ville, les catonacophores (porteurs de sarrau).

La politique de prestige des tyrans

Les tyrans, en proie à l'hostilité latente des aristocrates déchus, ont tous cherché à assurer leur autorité par une politique de prestige. Elle se marque d'abord dans les cités par de nombreuses et brillantes constructions, qui avaient en outre l'avantage de procurer de l'ouvrage aux classes laborieuses.

Des travaux d'utilité publique, tout d'abord : Périandre fait tracer une route (le *diolcos*) à travers l'isthme de Corinthe, pour faciliter le portage des bateaux d'une mer à l'autre ; Théagénès et Pisistrate construisent des aqueducs, imités par Polycrate, dont les ingénieurs percent une canalisation en tunnel, merveille de technique. Pisistrate encore aménage une fontaine monumentale à neuf bouches, l'Ennéacrounos, pour rivaliser avec les fontaines de Corinthe.

Mais ils accordent surtout leurs soins aux édifices religieux. Ils élèvent dans leur patrie de grands temples, où s'étale leur piété ostentatoire : Polycrate édifie l'Héraion et les Pisistratides commencent l'Olympieion. Ils peuplent de leurs *ex-voto* les sanctuaires panhelléniques, où ils se plaisent à faire courir (notamment Clisthène) : Cypsélos offre à Olympie un coffret, en bois de cèdre sculpté, incrusté d'ivoire et d'or, qui fait encore l'admiration des pèlerins au temps de Pausanias ; à Delphes ou à Olympie, les trésors de Sicyone, de Corinthe, de Mégare sont certainement leur œuvre (à preuve l'inscription du trésor de Sicyone à Olympie, dédié par l'Orthagoride Myron Ier : « Myron et le peuple de Sicyone »).

La religion tient en effet le premier rang dans leurs préoccupations, ou plus exactement dans leur propagande. Périandre et Pisistrate, zélateurs du culte populaire de Dionysos, le renforcent à Corinthe et à Athènes. Ils instituent des fêtes brillantes, double occasion de faire admirer aux étrangers le luxe de leur cité et d'endormir dans de pieuses distractions le menu peuple : Périandre réorganise avec pompe les concours isthmiques ; Clisthène fonde à Sicyone des jeux en l'honneur d'Apollon Pythien ; Pisistrate rehausse l'éclat des Panathénées et crée les Grandes Dionysies. Pardessus tout, ils ont soif de la considération que donne l'appui de l'oracle de Delphes : l'usurpateur Cypsélos se fait reconnaître roi *(basileus)* par la Pythie ; Clisthène prend activement la défense des Amphictions dans la première guerre sacrée. Ce qui n'empêche pas Apollon de les désavouer par des oracles méprisants après leur chute, voire de leur vivant.

Ils aiment aussi à s'entourer d'artistes ou de poètes. Clisthène mande de Crète deux sculpteurs célèbres, Dipoinos et Scyllis. Le lien entre l'ultime développement du lyrisme et la tyrannie n'est point fortuit. Leurs cours deviennent volontiers des cénacles, où les poètes sont les bienvenus, pourvu qu'ils chantent leur gloire : Arion est le protégé de Périandre ; les Pisistratides arrachent Anacréon à Polycrate, ils attirent Simonide et font établir la première édition des poèmes homériques. Si intéressé qu'il fût, on ne saurait oublier l'élan que les tyrans ont su donner à la vie de l'esprit.

Dans le monde complexe des cités-États, il existait enfin un autre moyen d'assurer son prestige : pratiquer une diplomatie active. Certes les tyrans ont été en général peu belliqueux, à l'exception de Polycrate de Samos et des tyrans siciliens. Ils ne pouvaient trop demander aux citoyens, dont ils exigeaient déjà de fortes contributions (Cypsélos impose ses sujets au dixième de leurs revenus et Pisistrate au cinquième) et il eût été dangereux de les armer. Mais, sous différentes formes, ils ont favorisé l'expansion coloniale, les Cypsélides sur une grande échelle, Pisistrate plus modestement, sur cette route des Détroits, d'importance vitale pour le ravitaillement d'Athènes.

Surtout ils recherchaient des unions dans les plus illustres familles grecques ou étrangères : Périandre était le gendre de Proclès, tyran d'Épidaure, qui avait lui-même pour beau-père le roi d'Orchomène ; Théagénès maria sa fille à l'Athénien Cylon ; Clisthène invita à Sicyone les plus nobles prétendants de toute la Grèce pour y courtiser sa fille Agaristé, qui épousa Mégaclès, de la glorieuse famille athénienne des Alcméonides ; le dernier des Cypsélides, Psammétique, était né – son nom permet de l'affirmer – d'une princesse égyptienne ; Mélas d'Éphèse prit pour femme une fille d'Alyatte de Lydie. Les tyrans étaient en outre habiles à se ménager d'utiles amitiés, témoin Périandre, allié de Thrasybule et ami d'Athènes, de la Lydie, de l'Égypte. Surtout, ils se soutenaient les uns les autres, conscients de ce que la tyrannie formait un bloc, qui, entamé en quelque endroit, céderait partout : Théagénès appuie son gendre Cylon dans sa tentative, manquée, pour s'emparer d'Athènes ; Pisistrate seconde les aspirations à la tyrannie de Lygdamis, lequel, à son tour, aide Polycrate à prendre le pouvoir. Dans le monde divisé de la Grèce, il y a incontestablement une solidarité des tyrans.

La chute de la tyrannie

Il était de la nature des choses que la tyrannie cherchât à devenir héréditaire, et en plusieurs cités elle le fut. Mais les qualités d'énergie et d'audace qui faisaient le bon tyran ne l'étaient point pour autant. Aussi la tyrannie fut-elle un phénomène assez limité dans le temps. Les Orthagorides, qui restent un siècle au pouvoir, sont une exception. La tyrannie des villes de l'Isthme avait disparu dès 550. À Athènes et en Asie, elle dure un peu plus longtemps, mais ce n'est guère qu'en Occident – à cause des conditions particulières que représentait la présence de l'ennemi carthaginois – qu'elle subsiste en pleine époque classique, jusqu'aux environs de 465.

Le renversement du tyran se fait le plus souvent sans violence : il est rare qu'il soit assassiné ; la plupart du temps il doit s'exiler, sous la pression d'une insurrection qui n'est jamais le fait du *démos*. Thucydide a insisté sur le rôle de Sparte dans cette éviction de la tyrannie. Certes la grande cité aristocratique n'aimait guère les tyrans et elle a parfois entrepris des expéditions pour les déloger, par exemple à Sicyone, à Naxos, à Athènes. Mais il ne faut pas trop exagérer l'action de Sparte dans l'explication d'un mouvement qui atteint toutes les cités gouvernées tyranniquement. De fait, les haines soulevées par le régime ont bien souvent joué un rôle déterminant.

Sur un plan plus général, la tyrannie portait en elle sa propre perte, dans la mesure où ses réformes contribuaient à résoudre la crise sociale dont elle était née : tous les citoyens désiraient alors revenir à un gouvernement régulier où l'exercice du pouvoir ne fût pas limité à un seul homme.

On aimerait connaître avec précision les régimes qui ont suivi l'éviction des tyrans, mais la diversité des solutions empêche, comme fréquemment dans le monde grec, toute conclusion générale. La plupart du temps, l'aristocratie reprend l'hégémonie, d'autant plus aisément que les tyrans n'ont pas cherché à briser le système de la propriété foncière : ainsi en Sicile après la chute des premiers tyrans (fin du VIIe siècle) et à Épidaure, où les magistrats (*artynoi*, directeurs) sont choisis dans un conseil restreint de 160 membres.

À Corinthe, au contraire, l'aristocratie semble avoir tiré des leçons de la crise : les Bacchiades ne reviennent pas au pouvoir et l'on voit s'instaurer une oligarchie modérée, où la richesse compte autant que la naissance, une timocratie, devrait-on dire. À Mégare, à la tyrannie succède l'aristocratie, et à l'aristocratie la démocratie, qui décide la remise, au moins partielle, des dettes. À Milet, les premiers tyrans tombés, c'est une période de troubles civils entre deux coteries, celle des riches et celle des pauvres : la Ploutis et la Cheiromacha (littéralement : qui n'a que ses mains pour armes). À Athènes enfin – mais c'est un cas limite, à cause de toute l'évolution antérieure – l'oligarchie rétablie par Sparte ne peut se maintenir et Clisthène fait accomplir à l'État les pas décisifs vers la démocratie.

Porter un jugement sur la tyrannie reste une entreprise délicate et aventurée. Les auteurs anciens, aveuglés souvent par les décevantes expériences des tyrannies ultérieures, ont surtout insisté sur les excès et les fautes morales des tyrans. Politiquement, il est certain que leur seul principe directeur a été l'égoïsme et la volonté de puissance ; mais, obligés de lutter contre les privilèges ancestraux de l'aristocratie, ils ont contribué à desserrer l'étreinte étouffante qu'elle exerçait sur l'État comme sur les classes inférieures : selon la forte expression de J. Burckhardt, la tyrannie a été, bien des fois, « une démocratie anticipée ». Il ne faut pas oublier non plus l'impulsion très vive que les tyrans ont donnée aux arts et aux lettres. Si l'intérêt personnel était, comme pour les nobles, l'unique moteur de leur action, ils ont joué un rôle heureux et capital dans l'évolution des cités, et le jugement de la postérité, qui n'a voulu se souvenir que des tyrannoctones, n'est pas sans injustice.

Selon Aristote, l'évolution normale de la cité est celle qui la fait passer de la monarchie à l'aristocratie, puis à la tyrannie, enfin à la démocratie. Ce schéma, en gros valable, rend mal compte de la diversité des cas particuliers, dont la surabondance caractérise l'archaïsme grec. De fait, plusieurs cités, et non des moindres (Sparte et Égine par exemple, pour nous limiter à la Grèce propre), n'ont pas connu la tyrannie. Bien peu, à la fin du VIe siècle, font au *démos* sa part dans les affaires publiques : on ne pourrait guère citer que Chios et Athènes. À Chios, on trouve, dès le deuxième quart du VIe siècle, une assemblée qui élit un conseil de 50 membres par tribu, et des magistrats *(démarchoi)* ; la justice y est rendue suivant des principes démocratiques. À Athènes, la démocratie s'est imposée plus lentement au cours du siècle, de Solon à Clisthène. Partout ailleurs, l'aristocratie reste au pouvoir, intransigeante ou modérée.

Il faudra un événement extérieur à la vie des *poleis*, les guerres médiques, qui pousseront au premier plan Athènes, dont l'évolution politique et sociale est la plus avancée, pour que le monde grec se libère mieux des structures aristocratiques de l'archaïsme.

CHAPITRE 3

L'ancien monde : Anatolie et Grèce propre

Tout est diversité dans le monde grec archaïque. Si l'on ne veut tomber dans des généralisations faciles et abusives, une étude régionale est absolument indispensable. Il importe d'abord de distinguer des terres occupées depuis longtemps par les Grecs de celles qu'ils conquirent à partir du VIIIe siècle. Dans le premier groupe, deux grandes masses géographiques : à la Grèce propre, dont l'hellénisation a commencé vers 1950, s'oppose la frange côtière de l'Anatolie, définitivement occupée avec les migrations du IIe millénaire finissant.

Dans la Grèce d'Asie, ainsi que dans celle d'Europe, la cité constitue, très généralement, l'unité politique : seuls les États rétrogrades de la Grèce du Nord ne passent que lentement de la notion de peuple (*ethnos*) à celle de cité (*polis*). Ces cités ne couvrent d'ailleurs que rarement un territoire assez étendu : c'est le cas de Sparte, qui englobe Laconie et Messénie, ou d'Athènes, qui correspond à l'Attique entière. Le plus souvent, une même région, comme la Béotie et l'Achaïe, comprend plusieurs cités, restreintes de dimensions et rivales par nature les unes des autres.

Émiettement politique qui n'allait pas sans inconvénients graves, dans la mesure où il engendrait la guerre à l'état endémique et où, en Asie notamment, il affaiblissait les Grecs face aux Barbares organisés en royaumes forts et centralisés. Aussi ne faut-il pas négliger les efforts unitaires tentés, au cours de l'archaïsme, dans deux voies différentes.

Le premier facteur d'union pouvait être la religion. Autour de certains sanctuaires s'organisèrent des amphictionies. Le nom même (littéralement : ceux qui habitent autour) suggère un groupement géographique, mais des considérations ethniques ont pu jouer aussi, voire des intérêts commerciaux.

La dodécapole ionienne forme une amphictionie, dont la base apparaît ethnique et régionale à la fois. L'amphictionie pylaio-delphique est à l'origine la réunion de peuples voisins des Thermopyles qui administrent en commun le sanctuaire d'Anthéla ; mais sa mainmise sur Delphes lui ouvre des horizons plus vastes et elle admet en son sein des peuples plus lointains, Ioniens d'Athènes ou Doriens du Péloponnèse. Seule elle manifeste – avec d'évidentes restrictions que nous signalerons – une vocation panhellénique. L'amphictionie de Calaurie groupe des cités différentes par le peuplement et distantes dans l'espace, mais unies par des intérêts économiques identiques. Leur histoire, mal connue, est toujours celle d'un échec : elles ont manqué l'œuvre d'unification qui semblait devoir être la leur.

Un second facteur d'unité était représenté par le peuplement. La Grèce était divisée en un certain nombre de régions – on est réduit à ce mot vague, le terme de province étant exclu – ayant une unité ethnique et comprenant généralement une multiplicité de cités : ainsi Thébains, Tanagréens, Orchoméniens se sentaient Béotiens avant de se sentir Grecs. À l'époque archaïque apparaissent des confédérations (*koina*) dans la plupart de ces régions. Leur organisation fédérale nous échappe bien souvent, sauf en Thessalie où l'on connaît ses grandes lignes. De toute façon, elle reste lâche et manque au plus haut point de cohésion interne, les cités répugnant foncièrement à renoncer à leur autonomie et à aliéner leurs droits, fût-ce au bénéfice de groupements plus larges qui leur auraient permis de se mieux défendre sur le plan international. Les méfiances suscitées en Béotie par le *koinon* béo tien, où Thèbes prend nettement l'hégémonie, nous éclairent à suffisance sur ce point.

Ces deux types d'organisations supra-étatiques étaient, dans leur principe du moins, libres. Il faut en distinguer soigneusement les tentatives d'États puissants et unifiés pour s'assurer par la force un empire. Le cas le plus net est celui de Sparte qui, au VIe siècle, rassemble autour d'elle dans une symmachie (alliance) la plupart des États du Péloponnèse : alliance volontaire certes, puisque sanctionnée par un traité de chaque participant avec Sparte, mais qui laissait à la cité hégémonique la direction absolue de la politique extérieure et la conduite des opérations militaires. À la fin du VIe siècle, par ses visées impérialistes, Athènes fournit un autre exemple : l'installation de colonies militaires en certains points privilégiés, prélude à son empire du siècle suivant.

1. LES ÎLES DE L'ÉGÉE ET L'ANATOLIE

Jusque vers 550, le monde de la polynésie égéenne et de l'Anatolie connaît un développement rapide et brillant qui fait de lui l'émule heureux de la Grèce propre. Deux facteurs historiques expliquent cette prospérité matérielle et cet éclat spirituel : les invasions doriennes l'ont peu touché, sinon de leurs dernières vagues ; la proximité d'États orientaux détenteurs d'une civilisation ancienne y a permis de fructueux contacts. Si les îles ont un peuplement grec relativement homogène, en Asie Mineure se sont mêlés Préhellènes, Asianiques, Orientaux et Grecs. Hérodote (1,146) note bien que dans les rangs des Ioniens se sont introduits des contingents considérables d'Abantes, de Minyens, de Cadméens, de Dryopes, de Phocidiens, de Molosses, de Pélasges, de Doriens et que beaucoup d'entre eux ont épousé des Cariennes.

Mais les conditions géographiques aussi ont joué un rôle déterminant. En Asie, les Grecs tiennent la côte, avec des ports, souvent excellents, au débouché de vallées fluviales permettant de remonter très loin vers l'intérieur (Méandre, Caystre, Hermos, Caïque). Ils se posent donc, avec les Phéniciens plus au sud, comme les intermédiaires naturels et obligés entre le monde de l'Asie antérieure, ancien et prospère, et le monde méditerranéen que la colonisation vient d'étendre très loin vers l'Occident. La situation des îles n'est pas moins favorisée par la nature : Chypre tend deux de ses pointes vers la Syro-Phénicie, notamment vers la proche Ougarit, et une vers la Crète et la Grèce ; Cyclades et Sporades, ces débris d'un continent disparu, sont comme les pierres d'un gué qui unit les deux rivages peuplés de Grecs.

Cyclades et Sporades méridionales

Différentes par leur peuplement, ionien au nord, dorien au sud, les petites îles de l'Égée se ressemblent par leur sol squelettique, qui convient surtout à la vigne et à l'olivier. Théra seule a une agriculture prospère, due à la fertilité de sa terre de décomposition volcanique ; plus riche que les autres, elle connaît un développement précoce de sa civilisation, dont témoignent l'introduction à date haute de l'écriture phénicienne, la création d'une céramique originale, sa participation à la fondation de Cyrène. Certaines disposent de ressources naturelles : l'argent à Siphnos, le marbre à Paros et à Naxos. Toutes s'adonnent à la pêche et au commerce. On y vit chichement – à preuve l'exemple d'Archiloque – mais sans ressentir fortement l'attrait de la colonisation.

On serait dans un cruel embarras, faute de documents, pour écrire l'histoire des Cyclades et des Sporades du Sud. Seule Naxos, la plus grande des Cyclades et l'une des plus rapprochées de la côte, prend, pour nous, un certain relief. Le marbre, d'un grain beaucoup plus grossier que celui de sa voisine Paros, abonde. La vigne vient bien et Dionysos y est particulièrement honoré : on y localisait l'un des épisodes les plus anciens de son mythe, ses noces avec Ariane. De 700 à 550 l'île exerce une véritable hégémonie sur les Cyclades, que traduisent de prestigieux *ex-voto* à Délos. Elle participe peut-être même à la fondation de Naxos en Sicile par des Chalcidiens. Son rayonnement est considérable, témoins les Sphinx orgueilleux sur leur haute colonne – sans doute le blason de la ville – qu'elle offre à Apollon, à Délos comme à Delphes. Elle fait une expérience tardive de la tyrannie avec l'aventureux Lygdamis ; son renversement par les Spartiates est suivi d'âpres luttes civiles où les « gras » de l'aristocratie et les démocrates l'emportent successivement. À la veille des guerres médiques, c'était, au dire d'Hérodote (5, 31), « une île belle et fertile, qui renfermait beaucoup de biens et d'esclaves ».

Au centre de l'Archipel, la minuscule et rocailleuse Délos occupe une position unique, en tant que berceau des Létoïdes. Depuis l'installation définitive d'Apollon vers l'an 1000, l'*hiéron* ne cesse de se développer, puis, dès les débuts de l'archaïsme, d'accueillir de nouvelles offrandes (fig. 28). Naxos y exerce d'abord une incontestable prééminence, mais, à partir du VIe siècle, Athènes, trop heureuse de rappeler, pour les besoins de sa politique, ses origines ioniennes, s'intéresse à l'île sainte. Pisistrate y établit une sorte de protectorat et ordonne de la purifier en transportant dans la voisine Rhénée les ossements de tous les tombeaux qu'on

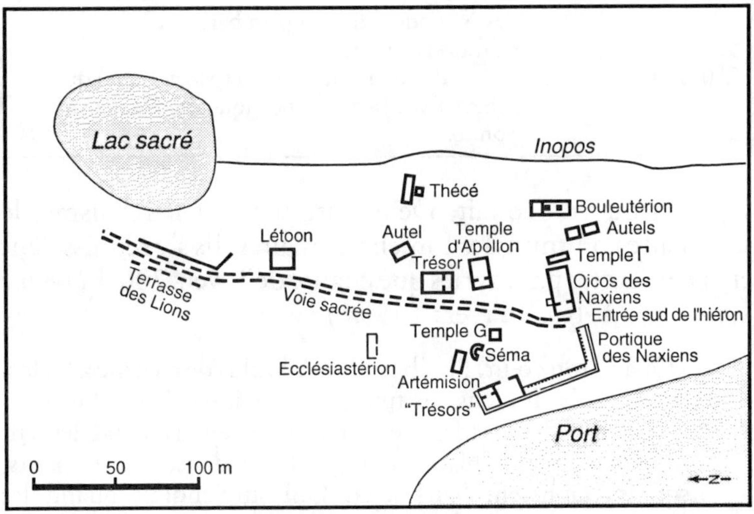

Fig. 28. Délos vers 500 (voir ci-après la chronologie des édifices) (d'après H. Gallet de Santerre).

Époque mycénienne.	Premier Artémision ; temple Γ (*plinthinos oicos*) ; tombes (*thécé* et *séma*) des Vierges hyperboréennes.
Vers 700	Nouvel Artémision ; temple G.
700-550	Prépondérance naxienne dans le sanctuaire.
550-500	Prépondérance athénienne. Létoon ; achèvement du premier temple d'Apollon (*porinos naos*) ; trésors ; édifices civiques (*Bouleuterion* et *Ecclésiastérion*).

Principalement entre 700 et 550, Naxos joue un rôle de premier plan, comme on le voit d'après les consécrations naxiennes retrouvées dans les fouilles françaises :

Époque géométrique.	Pré-*oicos*, sur l'emplacement du futur *oicos* des Naxiens, peut-être déjà consécration naxienne.
650	Artémis de Nicandré, une des plus anciennes statues grecques.
Fin VIIe	*Couros* dédié par Euthycartidès.
Fin VIIe et VIe	Plusieurs *couroi* et corés.
600	Colosse des Naxiens ; aménagement de la terrasse des lions, conduisant au sanctuaire de Léto ; *oicos* des Naxiens, édifice à plan barlong.
570	Addition d'un porche à l'*oicos*.
550-540	Début du temple d'Apollon (*porinos naos*) qui sera achevé par Pisistrate ; portique des Naxiens.
540-535	Sphinx.

y peut trouver. De fait, Délos fut, pendant l'archaïsme, le sanctuaire commun des Ioniens insulaires. Ils s'y réunissaient en de brillantes panégyries que chante déjà, vers 700, l'*Hymne homérique à Apollon* (vers 145 *sq*.) :

> « Quand ton cœur, Phoibos, trouve le plus de charme à Délos, c'est lorsque les Ioniens aux tuniques traînantes s'assemblent sur tes parvis, avec leurs enfants et leurs chastes épouses. Fidèlement ils se livrent, pour te plaire, au pugilat, à la danse et aux chants, lorsqu'ils établissent leurs jeux. Qui surviendrait quand les Ioniens sont assemblés les croirait immortels et à jamais exempts de vieillesse : il verrait leur grâce à tous et son cœur serait charmé en regardant les hommes, les femmes aux belles ceintures, les vaisseaux rapides avec toutes leurs richesses. »

La situation des Cyclades explique leur rôle dans la renaissance de l'hellénisme. Leurs écoles de sculpture, favorisées par la présence des carrières de marbre, devinrent vite parmi les plus célèbres du monde grec. À Délos, musée à ciel ouvert, où les *ex-voto* affluaient de toutes les îles, il n'est point trop difficile au spécialiste de les distinguer les unes des autres. Les Siphniens enrichis par l'exploitation de leurs mines offrirent même au dieu de Delphes un trésor, d'un style surchargé et bavard. D'une façon générale, l'art d'Ionie, heureusement tempéré par une alacrité insulaire, y exerce une forte influence.

La poésie lyrique n'y fut pas non plus négligée : Paros donna le jour à l'amer Archiloque, Céos à l'aimable Simonide et à son neveu Bacchylide. Phérécyde, auteur d'une *Théogonie* orphique en prose, naquit à Syros.

Chypre, la côte sud de l'Anatolie et la Syrie septentrionale

À Chypre, les Grecs étaient installés depuis l'époque achéenne, mais ils n'avaient pu empêcher les Phéniciens de conquérir toute la côte sud, ni des indigènes (Étéochypriotes) de survivre. Leurs cités restaient gouvernées par des rois, dont nous connaissons quelques dynasties : les Teucrides à Salamine, les Cinyrades à Paphos. Ils durent se soumettre à l'Assyrie (Assourbanipal leur imposa des tributs et des corvées pour les travaux de sa capitale), puis, après la chute de Ninive (612), à l'Égypte.

Les souvenirs de l'époque mycénienne demeuraient vifs dans cette île épargnée par les Doriens : vers le IXe siècle apparaît une nouvelle écriture, le syllabaire chypriote classique, dérivé du linéaire chypriote du IIe millénaire et qui restera en usage jusqu'au IIIe siècle.

Pourtant l'influence des Phéniciens, tout proches à la fois dans l'île et sur la côte asiatique, fut considérable dans le domaine religieux : c'est à Paphos que l'on plaçait la naissance d'Aphrodite, version hellénique de l'Astarté phénicienne.

Sur la côte méridionale de l'Anatolie (Lycie, Pamphylie, Cilicie), les Grecs avaient bien reculé depuis la période mycénienne. Malgré l'arrivée de nouveaux immigrants, ils ne tenaient plus qu'un certain nombre de cités isolées, enclaves en terre barbare, qui subirent généralement le joug de l'Assyrie : Phasélis (l'une des plus fortes, et qui avait sa place dans l'Hellénion de Naucratis), Pergé, Sidé, Aspendos, Célendéris.

Plus au sud, les Grecs possèdent un établissement à Al-Mina, aux bouches de l'Oronte, qui permettait d'accéder au Croissant fertile par Alep et Apamée. Les Achéens s'y étaient déjà installés à la fin de l'Helladique récent ; vers 800, des Grecs des Cyclades y fondèrent la cité de Posideion. Les fouilles ont mis au jour de considérables entrepôts de céramique, qui nous éclairent sur l'importance du trafic et son évolution (fig. 29) :

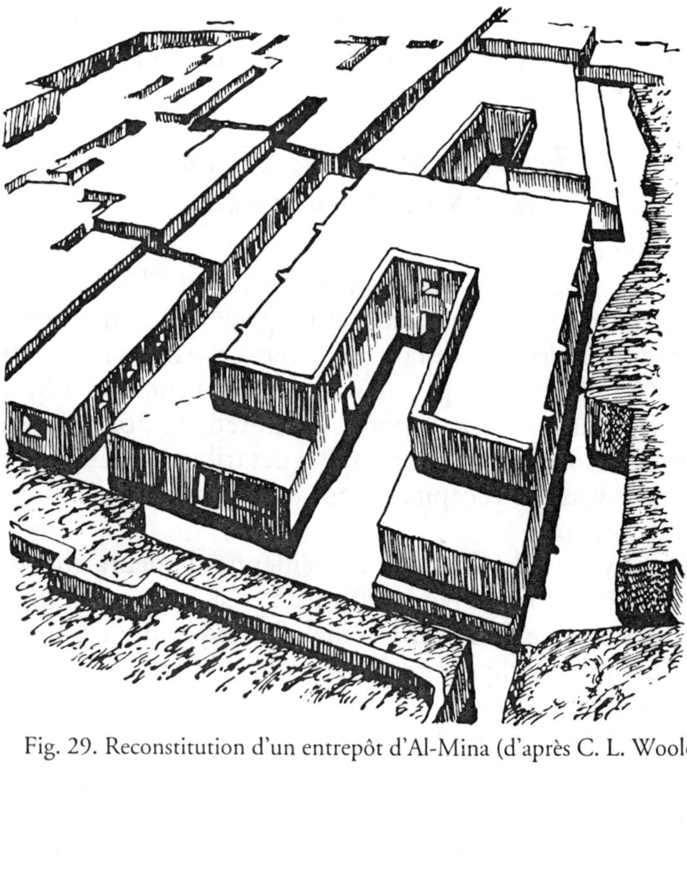

Fig. 29. Reconstitution d'un entrepôt d'Al-Mina (d'après C. L. Wooley).

800-700 :	céramique des Cyclades (et un peu de Rhodes) ;
700-580 :	céramique chypriote et rhodienne. À partir de 650, nette prédominance de la céramique rhodienne. Quelques vases proto-corinthiens et corinthiens jusqu'en 600 ;
580-520 :	coupure (accidentelle ?) ;
520-430 :	céramique attique.

Ainsi, pendant tout l'archaïsme, des Grecs – pas toujours les mêmes – n'ont cessé de venir à Al-Mina échanger leurs vases contre des produits orientaux, sans utiliser l'entremise des Chypriotes ou des Phéniciens. C'était là leur *emporion* le plus méridional, car aucun objet hellénique n'a été découvert en Phénicie.

La Doride

Continentale et insulaire à la fois, la Doride comprend essentiellement l'*hexapole* (voir p. 130) qui célèbre au cap Triopion le culte d'Apollon, de Poseidon et des Muses. Les productions principales, vin (Cos) et céramique (Rhodes, Cos, Cnide), unies aux produits de l'Orient, fournissent la matière d'un important commerce : Rhodes, qui participe activement à la colonisation, trafique avec la Crète, Cyrène et l'Occident, au témoignage de la *Chronique* du temple de Lindos ; elle exerce une influence profonde en Étrurie et prélude au rôle d'intermédiaire qu'elle jouera à l'époque hellénistique. Rhodes, Cnide et Halicarnasse sont représentées dans l'Hellénion de Naucratis. En bref, une région prospère, mais qui donne peu à l'hellénisme.

Dans les lettres, c'est à peine si l'on peut nommer Timocréon de Rhodes, fameux aussi bien comme athlète que comme poète lyrique. Quant au domaine artistique, seule la production céramique est originale. Le beau trésor que Cnide offre à Delphes est inspiré par l'art ionien et c'est là plus qu'un symbole de la puissance des influences ioniennes, particulièrement nettes à Halicarnasse, qui, ayant adopté le dialecte ionien, est désormais exclue de l'hexapole, réduite ainsi à une pentapole.

L'Éolide

Tout au nord de l'Anatolie, l'Éolide est plus effacée encore par la splendeur de l'Ionie. C'est pourtant un pays fertile, plus fertile que l'Ionie, dit Hérodote (1,149), mais de moins bon climat. Depuis que les Ioniens ont annexé Smyrne, l'unique ville importante du continent reste Cymé, où certains voyaient la patrie d'Homère et d'où le père d'Hésiode s'embarqua pour la Béotie : mais elle néglige les profits qu'eût pu lui offrir la vie maritime et s'obstinera, jusqu'à l'époque d'Aristote, « dans des lois archaïques d'une simplicité poussée jusqu'à la barbarie » (*Politique,* 2, 5, 12).

La grande île de Lesbos, fertile en prestigieux vignobles, compte 6 villes, dont Mytilène, qui, seule des cités éoliennes, peut rivaliser avec les agglomérations de l'Ionie tant par ses richesses que par l'éclat de sa civilisation. Les luttes politiques y sont ardentes : témoin Pittacos, ce législateur qui fut chargé de remettre de l'ordre dans la cité déchirée par les factions (voir p. 170) et qui se retira sa tâche accomplie, méritant ainsi d'être compté au nombre des Sept Sages. Le vin et les fines étoffes sorties des tissages locaux se vendent bien, soit en Égypte, où Mytilène participe à la fondation de l'Hellénion de Naucratis, soit en Troade et en Thrace, où elle installe des colons, non sans se heurter aux prétentions athéniennes sur Sigée.

Dans le raffinement qu'engendre la prospérité, la poésie fleurit : Terpandre et Arion, natifs de Lesbos, vont charmer les Spartiates et les Corinthiens ; mais les vrais poètes de Mytilène sont Alcée et Sappho, dont les chants, tout ensemble passionnés et gracieux, représentent la première expression véritable du lyrisme personnel dans la littérature grecque. Rien ne les laisse indifférents : « Je désire et je brûle », s'écrie Sappho (fragment 35). Leur âme délicate s'extasie devant la nature, s'enivre dans le vin ou les savantes amours, s'abandonne un instant à une mélancolie qui vient seulement colorer leur essentielle joie de vivre. Et le tout dans des mètres simples et parfaits à la fois, qui ont marqué à jamais de leur empreinte le lyrisme antique. Tous les deux ont mérité de faire de leur patrie le symbole d'un monde où l'abandon à la sensualité la plus voluptueuse n'exclut pas la recherche de la sagesse.

Les villes ioniennes

Entre la Doride et l'Éolide, les 12 villes d'Ionie (voir p. 129) pratiquaient en commun, au mont Mycale, sur le territoire de Priène, le culte de Poseidon Héliconios dans le sanctuaire de tous les Ioniens (Panionion). Leur amphictionie, qui doit remonter au début du VIIe siècle, est capitale du point de vue religieux (il semble notamment qu'elle ait élaboré la notion, qui s'imposa en Grèce comme plus tard à Rome, des 12 dieux de l'Olympe), mais elle ne parvient pas à empêcher les rivalités politiques et commerciales.

L'Ionie pouvait compter cependant sur de puissants facteurs d'unité : « le plus beau ciel et le meilleur climat qui soient parmi les hommes », selon le mot d'Hérodote (1,142), un sol fertile, une incitation à la vie de relations en raison même de sa situation sur une côte où affluaient les produits de l'Orient, un dialecte partout le même, à quelques différences près que signale Hérodote, et des institutions généralement voisines du fait de leur commune origine (toutes, sauf Colophon et Éphèse, où le peuplement était plus mêlé, célébraient la fête ionienne des Apatouries). Mais de tout cela, rien, le plus souvent, ne peut les détourner de se déchirer, malgré la proximité inquiétante des Barbares.

La plus importante est la plus méridionale, Milet, à l'entrée du golfe Latmique que le Méandre n'avait point encore ensablé. Elle exploite un riche terroir, tisse la laine des moutons de l'arrière-pays – ses lainages et ses tapis aux dessins bariolés étaient fameux –, fabrique de beaux vases. Le commerce de ses quatre ports est florissant : en Égypte elle achète parfums, ivoire, ébène ; dans le Pont, où elle a fondé une chaîne de colonies prospères (voir p. 277), elle se procure blé, poisson, sel, métaux, ambre et esclaves ; en Occident Sybaris lui sert d'entrepôt pour ses tissus et tapis, qui gagnent ensuite l'Étrurie (la destruction de Sybaris par Crotone en 511 sera un deuil national à Milet) ; en Grèce enfin elle redistribue les produits de l'Orient ou de la mer Noire (carte 8).

Sa prospérité n'a d'égal que le prestige qu'elle tire de ses savants, de ses penseurs, de ses écrivains : elle donne au monde grec son premier historien (Cadmos), son premier géographe (Hécatée), son premier philosophe, également mathématicien (Thalès). Les fouilles ont retrouvé peu de chose de la ville archaïque, dont l'emplacement exact n'est même pas assuré. Mais on connaît le Didymeion, le grand sanctuaire d'Apollon situé à 15 km de Milet, administré par la puissante famille sacerdotale des Branchides, et l'un des plus fameux de la Grèce d'Asie.

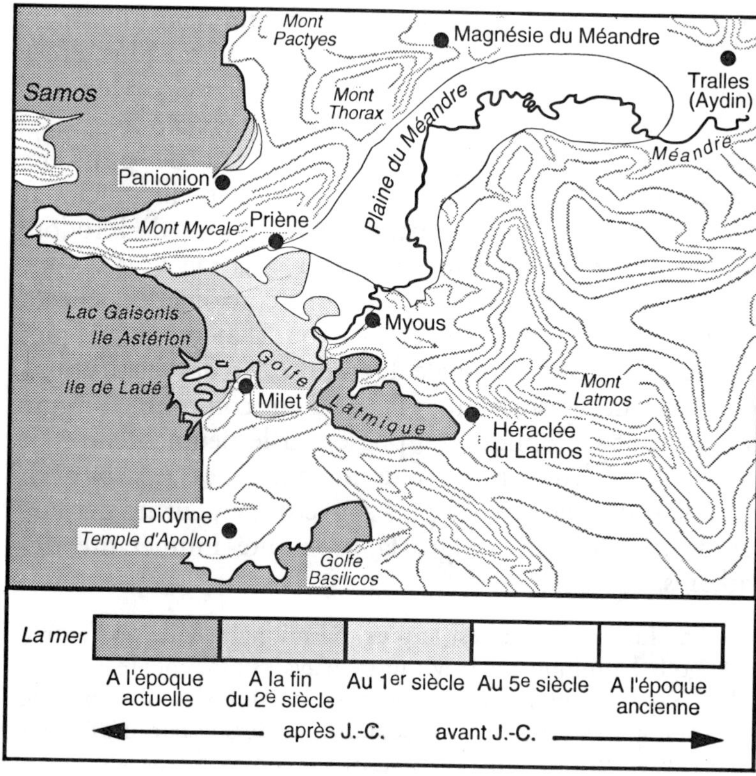

Carte 8. Milet et le golfe Latmique.

Milet est, aux dires d'Hérodote (5,28), « la parure de l'Ionie ». Plusieurs cités rivalisent pourtant avec elle de prospérité et d'éclat. Éphèse, dans la basse vallée du Caystre, tient le débouché de la route de Lydie et de Mésopotamie : sa richesse ne s'explique pas autrement. Le sanctuaire de l'Éphésienne, une divinité héritée de l'Anatolie comme de l'Orient sémitique et identifiée avec l'Artémis grecque, constitue un véritable État théocratique, dirigé par un grand prêtre eunuque, le Mégabyze, assisté d'un immense clergé où se distinguent des prêtresses dites Mélissai (Abeilles).

Colophon, la luxueuse et noble Colophon – qui a réussi par surprise à annexer Smyrne l'éolienne – s'enorgueillit à la fois de son port de Notion et de l'oracle voisin d'Apollon Clarios. Phocée s'intéresse aussi bien à l'Hellespont qu'à l'Occident, où elle fonde Marseille.

Les deux cités insulaires, fameuses l'une et l'autre pour leur travail du métal (c'est à Chios notamment que Glaucos aurait inventé la soudure du fer), ne sont pas moins brillantes. Samos, la grande rivale de Milet, participe à la colonisation des Détroits et de l'Occident : c'est un Samien, Colaios, qui, le premier, franchit les colonnes d'Héraclès. Son temple d'Héra est le plus grand du monde grec avec l'Artémision d'Éphèse. Le matériel archéologique retrouvé y montre l'influence continue de la Syrie, de Chypre, de l'Anatolie et des Cyclades (fig. 30). Chios enfin, qui a des terres sur le continent, exporte des vins fameux dans le monde entier, comme le sont ceux de Maronée, sa colonie thrace, déjà chantés dans l'*Odyssée*.

L'éclat de la civilisation ionienne

Nous sommes dès l'abord frappé en Ionie par le développement de la vie urbaine. Alors que beaucoup de cités de Grèce restent encore des bourgades, celles d'Ionie sont déjà de grandes villes. Vers 500, l'ensemble de la population grecque d'Ionie se serait élevé à 320 000 hommes environ, dont 65 000 pour Milet, 80 000 pour Chios.

Toutes les formes de vie politique y furent essayées simultanément ou successivement. Milet connaît à plusieurs reprises la tyrannie, avant d'être déchirée par les factions. L'oligarchie était puissante à Colophon (les Mille) ou à Érythrées (où elle se confondait avec la famille royale des Basilides). Samos fut gouvernée par les nobles *géomores* (ceux qui se partagent le sol), avant de s'abandonner à la tyrannie de Polycrate. Chios enfin fut sans doute la première cité grecque à s'aventurer dans la voie de la démocratie (voir *supra*, p. 181).

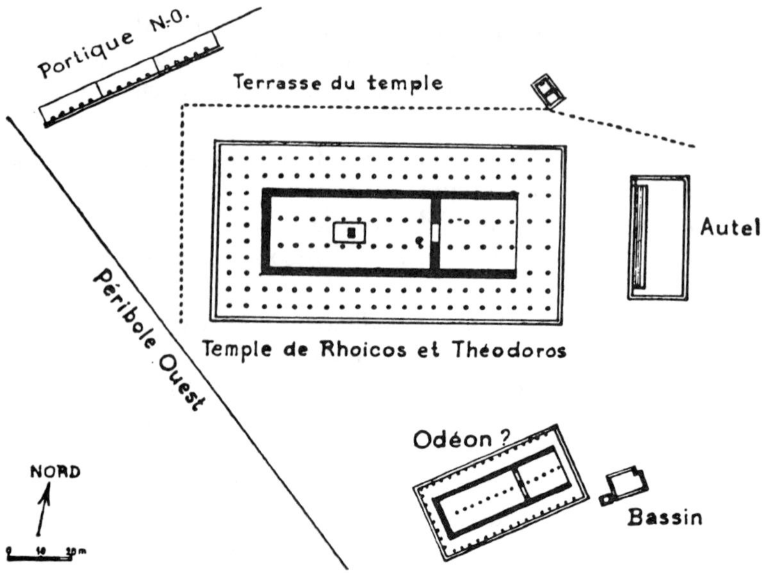

Fig. 30. Le sanctuaire d'Héra à Samos vers le milieu du VIe siècle (d'après E. Buschor).

La ville archaïque de Samos est mal connue. Elle s'établit sans doute d'abord sur le promontoire où s'installera au Moyen Âge le château fort byzantin, puis elle s'étend sur les pentes d'une acropole fortifiée et sur la crête qu'Eupalinos percera pour Polycrate de son fameux tunnel. On connaît mieux, grâce aux fouilles allemandes, l'Héraion établi, à 6 km de la ville, sur un des bras de l'Imbrasos, là où la tradition rapportait qu'une statue rudimentaire d'Héra avait été découverte par des paysans. Voici la chronologie des édifices qui s'y sont succédé :

Vers 800 : Hécatompédon de plan barlong avec colonnade centrale en bois. – *Vers 700 :* le temple devient périptère. – *Vers 660 :* reconstruction (la colonnade axiale disparaît remplacée par des pilastres encastrés dans les murs latéraux). Construction (vers 600) d'un portique à deux nefs au sud du sanctuaire. – *Vers 570-560 :* le cours du fleuve se transporte de 200 m vers l'ouest et les édifices anciens sont détruits pour faire place à une réorganisation générale du sanctuaire. Les architectes Rhoicos et Théodoros élèvent un temple diptère en *poros*, précédé d'un autel. Au nord, on construit un portique tripartite à une seule nef et au sud un périptère à deux nefs (qui est sans doute l'Odéon mentionné par des textes ultérieurs). Le péribole est constitué, au moins à l'ouest, d'une clôture à pilastres. Le temple de Rhoicos et Théodoros, détruit par un incendie, est reconstruit par Polycrate selon le même plan (façade à 3 rangs de colonnes au lieu de 2), mais avec un léger déplacement vers l'ouest et vers le sud. Il restera toujours inachevé, bien qu'il ait été continué à l'époque hellénistique.

Peu importaient d'ailleurs les formes politiques. Ce qui fait la véritable unité de l'Ionie, sa richesse et l'animation de ses cités, c'est le commerce. Purement local jusque vers 700, il s'étend ensuite progressivement ; dès 625, commence la grande expansion lointaine, vers le nord, l'ouest et le sud. Les relations avec l'Égypte sont extrêmement étroites : Milet et Samos ont à Naucratis un sanctuaire particulier ; Chios, Téos, Phocée et Clazomènes y ont leur place à l'Hellénion. Mais les produits de l'Hellespont, du Pont-Euxin, de l'Occident, voire de l'Extrême-Occident, s'accumulent aussi dans les entrepôts de leurs ports.

Cette richesse transparaît dans le costume et la parure : les Ioniens aiment les belles étoffes tissées d'or, les longues chevelures savamment ordonnées – aussi bien pour les hommes que pour les femmes –, les bijoux, les parfums. Ils s'alanguissent en d'interminables banquets, que Xénophane évoque avec sa grâce coutumière :

> « Les mains sont nettes, les coupes brillantes ; l'un présente aux convives des couronnes, l'autre, dans une coupe, offre un agréable parfum. Le cratère se dresse, source de joie. L'encens remplit l'air de ses suaves effluves. La table en fête est chargée de fromages et de miel. La demeure tout entière résonne de chants et d'allégresse » (fragment 21).

Ils se plaisent aux flâneries errantes sur l'agora, aux conversations avec des courtisanes plus renommées que partout ailleurs. À Colophon, des flûtistes et des citharistes donnaient à longueur de journée des concerts aux frais de l'État. Les Grecs de la pauvre Grèce avaient beau jeu de leur reprocher la mollesse d'une vie trop amie des plaisirs, cette *tryphé* qu'ils avaient héritée des Orientaux avec leurs longues robes traînantes ou leur soif de voluptés.

Pourtant, dans ces cités éclatantes de prospérité, que l'on a souvent rapprochées des communes de l'Italie du *Quattrocento*, la vie de l'esprit demeurait essentielle. Après le renouvellement de l'épopée avec Homère, on y assiste à la naissance du lyrisme, favorisée par l'adoption d'instruments de musique orientaux : Mimnerme de Colophon chante son amour pour la belle Nanno ; Phocylide de Milet, poète gnomique, sait trouver d'heureuses formules bien frappées ; Anacréon de Téos, qui s'expatriera successivement à Abdère, à Samos et à Athènes, célèbre un Éros badin qui annonce déjà celui d'Alexandrie. La prose n'est pas moins éclatante. Ésope adapte en grec les fables des Orientaux. Les logographes sont les initiateurs à la fois de l'histoire et de la géographie : les plus célèbres sont Cadmos et Hécatée, deux Milésiens.

Une architecture nouvelle naît : l'architecture ionique, dont les plus belles réussites sont l'Artémision d'Éphèse et l'Héraion de Samos, temples gigantesques, véritables forêts de colonnes à l'instar des salles hypostyles de l'Orient. La sculpture fait des progrès décisifs, grâce à l'imitation de techniques orientales : travail de l'ivoire (statues chryséléphantines) et du bronze (les « inventeurs » de la fonte creuse sont deux Samiens, Rhoicos et Théodoros). La céramique elle-même, avec son goût de la couleur et la somptuosité de ses décors, témoigne d'un monde souriant (fig. 31).

Dans le domaine de la pensée, Thalès, Anaximandre, Anaximène illustrent tour à tour l'« école de Milet ». Pythagore, dont l'enseignement rencontrera tant d'échos en Occident où il devra s'exiler, est originaire de Samos.

L'effervescence est partout. La poésie sourit, à peine teintée de l'inéluctable mélancolie. La prose et la philosophie posent avec une inlassable curiosité les problèmes de l'homme et de l'univers. L'art enfin ne cesse de créer, avec une exubérance, une prolixité, une somptuosité colossale, signes irréfutables de vitalité. Le nouveau berceau de l'hellénisme, après les recommencements du Géométrique, est incontestablement en Ionie. Dans ses grands ports – en particulier à Milet, qui est alors de toutes les cités du monde grec la plus florissante et la plus prestigieuse – les contacts s'établissent aisément avec un Orient millénaire, au point que l'on y distingue mal les Hellènes orientalisés et les Orientaux hellénisés. Ainsi s'expliquent l'éclosion et le rapide développement, en deux siècles, d'une civilisation levantine : *lux ex Oriente.*

Fig. 31. Vase à boire plastique en forme de lion.
Travail ionien du VIIe siècle. Berlin, Staatliche Museen.

L'influence hellénique pénètre en Phrygie, en Lydie et en Lycie. Des alphabets y apparaissent, sans doute dérivés de l'écriture grecque, soit directement (alphabet phrygien), soit avec adjonction de nouveaux signes (alphabets lydien et lycien). Au VIIIe siècle on y fabrique des vases géométriques attardés. La Phrygie développe au VIe une sculpture qui mêle motifs grecs et hittites, aussi bien sur des stèles religieuses (Cybèle d'Ankara ou de Gordion) que sur les tombeaux rupestres, décorés de reliefs d'après des modèles grecs (lions, guerriers coiffés d'un casque corinthien). La Lydie fournit de la statuaire et des frises de terre cuite qui trahissent de nets apports ioniens ou éoliens. La Lycie prélude à sa remarquable architecture funéraire du siècle suivant par l'étonnante tour de Xanthos, dite monument des Harpies, ornée de scènes d'offrandes infernales qui dénotent le goût ionien dans la lourdeur des formes, le luxe des draperies et la coquetterie du pittoresque.

Les Grecs d'Asie en face de la Lydie et de la Perse

Mais c'est aussi d'Orient qu'allait venir pour les Grecs d'Asie l'asservissement, prélude à un long effacement. Pourtant, pendant longtemps, les rapports ne furent pas mauvais entre les Grecs de la côte et les Barbares, tant que subsista le royaume de Lydie qui, autour de sa capitale Sardes, s'étendait sur les plateaux de l'intérieur.

Une dynastie remarquablement intelligente, celle des Mermnades (les Faucons), accroît en effet la puissance et la prospérité de la Lydie (*circa* 685-546), tout en sachant reconnaître, quand besoin est, la suzeraineté de l'Assyrie. De grands souverains se succèdent : Gygès, puis, après deux rois peu connus, Alyatte et Crésus. Ils s'intéressent aux riches cités du littoral, mais sont assez sages pour leur laisser l'autonomie, si chère à leurs yeux. Ils leur imposent tribut, n'hésitent pas à mener contre elles des expéditions militaires – s'appuyant volontiers sur Éphèse contre Milet – et favorisent parfois l'installation de tyrans dévoués. Mais ils n'y entretiennent pas de garnison, prennent souvent comme femmes des Grecques (Alyatte épouse une Ionienne et choisit comme gendre l'Éphésien Mélas le Jeune), ont recours aux banques ioniennes (Gygès et Crésus trouvent des fonds à Éphèse), comblent les sanctuaires d'offrandes et les Grecs de prévenances. Crésus notamment donne aux Spartiates de quoi couvrir d'or l'Apollon d'Amyclées ; l'Artémision d'Éphèse et le Didymeion regorgent de ses consécrations ; la liste de ses offrandes d'or à Delphes, telle qu'Hérodote (1,50) la fournit, est impressionnante. Tous professent le philhellénisme, consultent volontiers les oracles de Delphes ou de Claros, s'entourent d'artistes grecs. Politique intéressée certes, mais d'une habileté suprême et qui gagnait peu à peu à l'hellénisme l'Anatolie intérieure.

Inversement, l'influence de la Lydie sur l'Ionie est tout aussi certaine : la tyrannie, la monnaie sont des inventions lydiennes dont les Grecs savent tirer profit. Hérodote signale (1, 94) que les Grecs ont aussi emprunté aux Lydiens leurs jeux, à l'exception du seul jeu de dames, ce que confirment les linguistes, sensibles à la présence, dans le nom de plusieurs d'entre eux, du groupe - *nd* -, considéré comme asianique.

Mais cette entente harmonieuse, dont les rois barbares comme les cités grecques tiraient d'amples profits, disparut avec les malheurs de Crésus, victime de l'irrésistible avance des Perses. La victoire du Perse Cyrus (546) fut une surprise totale pour les Grecs d'Asie, qui, à l'exception des Milésiens, avaient méprisé ses avances et fourni des contingents au roi de Lydie. Après la capture de Crésus, ils tentèrent de résister, mais les cités tombèrent une à une. Seuls les Phocéens préférèrent quitter leur patrie : ils s'embarquèrent en bloc et allèrent s'installer dans leurs colonies, d'abord à Alalia, puis à Élée. Tous les autres, sauf les Samiens, avaient dû dès 540 accepter la suzeraineté du Grand Roi. Samos connut alors l'éclatant intermède de la tyrannie de Polycrate, mais elle fut prise à son tour par Darius.

Sous Cyrus et son successeur Cambyse, les Grecs ne furent pas traités autrement que sous les rois de Lydie. Mais Darius avait une autre conception de l'État. Il aggrava sa mainmise sur les cités, leur imposa des garnisons, alourdit le tribut, soutint des tyrans à sa solde. Certes la richesse de l'Ionie n'est pas entamée : quoi qu'on en ait dit, Darius n'a pas favorisé les Phéniciens à son détriment. La conquête stimula l'activité d'Éphèse et de Milet, en rendant plus étroits leurs rapports avec l'intérieur et en les tournant davantage vers l'Occident et vers la Thrace. De même, la vie intellectuelle reste florissante : c'est l'époque où s'illustrent à Milet Anaximandre et Hécatée. Mais la servitude pesait chaque jour davantage aux cités ioniennes. Bientôt l'orage éclatera : ce sera le soulèvement de l'Ionie, cause directe des guerres médiques.

2. LA GRÈCE PROPRE ET LA CRÈTE

Dans son ensemble, la Grèce propre fait piètre figure à côté de la Grèce d'Asie. Sauf en certains centres situés en face de l'Ionie ou sur la route de l'Isthme, elle reste rurale et sa contribution à l'hellénisme est faible. Ses limites vers le nord sont floues : deux marches, la Macédoine à l'est, l'Épire à l'ouest, sont habitées par des peuples à qui il est difficile aujourd'hui de contester la qualité de Grecs, mais qui sont alors considérés comme barbares. La Macédoine est unifiée dès le VIIe siècle par la dynastie des Argéades qui conquièrent tout le pays et s'essaient à l'unifier autour de leur capitale, Aigai, accrochée sur une puissante acropole. L'Épire est divisée entre trois tribus rivales. Dans l'un et l'autre cas survit une monarchie patriarcale, assez voisine de la royauté homérique, appuyée sur de grands propriétaires.

La Thessalie

Plus au sud, les plaines de Thessalie restent elles aussi purement rurales ; le seul port, Pagasai, qui a pris la suite de l'Iolcos des temps achéens d'où étaient partis les Argonautes, est des plus modestes. Les envahisseurs thessaliens, après avoir repoussé les Béotiens installés avant eux dans le pays, ont réduit en servage les premiers habitants : ce sont les Pénestes, des serfs, assez voisins par leur condition des Hilotes de Laconie, encore qu'ils appartiennent aux nobles et non à l'État. Ils ont dompté aussi leurs voisins immédiats, Perrhaibes au nord, Magnètes à l'est, Achéens Phthiotes au sud, ainsi que les habitants de la vallée du Spercheios, Ainianes, Oitéens, Maliens. Ces peuples ont conservé un semblant d'indépendance, mais ils doivent en temps de guerre servir comme « alliés des Thessaliens » et, à partir de la réforme d'un des Scopas, verser une contribution. Ils portent, comme leurs homologues de Laconie, le nom de Périèques.

La grande propriété règne partout, favorisée par les vastes étendues de plaines, uniques, de ce point de vue, en Grèce. Les céréales constituent la richesse essentielle, avec l'élevage des chevaux. Les nobles forment une hiérarchie féodale autour de dynastes, qui prennent parfois le titre de roi dans les centres les plus importants : les Aleuades de Larissa, les Scopades de Crannon, les descendants d'Échécratidès à Pharsale. Ce sont des hobereaux, aimant la bonne chère et la vie grasse, dompteurs de taureaux comme Thessalos, l'éponyme mythique du pays, mais ne dédaignant pas les louanges des poètes, tels Simonide ou Anacréon. La question sociale ne se pose guère, bien qu'un mouvement démocratique apparaisse à Phères vers la fin de l'archaïsme. Dans les cités, la masse des hommes libres – petits propriétaires et artisans – ne participe pas à la vie publique, exclue qu'elle est de l'« agora libre », où siègent les magistrats et se tient l'Assemblée.

Une certaine unité politique a été donnée au pays par Aleuas le Roux, fondateur, en partie légendaire, du *koinon* (confédération) thessalien. Il y a sans doute une assemblée générale des Thessaliens qui choisit un magistrat suprême, le tage (celui qui met en ordre de bataille). Le territoire est divisé en quatre tétrades (Thessaliotide, Hestiaiotide, Pelasgiotide, Phthiotide) qui ont à leur tête un tétrarque, nommé vraisemblablement par le tage. Mais la précarité de cette unité engendre l'instabilité intérieure et l'infidélité souvent reprochée aux Thessaliens dans leurs relations extérieures.

Dans ce système qui demeure si manifestement féodal, l'armée joue un grand rôle. Là encore, ce serait à Aleuas le Roux que remonterait l'organisation définitive. Chaque domaine fournit 40 cavaliers et 80 peltastes (fantassins armés de la *pelté* : bouclier léger). Contrairement à l'évolution, générale dans tout le monde grec, qui donne une primauté de plus en plus marquée à l'infanterie, la cavalerie y garde donc son influence primordiale, les peltastes ne pouvant guère s'opposer avec succès à la phalange des hoplites. D'où les déboires des Thessaliens dans leurs expéditions lointaines, notamment contre les Phocidiens.

Au demeurant, la Thessalie conserve jusqu'à la fin de l'archaïsme un grand prestige en Grèce centrale. Elle possède la majorité des voix à l'Amphictionie delphique et mène, au nom du dieu, la première guerre sacrée. Mais cette contrée, l'une des plus riches de la Grèce, l'une des plus puissantes démographiquement, ne joue qu'un rôle sans proportion avec ses possibilités. Son histoire est celle d'un échec. L'État est menacé par l'hostilité amère des Pénestes asservis et des Périèques soumis, et ébranlé par les rivalités des dynastes. Cet échec est celui d'une classe dirigeante qui a failli à sa mission. Malgré sa prospérité, malgré l'éclat fastueux de certains de ses aristocrates, elle s'enferme dans des structures dépassées. On n'est point trop étonné qu'au moment du péril perse, elle ait choisi délibérément le parti des Barbares.

La Grèce centrale

D'ouest en est – mise à part la minuscule Doride, métropole des Doriens – la rocailleuse Grèce centrale est occupée par des peuples parlant des dialectes voisins : Acarnaniens, Étoliens, Locriens Ozoles, Phocidiens, Locriens Opontes, pour la plupart mal sortis de la barbarie primitive.

À l'ouest notamment, loin des bénéfiques influences de l'Égée, la civilisation reste rurale et patriarcale et ignore les villes. Thucydide (1, 5) déclare encore que les Acarnaniens, les Étoliens, les Locriens Ozoles vivent « à la manière ancienne », constamment en armes suivant les vieilles habitudes de pillage. On ne sait rien de leur histoire, sinon que les Acarnaniens sont sous l'étroite dépendance de Corinthe et que les Étoliens forment une confédération autour du sanctuaire fédéral de Thermos.

Les Phocidiens fédérés eux aussi, sont farouchement jaloux de leur indépendance, ce qu'expérimentent à leur détriment les Thessaliens. Les Locriens Opontes jouissent de bonnes terres et d'une remarquable situation au débouché méridional des Thermopyles. Ils n'ont qu'une seule cité : Opous, dirigée par l'aristocratie des Mille. Conjointement peut-être avec leurs frères de l'Ouest, dont les séparent les Phocidiens, ils fondent en Italie Locres épizéphyrienne.

La Grèce centrale ne compterait guère, n'était la présence, sur le territoire phocidien, d'un des hauts lieux de l'hellénisme, Delphes. Dans « l'âpre vallon » (*Hymne homérique à Apollon*, 284) un culte était rendu, dès le XIVe siècle, à une divinité féminine, Gé (Terre), dont les idoles sont nombreuses dans les couches profondes des futurs sanctuaires d'Apollon et d'Athéna. Au début du Ier millénaire (vers 800 ?), se substitue à la déesse un dieu, Apollon, qui, d'après la légende, doit immoler le dragon Python, incarnation des forces souterraines, avant de s'emparer de la mantique de Gé. À l'époque géométrique, les statuettes masculines remplacent les statuettes féminines.

Au VIIIe siècle sans doute, l'influence de la Crète dédalique se fait sentir, symbolisée par un mythe que conte avec éclat, à l'extrême fin du VIIe siècle, la *Suite pythique* de l'*Hymne homérique à Apollon* : le jeune dieu, plus entreprenant qu'honnête, bondit sous l'apparence d'un dauphin (*delphis*) sur un navire de Cnossos, le force à accoster à Crisa et contraint les marins à devenir ses prêtres.

Au VIIIe siècle et surtout au VIIe, Delphes prend figure d'un grand centre religieux : de partout on accourt pour consulter le fils de Zeus, qui joue un rôle de premier plan dans l'expansion hellénique et sait se montrer initiateur audacieux dans le domaine moral. Autour d'un premier temple, brûlé en 548 et que les Alcméonides contribuent à reconstruire à la fin du siècle grâce à une souscription internationale – et aussi dans le sanctuaire d'Athéna Pronaia au faubourg de Marmaria – se multiplient les *ex-voto* qui traduisent la piété reconnaissante des fidèles et l'orgueil ostentatoire des cités. Doriens et Ioniens rivalisent de générosité dans cet *hiéron* devenu, au sens le plus plein du terme, panhellénique ; un Barbare comme Crésus éblouit par ses offrandes de métal précieux au poids fabuleux ; bientôt les Étrusques d'Agylla ou les cités grecques les plus lointaines, telles Marseille et Cyrène, y élèveront des trésors. Dès la fin du VIe siècle, Delphes représente ce « foyer commun de l'Hellade » que va chanter Pindare.

L'*hiéron* semble avoir été d'abord sous la dépendance du petit port de Cirrha (ou Crisa) qui offre, au prix d'une raide montée, un accès assez aisé vers Delphes. Mais, dans le courant du VIIe siècle, il passe sous le contrôle d'une amphictionie honorant Déméter à Anthéla, près des Thermopyles. Antérieure à la constitution définitive des cités, elle groupe, non des *poleis*, mais des peuples (*ethné*) appartenant essentiellement à la Grèce septentrionale et centrale et dont voici la liste au moment où ils atteignent le nombre définitif de 12 :

1. Thessaliens	4. Dolopes	7. Maliens-Oitéens	10. Béotiens
2. Magnètes	5. Achéens Phthiotes	8. Phocidiens	11. Ioniens
3. Perrhaibes	6. Ainianes	9. Locriens	12. Doriens

C'est elle qui déclenche la première guerre sacrée à la demande des prêtres de Delphes, las de voir les Phocidiens de Cirrha s'enrichir aux dépens des pèlerins qui traversent leur territoire. Les Thessaliens interviennent avec force, trop heureux de porter un coup à leurs ennemis phocidiens, ainsi que Clisthène de Sicyone. Après dix ans de luttes, Cirrha est anéantie en 590 et Delphes, qui annexe le territoire des vaincus, devient un État autonome sous l'autorité de l'amphictionie pylaio-delphique qui reçoit son organisation définitive. Chacun des peuples membres envoie deux délégués ou hiéromnémons (les deux voix sont partagées dans le cas des Doriens entre Doriens de Doride et Doriens du Péloponnèse, et dans le cas des Ioniens entre Athéniens et Eubéens) au conseil amphictionique, qui se réunit deux fois l'an, aux Thermopyles et à Delphes, pour administrer le sanctuaire et ses richesses et faire célébrer les jeux pythiques.

S'il y a là un essai heureux de collaboration entre États, c'est beaucoup plus apparence que réalité. D'abord l'amphictionie ne peut guère passer pour représenter le monde hellénique, en raison de l'écrasante supériorité qu'y possèdent les peuples les moins évolués, les Thessaliens et leurs « alliés ». En outre, bien qu'elle ait peut-être favorisé l'humanisation de la guerre, elle donne souvent en son sein l'exemple des discordes, des violences, de l'écrasement des faibles par les puissants. Son histoire est celle d'un long et tragique avortement, où les Thessaliens égoïstes et rétrogrades portent leur grosse part de responsabilité : échec d'autant plus sensible qu'il s'oppose à l'éclatant triomphe du dieu Apollon à Delphes.

La Béotie

Par bien des traits, la Béotie rappelle la Thessalie : même richesse – ou presque – du terroir, et partant même rôle des grands propriétaires. Cependant la noblesse, qui ne dispose pas de serfs, est moins puissante et ne se transforme pas en une chevalerie fastueuse. À côté d'elle, il existe – surtout dans les régions montagneuses – une classe de petits propriétaires, dont Hésiode déjà fournissait un exemple ; et le commerce se développe, favorisé par les routes qui, venant de la Grèce centrale, gagnent l'Isthme ou l'Attique : encore faut-il signaler que commerçants et artisans sont privés de droits politiques.

Le pays est plus urbanisé que la Thessalie. Les cités, dont la plus forte est maintenant Thèbes, qui a détrôné Orchomène en partie submergée par les eaux du lac Copaïs, forment une confédération symbolisée par le bouclier qui apparaît au revers des monnaies (le droit étant réservé au symbole de la ville émettrice) et célèbrent en commun le culte de Poseidon à Onchestos et la fête des Panboiotia au sanctuaire d'Athéna Itonia près de Coronée. Mais la cohésion interne du *koinon* est faible. Toutes les cités sont jalouses les unes des autres, de Thèbes en particulier, qui montre des prétentions à l'hégémonie ; celles du Sud, Thespies ou Platées par exemple, se tournent volontiers vers Athènes. Aussi le poids de la Béotie dans le monde grec archaïque reste-t-il faible, malgré le renom de ses cavaliers et de ses hoplites.

La vie religieuse est intense, soutenue par la joie vive du paysan béotien. Comme il est naturel en un pays rural, on y adore principalement les puissances chthoniennes. Les oracles, rendus par des héros qui s'assimileront plus ou moins à Apollon, sont nombreux : l'Amphiaraion d'Oropos, où Amphiaraos visite en songe les pèlerins, est fameux au point que Crésus y envoie consulter ; au Ptoion, Ptoios parle du fond d'une grotte ; à Lébadée, il faut descendre par un puits dans une crevasse pour recevoir réponse de Trophonios ; à l'Hisménion de Thèbes, il s'agit d'une pyromancie. Les sanctuaires, fort modestes, ne sont souvent que de simples bois sacrés autour d'un autel : ainsi du Ptoion ou de l'*hiéron* des Muses à l'Hélicon.

La civilisation connaît en Béotie un essor que ne laisserait pas supposer le sens péjoratif attaché dès l'Antiquité – non sans l'intervention de la malignité athénienne – au nom de Béotien. La sculpture se développe vite : un petit bronze, l'Apollon Tyskiewicz, qui porte sur la cuisse la dédicace du Béotien Manticlos (aube du VIIe siècle), est l'une des premières effigies divines retrouvées en Grèce ; les *couroi* y sont plus nombreux qu'en Attique : ceux du Ptoion forment un des groupes les plus importants de l'archaïsme. Les ateliers de Thèbes ou de Tanagra produisent des figurines remarquablement savoureuses, et les grands vases, reconnaissables à leur couleur marron, sont souvent fort beaux.

Quant à la poésie, elle hérite d'une tradition qui remonte jusqu'aux temps mycéniens et jusqu'à Hésiode : c'est un Béotien que l'auteur anonyme de l'*Hymne homérique à Hermès*, ce chef-d'œuvre d'humour et de légèreté ; c'est à Thèbes que naît, à la fin du VIe siècle, le plus grand lyrique de la Grèce, Pindare. Au reste, les Béotiens prisent particulièrement la musique, notamment la flûte, dont ils localisent l'invention par Athéna sur les bords du lac Copaïs. La Béotie voit aussi naître l'un des premiers logographes, Acusilaos, dont les *Généalogies* commencent à Chaos, Terre et Amour, dans la tradition hésiodique.

Cette civilisation, fort éloignée, certes, du raffinement de l'Ionie, mais pleine de sève paysanne et de vitalité drue, correspond au caractère d'une race qu'un voyageur des environs de 200, Héracleidès, peint comme « étonnante par l'espoir qu'elle met dans la vie ».

L'Eubée

L'Eubée possède au centre de sa côte occidentale une plaine d'une extrême fertilité, la plaine Lélantine : à ses deux extrémités se sont installées les deux principales cités, Chalcis et Érétrie, où règne une aristocratie foncière d'hippobotes. Mais la présence de mines (cuivre, fer) et d'une bonne terre glaise permet le développement de l'industrie. Chalcis – qui doit son nom au cuivre – se spécialise dans l'art du bronze et notamment dans la fabrication des armes, et Érétrie dans la céramique. Surtout la situation géographique de l'île, allongée de la Thessalie à l'Attique, en face de la côte ionienne, et les commodités qu'offre le canal d'Eubée (rétréci à 65 m à l'Euripe en face de Chalcis) aux navires remontant vers les golfes Maliaque et Pagasétique, tournent la noblesse vers le commerce. Les deux cités participent conjointement à la colonisation de la Chalcidique et de l'Occident, où elles s'assurent notamment la maîtrise du détroit de Messine, et elles élaborent un système métrologique qui s'impose à Athènes et à Corinthe. Elles ont atteint un développement hors pair à la fin du VIIe siècle, lorsqu'elles se déchirent dans une guerre de près de cent ans, à laquelle participent nombre de cités grecques, la guerre lélantine.

La guerre lélantine, qui reste si mal connue, semble avoir été l'occasion d'un regroupement des cités grecques en deux camps rivaux : « La guerre qui opposa autrefois Chalcis et Érétrie fut celle dans laquelle on vit le plus de pays, appartenant au reste du monde grec, se répartir comme alliés d'un côté et de l'autre » (Thucydide, 1, 15). Des conflits locaux ont joué, mais surtout des rivalités commerciales (comme celle de Samos avec Égine et Mégare). Le tableau ci-dessous, dont plusieurs points ont été contestés, vise à montrer la constitution de deux ligues, où Samos et Milet semblent les deux protagonistes à côté de Chalcis et d'Érétrie.

Chalcis triomphe enfin, mais, affaiblie, elle périclite et, vaincue par Athènes en 506, doit abandonner aux colons athéniens une partie de la plaine si ardemment disputée à Érétrie.

Les alliés de Chalcis et d'Érétrie dans la guerre lélantine

CHALCIS	ÉRÉTRIE
Ses colonies (Cumes, Naxos).	Ses dépendances (Céos, Ténos).
Samos,	Milet (et ses colonies).
Érythrées, Cymé, Phocée.	Téos, Clazomènes, Chios, Mytilène.
Paros, Andros, Mélos, Théra.	Béotiens.
Thasos.	Mégare.
Thessaliens.	Égine.
Corinthe.	Argos.
Lyctos (en Crète).	Crétois.
Cyrène.	

(D'après A. R. BURN, *J.H.S.*, 1929, p. 14 *sq.*)

Le Péloponnèse

Dans le Péloponnèse, dont la population est plus mêlée encore que celle de la Grèce continentale, on distingue dès l'époque archaïque 6 grandes régions correspondant à 6 groupements ethniques : l'Achaïe, l'Élide, l'Arcadie, la Messénie, la Laconie, l'Argolide. Mais la vraie ligne de clivage est fournie par le degré d'évolution économique et sociale, non par le peuplement. Certaines régions restent rurales et étrangères aux courants qui bouleversent le monde grec. D'autres au contraire, principalement dans la proximité de l'Isthme, se transforment rapidement et possèdent des villes prospères et dynamiques. Un seul trait commun : partout (sauf dans l'Arcadie épargnée par l'invasion dorienne) s'opposent deux classes sociales antagonistes, vainqueurs et vaincus, ou souvent maîtres et serfs. Dans cette étude, nous laisserons provisoirement de côté la Laconie, qui méritera un développement spécial, et la Messénie, tôt asservie et dont l'histoire se confond donc avec celle de Sparte jusqu'au moment (IVᵉ siècle) où elle recouvre son indépendance.

L'Achaïe, l'Élide, l'Arcadie

L'Achaïe, rurale et pauvre, joue un rôle dans la colonisation de la Grande-Grèce. Ses cités, une douzaine à peu près, rendent un culte commun à Zeus Hamarios près d'Hélicé.

Les Éléens ne fonderont une ville, Élis, qu'au début du Vᵉ siècle. Ils s'adonnent à l'agriculture dans la riche plaine du Pénée.

Une *rhétra*, difficile à dater (début du VIᵉ siècle ?), met fin à la responsabilité collective des *géné*, génératrice de vendettas interminables. Cependant, depuis la chute des rois Oxylides (descendants du mythique Oxylos), le gouvernement reste aux mains d'une aristocratie étroite, le pouvoir appartenant à un conseil de 90 gérontes, chefs des grandes familles. Ardents à la guerre, les Éléens ont arraché aux Arcadiens l'Acroreia au nord et la Triphylie au sud. Ils ont aussi, au cours d'une longue lutte, annexé la Pisatide, un canton formé – autour d'une hypothétique ville de Pise – par la basse vallée du Pénée et où se trouve Olympie. En 580, avec l'aide des Spartiates et au détriment des Pisates, ils s'emparent de l'administration du sanctuaire et font présider aux jeux par deux Hellanodices (juges des Grecs) qu'ils désignent. C'est pour eux le début d'une ère de grande prospérité.

L'analogie est évidente entre Olympie et Delphes, ces deux sanctuaires qui ont dû à leur éloignement de toute grande cité de devenir panhelléniques. Ici aussi une divinité matronale règne d'abord, qui doit s'incliner devant un dieu, Zeus, désormais possesseur attitré de l'enceinte sacrée d'Olympie, l'Altis (bois sacré). Mais Héra continue à être adorée et, à la fin de l'archaïsme, elle est paradoxalement la seule à y avoir un temple. De très anciennes légendes héroïques sont liées au site, celle de Pélops, un Oriental qui vainquit à la course de chars le roi de Pise, l'Étolien Œnomaos, et celle d'Héraclès, un démon crétois devenu le héros national des Doriens et qui passait généralement pour le fondateur des jeux olympiques (ou pour leur restaurateur, selon l'autre version qui en attribuait la création à Pélops). Dans ces légendes s'exprime toute la complexité des influences qui se sont mêlées à Olympie dans l'élaboration des concours, où l'on aurait bien tort de ne voir qu'une institution dorienne.

L'histoire des jeux, dans la première moitié du Ier millénaire, est celle d'une continuelle expansion. La tradition attachait une importance primordiale à l'année 776, point de départ des olympiades qui servaient aux Grecs à mesurer le temps : elle y voyait la date de leur fondation, alors qu'elle n'est sans doute que celle de leur définitive réglementation. À l'origine, l'unique épreuve est la course à pied, mais bientôt apparaissent le pugilat, le pancrace, la course de chars, la course de chevaux montés. Peu à peu aussi les vainqueurs (ou olympioniques) viennent d'horizons de plus en plus lointains, au fur et à mesure que s'étend la renommée d'Olympie. D'abord seuls concourent des Éléens, des Achéens, des Messéniens, mais, dès la seconde moitié du VIIe siècle, le monde grec tout entier est représenté.

DATE DE LA PREMIÈRE VICTOIRE OLYMPIQUE
D'UN GREC ORIGINAIRE DES VILLES
OU RÉGIONS SUIVANTES

Sparte	720
Athènes	696
Anatolie	688
Grande-Grèce	672
Sicile	648

En même temps que se développent les jeux, le sanctuaire se peuple de consécrations (fig. 32), où, comme à Delphes, les cités les plus diverses et souvent les plus lointaines étalent leur luxueuse piété. Qu'on en juge d'après la liste des trésors qui s'élèvent sur une terrasse au nord de l'Altis :

Grèce propre	Mégare, *Sicyone*, Épidamne.
Détroits	Byzance.

Afrique	Cyrène.
Grande-Grèce..............................	Sybaris, Métaponte.
Sicile...	Sélinonte, Géla, *Syracuse.*

Tous ces trésors sont d'époque archaïque, sauf ceux de Sicyone et de Syracuse qui datent du début du Vᵉ siècle.

Liste doublement instructive, qui montre le panhellénisme du sanctuaire et son caractère spécifiquement dorien (toutes ces villes sont doriennes, sauf Sybaris et Métaponte, fondations d'Achéens du Péloponnèse).

Fig. 32. Dossière de cuirasse trouvée à Olympie, VIIᵉ siècle. *En haut :* animaux. *En bas :* hommage d'Hermès à Apollon (d'après Ch. Picard).

L'Arcadie est la seule région purement continentale du Péloponnèse, la seule aussi qui n'ait point été dorisée. Elle garde une vie patriarcale, pastorale dans les montagnes, où l'habitat reste très dispersé, agricole dans les riches dépressions, où des synœcismes – souvent tardifs – font de plusieurs villages une ville : celui de Tégée, la plus considérable et la plus méridionale des agglomérations arcadiennes, serait dû au roi Aléos, qui aurait réuni 9 bourgades et créé le culte commun d'Aléa, une déesse locale identifiée avec Athéna.

Les facteurs d'unité comptent peu en face du morcellement géographique et des haines farouches qui animent souvent l'une contre l'autre les cités. Mais le prix de leurs dissensions est lourd : leurs voisins, Éléens à l'ouest, Spartiates au sud, leur arrachent une partie de leur territoire. Tardivement (VIe siècle) apparaît certes une monnaie commune des Arcadiens, mais elle reste de médiocre utilité dans un pays aussi arriéré économiquement. Seule la religion forme un lien puissant. Le sanctuaire le plus important est celui de Zeus Lycaios sur le mont Lycée : des confréries de lycanthropes (loups-garous) y vénèrent un dieu-loup au moyen d'étranges pratiques, notamment de sacrifices humains. Par ses cultes hérités du IIe millénaire (voir p. 318), l'Arcadie se révèle comme un admirable conservatoire des traditions mycéniennes.

L'Argolide

Les Doriens avaient fondé en Argolide un certain nombre de cités dont la plus importante, Argos, s'assujettit les plus petites, Mycènes, Tirynthe, Nauplie, Asiné, déchues de leur splendeur du IIe millénaire : on ne sait trop si elles deviennent alliées ou périèques d'Argos. Elle soumet aussi les cantons limitrophes de Cynourie et de Thyréatide et Cythère, qui lui sont ensuite disputés victorieusement par Sparte.

Avant même qu'Argos ne puisse mener à terme ses annexions, de petites villes côtières, Prasiai, Nauplie, Épidaure, Hermioné, constituent, dès le VIIIe siècle, une amphictionie autour du sanctuaire de Poseidon sis dans l'île de Calaurie. Leurs vues ne sont pas uniquement religieuses, car l'amphictionie groupe en son sein des cités étrangères à l'Argolide, Égine, Athènes et même Orchomène de Béotie, qui ont aussi intérêt à surveiller le commerce dans le golfe Saronique et dans celui d'Argolide pour éviter qu'il ne se concentre dans les ports de l'Isthme. Mais les liens entre les membres se détendent assez vite : Égine et Athènes mènent leur propre politique, Orchomène a ses soucis particuliers avec Thèbes, Argos et Sparte prennent la place de Nauplie et de Prasiai ; on voit péricliter et s'effacer dans l'oubli cette amphictionie qui eût pu être une hanse puissante. Aucune cité d'Argolide, même Épidaure – où s'était installé, dans des conditions peu claires, le culte d'un héros guérisseur, venu de Tricca en Thessalie, Asclépios –, ne peut plus contrebalancer Argos comme centre d'attraction (carte 9).

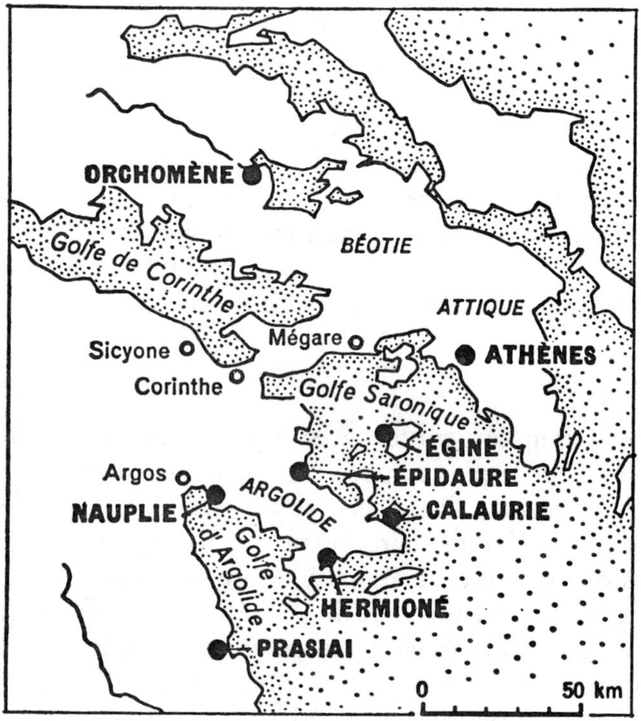

Carte 9. Une hanse avortée : l'amphictionie de Calaurie.
Les sept cités de l'amphictionie déterminent un axe grossièrement nord-sud. Leurs intérêts s'opposent à ceux des trois cités de l'Isthme, qui visent à orienter le commerce selon un axe est-ouest.

Argos s'étend au pied de ses deux acropoles, l'Aspis et Larissa, dans la plaine argienne, dont l'irrigation, que le mythe faisait remonter à Danaos et à ses filles les Danaïdes, assure la fertilité. Bien qu'elle pratique l'industrie céramique, elle reste essentiellement rurale, sans développer beaucoup son commerce ni participer à la colonisation. Les Argiens exploitent une classe de serfs, les Gymnètes (ceux qui vont nus ou ceux que l'on a désarmés), mais ils ont fait place à des non-Doriens dans une quatrième tribu (les Hyrnathiens) qui s'ajoute aux trois tribus doriennes.

Ils adorent principalement, sur l'Aspis, Apollon Pythien et Athéna Oxydercès et, dans la plaine, à 45 stades de la ville, une Héra d'origine mycénienne qui est dotée, peut-être dès le VIIIe siècle, d'un des premiers temples du Péloponnèse : Hérodote raconte l'exploit que pour elle accomplirent deux jeunes gens d'Argos, Cléobis et Biton, qui traînèrent sa lourde statue jusqu'au sanctuaire et qu'elle récompensa de la grâce immédiate d'une mort bienheureuse.

La place d'Argos est grande, à côté des cités de l'Isthme, dans la création du temple dorique et dans les recommencement de la plastique. Elle est peut-être la seule ville du monde grec avec Syracuse à posséder un théâtre de pierre très archaïque dès le VIe siècle. On peut encore juger de l'art de ses sculpteurs d'après les statues de Cléobis et Biton (début du VIe siècle) retrouvées à Delphes : ces portefaix glorieux ont un corps trapu et une anatomie solide que l'on retrouve chez tous les artistes argiens, notamment, à la fin extrême de l'archaïsme, chez Hagélaïdas, le maître de Polyclète.

Un seul nom, mais capital, se détache dans l'histoire d'Argos archaïque, celui de Phidon, un roi que l'on considérait comme un tyran, sans doute du fait qu'il n'avait pas droit au trône. Il porte au loin ses armes, peut-être (a-t-on supposé) parce qu'il est le premier à voir l'intérêt de la nouvelle tactique des hoplites : il vainc Sparte à Hysiai (669), vole au secours des Pisates contre les Éléens et s'arroge la présidence des jeux olympiques, agit avec force contre Corinthe et Sicyone. On lui prête aussi d'importantes mesures économiques : il aurait introduit la monnaie en Grèce en faisant frapper les premières pièces éginétiques, mais il n'est point sûr qu'il possède Égine et il est vraisemblable qu'il se contente d'établir un nouveau système de poids et mesures en dévaluant le pied (de 0,33 à 0,29 m) et la drachme (voir p. 156).

Ses successeurs ne savent ni continuer ni même conserver son œuvre et, au VIe siècle, Argos vit déjà repliée sur elle-même, dans une méfiance hargneuse à l'égard de Sparte qui l'a dépouillée de leurs cantons limitrophes. Elle se refusera à participer aux guerres médiques.

Les cités de l'Isthme

Les trois cités de l'Isthme, Sicyone, Corinthe, Mégare, doivent être étudiées ensemble, encore que la dernière soit géographiquement extérieure au Péloponnèse. Elles offrent des évolutions parallèles : toutes trois doriennes, mais comportant de forts éléments prédoriens, elles sont entre les mains d'une puissante aristocratie terrienne, qui doit céder le pouvoir à des tyrans. Économiquement, elles demeurent longtemps rurales, avant de tirer parti de leur admirable situation, au croisement de la route maritime d'Ionie en Occident, à peine interrompue par le portage de l'Isthme, et de la route terrestre qui fait communiquer la Grèce continentale et le Péloponnèse. Mais, si tardif qu'il soit – et certainement pas antérieur au milieu du VIIIe siècle pour la plus évoluée d'entre elles, Corinthe –, cet essor commercial est éclatant, d'où leur prospérité qui tranche avec la médiocrité des autres cités du Péloponnèse.

À l'ouest, Sicyone est une fondation dorienne sur un plateau fertile, à 3 km de la mer. Son terroir, riche en champs de blé, en olivettes, en vignobles, fait d'abord sa richesse essentielle. Mais elle développe vite une industrie : céramique et travail du bronze, facilité par la présence d'une terre réfractaire qui permet de fabriquer des moules pour fondre le métal. Elle ne dispose que d'un mauvais port artificiel, situé il est vrai en face de Cirrha, échelle de Delphes, mais la vallée de l'Asopos, dans laquelle elle est située, offre un accès jusqu'au cœur du Péloponnèse, d'où le développement de son activité commerciale. Elle connaît un siècle de splendeur, sous la tyrannie des Orthagorides. Le plus célèbre, Clisthène, s'appuie peut-être sur des éléments non-doriens, qui formaient déjà dans la cité une quatrième tribu, contre les riches propriétaires doriens, lutte en tout cas farouchement contre Argos, prend une part active à la première guerre sacrée et donne un éclat incomparable à la petite cité : sa victoire olympique de 572, le séjour à sa cour des fameux artistes crétois Dipoinos et Scyllis, la réunion à Sicyone des plus nobles prétendants du monde grec, venus briguer la main de sa fille Agaristé, en sont comme les symboles. Les fouilles de Delphes ont en outre révélé les fastueuses consécrations qu'il fait à Apollon : deux édifices, une *tholos* et un monoptère, que des artistes sicyoniens décorent de métopes illustrant des légendes locales. Après la chute des Orthagorides, la ville retombe dans l'oubli et n'est plus guère connue que pour la poétesse Praxilla et pour une bonne école de bronziers (le seul nom important est celui de Canachos, à la fin du VIe), qui produira jusqu'au IVe siècle.

Corinthe jouit de deux ports, Cenchréai et Léchaion, sur les deux mers, mais cette incomparable situation ne joue qu'un rôle tardif dans une histoire qui ressemble d'abord à celle de toutes les cités péloponnésiennes. Soumise, mais tardivement, par des Doriens venus d'Argolide, elle connaît la royauté des Héraclides, puis une grande famille aristocratique, les Bacchiades, s'empare du pouvoir au VIIIe siècle. Elle est alors administrée par trois magistrats (roi, prytane, polémarque) – assez voisins des trois magistrats primitifs d'Athènes – élus par un conseil de 200 membres, le *démos* des petits paysans ne jouant qu'un rôle très effacé. Contrairement à ce que l'on a longtemps admis, les Bacchiades représentent une aristocratie foncière et pas du tout commerçante. Ils s'enrichissent sans doute en levant des péages dans les ports, mais sans participer eux-mêmes au commerce : faire d'eux des aristocrates marchands, à la hollandaise ou à la vénitienne, serait un grave anachronisme (carte 10).

Au milieu du VIIIe siècle, commencent un modeste essor du commerce et surtout un premier mouvement de colonisation (Corcyre, Syracuse), dû à la soif de terres consécutive au morcellement des petites propriétés et non à des visées mercantilistes. Mais la crise sociale s'amplifie, accrue par des difficultés avec Corcyre – contre qui Corinthe doit livrer en 664 le premier combat naval de l'histoire grecque –, et la tyrannie s'implante. La famille des Cypsélides s'impose pendant une période de soixante-treize ans, dont les dates sont discutées : on hésite entre une chronologie haute, traditionnelle (657-584), et une chronologie basse (E. Will : *circa* 620-550), qui font toutes deux difficulté.

Le créateur de la dynastie, Cypsélos, confisque et redistribue la terre des nobles, impose une dîme sur le revenu,

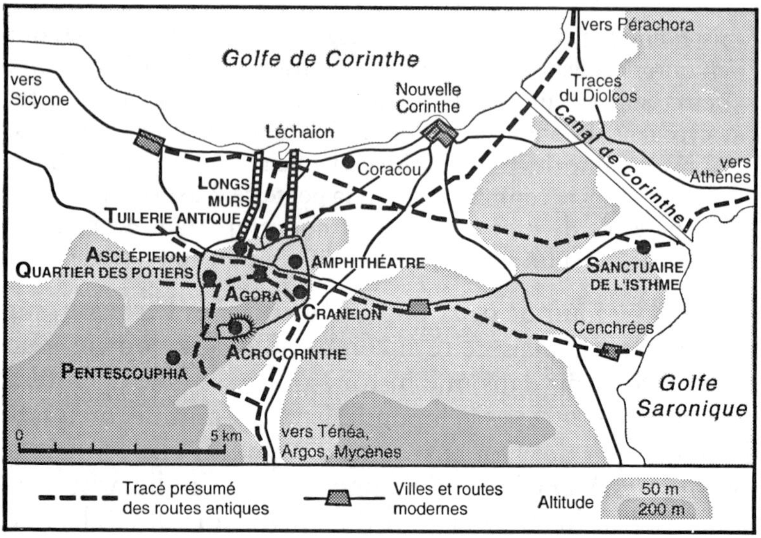

Carte 10. Plan général de Corinthe (d'après G. Roux).

Les vestiges antérieurs à la destruction méthodique de Corinthe par les Romains (146) sont extrêmement rares. Sur l'Acrocorinthe, qui domine la plaine de ses 564 m, on n'a retrouvé que quelques pierres (dont aucune en place) du fameux temple d'Aphrodite (début du VIe siècle ; reconstruction à l'époque classique). Dans la ville basse, on peut attribuer aux Cypsélides le temple d'Apollon et la première installation des fontaines Pirène et Glaucé, le tout dans la région de l'Agora. La vaste enceinte (20 km en comptant les remparts de la ville basse, ceux de l'acropole et les Longs Murs qui reliaient Corinthe à son port de Léchaion) date du milieu du Ve siècle. Au IVe siècle appartiennent le grand portique de l'agora (l'un des plus considérables de la Grèce : 165 × 25 m), le théâtre grec (15 000 spectateurs), l'Asclépieion. On localise à peu près le quartier des potiers, à l'ouest de la cité, et celui des forgerons, à côté de la Pirène.

frappe les premières monnaies corinthiennes, suivant l'étalon euboïque, mais avec une division du statère en 3 drachmes et non en 2, qui permet une facile correspondance avec l'étalon éginétique utilisé dans le reste du Péloponnèse. Son fils Périandre, que les sources peignent tantôt comme un effréné, tantôt comme un sage (inscrit à ce titre au nombre des Sept Sages), semble avoir aggravé la tyrannie en restreignant la liberté individuelle des citoyens et en prenant des mesures somptuaires. Il favorise un second essor de la colonisation, dans les mers Ionienne et Adriatique (Leucade, Ambracie, Épidamne, Apollonie) et en Chalcidique (Potidée) : un véritable Empire se développe, car les colonies restent sous l'étroite dépendance de la métropole et servent ses visées commerciales, vers l'Occident essentiellement, tout en fournissant des relais sur la route de l'Europe centrale où Corinthe cherche à se procurer de l'argent. Le neveu de Périandre, Psammétique, est renversé non sans l'intervention, toujours hostile aux tyrans, de Sparte.

Une aristocratie modérée succède alors à la tyrannie. Le gouvernement est assuré par 8 proboules (conseillers) et une *boulé* (conseil) de 80 membres, recrutés non plus seulement dans l'aristocratie traditionnelle, mais dans la classe riche. C'est le début du règne d'Eunomia (Bonne constitution) que chantera Pindare (*Olympiques*, 13, 6).

Si cette évolution politique n'a rien d'original, la prospérité économique de Corinthe lui assure une place à part en Grèce propre, à telle enseigne qu'elle ne peut guère être comparée qu'aux villes d'Ionie. Elle fabrique des tapis et des couvertures, des bronzes d'art, des parfums et surtout de la céramique. Ses chantiers navals sont fameux. Son commerce est surtout dirigé vers l'Occident, qu'elle inonde de ses vases en échange du blé dont elle devient le grand entrepôt en Grèce ; en Orient, Rhodes semble le centre principal de son trafic, qui atteint aussi bien Naucratis en Égypte qu'Al-Mina en Syrie et les rivages du Pont. La ville devient alors une grosse agglomération cosmopolite, amie du luxe et des plaisirs ; les hiérodules (courtisanes sacrées) de son temple d'Aphrodite sont fameuses dès l'archaïsme. Cependant, à partir de 550 environ (en liaison avec la chute de la tyrannie, si l'on accepte la chronologie basse), une crise économique se développe. Les exportations se raréfient : conséquence du brusque et triomphant essor du commerce athénien qui la concurrence jusque sur les marchés les plus lointains.

Comme en Ionie, la civilisation profite à Corinthe de la prospérité générale. La vie religieuse est intense, autour des deux Héraia (celui de la ville et celui de Pérachora), de l'Aphrodision de l'Acrocorinthe et du sanctuaire de Poseidon à l'Isthme (à une douzaine de km de la ville) où l'on célèbre des jeux panhelléniques, les jeux isthmiques, réputés fondés par Thésée. La part de Corinthe dans les premiers progrès de l'architecture dorique est grande : Pindare lui attribue l'invention des frontons, c'est-à-dire en fait de la décoration tympanale ; elle assure également un succès définitif aux revêtements de terre cuite. Elle joue probablement aussi un rôle de premier plan dans le passage de la petite figurine à la grande plastique et à la sculpture monumentale, encore qu'il reste fort peu de ses productions. On a heureusement mieux conservé les chefs-d'œuvre de l'art ornemental où excellent ses artisans : grands vases, miroirs ou trépieds de bronze, céramique surtout. Ses vases, tournés dans une belle argile jaune et dont on peut suivre l'évolution du Proto-corinthien au Corinthien, sont particulièrement remarquables par l'adaptation du décor à la surface à décorer.

Quant à la littérature, elle apparaît dès la fin du VIIIe siècle avec Eumélos, un Bacchiade qui, dans ses *Corinthiaques*, chante les origines et les mythes de sa patrie. Elle se développe, comme de juste, à la cour des tyrans : Arion, un Lesbien qui crée le dithyrambe en terre dorienne, est l'hôte de Périandre.

Mégare est située à la pointe extrême de l'avance dorienne. Elle a conservé pur le système des trois tribus, sans adjonction d'une tribu de non-Doriens. La ligne de son évolution est semblable à celle de Sicyone ou de Corinthe. La monarchie doit s'effacer devant une aristocratie de grands éleveurs qui accapare les terres et le seul recours des pauvres réside alors dans la colonisation, qui s'exerce en Sicile, sur le Bosphore, où, métropole notamment de Byzance, Mégare règne en maîtresse, et dans le Pont. Puis c'est la tyrannie de Théagénès, suivie du retour au pouvoir de l'oligarchie, et de troubles déclenchés par les démocrates ; enfin s'établit un régime modéré. La violence des luttes politiques s'explique par les conditions économiques : la plaine de Mégare est riche, mais étroite ; le reste du territoire, montagneux, n'est propre qu'à l'élevage du petit bétail, d'où les haines exacerbées des pauvres, affamés, contre les riches.

La colonisation et le commerce leur apportent un heureux exutoire. Mégare jouit elle aussi de deux ports, dont le plus important, Nisaia, sur le golfe Saronique. Elle fabrique des vases assez communs et tisse la laine de ses moutons pour en faire des exomides (tuniques grossières) qui s'exportent bien chez les Barbares du Nord. Au VIe siècle sa prospérité a tendance à diminuer. Elle souffre de sa position entre deux cités importantes, Corinthe et Athènes, qui l'amputent l'une et l'autre d'une partie de son territoire.

Elle donne peu à l'hellénisme, sinon un grand poète, Théognis (deuxième quart du VIe siècle), qui chante le ressentiment des aristocrates dépouillés, et un grand architecte, Eupalinos, qui travaille à Samos pour Polycrate. Le triomphe de la démocratie permet le développement d'une farce grossière, la farce mégarienne, à laquelle les Athéniens, malgré le profond dédain qu'ils affichent à son endroit, empruntent bien des traits de leur comédie.

Égine

Le cas d'Égine, autre terre dorienne, est à part. Cette île stérile et sans eau ne peut vivre de son agriculture, presque inexistante. Paradoxalement, elle ne semble pas connaître de crise sociale, peut-être parce qu'elle ignore la grande propriété, et elle échappe à la tyrannie. Elle s'enrichit cependant en participant activement à la vie de relations, à laquelle la prédestine sa situation insulaire au milieu du golfe Saronique, à mi-chemin entre Attique et Argolide, qui explique son grand essor dès l'Helladique ancien. De très vieux mythes rappellent cette gloire primitive, notamment celui d'Éaque, héros national, père de Pélée et grand-père d'Achille et d'Ajax, qui mérita d'être l'un des trois juges infernaux. À l'époque archaïque, elle se crée deux ports artificiels et une marine de guerre et de commerce ; elle est la première en Grèce à frapper monnaie.

Elle manque de toutes les matières premières nécessaires à l'industrie et même d'une bonne argile plastique : aussi cuit-elle de grossières marmites, que railleront les comiques athéniens, et importe-t-elle du bronze pour fabriquer de la bimbeloterie, mais également des œuvres d'art. Ses sculpteurs sont fameux : Smilis travaille à Samos, Callon à Trézène et à Amyclées et tous deux à Olympie. Non loin de la pointe nord-est de l'île, elle possède un sanctuaire dédié à une divinité locale, Aphaia, identifiée avec Athéna. On y a retrouvé les restes d'un péribole et d'un autel du VIIe siècle ; au VIe siècle, l'*hiéron* est réorganisé, avec un propylée et un premier temple qui abrite l'idole en ivoire de la déesse.

Mais le commerce de redistribution fait sa vraie richesse. Ses marins sillonnent la Méditerranée de la mer Noire à Naucratis, où Égine est l'unique ville de Grèce propre à posséder un sanctuaire. Un seul point noir : la concurrence très vive des cités qu'offusque son succès : Corinthe, Samos, Chalcis, puis Athènes. Le temps n'est plus très éloigné où elle devra subir la loi d'Athènes.

La Crète

La grande île, très tôt dorisée, conserve un groupe nombreux d'Étéocrétois (vrais Crétois), fidèles à leurs traditions et même – on le voit par quelques inscriptions – à leur langue. Ses institutions sociales ressemblent en gros à celles de Sparte. On distingue d'abord une caste de guerriers, descendants des Doriens conquérants, élevés par l'État selon le système des classes d'âge, prenant leur repas en commun et vivant ensemble dans des clubs d'hommes (voir p. 123) : ils participent normalement seuls à la vie politique, encore que, dans certaines cités, existent une ou deux tribus adjointes aux trois tribus doriennes. En dessous, une catégorie intermédiaire, sans doute analogue aux Périèques lacédémoniens. Enfin des serfs, cultivant les lots des citoyens et dépourvus de tout droit politique : analogues aux Hilotes, ils se différencient toutefois d'eux du fait qu'ils appartiennent généralement à des maîtres individuels et non à l'État et surtout que leur condition est moins dure, si bien qu'on ne signale chez eux aucune révolte.

Politiquement, la Crète est divisée en un grand nombre de cités (Homère en compte 100), gouvernées par l'oligarchie des citoyens. Contrairement à Sparte, les rois y ont disparu, remplacés par des magistrats annuels, les *cosmoi* (ordonnateurs), qui disposent de grands pouvoirs et qui, sortis de charge, forment le conseil. L'assemblée du peuple vote sans débats les mesures proposées. L'évolution du droit est partiellement connue par un texte fondamental, gravé sur un mur de Gortyne. Ce code du début du Vᵉ siècle, mais qui remonte aux VIIᵉ et VIᵉ pour l'essentiel de ses prescriptions, concerne surtout les affaires de famille, mais aussi les questions soulevées par le servage et l'esclavage, les attentats aux mœurs, les dommages causés par des animaux.

On sait aujourd'hui que l'activité économique est vive. La Crète est un relais sur la grande route d'est en ouest. Utilisant sa position centrale en Méditerranée, elle commerce avec Rhodes, Chypre et la Syrie, avec la Sicile, avec Égine et l'Argolide, avec l'Égypte. Elle participe à la fondation de Cyrène, de Géla, peut-être d'Agrigente.

Pendant tout le haut archaïsme, il y a une véritable renaissance crétoise, sensible en particulier dans le domaine de l'art : les fouilles menées dans la petite cité de Dréros ont mis au jour un temple archaïque et les premiers exemples connus de *sphyrélata* (triade apollinienne) ; Gortyne et Prinias ont livré des sculptures qui décoraient des temples du VIIᵉ siècle (fig. 23) ; les sculpteurs crétois ou Dédalides (descendants présumés du mythique Dédale) sont à l'origine des recommencements de la grande plastique et leurs leçons fécondent le renouveau artistique, principalement dans le Péloponnèse ; la céramique crétoise influence, tant par le décor que par la technique polychrome, la poterie des Cyclades. Un lyrisme savant naît : le Gortynien Thalétas va à Sparte chanter ses péans et ses hyporchèmes. Une religion nouvelle apparaît, encore moins oublieuse qu'ailleurs des traditions minoennes : Zeus s'identifie au dieu adolescent de l'Ida, comme au dieu coq Velchanos ; la Grande Mère partout continue à être honorée ; Courètes et Corybantes poursuivent leurs saltations rituelles ; à en croire l'interprétation la plus plausible de l'*Hymne homérique à Apollon*, des prêtres crétois aident même à l'installation définitive d'Apollon à Delphes.

Brusquement, avant le début du VIᵉ siècle, c'est le brutal arrêt de cette renaissance et l'on n'entend plus parler de la Crète pendant des siècles. Des concurrents mieux armés s'emparent des marchés. L'art disparaît et les Crétois, qui, profitant des souvenirs minoens comme de l'influence de l'Orient, avaient élaboré les premières œuvres helléniques, se révèlent incapables de s'adapter aux nouvelles conditions d'un monde en perpétuelle évolution. On a l'impression que « le sang étéocrétois, sang noble mais appauvri, leur interdit certaines démarches » (P. Demargne).

3. SPARTE

L'un des rameaux des Doriens s'était installé dans la riche vallée de l'Eurotas, « la creuse Lacédémone » d'Homère. Au terme d'âpres luttes, il soumet les Achéens, notamment ceux de Thérapné, mais doit composer avec Amyclées qui résiste désespérément. Sur un site voisin, et vierge encore, se fondent au IXe siècle des villages dont le synœcisme formera Sparte, la seule cité de Laconie (et telle est la première originalité des Doriens de Laconie, par rapport à leurs frères de Messénie et d'Argolide). La nouvelle ville doit-elle son nom à un genêt qui croît en abondance dans la plaine, ou aux semailles, eu égard à la fertilité du terroir ? On en discute. Quant au terme de Lacédémone, il subsiste pour désigner la cité dans ses relations extérieures.

Les Égaux et l'inégalité sociale

Si Sparte ne ressemble à aucune autre cité, c'est d'abord à cause de la rigidité de son système social qui comporte trois classes, nettement spécialisées et fortement hiérarchisées. Les citoyens ou Égaux (*Homoioi*) sont les seuls à jouir des droits politiques. Pour appartenir à ce corps, il faut être né de parents citoyens et avoir reçu l'éducation dispensée par l'État. Il leur est interdit de se livrer à une activité artisanale ou commerciale, comme de cultiver la terre : ils vivent des redevances d'un lot (*cléros*), concédé à titre héréditaire dans la vallée de l'Eurotas (terre politique). Leur seule raison d'être réside dans le service des armes, auquel ils vouent toute leur existence après le dur dressage de l'enfance et de l'adolescence.

Hommes libres eux-aussi, les Périèques (ceux qui habitent

autour) mettent en valeur la Périoikis (marges moins fertiles de la vallée), se livrant à la culture, à l'élevage du mouton et du porc, pratiquant le commerce et l'artisanat. Groupés dans de gros bourgs, une centaine environ, ils jouissent d'une large autonomie, sans posséder pour autant aucun droit de regard sur la politique de la cité.

Enfin, une classe d'opprimés, les Hilotes, serfs d'État mis à la disposition des citoyens pour la culture des *cléroi*. Les Hilotes sont-ils des « hommes des marais » ou « les habitants d'Hélos », une petite bourgade laconienne, ou des « captifs » : il est sûr en tout cas, d'après ces étymologies proposées par les Anciens, qu'ils représentent des aborigènes vaincus par les envahisseurs. Leur situation matérielle est tolérable : ils habitent des fermes isolées, n'ayant d'autres obligations que la redevance (*apophora*) due au maître (70 médimnes d'orge pour lui, 12 pour sa femme, des fruits, du vin et de l'huile en proportion) et le service à l'armée en cas de besoin, généralement comme fantassins légers ou comme goujats.

Mais ils ne sont pas protégés par la loi et leur condition morale est l'une des plus sinistres de tout le monde antique : enivrés pour inspirer la sobriété aux enfants, abattus dans les mystérieuses expéditions des adolescents, ils vivent dans une abjection délibérément voulue par les Égaux, dans l'avilissement méthodique, dans la terreur organisée.

Dans un système si horrible, les Anciens n'hésitaient pas à voir l'héritage de la conquête, l'opposition citoyens-Hilotes perpétuant d'après eux l'opposition des Doriens vainqueurs et des Achéens vaincus. Certains modernes refusent de voir dans le droit de la lance l'explication de la société spartiate : l'évolution économique aurait entraîné l'asservissement des petits propriétaires aux *landlords*, dans un État conservateur qui ne connut pas l'équivalent de la *seisachtheia* athénienne (U. Kahrstedt). Mais cette thèse est aberrante : si la réduction en servage avait été la conséquence de l'endettement, les Hilotes auraient appartenu à des particuliers et non à la collectivité.

Il faut donc, pour Sparte, comme pour la Thessalie et la Crète, en revenir à la théorie ethnique de l'Antiquité, quitte à la nuancer fortement. Le brassage des populations dut être considérable, puisque Hilotes et citoyens parlent le même dialecte dorien. Des Doriens mal doués purent très bien devenir Hilotes et inversement des Achéens, tels les Amycléens, réussirent à s'introduire dans la communauté des vainqueurs. Quant aux Périèques, ils représentent un corps composite où des Doriens tard venus se mêlèrent à des Prédoriens assez forts pour échapper à l'hilotat.

On est tenté de voir un apport spécifiquement dorien dans ce cadre d'une rigueur si tranchée. Les conquérants ont délibérément cherché à immobiliser l'état social tel qu'il était issu de leur victoire et à perpétuer une société égalitaire et communautaire, de type dorien, où l'homme libre, s'identifiant avec le combattant, vit de la rude exploitation de serfs attachés à la glèbe. Encore faut-il signaler que cette vue du problème social, qui nous paraît la plus raisonnable, est loin d'être acceptée par tous.

D'aucuns admettent que Sparte a connu dès le début une aristocratie de grands propriétaires : l'égalité ultérieure, qu'il faut bien reconnaître ne serait-ce qu'à cause du nom des Égaux, résulterait d'un élargissement de la communauté, consécutif aux revendications des petits propriétaires contre les nantis, et serait donc l'aboutissement d'une sorte de mouvement démocratique engendrant, comme il n'est point rare dans l'Antiquité, la constitution d'une classe élargie de privilégiés (au IXe siècle, ou bien aux VIIe-VIe ?). Certes de nouvelles distributions de *cléroi*, notamment après les guerres de Messénie, ont accru le nombre des citoyens et répondu à des aspirations que l'on hésite à qualifier de démocratiques. Cependant l'égalitarisme nous paraît premier et fondamental à Sparte : Platon rappelait d'ailleurs que la terre avait été partagée sans contestations chez les Doriens.

Mais l'exemple de Sparte prouve qu'aucune société ne peut échapper à la loi de l'évolution. Son organisation sociale, cohérente en apparence, recèle des tares qui vont peu à peu la miner. D'abord l'égalité est contre nature, et dès la fin de l'archaïsme une inégalité de fait apparaît sous la façade égalitaire. D'une part en effet il n'est point interdit au citoyen de posséder des biens dans la Périoikis, ce qui rend vaine la répartition rigoureusement égale des lots. D'autre part une fille épiclère (c'est-à-dire seule héritière d'un homme sans enfant mâle) peut épouser un citoyen déjà doté, qui dès lors a la jouissance de deux *cléroi* : étrange concession faite au système de la propriété familiale dans le pays de la terre politique.

Certes on est loin encore, à la fin de l'archaïsme, des scandaleuses disparités de fortune qui ruineront Sparte au

IVᵉ siècle. Dans l'ensemble les Égaux restent pauvres et vivent dans une chiche austérité. Mais il suffira que Sparte s'abandonne aux séductions des sociétés mercantilistes pour que tout s'écroule de l'ordre ancien.

En outre – et indépendamment même de toute considération morale – l'hilotat est une monstruosité. Les Hilotes sont nombreux, peut-être 10 pour un citoyen (à Platées l'armée spartiate, qui ne les mobilise évidemment pas tous, en comprend 7 pour un citoyen) ; d'autre part ils vivent dans un tel état de misère morale que la révolte reste leur unique recours contre l'oppression et le mépris. Une lourde menace pèse donc sur la cité et l'on en arrive à ce paradoxe d'un État doté de la plus forte armée du monde grec, mais qui ne peut l'utiliser pour des expéditions lointaines par crainte de ses Hilotes.

Oligarques et rois

Les anciens ont mis les institutions spartiates sous le patronage de Lycurgue. Mais tout est ambigu dans le personnage de ce législateur, où l'on a même voulu voir récemment le héros d'une de ces confréries de loups-garous qui ont dû avoir leur importance dans la Sparte primitive (H. Jeanmaire).

La constitution n'a pas été créée en bloc par Lycurgue, malgré K. Chrimes, qui place d'ailleurs cette création à une date beaucoup trop haute (809). Au contraire la cité s'organise progressivement. Le premier document à invoquer est la *Grande Rhétra* (loi), qui représente sans doute, dans la première moitié du VIIIᵉ siècle, la loi organique de la *polis* née du synœcisme de 5 villages. Elle mentionne les deux rois, le conseil, l'assemblée qui paraît souveraine. Vers le milieu du VIIIᵉ siècle, rois et conseil reçoivent le droit de lever les séances « si le peuple décide de travers » et, peut-être en 754, apparaissent des magistrats, les éphores, qui limitent l'autorité, jusque-là discrétionnaire, des rois.

Ces mesures ont été interprétées par ceux qui ne croient pas à l'égalité primitive des citoyens comme une double victoire de l'aristocratie sur le peuple et sur les rois. Nous pensons plutôt que les législateurs traditionalistes qui ont inspiré cette réforme ont voulu à la fois renforcer les pouvoirs de la communauté égalitaire et lui imposer des gardiens pour la préserver de toute déviation.

Aux VIIe et VIe siècles, la constitution, définitivement organisée, nous apparaît aussi plus clairement, avec ses rouages essentiels : rois, éphores, conseil, assemblée. Seule parmi les cités importantes du monde grec, Sparte conserve la royauté. Elle possède deux rois, choisis dans les dynasties des Agiades et des Eurypontides, dont la première est sans doute achéenne et la seconde dorienne. La double monarchie, qui a posé tant de problèmes aux modernes, résulterait donc d'une entente conclue entre deux communautés au moment de la conquête : ainsi s'expliqueraient en particulier les désaccords constants et traditionnels entre les deux familles et la stricte interdiction qui était faite à leurs membres de se marier entre eux.

Les rois, nantis de grandes richesses et d'honneurs considérables, gardent un pouvoir absolu sur l'armée, qu'ils peuvent conduire où et comme ils l'entendent. Exerçant les sacerdoces de Zeus Lacédémonien et de Zeus Ouranien, ils possèdent en outre des attributions religieuses étendues. Quant au reste, ils sont étroitement surveillés par les éphores, auxquels ils prêtent chaque mois le serment de régner « suivant les lois existantes ». À la fin du VIe siècle, à la suite des agissements du roi Cléomène, l'emprise des éphores s'accroît encore.

Les 5 éphores sont élus pour un an par la *gérousia* selon l'étrange système du vote par acclamation, propice à bien des manœuvres. À l'origine simples observateurs des astres (d'où le nom de l'un d'entre eux, figure en partie mythique d'un ennemi déclaré du pouvoir royal, Astéropos [le Voyeur d'astres]), ils deviennent (à partir de 754 ?) des magistrats qui veillent au respect des lois et à l'éducation des enfants, contrôlent la vie publique des citoyens et la conduite des rois, en même temps qu'ils jugent au civil. Au-delà même de ces attributions, ils détiennent un pouvoir occulte, d'autant plus terrifiant qu'à leur sortie de charge ils ne doivent de compte qu'à leurs successeurs.

Le conseil (*gérousia* = sénat, mais les tenants de l'aristocratie spartiate préfèrent le nom de *gérochia* = assemblée de privilégiés) comprend 28 gérontes, élus à vie par acclamation parmi les vieillards de plus de soixante ans, et les deux rois. Il se réunit à dates régulières « entre Babycé et Cnacion », à la fois comme haute cour chargée de juger les procès importants et comme conseil préparant les décisions de l'assemblée. Son rôle est surtout prépondérant dans la conduite de la politique extérieure.

Enfin l'assemblée du peuple (*apella*) comprend tous les Égaux. Elle élit éphores et gérontes et délibère sur toutes les affaires. Mais les débats y sont sommaires et le vote se fait le plus souvent par acclamation : les citoyens sont donc consultés, mais ils n'ont guère qu'à ratifier les mesures qu'on leur propose.

Constitution éminemment oligarchique, puisque seule une minorité très faible, celle des *Homoioi*, participe aux affaires, mais à l'intérieur de cette oligarchie tous les citoyens jouissent de droits égaux. L'évolution, à la fin du VIe siècle, tend même à renforcer l'égalitarisme, en limitant le pouvoir des rois au bénéfice de celui des éphores, représentants de la communauté.

On s'est parfois complu à imaginer des ressorts secrets qui auraient mû toute la machine politique, au profit d'un noyau de citoyens énergiques dirigeant Sparte sans défaillance, dans une voie toujours droite, sous le gouvernement changeant des éphores (P. Roussel). Mais ne peut-on expliquer plus simplement la permanence, en effet très remarquable, de la politique spartiate ? À Sparte, l'éducation brise les particularismes et étouffe les tendances novatrices ; quant à la gérontocratie inhérente au système, elle impose un gouvernement conservateur. Ainsi ceux qui aspirent au pouvoir – et l'on sait que les candidats sont nombreux et les brigues souvent vives – ne visent qu'au maintien d'un passé depuis longtemps révolu dans les autres cités.

Sparte apparaît bien comme un phénomène sociologique quasi unique, comme un anachronisme vivant, avec la farouche décision qui fut la sienne de rester fidèle à ses schèmes ancestraux et à sa société égalitaire, héritée du plus lointain des âges, mais ce serait donner dans le roman historique que d'y chercher une énigme.

L'impérialisme spartiate

La cohésion interne de l'État est l'une des causes du constant développement de la puissance spartiate. Aussitôt la conquête de la Laconie terminée, elle cherche à s'étendre vers l'ouest au détriment des Argiens et au nord aux dépens des Arcadiens. Entre 736 et 720 (?), elle mène une guerre très rude contre les Messéniens et, malgré leur héroïque résistance sur le mont Ithome, les asservit. Cette première guerre de Messénie marque une date dans son expansion : les Messéniens vaincus sont réduits à l'état d'Hilotes ; les terres riches de la vallée du Pamisos sont distribuées, à titre de *cléroi*, à de nouveaux citoyens, tandis que le pourtour montagneux est adjoint à la Périoikis. Ainsi s'accroît le nombre des Égaux, partant la puissance militaire de Sparte.

Ce grand succès est suivi, au VIIe siècle, d'âpres difficultés. Sparte est vaincue à Hysiai par Phidon d'Argos : son unique défaite sans doute de tout l'archaïsme. Vers 650 les Messéniens, qui ne se résignent pas à la servitude, se révoltent et c'est la seconde guerre de Messénie, plus dure et plus farouche encore que la première. Leur chef, le vaillant Aristoménès, ne succombe qu'à la trahison, après trente ans de luttes où Sparte doit bander toutes ses énergies, ainsi qu'en témoignent les élégies de Tyrtée. Réduits à nouveau en servage, ils ne rêvent plus, tout comme les Hilotes de Laconie (dits anciens Hilotes), que de massacrer leurs maîtres, mais Sparte restera assez forte pour les maintenir dans l'obéissance jusqu'au IVe siècle.

Au VIe siècle, Sparte aide les Éléens à écraser Pise, puis tente en vain la conquête de l'Arcadie. Modifiant alors brusquement sa politique traditionnelle, elle renonce à l'expansion territoriale directe et cherche à rassembler autour d'elle, par des traités d'alliance, le plus de cités possibles. Elle constitue ainsi ce que nous appelons la ligue péloponnésienne (les textes antiques disent seulement « les Lacédémoniens et leurs alliés »), qui étend bientôt son emprise sur tout le Péloponnèse, à l'exception de l'irréductible Argos et de l'Achaïe. Point de tributs, les villes fournissent seulement, à son appel, des contingents dont elle se réserve le commandement.

Ce système très souple, dont on voyait l'initiateur dans le mystérieux éphore Chilon, révèle vite son efficacité. À la fin du siècle, Sparte se lance dans des entreprises plus lointaines et plus audacieuses, dans l'Orient grec, mais surtout en Grèce centrale et à Athènes. Certes les ambitions désordonnées du roi Cléomène, qui dresse contre Athènes les Béotiens et les Chalcidiens coalisés, aboutissent en 506 à une véritable débandade. Mais le prestige de Lacédémone n'en sort guère amoindri et, lors des guerres médiques, nul ne lui contestera l'hégémonie sur tous les Grecs.

Ce prestige est dû non seulement aux alliés dont elle s'est entourée, mais aussi à la valeur de son armée, la seule du monde grec qui soit composée de professionnels. Elle n'a pas de cavalerie et sa marine, fournie par les cités périèques de la côte, est dérisoire, mais ses citoyens-soldats forment une irrésistible phalange que soutiennent encore les hoplites périèques et les Hilotes armés à la légère. Tyrtée (frag. 11) les campe en des vers énergiques : « Que chacun reste ferme sur ses jambes écartées, qu'il fixe ses pieds au sol, morde sa lèvre de ses dents. Qu'il couvre ses cuisses et ses jambes, sa poitrine et ses épaules sous le ventre de son vaste bouclier. Que sa droite brandisse la forte lance, qu'il agite sur sa tête l'aigrette redoutable. » Avec une tactique rudimentaire – avancer sans rompre les rangs jusqu'à forcer l'ennemi à céder et à abandonner le champ de bataille – les soldats de Sparte resteront invaincus jusqu'à Leuctres (371).

Discipline et austérité

C'était un lieu commun dès l'Antiquité de vanter l'austérité des Spartiates. Cette austérité, le citoyen l'apprend à ses dépens depuis l'enfance. À sa naissance, le nouveau-né est présenté aux vieillards de sa tribu, qui, s'il leur paraît mal conformé, ordonnent de le précipiter dans un ravin du Taygète. S'il mérite de vivre, il reçoit une éducation, mieux dite dressage (*agogê*), entièrement organisée par l'État. Il est enrégimenté dès huit ans dans des formations (*agelai* = troupeaux) aux catégories hiérarchisées selon l'âge, qui, malgré leurs apparences, font plutôt penser à la *Hitler jugend* qu'au scoutisme. Voici le cycle qu'il doit suivre :

8e à 11e année : Petits-gars	1 *robidas* (sens inconnu) 2 pré-petit-gars 3 petit-gars 4 pré-garçon
12e à 15e année : Garçon	1 garçon de 1re année 2 garçon de 2e année 3 futur irène de 1re année 4 futur irène de 2e année
16e à 20e année : Irène	1 irène de 1re année 2 irène de 2e année 3 irène de 3e année 4 irène de 4e année 5 irène-chef

On lui enseigne le minimum de lecture et d'écriture ; la musique est déjà plus prisée, car elle exalte l'âme et accompagne le soldat au combat ; mais la gymnastique et le maniement d'armes, bref l'apprentissage direct du métier militaire, constituent l'essentiel de ce dressage, que l'on a parfois admiré sans mesure, alors qu'il n'inculque à l'enfant, à dire le vrai, qu'un « idéal de sous-officier de carrière » (H. I. Marrou). On cherche à développer en lui discipline et sens communautaire. Plutarque, dans sa *Vie de Lycurgue*, 25, a cette horrible phrase : « Il accoutuma les citoyens à ne pas vouloir, à ne pas savoir vivre seuls, à être toujours comme les abeilles unis pour le bien public autour de leurs chefs. »

D'étranges rites, remontant à la plus haute antiquité, visent à aguerrir encore le futur citoyen. Lors du passage de l'enfance à l'adolescence, il fait un an de retraite près du sanctuaire d'Orthia. Des combats très durs – où tous les coups sont permis – sont organisés au Platanistas (dans un îlot de l'Eurotas) entre deux groupes de la même classe d'âge ; devant l'autel d'Artémis, un clan cherche à saisir des fromages défendus par un autre clan armé de gourdins. La clôture des initiations est marquée par les Gymnopédies, où les garçons subissent une épuisante station debout, nus en plein soleil, parmi les chœurs de danse. D'autres pratiques sont réservées, à la fin de l'irénat, à une élite, qui doit vivre en loup-garou, sans se laisser voir, et tuer des Hilotes : c'est la cryptie (vie secrète) qui habilite à entrer dans le corps des *hippeis* (fantassins, malgré leur nom, servant de garde au roi et de police secrète aux éphores).

Quant aux filles, on cherche uniquement à faire d'elles de bonnes reproductrices, capables de donner le jour à des enfants vigoureux. Elles doivent pratiquer la gymnastique et s'habituer à se montrer dans les fêtes. Les Athéniens n'en finiront pas de dauber sur ces phénomérides (montreuses de cuisses).

L'homme fait n'échappe pas pour autant à l'emprise de l'État. Jusqu'à trente ans, il couche en dortoir avec ses compagnons d'âge, comme il en a l'habitude depuis ses douze ans ; s'il veut rejoindre sa femme, libre à lui, pourvu que ce soit en cachette. Ensuite, il peut avoir sa maison, mais il lui faut continuer à prendre part une fois par jour aux repas en commun (syssities), hérités du compagnonnage guerrier primitif, où il doit apporter son écot, sous peine d'être rayé du nombre des citoyens. On y consomme le fameux et infâme brouet noir, sans aucune des distractions intellectuelles ou artistiques courantes dans les *symposia* des autres cités.

Les femmes sont fort libres, d'autant que la vie de famille est réduite à peu de chose. Aristote les blâme pour leur inconduite et leur autoritarisme. De fait les mœurs sexuelles sont assez lâches : on voit trois frères posséder en commun la même femme et Plutarque rapporte d'étranges pratiques. Au grand scandale des autres Grecs, les épouses sont appelées à prendre de grosses responsabilités, à cause des absences fréquentes de leurs maris retenus en campagne ou en manœuvre. Beaucoup s'entendent à gérer leur fortune et à accroître les ressources du ménage, le commerce leur demeurant licite.

La mort délibérée d'une civilisation

Sparte ne connaît pas une activité économique comparable à celle des autres grandes cités. Elle refuse notamment d'adopter la monnaie et reste fidèle à l'antique système des pièces de fer. Cependant l'agriculture et l'élevage y sont prospères et les créations de son artisanat de luxe (*ex-voto*, céramique) s'exportent aisément. L'importance du travail de l'ivoire témoigne d'ailleurs d'un commerce régulier avec l'Orient.

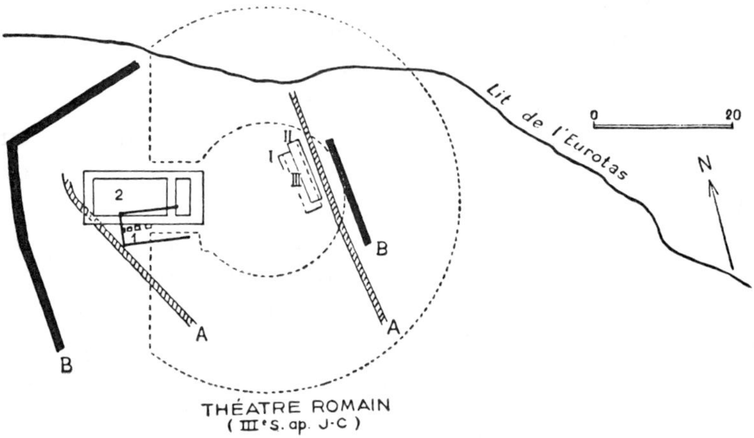

Fig. 33. Le sanctuaire d'Artémis Orthia à Sparte (d'après R. M. Dawkins).

Murs d'enceinte : A, primitif, VIIIe siècle ; B, archaïque, vers 600. *Temples :* 1, primitif, VIIe siècle (temple à colonnade médiane) ; 2, archaïque, vers 600 (sans colonnade) [reconstruit au IIe siècle av. J.-C.]. *Autels :* I, primitif (VIIIe siècle) ; II, archaïque (VIIe siècle) ; III, romain (IIIe siècle ap. J.-C.) (L'autel de la reconstruction de 600 n'a pas été retrouvé.)

Orthia, identifiée avec Artémis, est une divinité spartiate, donc récente puisque Sparte n'est fondée qu'au IXe siècle, mais en elle l'héritage d'une déesse crétomycénienne est manifeste : sur les *ex-voto* archaïques, vêtue comme une déesse du IIe millénaire, elle porte l'arc et de grands fauves l'entourent. Ses attributions sont celles d'une Grande Mère : fertilité et fécondité, protection contre les miasmes des marais, guerre et chasse, éducation des enfants.

Les fouilles anglaises, menées dans son sanctuaire, ont permis d'établir une stratigraphie assez précise du site : X[e]-IXe siècles : tessons géométriques. – VIIIe siècle : premier péribole et premier autel. – VIIe siècle : second autel, premier temple (en bois sur socle de pierre, avec rangée de colonnes médianes). – Destruction du sanctuaire par une inondation de l'Eurotas, d'où vers 600 reconstruction générale, après surélévation du niveau par un remblai de sable. – IIe siècle av. J.-C. : reconstruction du temple. – IIIe siècle ap. J.-C. : autel romain ; théâtre romain.

Il n'est donc pas étonnant que se développe à Sparte, jusqu'au milieu du VIe siècle, une civilisation brillante qui fait d'elle l'émule des cités les plus éclatantes de la Grèce propre.

On y aime la poésie, la musique, la danse. Les poètes les plus fameux la visitent et certains s'y établissent à demeure : le nome y est représenté par Terpandre de Lesbos et Polymnestos de Colophon, le lyrisme choral par Thalétas de Gortyne et Alcman de Sardes, l'élégie par Tyrtée d'Athènes. Deux de ces étrangers expriment deux aspects opposés et complémentaires de l'âme spartiate : Alcman chante avec une délicatesse galante et gracieuse les fortes jeunes filles pour qui il compose ses parthénées ; Tyrtée exalte avec une mâle simplicité l'héroïsme du guerrier pour qui il n'est d'autre idéal que sa patrie.

La ville se couvre de beaux édifices religieux : le temple d'Athéna Chalcioicos, sur une terrasse au nord de l'acropole, doit son nom aux reliefs de bronze dont Gitiadas le décore au début du VIe siècle ; dans les marais au bord de l'Eurotas se dresse le Limnaion (fig. 33), *hiéron* d'Orthia, une divinité de la fécondité identifiée avec Artémis, objet d'un culte très fervent si l'on en croit la multitude d'*ex-voto* qui y ont été retrouvés (fig. 34). Dans les proches faubourgs, on honore au Ménélaion Ménélas et Hélène, les héros achéens de la Laconie, et à l'Amyclaion le bel Hyacinthos et Apollon. Pour

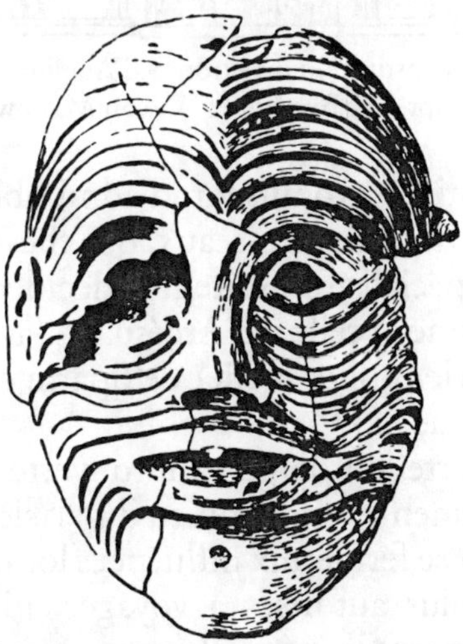

Fig. 34. Masque archaïque de danse,
du sanctuaire d'Artémis Orthia.
Musée de Sparte (d'après Ch. Picard).

décorer le « trône » du dieu, les Spartiates n'hésitent pas à mander un ensemblier fameux, Bathyclès, qui couvre tout l'édifice de reliefs empreints de la grâce un peu bavarde de l'Ionie (fig. 35). Les petites consécrations d'ivoire et de plomb sont nombreuses dans tous les sanctuaires, notamment dans celui d'Orthia (déesses dompteuses de fauves, guerriers) ; on les exporte d'ailleurs jusqu'en Asie ou jusqu'à Cyrène.

Fig. 35. Reconstitution du « trône » d'Apollon à Amyclées (d'après E. Buschor et W. von Massow).

Enfin les potiers produisent d'admirables coupes profondes, souvent décorées d'oiseaux, qui elles aussi se vendent fort bien. Les spécialistes hésitent à décider si la plus belle coupe laconienne, celle d'Arcésilas (au Cabinet des Médailles), provient d'un atelier de Sparte ou d'une succursale de Cyrénaïque.

En bref, Sparte est largement ouverte sur l'extérieur, lorsque brusquement, vers le milieu du VIe siècle, elle se replie sur elle-même et se ferme aux influences lointaines. Les Spartiates ne sont plus autorisés à voyager, ni les étrangers à séjourner. Lentement la vie se sclérose : on continue à chanter pour les dieux, mais les vieux poèmes ; on ne construit plus ; la céramique s'étiole à partir de 550 et disparaît vers 500. Une cité où l'influence de l'Orient était remarquablement forte et qui savait allier à sa virilité un charme souvent gracieux, s'enferme dans une austérité définitive.

On connaît mal les causes d'un revirement aussi brutal : sans doute les dirigeants ont-ils craint que ne s'amollît sa vigueur et que ne se déclenchât à la longue une évolution qu'ils redoutaient plus que tout. Les Spartiates ne faisaient jamais les choses à moitié : ils taillèrent dans le vif et s'amputèrent de tout ce qui pouvait tempérer leur rudesse. Désormais Sparte ne sourira plus. Il est difficile de parler objectivement de Sparte qui, dans l'Antiquité comme de nos jours, a été follement admirée et follement dénigrée. L'historien doit reconnaître les qualités rares qui lui ont permis de s'imposer comme la cité la plus forte de la Grèce : courage, discipline, ténacité, tout ce que les apophthegmes lacédémoniens d'époque tardive ont transformé en lieux communs, mais qui est réalité vécue pendant l'archaïsme. Thucydide (1,84) a placé dans la bouche du roi Archidamos une admirable évocation de la « sagesse réfléchie » des Spartiates, qui définit une constante de leur caractère et de leur politique :

> « Nous devons à notre bon ordre deux qualités, la vertu guerrière et le discernement, la première parce que le sentiment de l'honneur tient de près à la sagesse et la valeur à la crainte du déshonneur ; le discernement, d'autre part, à cause de notre formation : celle-ci ne nous donne pas tant de finesse que nous méprisions les lois, et la rigueur dont elle s'entoure nous rend trop raisonnables pour leur désobéir. »

Mais ni cette vertu ni ce discernement ne peuvent dissimuler ce qu'il entre d'égoïsme foncier dans leur constitution oligarchique, de sénilité dans leur immobilisme, de mépris des biens spirituels dans leur rupture avec la civilisation.

4. UNE DÉMOCRATIE EN GESTATION : ATHÈNES

L'Attique, peuplée d'Ioniens dès le début du IIe millénaire, a déjà joui d'une grande prospérité à l'époque achéenne, ainsi qu'en témoigne l'importance des vestiges mycéniens de l'Acropole et de ses entours. Abritée derrière sa ceinture de montagnes, elle est épargnée par les invasions doriennes et offre même un refuge à beaucoup d'Ioniens chassés du Péloponnèse. Grâce à cet afflux, elle connaît, au Protogéométrique et au Géométrique, un vif développement qui fait alors d'elle la région la plus civilisée de la Grèce propre. Contrairement donc au Péloponnèse et à la Thessalie, elle n'a pas à subir l'asservissement d'une partie de sa population par des vainqueurs et l'on peut voir là, sans exagération, l'origine du système social relativement souple qui fut toujours le sien.

C'est en souvenir confus de ces faits, qui lui assurent une place à part dans l'Hellade, que les Athéniens du Ve siècle aimeront à se proclamer autochtones, c'est-à-dire nés de la terre elle-même.

Une société patriarcale

Les cadres sociaux de l'Athènes archaïque se retrouvent, avec des variantes de détail, dans maintes cités ioniennes. On a donc de bonnes raisons de supposer qu'ils représentent l'organisation primitive des sociétés ioniennes et remontent fort haut. Il y a 4 tribus qui portent les noms énigmatiques de Géléontes, Aigicoreis, Argadeis, Hoplètes. Le principe de la répartition n'est pas territorial, puisqu'elles sont antérieures à l'installation des Ioniens en Attique. Il ne semble pas non plus professionnel, quoiqu'on puisse être tenté d'interpréter les vocables qui les désignent comme Brillants (= Nobles), Chevriers, Travailleurs, Hommes d'armes. Ont-elles une origine ethnique, comme c'est peut-être le cas des 3 tribus doriennes ? S'agit-il plutôt d'un groupement d'hommes ayant les mêmes cultes (il existe par exemple en Attique un Zeus Géléon) ? On n'ose en décider. À une date ultérieure, chaque tribu a son roi (*phylobasileus*), mais on ne sait si cette institution est primitive.

Les tribus sont divisées chacune en 3 phratries (fraternités), dont les membres se reconnaissent comme frères, c'est-à-dire descendants d'un ancêtre unique. À une exception près, leurs noms, terminés en *-idai* ou *-adai* (fils de) [Thyrgonidai, Achniadai...], rappellent d'ailleurs cette commune origine. Elles célèbrent la fête des Apatouries, qui est d'après l'étymologie celle des hommes qui ont un même père. Le troisième jour de la festivité, les pères présentent à la phratrie les fils nés dans l'année : après un vote, l'enfant est admis dans la communauté, ce qui lui assure et le droit de cité et le droit de succession. Elles honorent en même temps deux dieux protecteurs de la phratrie, Zeus Phratrios et Athéna Phratria.

La phratrie se subdivise à son tour en clans (*géné*), composés de familles. Aristote assure qu'il y avait 30 *géné* par phratrie et 30 familles par *génos*, ce qui ferait 10 800 familles, population inadmissible pour l'Athènes primitive. En fait, on connaît moins d'une centaine de *géné* et ils n'étaient peut-être pas beaucoup plus nombreux. La plupart portent le nom de leur ancêtre commun (Alcméonides, Cimonides...), certains, le nom d'une fonction sacrée (Eumolpides = bons chanteurs, Céryces = hérauts...) ou d'un lieu (Céphisiens, du fleuve Céphise...). Leurs membres se considèrent comme homogalactes (qui ont sucé le même lait). Ils ont en commun des cultes, notamment ceux d'Apollon Patroos et de l'ancêtre éponyme, et une sépulture. Il n'y a plus de propriété collective du *génos*, mais la possession de la terre reste étroitement liée au clan, à telle enseigne que jusqu'à Solon un citoyen sans enfant ne peut léguer ses biens en dehors du *génos*. La solidarité est aussi très forte dans le domaine criminel, le *génos* tout entier étant atteint par l'offense faite à l'un de ses membres, d'où d'interminables vendettas en chaîne.

Parmi les membres des clans (les gennètes), tous fiers de leurs origines, on distingue, sans doute dès le début, une aristocratie, riche de la possession des meilleures terres : les Eupatrides (ceux qui ont de bons pères) ; les autres familles, cultivant des lopins moins fertiles, forment les laboureurs (*géorgoi*).

Mais, en marge de cette société fermée, se développe une plèbe non intégrée dans les *géné* et constituée plutôt de leur rebut et de nouveaux immigrants que des descendants des populations préhelléniques. Elle s'adonne à l'artisanat et au commerce ou exploite parfois de pauvres propriétés, gagnées tardivement à la culture après l'appropriation par les gennètes. Ses membres sont les *démiourgoi* (littéralement : artisans). Bien que dénués du droit de cité, ils ne sont naturellement pas entièrement étrangers à la vie de la communauté. Ils se sont groupés en associations cultuelles ou orgéons (le mot est attesté dans les tablettes mycéniennes, ce qui est notable), qui cherchent à s'introduire sinon dans les clans, farouchement imperméables à tout apport extérieur, du moins dans les phratries qui fournissent l'armature de l'état civil. Au témoignage de Philochoros, une loi ordonne aux phratries d'accueillir les orgéons aussi bien que les *géné*, mais on ne peut préciser à quelle date ni sous quelle pression fut prise cette mesure, qui est peut-être le premier pas hésitant d'Athènes sur la voie de la démocratie (fin du VIIe siècle ou époque de Solon ?).

L'État athénien et les nobles

L'Attique fut d'abord morcelée en plusieurs principautés indépendantes, ce à quoi paraît la prédisposer un relief fait de petites plaines séparées par des barrières montagneuses. La tradition a gardé le souvenir des luttes souvent âpres que menèrent les uns contre les autres les rois de ses diverses bourgades, en particulier Eumolpos d'Éleusis et Érechthée d'Athènes. Elle attachait une importance primordiale à Thésée qui, originaire de la rocailleuse Aphidna au nord de Marathon, imposa à tout le pays une unité qui devait devenir définitive. Mais la date de ce synœcisme échappe presque totalement à la recherche historique, en raison du caractère mythique de son promoteur, ce Thésée qui intervient aussi dans le cycle du Minotaure, donc selon toute apparence au XVe siècle. Certains l'ont abaissé jusqu'au VIIIe siècle. Toutefois, compte tenu de ce qu'Athènes apparaît déjà dans le *Catalogue des vaisseaux* comme un État unifié – « la belle cité, peuple d'Érechthée au grand cœur » (*Iliade*, 2, 546 *sq.*) –, on a de solides raisons de le placer au moins au XIIIe siècle.

Certes, tous les particularismes locaux ne disparurent pas d'un seul coup : le nom même de la ville resta un pluriel ; certaines formations locales subsistèrent, telle la tétrapole de Marathon ; Salamine et Éleusis défendirent victorieusement leur indépendance. Cependant un pas essentiel est franchi : toute l'Attique ne constitue plus qu'un seul royaume – avant de devenir une seule cité – où les habitants, villageois ou citadins, disposent des mêmes droits. Les Athéniens s'en rendaient bien compte, eux qui célébraient chaque année, en prélude aux Panathénées, la fête des Synoicia (de l'habitat commun).

Athènes conserva la monarchie longtemps après le synœcisme. La tradition a gardé le souvenir d'au moins deux dynasties, les Érechthéides et les Médontides, mais la liste de leurs rois comprend autant de héros mythiques que de personnages peut-être historiques. Puis, ici comme ailleurs, les aristocrates réussirent à évincer la royauté. À en croire Aristote, le passage d'un régime à l'autre fut insensible : le roi, d'abord viager, devint décennal, puis annuel ; en même temps le choix, qui ne s'opérait que parmi les seuls Médontides, fut étendu à toutes les familles d'Eupatrides.

Il est sûr en tout cas qu'apparaissent 3 magistrats annuels : les archontes. L'archonte dit éponyme, parce qu'il donne son nom à l'année, dirige l'exécutif. Le roi (*basileus*) garde le titre et les fonctions religieuses du roi primitif ; assisté des 4 *phylobasileis*, il juge les causes ayant rapport avec la religion. Le polémarque (chef de guerre) conduit l'armée et juge les procès relatifs aux étrangers. Nous possédons la liste des archontes éponymes à partir de 683/682, ce qui montre que l'évolution est accomplie depuis le début du VIIe siècle.

Les archontes sortis de charge constituent le conseil (*boulé*) que l'on désignera plus tard – sans doute pour le distinguer de la nouvelle *boulé* – du nom de conseil de l'Aréopage, d'après la colline voisine de l'Acropole où il siège en tant que haute instance judiciaire. Ses attributions sont très larges : « Il prend en tout, dira Aristote (*Constitution d'Athènes*, 3), la part la plus importante à l'administration de la cité. » Il surveille notamment les magistrats, qui passent devant lui leur examen d'entrée en charge (docimasie) et lui rendent des comptes à leur sortie, avant de rejoindre leurs aînés dans ses rangs. Par sa constitution comme par son rôle, il ressemble fort au Sénat de la Rome primitive : il assure la permanence de l'emprise aristocratique sur l'État.

À ses côtés, l'assemblée du peuple (*ecclésia*) a certainement des pouvoirs assez réduits : elle désigne sans doute les magistrats, mais Aristote (*ibidem*) précise bien qu'ils sont choisis « selon la noblesse et la richesse ».

On entrevoit les rudiments d'une administration assez simple. Les colacrètes sont les « découpeurs des membres » des victimes sacrifiées, à l'origine ressource principale de l'État. Ils deviennent ainsi aisément des fonctionnaires financiers, que remplaceront à une date incertaine les *tamiai* (également des découpeurs).

Quant à l'administration locale, elle est fondée sur le système des naucraries : la tribu est divisée en 4 naucraries, dont chacune fournit à l'État un navire équipé. Leurs chefs, les naucrares (ceux qui commandent un navire), forment un collège sous la direction de prytanes. Les naucraries servent également de cadres pour la levée de l'armée et la perception de l'impôt.

Déchaînement des intérêts et des passions

La crise qui ébranle à la fin du VIIe siècle toutes les cités évoluées du monde grec touche également Athènes. Pourtant plusieurs facteurs y jouent pour le maintien des privilèges d'une aristocratie qui accapare la vie politique : il n'y a pas de classe de serfs héritée de la conquête ; les progrès économiques ont été moins rapides qu'ailleurs et Athènes ne participe pas à la colonisation, ce qui évite la concurrence des produits agricoles coloniaux ; jusqu'à Solon, elle ne frappe pas monnaie et se contente d'utiliser les pièces de cités voisines, ce qui l'exclut du nombre des grandes villes commerçantes.

Cependant, peu à peu, elle sort de sa vie ralentie et surtout rurale : dans le quartier du Céramique, les artisans du feu, potiers et forgerons, intensifient leur production, sous la double protection d'Héphaistos et d'Athéna ; les échanges se développent, ainsi qu'en témoignent sa participation à l'amphictionie de Calaurie et l'exportation de ses vases de vin et d'huile, notamment dans le Péloponnèse. Des citoyens s'enrichissent ainsi, dont beaucoup n'appartiennent pas au monde fermé des gennètes, d'où les aspirations politiques de ces nantis exclus de toute participation aux affaires publiques.

D'autre part, l'État reste tribal, beaucoup moins centralisé que les cités doriennes du Péloponnèse par exemple : les rivalités, souvent sanglantes, des clans ne sont pas seulement sensibles sur le plan judiciaire et aboutissent à diviser l'aristocratie contre elle-même.

Enfin et surtout, une crise secoue durement le monde rural. On en entrevoit les raisons profondes dans l'égoïsme forcené des grands propriétaires qui arrondissent leurs biens en éliminant peu à peu les petits paysans libres : ceux-ci, contraints à l'emprunt par une mauvaise récolte, ne peuvent rembourser et sont réduits à vendre leur terre à leur créancier eupatride. Alors, de deux choses l'une : ou ils sont employés sur les vastes domaines des aristocrates et deviennent hectémores (sizeniers), obligés de se contenter du sixième des récoltes qu'ils font venir ; ou, pis encore, ils sont vendus comme esclaves, eux et les leurs. La condition des petites gens à la campagne devient intenable : ce prolétariat misérable, que Solon (dans Aristote, *Constitution d'Athènes*, 12) peint « tremblant devant l'humeur de ses maîtres », est prêt à toutes les révoltes et il élève l'éternelle revendication des insatisfaits en Grèce : abolition des dettes, partage des terres.

Alors l'aristocratie doit lâcher du lest.

L'ère des réformes : Dracon et Solon

Le problème le plus urgent est de rédiger des lois écrites, échappant à l'arbitraire des *géné*. Une première réforme échoue, qui chargeait de cette tâche 6 thesmothètes. Après la tentative de Cylon, qui essaie de s'emparer de l'Acropole et d'instaurer la tyrannie à Athènes, mais se heurte à la résistance victorieuse de l'archonte Mégaclès, de la famille des Alcméonides, la tension reste grande dans la ville déchirée et Dracon se voit confier le soin de mettre les lois par écrit (621). On ne connaît bien que sa législation sur les meurtres : désormais un véritable procès se déroule devant l'Aréopage, présidé par le roi, ou devant les tribunaux des Éphètes, soustrayant ainsi le meurtrier à la vendetta des clans, entre lesquels l'État s'interpose comme un arbitre tout-puissant. Malgré la sévérité des peines prévues (qui a fait de l'adjectif draconien le synonyme d'implacable), les principes d'un droit plus humain se dégagent, puisque les différents types de meurtres sont différenciés.

Mais ce qui provoque fondamentalement la tension sociale c'est l'inégalité dans la répartition de la propriété foncière. Seul Solon, chargé, d'un accord unanime, de remettre l'ordre dans la cité (594/593 ?), ose s'attaquer de front à ce problème. Par la *seisachtheia* (remise du fardeau), mesure révolutionnaire dont le détail est fort mal connu, il supprime la contrainte par corps pour dettes dont avaient été victimes tant de petites gens, réduits en esclavage par les nantis ; il libère les asservis et la « grasse terre de la patrie » dont il arrache les bornes hypothécaires. C'est la première fois dans le monde grec qu'est prise une mesure aussi hardie, faisant si délibérément passer les intérêts de l'État avant ceux des particuliers, des grands propriétaires en l'occurrence, dépouillés de leurs iniques acquisitions des dernières décennies. Les hectémores disparaissent, sans doute remis en possession de leurs terres.

Solon favorise d'ailleurs les paysans par des mesures de moindre conséquence : il institue des primes pour la capture des loups, encourage le forage des puits, aide au développement des cultures arbustives, seules capables d'un rendement satisfaisant sur le sol pauvre de l'Attique, et interdit notamment d'abattre les oliviers. Son ardente sollicitude pour les paysans institue un nouvel équilibre social, fondé sur la solidité d'une classe moyenne de petits et moyens propriétaires, qui subsistera jusqu'en plein Ve siècle.

Il seconde également l'évolution qui se dessinait dans l'artisanat et le commerce. Il fixe définitivement les mesures de capacité, médimne pour les grains, métrète pour les liquides. Athènes, qui n'avait pas encore battu monnaie, avait pris un retard considérable dans ce domaine. Désormais, abandonnant l'étalon éginétique qui la mettait sous l'étroite dépendance de ses opulentes voisines, Égine ou Mégare, elle frappe des pièces d'argent d'un excellent aloi, grâce au riche minerai des filons du Laurion, selon l'étalon euboïque, plus léger, ce qui réalise peut-être en même temps une dévaluation d'environ 27 p. 100.

Je croirais volontiers que Solon étend aussi le corps des

citoyens en ordonnant aux phratries de recevoir les orgéons, c'est-à-dire en somme d'intégrer ceux qui étaient exclus de la société fermée des gennètes, essentiellement les *démiourgoi*, à moins que cette mesure ne lui soit de peu antérieure (voir p. 239 *sq.*).

Solon transforme concurremment les institutions politiques. Il utilise une division antérieure en 4 classes selon les revenus de la terre : pentacosiomédimnes (revenu annuel supérieur à 500 médimnes ou métrètes), chevaliers (entre 500 et 300), zeugites (entre 300 et 200), thètes (au-dessous de 200), qui lui sert à répartir honneurs et charges selon ce qu'on considérait alors comme l'équité, c'est-à-dire d'après la fortune, et plus précisément la fortune foncière. Les magistrats sont pris dans les trois premières, archontes et trésoriers dans la première ; mais tous les citoyens, thètes y compris, participent à l'assemblée. Les deux premières classes servent dans la cavalerie, la troisième dans l'infanterie lourde des hoplites, la quatrième exceptionnellement dans l'infanterie légère ou la marine. Les plus importants des magistrats continuent à être les archontes, qui forment désormais un collège de 9 membres comprenant, outre l'archonte, le roi et le polémarque, les 6 thesmothètes.

Mais la véritable originalité de Solon est de créer d'une part (le fait est controversé) un nouveau conseil de 400 membres, la *boulé*, chargé de préparer les séances de l'*ecclésia*, et qui peu à peu rongera les prérogatives de l'Aréopage ; d'autre part un tribunal vraiment populaire – puisque ses membres sont pris dans les quatre classes –, l'Héliée, qui deviendra peu à peu la seule instance à côté des antiques tribunaux du sang.

On ne saurait douter que Solon ait tenté d'établir un équilibre entre les nobles et le *démos*. Lui-même, dans ses *Élégies*, insiste sur son rôle d'arbitre impartial et désintéressé : « Au peuple j'ai donné autant de puissance qu'il suffit, sans rien retrancher ni ajouter à ses droits. Pour ceux qui avaient la force et en imposaient par leurs richesses, pour ceux-là aussi je me suis appliqué à ce qu'ils ne subissent rien d'indigne » (dans Aristote, *Constitution d'Athènes*, 12). Il n'est en rien un démocrate au sens ultérieur du terme, mais il se trouve que les linéaments essentiels de la future démocratie sont en germe dans les réformes auxquelles il attache son nom.

Un tyran débonnaire : Pisistrate

Ce modéré qu'est Solon mécontente tous les extrémistes. Aussi préfère-t-il s'exiler, sans chercher à pousser plus outre son œuvre. L'anarchie règne épisodiquement à Athènes, l'archontat étant soit usurpé, soit vacant. Il n'est pas impossible que date de l'époque de troubles politiques suivant le départ de Solon une réforme capitale : l'équivalence de la drachme avec le médimne dans l'évaluation du cens, que d'autres sans plus de preuves rapportent à Solon ou à Clisthène, équivalence qui marque la parfaite assimilation de la richesse mobilière à la richesse foncière dans une Athènes en pleine expansion marchande.

Cette expansion explique aussi en partie la constitution de 3 groupements d'intérêts, correspondant à 3 groupes sociaux. Dans une cité qui reste malgré tout rurale ils portent les noms des régions qu'ils cultivent : Paraliens (gens de la côte, intéressés au développement du commerce) sous la conduite de Mégaclès l'Alcméonide ; Pédiens (grands propriétaires de la plaine) autour de Lycurgue ; Diacriens (petits propriétaires de la montagne) subissant l'influence d'un homme remuant, « qui passait pour le plus dévoué à la démocratie » (Aristote, *Constitution d'Athènes*, 14), Pisistrate.

Être dévoué à la démocratie consiste surtout pour Pisistrate à s'appuyer sur le *démos*, c'est-à-dire sur les petites gens et les mécontents, contre les Eupatrides. Finaud et retors, habile à feindre des histoires pathétiques ou merveilleuses, s'appuyant même un instant sur Mégaclès dont il promet d'épouser la fille sans consentir à consommer vraiment le mariage, il réussit à s'imposer comme tyran (561/560) et, deux fois exilé, à revenir deux fois au pouvoir. Tyran généralement débonnaire, il vit sur l'Acropole entouré de gardes du corps et limite étroitement les privilèges des nobles, dont les uns (les Alcméonides par exemple) préfèrent quitter Athènes, tandis que d'autres (tels les Cimonides) s'entendent, au moins provisoirement, avec lui. Rien n'est changé aux institutions, mais les magistratures sont accaparées par des hommes à sa dévotion.

Toute son attention se porte sur la paysannerie : elle profite aussi bien de distributions de terres confisquées à l'aristocratie que de prêts consentis par le tyran, qui permettent la conversion de pauvres champs portant chichement du blé ou de l'orge en riches olivettes ou vignobles. Des juges des dèmes (bourgs ruraux) sont institués, qui épargnent aux paysans de venir à la ville, tout en les écartant des tentations de l'activité politique. Étrange paradoxe : Pisistrate donne ainsi à la future démocratie une assise sociale plus solide en renforçant l'aisance et l'indépendance de la classe moyenne.

Pisistrate est riche, non seulement des revenus personnels de ses mines de Thrace, mais aussi de ceux de l'impôt de 5 p. 100 qu'il institue sur les produits agricoles. Mais il sait se montrer fastueux. Athènes connaît sous son impulsion son premier essor architectural : l'Acropole se couvre de trésors aux frontons bariolés ; un nouveau temple pour Athéna, l'Hécatompédon, est construit à côté de l'antique et vénéré sanctuaire de l'Érechtheion. Le développement de la vie religieuse est l'occasion pour Pisistrate d'étaler le même faste et de mener une politique habile et populaire : il donne un vif éclat aux Grandes Panathénées récemment instituées ; il organise pour Dionysos, dieu rustique, par nature étranger aux cultes gentilices, des fêtes superbes, les Grandes Dionysies, où s'intègrent les concours tragiques (534) ; il bâtit un *télestérion* hypostyle dans l'enclos sacré des « deux déesses » d'Éleusis, assurant ainsi une consécration officielle aux mystères.

Même habileté à exploiter à des fins politiques la ferveur religieuse, quand il revendique l'hégémonie sur les Ioniens des Cyclades et sur le sanctuaire de Délos. On redonne vie à de vieux mythes qui promenaient deux héros attiques, Érysichthon (fils de Cécrops) et Thésée, jusqu'à Délos. Pisistrate s'en autorise pour y établir son protectorat et pour ordonner une purification générale de l'île sainte, où il sera désormais interdit de naître ou de mourir. D'autres visées expansionnistes sont moins hypocrites : Pisistrate occupe Sigée en Anatolie près de l'Hellespont ; avec son assentiment, un Philaïde,

Miltiade l'Ancien, s'établit tyran en Chersonèse de Thrace. Entreprises personnelles d'hommes hardis, prompts à s'assurer des positions clefs sur la route des Détroits, mais où l'on peut déjà voir la préfigure des colonies militaires de l'État athénien.

Pisistrate profite assurément d'une conjoncture favorable. Athènes commence à jouer sa partie dans le concert des puissances économiques. Les frappes monétaires se multiplient. Le quartier du Céramique connaît une activité enfiévrée. Les vases, d'abord à figures noires, puis – à la suite d'une invention révolutionnaire qui se placerait peut-être vers 530 – à figures rouges, ont éliminé depuis 550 la poterie corinthienne et inondent les marchés extérieurs. Athènes n'est pas non plus sans tirer profit de l'exode d'Ioniens qui préfèrent s'exiler plutôt que de se soumettre au Grand Roi : le sourire des corés de l'Acropole et leurs luxueuses parures témoignent de la présence en Attique de maîtres ioniens. Mais l'action personnelle du tyran ne doit pas être sous-estimée. Assez habile pour profiter de toute occasion, il assure la grandeur d'Athènes qui est en même temps sa propre grandeur. Affermissement de l'équilibre social, aide et travail procurés aux moins bien lotis d'entre les citoyens par une politique de grands travaux, encouragement donné aux arts, expansion lointaine, amalgame entre cultes poliades et chthoniens : le programme bien rempli par Pisistrate n'est-il pas, l'idéologie en moins, celui de Périclès ?

Les Pisistratides et la chute de la tyrannie

À la mort de Pisistrate (528/527), deux de ses fils Hippias et Hipparque héritent de la tyrannie comme d'un bien de famille. Ils continuent à parer Athènes, poursuivant les constructions de leur père, ajoutant un portique périptère à l'Hécatompédon qui faisait piètre figure dans une ville devenue plus fastueuse, commençant un temple gigantesque pour Zeus Olympien, érigeant des hermès aux carrefours. Ils s'entourent d'un cénacle de poètes, où brillent Anacréon et Simonide ; ils ordonnent d'établir une édition des épopées homériques ; ils accordent leur confiance à Onomacrite, devin passionné d'orphisme dont ils font comme leur

« ministre des cultes » (G. Glotz) avant leur brouille retentissante.

Cependant les opposants à la tyrannie gagnent chaque jour des partisans. D'une part, c'est un véritable anachronisme que la tyrannie à Athènes à la fin du VIe siècle. D'autre part, les fils n'ont pas l'envergure du père et tâchent en vain de restaurer une situation compromise, en usant d'une excessive dureté : déjà ils avaient fait assassiner Cimon le Lourdaud, chef de la puissante maison des Cimonides, dont la popularité les offusquait ; après le meurtre d'Hipparque – immolé en 514 par deux aristocrates, Harmodios et Aristogiton, pour des raisons purement privées – Hippias redouble de sévérité (en particulier les Alcméonides reprennent le chemin de l'exil). Sans succès, car l'intervention du roi de Sparte Cléomène l'oblige à capituler et à s'exiler (510). Le long épisode, souvent brillant, de la tyrannie est clos pour Athènes.

Le triomphe de la démocratie décimale : Clisthène

Le régime aristocratique rétabli par les Spartiates ne peut tenir devant la pression des démocrates, qui trouvent un chef de grande classe dans l'Alcméonide Clisthène, petit-fils du tyran de Sicyone homonyme. L'œuvre de Clisthène, réalisée sans doute en 508/507, est particulièrement hardie. À la base de tout, une nouvelle répartition des citoyens qui élimine l'ancien système des naucraries : l'Attique est divisée en une centaine de dèmes, groupés en 30 trittyes, réunies elles-mêmes en 10 tribus à raison d'une trittye de la ville, d'une de la côte et d'une de l'intérieur par tribu. Les 4 anciennes tribus gentilices, les phratries et les *géné* ne disparaissent pas et continuent à jouer leur rôle dans la vie familiale ou religieuse, mais dans la vie politique seules comptent désormais les 10 tribus – pour qui Clisthène invoque d'ailleurs habilement le patronage de l'Apollon de Delphes –, les trittyes et les dèmes.

Le nouveau groupement des citoyens, s'il est territorial sur le plan des dèmes et des trittyes, est arbitraire au niveau des tribus : il opère ainsi un brassage du corps civique, arraché à l'influence locale des Eupatrides. Tout Athénien est maintenant désigné par son nom suivi non plus du nom de son père (patronyme), mais de celui de son dème (démotique), ce qui contribue à diminuer l'importance de la noblesse. En fonction de ces cadres, Clisthène procède à une réorganisation des organes de gouvernement. La *boulé* solonienne des 400 (controversée par d'aucuns) devient la *boulé* clisthénienne des 500 ; les 50 bouleutes de chaque tribu assurent l'expédition des affaires urgentes pendant un dixième de l'année (prytanie) ; un calendrier politique complètement laïcisé s'instaure, fondé sur cette division de l'année en 10 prytanies. Le collège des 9 archontes se voit adjoindre un secrétaire et compte ainsi 10 membres, un par tribu.

Il y a un jeu bien caractéristique de l'esprit grec dans cette façon de fonder la démocratie sur la pyramide des groupes civiques et sur une arithmétique décimale. Malgré le rationalisme évident qui anime le système, on n'est pas loin des « vertus » des nombres chères aux Pythagoriciens. Mais on peut être sensible aussi à l'ampleur, à la rigueur, à la portée d'une réforme, dans une certaine mesure comparable à celle de la Constituante. Certes Clisthène n'est pas un révolutionnaire : il maintient les cadres hérités des temps anciens de l'État aristocratique et religieux et entourés d'un immense prestige. Mais par ses innovations, par ses adjonctions il établit vraiment un État nouveau, laïc et débarrassé des insupportables privilèges de la naissance. C'est cet Eupatride qui est véritablement le créateur de la démocratie athénienne.

La tradition attribue aussi à Clisthène l'institution de l'ostracisme, qui permet à l'*ecclésia* d'éliminer chaque année pour dix ans un citoyen réputé nuisible à l'ordre public, à condition peut-être que 6 000 suffrages se portent sur son nom. Cette mesure témoigne sans doute d'une humanisation de la vie politique : l'ostracisé ne subit pas une peine infamante ; il conserve ses biens et sa famille ne doit pas le suivre dans l'exil. Elle nous étonne cependant par son caractère arbitraire et l'on hésite à décider si elle a été conçue comme un moyen de défense contre un candidat à la tyrannie ou comme un moyen de salut en cas de luttes trop ardentes à l'*ecclésia*. Les Athéniens attendront en tout cas 488/487 pour user de cette arme démocratique.

L'œuvre de Clisthène est complétée en 501/500 par la

création des stratèges, élus à raison d'un par tribu. Ils sont à l'origine les officiers placés à la tête des 10 *taxeis* (bataillons d'hoplites) levées dans les 10 tribus. Soumis au polémarque, qui reste le chef de l'armée, ils s'émancipent vite de son autorité, puis ils laissent à des taxiarques le commandement des *taxeis*, pour devenir les magistrats suprêmes dans l'Athènes du Vᵉ siècle.

Athènes, qui se pose définitivement comme une cité démocratique, est en même temps assez forte pour résister en 506 à la coalition enveloppante des Spartiates, des Béotiens et des Chalcidiens. L'alerte fut chaude et l'on dut même envisager d'accepter les offres du Perse, donc de reconnaître sa suzeraineté : Clisthène, qui disparaît brutalement de la vie politique, vit peut-être sa carrière brisée pour avoir été l'un des ambassadeurs à la cour du Grand Roi. Athènes triomphante élève à Delphes un beau portique ionique, devant le mur polygonal. Mais elle sait aussi utiliser sa victoire : elle découpe sur les riches terres de Chalcis des lots (4 000 ?) distribués à des citoyens pauvres : première apparition des colons, à la fois soldats et paysans, qui jouent un rôle si important dans l'expansion athénienne du Vᵉ siècle. Elle en établit d'autres, vers la même date, à Lemnos et à Imbros, sur la route vitale des Détroits, route du blé et du poisson salé.

La vitalité dont témoigne cet expansionnisme se montre aussi sur le plan économique par la montée en flèche des exportations (surtout de céramique, donc sans doute aussi de vin et d'huile). D'autre part la jeune démocratie athénienne ne veut pas être en reste par rapport à la tyrannie. Abandonnant la construction de l'Olympieion, qui rappelait trop une époque abhorrée, elle commence l'édification sur l'Acropole, au sud de l'Hécatompédon, d'un nouveau temple, sur l'emplacement du futur Parthénon : c'est le pré-Parthénon clisthénien, encore inachevé lorsque les Perses le détruiront en 480. Elle est assez forte maintenant, assez mûrie par les épreuves qui ne l'ont pas ménagée depuis 510, pour mieux prendre conscience de sa propre personnalité. Les influences ioniennes diminuent notablement à la fin du siècle. Les corés abandonnent leur sourire : ce sont les mères ou les sœurs de ceux qui vont combattre à Marathon ou à Salamine pour défendre cet héritage de liberté et de démocratie patiemment accumulé depuis un siècle.

Dans cette lutte, maintenant si proche, Athènes est loin d'avoir tous les atouts : elle est déchirée par les factions, elle ne possède ni véritable marine de guerre ni port aménagé ; elle pratique encore une démocratie de principe, réservant toujours par exemple les magistratures essentielles aux pentacosiomédimnes. Mais elle dispose de la redoutable phalange de ses hoplites, aguerris dans les conflits récents et qui savent qu'ils combattent non seulement pour leur vie et pour leurs terres ingrates, mais aussi pour un idéal d'équilibre social et d'autonomie lentement forgé de Solon à Clisthène. Au reste la conscience nationale s'est affermie, comme on le voit par le remplacement sur les monnaies des blasons des aristocrates par la chouette, symbole parlant de la cité (fin du siècle, peut-être sous Clisthène).

CHAPITRE 4

Le nouveau monde de la colonisation

Un phénomène capital domine tout l'archaïsme : des Grecs provenant des terres anciennement occupées (Grèce propre et Anatolie) fondent des colonies sur les rives de la Méditerranée et de la mer Noire. Un tel mouvement n'est certes pas nouveau : le mythe avait gardé le souvenir du départ de marins vers les terres mystérieuses de l'Occident et du Septentrion dès l'époque achéenne et les fouilles récentes ont montré sur plusieurs sites, à Tarente notamment, une continuité fort remarquable de l'occupation hellénique depuis le XIVe siècle. Minos avait pourchassé Dédale jusqu'en Sicile et il y avait été assassiné ; Ulysse aux mille ruses avait ouvert hardiment des voies nouvelles dans les mers du Couchant ; Jason avait poursuivi jusqu'en Colchide la merveilleuse Toison d'or. Cependant dès 775 un sensible renouveau se marque dans ces entreprises lointaines, qui se continue jusque dans les années 550, voire 500 en certains points. Un peu plus de deux siècles ont suffi pour faire de la Méditerranée un lac grec.

1. AVENTURIERS ET TRAFIQUANTS

On devrait pouvoir cerner les causes d'un phénomène aussi ample et aussi bien déterminé dans le temps. Tout se fonde sur la vitalité nouvelle de l'hellénisme. À peine sorti de l'époque géométrique où – absorbé dans d'obscures genèses – il avait dû vivre replié sur lui-même, le monde grec s'ouvre vers l'extérieur : il reprend contact avec l'Asie et se passionne pour l'orientalisme, mais il se lance en même temps à la conquête du Couchant et du Septentrion. Qu'importent les dangers de ces entreprises, rendues d'ailleurs moins périlleuses par les progrès de la nautique que nous avons signalés ! Les terres inconnues fascinent les esprits et les tentations de l'aventure entraînent bien des cœurs généreux dans une race jeune, avide de donner enfin sa mesure. Ainsi plus tard les Vikings sillonneront sur leurs embarcations recourbées la Baltique, cette autre Méditerranée, et la mer du Nord, avant de se lancer dans des courses encore plus lointaines. Au reste l'époque semble propice à l'expansion : si le Pont-Euxin ne les intéresse guère, les Phéniciens ont devancé les Grecs dans le bassin occidental de la Méditerranée (la tradition, contestée récemment sans peut-être beaucoup de raison, fixe en 814 la date de la fondation de Carthage, qu'avaient précédée notamment, dès la fin du IIe millénaire, et Gadès et Utique) et ils y restent leurs émules pendant tout l'archaïsme – épisode, entre beaucoup, dans la longue lutte des Indo-Européens et des Sémites.

Les dessous de la grande aventure

Mais le dynamisme hellénique est loin d'être seul en cause dans l'expansion archaïque. Les cruelles déficiences du monde grec n'ont pas joué un rôle moins important. La Grèce souffre tragiquement de l'étroitesse de son sol *(sténochoria)*, mais la disette qui en résulte est un phénomène beaucoup plus social que géographique : le mal, déjà sans remède, est aggravé par la mauvaise répartition des terres qui va empirant au fur et à mesure que l'héritage morcelle à l'excès des lopins déjà mesquins, tandis que les riches arrondissent leur domaine au détriment des petites gens. Le mirage des vastes lots arrachés aux indigènes, des lourdes moissons de céréales engraissées par des sols féconds, fascine les pauvres hères. Mettre à la voile, pour eux, c'est d'abord échapper à la famine.

Déficience tout aussi grave : le monde grec est incapable de vivre en autarcie. Il ne possède ni le blé, ni les minerais, ni le bois qui lui sont nécessaires ; mais il produit en excédent le vin, l'huile et les objets de luxe. Fonder une colonie c'est établir un comptoir où les échanges se multiplient avec les Barbares ; c'est permettre ce commerce sans lequel la vie s'étiole en Grèce. Certes de semblables préoccupations ne sont pas toujours primitives, mais elles s'imposent assez vite à certaines cités, habiles à tirer avantage d'une conjoncture en apparence défavorable.

À ces raisons permanentes, d'autres, plus momentanées, s'ajoutent parfois. Dans les luttes de factions qui déchirent les cités, les vaincus cherchent fortune ailleurs, telles des abeilles qui essaiment : ainsi des Messéniens chassés par leurs compatriotes participent à la fondation de Rhégion. Parfois ce sont des aigris, voire des criminels qui s'exilent : des bâtards spartiates nés pendant la première guerre de Messénie, incapables de supporter leur discrédit social, colonisent Tarente ; Archias quitte Corinthe à la suite d'un meurtre pour devenir oiciste de Syracuse. Pour beaucoup la colonisation est le seul moyen de s'arracher aux mécontentements, aux rancœurs, aux mauvais traitements ou aux châtiments qui seraient leur lot s'ils restaient dans leur patrie.

Métropoles et colonies

Même variété dans les modalités de la colonisation. Il y a loin de certaines entreprises qui ressemblent à des départs clandestins de pirates, en rupture de ban avec leur cité, à la colonisation régulière opérée sous l'autorité d'un fondateur, l'oiciste, doté des plus larges pouvoirs et qui reçoit souvent à sa mort les honneurs de l'héroïsation. Les colons, dont les effectifs dépassent rarement quelques centaines, parent au plus pressé. Ils choisissent un site, dans un terroir fécond autour d'une position défensive qui rappelle les acropoles de Grèce, muni autant que possible d'un mouillage adéquat. Puis ils s'imposent aux indigènes, le plus souvent par la force, parfois par la négociation (à Marseille par exemple). C'est alors le rôle des géomètres et des arpenteurs que l'on a emmenés, de découper des lots égaux, que l'oiciste attribue par tirage au sort. Le quadrillage régulier ainsi obtenu préfigure la centuriation des colonies romaines, voire celle de la « réforme agraire » qui lotit aujourd'hui l'Italie méridionale comme elle le fut aux temps archaïques. La ville s'organise autour du foyer où l'on a installé le feu pieusement emporté des autels de la métropole et auprès duquel on a enterré une motte de la terre de la patrie. Ce n'est d'abord qu'un pauvre ensemble de cases de pisé entourées d'un rempart grossier, mais en quelques décennies une véritable agglomération se développe autour d'édifices religieux vite construits en pierre, parfois suivant un damier régulier qui imite des *cléroi* (ainsi à Mégara Hyblaia).

Le groupe des colons forme dès le début une nouvelle cité, qui calque souvent ses institutions sur celles de la mère patrie (ainsi Tarente possède une *apella* comme Sparte), mais qui jouit d'une indépendance politique absolue. Rien, au moins au commencement, qui annonce la colonisation européenne de l'époque moderne ou contemporaine : ce sont autant d'États grecs totalement autonomes que les colonies. Certes toutes les attaches ne sont pas coupées avec les métropoles (ce mot n'est pas encore affaibli et a encore toutes ses résonances de « cité mère »). Les colons conservent le dialecte de leur ville d'origine, d'où l'étrange paradoxe que le bariolage dialectal de la Grèce s'étend jusqu'aux confins de la Méditerranée selon les hasards de l'expansion. Ils emportent aussi ses dieux, qu'ils installent sur leurs acropoles et qu'ils continuent en même temps d'honorer par l'envoi d'ambassades religieuses aux grandes festivités. Si une colonie essaime à son tour, elle réclame généralement par déférence l'oiciste à sa métropole : ainsi Rhégion a un fondateur originaire de Chalcis et non de Zancle. On retrouve dans cette création si originale qu'est l'expansion archaïque et la passion pour la liberté et la force du lien religieux caractéristiques de l'esprit grec.

Deux étapes dans la colonisation

Les constantes que nous venons de dégager n'empêchent pas la colonisation d'évoluer, en même temps qu'évoluent la Grèce et l'Anatolie. On peut, en suivant l'usage reçu, y distinguer deux périodes, dont les caractères sont loin toutefois d'être nettement tranchés.

La première période (environ 775-675) correspond à une colonisation spontanée, de type agraire. Les colons sont des isolés que réunissent la faim de terre et la faim tout court. Ils cherchent de riches plaines qu'ils arrachent aux autochtones, souvent réduits en servage, ou contraints de payer tribut. C'est dire que leur implantation se fait par la force dans un milieu indigène naturellement hostile et que les relations avec les métropoles sont réduites. Deux grandes zones fort éloignées l'une de l'autre sont touchées, les trois pointes de la Chalcidique, l'Italie méridionale et la Sicile, dont le caractère commun est de fournir de bonnes terres pour des colonies de peuplement : petites plaines de Chalcidique où la vigne vient bien, plaines plus vastes d'Occident qui se couvrent de belles moissons. Les métropoles sont toutes en Grèce (seules exceptions : Géla fondée par des Rhodiens et des Crétois ; Siris fondée par Colophon), parce que l'Anatolie ne connaît pas à un même degré l'angoissant problème de la *sténochoria*. Chalcis et Érétrie sont au premier plan, suivies par Mégare et les cités péloponnésiennes. Mais dès cette première vague d'autres préoccupations se font jour. Le choix de certains sites, comme celui du détroit de Messine ou de Cumes par les Chalcidiens, ne se peut expliquer que par des visées déjà commerciales. Et, si les colons proviennent le plus souvent des villes les plus évoluées économiquement de la Grèce, ce n'est pas seulement parce qu'on y prend davantage conscience de l'acuité du problème de la terre, c'est aussi que des débouchés sont nécessaires pour un artisanat en plein développement dans des agglomérations qui ne peuvent d'ailleurs se nourrir que de blé importé.

La seconde période (environ 675-550) se caractérise par l'accentuation des préoccupations commerciales déjà sous-jacentes à la première. Assurément la colonisation reste agraire dans son essence et l'on continue à chercher de bonnes terres, d'ailleurs de plus en plus rares. Mais le besoin de vivres se fait sentir en Grèce avec une urgence accrue, en même temps que se développent les possibilités d'exportations. Ainsi apparaissent des colonies qui ne sont que des comptoirs, des *emporia*, préfigure des factoreries de notre classicisme. Elles n'ont guère d'arrière-pays, les colons n'étant plus exclusivement des paysans ; elles entretiennent de bonnes relations avec les indigènes, satisfaits de pouvoir acquérir les excellents produits de l'artisanat hellénique, ainsi que le vin et l'huile dont ils sont friands ; elles gardent des liens beaucoup plus étroits avec leurs métropoles, qui jouent d'ailleurs un rôle plus net et plus délibéré dans l'expansion et cherchent à constituer de véritables chaînes d'établissements commerciaux pour servir de relais à leur trafic. L'aire d'extension s'élargit : certes la Grande-Grèce et la Sicile conservent leurs prestiges aux yeux de ceux qui s'expatrient, mais la colonisation fait de la mer Noire et de ses annexes (Propontide, Maiotide) un lac milésien et gagne l'Égypte, voire les berges lointaines de Gaule et d'Ibérie. Les métropoles les plus actives ne sont plus seulement en Grèce, mais aussi en Anatolie, parce que l'Ionie s'enrichit et connaît un remarquable essor commercial qui rend vitale la recherche des débouchés. C'est beaucoup moins la « belle aventure » où comptaient avant tout les appétits de hardis pionniers : plus réfléchis, plus conscients, les colons aiment à prendre conseil auprès de l'oracle de Delphes, qui n'est peut-être pas l'agence de renseignements coloniaux qu'on a voulu y voir non sans quelque exagération, mais qui rend de grands services en disciplinant les énergies. Pindare (4e *Pythique*) rappelle comment la Pythie contraignit Battos à partir pour la Cyrénaïque et les petits trépieds que l'on trouve sur maintes monnaies coloniales rendent à Apollon un hommage qu'il mérite bien.

2. LA NOUVELLE GRÈCE : ITALIE ET SICILE

Le passage de Grèce en Italie, favorisé par le long chapelet des îles Ioniennes, n'est point trop malaisé. Des navigateurs s'y étaient risqués dès les temps achéens et le souvenir de leurs errances et de leurs comptoirs subsiste aussi bien dans les récits odysséens et dans maintes traditions mythiques relatives notamment à Énée, à Héraclès, à Oreste que dans les nombreux établissements où l'on a trouvé des vases mycéniens (voir p. 89). L'interruption des âges noirs ne fit pas disparaître les premières colonies où, peut-être dès le XIVe siècle, s'étaient installés des Grecs, mais tout contact fut coupé entre les deux bassins de la Méditerranée. Il appartenait aux hardis pionniers du début du VIIIe de rouvrir le monde italien à l'hellénisme.

Une colonisation désordonnée

Le caractère le plus marquant de l'installation des Grecs en Occident est l'extrême désordre des entreprises : au début il ne s'agit que d'initiatives individuelles et incohérentes de colons désirant avant tout échapper à l'étouffement des métropoles.

Les Eubéens jouent le rôle d'initiateurs (après la guerre lélantine, ceux de Chalcis élimineront ceux d'Érétrie, avec qui ils avaient d'abord collaboré) sur deux zones capitales. Dès 775 ils prennent pied dans les îlots des Pithécousses (Ischia et Procida) avant de passer sur la terre ferme à Cumes, qui restera la position la plus avancée de l'hellénisme en Italie, puis à Parthénopé (Naples). En 757 ils fondent en Sicile Naxos, qui réussit mal à cause de l'exiguïté de son arrière-pays, mais d'où ils essaiment aussitôt dans la riche plaine du Simaithos à Léontinoi et à Catane ; en même temps, ils s'établissent sur le détroit à Zancle (Messine), qui rayonne vite des deux côtés de la passe à Rhégion et à Mylai. À peu près contemporaine est l'implantation des Mégariens à Mégara Hyblaia (750) et des Corinthiens à Corcyre, d'où ils chassent des Érétriens installés avant eux, et à Syracuse (733).

Vers 720 commence la colonisation de la côte du golfe de Tarente, due à des Achéens du Péloponnèse (pourtant certains érudits admettent maintenant que le nom d'Achéens donné à ces établissements rappelle la venue des Achéens du IIe millénaire) : ils fondent Sybaris et Crotone, qui essaiment l'une à Métaponte et à Poseidonia (cette dernière en Lucanie), l'autre à Caulonia. Des Spartiates créent Tarente (708) dans le plus beau site du rivage et des Locriens Locres épizéphyrienne (680). Seule des cités asiatiques à s'intéresser alors à l'expansion, Colophon envoie des colons à Siris. Vers 675 des agglomérations grecques ourlent tout le golfe.

Le mouvement gagne alors la côte méridionale de la Sicile, jusque-là oubliée. Des Rhodiens et des Crétois s'installent à Géla (688) ; Syracuse fonde trois petites cités dans l'angle sud-est (Acrai, Casmenai, Camarina) ; Mégara Hyblaia colonise Sélinonte (650). Au même moment Zancle pousse une pointe extrême sur la côte nord jusqu'à Himère (648).

Après cent vingt-cinq ans d'efforts l'essentiel est acquis. Désormais on n'assiste plus qu'à des fondations sporadiques. Vers 580 des Géloens émigrent à Agrigente, tandis que des Cnidiens unis à des Rhodiens colonisent les îles Lipari. Entre 540 et 530 la menace de l'avance perse amène des Phocéens à Élée (déjà fondée vers 575) sur la côte tyrrhénienne et la dure tyrannie de Polycrate des Samiens à Dicaiarcheia (Pouzzoles).

Parallèlement sont tentées quelques fondations sur les rivages de l'Adriatique pour drainer vers la Grèce des richesses plus lointaines : Épidamne et Apollonie en Illyrie (fondations de Corinthe et de Corcyre) et, non loin de l'importante cité étrusque de Spina, Adria au nord du Pô, qui dès la fin du VIe siècle entretient des relations étroites avec Athènes.

Une éclatante prospérité

L'agriculture fournit la base solide de la prospérité. Les colons s'émerveillent de l'étendue et de la fertilité des plaines où viennent de belles moissons. Dans la plus riche d'entre elles, la Campanie, Cumes exploite les sols de décomposition volcanique des Champs Phlégréens. Sybaris, qui n'a qu'un port fort médiocre, n'en est pas moins très plantureuse, à cause de la fécondité proverbiale de son terroir, qui n'a d'égale que celle de sa voisine Siris. Les laves de l'Etna donnent sa richesse à la plaine du Simaithos. Syracuse cultive le bassin de l'Anapos. Léontinoi a un épi sur ses monnaies, Naxos une grappe de raisins. L'élevage est particulièrement prospère. La mise en valeur est facilitée par le système du servage que l'on voit pratiqué notamment en Italie du Sud avec des Pélasges et dans la région de Syracuse avec les Cyllyriens, dont la condition est voisine de celle des Hilotes ou des Pénestes. Une noblesse de cavaliers braves à la guerre, détenteurs d'immenses domaines, tend à se constituer, par exemple à Léontinoi ou à Syracuse, où ils portent le nom caractéristique de gamores (partageurs du sol).

L'artisanat n'est pas moins florissant (fig. 36). Partout on tourne des vases communs. Tarente tisse et teint en pourpre. Syracuse travaille plutôt le métal, mais ses tissus de laine sont aussi excellents. L'activité commerciale se développe rapidement. Les bons ports ne manquent pas. Tarente se niche d'abord sur la presqu'île entre la pleine mer et le calme havre du Mare piccolo ; Crotone dispose de deux installations portuaires ; Zancle doit son nom (en sicule : la Faucille) à la forme du beau môle naturel qui la protège ; à Syracuse l'île d'Ortygie sépare un petit port bien abrité et une rade immense. Le détroit de Messine, gardé des deux côtés par des colonies chalcidiennes, est le siège d'un trafic intense, que ne concurrencent guère, sauf pour les étoffes, les portages terrestres depuis le golfe de Tarente jusqu'aux petites échelles de la côte tyrrhénienne, Térina, Pyxis, Laos et Poseidonia.

Fig. 36. Anse d'un chaudron de bronze trouvé à Métaponte, milieu du VIe siècle. Berlin, Staatliche Museen.

Campanie			
Eubéens	755	Pithécousses	
	760	↓ Cumes	
	675	↓ Parthénopé	
Samiens	531	Dicaiarcheia	
Sicile orientale			
Eubéens	757	Naxos	
	750	Léontinoi et Catane	
	750	Zancle	
	743	↓ Rhégion	Expansion en Italie
	717	Mylai	Nord de la Sicile
	648	Himère	Expansion sur la côte
Mégare	750	Mégara Hyblaia	
Corinthe	733	Syracuse	
Italie méridionale			
Achéens	720	Sybaris	
	680	↓ Métaponte	
	675	Poseidonia	
	720	[illegible]	

Locriens	680	Locres épizéphyrienne
Colophon	675	Siris
Cnidiens + Rhodiens	580	Iles Lipari
Phocée	575	Élée
Sicile méridionale		
Rhodiens + Crétois	688	Géla
	580	→ Agrigente
Syracuse	663	Acrai
	643	Casménai
	598	Camarina
Mégara Hyblaia	650	Sélinonte
	?	→ Héracleia Minoa

La colonisation grecque en Italie et en Sicile

Ce tableau donne une vue très simplifiée de la colonisation occidentale. Dans plusieurs cas, il y a deux oicistes par colonie : ainsi à Zancle où les Chalcidiens s'unissent à des Cuméens qui les avaient précédés de peu.

Les dates données ici, généralement d'après les derniers travaux de J. Bérard, *L'Expansion et la colonisation grecques*, sont évidemment l'objet d'innombrables controverses.

Les flèches indiquent des colonies secondaires à partir d'une métropole déjà coloniale.

Une intense vie de relations se développe, facilitée par ces conditions naturelles. Au début le commerce se différencie mal de la piraterie : ce sont des pirates cuméens qui s'installent d'abord à Zancle. Mais il s'organise vite avec plus de régularité, fondé sur le troc jusqu'au VIe siècle, puis utilisant la monnaie. En Sicile et sur le golfe de Tarente, Corinthe inonde le marché de ses vases et rafle les céréales, jusqu'à ce qu'Athènes la remplace au VIe siècle. Au-delà du détroit, les grands négociants sont d'abord les Grecs des Cyclades et les Chalcidiens, puis au VIe les Phocéens unis aux colons chalcidiens. Au surplus le vrai rôle des colonies est de multiplier avec les indigènes des relations qui ont commencé avec la colonisation : les premiers vases grecs dans les nécropoles opiques ou sicules sont contemporains de la fondation des établissements. Les produits de l'artisanat grec, pièces de luxe importées de Grèce ou objets moins coûteux fabriqués sur place, sont recherchés par les Barbares et se diffusent largement dans toute la péninsule, spécialement dans une Étrurie alors en plein apogée en raison de sa richesse en minerais (fer, cuivre, étain de la côte et de l'île d'Elbe).

L'hellénisme colonial d'Occident

Par bien des traits, par sa prospérité notamment, l'Occident grec rappelle l'Ionie. De part et d'autre de la pauvre Grèce, ce sont des terres plus grasses, qu'enrichit encore le commerce. Les cités s'agrandissent vite, en même temps qu'elles se couvrent de monuments. Ainsi Syracuse, d'abord confinée à l'étroit dans l'île d'Ortygie auprès de l'aimable fontaine Aréthuse, gagne le continent. Les colons aiment à étaler une richesse acquise sans trop de peine et ne dédaignent pas les plaisirs d'une existence voluptueuse, dont les Sybarites demeurent pour nous le symbole. Cette civilisation plantureuse ne manque pas d'attraits : déjà Archiloque chantait Siris comme l'incarnation de la grâce et de la beauté. Mais on a pu parler aussi d'un goût de parvenus, de nouveaux riches, dans cette Amérique des temps archaïques, dont les villes-champignons aiment un peu trop le colossal et l'ostentatoire.

De très belles réussites sont à noter surtout dans l'architecture, qui se développe librement d'abord parce que ces cités n'imposent aucune entrave aux plans des constructeurs, ensuite parce que la prospérité ambiante permet de voir grand. Les fouilles ont révélé d'admirables ensembles, dont les deux plus importants sont sans doute Sélinonte et Poseidonia : l'une et l'autre de ces cités sont appelées à prendre une extension considérable au siècle suivant, mais elles ont déjà des monuments qui font pâlir les cités les plus évoluées de la Grèce propre.

L'essor des autres arts n'est pas moins puissant. La plastique monumentale est représentée avec éclat. À Sélinonte on peut suivre l'évolution depuis les essais fort gauches des « petites métopes » jusqu'à celles du temple C qui montrent déjà un goût très théâtral du mouvement dramatique. Les fouilles du trésor inclus dans le sanctuaire d'Héra Argeia à l'embouchure du Sele (milieu du VIe siècle) ont révélé une admirable série de métopes représentant, dans un style souvent inspiré par l'Ionie, des sujets mythologiques (essentiellement la geste d'Héraclès), sans doute le plus important ensemble archaïque que nous possédions. La coroplastie, qui connaît en Occident un remarquable développement à cause de la rareté du marbre, emprunte ses motifs à la grande sculpture : il n'est aucun sanctuaire qui n'ait révélé de nombreux *ex-voto* en terre cuite où se traduit le même sentiment religieux poignant qui caractérise les œuvres du grand art.

La même élévation se retrouve dans les hymnes de Stésichore d'Himère (640-550), le plus grand poète dans le lyrisme choral avant Pindare. Il reprend les mythes de l'épopée, mais pour leur donner une profondeur morale et un arrière-plan religieux nouveaux. Il passait pour avoir perdu la vue après avoir écrit en termes désobligeants sur Hélène et pour l'avoir recouvrée après avoir chanté une palinodie. Son style abrupt, plein d'éclatantes images, fait de lui l'un des plus nobles créateurs verbaux de l'archaïsme. Il a peut-être inventé aussi la bucolique.

On devine l'importance des problèmes spirituels dans une telle civilisation. Une préoccupation constante de l'outre-tombe se fait jour, à propos de laquelle on a pu parler de l'influence du monde étrusque, hanté par la destinée de l'âme après la mort. Des philosophies d'inspiration mystique, comme le pythagorisme, y trouvent un terrain d'élection. La religion hellénique prend elle-même des formes assez particulières : les dieux grecs s'assimilent à des divinités locales, généralement des Grandes Mères, dispensatrices de fertilité et de fécondité. Dans le détail règne une grande diversité : Héra est particulièrement honorée en Italie, notamment au cap Lacinion près de Crotone et à Poseidonia [dans la vaste enceinte sacrée de la ville, comme à l'embouchure du Sele où des métopes du temple (fig. 37) représentent des chœurs de danse liés assurément à de vieilles liturgies agraires] ; Déméter est la principale déesse de la Sicile, et des traditions locales placent même à Enna, au cœur de l'île, le rapt de sa fille Coré ; Athéna Ilias a un sanctuaire fameux à Siris et Perséphone à Locres ; à Éryx, Aphrodite s'est identifiée avec une ancienne divinité indigène, sans doute transformée déjà par des influences phéniciennes.

Fig. 37. Danseuse. Métope du temple d'Héra aux bouches du Sele, vers 500.

Dans cet Occident où il enregistre de si éclatantes réussites, l'hellénisme reste, dans l'ensemble, fidèle à lui-même jusque dans ses pires aberrations : on songe en particulier à la destruction totale de Sybaris par Crotone en 511, qui montre l'horrible résultat des luttes à mort entre cités voisines. Mais il s'y est parfois nuancé au contact des civilisations indigènes.

On a parlé d'un « art colonial » (au sens où il y a un art colonial ibérique en Amérique du Sud). On pourrait surtout parler d'une religion coloniale, car c'est dans ce domaine que l'on sent une atmosphère nettement différente de celles de la Grèce ou de l'Anatolie contemporaines.

3. L'ELDORADO DE L'EXTRÊME-OCCIDENT

Les séductions du bassin occidental de la Méditerranée s'étaient peut-être exercées déjà dès le IIe millénaire. Mais l'absence de toute trouvaille archéologique en Espagne et en Gaule rend cette hypothèse douteuse et je croirais volontiers que les légendes, incontestablement anciennes, qui font voyager Héraclès au Maghreb, à la recherche des pommes d'or des Hespérides, en Espagne, où il s'empare dans la mystérieuse Érythie des bœufs du triple Géryon, en Gaule, où les cailloux de la Crau représenteraient la pluie de pierres dont son père Zeus le défendit contre les Ligures, ne remontent qu'au début de la colonisation archaïque, à moins qu'elles n'aient eu d'autres localisations.

Les premières tentations de l'Extrême-Occident

L'Occident méditerranéen est alors – si l'on excepte l'Afrique libyenne que les Sémites se réservent jalousement – peuplé d'Ibères (Espagne et Languedoc-Roussillon) et de Ligures (Provence et Ligurie) déjà celtisés. C'est d'abord, aux yeux des Grecs, le pays fabuleux des métaux. L'Espagne et le sud de la Gaule fournissent l'argent, le cuivre, le plomb. Surtout de longues routes y font aboutir l'étain des mystérieuses Cassitérides (Cornouailles ?), l'étain qui manque cruellement dans la Méditerranée orientale et dont l'industrie du bronze fait une grosse consommation : la route fluviale Seine-Saône-Rhône, la route Garonne-Aude par le seuil de Naurouze, la route de Nantes aux embouchures de l'Hérault et de l'Orb par la Loire, l'Allier et les drailles de Lozère, une navigation atlantique jusqu'au pays de Tartessos (région de Cadix, la Tarshish de la Bible).

Les premières entreprises des Grecs sont ici le plus souvent le fait d'aventuriers plus que de colons. Vers 640, un Samien,

Colaios, est jeté par la tempête au-delà des colonnes d'Héraclès (détroit de Gilbraltar) et aborde à Tartessos chez le bon roi Arganthonios, personnage à demi fabuleux dont le nom même rappelle la prodigieuse richesse en argent. Les Rhodiens sillonnent la Méditerranée occidentale et, sans posséder d'installations permanentes, vendent leurs vases en Espagne comme en Gaule (notamment à Saint-Blaise). Enfin des Phocéens, après avoir tenté leur chance dans le fond de l'Adriatique, se fixent en 600 sur le site de Marseille en accord avec les indigènes, puis fondent peut-être trois comptoirs en Espagne : la Palaiopolis d'Emporion (Ampurias) sur un îlot tout proche de la côte catalane, Héméroscopeion (la Guette du jour, sans doute au cap Denia), Mainacé (près de Malaga), et un comptoir en Corse, Alalia (Aléria).

Le premier essor de Marseille

L'essor de Marseille est immédiat. Elle devient le grand centre commercial d'où les produits grecs se répandent dans la Gaule méridionale (fig. 38) et en Ibérie. La ville se développe autour du Lacydon (Vieux port, mais plus profondément enfoncé dans les terres qu'aujourd'hui). Elle reste fidèle à ses origines anatoliennes : les dieux qu'elle honore sur son acropole sont Apollon et Artémis d'Éphèse ; on a aussi retrouvé des *ex-voto* consacrés à une déesse matronale de type asiatique. Les vases qu'elle fabrique imitent la céramique grise de Phocée et la céramique claire d'Ionie. Bien que souvent en proie aux attaques de ses belliqueux voisins, elle accroît peu à peu son commerce et fonde Antibes (Antipolis), Agde (Agathé) aux bouches de l'Hérault et, non loin de la future Arles, le petit relais de Théliné à l'endroit où la voie héracléenne, qui reliait dès l'époque préhistorique l'Espagne à l'Italie et qu'Héraclès était censé avoir ouverte, traverse le Rhône. Elle étend ses entreprises vers le nord par la voie fluviale, comme le prouvent les trouvailles de Vix où l'on a exhumé non seulement le fameux cratère, mais aussi des vases massaliètes.

Ses succès excitent la jalousie des Carthaginois et des Étrusques. La douteuse bataille d'Alalia (540) qui les oppose à elle au large de la Corse n'a sans doute pas l'importance qu'on lui a prêtée, mais elle doit au moins abandonner l'Espagne méridionale aux Puniques. Elle n'en est pas moins au VIe siècle une cité à l'éclatante prospérité. Jusqu'à son incorporation à l'Empire romain sous Jules César, elle restera en Extrême-Occident la championne vigilante de l'hellénisme.

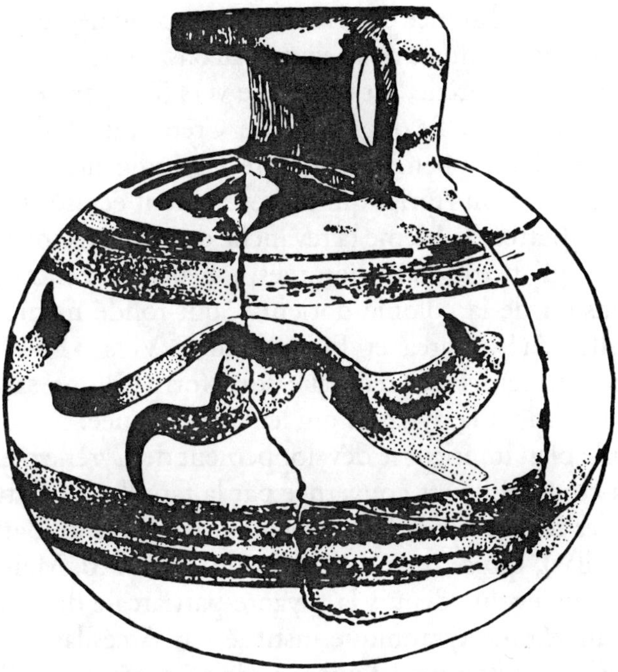

Fig. 38. Aryballe de Glanon. Vase d'origine corinthienne, VIe siècle. Musée de Saint-Rémy-de-Provence.

Ce vase globulaire, qui servait aux onctions d'huile, est décoré en brun d'un guépard (les guépards apprivoisés jouaient alors le rôle de nos chiens de chasse).

4. DEUX JALONS EN TERRE D'AFRIQUE

Seul des terres qui bordent la Méditerranée, le Maghreb échappe aux Grecs au profit des Sémites de Phénicie ou de Carthage (encore qu'on parle de modestes tentatives helléniques en Tunisie). Mais la Cyrénaïque et l'Égypte, déjà touchées par le commerce achéen, voient se développer des établissements coloniaux grecs.

La Cyrénaïque

Les débuts de la colonisation grecque en Cyrénaïque restent obscurs, malgré le récit continu qu'Hérodote en a laissé. Il semble qu'après un premier essai dans l'île stérile de Platéa, des Théréens et des Crétois s'installent vers 631, sous la conduite d'Aristotélès, qui prend plus tard le nom de Battos, à une certaine distance de la mer, sur le second degré du vaste plateau libyen, auprès de la source aux asphodèles, Cyra. La nouvelle cité, Cyrène, est renforcée vers 575 par des colons doriens venus du Péloponnèse, de Crète, du Dodécanèse. Mais son développement inquiète les indigènes : ils font appel au pharaon Apriès qui est sévèrement écrasé en 570 à Irasa par Battos II. Même la revanche des Libyens sous Arcésilas II, qui perd 7 000 hommes à Leucon, n'entrave pas l'expansion de la colonie dorienne, qui fonde même deux nouvelles cités, Barca et Euhespérides. Vers 515-510 les Perses annexent la Cyrénaïque sous forme d'une satrapie, mais ils gardent la dynastie qui leur est dévouée.

Sur le plan intérieur le développement de Cyrène n'est pas sans à-coups. Elle est gouvernée par la famille des Battiades (dont les rois portent alternativement les noms de Battos et d'Arcésilas), qui se maintiendra jusque vers 440. Mais cette monarchie évolue depuis la royauté patriarcale des origines jusqu'au régime tyrannique institué par Arcésilas III pour résister aux prétentions d'une grande aristocratie hostile aux prérogatives royales.

Les luttes civiles, souvent fort vives, n'entravent pas l'essor économique. Cyrène exploite les possibilités agricoles du plateau, dont les emblavures portent de belles moissons. Elle tire de gros profits du silphion, cette mystérieuse plante à tubercule qui lui sert de symbole sur ses monnaies et dont une coupe fameuse montre la pesée sous l'œil vigilant d'Arcésilas II. Ses chevaux sont célèbres et Pindare chantera leurs victoires dans les concours panhelléniques. À son port d'Apollonia aboutissent des voies caravanières venant d'Égypte – par l'oasis de Siwah –, du Soudan, de Carthage. Son commerce la met dès 550 en relations particulièrement étroites avec Athènes, d'où les influences attiques très sensibles dans son art.

De fait la civilisation s'y développe avec éclat dans un sens purement hellénique et sans guère emprunter à l'Égypte (voisine, mais si lointaine), sinon le dieu Ammon qui, venu de Siwah, s'y identifie avec Zeus tout en gardant ses cornes de bélier. Apollon, dont les oracles delphiques avaient suscité l'élan colonisateur de Théra, reste la divinité poliade, étroitement associé à sa sœur Artémis. Les fouilles ont révélé les émouvants vestiges de leurs temples, ainsi que des *couroi* et des corés qui n'ont rien à envier à ceux de la Grèce propre. En somme, « de ce coin reculé du continent africain, perdu au bord des solitudes inhumaines, la colonisation grecque a fait une province riante, un morceau d'Europe, la plus grande, la plus riche et la plus méridionale des cités grecques » (F. Chamoux).

L'Égypte

Le cas de l'Égypte est entièrement différent. Dans ce domaine d'antique civilisation, à la population dense et souvent xénophobe, il n'est pas possible aux Grecs d'établir des colonies de peuplement.

Mercenaires et trafiquants

Cependant d'immenses possibilités s'offrent aux mercenaires comme aux trafiquants helléniques depuis que Psammétique Ier (664-610), fondateur de la XXVIe dynastie, a libéré l'Égypte du joug assyrien et rétabli l'unité du pays, avant de se montrer l'initiateur avisé de la renaissance saïte, qui se perpétue sous ses successeurs jusqu'à la conquête de Cambyse en 525.

Cette monarchie qui se veut forte a besoin de mercenaires. Psammétique les recrute parmi les pirates cariens et ioniens qui infestent le Delta. Pendant plus de cent ans des Grecs d'Asie louent volontiers leurs services aux pharaons. Ils sont établis dans des camps, à Daphné et à Stratopéda dans le Delta et même sous Amasis à Memphis. Les documents les montrent redoutables sous leurs lourdes armures et ils ont laissé maintes traces de leur passage, jusque dans l'extrême Sud à Abou Simbel où l'on ne lit pas sans émotion sur un colosse des *graffiti* tracés par des soldats originaires d'Ialysos, de Téos et de Colophon, emmenés par Psammétique II dans son expédition contre la Nubie.

L'appât de fructueux trafics fait aussi cingler vers l'Égypte des marchands milésiens qui s'installent par la force au Mur des Milésiens (Milésion Teichos) sur la branche Bolbitine, puis à Naucratis sur la branche Canopique, près de Saïs la capitale. D'autres commerçants affluent bientôt, venant de l'Asie grecque et des îles adjacentes et aussi d'Égine. Amasis leur accorde à Naucratis un statut privilégié, avec obligation de n'embarquer et de ne débarquer qu'en ce seul port : bon moyen de prévenir des réactions nationalistes souvent vives, sans se priver de cet incomparable ferment d'activité économique que représentent les marchands grecs.

La concession de Naucratis

La date de la création de Naucratis est discutée (sous Psammétique Ier ou sous Psammétique II). En tout cas les fouilles ont révélé pour le VIe siècle une ville florissante jusqu'à Cambyse qui lui retire ses privilèges au profit de Memphis (fig. 39). Les exportations sont importantes : blé de la vallée du Nil, sel, alun, papyrus, lin et chanvre, produits d'Arabie. En échange, les Grecs importent du bois, des tapis et des étoffes, des vases ioniens, laconiens et attiques, du vin et surtout de l'argent. Ils fabriquent sur place de la céramique grossière, d'inspiration ionienne, et des figurines de calcaire et d'albâtre, et fondent le fer et le bronze. La vie y est facile, les courtisanes nombreuses et raffinées, telle cette Rhodopis dont s'enamoura le frère de Sappho.

On connaît mal le détail des institutions dont jouissent les Grecs de Naucratis. Les Milésiens ont en propre un sanctuaire d'Apollon, les Éginètes un de Zeus, les Samiens un d'Héra. Les colons de neuf autres villes (Chios, Téos, Phocée, Clazomènes, Rhodes, Cnide, Halicarnasse, Phasélis, Mytilène), venus plus tard, se partagent l'enceinte sacrée de l'Hellénion. Ces douze métropoles, parmi lesquelles l'Asie grecque a une place presque exclusive, administrent en commun le port franc par l'intermédiaire de préfets. La cité a ses magistrats (prostates). Naucratis constitue donc une exception dans l'expansion archaïque : pour une fois les Grecs ont dû s'unir en raison des difficultés rencontrées en face d'un État organisé et ils ont créé des institutions interhelléniques dont c'est ici le seul exemple.

Dans cette concession (au sens où l'on parlait des concessions de Shanghaï et de Canton) des rapports s'établissent avec les indigènes : là encore Naucratis est à part, car là seulement les Grecs entrent en contact avec une civilisation aussi évoluée que la leur. Alcée et Ésope parcourent le Delta. Thalès y aurait puisé ses spéculations sur l'eau principe primordial et l'arpentage égyptien serait à la base de ses démonstrations géométriques. Solon y aurait recueilli le mythe de l'Atlantide. Pythagore aussi y séjourne et l'on a parlé de l'influence des religions égyptiennes sur le pythagorisme, sur l'orphisme, voire (mais avec beaucoup d'excès) sur les mystères d'Éleusis. Dès l'époque archaïque les Grecs s'enthousiasment pour cette mystérieuse contrée, qu'Hérodote et Platon visiteront également et où ils croiront trouver les sources d'une sagesse bien antérieure à celle de leur race.

Fig. 39. Plan de Naucratis (d'après H. Prinz).

On mesure plus mal ce que l'Égypte doit à ces contacts. Les pharaons cependant se familiarisent avec l'hellénisme. Psammétique Ier crée un corps d'interprètes. Son fils Nécao II consacre son costume de guerre dans le Didymeion de Milet. Amasis, qui se pose d'abord comme le tenant d'une réaction nationale contre les Grecs, apprend vite à les estimer : il épouse une Cyrénéenne, envoie des offrances à Delphes, à Samos, à Lindos et se montre le plus philhellène des princes.

Jusqu'à la conquête perse, qui diminue notablement sa prospérité, Naucratis, dont les fouilles ont dégagé les temples et le lacis de ruelles, est l'une des cités les plus vivantes du monde grec. Au contact de deux mondes antithétiques et qui auraient eu toutes les raisons de s'ignorer, elle est comme la préfigure de l'Alexandrie hellénistique.

5. LES SÉDUCTIONS DU NORD

Vers le nord la colonisation se développe en Chalcidique et en Thrace, dans la Propontide et dans la Pontide.

Du golfe Thermaïque au Bosphore

La Chalcidique et la Thrace

La Chalcidique, déjà fréquentée par les Achéens, est colonisée par les cités d'Eubée dès le VIIIe siècle, c'est-à-dire au moment même où elles essaiment en Italie et en Sicile. Les Érétriens s'installent dans la Pallène (notamment à Mendé et à Scioné), puis à Méthoné de l'autre côté du golfe Thermaïque. Les Chalcidiens – qui devaient finalement donner son nom à la triple péninsule – colonisent la Sithonia (Toroné). L'Acté reçoit sans doute un peuplement mixte d'Érétriens et de Chalcidiens. Entre l'Athos et le Strymon, Andros, aidée de Chalcidiens, crée vers 650 quatre colonies (dont Acanthos et Stageiros). Vers 600 des Corinthiens fondent Potidée sur l'isthme de la Pallène. Ces établissements, qui resteront de petites bourgades, vivent essentiellement de l'agriculture (blé, vigne) et de l'exploitation des forêts et des mines qui leur permettent de battre monnaie dès le VIe siècle. Les luttes intestines n'y sont pas rares, surtout quand la guerre lélantine dresse l'une contre l'autre les deux métropoles eubéennes.

Deux groupes successifs de Pariens viennent, à partir de 682, s'installer dans la fertile Thasos qu'une légende, illustrée par Archiloque, faisait conquérir par Héraclès Callinicos. Ils y mènent contre les indigènes thraces de rudes luttes dont le même Archiloque nous a gardé le souvenir. Mais bientôt, ils passent sur le continent, où au VIe siècle la Pérée thasienne s'étend du Strymon au Nestos, couvrant le district des mines d'or du Pangée qui assure à Thasos une enviable prospérité. Les trouvailles des fouilles françaises montrent l'éclat de la cité archaïque. On peut encore suivre l'admirable rempart de 4 km de pourtour, avec ses portes ornées de reliefs prophylactiques. Ses deux acropoles portent des temples d'Apollon Pythien (où l'on a retrouvé un *couros* criophore colossal) et d'Athéna. Dans la ville basse, au plan régulier dès le VIe siècle, l'agora qui jouxte le port et les sanctuaires d'Héraclès et d'Artémis. On a exhumé en abondance de la céramique d'Asie, des Cyclades, de Corinthe et d'Athènes, des vases locaux qui l'imitent, des figurines de terre cuite, des ivoires orientaux. Son monnayage, qui débute vers 525, est dispersé dans toute la Méditerranée orientale et jusqu'en Sicile.

Entre le Nestos et les Détroits s'échelonnent Abdère (où les premiers colons, des Clazoméniens, rejetés à la mer par les Thraces vers 650, sont remplacés en 545 par des Téiens), Maronée, aux crus fameux dès Homère (dont les Chiotes s'emparent en 650), et, dans la vaste plaine fertile de l'Hèbre, nourricière de chevaux, Ainos colonisée par des Éoliens. Des Samiens s'installent enfin dans la grande île qui devient une Samos thrace (Samothrace).

La Propontide

Les deux détroits qui font communiquer la Propontide (mer de Marmara) avec la Méditerranée et avec la mer Noire portent des noms qui rappellent les très anciens mythes grecs de la Toison d'or et d'Io : l'Hellespont (Dardanelles) et le Bosphore. Mais ce n'est pas leur incomparable situation qui attire d'abord les Grecs, plutôt séduits par les ressources vivrières (blé, vin, poisson) et leurs premiers établissements sont avant tout agricoles. Déjà un Perse s'étonnait que l'admirable site de Byzance, appelé à l'avenir que l'on sait, eût été si tardivement occupé. Mais vite Chalcédoine et Byzance (qui gardent le Bosphore), Abydos et Lampsaque (sur l'Hellespont) et Cyzique (sur une île de la Propontide, qui n'est alors rattachée au rivage que par deux ponts) deviennent de florissantes étapes du commerce grec avec la mer

La colonisation dans la Chersonèse de Thrace et dans la Propontide

	CHERSONÈSE DE THRACE	
Lesbos	2ᵉ quart VIIᵉ	Sestos
	2ᵉ quart VIIᵉ	Alopéconnésos
Milet	VIᵉ	Cardia
Miltiade l'Ancien	560	Conquête de toute la Chersonèse
	PROPONTIDE ET DÉTROITS	
Mégare	700	Astacos
	687	Chalcédoine
	670	Sélymbria
	660	Byzance
Milet + Paros + Érythrées	700	Parion
Milet	676	Cyzique
	670	Proconnésos
	670	Abydos
	fin VIIᵉ et VIᵉ	Petits établissements sur la côte asiatique, dont Cios.
Phocée	654	Lampsaque
Colophon	?	Myrleia
Samos	600	Périnthe
	fin VIᵉ	Bisanthé et Héraion Teichos
Hippias	533	Sigée

Noire. Mise à part Mégare, qui s'assure la fructueuse maîtrise de la Propontide, ce sont uniquement des cités d'Asie ou des grandes îles voisines qui y essaiment, dans un mouvement désordonné et anarchique. Cependant au VIᵉ siècle des entreprises personnelles d'Eupatrides athéniens (Miltiade l'Ancien, Hippias) montrent l'intérêt nouveau que suscite à Athènes la route du Pont.

La Pontide

La mer Noire avait été sillonnée dès le IIᵉ millénaire par les bateaux achéens : des objets provenant de l'Égéide ont été retrouvés sur les cours inférieurs du Dniester et du Dnieper comme vers Odessa ; la mythologie a gardé le souvenir des navigations des Argonautes sur le Don, des séjours d'Achille dans l'île Blanche, d'Iphigénie en Tauride, d'Ulysse dans le ténébreux pays des Cimmériens et des mystérieuses Amazones sur le fleuve Thermodon, ainsi que des Hyperboréens et des Arimaspes du Grand Nord.

L'époque de la colonisation voit la reprise des contacts entre la Méditerranée et la mer Noire. Au VIIe siècle, les Grecs apprennent à nouveau le chemin des détroits donnant accès à cette mer qu'ils redoutent parce qu'elle est inhospitalière, brumeuse, sans île et sans golfe, et à laquelle ils donnent, jouant sur un vocable indigène, le nom de Pont-Euxin (mer hospitalière) afin d'en conjurer les dangers. À ce moment, de grands mouvements de populations agitent toute sa côte septentrionale : de nouveaux venus, de langue iranienne, les Scythes, déferlent à travers les steppes qu'ils arrachent aux premiers occupants, les Cimmériens, sans doute apparentés aux Thraces. Désormais la Scythie va, jusqu'à la fin de l'époque hellénistique, jouer un rôle de premier plan dans la vie économique du monde grec.

Le Pont lac milésien

Dès le début du VIIe siècle, des Grecs fréquentent le Pont et à partir de 650 de modestes comptoirs sont établis sur la côte nord, notamment dans l'îlot de Bérézan, dans le liman du Dnieper et du Boug, à Olbia et à Panticapée, sur le Bosphore cimmérien (détroit de Kertsch). Les relations avec les indigènes s'avérant fructueuses, de véritables cités sont fondées à partir de 625.

Sur la côte ouest et nord-ouest, au sud du delta du Danube, ce sont des colonies de Milet (Apollonia, Odessos, Tomoi) ou des sous-colonies de Mégare (Callatis, Mesambria). Plus au nord les embouchures des grands fleuves attirent les Milésiens par les facilités de pénétration qu'elles offrent (le mot de liman qui les désigne encore aujourd'hui conserve le nom grec du port : *limen*). Istros se tient prudemment à quelque distance des bouches marécageuses du Danube qui lui donne son nom ; Tyras est sur le Dniester et Olbia (dite aussi Borysthénès) sur le Boug,

La colonisation grecque dans le Pont

Côtes ouest et nord-ouest		
Milet	625	Istros
	625	Olbia
	610	Apollonia
	1re moitié VIe	Tyras
	575	Odessos
	?	Tomoi
Héraclée du Pont	540	Callatis
Byzance et Chalcédoine	510	Mesambria
Chersonèse taurique et Bosphore cimmérien		
Milet	1re moitié VIe	Panticapée
	1re moitié VIe	Théodosia
	VIe siècle	Nombreuses petites cités
	fin VIe	Première Tanaïs
Ioniens	VIe	Hermonassa
Téos	2e moitié VIe	Phanagoreia
Héraclée du Pont	422	Chersonésos
Côte est		
Milet	VIe	Phasis
	VIe	Dioscourias
	VIe	Pityos
Côte sud		
Milet	dernier quart du VIIe	Sinope
	VIe	Trapézonte
	VIe	Série de petits comptoirs
	564	Amisos
Mégare + Tanagra	560	Héraclée du Pont

dans une admirable position triangulaire défendue par le liman et par deux ravins.

La Crimée n'exerce pas moins d'attraits sur les Grecs en raison peut-être de son aimable climat qui leur rappelle la Méditerranée. Deux cités importantes gardent l'entrée du détroit de Kertsch, Panticapée à l'ouest et Phanagoreia à l'est, mais il y a de nombreuses villes secondaires, telles Myrmécion, Tiritaca,

Nymphaion, Cimmérion, Théodosia en Crimée, Hermonassa et Gorgippia au Kouban. Tout au nord, une première Tanaïs s'installe sur le cours inférieur du Don, protégée de deux enceintes concentriques. Sauf Phanagoreia (fondation de Téos) et peut-être Hermonassa, toutes ces cités sont milésiennes.

En Colchide, trois petites colonies milésiennes s'accrochent au Caucase : Phasis, Discourias, Pityos.

Sur la façade sud, la première fondation de Milet est Sinope. Elle essaime à son tour à Trapézonte, puis à Amisos. Des Mégariens, unis à des Béotiens, s'installent enfin à Héraclée du Pont.

Téos et surtout Mégare, qui, directement ou par l'intermédiaire de ses colonies, complète ainsi son expansion dans la zone des Détroits, sont les seules métropoles qui jouent un rôle, au reste bien modeste, à côté de Milet. L'éclatante cité ionienne fonde au cours de l'archaïsme plus de 90 colonies sur la mer Noire, dont elle peut ainsi drainer les richesses à son seul profit. Sans avoir jamais cherché à appesantir sur elles son hégémonie, elle tire les fruits d'une politique hardie et persévérante. Ainsi s'explique que, jusqu'à la fin du VIe siècle, les villes riveraines du Pont entretiennent essentiellement des relations avec l'Anatolie, beaucoup plus qu'avec la Grèce propre (les vases attiques ne sont nombreux que dans le dernier tiers du VIe siècle).

Les colonies pontiques des côtes sud, est et ouest

Beaucoup de ces cités apparaissent à peine dans les textes et n'ont pas donné lieu à des fouilles. On doit donc se contenter d'indications sommaires.

La côte sud vit d'abord de l'agriculture (blé, oliviers) et de l'élevage. Ainsi Héraclée du Pont paraît essentiellement rurale, avec ses indigènes réduits en servage par les colons, les Mariandyniens. Les thons que l'on pêche à Sinope sont fameux. Les belles forêts de l'Anatolie septentrionale donnent du bois, notamment pour les chantiers navals de Sinope. Les ressources minières sont précieuses, en particulier l'or du Phase, le fer et le cuivre du Caucase (l'une des principales sources d'approvisionnement du monde grec) qui affluent à Trapézonte, comme dans les petits comptoirs de Colchide. Le commerce avec l'intérieur de l'Asie Mineure est florissant :

on peut traverser toute la péninsule de Sinope ou d'Amisos en Cilicie en six ou sept jours.

Les ressources de la côte ouest ne sont pas très différentes : blé, poisson, bois surtout et minerais des montagnes thraces (fer, plomb, cuivre).

Les Grecs en Scythie

On est heureusement beaucoup mieux renseigné sur les colonies de la côte nord et de Crimée, grâce aux très belles fouilles qui ont été menées récemment. Ce sont, au VIe siècle, de petites cités qui vivent en symbiose avec un élément autochtone puissant. Les nécropoles montrent souvent la juxtaposition de sépultures helléniques (tombes à fosses ou caveaux à *dromoi*) et de sépultures indigènes où le mort repose les jambes pliées, parfois avec ses chevaux. Tout proches de la ville grecque, les nombreux villages du plat pays sont habités presque exclusivement par des Scythes, des Taures, des Maiotes ou des Sindes.

L'agriculture est prospère ; les lourdes terres qui bordent la mer donnent à profusion le blé ; la vigne en revanche, qui connaîtra un tel développement en Crimée à l'époque hellénistique, ne semble pas encore venir. On élève du gros bétail, qui fournit d'excellentes peaux, et des abeilles. Les poissons, thons et esturgeons, hantent nombreux les limans et le détroit de Kertsch et alimentent une industrie florissante de salaisons.

Un artisanat se développe, pour les produits manufacturés (vases communs, toiles, tissus ordinaires), et aussi pour la toreutique (miroir et rhyton d'argent de Kelermes au Kouban). Mais les belles pièces viennent du monde grec, notamment d'Ionie. Ainsi s'instaure un fructueux trafic qui draine les productions locales (blé, poissons, viandes, laines, peaux, fourrures, métaux, sel) et les esclaves, voire des produits qui aboutissent sur le Pont après un long cheminement (ambre de la Baltique, or de l'Altaï), en échange de bijoux, d'objets de métal travaillé, de poteries de luxe (fig. 40).

Les produits grecs n'intéressent guère que l'aristocratie scythe, qui dès haute date se pénètre d'influences helléniques. Les mariages mixtes ne sont pas rares : un roi de la fin du VIe siècle, Ariapeithès, montre son éclectisme en épousant trois femmes, une Grecque d'Istros, une Scythe, une Thrace. Hérodote est fécond en anecdotes sur des princes des VIe et Ve siècles qui éveillent la suspicion de leur sujets par un goût immodéré des coutumes grecques : Anacharsis, revenu de ses longs voyages dans le monde méditerranéen, est assassiné pour avoir voulu introduire le culte de la Grande Mère (Cybèle) de Cyzique ; le fils d'Ariapeithès, Scylès, aime venir à Olbia séjourner dans le palais décoré de sphinx et de griffons qu'il s'y est fait édifier, mais il est massacré par sa garde au sortir des mystères de Dionysos.

Fig. 40. Coupe à figures noires, trouvée à Olbia (Ukraine), VIe siècle (d'après A. Mongaït).

L'influence inverse, quoi qu'on ait pu dire, n'est guère vraisemblable, sauf toutefois dans le domaine de la religion. Le culte d'une Grande Mère s'impose aux colons et il subsistera jusqu'en pleine période hellénistique, avec parfois d'étranges particularités : ainsi on voit des représentations d'une déesse indigène entourée d'un nimbe, les bras en croix, l'un d'eux remplacé par une branche d'arbre. Déméter semble avoir souvent pris la place, dans les cités coloniales, de cette déité végétale, d'autant plus aisément qu'elle était censée étendre sa protection sur les moissons : elle est la principale divinité d'Olbia, sur les monnaies de laquelle elle apparaîtra au siècle suivant. À Nymphaion, un temple archaïque lui est dédié, où l'on a retrouvé en abondance des statuettes de la déesse, de danseuses sacrées, de prêtresses porteuses d'eau. Quant à l'Artémis Tauropole des Grecs, elle est liée, au moins par un jeu de mots, à la Crimée (Chersonèse taurique). Les Barbares nordiques passent d'ailleurs aux yeux des Grecs pour des hommes sages, tempérants, vertueux : le voyage d'Anacharsis à Athènes a donné lieu, dès l'Antiquité, à maintes fabulations moralisantes.

À la fin de l'archaïsme, aucune de ces cités du Pont ne connaît encore un développement de premier plan. Si Olbia témoigne dès la fin du VIe siècle de préoccupations urbanistiques (plan en damier) qui n'apparaîtront à Milet qu'après 479, comme si les colonies ouvraient la voie aux métropoles, les rares édifices qui subsistent de cette période sont des plus modestes (temple sans colonnes à Istros). Les techniques économiques restent rudimentaires, puisque aucune cité ne bat monnaie avant le Ve siècle. Rien de comparable ici aux grandes créations de l'hellénisme occidental, notamment très peu de sculptures. Mais les Grecs ont pris pied sur une vaste zone côtière qui émerge de la barbarie et ils y ont jeté les bases d'un négoce prospère. Leur influence s'étend même assez loin vers l'intérieur, dans les steppes boisées où habitent déjà les ancêtres des Slaves. Un tesson indigène de la fin du VIIe siècle portant en grec les mots « Tu me tireras au sort » a été retrouvé à Némirov, donc à 300 km de l'embouchure du Boug ; des vases à figures noires pénètrent jusqu'à Koursk, en plein centre des Terres noires. Le développement et la prospérité ultérieurs des colonies pontiques ne s'expliqueraient pas sans la hardiesse des Milésiens qui ont ceint la mer Noire de leurs fondations.

6. LES CONSÉQUENCES DE LA GRANDE AVENTURE

Isocrate le dit justement (*Panégyrique*, 36), « les colons sauvèrent à la fois eux-mêmes et ceux qui étaient restés ».

Les Grecs et la colonisation

Les métropoles, qui étouffent du fait des luttes intestines ou plus couramment de l'étroitesse de leurs terres, voient l'étreinte se desserrer, encore que la concurrence des produits coloniaux puisse parfois aggraver momentanément le malaise social. En tout cas l'économie reçoit une prodigieuse incitation de la surabondance des matières premières et de la multiplication des marchés.

Les cités coloniales développent un hellénisme très vivant, dont l'originalité éclate aux yeux. Elle tient, pour une faible part, aux contacts qui s'établissent avec les indigènes et qui donnent par exemple aux cultes de Sicile ou de Grande-Grèce leur couleur bien spéciale. Elle vient surtout des conditions nouvelles qui sont celles du nouveau monde. Dans des cités où n'existe par définition aucune tradition, on peut penser et agir sans s'embarrasser des vieux schèmes : les premiers législateurs apparaissent en Occident ; c'est là aussi que l'on conçoit de vastes ensembles architecturaux pour honorer les dieux mieux que dans les sanctuaires étriqués de Grèce, que s'édifient des cités au plan en damier. Mais les colons s'enorgueillissent trop d'être des Grecs, ils méprisent trop les Barbares pour ne point chercher avant tout à rester fidèles au passé de leur race. À preuve le nom même de Grande-Grèce donné à la région où, avec la Sicile, leur réussite est la plus éclatante : l'Italie méridionale.

Les Barbares et la colonisation

Les entreprises coloniales ont eu surtout pour conséquence de répandre l'hellénisme très loin de ses bases premières. Les contacts sont particulièrement étroits en Sicile où l'on voit les petites communautés sicules des environs de Géla renoncer progressivement à leurs modes de vie primitifs et adopter ceux d'une *polis*. L'Étrurie, dont les tombes regorgent de vases grecs (au point qu'au siècle dernier on les appelait étrusques), se transforme profondément ; sa confédération de douze villes imite la dodécapole ionienne. Même dans des pays où la densité des colons est faible, comme la Pontide ou la Gaule et l'Ibérie, au moins l'aristocratie locale s'abandonne aux séductions d'une culture supérieure.

De ce vaste mouvement rien ne témoigne mieux que la diffusion de l'écriture en Italie. Le morcellement politique explique la multiplicité des tentatives, qui ont toutes pour base des alphabets grecs occidentaux. Les alphabets messapien et sicule ont des modèles helléniques. L'alphabet étrusque, qui apparaît sur une tablette d'ivoire de Marsiliana vers 700, provient sans doute de celui des Chalcidiens de Cumes. À leur tour les alphabets « nord-étrusques » (nord de la Péninsule) et les alphabets vénète, osque, ombrien, falisque et latin en dérivent. L'alphabet latin, dont le plus ancien document est la pierre noire du Forum (fin du VIIe ?), élimine progressivement les autres. Si l'on se rappelle son rôle dans l'élaboration de la civilisation européenne, on reconnaîtra un phénomène capital dans l'expansion rapide de l'alphabet grec occidental qui, directement ou par la voie médiate des Étrusques, gagne peu à peu toute l'Italie avide d'écrire.

Il est plus paradoxal de constater que l'hellénisme progresse, notamment en Occident, très loin de ses bases. La Celtique profonde a livré de nombreux objets grecs, notamment dans l'est de la France et en Rhénanie. C'est selon toute probabilité par Marseille qu'ils ont été importés, le relais étrusque étant peu vraisemblable au VIe siècle et la route danubienne bien longue. Les sépultures de Bourgogne, de Franche-Comté, d'Alsace, de la région rhénane contiennent des oinochoés de bronze, par exemple à Kappel-am-Rhein (Bade) et Vilsingen (Wurtemberg), et des poteries à figures noires, nombreuses sur l'*oppidum* du mont Lassois (près de Châtillon-sur-Seine), au Camp de Château (Jura), à la Heuneburg (Wurtemberg). Le plus beau cratère archaïque en bronze a été retrouvé dans la tombe d'une princesse gauloise à Vix (Côte-d'Or) en même temps qu'un admirable serre-tête d'or : il montre l'incomparable prestige dont jouit l'art grec dans un monde celtique qui s'enivre ainsi aux sources les plus pures de la civilisation méditerranéenne.

Les artistes indigènes adaptent au goût celtique les formes et les motifs d'importation. Les techniques de construction se modifient : à la Heuneburg des murs et des bastions de brique crue sur un socle de pierre témoignent d'influences helléniques incontestables.

En Espagne la diffusion de l'hellénisme est particulièrement rapide, dans le pays de Tartessos et sur toute la côte orientale. Trois systèmes d'écriture apparaissent, à mi-chemin entre syllabaire et alphabet, et qui combinent des influences sémitiques et grecques. Même syncrétisme dans les premiers essais de l'art ibérique autour de Cadix (VIIe siècle) : ivoires, gobelets d'argent, bijoux d'or, candélabres de bronze, où l'apport oriental introduit par les Phéniciens semble cependant le plus fort. Mais les débuts de la grande plastique, qui représente vite un riche bestiaire, attirent plutôt l'attention sur le monde hellénique, en particulier sur la Grande-Grèce où se trouve notamment le modèle des taureaux androcéphales chers aux Ibères. Quant à la céramique, elle copie à partir du VIe siècle des motifs géométriques grecs.

Entre l'empire achéen et la conquête d'Alexandre, l'expansion archaïque témoigne au mieux de cette vocation propre de l'hellénisme qui est de pousser toujours plus loin ses conquêtes économiques et spirituelles.

CHAPITRE 5

Les innovations spirituelles

Ce monde si divers, où toutes les régions n'ont pas évolué au même rythme, conserve au moins une profonde unité, celle de sa civilisation spirituelle, constamment renouvelée par les voyages incessants d'une cité à l'autre des poètes, des penseurs et des artistes (carte 11). Cependant, l'Asie grecque, grâce à l'avantage de son organisation économique et de sa prospérité, y garde encore la primauté.

L'impression dominante est celle d'une intense puissance créatrice, un peu exubérante et désordonnée : un peuple jeune élabore ses modes de pensée et de sentir, invente son vocabulaire littéraire et artistique, précise ses relations avec le monde des dieux. L'émotion directe et puissante qu'on ne laisse pas d'éprouver devant un poème ou une statue archaïques vient de cette fraîcheur d'une civilisation qui, sans atteindre encore à la sérénité épurée du classicisme, se cherche et, peu à peu, se découvre.

1. LYRISME, DRAME ET RATIONALISME ARCHAÏQUES

Dans tous les domaines, des formes nouvelles apparaissent : varié et souple, le lyrisme, qui succède à la poésie, plus grave et sévère, d'Homère et d'Hésiode, puis les genres dramatiques, tandis que des penseurs tendent pour la première fois

LA VIE INTELLECTUELLE

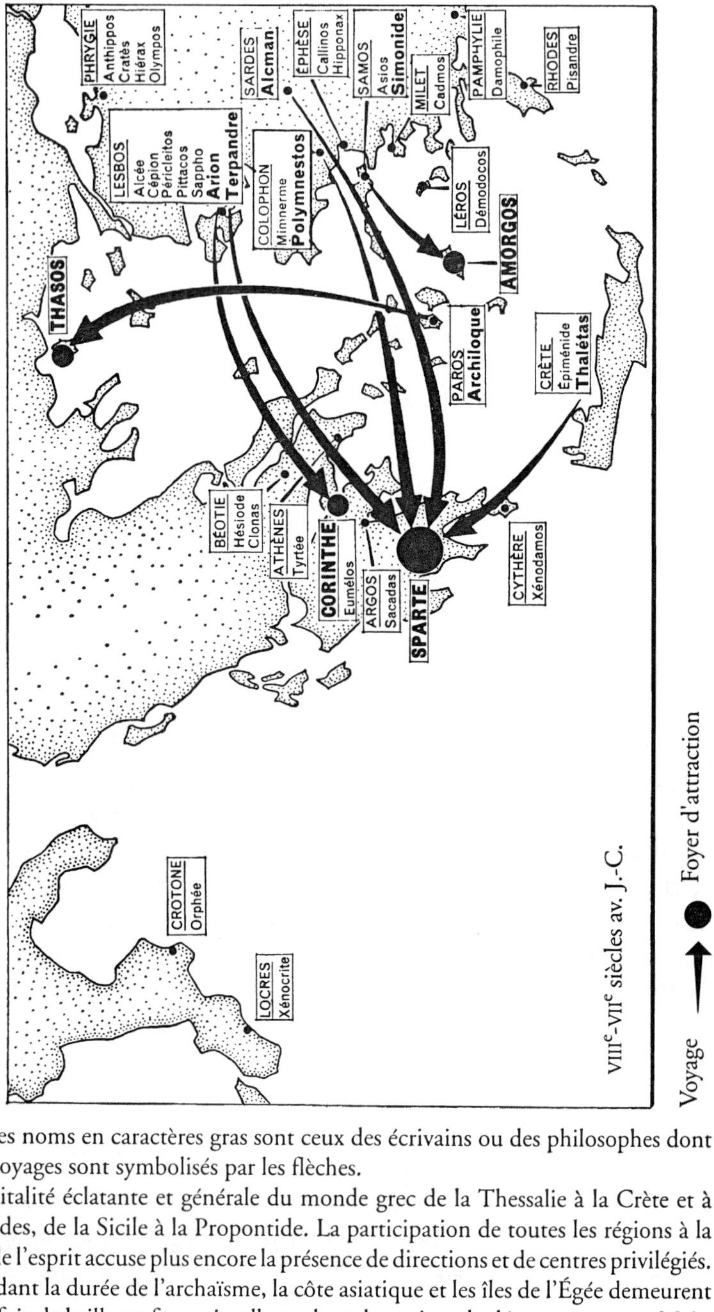

Les noms en caractères gras sont ceux des écrivains ou des philosophes dont les voyages sont symbolisés par les flèches.

Vitalité éclatante et générale du monde grec de la Thessalie à la Crète et à Rhodes, de la Sicile à la Propontide. La participation de toutes les régions à la vie de l'esprit accuse plus encore la présence de directions et de centres privilégiés. Pendant la durée de l'archaïsme, la côte asiatique et les îles de l'Égée demeurent à la fois de brillants foyers intellectuels et des points de départ constants. Mais, à partir de là, des relais apparaissent. Sparte semble le principal pôle d'attraction

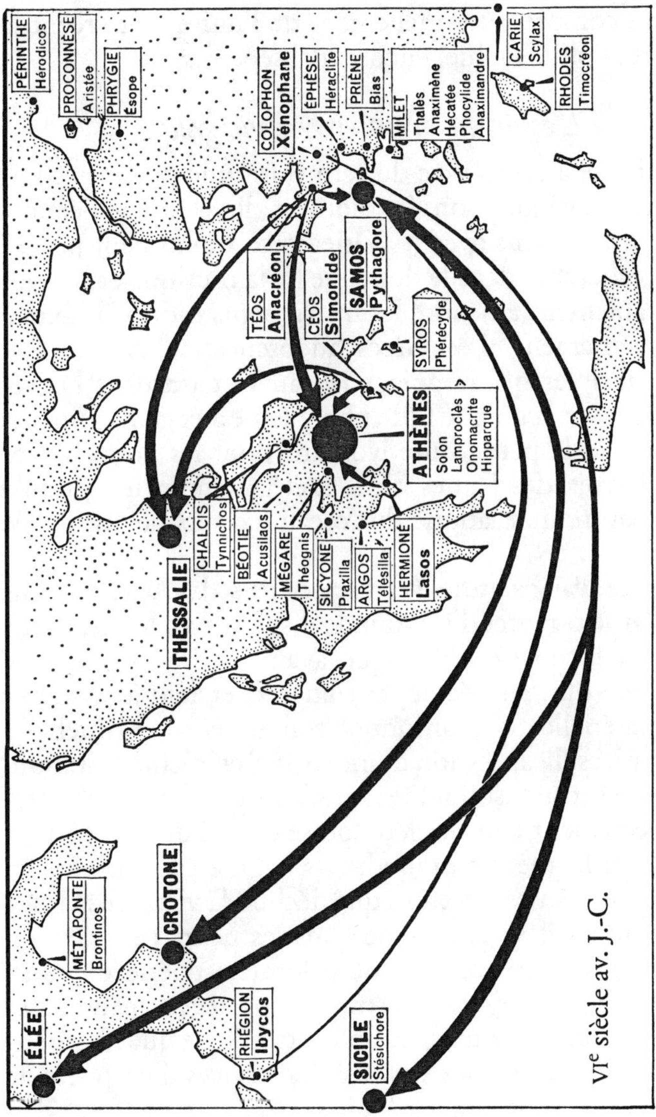

Carte 11. La vie intellectuelle à l'époque archaïque : circulation des idées et des hommes.

aux VIIIe et VIIe siècles, supplantée au VIe par Athènes qui devient déjà le centre littéraire le plus important de la Grèce propre – la Thessalie n'étant peut-être, en réalité, qu'une excursion pour Anacréon comme pour Simonide –, au moment où la Sicile et la Grande-Grèce exercent un attrait irrésistible sur les Orientaux. La densité des échanges spirituels s'élève. Les voyages s'allongent, se croisent et s'entrecroisent, mais tous – sauf celui d'Ibycos – vont de l'est vers l'ouest, vers le lointain occident notamment, où s'élaborent de nouvelles doctrines (pythagorisme, éléatisme).

de rendre compte rationnellement de l'univers et créent la science et la philosophie, encore mal séparées.

L'essor du premier lyrisme grec

Le lyrisme, au sens grec du terme, est une poésie accompagnée de musique. Son éclosion est directement liée aux contacts des Ioniens avec les Orientaux, qui avaient poussé loin les recherches dans le domaine de la musique et surtout considérablement amélioré les instruments indispensables à l'accompagnement. Les Grecs adoptent une cithare aux cordes multiples qui remplace le pauvre tétracorde homérique et surtout la grande flûte phrygienne aux gémissements émouvants et la petite flûte lydienne dont les notes hautes imitent la voix des jeunes filles. L'élégie emprunte jusqu'à son nom au nom asiatique du roseau dans lequel est taillée la flûte.

L'épopée avait exalté les vertus guerrières des Achéens, puis traduit l'ardent regret d'un monde disparu avec les invasions doriennes ; la poésie didactique avait exprimé le désarroi d'une Grèce qui, relevée de ses ruines, cherchait à organiser sa vie matérielle et à ordonner son univers spirituel. Le lyrisme, lui, est l'expression d'une société en pleine gestation. Sa fonction sociale est double : sous la forme chorale, il intervient directement dans les fêtes où se consolide l'unité de la cité ; sous la forme des monodies *(soli)*, il est le seul moyen d'expression d'âmes violentes que déchire la vie. Avec l'essor de la tyrannie, il se développe dans les petits cénacles qui entourent les tyrans et devient volontiers poésie de cour. Périandre, Polycrate, les Pisistratides protègent généreusement les poètes. C'est un spectable pittoresque que les surenchères des puissants pour s'assurer les services d'un poète de renom.

Le lyrisme reflète aussi la société grecque par sa diversité. Sans entrer dans la distinction technique des trois modes (dorien, phrygien, lydien), on peut déterminer plusieurs domaines qui correspondent aux grandes ethnies. L'Ionie invente l'élégie, un thrène accompagné par la flûte, où s'illustre Mimnerme de Colophon, qui fut peut-être le premier à chanter les souffrances de l'amour, et l'iambe, dont le rythme sautillant se prête à la satire personnelle (Archiloque de Paros) ou générale (Simonide d'Amorgos). L'Éolide produit surtout des citharèdes, Terpandre et Arion qui portent au loin sa gloire, Alcée et Sappho qui éternisent leurs rivalités poétiques et amoureuses dans des odes légères aux rythmes subtils. Sparte attire à elle Alcman de Sardes, qui amène à sa perfection le lyrisme choral, et Tyrtée, qui, quoique Athénien, découvre les mâles accents d'une poésie vraiment dorienne. Mégare donne le jour à Théognis, chantre vigoureux de l'idéal aristocratique. Sur les rives lointaines de Sicile, Stésichore d'Himère renouvelle en vers abrupts les vieux thèmes de l'épopée en y introduisant de nouvelles valeurs morales. Enfin la volupté de l'Asie et la sévérité dorienne trouvent leur équilibre à Athènes dans les élégies passionnées d'un sage, Solon.

Lyrisme et lutte des classes

L'âpreté des luttes sociales colore le lyrisme archaïque de ses sombres reflets. La haine génératrice d'insultes semble la meilleure inspiratrice des poètes. Archiloque transforme l'iambe en une arme redoutable, qu'il manie avec autant de violence contre une fiancée infidèle à son engagement, acculée au suicide, et contre le destin qui fait de lui un déraciné, colon malheureux à Thasos et finalement mercenaire.

Les conflits politiques engendrent des accents aussi féroces. Alcée, aristocrate intransigeant, défend les armes à la main les intérêts des possédants en face du tyran Myrsilos, dont il chante ensuite la mort avec une joie sauvage : « C'est maintenant qu'il faut s'enivrer, maintenant qu'il faut boire à outrance, puisque Myrsilos est mort » (fragment 20). Il n'est guère plus tendre avec « le misérable Pittacos », désigné par le peuple comme arbitre, mais qu'il considère comme un tyran.

Avec Théognis, un autre aspect des luttes intestines des cités apparaît, la haine du *démos* triomphant qui a éliminé « les bons » et qu'il faudrait traiter de la plus dure des façons : « Frappe du talon la plèbe imbécile, pique-la de la pointe de l'aiguillon, mets-lui sur la tête un joug pesant » (847 *sq.*). Il déteste les nantis à qui leur richesse donne autant de puissance que naguère la naissance aux nobles et il s'étonne douloureusement devant Zeus que « la fortune des méchants soit stable, tandis que les bons, les amis de la justice, qui ont tenu haut leur cœur et fui le mal, la pauvreté, mère des souffrances, les atteint et les saisit » (383 *sq.*).

Les passions politiques ne sont pas moins vives à Athènes. Elles éclatent à travers l'œuvre de Solon, déjà fameux pour avoir entraîné les Athéniens à la reconquête de Salamine et qui cherche à les éteindre en rétablissant la concorde entre les classes : « J'ai couvert d'un bouclier les deux partis tour à tour et n'ai laissé ni l'un ni l'autre vaincre injustement » (frag. 7). Il aime à exalter son œuvre d'équité accomplie au milieu du déchaînement des intérêts, quand, « faiant tête de tout côté comme un loup au milieu d'une meute de chiens », il a « écrit des lois égales pour le misérable et pour l'honnête homme, réglant pour tous une justice bien droite » (frag. 36).

Lyrisme et individu

Les échos des luttes politiques résonnent donc dans toute l'œuvre de ces lyriques, soit qu'ils embrassent avec violence l'un des partis en présence, soit – exemple unique – que Solon se pose entre eux en médiateur. Mais il y a bien autre chose dans cette poésie. L'époque archaïque, qui voit l'essor des *poleis*, voit aussi les premiers conflits de l'individu et de la société. C'est un temps de grandes initiatives où s'affirment et triomphent de fortes individualités, pionniers de la colonisation ou tyrans. Le développement d'une poésie personnelle, d'un lyrisme au sens moderne du terme, reflète les mêmes aspirations de l'individu.

On ne s'étonnera pas que ce soit dans les opulentes cité d'Ionie et d'Éolide, amies de la *tryphé* (mollesse luxurieuse), que s'expriment au mieux les élans vers une vie de plaisirs raffinés. Plaisirs de société d'abord. Les banquets suivis de longues beuveries et agrémentés par la présence des flûtistes servent souvent de cadre aux chansons des lyriques : « Donne de l'eau, enfant, donne du vin, donne des couronnes fleuries, afin que je mesure ma force contre celle d'Éros », s'écrie Anacréon (frag. 62). Sappho ne serait pas Sappho sans ce chœur aimable de jeunes filles, semblables aux roses de leurs délicates guirlandes, qui voltige autour d'elle.

Dans cette ambiance, l'âme frémit et s'exalte. Le vin y a sa part, le vin qu'Alcée ordonne sans cesse à l'échanson de verser à longs flots. Et non moins l'amour, l'amour naïvement sensuel des grands Lesbiens, l'amour élégant et badin d'Anacréon, l'amour qui, pour la première fois peut-être, analyse ses feux et ses fers, se penche sur ses sinuosités tortueuses et essaie de se comprendre en s'exprimant. La mélancolie enfin est proche parente du plaisir, que mine le spectre de la vieillesse et de la mort : « Le fruit de la jeunesse est éphémère, dit Mimnerme, il dure autant que la clarté du soleil. Une fois ce terme dépassé, alors la vie devient pire que la mort » (frag. 2).

De fait, le lyrisme archaïque va bien au-delà d'un banal *Carpe diem.* On peut être sensible au premier abord à la constante évocation du printemps, des fleurs, de la lumière, de l'amour, qui sont assurément l'admirable et radieuse toile de fond du premier lyrisme grec. Mais, gnomique ou non, cette poésie est tout entière orientée vers la recherche d'une sagesse, seule capable d'assurer à l'individu son total épanouissement, sagesse faite de mesure, exaltant une vertu nouvelle, déjà apparue dans Hésiode et qui trouvera son plein développement chez Pindare : la justice.

Sécrétion d'une période troublée, le lyrisme archaïque est un lyrisme vivant. Il exprime la société sous deux aspects contradictoires, l'engagement politique et la recherche de l'accomplissement personnel, mais avec autant de passion dans les deux cas. Ce n'est pas le lyrisme alexandrin, fait en partie de science, d'imitation et de refus de la vie. Ici le lyrisme naît d'une confrontation, ou mieux d'un affrontement, de l'âme avec la vie déchirée par la lutte des classes et par l'attrait des voluptés.

La naissance des genres dramatiques

Les premiers essais dramatiques nous transportent dans une ambiance toute différente. Les formes littéraires du drame, assez tardives, sont issues de formes proprement religieuses par une lente évolution sur laquelle les spécialistes ne sont point d'accord.

Aristote *(Poétique*, 1449 *a)* enseigne que la tragédie est née du dithyrambe, mais ce dernier genre lui-même a évolué depuis des formes très primitives. C'est à l'origine une liturgie en l'honneur de Dionysos, célébrée par des chœurs cycliques d'hommes dansant autour de l'autel, en proie à une possession collective : isolés du public par leur cercle même, ils aboutissent vite à l'extase qui caractérise les adeptes du dieu de la *mania*. Un chef de chœur entonne un air qu'il improvise au gré de sa fantaisie, soutenu peut-être par l'ivresse. Mais peu à peu on passe de ce dithyrambe prélittéraire, qui n'est qu'une pratique cultuelle, au dithyrambe littéraire, écrit par un poète et appris par les choreutes : un pas décisif est alors franchi, car l'on voit apparaître les éléments d'un possible dialogue entre le chef de chœur et le chœur, germe probable de la tragédie.

Tout aussi lié au culte de Dionysos est le drame satyrique. Ce n'est sans doute à l'origine qu'une liturgie débridée : les Satyres constituant le chœur se livrent, en l'honneur du dieu, à des danses assez voisines de la chorée des possédés. Il prend ensuite une forme plus littéraire, notamment dans le Péloponnèse (le mot drame lui-même est dorien). Pratinas de Phlionte (en Argolide) fut le premier, dit-on, à écrire des drames satyriques et introduisit le genre à Athènes.

Les débuts de la tragédie restent enveloppés de l'ombre la plus épaisse. Le mot apparaît pour la première fois dans le Péloponnèse, à Sicyone, où des « chœurs tragiques » (chœurs du bouc) célébrés en l'honneur du héros Adraste furent, au témoignage d'un texte fameux d'Hérodote (5, 67), détournés par le tyran Clisthène en faveur de Dionysos. On doit sans doute en déduire que le lien nettement établi au Ve siècle entre tragédie et culte de Dionysos n'est pas primitif et que les théories qui ont tenté de dériver la tragédie d'un scénario rituel en l'honneur de Dionysos, dieu de la végétation, dont la mort suivie de renaissance aurait été fêtée chaque année, ne sont pas fondées.

Sous sa forme première, la tragédie est plutôt liée aux honneurs funéraires rendus, dans un milieu aristocratique, aux héros défunts. Mais, même si l'on tient compte de l'influence exercée par le dithyrambe, il n'est pas aisé de rendre raison du passage de cette tragédie prélittéraire, née dans le Péloponnèse, à la tragédie littéraire qui apparaît à Athènes peu avant 530 avec Thespis. Thespis introduit le premier acteur (*hypocritès*, littéralement : répondant) qui répond au chœur en parlant et représente ainsi un élément rationnel d'analyse en face de la lamentation lyrique du chœur primitif : premier pas dans une longue évolution qui aboutira à la multiplication des acteurs, à la diminution du rôle du chœur et à l'importance nouvelle attachée à l'action en face du pur épanchement pathétique.

Ne doit-on pas, en présence de tant de difficultés, renoncer aux explications traditionnelles et voir, avec H. Jeanmaire, dans la naissance de la tragédie une de ces « mutations brusques » dont parlent les biologistes, fruit de la vitalité d'Athènes dans la maturité de l'archaïsme ?

Il n'est pas davantage possible d'expliquer le nom même de la tragédie (chant du bouc). Faudrait-il admettre la théorie récente de F. Robert, selon laquelle il provient de rites expiatoires très primitifs où un bouc, analogue en somme au bouc émissaire des Sémites, était sacrifié en vue de purifier la communauté ? Il est certain que la notion de purification, inhérente aux vieilles pratiques, ne disparaîtra jamais totalement de la tragédie, qu'Aristote considérera encore comme une purge *(catharsis)* des passions.

La comédie aussi plonge ses racines dans de très vieux rites. Son nom même rappelle le *comos*, la procession bacchique célébrée par les paysans à la fin des récoltes, où s'échangent avec les assistants de piquants *lazzi* et des plaisanteries ordurières : période de détente, où l'on se débarrasse momentanément des tabous sociaux et que l'on retrouve dans presque toutes les sociétés (*cf.* les Saturnales à Rome ou le carnaval des civilisations modernes). À Sicyone par exemple, qui semble avoir joué un rôle de premier plan dans le développement des formes dramatiques, des phallophores couverts de serpolet parcouraient en dansant le rues de la ville et se livraient à mille joyeusetés. À Mégare cependant un genre plus littéraire apparaît avec la farce mégarienne, grossière et naïve, qu'Aristote met en relations avec le triomphe de la démocratie, sans doute parce que le peuple trouvait à y exprimer ses rancœurs, comme à Athènes un siècle plus tard. Mais il faudra attendre beaucoup plus longtemps que dans le cas de la tragédie pour que la comédie prenne, en Sicile et en Attique, une forme nettement littéraire.

La création des genres dramatiques reste l'un des faits les

plus marquants de l'hellénisme archaïque, d'autant qu'on n'y peut déceler aucune influence extérieure (seule l'Égypte du Nouvel Empire semble avoir connu un drame religieux avant les Grecs). Certes leur rôle reste faible à la fin du VIe siècle, mais ils sont appelés à prendre au siècle suivant à Athènes un prestigieux essor qui fera d'eux la principale expression de la démocratie triomphante.

Le positivisme ionien

Il est aussi un phénomène, à peu près contemporain, qui marque un progrès décisif dans la formation de l'esprit hellénique : la naissance de la spéculation en Ionie sous la double forme de ce que nous appellerions philosophie et science. Elle est facilitée par les contacts aisés qui s'y établissent, notamment à Milet, avec la pensée orientale, babylonienne ou égyptienne. Mais elle est aussi « fille de la cité » (J.-P. Vernant), parce que née dans un univers spirituel entièrement différent du monde palatial de l'Orient, fait de soumission au roi : celui de la *polis*, monde séculier et rationnel qui admet la réciprocité entre citoyens semblables et prend comme base une loi *(nomos)* égale pour tous. D'où des systèmes du monde fondés sur l'équilibre et l'affrontement des forces naturelles, comme le *nomos* est, étymologiquement, une « répartition » entre des groupes ou des individus qui s'affrontent et s'équilibrent.

L'explication cosmologique traditionnelle, qui faisait intervenir les dieux et était en somme fondée sur des généalogies, n'est plus considérée comme satisfaisante. Désormais, l'esprit humain ne veut compter que sur ses propres forces pour rendre compte de l'univers en découvrant le principe premier *(physis)* unique qui l'explique. C'est l'audace des « physiologues » (ceux qui cherchent la nature des choses) de l'école de Milet que d'élaborer les premiers systèmes philosophiques.

Le rôle d'initiateur est tenu par Thalès (fin du VIIe siècle-début du VIe), peut-être un Carien hellénisé, qui enseigne que le principe originel de toute génération est l'eau : la terre et les astres flottent sur les eaux et se nourrissent de leurs exhalaisons. Cette explication rappelle des mythes égyptiens ou babyloniens, mais la différence est que le mythe y est complètement laïcisé. Son successeur, Anaximandre (milieu du VIe siècle), renonce à voir dans l'eau la *physis* primordiale. Il la cherche dans l'Infini *(Apeiron)* et explique comment toutes choses sont sorties de l'Infini par la séparation en son sein de deux principes contraires, le Chaud et le Froid. Enfin Anaximène (seconde moitié du VIe siècle) trouve à nouveau le principe des choses dans une réalité observable, l'air. Selon lui, tout naît des condensations ou des raréfactions de cet élément.

Le fondateur de l'école de Milet, première en date des écoles philosophiques, peut être en même temps considéré comme le créateur de la science grecque. Thalès, certainement initié à l'astronomie chaldéenne, se rend célèbre en prédisant une éclipse totale de soleil, ce dont étaient depuis longtemps capables les astrologues de Babylone. Plus intéressante est son œuvre mathématique. Là encore il s'inspire largement des connaissances arithmétiques et géométriques des Orientaux, mais l'esprit de sa recherche est fondamentalement original : à la science empirique et semi-logique des Égyptiens ou des Babyloniens se substitue une science véritable, parce que purement logique. Platon oppose à bon droit (*République*, 435 e) « l'avidité du gain » des Égyptiens et des Phéniciens à « la passion de la science » des Grecs. C'est la gloire des premiers penseurs ioniens que de se débarrasser de tout pragmatisme en cherchant exclusivement l'explication rationnelle, de fonder en un mot la science en substituant l'astronome à l'astrologue et à l'arpenteur le géomètre.

Au même moment, et toujours à Milet, un autre domaine s'ouvre à la réflexion rationnelle : celui du passé. Les logographes (littéralement : les prosateurs) se penchent sur les traditions mythiques relatives à l'origine des cités : leur œuvre n'est le plus souvent qu'une chronique naïve qui prélude à l'histoire. Toutefois le plus célèbre d'entre eux, Hécatée de Milet, adopte une attitude critique : « J'écris les choses comme elles me semblent vraies, car les discours des Grecs sont divers et, selon moi, ridicules. » Il compose des *Généalogies* en même temps qu'une *Description de la terre*, fondée en partie sur ses voyages personnels : véritable créateur de l'histoire et de la géographie, il est le meilleur précurseur d'Hérodote, qui lui a tant emprunté. Il donne aussi, avec Anaximandre, les premières cartes grecques.

La pensée occidentale

D'autres penseurs, généralement dans cet Occident qui constitue alors comme le second pôle de la philosophie grecque, s'écartent du positivisme ionien.

Xénophane, originaire de Colophon, mais qui a beaucoup voyagé et s'est peut-être fixé à Élée en Italie, se désintéresse des systèmes audacieux où les Ioniens tentent d'emprisonner la réalité. Esprit caustique, pourfendeur de la mythologie traditionnelle, il se passionne pour l'observation précise : reconnaissant des empreintes de feuilles dans les latomies de Syracuse, n'en déduit-il pas que la mer recouvrait autrefois toute la surface de la terre ? Pourtant c'est comme fondateur de l'ontologie, donc comme précurseur de l'école éléatique, qu'il exerce la plus grande influence. Il est le premier, selon Aristote (*Métaphysique*, 986 b), à « affirmer, après avoir tourné son regard vers l'ensemble du monde, que l'Un c'est Dieu ». Désormais le problème de l'être et le problème de l'Un ne vont plus cesser de hanter la pensée hellénique.

Avec Pythagore, c'est bien autre chose que l'œuvre géniale d'un isolé : cet exilé de Samos, réfugié d'abord à Crotone, voit accourir vers lui des hommes en quête de pureté et de vérité. Ils forment une communauté, bientôt chassée de la ville par une faction rivale, mais qui essaimera dans toute la Méditerranée, particulièrement en Occident. Il est difficile de discerner dans la magnifique floraison du pythagorisme ce qui revient au maître ou aux disciples, ce qui est ancien ou récent ou même très tardif.

Il paraît y avoir dans le pythagorisme deux éléments différents, voire antinomiques : une recherche scientifique visant à retrouver dans l'univers des relations numériques et une intense aspiration vers la perfection morale engendrant d'austères observances. Ces deux tendances se sépareront, peut-être vers la fin du Ve siècle, et l'on distinguera à l'intérieur de la secte des « mathématiciens », orientés vers la recherche scientifique, et des « acousmatiques », plus tournés vers l'ascèse et vers la mystique.

En fait, l'une et l'autre s'expliquent par le caractère concret du pythagorisme, philosophie engagée dans la lutte politique et visant à une réforme complète de l'homme, entendu comme un être vivant en société. Dans une Crotone qui s'amollissait, Pythagore cherche à restaurer l'ordre et à cette fin concourent aussi bien les différentes sciences qui découvrent l'harmonie de l'univers que les purifications qui permettent à l'âme de prendre maîtrise sur elle-même : ce n'est pas un hasard si le même mot *(cosmos)* désigne à la fois l'ordre cosmique, moral et social.

Sur le plan purement intellectuel, le pythagorisme est la somme de quatre disciplines, musique, géométrie, arithmétique et astronomie, au cœur desquelles s'insèrent les notions de proportion et d'harmonie. La musique est fondée sur l'acoustique, c'est-à-dire sur la reconnaissance d'intervalles entre les sons, capables de produire dans l'âme des effets déterminés. La géométrie découvre des relations entre les figures de l'espace. Ainsi le théorème qui porte encore le nom de Pythagore discerne entre les côtés de l'hypoténuse d'un triangle rectangle, éléments inégaux, une inéluctable égalité, symbole de la justice qui établit l'égalité dans une société nécessairement disproportionnée.

L'arithmétique joue un rôle plus grand encore, puisque pour Pythagore « les choses sont nombres », principe fondamental dont on peut dire sans exagération qu'il est à la base de toute la science moderne. Elle aussi est génératrice d'harmonie sociale, en tant que le calcul permet de régler correctement les contrats. Mais elle est beaucoup plus, car les spéculations sur les nombres (considérations sur 3, le premier parfait, sur 5, représentation de la justice, sur 7, symbole d'Athéna), fondées sur leurs « vertus » *(dynameis)*, débouchent déjà sur la religion (fig. 41). Enfin l'astronomie, encore rudimentaire, s'essaie au moins à distinguer les mouvements des astres, les fixes, les planètes, le soleil et la lune, d'où l'on tirera vite la doctrine de l'harmonie des sphères.

Sur le plan mystique, les Pythagoriciens professent la métempsycose, ce qui témoigne d'une influence de l'orphisme et le rapproche de l'Inde védique. L'âme, pour échapper au cycle des renaissances et des réincarnations, doit se purifier par une série d'observances rituelles (interdiction de manger des fèves, de consommer de la viande, de sacrifier le coq blanc...) et s'endurcir par la pratique de l'effort douloureux *(ponos)*, seul capable d'assurer le salut de l'individu comme celui de la cité.

L'influence de pythagorisme est considérable, et bien au-delà de l'archaïsme. Dans un Occident passionné par le problème de la destinée, il tente d'en fournir une solution rationnelle, différant donc de celles des religions, dont il se rapproche toutefois tant par son mysticisme foncier que par l'atmosphère de pieuse fraternité de ses confréries.

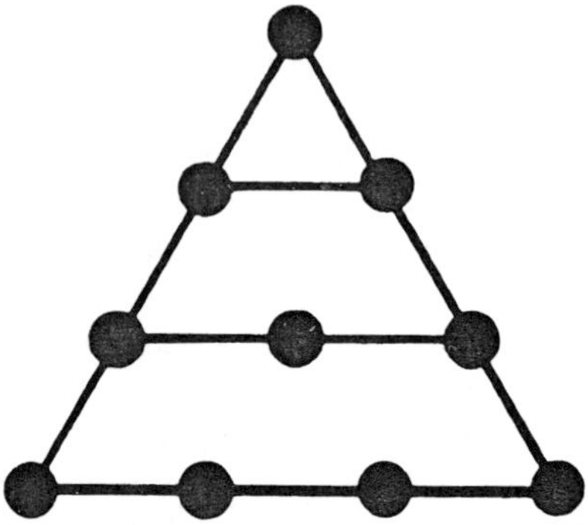

Fig. 41. Les « vertus » des nombres chez les Pythagoriciens : *tétractys* et décade.

La *tétractys* est la série des quatre premiers nombres, l'unité, le premier pair, le premier impair, le premier carré pair. Leur somme est 10 (1 + 2 + 3 + 4= 10), nombre privilégié pour les Pythagoriciens, que l'on peut aussi obtenir par la somme de l'unité et du premier carré impair (1 + 9 = 10) ou comme troisième terme d'une progression arithmétique de raison 3 à partir de l'unité (1 + 3 + 3 + 3 = 10). « La décade, dira Philolaos (frag. 11), est grande ; elle parfait et réalise toutes choses. »
Dans l'arithmo-géométrie des Pythagoriciens, où les nombres sont représentés par des figures géométriques composées de points, la *tétractys* est figurée par le triangle décadique.

2. LA RENAISSANCE DU GRAND ART

Les notions de proportion et de symétrie, capitales dans le pythagorisme, ne sont pas moins importantes dans l'art, qui conquiert alors ses moyens d'expression après les balbutiements de la période géométrique.

L'art archaïque et la société

Les conditions nouvelles du monde archaïque expliquent cet essor. D'humbles bourgades rurales qu'elles sont à l'origine, les cités deviennent des villes qui se jalousent et rivalisent entre elles par l'éclat de leurs monuments, autant que par les succès de leurs armes. La prospérité se développe partout, surtout à partir du VIIe siècle, et elle multiplie les commandes publiques ou privées. Les aristocrates, comme les parvenus de l'artisanat et du commerce, aiment à s'entourer d'objets luxueux et les arts mineurs connaissent une renaissance remarquable, aussi bien que le grand art, architecture ou sculpture, qui bénéficie de la puissance du sentiment religieux dans un monde où la religion civique ne peut que profiter de l'expansion des cités.

Les contacts nouveaux pris par les Grecs en Orient comptent tout autant. Non certes que les souvenirs de l'époque achéenne soient tout à fait oubliés : le plan du temple, la colonne dorique restent de bons témoignages de la vitalité de l'héritage mycénien. Mais, dans cet Orient que des liens économiques de plus en plus étroits rattachent à la Grèce, les Grecs apprennent à connaître un art vivant, fondé sur de solides techniques séculaires : les sanctuaires ioniens aux innombrables colonnes ressuscitent les salles hypostyles ; la statue masculine, avec la rigidité de sa posture, les bras collés au corps, le pied gauche avancé, rappelle manifestement des modèles égyptiens. Bien mieux, les Grecs se laissent séduire par la profusion décorative de l'art oriental : les menus objets d'ivoire, de bronze, de céramique, somptueusement décorés, souvent enrichis d'incrustations ou brillamment polychromes, exercent sur eux une influence profonde. C'est déjà l'admiration des croisés pour les productions de la technique levantine. Un goût nouveau s'introduit non seulement dans les riches cités de l'Ionie, en contact permanent avec l'intérieur, mais encore en Grèce, à Corinthe notamment. Le vocabulaire esthétique s'enrichit de motifs empruntés à l'Orient : arabesques, animaux réels ou fantastiques. La rigidité du Géométrique s'assouplit et la fantaisie s'introduit dans la peinture des vases.

Certes la manie de l'orientalisme ne durera qu'un temps et à la période dite souvent orientalisante (en gros, le VIIe siècle) fera suite, au VIe siècle, une réaction vers la sobriété et même vers la sévérité. Mais, momentanément au moins, cet esprit nouveau qui souffle de la Méditerranée orientale vivifie tout l'hellénisme, au lendemain des expériences trop strictes du géométrisme, lui rendant le goût de la vie et le sens du décor.

Dans les cités coloniales enfin, des perspectives immenses s'offrent aux artistes. La plupart des nouvelle villes sont installées dans des pays barbares, où aucune tradition artistique locale ne peut influencer les Grecs. Mais la prospérité, qui n'a d'égale que celle de l'Ionie, la possibilité de voir grand, le sentiment d'avoir tout à créer, et librement, l'influence de l'Orient aussi exaltent les énergies et expliquent les réussites de l'art.

L'art qui apparaît grâce à ces conditions éminemment favorables reflète bien la civilisation qui l'a vu naître. En particulier il présente la même diversité fondamentale que nous avons constatée dans presque tous les domaines. Au moins deux grands courants se dessinent : le courant dorien, issu de la région d'abord la plus vivante de la Grèce propre, le Péloponnèse, s'impose par sa puissance, sa sobriété, sa rigueur ; le courant ionien, en Ionie et dans l'Archipel, se caractérise par sa grâce, sa surcharge, sa fantaisie. Entre les deux l'art attique, lorsque Athènes aura conquis sa place parmi les grandes cités (donc guère avant le VIe siècle), tentera d'établir une difficile synthèse où la souplesse ionienne tempérera la sévérité dorienne.

Pourtant, malgré des tendances aussi divergentes, l'art archaïque possède son unité : c'est l'art dru et vivant d'un peuple jeune, habile à trouver son bien où il le peut, mais qui s'oriente délibérément ves l'humanisme ; aucune de ses créations n'a encore la perfection classique, faite d'harmonie et d'eurythmie, mais partout il cherche avec enthousiasme de nouvelles voies. Nul doute que les grands sanctuaires panhelléniques, Olympie, Delphes, Délos, n'aient joué un grand rôle dans la création de cette unité artistique, si sensible malgré la diversité des écoles.

Une architecture religieuse

La manifestation la plus apparente de l'art nouveau est la naissance d'une architecture religieuse. Les temples étaient apparus timidement dès l'époque géométrique, remplaçant généralement des sanctuaires plus simples dont l'autel était la seule construction. Désormais ils se multiplient, fournissant aux dieux de solides demeures dignes d'eux. Car le temple est la maison du dieu et non celle des fidèles, qui se contentent d'apercevoir de loin par la porte ouverte la divinité incarnée dans sa statue et de lui offrir leurs sacrifices sur l'autel, normalement placé devant l'entrée.

Le temple ne comprend à l'origine qu'une pièce, le *naos*, où réside le dieu. Mais il se complique vite et, sous sa forme canonique qui se fixe vers 600 (temple C de Thermos, Héraion d'Olympie), il compte trois pièces, le vestibule *(pronaos)*, le sanctuaire proprement dit *(naos)* et le vestibule arrière (opisthodome), symétrique du *pronaos* mais sans communication avec le *naos*. Il n'est guère douteux qu'un tel plan dérive en grande partie du *mégaron* mycénien, encore que cette filiation fasse difficulté et soit moins communément admise qu'autrefois. Dans la pratique les temples s'écartent souvent de ce schéma : notamment, dans les cultes secrets l'opisthodome est remplacé par un *abaton*, sorte de « saint des saints » ouvrant sur le *naos* (ce plan est fréquent en Occident) ; il peut aussi y avoir une disposition à quatre pièces, avec *abaton* et opisthodome (par exemple dans le temple d'Apollon à Delphes). L'édifice est normalement orienté vers l'est, selon les coutumes orientales, mais là aussi les nécessités du terrain ou les particularités du culte peuvent imposer des dérogations à la règle.

L'élément le plus apparent du temple est la colonne. Il est très rare qu'elle fasse défaut. Même dans le type le plus simple, le porche est soutenu par deux colonnes entre les antes. On voit apparaître une colonnade continue entourant le temple d'un portique sur les quatre côtés (périptère), dont la réfection de l'Héraion de Samos vers 700 donnerait le premier exemple : innovation capitale qui n'a pas d'antécédent au IIe millénaire. À l'intérieur la colonnade axiale fait vite place à deux rangées de colonnes.

Certains sanctuaires comprennent d'autres constructions que le temple et son autel : ce sont les trésors *(thésauroi)* qui gardent, au moins dans leur nom, le souvenir de la période préhellénique. Offerts au dieu par une cité ou par un tyran, ils servent à conserver les offrandes les plus précieuses qui ne pourraient rester à l'air libre. Ils se composent d'une pièce unique, quadrangulaire, assez vite précédée d'un porche soutenu par deux colonnes.

La création des ordres architecturaux

Ces édifices sont composés uniquement de plates-bandes et de pieds-droits, c'est-à-dire d'éléments rectilignes. Mais ces éléments, et particulièrement l'entablement et la colonnade, ne sont pas laissés à la fantaisie de l'architecte ; ils obéissent à des canons stricts qui règlent leur forme, leurs proportions, leur décoration et que l'on désigne du nom traditionnel d'*ordres*. Il y a deux ordres, le dorique et l'ionique, qui se sont élaborés parallèlement dès le haut archaïsme et qui vont désormais servir de cadre, immuable quant à l'essentiel, à l'architecture des Grecs, puis à celle des Romains et à celle de la Renaissance. Pareille survie d'ordonnances, dont le caractère conventionnel est évident, rend plus intéressant encore le problème de leurs origines.

Une remarque liminaire s'impose : les premiers temples sont faits de bois, ce qui explique les particularités les plus notables et en apparence les plus illogiques de l'architecture de pierre, qui très vite l'emporte.

Les éléments de l'ordre dorique sont bien connus : colonne jaillissant directement du stylobate et striée de 20 cannelures à arêtes vives, chapiteau géométrique composé d'une échine surmontée d'un tailloir carré, architrave lisse, frise présentant une alternance régulière de triglyphes et de métopes, muettes ou historiées, corniche dont le larmier s'orne de mutules et de gouttes.

La forme particulière de l'entablement s'explique aisément, d'après certains auteurs, dans le cas d'une architecture en bois : ainsi les triglyphes sont les extrémités des poutres, sculptées de canaux ou glyphes, et séparées par un vide que viennent combler des plaques de protection, les métopes ; les gouttes représentent un artifice pour que la pluie s'écoule sans atteindre les colonnes ou les murs et pour empêcher qu'ils ne pourrissent. C'est dans le Péloponnèse, berceau de l'art achéen, qu'a pris naissance cette architecture et il est certain que la colonne a été inspirée par des prototypes mycéniens (par exemple par les colonnes du « trésor d'Atrée »), beaucoup plus que par la colonne protodorique des Égyptiens, ainsi qu'on l'enseignait jadis.

Dans l'odre ionique, la colonne, plus grêle et élancée, striée de 24 cannelures à arêtes plates, repose sur une base qui assure sa stabilité ; le chapiteau est gracieusement décoré de volutes, double bandeau qui s'enroule sur lui-même et semble « un ressort transmettant au fût le poids de l'architrave » (F. A. Choisy) ; au-dessus de l'épistyle, formé de 3 plates-bandes ou fasces, la frise est continue. Le décor, presque inexistant dans l'ordre dorique, est ici répandu à profusion : palmettes, perles et pirouettes, oves et rais de cœur. Dans une variété éphémère de l'ionique, l'éolique, il envahit même le chapiteau, fait, à l'égyptienne, d'un bouquet de feuilles d'eau surmonté par les volutes (premier exemple à Néandria, vers 580).

Ici encore il faut supposer à l'origine une architecture de bois, mais l'absence de poutres de gros équarrissage a fait adopter des charpentes moins lourdes, à l'imitation de celles de Lydie et de Lycie et des *apadana* de Susiane. La légèreté aérienne de l'ionique par rapport au dorique s'explique par la rareté en Asie des robustes chênes de la Grèce propre qui ont permis les fortes structures de l'architecture péloponnésienne.

L'influence de l'Orient est d'ailleurs plus profonde encore : le chapiteau à volutes n'a pas été inventé par les Ioniens, mais a été emprunté à des prototypes hittites ou iraniens ; la frise elle-même, rare d'ailleurs dans les grands édifices archaïques et qui ne deviendra un élément canonique qu'à partir du Vᵉ siècle, à Athènes, prend ses modèles en Égypte et en Mésopotamie, où, au couronnement comme au soubassement, elle assurait la protection des parties les plus fragiles de la construction.

Les réussites de l'architecture archaïque

C'est donc d'éléments empruntés aux traditions mycénienne et orientale que naissent les ordres grecs. La rigueur de ces structures, qui s'imposent inéluctablement aux architectes, est d'ailleurs tempérée des mille variations qu'ils savent introduire dans chaque création et sans lesquelles l'hellénisme ne serait pas lui-même.

L'ordre dorique règne essentiellement dans le Péloponnèse, d'où la colonisation l'a largement diffusé dans l'Occident tout entier. L'un des incunables les plus précieux est encore partiellement debout dans l'Altis d'Olympie : c'est l'Héraion qui a succédé vers 600 à un premier temple du VIIIᵉ siècle ; avec ses colonnes de bois qui ne furent remplacées par des fûts de pierre qu'au fur et à mesure que la nécessité l'imposait, avec ses murets intérieurs réunissant les colonnes aux parois, comme si le maître d'œuvre doutait de ses propres capacités d'assurer sans cet artifice la stabilité de l'édifice, avec les maladresses de son plan barlong, il émeut comme les premiers dessins d'un enfant.

Dès le VIe siècle se multiplient les grandes créations : le temple d'Artémis à Corcyre (vers 590), le temple d'Apollon à Corinthe (peu après 550) avec ses puissants fûts monolithes, les trésors sagement rangés à Olympie sur la terrasse qui domine l'Altis, et, en Occident, l'Apollonion de Syracuse (vers 565) et la « Basilique » de Poseidonia (vers 530), où d'ailleurs se manifestent, dans les chapiteaux ornés de ciselures, des influences ioniennes. Athènes fait encore piètre figure avec l'Hécatompédon de Pisistrate, même doté par ses fils d'une colonnade périptère.

Dans le monde ionien les temples ont souvent un aspect colossal qui marque au vif l'influence de l'Orient. Les plus fameux, rebâtis en plus grand vers 570 sur des constructions antérieures, sont l'Artémision d'Éphèse et l'Héraion de Samos ; tous les deux diptères, ils sont soutenus par une véritable forêt de colonnes (127 à Éphèse, 133 à Samos). L'Artémision en particulier, qui s'élève grâce aux largesses du philhellène Crésus, est somptueusement décoré jusque dans les détails et même les bases des colonnes y sont sculptées : il restera, jusqu'à la nuit fatale où l'incendiera la folie d'Érostrate (356), l'une des gloires de l'Ionie. Ces temples sont imités à Milet (Didymeion) et à Sardes (temple de Cybèle).

Ces gigantesques constructions suscitent le zèle jaloux de l'Athènes des tyrans qui essaie de leur donner un pendant avec l'Olympieion, mais il faudra attendre Hadrien pour qu'il soit achevé. En même temps, la génie ionien crée à Delphes ces petits bijoux somptueux où semble se déchaîner une frénésie décorative que sont les trésors de Cnide (vers 545) ou de Siphnos (530-525) : leur plus grande originalité réside dans l'emploi d'un support animé, la Caryatide, à l'imitation de certains prototypes égyptiens.

La genèse de la grande plastique

L'exemple des Caryatides n'est pas le seul à montrer les liens étroits qui unissent à l'époque archaïque sculpture et architecture : la sculpture n'existe alors que pour peupler sanctuaires ou nécropoles.

On avait repris l'habitude, dès l'époque géométrique, de représenter l'homme et les animaux : mais les œuvres restaient de petite taille et d'un schématisme extrême. Cette même tentative se poursuit pendant l'archaïsme avec la double différence qu'il y a à partir de 650 des statues de grandes dimensions et qu'on y remarque une constante évolution vers le réalisme. L'apparition de la statue grandeur naturelle est liée au développement du temple : la statue c'est le dieu et il convient donc qu'elle donne une impression de majesté et de puissance, mais aussi qu'elle soit parée de toutes les séductions de la vie. L'Orient exerce d'ailleurs une influence déterminante dans cette genèse : les statuettes égyptiennes, assyriennes, néo-hittites ne sont pas rares dans les sanctuaires grecs du IXe au VIIe siècle.

L'art archaïque n'ignore pas les animaux : des lions gardent les tombeaux ou forment, à Délos, un admirable alignement conduisant, à la mode orientale, vers le sanctuaire de Léto. Pourtant partout l'homme triomphe, parce que partout triomphent des dieux à face humaine. La véritable création de l'archaïsme en ce domaine c'est celle des deux types du jeune homme *(couros)* et de la jeune fille (coré) qui servent aussi bien à représenter des mortels (dédicants, prêtres, morts d'ailleurs toujours figurés dans la fleur de leur âge) que des Immortels. Le *couros* est nu, les bras collés au corps, la jambe gauche avancée. Le corps féminin, lui, ne se conçoit que drapé dans la fine tunique tuyautée dont les plis légers s'opposent aux plis lourds du manteau de laine. Les corés tiennent souvent un objet, fleur ou oiseau, dans la main droite tendue, tandis que la gauche relève leur vêtement sur la cuisse.

Mais *couroi* et corés montrent les mêmes conventions dans leur visage aux yeux en amande, aux lèvres épaisses, animé du fameux « sourire archaïque » qui accentue leur expression énigmatique. Même recherche aussi de la décoration : sur les jeunes gens elle ne trouve guère à se déployer que dans les somptueuses chevelures ; chez les jeunes filles les coiffures sont très belles, dessinant souvent sur le front des « coquilles d'escargot » ou tombant en lourdes nattes que paraient des ornements de bronze ou de pierreries, aujourd'hui disparus, mais il y a également tout le luxe du vêtement où une peinture polychrome rendait parfois, comme sur les exemplaires de l'Acropole, le raffinement de la broderie.

Au premier regard ces statues paraissent toutes semblables et naguère encore on étudiait en bloc les « Apollons archaïques ». Il a fallu convenir depuis que tous les *couroi* ne sont pas des Apollons. De même l'évolution du style a été nette, sinon rapide. On a perdu les œuvres primitives, qui étaient en bois, et seuls les textes nous parlent de ces *xoana*, entourés partout de la plus grande vénération. Les premiers essais en pierre gardent un caractère rudimentaire : la Nicandré de Délos n'est guère qu'une poutre mal équarrie où le corps féminin ne transparaît pas sous la lourde draperie talaire. Mais des progrès se font sentir presque chaque décennie dans les proportions du visage ou du corps et, pour les *couroi*, dans l'anatomie : les exercices de la palestre permettent au sculpteur de mieux observer la musculature, particulièrement celle du thorax et de l'abdomen, les poils du pubis, le genou, dont l'évolution autorise le spécialiste d'aujourd'hui à dater approximativement les œuvres.

Peu à peu la statue, qui n'est guère à l'origine qu'une planche, s'inscrit dans les trois dimensions de l'espace ; elle s'anime parce que l'artiste ne se contente pas d'en réunir les parties par de brusques transitions, mais essaie de reproduire la souple unité d'un être humain. Même l'expression se modifie vers la fin du VIe siècle et l'on renonce à ce sourire figé que l'on retrouvera encore peu après jusque sur les mourants d'Égine : des visages graves, voire boudeurs, apparaissent.

L'apparition de la sculpture monumentale

Il serait arbitraire de vouloir séparer de la sculpture en ronde bosse la sculpture monumentale qui apparaît au même moment, liée plus étroitement encore à l'essor des temples :

moment décisif où les Grecs apprennent à décorer les parties hautes de leurs édifices, frises ou frontons, de figures que rehausse généralement une polychromie contrastée.

La frise offre des possiblités fort différentes selon qu'elle est dorique ou ionique. Les métopes de la frise dorique forment des tableaux séparés qui imposent au sculpteur une composition concentrée en épisodes successifs : les exploits d'Héraclès, les combats de la Gigantomachie, de la Centauromachie, de l'Amazonomachie s'y inscrivent aisément. La frise ionique, surtout fréquente alors sur les petits édifices, permet un développement plus souple et plus libre : ainsi autour du trésor de Siphnos à Delphes se déroulent le jugement de Pâris, le rapt d'Hippodamie, un combat devant Troie et une Gigantomachie subtile dans la disposition des personnages (530-525). Mais les Ioniens n'ont pas toujours su éviter dans ces bandeaux un bavardage narratif, assez voisin de celui de l'Orient.

Quant au fronton, il semble à la fois appeler la décoration sculptée et la refuser à cause de sa forme triangulaire qui impose de choquantes différences de taille entre les figures. Ce difficile problème a été résolu de plusieurs manières. Au temple d'Artémis à Corcyre de petits personnages entourent le motif central, Gorgone flanquée de panthères. Sur les trésors de tuf de l'Acropole primitive, on use pour garnir les angles de monstres, en particulier d'anguipèdes. Enfin au trésor de Siphnos à Delphes, on imagine d'y placer des hommes accroupis ou étendus, solution généralement adoptée par la suite, notamment à l'Hécatompédon des Pisistratides sur l'Acropole. Cet exemple montre combien les tâtonnements de l'archaïsme ont été fructueux, qui ont permis de dégager des schémas où l'art grec a ensuite inscrit ses plus belles découvertes.

Les écoles de sculpture

La diversité est plus grande encore dans la sculpture que dans l'architecture. À l'intérieur même du groupe dorien et du groupe ionien on a cherché à reconnaître des écoles correspondant aux grandes cités, mais on a parfois tendance aujourd'hui à considérer ces tentatives comme de simples jeux de l'esprit.

Chaque groupe en tout cas a une individualité bien marquée. En terre dorienne la statue se dresse volontiers massive, stricte, voire sévère. Même dans le corps féminin on dégage des éléments de lourde stabilité : il est vêtu d'un rigoureux *péplos*, dont le haut, lisse, s'anime à peine d'un frémissement à la hauteur des seins, tandis que le bas, cannelé de gros plis, semble une colonne dorique.

Mais il faut aussitôt nuancer. Sparte a beaucoup d'alacrité dans ses petits bronzes, ses reliefs cultuels (fig. 42), ses

Fig. 42. Stèle de Chrysapha : adoration d'un couple divin infernal ou de morts héroïsés. Vers 540-530. Musée de Sparte.

masques grimaçants. Un Argien a sculpté pour Delphes les jumeaux, Cléobis et Biton, puissamment structurés. À Corinthe, où l'Orient impose sa marque, le corps est plus mince, plus allongé, comme dans l'Apollon de Ténéa. Une petite cité, Sicyone, offre à Delphes un trésor où sont représentés une razzia de Castor et Pollux, les Argonautes, Europe et la chasse de Calydon : l'artiste eût pu y étaler le pittoresque des récits ioniens, mais il a préféré condenser ces épisodes et telle métope, comme celle qu'occupe seul un énorme sanglier, est d'une incomparable puissance. À l'Artémision de Corcyre, le meurtre de Méduse saisit aussi par la brutalité expressive du monstre-épouvantail qui, au centre du fronton, accapare l'attention. La Béotie subit l'influence péloponnésienne, avec un goût marqué pour les scènes familières (fig. 43). En Occident les métopes des premiers édifices de Sélinonte et du sanctuaire du Sele (près de Poseidonia) montrent de semblables recherches, mais avec peut-être plus de pittoresque, dû aux apports ioniens, et un sens du théâtre, visible en particulier dans la composition, qui restera caractéristique de l'art colonial de Sicile et de Grande-Grèce.

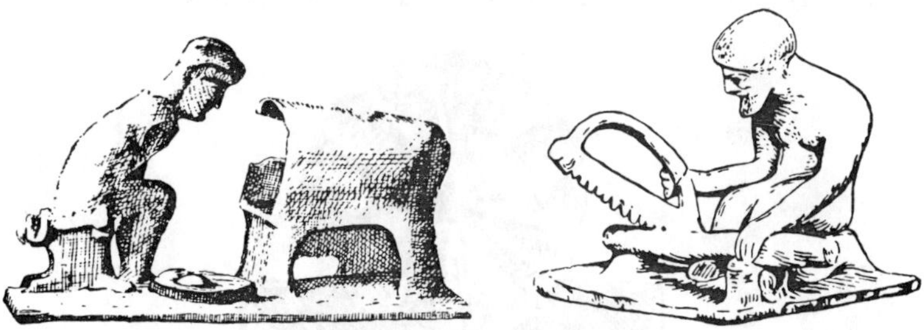

Fig. 43. Figurines béotiennes de terre cuite, fin du VIe siècle : *à gauche*, pâtissier devant son four (Musée du Louvre) ; *à droite*, scieur au travail (Copenhague, Musée national).

La sculpture ionienne est le reflet d'un monde plus aimable et qui s'alanguit volontiers. Elle aime les animaux (lions naxiens de Délos) ou les figures fantastiques (fig. 44). Les *couroi* qu'elle produit ne sont pas de robustes athlètes à la mode dorienne, mais « des serviteurs des palais des tyrans » (E. Langlotz). Elle traite conventionnellement la musculature pour y saisir l'occasion de jeux décoratifs : ainsi le ventre a souvent la forme d'une lyre renversée. Mais elle représente aussi, domaine qui lui appartient en propre, l'homme drapé (telle statue virile de Tigani à Samos montre un personnage adipeux, que l'on sent plus adonné aux plaisirs des banquets qu'à la gymnastique) et l'homme assis (l'allée qui conduisait au Didymeion de Milet était bordée de statues-portraits des Branchides, étonnante galerie de rois-prêtres, bons vivants apathiques au visage levantin).

Elle marque surtout une dilection particulière pour le

corps féminin, ses rotondités, sa grâce ondulante : elle le vêt de somptueuses draperies de lin aux fins plissements coquettement contrastés. Même l'Héra de Chéramyès, originaire de Samos, qui est une pièce ancienne (vers 560) et fort rigide, a des contours fluides. Les corés de Délos, plus récentes, forment un délicat ensemble de jeunes beautés plantureuses et raffinées qui n'a guère d'égal que celui de l'Acropole. Parfois, surtout à Chios, l'artiste s'essaie à plus de vivacité : ainsi Archermos de Chios sculpte pour Délos (vers 550) une Victoire en « course agenouillée » (adaptation grecque d'un motif oriental) toute animée par le mouvement et la vie.

Fig. 44. Plaque d'or au repoussé : Centaure revenant de la chasse. Rhodes, fin du VIIe siècle. Berlin, Staatliche Museen.

Mais partout, plus amolli sur la côte d'Asie, plus ferme à Naxos, plus souriant à Paros, plus allègre à Chios, c'est bien le même art qui préfère à tout la souplesse des transitions, la *morbidezza* du visage, la profusion du décor, et dont les frises du trésor de Siphnos à Delphes sont peut-être le plus harmonieux résumé.

À Athènes, où la sculpture commence plus tard, les premiers essais sont modestes. Les frontons de tuf des petites chapelles de l'Acropole ou même du premier Hécatompédon (première moitié du VIe siècle) illustrent naïvement et sans grand souci de la composition des sujets à la mode (combats d'animaux, luttes d'Héraclès contre l'hydre ou contre Triton). Mais déjà le fronton de marbre de l'Hécatompédon péristyle des Pisistratides offre un thème plus noble, une Gigantomachie, avec une heureuse recherche dans la disposition des personnages, et peut être considéré comme la préfigure des grands ensembles du siècle suivant. La ronde-bosse donne des chefs-d'œuvre avec le Moschophore, le cavalier Rampin et surtout les corés qui formaient pour Athéna sur l'Acropole le plus délicat des cortèges : certes elles doivent beaucoup à l'influence de l'Ionie, dans la grâce de leur sourire comme dans la coquetterie de leur vêtement polychrome ; mais elles se montrent plus nerveuses, plus vives, plus pudiques que leurs sœurs d'Ionie et, à la fin du siècle, la « Boudeuse », comme son frère l'« Éphèbe blond », témoigne que, trouvant enfin sa voie, l'art attique répudie les apports extérieurs qui avaient favorisé son éclosion et découvre un difficile équilibre qui le caractérisera désormais.

Le seul grand nom connu des dernières décennies est à Athènes celui d'Anténor, auteur sur l'Acropole d'une coré puissamment structurée et à Delphes des frontons du temple des Alcméonides. Pour la première fois, le sculpteur y oppose un fronton statique et un fronton dynamique, selon un parti qui sera souvent repris, notamment à Olympie ; mais les deux ensembles se ressemblent par leur équilibre géométrique très accusé, qui n'est pas sans analogie avec celui qu'on retrouve au même moment dans la réforme de Clisthène et dans les cartes ioniennes d'un Anaximandre et d'un Hécatée. Dans tous les domaines, l'esprit cherche à imposer à la réalité une loi mathématique, avec un géométrisme parfois pesant.

La céramique orientalisante

Le même mouvement de libération transforme les arts mineurs au sortir du Géométrique, et notamment la céramique, qui connaît alors un prodigieux développement, en liaison avec l'essor du commerce de luxe (parfums, vins, huile). D'abord s'impose une céramique orientalisante : gaie de couleur, elle cherche à séduire l'œil par sa vive polychromie et par ses sujets empruntés à l'Orient, disposés en registres superposés. Les motifs les plus fréquents sont tirés des mondes végétal et animal : une tige s'enroule délicatement, un oiseau s'envole, un cerf se penche vers l'eau, un félin s'avance noblement, parfois même débouche un monstre. Toujours se révèle un goût passionné de la vie, un sens précis de la ligne et de la tache de couleur qui éclaire le vase.

Les premières productions apparaissent en Asie et dans les îles adjacentes. Le groupe le plus important est celui des vases dits rhodiens, que l'on fabrique en réalité aussi dans plusieurs centres de la côte. Le vase est couvert d'un englobe blanc sur lequel on peint en noir, avec des retouches blanches ou rouges (fig. 45). Bien d'autres ateliers fournissent des poteries assez voisines, à Samos, à Larissa, à Clazomènes, et même à Naucratis en Égypte. La figure humaine apparaît dans les hydries ioniennes trouvées à Caeré en Étrurie, qui montrent des scènes mythologiques traitées avec beaucoup plus de vie et d'humour que de sens de la composition. La terre cuite sert aussi en Anatolie pour d'autres objets que les vases, pour les grandes frises architectoniques gaiement colorées de Larissa-sur-l'Hermos ou pour les sarcophages de Clazomènes.

En Grèce propre, le centre essentiel de la céramique orientalisante est à Corinthe. On y fabrique des poteries reconnaissables à la couleur jaune pâle de leur argile, sur laquelle le dessin se détache en vernis noir. Le Proto-corinthien (à partir de 750) comprend surtout des vases de petite taille où le décor est fait de frises d'animaux. Dans le Corinthien proprement dit (à partir de 625), les alabastres et les aryballes sont nombreux ; ils portent généralement un seul grand motif, très souvent un fauve ou un monstre monocéphale à deux corps. La figure humaine apparaît aussi tôt que le décor animalier, et se développe beaucoup au

VIe siècle, sous l'influence attique. La technique est celle de la figure noire, avec des incisions et des retouches colorées.

À Athènes enfin, la céramique ne dégénère pas après l'éclatante période géométrique. C'est d'abord le Proto-attique, tout imprégné d'orientalisme, mais où le génie athénien trouve déjà sa voie propre dans le décor narratif : les grands sujets tirés des mythes homériques sont enserrés dans un décor végétal de vrilles, de fleurs, de palmettes. La technique est la même qu'à Corinthe, mais les silhouettes d'un excellent vernis noir qui va faire la réputation de l'Attique se détachent sur l'argile rouge.

Fig. 45. Oinochoé rhodienne. Vase orientalisant décoré de registres superposés (animaux, ornementation végétale). Musée du Louvre.

La céramique attique du VIe siècle

Tandis qu'en Ionie et à Corinthe l'influence orientalisante reste grande, à Athènes se produit une évolution originale. Le décor végétal est réduit au minimum et toute l'attention se concentre sur la représentation humaine. À la joie des yeux se substitue ou plutôt s'ajoute le plaisir de l'esprit, avivé par les inscriptions qui accompagnent souvent les personnages (fig. 46). Les sujets sont généralement empruntés à la mythologie (notamment au cycle d'Héraclès qui fournit de bons

Fig. 46. Course de chars. Fragment d'un cratère attique provenant de Pharsale (Thessalie) (premier quart du VIe siècle).
Les inscriptions se lisent : « Sophilos m'a peint. Jeux funèbres en l'honneur de Patrocle. » Le nom d'un spectateur, Achille, est aussi indiqué.

éléments de pittoresque), mais les scènes où sont figurés les joyeux compagnons de Dionysos, qui se multiplient, se rapprochent de la vie quotidienne. Certains vases sont de véritables chefs-d'œuvre, et d'ailleurs l'artiste, conscient de s'élever au-dessus de l'art industriel, signe parfois son œuvre. La pièce maîtresse est sans doute le vase François (deuxième quart du VIe siècle), qui porte la double signature de Clitias et d'Ergotimos : avec ses 250 personnages et ses 128 inscriptions, « c'est une sorte de Bible grecque illustrée » (E. Pottier). À partir de 550, les noms les plus importants sont ceux du « peintre d'Amasis » et surtout d'Exécias qui, habile à concentrer l'attention sur l'essentiel dans ses admirables compositions mythologiques, domine de loin toute la production, intensifiée par la ruine des ateliers concurrents de Corinthe.

Brusquement, en plein apogée de la figure noire, une révolution technique bouleverse la céramique. Les sujets, jusqu'ici peints en noir sur fond rouge et où le détail ne pouvait être rendu que par des incisions faites au burin, sont désormais réservés en rouge, tandis que tout le vase est enduit de vernis noir. L'artiste peut maintenant soigner le visage, la musculature ou la draperie, en traçant, à l'aide d'un poil, des traits d'une exquise finesse. La figure noire est un art de la silhouette : un simple renversement des rôles respectifs du vernis noir et du fond rouge crée la peinture céramique, bientôt capable par la finesse de l'exécution de rivaliser avec la grande peinture. Cette invention, souvent rapportée à Nicosthénès, ne fait pas disparaître totalement la vieille technique, qui se survit jusque vers 475, mais, dès la fin du VIe siècle, elle apparaît promise à un éclatant avenir.

3. À LA RECHERCHE D'UN ÉQUILIBRE RELIGIEUX

Parler de la littérature, de l'art et même de la philosophie archaïques c'est déjà parler de la religion, dont le caractère alors le plus apparent est qu'elle informe toute la vie. Pourtant les principales innovations remontent à l'époque géométrique : de nouveaux dieux se sont introduits, un équilibre s'est établi entre divinités masculines et féminines, la cité naissante s'est créé des cultes poliades et a élevé des temples où abriter les idoles. L'archaïsme ne connaît donc pas de révolution religieuse, mais la renaissance générale de l'hellénisme et la prospérité croissante permettent un harmonieux développement de la vie spirituelle.

Religion civique et religion populaire

Le panthéon grec est alors composé, grâce à des synthèses déjà anciennes renforcées d'éléments orientaux plus récents, de puissances ouraniennes et de puissances chthoniennes. Distinction qui, en gros tout au moins, est celle de la religion civique et de la religion populaire.

La religion civique, en apparence la plus vivante, suscite un admirable élan constructeur et établit un lien spirituel étroit entre les membres de la communauté. Le groupe des fidèles s'y identifie avec le groupe social (cité, tribu, phratrie...). En fait, il est représenté dans les actes liturgiques par des officiants, les prêtres, qui ressemblent de fort près aux magistrats par leurs origines sociales, par leur mode de recrutement, par leur caractère généralement annuel. Le dieu, figuré maintenant par une grande idole, a plus que jamais besoin d'être nourri, d'où l'importance du sacrifice qui est de loin le rite essentiel : l'animal immolé est partagé entre le dieu, qui se contente le plus souvent de la graisse et des os, et les fidèles réunis en un repas de communion.

Les processions, héritées de la civilisation crétomycénienne, reviennent en honneur avec le développement corrélatif de la prospérité et du sens artistique : elles ne sont plus seulement des rogations destinées à attirer les bienfaits des dieux et en particulier d'opulentes récoltes ; elles deviennent de grandes fêtes où la cité s'enorgueillit d'étaler le faste de ses vêtements somptueux, de ses victimes grasses et de ses beaux adolescents. Ainsi pour les Panathénées d'Athènes, il ne s'agit plus tant d'offrir à la déesse le *péplos* brodé par de jeunes Athéniennes que d'éblouir la Grèce invitée à la panégyrie, en même temps que se forme entre les citoyens le sentiment d'appartenir à une communauté puissante.

La religion populaire, elle, continue à s'adresser, dans la tradition créto-mycénienne, aux présences mystérieuses qui animent la vie et la nature. Ses cérémonies restent volontiers secrètes, des mystères comme disaient les Grecs, du verbe qui signifie « garder bouche close » : non, comme on l'a longtemps cru, qu'elles représentent des cultes achéens interdits par les vainqueurs doriens, mais parce qu'il est de leur nature profonde de réserver le salut aux seuls initiés.

Au premier plan, Déméter garde l'incomparable privilège de dispenser les riches moissons et de veiller sur l'outre-tombe. En Arcadie, elle est honorée en d'étranges liturgies agraires, où les déguisements zoomorphes et une orchestique rustique jouent leur rôle : témoins ces figurines à tête animale du sanctuaire de Lycosoura, où Déméter avait comme parèdre la fille que, transformée en cavale, elle avait conçue d'un Poseidon cheval, la mystérieuse Despoina (Maîtresse) dont il était interdit de prononcer le nom. Ces rites d'une simplicité primitive devaient se perpétuer jusqu'à l'époque où Pausanias visita la Grèce.

En Attique, le centre principal du culte de Déméter est à Éleusis ; mais, dans une ambiance différente, différent aussi est son culte. L'*Hymne homérique* qui lui est consacré et a été rédigé dans l'atmosphère éleusinienne à la fin du VIIe siècle, chante ses malheurs de *mater dolorosa*, la quête douloureuse de sa fille (ici Coré, née des œuvres de Zeus), leurs retrouvailles dans la sainte cité où Déméter elle-même fonde son sanctuaire et institue « des rites augustes qu'il est impossible de transgresser, de pénétrer ni de divulguer » (vers 477). Ce texte admirable de ferveur expose en vers émouvants le vieux mythe naturiste issu de l'angoisse étreignante de l'homme devant le changement cyclique des saisons, qui sert de fondement aux mystères. Mais, hélas ! il ne nous dit pas ce qu'étaient ces mystères ni en quoi l'initié pouvait légitimement espérer après le trépas un sort différent du non-initié. Il y a en tout cas de bonnes raisons de penser que les rites des mystères, qui culminent dans une solennelle monstrance de l'épi, sont l'héritage de l'époque créto-mycénienne.

Déméter est l'héritière d'une ancienne divinité de la croissance des céréales honorée dès l'époque néolithique et qui a pris sa forme définitive lors du syncrétisme créto-mycénien. Dionysos, dont le nom figure aussi sur les tablettes pyliennes – et déjà lié au vin –, est lui aussi un dieu ancien, mais il connaît un remarquable essor pendant l'archaïsme, sans doute en liaison avec le développement de la viticulture. Sa personnalité est enrichie par des influences anatoliennes, notamment par sa fusion avec un dieu lydien, Bacchos.

C'est une divinité essentiellement populaire (et de fait son rôle est faible dans l'épopée aristocratique d'Homère). Il est le dieu de la végétation en général, du *ganos* (humidité vivifiante) qui anime tout l'univers végétal, des grands arbres, du pin notamment dont la pomme demeurera son attribut familier, du lierre aussi dont l'hiver ne fait point disparaître le manteau, mais surtout il est le dieu de la vigne et du vin. Liquide et feu à la fois, le vin, qui est comme le *ganos* de la vigne, produit dans l'âme de terrifiants effets : elle est arrachée à elle-même et possédée par le dieu.

D'où la violence extatique des cultes de Dionysos, dont on a pu trouver l'analogue dans les religions les plus primitives. Le dieu lui-même est entouré d'un cortège effréné de Satyres, démons mi-animaux mi-humains, aux rudes instincts dont sont souvent victimes les Ménades (littéralement : les Affolées), leurs compagnes. Les fidèles imitent les sarabandes du thiase (cortège) bacchique : les Bacchants se livrent à des danses de possession dont le dithyrambe ne sera que la pâle transposition ; les Bacchantes (dites aussi Ménades), plus déchaînées encore, parcourent les solitudes des montagnes boisées, brandissant un thyrse (bâton terminé souvent par un rameau ou par une pomme de pin, héritage des vieux cultes de l'arbre), déchiquetant et consommant à cru les animaux qu'elles rencontrent.

Religion terrifiante à bien des égards, transportant en Grèce les orgies de la Crète et de l'Anatolie, exaltant les puissances souterraines de l'âme. Mais religion libératrice aussi : Dionysos est Éleuthéreus, c'est-à-dire Libérateur – épithète déjà attestée dans une tablette mycénienne –, non seulement parce qu'il délivre de tous les refoulements et tabous qui accablent, mais aussi parce qu'il est l'animateur incomparable des fêtes où la liesse établit la concorde entre les citoyens et où, peu à peu, s'épanouissent des formes dramatiques de plus en plus épurées. Par sa nouveauté, par sa complexité, Dionysos exerce d'étranges séductions, chaque jour plus fortes : prélude archaïque à un long triomphe qui durera jusqu'en pleine époque hellénistique.

La faveur des cultes chthoniens, grands rivaux des cultes poliades, inquiète longtemps les cités. Il semble cependant qu'au VIe siècle un équilibre s'établisse entre eux, notamment à Athènes. Pisistrate comprend qu'on ne peut entraver le succès déjà séculaire des liturgies en l'honneur de Déméter ou de Dionysos ; il décide donc de les intégrer dans la religion officielle. Ne pouvant les éliminer, il les assimile. Lui qui bâtit un temple pour la patronne d'Athènes, Athéna, et développe les Panathénées, il organise aussi les Dionysies et élève à Éleusis un *télestérion* hypostyle. Ainsi s'établit un équilibre entre puissances ouraniennes et puissances chthoniennes qui, pendant plus d'un siècle, va donner à l'hellénisme spirituel force et vitalité.

Les grands sanctuaires panhelléniques

Malgré le particularisme archaïque, si visible même dans la religion, certains sanctuaires, généralement éloignés de toute cité importante, tendent à dépasser par leur réputation les limites d'une cité ou d'un canton. Tel est déjà Délos, rendez-vous au cœur de l'Archipel de tous les Ioniens insulaires. Tels sont surtout Delphes et Olympie, dont la vocation panhellénique s'affirme et qui voient se développer des formes cultuelles assez particulières, mantique et concours.

Delphes est surtout fameux par l'oracle qu'Apollon, héritier des antiques mantiques de la Terre, y rend par la bouche de la Pythie : oracle d'inspiration qui suppose la possession, l'« enthousiasme » comme disaient les Grecs, de la prophétesse par son dieu, sans que l'on puisse alors trouver en elle la moindre trace de ce délire hystérique que des textes tardifs lui prêteront. Apollon ne révèle pas à proprement parler l'avenir, mais il répond à une question précise en enseignant la voie la meilleure. Les particuliers affluent pour consulter sur un voyage, un mariage, une entreprise ; mais les cités envoient aussi des théores (ambassadeurs sacrés) interroger le dieu sur une déclaration de guerre ou une fondation de colonie ; il n'est pas jusqu'à un roi de Lydie comme Crésus qui ne soit sensible à la parole du dieu, laquelle d'ailleurs dans son cas se révélera dangereusement ambiguë. L'influence spirituelle – et hélas ! temporelle – du dieu, ou plutôt de ses prêtres, est profonde. Elle ne sera jamais plus grande qu'à la veille des guerres médiques où leur médisme inconsidéré va, temporairement, porter un coup sensible à son immense prestige (fig. 47).

Les concours représentent une autre forme religieuse typiquement grecque. Outre ceux qui sont célébrés dans des sanctuaires locaux, il existe 4 centres privilégiés par leur caractère panhellénique : Delphes même (jeux pythiques, en mémoire de Python), l'Isthme, Némée et surtout Olympie. L'analyse permet de déceler dans les jeux olympiques des éléments d'origine fort diverse, car ils ont recueilli l'héritage aussi bien des festivals donnés dans les théâtres minoens que des épreuves de force des guerriers doriens. Ils sont une commémoration du héros Pélops, leur fondateur d'après l'une des formes du mythe, mais on y trouve aussi le souvenir de liturgies agraires très primitives : la course à pied éveille les puissances de la Terre en l'ébranlant, la course en char rappelle l'enlèvement annuel de la déesse de la végétation par le Seigneur infernal, à telle enseigne que le vainqueur, véritable « dieu de mai », couronné d'olivier et couvert de branchages, a conscience que l'univers entier des forces souterraines s'associe à sa victoire.

Mais les concours sont aussi l'occasion pour les

concurrents de révéler ce qu'il y a de plus profond en eux, leur valeur propre *(arété)*, qui n'est d'ailleurs que le reflet de celle de leur race et de leur patrie. Leur idéologie aristocratique, d'origine sans doute dorienne, donne la première place au meilleur et exalte l'individu, à condition qu'il s'intègre fortement dans les groupes sociaux du *génos* et de l'État.

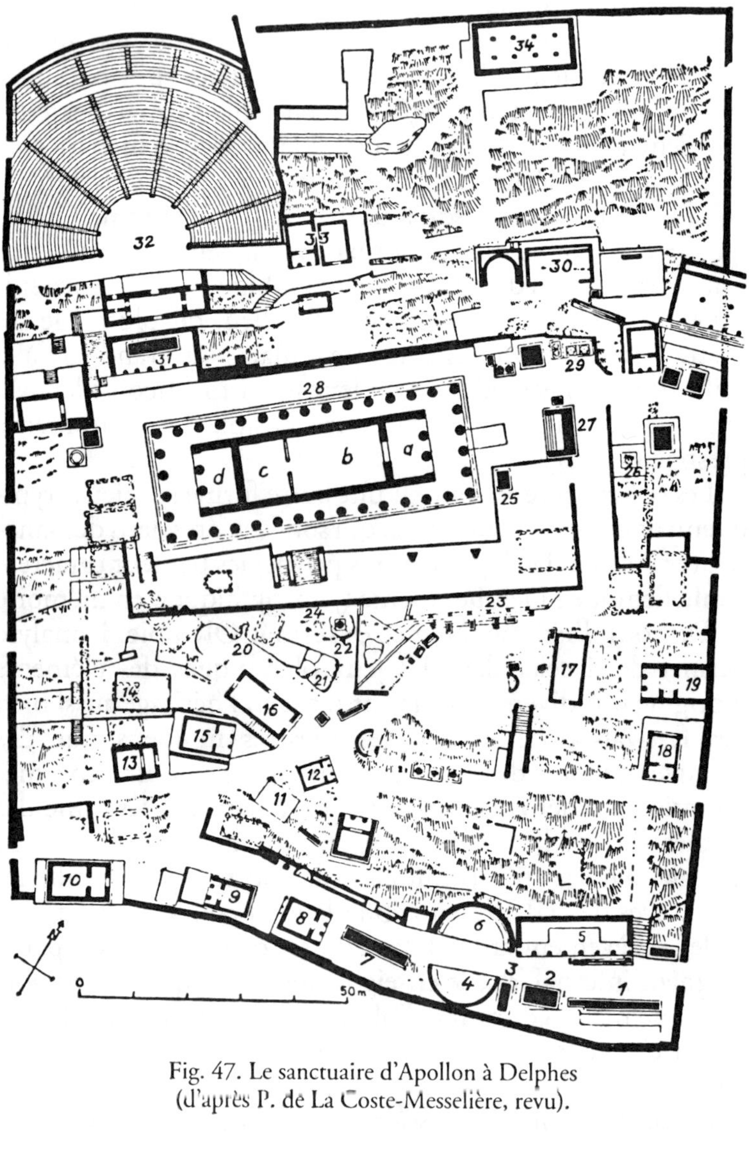

Fig. 47. Le sanctuaire d'Apollon à Delphes
(d'après P. de La Coste-Messelière, revu).

1. Les Navarques (avec à l'ouest, la base de Marathon). – 2 et 3. Les Sept contre Thèbes, le char d'Amphiaraos et le cheval de Troie : offrandes argiennes. – 4. Les Épigones. – 5. Base hellénistique. – 6. Les Rois d'Argos. – 7. Base des Tarentins. – 8. Trésor des Sicyoniens. – 9. Trésor des Siphniens. – 10. Trésor des Thébains. – 11. Trésor des Syracusains. – 12. Trésor dit des Cnidiens. – 13. Trésor des Potidéates. – 14. Trésor étrusque (?). – 15. Trésor des Athéniens. – 16. *Bouleutérion*. – 17. Trésor des Corinthiens. – 18. Trésor des Cyrénéens. – 19. Prytanée. – 20. *Téménos* de la Terre et des Muses. – 21. Rocher de la Sibylle. – 22. Sphinx des Naxiens. – 23. Portique des Athéniens. – 24. Mur polygonal. – 25. Pilier de Paul-Émile. – 26. Trépied de Platées. – 27. Autel d'Apollon. – 28. Temple d'Apollon : a) *pronaos* ; b) *naos* ; c) *adyton* ; d) opisthodome. – 29. Trépieds des Deinoménides. – 30. *Ex-voto* de Daochos. – 31. Chasse d'Alexandre. – 32. Théâtre. – 33. Trésors anonymes. – 34. *Lesché* des Cnidiens.

La longue histoire architecturale des sanctuaires delphiques débute au VIIe siècle par des édifices encore simples. L'incendie du temple d'Apollon en 548 détermine une brillante époque de constructions (deuxième moitié du VIe siècle) qui voit la reconstruction du temple et l'érection de nombreux trésors. À l'époque classique, les nouveaux *ex-voto* servent surtout à étaler l'orgueil des cités dans les luttes qui les dressent contre les Barbares (Perses ou Carthaginois) ou contre d'autres cités grecques. Le cataclysme de 373 (tremblement de terre ? et éboulement) amène la reconstruction des temples et l'*hiéron* prend alors son aspect quasi définitif. (L'astérique indique les édifices de l'*hiéron* d'Athéna à Marmaria).

VIIe siècle, premier temple d'Apollon et * premier temple d'Athéna. – 2e moitié VIIe, trésor de Corinthe (qui abritera, à partir de 548, les offrandes lydiennes). – 580-570, *tholos* et monoptère de Clisthène de Sicyone. – 575, Sphinx des Naxiens. – VIe siècle, gymnase. – 550-545, trésor des Cnidiens. – 548, destruction du temple d'Apollon par un incendie, entraînant une restauration générale du sanctuaire. – 540-510, mur polygonal ; péribole du sanctuaire ; nouveau temple d'Apollon (dit temple des Alcméonides). – 530-525, trésor des Siphniens. – 510-480, trésor des Sicyoniens (les pierres des deux édifices de Clisthène sont réutilisées dans les fondations), – 506, portique des Athéniens. – 500, autel d'Apollon, construit par les Chiotes ; * temple en tuf d'Athéna. – 490-460, mur Sud du sanctuaire (dit mur hellénique). – 490-489, trésor des Athéniens. – 480-470, offrandes des Deinoménides. – 479, trépied de Platées. – Ve siècle, base des Tarentins ; stade. – 460, base de Marathon (offrande des Athéniens). – 456, les Épigones, les Sept contre Thèbes et le char d'Amphiaraos (offrande des Argiens). – 450, *lesché* des Cnidiens. – 414, le cheval de Troie (offrande des Argiens). – 405, les Navarques (offrande des Spartiates). – IVe siècle, reconstruction du gymnase. – Début IVe siècle, trésor des Cyrénéens. – 373, destruction des temples d'Apollon et * d'Athéna. – 370-360, * trésor des Marseillais. – 369, les Rois (offrande des Argiens). – 369-360, * reconstruction du temple d'Athéna. – 369-330, reconstruction du temple d'Apollon. – 336, *ex-voto* thessalien de Daochos. – 320, chasse d'Alexandre (*ex-voto* de Cratère). – IIIe siècle, théâtre (réfection en 160 et sous Néron). – 161, pilier de Paul-Émile.

Religion et vie spirituelle

Concurremment, un puissant mouvement spirituel anime la religion, la soustrait au formalisme des rites et répond aux aspirations nouvelles d'une société moins primitive. Déjà dans Hésiode on constatait une tendance à moraliser les dieux, qui se renforce pendant l'archaïsme. Zeus en particulier devient le garant de la vie morale et le protecteur par excellence de Justice (considérée d'ailleurs comme sa fille), vertu fondamentale qui s'impose progressivement dans cet âge de rudes convulsions, ignorant encore des raffinements de la philanthropie, et que définiront, en d'admirables formules, et Eschyle et Pindare, héritiers en cela de la tradition archaïque.

Quant à Apollon, il favorise à Delphes des progrès plus importants encore : c'est auprès de son sanctuaire que la responsabilité personnelle se dégage de la responsabilité collective du *génos*, que s'élabore la notion de pureté rituelle et morale. Moment capital où le phylonomisme cède devant l'ontonomisme, où les vieilles malédictions s'attachant à la race ne sont plus considérées comme définitivement immuables, où le remords peut engendrer le pardon de l'âme souillée par un crime. Apollon et son demi-frère Héraclès n'avaient-ils pas donné eux-mêmes l'exemple en se purifiant du meurtre de Python pour l'un, de ses enfants pour l'autre ?

Certes de telles acquisitions sont lentes et Eschyle devra encore lutter pour les faire admettre, mais quelle évolution déjà depuis les âges noirs du Géométrique !

Cependant d'autres espoirs attirent les âmes, soucieuses de s'assurer une éternité bienheureuse. Les mystères d'Éleusis sont plus que de vieilles liturgies agraires, le culte de Dionysos que les gambades des Satyres : l'espérance du salut les anime, comme il anime une doctrine dont l'audience semble considérable pendant l'archaïsme, l'orphisme. Rattaché au nom prestigieux du chantre Orphée, il enseigne qu'en tout homme il y a deux éléments : l'âme, céleste, et le corps, titanesque, puisque l'humanité est issue des cendres des Titans qui avaient dévoré Dionysos-Zagreus. L'âme est délivrée par la mort du corps, son tombeau, mais, après jugement porté par les dieux sur les actes commis pendant la vie, elle connaît une nouvelle incarnation, jusqu'à ce que, complètement purifiée, elle accède à la félicité des Bienheureux. Doctrine exaltante, héritée sans doute d'une sotériologie crétoise de l'enfant divin assassiné et ressuscitant, et qui suscite dans toute le monde grec une intense recherche de la pureté. Malgré le travail de classification des textes orphiques accompli pour les Pisistratides par Onomacrite, penseur trop original pour se plier à cette collation, il est difficile de connaître l'orphisme, tout autant que le pythagorisme, dont on le sépare mal. On sent cependant la profondeur de ce courant mystique dans l'influence qu'il a exercée sur des esprits comme Pindare et même Platon.

À la fin de l'archaïsme, le monde grec est fragmenté en une mosaïque de petits États indépendants, maladivement jaloux les uns des autres et fort différents par leur situation géographique comme par leur degré d'évolution. Mais l'unité de l'hellénisme n'est pas moins patente que sa diversité. C'est déjà l'unité d'une culture, telle qu'Isocrate la définira dans un passage fameux du *Panégyrique*, 50 : « On emploie le nom de Grecs non pas comme celui de la race, mais comme celui de la civilisation. » Nourris des mêmes poésies d'Homère, s'enfiévrant dans les mêmes recherches littéraires ou artistiques, se rencontrant dans ces foyers communs qu'étaient les grands sanctuaires, les Grecs ont pris conscience de leur spéficité et de tout ce qui les différencie des Barbares, dont la sourde menace commence à planer sur eux.

Dans ce monde, animé depuis deux siècles d'un dynamisme fervent et créateur, l'évolution s'accélère au cours des dernières décennies du VIe siècle et les formes se diversifient. La tragédie s'organise, la figure noire s'efface devant la figure rouge, le sourire délaisse les visages de pierre, la démocratie conquiert Athènes... Les guerres médiques, trop postérieures, ne sauraient rendre compte d'une transformation si profonde : elles apparaissent plutôt comme une consécration.

Désormais conscient de sa puissance et de sa grandeur,

porté par un irrésistible élan, l'hellénisme puise en lui-même la force d'un éclatant renouvellement. L'affrontement qui se prépare, et qui sera à la fois la plus rude des épreuves et la plus dure des victoires, lui fournira seulement d'autres façons de s'imposer et d'autres raisons de s'affirmer.

LIVRE III

L'épanouissement du classicisme grec

CHAPITRE 1

Athènes maîtresse de l'Égée

L'aube et le crépuscule du Vᵉ siècle sont couleur de sang. Il s'ouvre par le prodigieux mais court affrontement des Grecs et des Barbares et s'achève par l'interminable mêlée où, dans une lutte fratricide, les Grecs usent leurs forces vives. Entre les deux, les « cinquante ans » (la pentécontaétie), comme disaient les Athéniens, qui sont ceux de l'incomparable triomphe d'Athènes.

1. GRECS ET BARBARES : LES LUTTES POUR L'INDÉPENDANCE (499-478)

Les guerres médiques, que nous devrions appeler persiques, dérivent directement de l'antagonisme entre deux mondes en pleine expansion. Depuis la conquête du Moyen-Orient par Cyrus, l'Empire perse n'avait cessé de croître avec Cambyse et de s'organiser avec Darius. La première rencontre entre Perses et Grecs a lieu en Asie même, où toute la côte, grecque depuis des siècles, a été annexée par Cyrus après sa victoire sur Crésus.

La révolte de l'Ionie (499-493)

Pendant longtemps les relations des Ioniens avec leurs nouveaux maîtres ne sont pas plus mauvaises qu'elles n'avaient été avec les Mermnades. Darius lui-même respecte leurs coutumes et leurs croyances : une inscription de Magnésie le montre protégeant les prêtres d'Apollon contre les empiétements de ses fonctionnaires. Mais son attitude est plus dure : il impose des garnisons, lève un tribut à la place des contributions en apparence volontaires, impose des gouvernements tyranniques, plus faciles à manier pour lui, mais qui paraissent anachroniques alors que les cités partout se libèrent de la tyrannie.

On a parlé de contraintes économiques, Darius soutenant les Phéniciens contre les Ioniens. Mais il faut renoncer à cette vue : l'Ionie reste d'une incontestable prospérité, en dépit du grand malheur, totalement indépendant de l'avance perse, que représente pour Milet la destruction de Sybaris, son relais en Occident. L'unité imposée par Darius à tout l'Orient et bientôt même à la région des Détroits, le développement de la bonne monnaie d'or des Dariques, l'extension du réseau routier ne peuvent que profiter au commerce ionien. Pourtant les Grecs d'Asie se sentent brimés, atteints au plus profond de leur conscience politique, parce que Darius les traite en sujets, alors que les Mermnades et même les premiers Achéménides avaient respecté la fiction de leur autonomie.

L'attachement profond à la liberté, essentiel même chez ces Levantins qu'abâtardit le luxe, est donc la cause véritable de la révolte qui embrase l'Ionie dès 499, mais les intrigues obscures des tyrans de Milet, Histiée et son gendre Aristagoras, y jouent aussi leur rôle. Les révoltés s'adressent en vain aux villes de Grèce : seules Athènes et Érétrie envoient une très modeste expédition, qui se contente de pousser une pointe jusqu'à Sardes et d'y brûler la ville et le grand temple de Cybèle (498), puis se rembarque à la hâte. Livrés à eux-mêmes, d'ailleurs incapables de s'entendre, les Ioniens sont défaits à Ladé ; Milet est prise d'assaut et rasée, y compris l'opulent Didymeion. Bientôt les Perses sont à nouveau maîtres de toute l'Asie grecque, sur laquelle ils font régner la terreur.

La première guerre médique

Darius n'oublie pas cette alerte. Une anecdote rapporte qu'il se fait rappeler chaque jour « de se souvenir des Athéniens ». Il lui semble certainement dangereux de laisser libre une partie du monde grec, alors qu'il vient de ramener l'autre dans une dure servitude. L'annexion lui apparaît d'autant plus aisée qu'il s'est renseigné sur la Grèce, dont les forces sont infimes à comparer avec les siennes. On a parlé des visées du Grand Roi à l'empire universel, en se fondant sur les titres grandiloquents qu'il utilise dans ses inscriptions, titres hérités en réalité des monarchies sumériennes et babyloniennes. Ses ambitions sont plus modestes et plus réalistes : ajouter aux conquêtes de ses prédécesseurs et aux siennes propres une nouvelle satrapie, la Grèce (carte 12).

Dès 492 son gendre Mardonios est envoyé reprendre en main la Thrace et la Macédoine, vassales depuis 512, mais, blessé, il doit renoncer à poursuivre vers Athènes. En 490 une flotte cingle vers la Grèce : elle obtient le ralliement peureux de nombreuses cités, épargne Délos, mais détruit de fond en comble Naxos et Érétrie, puis débarque sur la côte orientale de l'Attique à Marathon. Athènes n'a aucune pitié à attendre du Perse, aucun secours des autres Grecs : Sparte se retranche derrière des prétextes religieux pour ne pas intervenir et seule la fidèle Platées a le courage d'expédier quelques hoplites. Les Athéniens sont rangés en bataille par Miltiade le Jeune, l'ancien tyran de Chersonèse chassé de ses États par l'avance perse : l'habile stratège attaque en profitant sans doute du départ d'une partie des Perses et la vaillance désespérée de ses hommes boute l'ennemi à la mer (490). Des traîtres inconnus (des aristocrates ? des partisans des tyrans ? les Alcméonides ?) ont beau hisser un bouclier sur le Pentélique pour appeler la flotte barbare dans une ville vide de ses défenseurs : l'armée accourt aussitôt. Pour la première fois les Athéniens ont sauvé à la fois eux-mêmes et la Grèce, et c'est le cœur rempli d'une légitime fierté qu'ils peuvent honorer leurs morts d'un haut tumulus et offrir un trésor au dieu de Delphes.

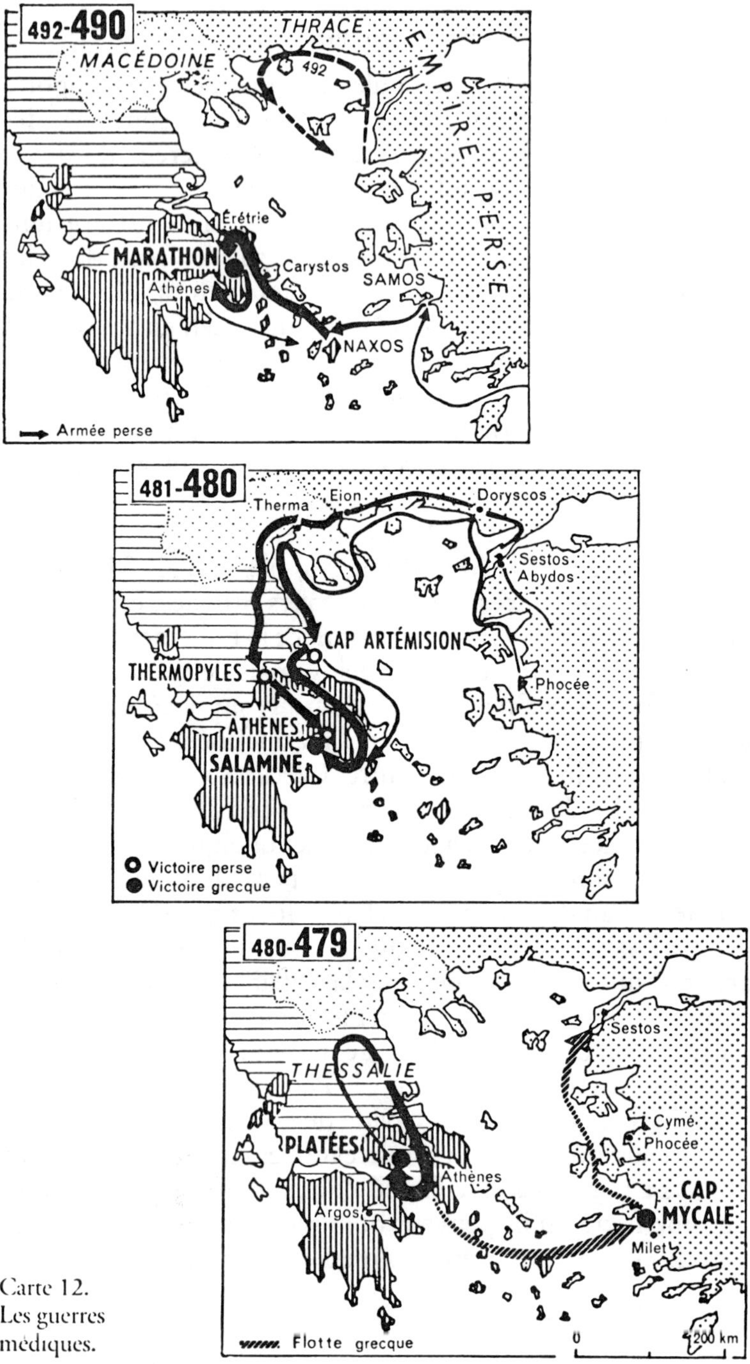

Carte 12.
Les guerres médiques.

La seconde guerre médique

La mort interrompt Darius, ulcéré par sa défaite, dans ses nouveaux préparatifs. Son fils Xerxès lui succède (486) et met méthodiquement sur pied une gigantesque expédition. Un vent de terreur souffle sur la Grèce et seules 31 cités osent, dans un congrès réuni à Corinthe, s'unir dans une ligue panhellénique avec le ferme propos de résister aux Barbares, tandis que Thessaliens et Béotiens trahissent et que l'oracle de Delphes médit.

Xerxès à la tête d'une monstrueuse cohue passe l'Hellespont sur un pont de bateaux et descend vers la Grèce, tandis que sa flotte longe les côtes : « C'est un grand vol d'oiseaux vêtus de sombre azur » (Eschyle, *Perses*, 559). Les Grecs n'eussent pu l'arrêter qu'à l'étroit défilé des Thermopyles, qui garde l'entrée de la Grèce centrale, mais les Spartiates n'y envoient que de faibles contingents, 6 000 hommes tout au plus (dont le tiers d'une fidélité douteuse), afin de garder les meilleures troupes pour la défense de l'Isthme. Ce sordide égoïsme n'enlève rien à la gloire des 300 Lacédémoniens et des quelques Thespiens qui, après avoir peigné leurs belles chevelures, « meurent jusqu'au dernier pour obéir aux lois ». Mais Xerxès est passé et l'incertaine victoire navale de l'Artémision, à la pointe nord de l'Eubée, est rendue inutile par l'abandon des Thermopyles. Rien ne peut plus entraver « l'irrésistible élan d'Arès monté sur le char syrien », ainsi que la Pythie l'annonce sans ambage aux Athéniens venus la consulter dans l'épouvante (Hérodote, 7, 140).

Un homme pourtant ne désespère ni d'Athènes ni de la Grèce : c'est Thémistocle, dont l'action audacieuse entre les deux guerres a doté Athènes d'une flotte importante. Il arrache à la Pythie un oracle plus rassurant, galvanise les énergies, décide non sans mal ses concitoyens à chercher refuge dans le « rempart de bois » de leurs navires, tandis que la ville est abandonnée et que femmes et enfants sont évacués. Xerxès poursuit sa marche inexorable, prend et rase Athènes désertée, vengeant ainsi les ruines de Sardes. Les Grecs désunis hésitent et tremblent, mais, génialement fourbe, Thémistocle sait les contraindre au combat dans la rade de Salamine. Quand à l'aube du 29 septembre 480 ils entonnent le péan : « Allez, fils de la Grèce, délivrez vos enfants et vos femmes, les sanctuaires des dieux de vos pères et les tombeaux de vos aïeux : c'est la lutte suprême », ils savent bien qu'ils risquent le tout pour le tout. Leurs adversaires, Phéniciens et

Ioniens contraints à une fidélité forcée, se battent bien, mais marins et soldats grecs, parmi lesquels se distinguent les Éginètes et les Athéniens, méritent le prix de la valeur et bientôt, conformément aux espoirs de Thémistocle, le désordre se met dans la flotte des Perses, d'ailleurs trop nombreuse pour l'étroitesse de la baie. Le soir, « une plainte mêlée de sanglots règne seule sur la mer au large, jusqu'à l'heure où la nuit au sombre visage vient tout arrêter » (Eschyle, *Perses*, 426).

Xerxès se retire lentement vers l'Asie. Il repasse l'Hellespont, premier et dernier souverain perse à avoir foulé le sol de la Grèce. Il laisse en Thessalie des troupes d'élite sous les ordres de Mardonios, qui peut en 479 s'emparer à nouveau d'Athènes et ruiner ses ruines, mais est complètement défait à Platées, où les Spartiates de Pausanias et les Athéniens d'Aristide font des prodiges de valeur. Cette bataille terrestre, où les Thébains luttent avec un détestable acharnement aux côtés des Perses, complète la victoire navale de Salamine et détermine le repli définitif des Barbares.

Rien n'arrête plus l'élan des Grecs qui prennent à leur tour l'offensive, passent en Asie, défont à Mycale les troupes apeurées du Grand Roi (août 479). En 478, les Athéniens éliminent à Sestos la dernière garnison perse en terre d'Europe. Les guerres médiques sont finies, mais il faudra attendre trente ans pour qu'un traité de paix soit signé.

Le salut des Grecs de Sicile

Au même moment, les Grecs de Sicile doivent affronter un Barbare non moins redoutable, le Carthaginois. Ce synchronisme a paru à certains dû non au hasard, mais à un traité conclu entre Suse et Carthage. Là encore les Hellènes sont désunis, puisque Sélinonte et Rhégion combattent aux côtés du Sémite. Là encore leur triomphe est éclatant : sur les bords du fleuve Himère, Gélon de Syracuse remporte une victoire dure, mais décisive sur Hamilcar (480). Ils s'emparent d'un immense butin et de nombreux captifs, qui vont permettre l'exécution de gigantesques travaux. Peu après (474), les Syracusains défont aussi les Étrusques devant Cumes. Ces deux succès, qui peuvent passer pour une revanche d'Alalia, vont permettre à l'hellénisme d'Occident, momentanément débarrassé de ses rivaux, d'atteindre à un éclatant développement.

Triomphe des Grecs et triomphe d'Athènes

Pour la première fois des cités grecques, qui sont loin de constituer toutes les forces de la petite Grèce et encore moins de l'hellénisme, ont fait taire leurs éternelles et récentes discordes pour défendre ce qui représente pour elles le bien suprême, la liberté. Leur étonnante victoire ne s'explique pas autrement. En face d'elles, un seul homme libre, le Grand Roi, commandant à un peuple d'esclaves, à des soldats qui marchent au combat sous la menace du fouet, à des marins ioniens rendus passifs par l'épouvantable répression de la révolte de leur patrie, mais qui n'oublieront pas longtemps qu'ils luttent contre leurs frères. Sans importance réelle pour le Perse, Marathon, Salamine, Platées sont des dates capitales dans l'histoire de la Grèce : un peuple qui ne veut pas mourir ni s'abandonner trouve son salut dans son courage, dans son abnégation, dans son union. Unique symphonie dans la perpétuelle discordance d'un monde interminablement divisé contre lui-même.

Entre toutes les cités Athènes a lutté, a peiné, a souffert. Elle s'est montrée moins égoïste que d'autres, que Sparte notamment. Elle, surtout, a vaincu à Salamine, où elle a mis en ligne les deux tiers de la flotte grecque. Aussi va-t-elle recueillir le fruit principal de la victoire. Sa vocation maritime s'affirme et il y a un symbole dans le geste de Cimon suspendant le mors de son cheval dans le temple d'Athéna. Mais c'est le menu peuple des rameurs qui a décidé du succès ; il ne consentira pas trop longtemps qu'on l'oublie. Toute l'évolution ultérieure d'une Athènes tournée vers la mer et démocratique est en germe dès 480. En attendant, la cité se dresse dans un élan unanime : « De cette invasion gigantesque par terre et par mer qui nous inspira une peur désespérée, il résulta une extrême union entre nous », comme le remarquera justement Platon (*Loi*, 698 c).

Athènes conquiert aussi un incomparable prestige qui va grouper autour d'elle les cités de l'Égée, avant d'attirer chez elle les plus dynamiques ou les plus intelligents des autres Grecs : la naissance de la ligue de Délos, l'afflux des métèques sont aussi des conséquences des guerres médiques. Dès 472 Eschyle chante dans les *Perses* un hymne déchirant et triomphant à la gloire de sa patrie ; à la génération suivante, Hérodote montre plus de lucidité, mais non moins d'enthousiasme devant les exploits des Athéniens. L'art se met aussi au service de cette glorification : Athènes élève à Delphes un *héroon* pour commémorer Marathon (avec des statues de Miltiade, des dieux et héros de l'Attique dues à Phidias) et sur le Parthénon même l'*Iliou persis* ou l'Amazonomachie rappellent subtilement les premiers affrontements des Grecs et des Asiatiques.

De l'épouvantable épreuve la Grèce sort transformée. Son équilibre même est bouleversé, puisqu'une cité jusque-là moyenne passe au premier plan. C'est comme un coup de fouet qui aide les Athéniens à répudier tant de structures archaïques encore vivantes parmi eux. Ne sont-ils pas d'ailleurs contraints à penser et à réaliser du neuf, du fait que toute leur ville, souillée deux fois par le Perse, n'est qu'un amas de décombres ? Sans toujours l'excuser, on comprend le complexe de supériorité qui va désormais les animer.

2. AUTONOMIES ET IMPÉRIALISME

Au lendemain de la victoire, les villes de l'Égée vivent dans la terreur d'un retour offensif du Perse. Elles chercheraient volontiers appui auprès de Sparte, qui exerce l'hégémonie dans la ligue hellénique créée en 481 contre les Barbares, mais la grande cité dorienne, lasse des intrigues tyranniques de son roi Pausanias et de ses démêlés avec les alliés, redoutant aussi les conséquences, funestes à la longue, des expéditions lointaines qui ruineraient la stabilité politique et sociale à laquelle elle s'est vouée, se retire volontairement de la lutte, laissant le champ libre à Athènes. Ce retrait suppose implicitement un partage entre la terre qu'elle se réserve et la mer qu'elle abandonne au jeune dynamisme athénien.

La ligue de Délos et le rôle de Cimon

Les villes de l'Archipel et de la côte asiatique se tournent alors vers Athènes et forment avec elle une symmachie (alliance) dont le centre est à Délos, sanctuaire fédéral des Ioniens, et que l'on nomme pour cette raison confédération attico-délienne ou ligue de Délos.

Toutes les cités disposent d'une voix dans le conseil *(synédrion)* qui se réunit une fois l'an à Délos, et où Athènes jouit déjà d'une incontestable suprématie à cause du nombre des petites cités qui trouvent en elle leur seul espoir de salut. Les États qui ne veulent ou ne peuvent contribuer à la dépense commune de leurs soldats et de leurs navires sont autorisés à se racheter par le versement d'un tribut *(phoros)* que lèvent 10 Athéniens, les hellénotames (trésoriers des Grecs), chargés également de solder les dépenses, et beaucoup, inaugurant une politique de faiblesse et de démission dont ils seront vite les victimes, choisissent cette solution. D'ailleurs Athènes montre une grande équité, sous l'impulsion d'Aristide le Juste en qui les alliés reconnaissent « l'homme excellent entre tous envoyé par la divine Athènes » (Timocréon de Rhodes).

Cette confédération permanente – les serments jurés seront valables jusqu'à ce que remontent des masses de fer jetées à la mer – attribue à Athènes l'hégémonie au sens antique du terme, c'est-à-dire le pouvoir exécutif et la direction des opérations, mais l'autonomie des alliés est formellement reconnue. La ligue va très vite s'étendre et se modifier sous l'impulsion énergique de Cimon, fils de Miltiade. La victoire qu'il remporte sur le Perse à l'Eurymédon (468) assure définitivement à la ligue la maîtrise de l'Égée et la renforce de nouvelles adhésions (villes de Carie et de Lycie, nouvelles villes d'Ionie) : l'Asie grecque vole au secours de la victoire d'Athènes. Mais des révoltes éclatent, durement domptées par Cimon : à Naxos en 470, à Thasos en 465. D'ores et déjà il devient évident qu'aucune cité ne peut, contre le gré d'Athènes, se retirer de la ligue, qui comprend désormais, à côté de cités en apparence autonomes, des cités soumises par la force. Des colonies *(apoiciai)*, véritables postes militaires athéniens, sont installées, en particulier en Thrace pour surveiller Thasos, qui doit en outre démanteler son admirable rempart, livrer sa flotte, payer une lourde indemnité, renoncer à sa Pérée et à ses mines.

Depuis la mort d'Aristide et l'ostracisme de Thémistocle, l'aristocrate Cimon reste le maître incontesté d'Athènes et lui impose sa politique : poursuite de la guerre contre le Barbare, amitié avec Sparte. Appelé au secours par les Lacédémoniens, affolés par la révolte des Hilotes de Messénie, il obtient difficilement de l'*Ecclésia* l'autorisation d'intervenir, mais subit peu après, de la part de ceux-là mêmes qui l'avaient sollicité, l'humiliation d'un brusque renvoi. Les chefs démocrates, Éphialte et

Périclès, ses ennemis acharnés, sont trop heureux de saisir habilement ce prétexte pour le faire ostraciser (461).

Les premières épreuves de la démocratie (461-446)

La démocratie qui s'installe – pour longtemps – au pouvoir va-t-elle renoncer à l'expansion impérialiste ? Bien au contraire, elle croit avoir désormais les moyens de lutter sur deux fronts, contre le Grand Roi et contre Sparte qui trouve des alliés à Mégare, à Corinthe et en Béotie. Les deux séries d'entreprises sont enchevêtrées et confuses.

Contre Artaxerxès Ier, qui a pris le pouvoir en Perse après l'assassinat de son père Xerxès, Athènes mène une expédition lointaine en Égypte, afin de secourir Inaros, un vassal révolté du Grand Roi, et de se ménager de nouvelles positions commerciales. Elle n'aboutit qu'à un échec lamentable, qui aurait pu tourner au désastre et qui paradoxalement lui permet d'étendre encore l'empire par de nouvelles adhésions (Milet, Érythrées, Halicarnasse).

Contre les Péloponnésiens et leurs alliés, la lutte est indécise, et revers et victoires se succèdent : certes Athènes mate durement Égine, « cette taie sur l'œil du Pirée », selon la forte expression de Périclès, si bien que, ses garnisons solidement implantées à Naxos, à Thasos et à Égine, elle peut dominer pleinement l'Égée (457). Mais vaincue à Tanagra, victorieuse à Oinophyta, vaincue de nouveau à Coronée, elle devra finalement demander la paix à Sparte (446). Les deux cités, aussi lasses l'une que l'autre de ce conflit interminable, concluent une paix de trente ans. Cette « première guerre du Péloponnèse », ainsi qu'on l'appelle souvent non sans raison, montre bien les obstacles auxquels se heurte l'impérialisme athénien au moment même où il se renforce dans des proportions considérables.

L'Empire athénien de 454 à 431

Depuis longtemps la confédération n'est plus qu'une fiction. Athènes est maintenant assez forte pour cesser son double jeu. En 454, par une décision symbolique, elle transfère sur l'Acropole le trésor fédéral de Délos. La symmachie devient un empire *(arché)*. En 449 la paix de Callias met fin aux guerres médiques par un compromis entre Athènes et le Grand Roi : la clause la plus importante est la reconnaissance par le Perse de l'autonomie des cités grecques d'Asie. La confédération semble perdre sa raison d'être : la lutte contre le Barbare, et, de fait, il est possible qu'en 449 le tribut n'ait pas été perçu, au moins sur certaines cités. Mais il est réimposé dès l'année suivante et Athènes renforce l'organisation de l'Empire par des mesures unilatérales prises par l'*Ecclésia*. À une date très discutée (sans doute 449/448) le décret de Cléarchos interdit tout monnayage d'argent sur l'étendue de l'*arché* et y impose les monnaies et les poids et mesures athéniens. En 448/447, le décret de Cleinias établit un système rigoureux, avec tablettes et sceaux, pour la perception du tribut. L'Empire enfin est divisé en 5 districts pour faciliter la levée des contributions. Au moins à partir de 444, le trésor fédéral sert non seulement à entretenir l'armée et la marine qui assurent la paix dans l'intérêt général, mais aussi à subventionner les constructions de l'Acropole et Périclès peut proclamer fièrement, face aux revendications des alliés soutenus par l'aristocrate Thucydide, fils de Mélésias, que des cités qui ne contribuent en rien à la défense commune n'ont aucune protestation à élever contre l'utilisation des fonds du *phoros* décidée par l'*Ecclésia* (carte 13).

On enregistre de nouvelles révoltes, mais toujours en ordre dispersé : l'Eubée en 446, Samos en 441. La flotte est assez puissante pour mettre les insurgés à la raison. De nouvelles colonies sont déduites dans les îles qui jalonnent la route capitale des Détroits, à Chalcis et à Érétrie après leur soulèvement, en Asie Mineure où elles succèdent aux garnisons athéniennes entretenues avant la paix de Callias, enfin et surtout en Thrace (création de Bréa, puis d'Amphipolis), région vitale pour Athènes au point de vue économique et que l'influence athénienne pénètre de plus en plus jusque dans les tribus odryses des plaines bulgares.

L'organisation de l'Empire

Les moyens d'action dont dispose Athènes sont considérables. Des inspecteurs mandatés par l'*Ecclésia* parcourent

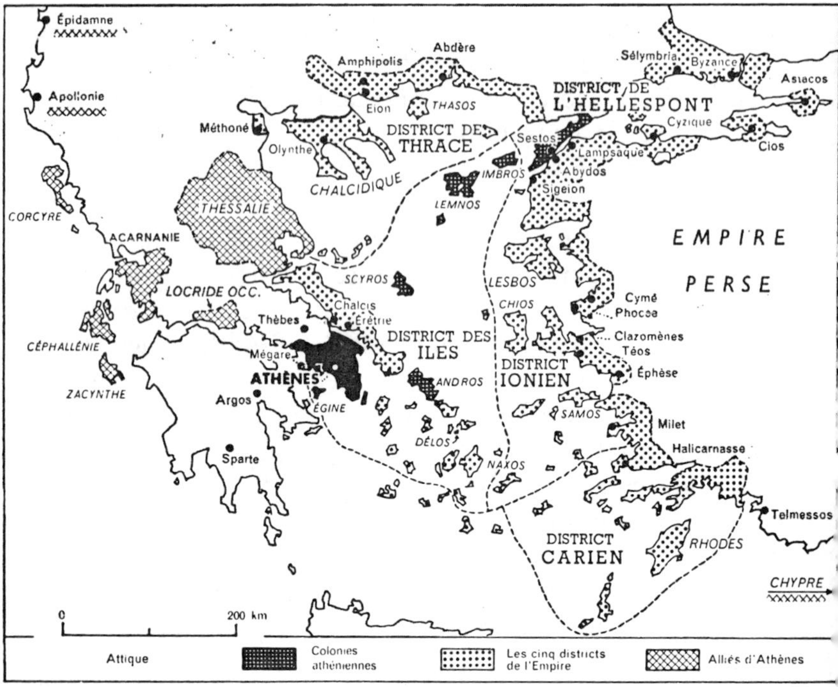

Carte 13. L'Empire athénien au Ve siècle.

l'Empire, surveillant la levée du tribut et veillant à la stricte application des décisions athéniennes. Des colons sont installés, de plus en plus nombreux, aux points stratégiques. Surtout une flotte considérable, qui atteint 300 à 400 trières, croise dans l'Égée, toujours prête à intervenir là où une révolte risque d'éclater. C'est essentiellement la crainte qui maintient les cités dans l'obéissance.

Depuis 454 le *synédrion* n'est plus réuni et toutes les décisions sont prises à Athènes. Le tribut est fixé par l'*Ecclésia* et réparti par la *Boulé* selon les évaluations de fixateurs *(tactai)* ; il est porté à Athènes aux Grandes Dionysies par les délégués des cités et remis aux hellénotames. Le soixantième en est versé à Athéna et l'on a conservé une partie des comptes de ces prémices. Jusqu'en 431 le *phoros* n'augmente guère (il varie entre 450 et 500 talents), malgré l'extension de l'Empire qui diminue la quote-part de chaque ville.

Tous les procès importants jugés dans l'Empire peuvent venir en appel devant les tribunaux populaires d'Athènes, ce qui implique pour les plaideurs des déplacements considérables et des séjours dispendieux. Les alliés se plaignent volontiers de la partialité des tribunaux athéniens. Il est difficile d'être fixé sur la véracité de ce reproche, mais il est bien sûr que les empiétements judiciaires d'Athènes sont de plus en plus nombreux : au début, seuls les attentats contre le pacte fédéral viennent en jugement à Athènes, mais bientôt ce sont les causes passibles de la peine capitale et mêmes les affaires privées de quelque conséquence.

On affirmait jadis que partout Athènes imposait son régime politique. En réalité Érythrées a pu garder sa tyrannie jusqu'en 453, Potidée son oligarchie jusqu'en 433. Mais les révoltes sont souvent l'occasion d'installer des gouvernements démocratiques, qui doivent d'ailleurs se répandre par la simple contagion de l'exemple athénien.

Si l'on se rappelle que le privilège – foncièrement lié à l'autonomie, aux yeux des Grecs – de la frappe des monnaies a été retiré à toutes les cités de l'*arché*, il apparaît que dans l'ensemble les Athéniens se sont conduits à l'égard de leurs « alliés », devenus en réalité leurs sujets, avec la plus extrême désinvolture, parfois avec la plus impitoyable tyrannie.

L'impérialisme athénien

Une question se pose alors tout naturellement : comment la démocratie et l'impérialisme sont-ils compatibles dans l'esprit des Athéniens, qui affectent de ne se laisser conduire que par la raison, ainsi qu'il appert des discours que Thucydide prête à Périclès ? Remarquons d'abord que la conception que les Grecs se font de la liberté est très différente de celle que nous a imposée l'idéologie de la Révolution française. Pour eux, aucune idée kantienne de la réciprocité des devoirs et des limites imposées à l'autonomie des uns par le respect de l'autonomie des autres : la liberté ne se manifeste qu'en agissant, et, précisons-le, en asservissant autrui. J. Larsen a bien montré que les plus infimes cités ont agi à cet égard comme Sparte et comme Athènes et ont usé leurs forces vives pendant des siècles dans des luttes stériles pour de dérisoires rectifications de frontière. Au surplus les plus idéalistes des Athéniens ne pouvaient-ils se consoler à l'idée que l'extension de l'Empire, c'était aussi l'extension de la démocratie, en oubliant que la démocratie qu'on autorisait aux cités de l'*arché* était de façade et irrémédiablement tronquée ?

Mais il y a plus. La démocratie athénienne est impérialiste non par accident, mais par essence. Elle vise avant tout à assurer une vie décente aux citoyens, même aux plus défavorisés. Cette diffusion du bien-être n'est possible qu'avec une politique de grands travaux, subventionnés par le tribut, avec la multiplication des colonies militaires, qui ne peuvent s'établir que par la confiscation des terres les plus riches des « alliés » et qui permettent à des thètes d'accéder au cens des zeugites. La misthophorie, base la plus sûre de la démocratie politique, suppose qu'Athènes dispose de revenus considérables, que seul lui assure l'Empire.

On est quelquefois étonné, à la lecture des discours de Périclès dans Thucydide, d'un véritable cynisme politique qui s'y étale sans aucune pudeur. Les Athéniens avaient certainement bonne conscience en exploitant à leur profit leurs frères des îles ou d'Asie. Thucydide, avec sa lucidité coutumière, a dégagé les fondements de cet impérialisme, qui se déchaîne avec plus de force encore pendant la guerre du Péloponnèse : les Athéniens ont pour eux la force, ils se doivent donc de l'employer ; ils inspirent à leurs sujets une crainte violente, à eux de les maintenir dans cet état de dépendance psychologique. Bien avant que la réflexion de certains sophistes n'ait développé un amoralisme nietzschéen, les démocrates du temps de Périclès, héritiers des aristocrates contemporains de Cimon, le pratiquaient allégrement.

Les résultats de l'impérialisme athénien

Athènes doit, au Ve siècle, le meilleur de sa puissance et de son prestige à l'Empire qu'elle a su conquérir et qu'elle exploite à son exclusif profit. Mais les rancœurs, les ressentiments, les haines suscités par sa dureté amèneront finalement sa ruine. Elle périra d'avoir outré ses prétentions à l'hégémonie maritime, qui pendant longtemps avait assuré sa grandeur et sa prospérité, de s'être montrée incapable de développer parmi ses alliés le sentiment d'appartenir à une communauté dont ils bénéficiaient eux aussi, d'avoir conçu un système politique où la démocratie engendrait comme sa condition nécessaire l'impérialisme. Sa déroute finale est due à ce qu'elle n'a pas pu continuer indéfiniment à être assez forte pour s'imposer par la force, et même Périclès le lucide s'est aveuglé au point de ne pas voir l'inéluctable dénouement.

Les alliés murmuraient, sans vouloir prendre conscience des incontestables bienfaits dont ils étaient aussi redevables à Athènes. La paix régnait dans l'Égée, le Barbare restait sur la défensive, le ravitaillement affluait, le commerce ne profitait pas qu'aux seuls Athéniens, puisqu'ils n'instauraient aucun monopole, l'unité du système monétaire mettait fin à un désordre séculaire et facilitait les transactions. Bien plus, Athènes donnait le grand exemple d'une ville où le *démos* tout entier participait aux affaires publiques, où le droit s'humanisait, où les plus somptueuses processions et les plus beaux sanctuaires chantaient la gloire des dieux, où tous ceux qui pensaient ou créaient se donnaient rendez-vous. Elle devenait, selon l'admirable formule où Périclès outrait à peine la gloire de sa patrie, l'« école de la Grèce » (Thucydide, 2, 41).

Étrange antagonisme, qui se développait ainsi entre une Athènes qui refusait d'admettre son injustice foncière et ses alliés qui ne consentaient pas à voir les services dont ils lui étaient malgré tout redevables ! Mais il faudra attendre la fin de la guerre du Péloponnèse pour qu'ils puissent secouer le joug abhorré, avant de s'apercevoir bien vite que d'autres hégémonies étaient encore moins supportables.

3. LA DÉMOCRATIE TRIOMPHANTE

La vie politique d'Athènes, au Ve siècle, s'organise autour de deux partis politiques antagonistes, les aristocrates et les démocrates. Au moins au début, ils représentent plutôt des tendances, des coalitions d'intérêt formées autour d'hommes de premier plan, que des partis (au sens moderne du terme) dotés d'un véritable programme politique. Jusqu'à la guerre du Péloponnèse, leurs *leaders* appartiennent presque exclusivement aux grandes familles d'Eupatrides.

Le début du siècle marque un tournant. De fortes personnalités qui, quelques décennies plus tôt, auraient aspiré à la tyrannie ont peine à se plier à l'ordre nouveau qui prétend imposer à tous une rude discipline égalitaire. Miltiade et Thémistocle, les deux vainqueurs des guerres médiques, meurent l'un en prison, l'autre en exil. C'est seulement à la génération suivante que les plus grands acceptent de n'être que les serviteurs les mieux doués de la communauté : le loyalisme de Cimon est exemplaire et Périclès lui-même n'est que le premier d'entre les citoyens. Mais le peuple garde vivace sa crainte des tyrans, sa méfiance envers les hommes supérieurs. Le dialogue entre Aristide et un citoyen illettré qui lui demandait d'écrire son nom sur un tesson d'ostracisme parce qu'il en avait assez de l'entendre appeler juste est révélateur d'un état d'esprit largement répandu. Aristide, Cimon, Périclès ont subi tour à tour les rigueurs du peuple, resté jaloux et soupçonneux bien après qu'il eut perdu toute raison de l'être (fig. 48).

Fig. 48. Tessons d'ostracisme : sur ces fragments de poterie, utilisés dans les votes d'ostracisme, on reconnaît les noms de Cimon, de Thémistocle, d'Aristide et de Périclès. Fouilles américaines de l'Agora d'Athènes.

Thémistocle et la « descente d'Athènes vers la mer »

Athènes avait déjà fait avec Solon et surtout avec Clisthène des pas décisifs, sur la voie de la démocratie, mais de 498 à 490 le parti aristocratique avait repris le pouvoir. Après Marathon des luttes stériles déchirent la cité, qui ostracise successivement Xanthippe, un Bouzige favorable au peuple, et Aristide, un modéré qui compte des appuis parmi les oligarques. Un démocrate, Thémistocle, en profite pour prendre le premier rang dans la vie politique. On ignore presque tout de ses origines et même des débuts de sa carrière, la date de son archontat étant discutée (soit avant, soit après Marathon). Il apparaît en tout cas comme un ambitieux ne s'embarrassant pas de scrupules, mais doué d'une intelligence lucide et il a un sens aigu des possibilités nouvelles qui s'offrent à Athènes, si elle consent à se tourner résolument vers la mer. Peut-être dès avant la première guerre médique, il commence la construction et la fortification du port du Pirée, destiné à se substituer à la médiocre rade du Phalère, et l'armement d'une flotte de guerre importante. Avec un remarquable opportunisme, il sait décider les Athéniens à utiliser, pour augmenter leur puissance navale, le nouveau filon découvert en 483/482 aux mines du Laurion et qui assure désormais à la cité une centaine de talents annuels : on remet un talent aux 100 citoyens les plus riches, à charge pour eux d'équiper chacun une trière. La victoire de Salamine sort directement de cette géniale improvisation de Thémistocle, qui au surplus renforce considérablement la démocratie par l'importance nouvelle accordée aux thètes dans la défense du patrimoine national.

Cependant le rôle de Thémistocle diminue dès après Salamine : Athènes supporte mal toute supériorité et d'ailleurs, par son orgueil, par sa démesure, par sa cupidité, Thémistocle se rend impopulaire aussi bien à une partie des démocrates, qui se rangent derrière les Alcméonides, qu'aux aristocrates dont il contrecarre directement les intérêts. Frappé d'ostracisme en 472/471, il erre longtemps à travers la Grèce avant d'aller offrir au Grand Roi ses services, trop heureux de recevoir de lui le gouvernement de Magnésie et de quelques autres cités. Le vainqueur de Salamine, le glorieux organisateur d'une victoire désespérée finissant sa vie comme vassal d'Artaxerxès, il y avait là un beau thème de réflexion pour les moralistes ! Mais la vraie coupable de cette scandaleuse palinodie n'était-elle pas Athènes, trop vite oublieuse des mérites d'un homme qui « avait persuadé la ville de descendre vers la mer » (Plutarque, *Thémistocle*, 4, 4) et ainsi assuré son salut pour le présent et sa prospérité pour l'avenir ?

Cimon et la revanche des oligarques

Paradoxalement, le parti oligarchique reprend le pouvoir peu après les victoires de la seconde guerre médique. Il trouve un chef énergique en la personne de Cimon, fils de Miltiade : un vaillant entraîneur d'hommes, aimant la vie, le vin, les filles, et au surplus familier et généreux avec tous. Sa vraie œuvre c'est de courir partout où il peut renforcer la puissance d'Athènes, peu ménager de sa peine, étendant méthodiquement l'Empire et enrichissant les citoyens du butin de ses fructueuses expéditions. De politique intérieure, point à proprement parler. Mais le vieux conseil aristocratique de l'Aréopage avait profité des guerres médiques et de l'ambiance de panique qu'elles avaient développée pour récupérer une partie de ses anciennes prérogatives, dévolues par Solon et par Clisthène aux rouages populaires, et pendant près de vingt ans Athènes s'abandonne aux charmes désuets d'une politique traditionnelle sous l'égide des oligarques.

Mais il n'est pas possible d'entraver définitivement l'élan populaire né des guerres médiques, d'autant que la politique extérieure de Cimon développe elle-même la puissance de la classe moyenne et des thètes. Sans doute doué d'une faible intelligence politique, le fils de Miltiade court allégrement à sa perte : traîné en justice par Périclès, il est acquitté, mais il est ostracisé après l'humiliant échec de son expédition en Messénie (461).

La consolidation définitive de la démocratie

Déjà l'intègre Éphialte qui mène la lutte des démocrates a profité de l'expédition pour faire passer une réforme capitale : l'Aréopage, discrédité par les procès de concussion intentés à plusieurs de ses membres, se voit dépouiller de toutes ses « attributions surajoutées » et réduire de fait à la juridiction des crimes religieux. C'est en vain que des oligarques le font assassiner : Périclès, qui avait combattu près de lui, complète son œuvre. Dès 457/456 les zeugites sont admis à l'archontat. Bientôt il institue la misthophorie, c'est-à-dire la rémunération des fonctions publiques, qui seule permet à tous les citoyens, quelle que soit leur condition de fortune, de participer réellement au maniement des affaires publiques. Au reste il fait preuve d'une grande modération jusque dans ces réformes capitales qui consolident définitivement la démocratie : les thètes restent exclus, en principe sinon en fait, de la plus honorifique des magistratures ; la stratégie ne comporte pas de *misthos* et demeure donc réservée aux classes supérieures ; la participation à l'assemblée, qui constitue le devoir essentiel du citoyen et n'entraîne qu'une perte de temps limitée, n'est pas rétribuée ; enfin la citoyenneté est restreinte par une loi de 451/450 aux hommes nés de père et de mère citoyens. Mais l'intention est nette d'intéresser tous les membres du corps civique à l'administration de l'État, de même que l'on inaugure de payer une solde aux marins, aux cavaliers et aux hoplites en activité. Avec Périclès, le droit de cité devient un métier.

Les rouages démocratiques fonctionnent désormais librement. « L'assemblée du peuple est souveraine sur toutes les questions », ainsi que le déclarera au siècle suivant Aristote, mais elle ne peut en principe délibérer que sur un *probouleuma* (délibération préalable) de la *Boulé*, conseil des Cinq-Cents dont les membres sont tirés au sort chaque année parmi les citoyens âgés de trente ans. Les dix sections constituées par les 50 bouleutes de chaque tribu, ou prytanes, siègent à tour de rôle comme une sorte de commission permanente du conseil, afin d'expédier les affaires courantes. Les magistratures restent annuelles et collégiales, si bien que tous les citoyens peuvent effectivement prendre part à la vie politique. Les archontes, qui restent entourés de grands honneurs, sont dépouillés de presque tous leurs droits anciens, sauf de fonctions religieuses et de l'instruction des procès. Les stratèges au contraire jouissent de pouvoirs considérables et constituent véritablement l'exécutif de la cité. Il y a de nombreuses charges secondaires de police (les Onze, les astynomes), de finance (trésoriers d'Athéna, apodectes, polètes, practores) ou de contrôle économique (agoranomes, métronomes, sitophylaques).

Le caractère le plus marquant de cette démocratie directe est l'importance de l'assemblée du peuple. La *Boulé*, conseil représentatif, lui est étroitement subordonnée. Les magistrats sont surveillés de près, soumis chaque prytanie au contrôle de l'*Ecclésia* qui peut les suspendre, et obligés de rendre compte à leur sortie de charge. Les dangers du système sont patents. L'exécutif est d'une rare faiblesse. L'assemblée est plus puissante qu'aucune assemblée moderne : or, c'est une assemblée nombreuse, passionnée, changeante, composée par définition de non-spécialistes qui discutent parfois interminablement sur des détails, passant très vite sur les affaires importantes. Ces évidentes critiques étaient déjà formulées par les oligarques du Ve siècle. Nous ajouterons qu'un régime où le corps civique est si restreint, excluant femmes, métèques, esclaves, et a encore été réduit par la loi de 451/450 ne nous paraît pas vraiment démocratique. Mais il serait injuste d'oublier que c'était la première fois qu'un peuple tout entier prenait si délibérément en main son destin. D'ailleurs, le *dêmos* avait eu la fortune de trouver un guide qui, pendant trente ans, devait le convaincre et l'éclairer : Périclès.

Périclès

Issu des nobles familles des Bouzyges et des Alcméonides, Périclès suit les leçons de Damon d'Oa, qui lui inspire la misthophorie, et d'Anaxagore, le prophète du *Nous*, de la Raison qui ordonne le chaos originel. Sa forte et noble personnalité éclate dans l'admirable buste de Crésilas qui le représente en stratège, le front haut, le regard grave, les traits fins, un peu hautain peut-être. Car ce démocrate n'aime pas la foule ; il parle rarement à l'*Ecclésia*, sinon dans les grandes circonstances, pour secouer ou rassurer le peuple ; il préfère la compagnie d'Aspasie, la savante Milésienne, et d'une élite d'amis qui tous comptent dans les lettres, les arts ou la pensée : Protagoras, Hippodamos, Phidias, Hérodote, Sophocle.

Parfaitement maître de lui, Périclès ne sourit jamais, et il ne pleure que deux fois dans sa vie ; mais les sentiments délicats, voire tendres, ne lui sont pas inconnus : pour lui la cité privée des jeunes soldats morts à la guerre c'est « l'année qui a perdu son printemps » et il aime Aspasie d'un amour profond qui n'est pas sans étonner ou scandaliser dans un monde qui privilégie d'autres attachements. Son intelligence est lucide : il conçoit un vaste système politique qu'il cherche à mettre en pratique, au lieu de se contenter, comme tant d'autres démagogues par la suite, d'improvisations du moment, et il mérite ainsi d'être qualifié de sage *(phronimos)* par Aristote. La persévérance ne lui fait pas défaut, bien nécessaire pour imposer une ligne d'action continue à un peuple aussi instable que le peuple athénien. Le *démos* est sensible à son énergie, qu'il sait montrer aussi bien à la tête d'une expédition militaire qu'à la tribune, à l'incomparable prestige de son intelligence, à sa voix forte à laquelle il doit peut-être son surnom d'Olympien, à son éloquence. La plus belle gloire de Périclès c'est d'avoir dominé Athènes pendant près de trente ans, constamment réélu stratège quinze ans de suite (443/442-429/428), jouissant de pouvoirs aussi étendus qu'autrefois le tyran Pisistrate, mais sans jamais sortir de la légalité.

L'idéal démocratique est au cœur de sa politique intérieure. Pour lui la démocratie c'est l'égalité de tous devant la loi, mais c'est autant et davantage la possibilité pour tous de mener une vie décente. Rappelons ses entreprises extérieures, génératrices de fructueux profits, et la misthophorie, qui permet aux plus humbles d'exercer les charges publiques. En outre l'État développe les institutions d'assistance et paie aux pauvres leur droit d'entrée au théâtre, le théorique. Mieux encore, Périclès conçoit un vaste programme de grands travaux qui vise autant à procurer du travail qu'à fortifier et à embellir la ville. Plutarque lui fait dire : « J'ai réalisé dans l'intérêt du peuple de grands projets de construction, des travaux destinés à occuper longtemps diverses industries. Ainsi la population sédentaire n'a pas moins de droits à toucher sa part des deniers publics » (*Périclès*, 12). Deux, puis trois Longs Murs réunissent Athènes au Pirée et font de l'ensemble une véritable île, capable de ne plus dépendre que de la mer ; le Pirée est doté d'une remarquable halle au blé (Alphitopolis) ; les sanctuaires d'Éleusis ou du Sounion et surtout l'Acropole voient réparer leurs ruines.

Ce programme, qui dépasse par son ampleur tout ce qui avait été conçu et réalisé précédemment, fait vite d'Athènes la plus belle des cités. La splendeur de ses édifices, l'éclat accru de ses fêtes y attirent des visiteurs de plus en plus nombreux, d'autant « qu'elle sait concilier le goût du beau avec la simplicité » (Périclès, dans Thucydide, 2, 40). Elle devient un vaste et somptueux théâtre dont Périclès est le metteur en scène et dont les acteurs apprennent à ne pas dissocier les mots de puissance et de beauté.

En vain le comique Cratinos raille-t-il « le crâne en oignon marin » de Périclès, « le plus grand des tyrans », ou poursuit-il

Aspasie, « la concubine à l'œil de chienne ». En vain ses ennemis cherchent-ils à l'atteindre indirectement en intentant des procès à ses amis, à Anaxagore, à Phidias, à Aspasie, avant d'oser le traîner lui-même en justice. De sa haute stature il domine pour nous un siècle qui porte justement son nom. Certes ses conceptions sont nécessairement très éloignées des nôtres. Nous avons dit combien est égoïste cette démocratie qui fonde sa liberté et sa richesse sur l'asservissement et l'exploitation d'autrui. Il faut ajouter que le régime de Périclès n'est à bien des égards pas très différent d'une tyrannie. Au mot de Cratinos sur « le plus grand des tyrans » fait écho la conclusion de Thucydide (2, 65) : « En apparence c'était la démocratie, en réalité le gouvernement d'un seul. » Mais ne faut-il pas saluer cette première expérience d'un « socialisme d'État » (G. Glotz), inspirée par l'idée que l'on peut s'adresser librement au peuple et l'entraîner par les séductions de l'intelligence, et reconnaissant le *Nous* d'Anaxagore, la Raison humaine, comme seule capable d'organiser aussi la vie politique ? Sur le Parthénon figurent à plusieurs reprises les dieux ou les héros ordonnateurs du *cosmos* contre la barbarie des Géants, des Centaures ou des Amazones, ou le lever des astres dont la lumière inonde le monde : symboles doublement parlants, empruntés à l'univers mythique ou naturel, d'une grande espérance qui éclaire pour la première fois la Grèce.

Une société équilibrée

La société périclééenne est fondée, comme toutes les sociétés dans l'Antiquité, sur la distinction de l'homme libre et de l'esclave. L'esclave n'est en droit qu'un corps, qu'« un objet de propriété animé » (Aristote, *Politique*, 1, 4, 3, 1253 b), mais en fait il est traité à Athènes avec beaucoup d'humanité : il a son franc-parler, il participe à nombre de célébrations cultuelles et en particulier peut se faire initier à Éleusis ; il dispose de certaines ressources légales contre l'arbitraire de son maître, qui n'a d'ailleurs pas le droit de vie et de mort sur lui. À la campagne, sa vie ne semble guère différer de celle du petit paysan qui l'emploie. Seul celui qui travaille dans les galeries enfumées du Laurion a une condition misérable. L'unique révolte servile du siècle est celle des esclaves des mines lors de la guerre de Décélie (425) : 20 000 d'entre eux, profitant de l'invasion de l'Attique par les Lacédémoniens, désertent leur travail et il faut fermer les exploitations. Mais il n'y a pas de très grandes propriétés, pas de concentration industrielle, aucune des conditions économiques qui créeront dans les royaumes hellénistiques ou mieux encore à Rome un antagonisme fondamental entre hommes libres et esclaves, générateur de graves crises sociales.

Les hommes libres sont ou métèques ou citoyens. Les métèques sont des étrangers domiciliés qui jouissent à Athènes de droits spéciaux. Exclus des droits politiques et du droit à la propriété foncière, ils payent une taxe spéciale (le *métoikion*), sont soumis aux liturgies et à l'*eisphora*, servent comme hoplites et surtout comme marins. Parfaitement libres dans leurs rapports avec les citoyens, admis à participer aux cérémonies religieuses et civiques (comme en témoigne leur présence sur la frise des Panathénées), ils jouent un rôle éminent dans la nation. Dynamiques et prêts à tous les métiers, ils s'imposent souvent dans le grand négoce : les plus riches d'entre eux sont armateurs, prêteurs à la grosse, bientôt banquiers. L'essentiel de la propriété mobilière est entre leurs mains. Leur place n'est pas moindre dans l'art, la médecine et surtout la philosophie où tous ceux qui comptent sont des étrangers. Accueillis avec une générosité dont aucune autre cité ne donne alors l'exemple, les métèques d'Athènes œuvrent bien pour sa prospérité et pour sa gloire, courageux au combat, l'enrichissant de leur activité et de leur talent, partisans acharnés d'une démocratie qui ne les méprise point.

Les citoyens se réservent l'activité politique et la propriété foncière. Ils forment une communauté qui est avant tout fondée sur l'intérêt et l'on a pu parler, d'une manière plus amusante qu'erronée, de la cité classique comme d'une « société par actions » dont les citoyens seraient les actionnaires. Les antagonismes les plus violents ont disparu depuis longtemps et le seul qui subsiste, celui des riches et des pauvres, revêt un caractère très modéré. D'abord les riches sont souvent exploités par les pauvres, non seulement sur le plan individuel par ces maîtres chanteurs que sont les sycophantes et contre qui il n'est pas toujours bon de lutter, même si l'on a le droit pour soi, mais aussi sur le plan des institutions, puisque les liturgies (services publics dont les plus lourds sont la chorégie et la triérarchie) et l'*eisphora* (impôt extraordinaire sur le renvenu) ne pèsent que sur la minorité des riches. Ensuite le socialisme péricléen vise à faire disparaître le paupérisme et y réussit parfaitement, compte tenu de la modicité des besoins. Enfin ceux qui disposent de la richesse mobilière la plus considérable ne sont pas des citoyens, mais des métèques : le moins fortuné des citoyens a en face du métèque le plus aisé un complexe de supériorité qui lui rend son infortune moins pesante.

Étrange société que cette société athénienne où l'esclavage ne dégénère pas trop dans une honteuse exploitation de l'homme par l'homme, où les rouages économiques les plus importants sont laissés aux mains d'étrangers, dont l'influence intellectuelle est au reste prépondérante, où la tension sociale tend à s'atténuer dans la classe civique.

L'économie de l'Athènes impériale

Aucun changement profond dans l'agriculture. La terre, qui reste très morcelée, fournit chichement l'orge et le blé, plus abondamment le vin et l'huile. L'industrie continue aussi dans sa ligne traditionnelle : c'est un artisanat rudimentaire par ses techniques, mais souvent inspiré par un sens esthétique profond et original. Les métiers du feu, toujours groupés au Céramique, mais sans aucune concentration, jouent le rôle essentiel sous le patronage de Promothée, d'Héphaistos et d'Athéna Ergané (Ouvrière) [fig. 49].

Seul le commerce semble prendre une orientation nouvelle sous l'influence de l'expansion impérialiste. Le problème essentiel est de nourrir une agglomération grossie de nombreux métèques et de plus en plus importante. Les principaux points de ravitaillement en blé restent l'Égypte, la Sicile, le Pont et la plaine padane. Mais les circonstances politiques rendent le premier incertain et de plus en plus Athènes se nourrit de blé acheté en Sicile, dans la Pontide et surtout à Adria et à Spina. En échange elle offre son vin, son huile, ses produits manufacturés. Le Pirée devient un grand port d'importation et de redistribution, analogue aux ports d'Ionie à la période précédente. « La grandeur de notre cité, déclare Périclès dans Thucydide (2, 38), y attire les produits du monde entier. » La flotte athénienne assure la liberté des communications et l'existence d'une monnaie stable développe les échanges. Beaucoup de métèques favorisent le grand commerce en prêtant à la grosse, entreprise hasardeuse, mais qui en cas de succès procure d'énormes bénéfices, ou en armant eux-mêmes des bateaux.

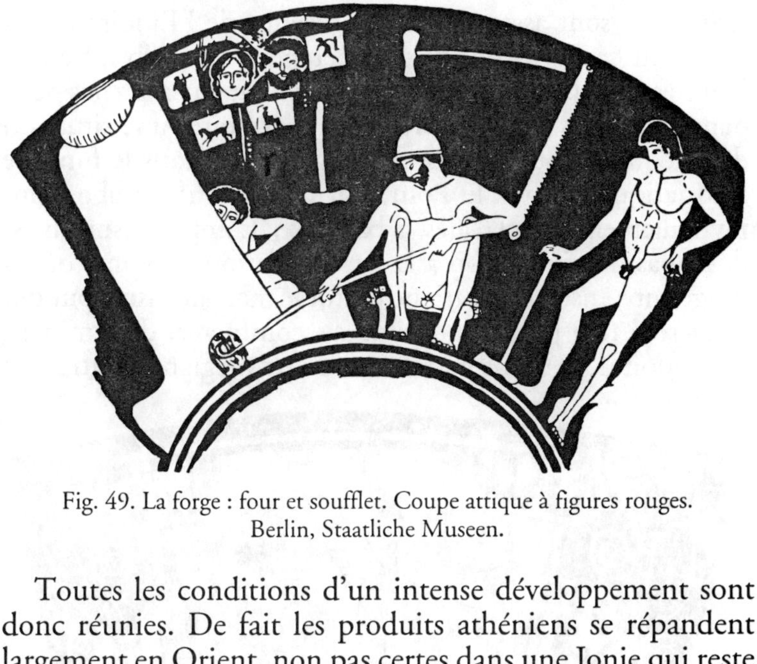

Fig. 49. La forge : four et soufflet. Coupe attique à figures rouges. Berlin, Staatliche Museen.

Toutes les conditions d'un intense développement sont donc réunies. De fait les produits athéniens se répandent largement en Orient, non pas certes dans une Ionie qui reste exsangue depuis sa révolte, mais en Syro-Phénicie et en Égypte où Al-Mina et Naucratis regorgent de vases attiques. Athènes prend aussi dans le Pont la succession de Milet et en Chalcidique celle de l'Eubée. En Occident les relations demeurent intenses avec la Sicile et l'Adriatique. En revanche les poteries attiques sont très rares dans tout le bassin occidental de la Méditerranée, dans des régions qui pourtant avaient été largement touchées dès 600-550 : l'Étrurie, la Gaule, l'Ibérie, l'Afrique (fig. 50).

Les raisons de cette rupture n'apparaissent pas clairement

et un phénomène aussi général ne peut pas être uniquement expliqué par les raisons particulières que l'on a invoquées, par exemple par le puritanisme de Carthage après Himère, à un moment où elle se sent menacée par l'hellénisme (G. Picard), par les perturbations de la Celtique qui ruinent Marseille (F. Villard, voir p. 363), par le déclin de l'Étrurie. On a suggéré (G. Vallet) de songer aux conditions nouvelles introduites par l'impérialisme. Il ne s'agit plus tant de produire et de vendre, comme dans la période 550-480 où se développe une politique de profits et d'investissements. Désormais les Athéniens sont assez riches des revenus de l'Empire et des mines du Laurion pour ne pas chercher à tout prix à étendre leur négoce. Ils renoncent volontairement aux marchés occidentaux, où ils n'ont pourtant qu'à exploiter une situation déjà acquise, pour développer leurs efforts dans le fond de l'Adriatique et dans le Pont, qui permettent un abondant ravitaillement en céréales à bas prix. L'impérialisme n'est donc pas une incitation à la vie de relations, comme on l'a longtemps enseigné ; il freine plutôt le mercantilisme pur qui avait seul régi jusque-là l'essor du commerce, déterminant l'abandon de certains marchés et en privilégiant d'autres.

Fig. 50. Pénélope converse avec le prétendant Antinoos devant son métier. *Scyphos attique* de Chiusi (Étrurie). Musée de Chiusi.

4. LE MONDE GREC IRRÉDUCTIBLE

Le monde grec n'a plus sa riche variété de l'époque archaïque. Le triomphe d'Athènes repousse dans l'ombre des cités naguère prospères comme Chalcis, Mégare, Égine et même Corinthe. Il suffira d'indications plus rapides pour évoquer les cités qui restent vivantes tout en échappant à l'emprise d'Athènes.

L'Asie Mineure, ruinée d'abord par la répression de la révolte ionienne, tombe ensuite sous l'étroite dépendance d'Athènes. Sauf sur la Propontide et à l'extrême sud à Phasélis, elle n'a plus d'activité économique. Milet, naguère si brillante, paie le même tribut que de modestes cités. Elle n'est mentionnée qu'à cause de sa belle reconstruction en damier, œuvre d'Hippodamos, ou pour avoir donné le jour à Aspasie. Il faudra attendre le IVe siècle pour que l'Ionie sorte, lentement, d'une léthargie de près de cent ans.

Notons toutefois que l'hellénisme progresse en Anatolie, et spécialement en Lycie. À Xanthos les dynastes élèvent d'étranges monuments funéraires où l'apport de l'art grec (et plus spécifiquement ionien) est manifeste, mais où la part des éléments locaux reste grande. Vers 450 un sarcophage montre un lion et un sphinx de type oriental, mais aussi un banquet d'héroïsation. Pendant la guerre du Péloponnèse, un pilier funéraire – monument typiquement indigène – porte un roi sur un trône de lions, mais la décoration est si libre qu'elle traduit sans conteste l'influence des maîtres du Parthénon. Vers 400, le fameux monument des Néréides offre le premier exemple d'un temple-tombeau à l'exubérante décoration sculptée dans le goût ionien : dans les entre-colonnements les Néréides, gracieuses conductrices de l'âme vers ses destinées d'outre-tombe, et quatre frises (« Amazones », batailles, défilés de tributaires, banquet funéraire) qui exaltent, non sans une virtuosité technique très « fin de siècle », la vie terrestre du monarque ou son apothéose céleste. Vers le même moment, et toujours en Lycie, à Trysa, un enclos funéraire est décoré sur ses murs de frises dont le développement dépasse 100 m et qui comportent sur deux registres près de 600 personnages. Le même syncrétisme s'y constate : souplesse de l'art ionien et inspiration indigène, en liaison sans doute avec des cultes très anciens.

L'immobilisme péloponnésien

Sparte conserve l'hégémonie dans le Péloponnèse par le moyen de la ligue péloponnésienne dont l'efficacité a fait ses preuves et qui est renforcée grâce à l'encadrement des contingents alliés par des officiers spartiates. Mais elle doit compter avec des mouvements démocratiques qui transforment, sous l'influence de Thémistocle, non seulement Argos, son ennemie traditionnelle, qui se donne une constitution imitée de celle d'Athènes (avec tribus, assemblée du peuple, *boulé*, stratèges et tribunal populaire), mais aussi des États soumis à son autorité comme l'Élide ou Mantinée en Arcadie. Hors de la pénisule, elle a délibérément renoncé à prendre la tête des Grecs, par crainte d'expéditions lointaines qui risqueraient d'ébranler le fragile équilibre de sa constitution « lycurguenne ».

Cette constitution subsiste sans changement, d'autant plus insolite dans une Grèce dont l'évolution est si rapide. Dans leur conflit avec le roi Pausanias, les éphores ont définitivement établi leur autorité. Mais les Hilotes restent menaçants et ils le montrent en 464, lors d'un tremblement de terre qui fait 20 000 victimes et laisse seulement debout 5 maisons : ils accourent en bandes et se fussent débarrassés de leurs maîtres, n'eût été l'action énergique du roi Archidamos qui sonne aussitôt de la trompette pour appeler les citoyens aux armes. Mais ils parviennent à soulever les villes périèques de Messénie : battus en rase campagne, les insurgés se retirent sur l'Ithome et Sparte doit faire appel aux Athéniens, avant de pouvoir mater durement la révolte.

La civilisation spartiate demeure aussi pauvre. Les « cinquante ans » qui sont ceux de la grandeur d'Athènes sont aussi ceux de l'effacement de Sparte. Les envoyés corinthiens le disent sans ambages (dans Thucydide, 1, 69) à la veille du conflit qui va voir le renouveau de la puissance spartiate : « Les Lacédémoniens vivent sur des principes surannés ; tout esprit d'entreprise leur fait défaut devant des rivaux qui ne songent qu'à entreprendre. Le contraste est complet avec les Athéniens et tourne au désavantage des Spartiates, si l'on envisage non la moralité politique, mais les résultats acquis. »

Il n'y a guère plus de vie en dehors de Sparte dans un Péloponnèse qui se refuse en bloc à toute vie intellectuelle. Cependant l'Élide s'éveille de sa torpeur rurale et la ville d'Élis est fondée en 472 ; le sanctuaire d'Olympie reste l'un des plus purs foyers de l'hellénisme dorien. Mantinée opère un synœcisme de ses bourgades. Argos s'agite beaucoup pour échapper à l'emprise de Sparte et elle conserve, comme Sicyone, une excellente école de bronziers. Corinthe, qui demeure essentiellement mercantile et qui a à peine participé aux guerres médiques, se voit voler tous ses marchés par Athènes. Ses fabriques de poterie périclitent et les fouilles américaines ont montré l'appauvrissement général de la cité pendant le Ve siècle (fig. 51).

Fig. 51. Déméter, assise devant un autel, tient ses attributs ordinaires (torche, pavots, épis de blé). Plat corinthien, Ve siècle. Athènes, Musée national.

La Grèce continentale

La Grèce continentale n'est guère plus brillante et porte longtemps l'opprobre de sa conduite équivoque d'alliance avec la Perse.

Pourtant, dans l'histoire de la Macédoine, le Ve siècle est l'époque capitale où elle se constitue en État fort, sous l'autorité de rois énergiques, Alexandre Ier, Perdiccas II et Archélaos. Les monarques s'imposent à leurs grands vassaux et restreignent les monnayages locaux. Ils usent d'une politique habile, sinon scrupuleuse, d'équilibre entre les ambitions rivales de Sparte et d'Athènes. Archélaos surtout se montre un grand organisateur, il transporte la capitale d'Aigai à Pella et « perfectionne toutes les branches du service public » (Thucydide, 2, 100). En même temps, ces monarques cherchent à être reconnus définitivement comme Grecs. Alexandre se fait admettre aux jeux olympiques. Les hommes de lettres se pressent à leur cour, Pindare, Hérodote, Timothée, Choirilos, Agathon, Euripide, auxquels ils réservent le plus chaleureux accueil.

La Thessalie voit son prestige décroître au fur et à mesure que s'affaiblit l'autorité du pouvoir central : il y a de longues périodes sans tage, les cités se développent et s'émancipent et aux tétrarques nommés par le tage se substituent des polémarques élus par l'assemblée fédérale. On a même pu parler d'une atteinte profonde au système social traditionnel, qui se serait traduite en 457 par l'émancipation des Pénestes.

La confédération béotienne avait été dissoute en 479 : Thèbes avait ainsi été punie d'avoir combattu au côté du Perse. Elle se reconstitue en 447, sous l'influence d'un législateur oligarchique qui crée de toutes pièces une constitution fondée sur un savant équilibre numérique, pendant aristocratique de la constitution démocratique de Clisthène. Dans chacune des 10 cités, 4 conseils *(boulai)* comprennent les seuls citoyens actifs, c'est-à-dire ayant le cens de l'hoplite. Ces cités forment 11 unités (Thèbes en possède 4, mais les petites villes se groupent par 3 pour en constituer une), qui élisent chacune un béotarque et 60 bouleutes. Le gouvernement central est ainsi composé de 11 béotarques, qui possèdent des initiatives étendues, et d'une *boulé* de 660 membres, divisée elle aussi en 4 sections expédiant chacune les affaires courantes un quart de l'année. Forte construction, où Thèbes jouit d'une autorité incontestée, et dont l'inspiration aristocratique est indéniable puisqu'il y a des citoyens passifs, dotés seulement des droits civils. Mais, en comparaison avec Sparte, c'est une aristocratie modérée, et d'ailleurs affaiblie par l'existence d'un fort parti démocratique qui réclame l'élargissement du corps civique et intrigue souvent avec Athènes.

Tyrannies et démocraties en Occident

En face d'une Grèce qui, Athènes mise à part, ne se renouvelle guère, l'Occident est en plein essor. Le début du siècle voit dans la plupart des cités une nouvelle floraison de tyrans. Descendant de la grande famille des Deinoménides, détenant à Géla la charge d'hiérophante de Déméter et Coré, s'étant lui-même illustré comme maître de la cavalerie, Gélon s'impose dans sa patrie, puis à Syracuse, avec l'appui de l'aristocratie, ce qui donne à sa tyrannie un caractère très différent de celles de l'archaïsme. Son frère Hiéron lui succède. Tous les deux soutenus par de grandes victoires sur les Barbares (Himère sur les Carthaginois, Cumes sur les Étrusques), s'appuyant sur de nombreux mercenaires qui tiennent garnison près de Syracuse, entourés d'amis souvent nobles, ils appesantissent sur la cité une lourde autorité, sans guère ménager le peuple. Forts d'alliances matrimoniales avec Théron d'Agrigente et Anaxilas de Rhégion, ils amènent peu à peu sous leur hégémonie toute la Sicile orientale.

Ils sont habiles à accroître leur prestige non seulement, selon un procédé dès lors traditionnel, par une politique de grands travaux, mais en faisant courir dans les jeux panhelléniques, en confiant aux plus grands poètes (Pindare, Bacchylide) le soin de chanter leur gloire, en couvrant les sanctuaires de la Grèce de leurs *ex-voto*, en attirant à leur cour Épicharme, le père de la comédie, ou Eschyle, qui donne pour la première fois les *Perses* à Syracuse et est enterré à Géla.

Vers 465, les tyrans sont expulsés de la plupart des cités, sans doute parce que la pression des Carthaginois a notablement diminué depuis Himère et que l'on a moins besoin d'hommes forts. Le dernier des Deinoménides, Thrasybule, doit s'exiler (466). La situation est longtemps confuse, d'autant qu'il faut résoudre le problème des mercenaires, anciens soutiens des tyrans, qui restera l'un des points sombres du monde sicilien. Finalement, une démocratie modérée s'installe à Syracuse, qui se donne une nouvelle constitution où le conseil *(Boula)* et les magistrats balancent mieux qu'à Athènes l'assemblée du peuple. Pour y éviter les tentations des candidats à la tyrannie, on institue le pétalisme, imité de l'ostracisme athénien.

Les dissensions demeurent vives entre les cités. Syracuse, qui a perdu momentanément son empire à la chute des tyrans, soumet à nouveau Agrigente et devient de loin la cité la plus importante. À deux reprises (427 et 416), elle s'attaque aux alliées d'Athènes, Léontinoi et Égeste, ce qui déclenche la désastreuse intervention d'Athènes. Mais le Carthaginois profite de ces discordes pour reprendre son offensive, sous la direction d'Hannibal, le petit-fils du vaincu d'Himère, puis de son petit-neveu Himilcon : Sélinonte, Himère, Agrigente, Géla sont prises et détruites (409-405). C'est à nouveau le recours à un tyran qui s'avère nécessaire : dès 405, Denys l'Ancien est maître incontesté de Syracuse.

Fig. 52. Persée. Cratère à fond blanc, de la nécropole d'Agrigente, 440-430.

L'apogée de l'Occident grec

Les villes se développent considérablement : Syracuse doit compter 200 000 habitants et Agrigente 100 000. Le plan en damier, rare en Sicile avant l'époque hellénistique, s'impose en Grande-Grèce dès le Ve siècle (Poseidonia, Thourioi, Parthénopé qui s'agrandit au point de prendre le nom nouveau de Néapolis). De très beaux ensembles de temples sont édifiés, avec un sens aigu de la valeur des masses monumentales dans le paysage urbain. Sélinonte ajoute 4 temples sur ses deux acropoles voisines, dont le colossal temple G. Agrigente étend les siens sur une somptueuse terrasse que domine le gigantesque Olympieion, encore inachevé en 406 malgré près de quatre-vingts ans d'efforts. Poseidonia enrichit son enceinte sacrée de l'admirable « temple de Neptune » (en réalité un Héraion), le plus savant des sanctuaires d'Occident. Les Deinoménides dotent Syracuse d'un riche Athénaion, au point le plus haut de la butte d'Ortygie. Il n'est pas jusqu'aux Élymes qui ne construisent, dans leur capitale Égeste, un temple à la grecque, qui témoigne de l'influence hellénique sur les Barbares de l'Ouest. Partout c'est l'éclatant triomphe du dorique, que nuancent d'ailleurs des éléments empruntés à l'ionique.

Tous les arts fleurissent. Les ateliers de sculpture produisent de purs chefs-d'œuvre, notamment à Rhégion (avec Pythagoras), à Locres, à Sélinonte. La coroplastie vulgarise à bas prix leurs créations : tous les sanctuaires regorgent d'*ex-voto* de terre cuite ; Locres produit en abondance à partir de 510, sous l'influence d'immigrés ioniens, des tablettes polychromes d'une merveilleuse finesse, qu'elle dédie dans son temple de Perséphone (fig. 53). La céramique à figures rouges apparaît en Italie avec la fondation de Thourioi et s'attache dès la fin du siècle à des représentations humoristiques ou parodiques, en accord avec le réalisme occidental. Aucune cité grecque ne produit d'aussi belles monnaies que celles de Sicile, en particulier Syracuse (notamment les Démaréteia, où la nymphe Aréthuse est représentée sous les traits de la femme de Gélon).

La comédie se développe avec Épicharme (voir p. 379) et le peuple se passionne pour les représentations théâtrales. Autre preuve du goût des Siciliens pour la parole : la naissance de la rhétorique judiciaire avec Corax et Teisias, et de la sophistique

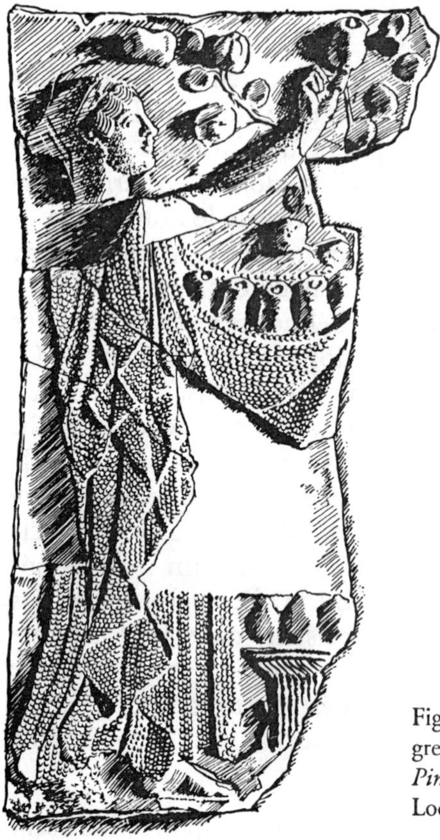

Fig. 53. La cueillette des coings et des grenades pour le couple nuptial. *Pinax* (plaquette) en terre cuite de Locres, début du Ve siècle.

avec Gorgias de Léontinoi. La philosophie connaît un remarquable essor avec les Éléates et avec Empédocle.

Malgré une incontestable passion de la vie, qui transparaît dans le goût du rire et de la parole, un sens poignant de la destinée humaine étreint les Grecs d'Occident. Partout triomphent les cultes chthoniens, souvent empruntés aux indigènes et hellénisés par assimilation de leurs déesses avec Déméter, Héra, Perséphone ou même Aphrodite. La diffusion du pythagorisme est éclatante, notamment en Grande-Grèce.

L'hellénisme des confins

Les autres créations coloniales de l'hellénisme classique sont bien pauvres à côté de celles d'Italie ou de Sicile.

Marseille s'étiole et son commerce est considérablement réduit, peut-être à cause des transformations du monde celtique lors du passage de la civilisation de Hallstatt à la civilisation de La Tène et des modifications dans les voies du négoce de l'étain qui en résultent (fermeture de la route rhodanienne). Mais, en Espagne, Emporion demeure bien vivant. La sculpture ibérique connaît enfin sous l'influence grecque un véritable développement, s'attardant d'ailleurs souvent dans l'imitation de motifs archaïques, qu'il s'agisse des thèmes animaliers, qui restent les plus importants (griffons, lions, taureaux androcéphales, biches), ou des figurations humaines (corés, guerriers à cimiers, déesses assises).

Cyrène reste dirigée par les Battiades, des rois qui sont en réalité des tyrans et s'accommodent jusqu'en 480 de la suzeraineté perse. Le dernier d'entre eux, Arcédilas IV, est chanté par Pindare dans deux *Pythiques*. La monarchie s'écroule vers 440, après deux cents ans d'existence, et une démocratie lui succède, souvent traversée de luttes intestines.

Les colonies fondées sur le Pont pendant l'archaïsme prennent un grand développement aux Ve et IVe siècles. Certaines essaiment : Héraclée du Pont fonde en 422 Chersonésos qui contrôle vite un immense territoire et devient l'une des villes les plus prospères de Crimée ; les petites agglomérations se multiplient sur les deux rives du détroit de Kertsch. Mais le fait le plus important est la création en 480 du royaume du Bosphore cimmérien, qui réunit plusieurs cités autour de Panticapée comme capitale, en vue d'assurer une défense plus ferme contre les Barbares, et qui ne cesse de croître en annexant de nouvelles villes grecques comme Théodosia et des territoires indigènes des Sindes et des Taures. Il se protège contre les incursions éventuelles par un fort retranchement doublé d'un fossé, qui traverse de part en part toute la péninsule maiotique.

On y voit apparaître une symbiose étroite entre cités grecques et *chora* barbare, qui préfigure dès l'époque classique ce qui se passera en Orient avec la conquête d'Alexandre.

Les villes, ceintes de puissants remparts aux Ve et IVe siècles, s'étendent considérablement (Tanaïs a 40 ha, Chersonésos 38, Olbia 33) et s'embellissent. Le monnayage apparaît dans quelques cités (Olbia, Panticapée, Apollonia...). Le blé, stocké dans de vastes silos et dans de grands *pithoi*, et le poisson salé, conservé dans des fosses de saumure, restent la base du commerce. La seule nouveauté, c'est qu'Athènes a pris la relève de Milet et s'intéresse de plus en plus au commerce avec la Pontide.

Les Barbares de l'intérieur continuent à s'helléniser, ainsi qu'en témoignent par exemple les fouilles menées dans les petites agglomérations agricoles des basses vallées du Kouban et du Don, où les trouvailles de poteries grecques sont nombreuses. Mais la Crimée et ses abords restent habités par des populations fort rudes (Maiotes, Sindes, Taures), sans doute apparentées aux anciens Cimmériens, qui se contentent des objets grecs courants, essentiellement de vases, importés ou fabriqués sur place. Les Scythes des steppes du littoral nord sont autrement raffinés. Les *tumuli* de leurs chefs (kourganes) abritent des tombes en encorbellement, vraisemblablement construites par des maçons grecs, remplies non seulement d'arcs, de flèches, de chevaux immolés à la mort de leur maître, mais de chefs-d'œuvre de toreutique hellénique : grands vases, miroirs, bracelets, intailles, torques, plaques destinées à rehausser le vêtement ou le harnachement, revêtements de carquois. Ce sont les fameuses « antiquités du Bosphore cimmérien » qui, découvertes au siècle passé, ont suscité l'admiration justifiée de toute l'Europe (fig. 54 et 55).

Les scènes représentées sont le plus souvent purement grecques : ainsi, dans un tombeau de Kul Oba, un admirable Jugement de Pâris sur un ivoire, Thétis et Pélée sur un bracelet d'or ; sur un carquois de Chertomlyk, Achille à Scyros, d'un art typiquement ionien. Mais il y a aussi des figurations qui peignent au vif les nomades scythes avec leurs vêtements, leurs armes, leurs occupations hippiques ou guerrières, leur mode de vie propre.

Ainsi, dès le VIe siècle, mais plus encore à l'époque classique, des artistes grecs produisent dans les colonies pontiques des œuvres faites sur commande pour des clients indigènes. Ces contacts accentuent en Scythie l'évolution sociale : le pouvoir des chefs de tribus, frottés d'hellénisme et enrichis par le trafic avec les Grecs, se renforce considérablement.

Au total, rien de comparable à la Nouvelle Grèce d'Occident. Hérodote, qui a laissé d'intéressants récits scythiques dans son livre 4, se passionne pour une Pontide encore barbare où il trouve de quoi satisfaire sa passion d'exotisme. De

Fig. 54. Gorgone. Chalcédoine des premières décennies du Ve siècle, trouvée dans une tombe de la fin du Ve, près de Kertsch (Crimée).

Fig. 55. Cerf en or ciselé, *ombos* d'un bouclier de parade. Œuvre grecque du début du Ve siècle trouvée dans une tombe de chef scythe, à Kul Oba (Crimée). Leningrad, Musée de l'Ermitage.

fait, la civilisation reste pauvre : si la toreutique, qui se vend admirablement parmi les indigènes, produit des chefs-d'œuvre, la sculpture est presque absente (bien que Calamis travaille pour Apollonia), ce qui différencie la Pontide de tout le reste du monde grec. On y conserve des goûts traditionnels (visibles en particulier dans la longue survie de la céramique à figures noires), comme c'est souvent le cas dans les sociétés coloniales. Mais on ne peut sous-estimer l'importance de ces colonies qui, courageusement accrochées au rivage sous un climat que les Grecs trouvaient rigoureux, ont continué à drainer vers la Grèce le blé et les richesses de la Scythie, et ont permis l'hellénisation au moins partielle des steppes de la Russie méridionale.

5. LA GUERRE DU PÉLOPONNÈSE (431-404)

En 431 éclate à nouveau un conflit entre Athènes et les Péloponnésiens. En apparence, c'est seulement la continuation de la lutte qui n'avait pris fin en 446 que par une paix boiteuse. En fait, l'atmosphère a changé du tout au tout : les succès et l'orgueil des Athéniens exaspèrent les cités restées indépendantes ; c'est une lutte à mort qui commence, une lutte interminable de près de trente ans, une lutte où chacun bande désespérément toutes ses énergies : on a calculé qu'Athènes mobilise 29 p. 100 de sa population (dans les Temps modernes, guerres révolutionnaires : 3 p. 100 ; guerre de 1914-1918 : 10 p. 100). Rien d'étonnant qu'Athènes en sorte brisée à jamais.

Pourtant Athènes est sûre d'elle et, loin d'user de la plus élémentaire prudence, Périclès semble bien décidé à provoquer l'épreuve de force pour profiter des incontestables succès qu'il a remportés dans les dernières décennies. Les deux premiers incidents (affaires de Corcyre et de Potidée) l'opposent directement à Corinthe, la cité qu'offusque le plus le triomphe économique de sa rivale. Puis il provoque Mégare par un décret intolérable qui la condamne à l'asphyxie en lui interdisant les marchés de l'Empire. Dans un congrès de la ligue péloponnésienne réuni à Sparte, la guerre est virtuellement décidée sur l'énergique sollicitation des Corinthiens. Mais Thucydide (1, 23) remarque bien que la « cause vraie » du conflit est à chercher dans le heurt de l'impérialisme intransigeant d'Athènes contre la volonté d'indépendance et les intérêts commerciaux de quelques grandes cités restées autonomes.

Le déroulement de la guerre

Les premières années de la guerre sont marquées par les succès des Péloponnésiens en Attique, où leurs incursions ruinent l'agriculture et déterminent l'exode massif des paysans qui cherchent refuge entre les Longs Murs, et par les expéditions victorieuses des Athéniens sur les côtes péloponnésiennes, notamment à Sphactérie où les Spartiates capitulent en 425. Une peste, venue d'Égypte, ravage Athènes et emporte Périclès (429), qui ne trouve de successeurs dignes de lui ni dans le démagogue extrémiste Cléon ni dans le riche modéré Nicias. La révolte de Mytilène est durement châtiée, mais les campagnes du Spartiate Brasidas en Thrace font chanceler l'Empire dans le Nord. Une immense lassitude s'empare des belligérants, dont témoignent par exemple pour Athènes les comédies d'Aristophane. Facilitées par la mort de Cléon et de Brasidas devant Amphipolis, les négociations aboutissent lentement à la paix de Nicias (421) où l'on décide de revenir au *statu quo ante* (carte 14).

Après six ans où la Grèce continue à être fort agitée, les Athéniens sont appelés au secours par Égeste contre Syracuse (415). C'est l'occasion inespérée d'étendre l'Empire en Occident. Enivrés par l'impérialisme, les Athéniens décident dans un coup de folie d'envoyer une expédition en Sicile : à la modération de Nicias ils préfèrent les séductions d'Alcibiade, un jeune aristocrate que la fortune a comblé de tous ses dons et en qui ils croient retrouver le prestige de son tuteur Périclès. Mais dès le début l'affaire se présente sous les plus mauvais auspices : d'odieux sacrilèges mutilent les hermès des carrefours et parodient les mystères d'Éleusis ; Alcibiade, compromis et mandé à Athènes pour être jugé, préfère s'enfuir et trahir, inaugurant une lamentable politique d'égoïsme qui ne sera pas sans entraîner les plus redoutables conséquences pour sa patrie. En deux ans les Athéniens subissent devant Syracuse assiégée, mais qui se défend hardiment

Carte 14.
La guerre
du Péloponnèse.

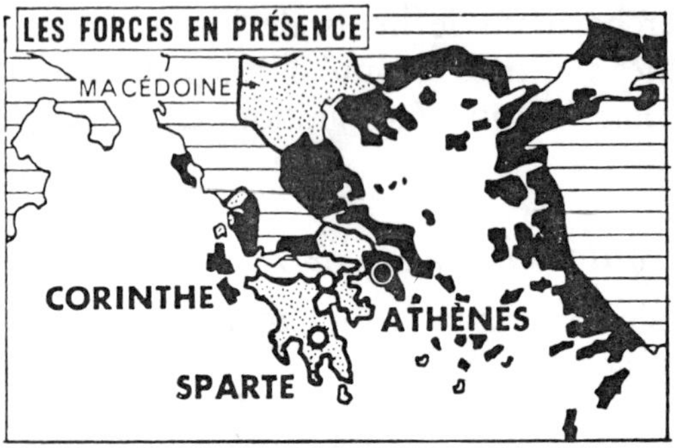

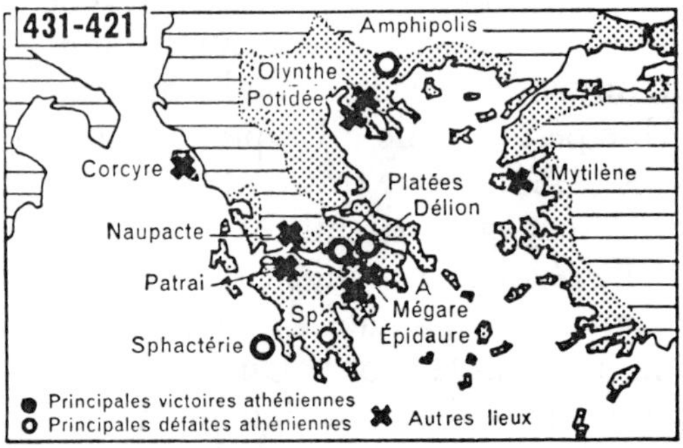

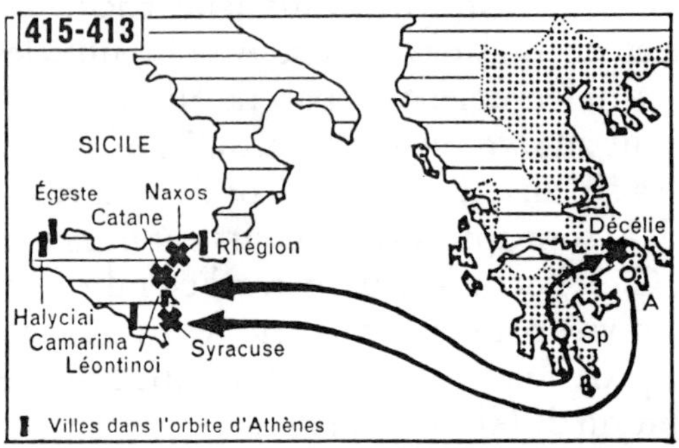

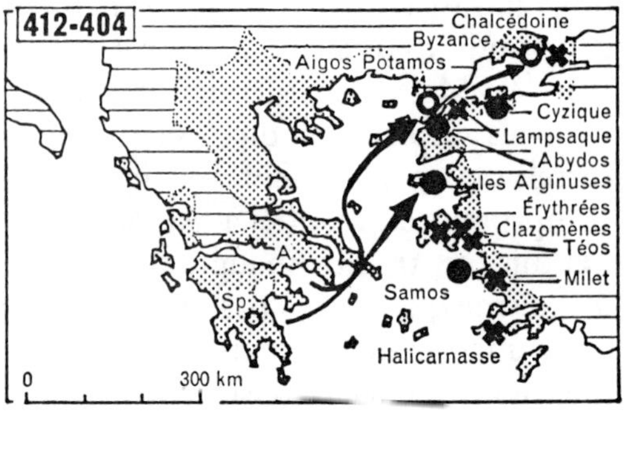

avec l'aide des Spartiates, d'irréparables désastres. La lugubre défaite de l'Assinaros (413) amène la perte de presque tous les soldats de l'expédition, tués ou destinés à mourir en captivité dans les sinistres latomies de Syracuse. Les généraux athéniens, dont Nicias, sont exécutés et 12 000 citoyens disparaissent, ce qui représente un affaiblissement définitif du potentiel humain d'Athènes.

Athènes est perdue, mais elle se raidit encore neuf ans, soutenue par Alcibiade revenu en faveur auprès de ses concitoyens. Elle doit lutter contre les défections d'une partie de l'Empire (l'Ionie notamment), contre les querelles intestines (les aristocrates s'imposent de manière éphémère en 411), contre Sparte qui se renforce par son alliance honteuse avec le Grand Roi, à qui elle vend les Grecs d'Asie contre un appui financier, et qui trouve enfin un véritable chef de guerre dans le navarque Lysandre. Encore victorieuse aux îles Arginuses en 406, elle est vaincue au Ruisseau de la Chèvre (Aigos Potamos) en 405. Tout l'Empire cède d'un coup, sauf Samos, et en 404 Lysandre fait son entrée au Pirée. Athènes connaît la pire humiliation de son histoire : trop heureuse d'échapper à la destruction totale souhaitée par les Thébains qui veulent la raser et la réduire en territoire à pâture, elle doit livrer ses vaisseaux, démolir ses fortifications, renoncer à l'Empire.

Voilà un siècle d'efforts et de succès anéanti, anéanti à jamais, car jamais elle ne retrouvera sa ferveur, génératrice de puissance.

Le bouleversement politique et social

Cette guerre totale bouleverse toutes les structures. L'agriculture est pour longtemps ruinée par les premières incursions des Péloponnésiens qui n'ont pas hésité à couper les oliviers et à arracher les vignes. Les paysans, déracinés par l'exode vers la ville, se réadaptent mal, quand ils reviennent sur leurs terres dévastées. Humiliés et vivant des plus chichement, ils ne se déplacent plus guère pour participer aux séances de l'*Ecclésia*, qui prend donc une couleur de plus en plus citadine et où fait cruellement défaut l'élément pondérateur représenté par les ruraux. Tout l'équilibre périclèen, fondé sur cette concordance des intérêts du *démos* campagnard et du *démos* urbain, s'écroule.

À la ville, la situation est moins dramatique en apparence. Athènes demeure longtemps maîtresse incontestée des mers et son commerce reste florissant. La constatation de l'aristocrate anonyme auteur de la *République des Athéniens* (peu avant 430) reste valable : « Tout ce qu'il y a de bon en Sicile et en Italie, à Chypre, en Égypte, en Lydie, au Pont, dans le Péloponnèse, en n'importe quel pays, tout cela afflue sur un point grâce à l'empire de la mer : seuls les Athéniens sont en état de se procurer les richesses des Grecs et des Barbares » (2, 7 et 11). Le tribut continue à être perçu, considérablement alourdi d'ailleurs. Mais la guerre coûte cher et d'année en année les citoyens sont mobilisés pour des campagnes souvent lointaines. Toute la vie traditionnelle disparaît : les processions et beaucoup de cérémonies religieuses sont interrompues ; il faut distribuer du blé, augmenter les *misthoi* (les héliastes touchent 3 oboles au lieu de 2 à partir de 425), non seulement parce que les démagogues sont obligés de flatter le peuple meurtri par tant de privations et par tant de deuils, mais parce que la vie devient très dure. Le civisme diminue d'ailleurs dans des proportions inquiétantes : le développement de l'individualisme est la conséquence des malheurs publics et privés, la conséquence aussi de la prédication des sophistes qui trouvent un excellent terrain dans une Athènes minée par la guerre.

De fait, l'interminable conflit est loin d'être la cause unique de la crise qui secoue dangereusement Athènes jusque dans ses fondements. L'équilibre de la période précédente était fait d'une soumission aveugle des intérêts du citoyen à ceux de la cité. L'individualisme nouveau résulte en partie d'un approfondissement des besoins de la conscience et nous verrons qu'il engendre, sur le plan littéraire et artistique par exemple, de grandes créations. L'ébranlement de la société a d'ailleurs d'heureuses conséquences : les femmes, jusque-là tenues étroitement en lisière, s'émancipent à la faveur des dures nécessités de la guerre qui les prive souvent de leurs pères et de leurs maris, retenus au loin en campagne, et les force à assumer de lourdes responsabilités ; les sentiments familiaux se développent. À preuve les vases qui, aux thèmes masculins et crûment pédérastiques seuls en honneur de 530 à 450, préfèrent des scènes où interviennent femmes et enfants, dans une atmosphère souvent sentimentale (départ du guerrier par exemple) [fig. 56].

Fig. 56. Scène de gynécée : trois jeunes femmes au bain. *Stamnos* attique à figures rouges, époque périclééenne.

Mais ce respect nouveau des droits de l'individu n'est pas compatible avec la conduite d'une guerre impérialiste. Périclès avait imposé l'hégémonie d'Athènes parce que toute la cité était unie autour de lui en une forte cohésion. Les hommes politiques qui lui succèdent – et comment ne pas penser à Alcibiade ? – sont les premiers à montrer l'exemple de l'indiscipline et de l'égoïsme. La cité s'effondre en 404, faute d'avoir choisi entre la voie relativement austère de la puissance, qui suppose le sacrifice de tous à la cause commune, et la voie de l'harmonieux développement de chaque citoyen.

CHAPITRE 2

Le siècle de Périclès ou l'avènement des lumières

L'histoire politique du Ve siècle montre qu'Athènes n'a jamais réussi à éliminer ses rivales et qu'elle a finalement succombé sous leurs coups. Cependant, malgré les duretés et les inconséquences d'un impérialisme que nous ne condamnons pas seulement à cause de son échec, la cité de Pallas est au cœur d'une civilisation qui reste l'une des plus belles réussites de l'esprit humain. C'est à Athènes que se réunissent tous les Grecs qui, dans les différentes activités de l'esprit, se sentent quelque pouvoir de créer ; c'est à Athènes que l'histoire ou les genres dramatiques prennent leur forme définitive ; c'est à Athènes que s'élabore un art dont la tranquille noblesse n'a cessé de s'imposer à l'admiration et à l'imitation (carte 15). L'Acropole, qu'un jour Athéna déserta et où l'on honora successivement Jésus et Allah, demeure le haut lieu où vont prier tous ceux qui ne désespèrent pas de l'homme. De fait, il y a un lien subtil, mais manifeste entre le cadre urbain ordonné autour de la colline sainte, la fresque si humaine d'Hérodote, la tragédie sophocléenne des révoltes sereines, le rire débridé d'Aristophane, les dieux olympiens de Phidias, le graphisme aigu des potiers du Céramique et le « démoniaque » Socrate. Au cœur de tout, un humanisme,

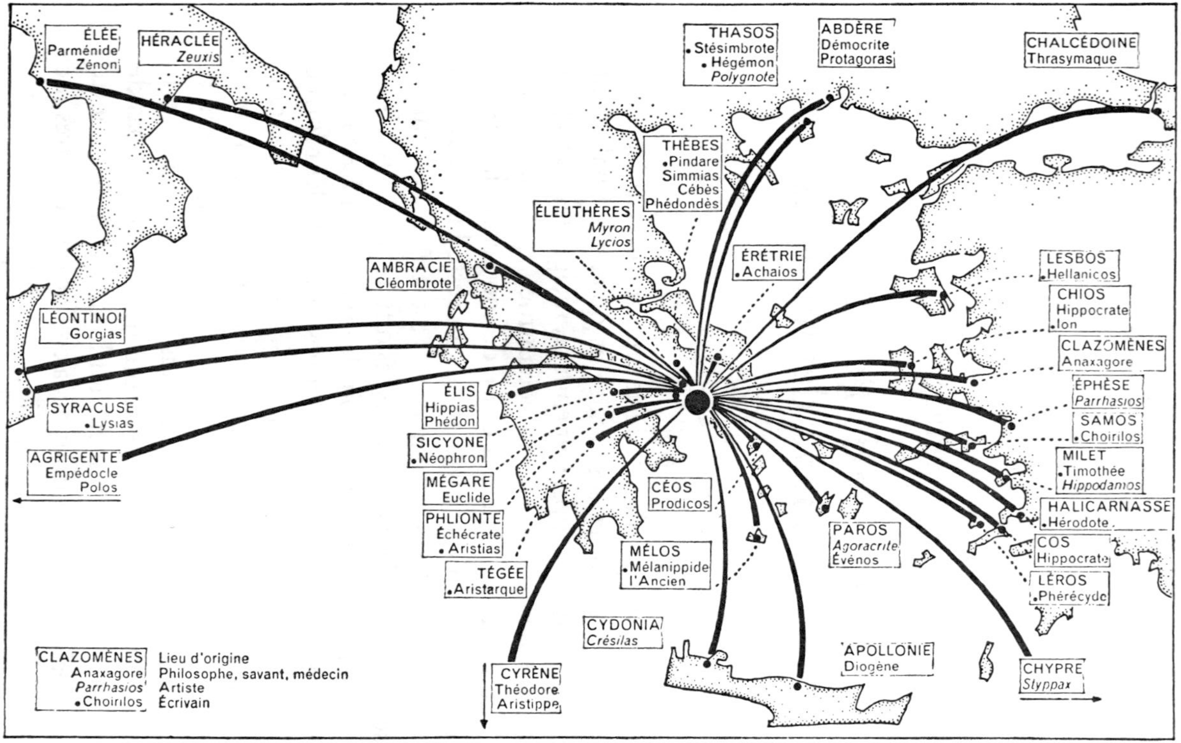

Carte 15. La puissance d'attraction d'Athènes au Ve siècle.

Le mouvement commencé à la fin de l'archaïsme (voir carte 11), s'amplifie et s'universalise : de toutes les régions du monde grec penseurs, écrivains, artistes gagnent Athènes où s'épanouissent tous les talents et tous les génies.

que résume sans l'épuiser la fameuse maxime de Protagoras : « L'homme est la mesure de toutes choses, de l'être de celles qui sont, du non-être de celles qui ne sont pas » (dans Platon, *Théétète*, 152 a).

Cette symphonie se déroule en trois mouvements, qui correspondent à trois générations. À l'époque des combattants de Marathon et de Salamine, une Grèce nouvelle sort brusquement des ruines accumulées par les guerres médiques, encore heurtée, mais qui déjà fait triompher un classicisme. L'apogée péricléen traduit l'eurythmie d'un monde qui a trouvé un éphémère équilibre. La guerre du Péloponnèse réintroduit toutes les inquiétudes, mais cette crise même favorise les créations les plus fécondes. Eschyle, Sophocle et Euripide semblent comme résumer cette évolution.

1. LA GÉNÉRATION DES MARATHONOMAQUES ET LA SÉVÉRITÉ DU PRÉCLASSICISME

Le caractère le plus net de la première génération est la sévérité. On parle volontiers de « style sévère » à propos des créations de la plastique ou de la céramique du premier quart du siècle, mais l'expression ne vaudrait pas moins pour la littérature contemporaine. L'hellénisme ne se dégage que lentement de la terrible épreuve où il a dû, pour subsister, approfondir les sources de ses convictions, chercher de nouvelles raisons de croire dans son destin et dans ses dieux. La transition est plus ou moins rapide selon les genres et il faut se garder de penser que les guerres médiques expliquent tout d'un mouvement qui en réalité leur est antérieur et en rend partiellement compte. Eschyle et Pindare écrivent avant 490, et le développement de la céramique sévère à figures rouges est insensible depuis son apparition. La sculpture montrerait peut-être une cassure plus nette : on y discerne l'apparition assez brutale, malgré des transitions, d'un préclassicisme qui rompt avec les traditions de l'archaïsme mûr. Partout, en tout cas, c'est un effort nouveau pour saisir l'absolu intemporel plutôt que l'anecdote, pour donner à l'homme sa dignité, et une aspiration inconnue vers l'ordre et l'harmonie.

Une nouvelle ferveur religieuse

Sur les champs de bataille, les Grecs n'ont pu vaincre que parce que les dieux combattaient avec eux. À Marathon comme à Salamine, on a vu les héros de l'Attique lutter aux côtés des Athéniens. La ferveur religieuse si caractéristique du début du siècle s'explique par les liens étroits qui unissent cité et religion : le succès d'Athènes, c'est le triomphe d'Athéna et des Olympiens. D'ailleurs l'olivier sacré de l'Acropole, gage de l'alliance entre la déesse et son peuple, n'a-t-il pas repoussé aussitôt coupé par les Perses ? Mais, si l'épreuve a montré le secours des dieux, elle témoigne aussi du caractère redoutable des puissances surnaturelles. Fervente, la piété reste angoissée. Pindare (*Néméennes*, 6, 1) note avec force la transcendance du divin : « Une est la race des hommes, une celle des dieux. » Eschyle vit dans un monde d'angoisse, où plane le destin, plus puissant que les divinités elles-mêmes.

L'optimisme domine toutefois. Les dieux ne sont plus des puissances indifférentes au bien comme au mal. Zeus, dont la noble figure domine de plus en plus le panthéon, est, pour Pindare comme pour Eschyle, le garant de la justice. L'homme peut se confier à lui, s'il accepte son destin, s'il renonce à l'*hybris*, la démesure teintée de violence qui est la négation même de la condition humaine (fig. 57). Le théâtre d'Eschyle développe une idée assez étrange pour nous : les dieux eux-mêmes ont évolué. Zeus a commencé par les bravades abominables d'un tyran, mais il se réconcilie avec Prométhée dans la dernière pièce, perdue, de la trilogie eschyléenne. Prométhée est non plus le roublard d'Hésiode, dont les ruses se retournent finalement contre l'humanité, mais un dieu suprêmement philanthrope, qui accepte de mourir pour ses protégés, une préfigure du Christ, a-t-on pu dire sans exagération. Le monde divin est certes en proie à des antagonismes qui rappellent ceux de la cité, mais ils se résolvent en harmonie. L'*Orestie* contient une admirable leçon : les vieilles déesses de la vengeance, les redoutables Érinyes, ces chiennes hagardes qui s'abreuvent de sang, deviennent les Euménides (Bienveillantes), tandis qu'une nouvelle génération d'Olympiens, celle d'Apollon et d'Athéna, impose une morale fondée sur la purification, la contrition, le pardon du coupable pénitent. Les théomachies se terminent par le triomphe de la concorde et des rayons d'espoir illuminent non seulement l'initié d'Éleusis, mais le citoyen face aux déités poliades.

Fig. 57. Artémis et Actéon. Cratère attique à figures rouges, de style sévère, attribué au « maître de Pan ».

Tourments et grandeur d'Eschyle

Que la tragédie ait été la meilleure expression d'un monde où le tragique est devenu quotidien, se comprend aisément. Le lyrisme personnel disparaît, car les problèmes individuels ne sont plus au premier plan. La tragédie s'adresse au *démos* tout entier, dans une Athènes que travaille douloureusement l'aspiration vers la démocratie. C'est une tribune, qui ne s'interdit même pas les débats d'actualité : la *Prise de Milet* de Phrynichos fait pleurer le peuple au point qu'il faut l'interdire ; les *Perses* chantent le triomphe d'Athènes ; l'*Orestie* pose le problème de l'Aréopage et permet à Eschyle de prêcher la modération aux deux partis. Mais son domaine propre, c'est celui du mythe où les drames humains se décantent et se purifient. Ses héros, mis à part le *Prométhée* qui met en scène des dieux, ce sont les héros de la fable, des princes d'autrefois dont les pathétiques histoires préfigurent sur un plan plus élevé les déchirements de l'homme de tous les jours.

D'emblée, Eschyle porte le genre à sa perfection. Il en fait ce que seront les décors de nos cathédrales : une fresque où l'homme se cherche et se trouve. Né à Éleusis dans l'ombre apaisante du sanctuaire, il ne peut penser que noblement. Son vrai problème c'est le destin : la fatalité impose ses décrets aux dieux comme aux hommes. Les dieux sont ses instruments : leur jalousie est excitée par toute grandeur ; ils poursuivent ceux qu'animent la démesure, le désir insensé de saisir l'insaisissable, Prométhée, Agamemnon ou Xerxès ; ils les aveuglent en leur inspirant l'Égarement fatal (Até) qui fait d'eux-mêmes les artisans de leur perte. Nul n'a exprimé avec autant de force qu'Eschyle l'insigne faiblesse de l'être humain écrasé par des forces infiniment supérieures, sinon peut-être les prophètes bibliques, à qui Victor Hugo le compare justement. Des idées très anciennes subsistent encore en lui, que déjà la justice humaine rejetait : le crime est héréditaire, la malédiction s'acharne sur des familles maudites, telles les Atrides ou les Labdacides ; Étéocle va au combat poussé « par le vent fatal de la haine qu'Apollon a vouée à la race de Laios » (*Sept*, 690). Pourtant il est aussi hanté par l'espérance d'un progrès qui, à travers d'horribles convulsions, fera triompher l'ordre et la justice. Ainsi son théâtre, qui est celui de l'angoisse poussée jusqu'à son paroxysme, de l'interminable attente d'un drame que l'on sent proche, est aussi celui de l'apaisement, sinon de la paix. La trilogie des *Prométhée* s'achevait par la réconciliation de Prométhée et de Zeus, dont on avait vu l'inexpiable affrontement dans le *Prométhée enchaîné* ; celle de l'*Orestie* par la soumission des sanguinaires déités d'autrefois aux dieux nouveaux, porteurs d'un message d'espoir.

La splendeur abrupte du style correspond à l'élévation de la pensée. D'éclatantes images, une prodigieuse couleur à dominante d'or et de sang, un vocabulaire hardi qui ne se refuse aucune création : rien ne peut mieux exprimer le déchirant affrontement de l'homme avec les Moires. La tragédie s'humanisera par la suite, elle s'attachera avec plus de finesse à rendre les nuances de la psychologie, mais jamais elle ne retrouvera cette hauteur désespérée et pourtant confiante du drame eschyléen, mieux apte que tout autre à émouvoir « la terreur et la pitié », où Aristote verra les deux ressorts essentiels de l'action tragique.

Au moment où Eschyle illustre avec tant d'éclat la tragédie, la comédie en est à ses premiers pas : elle ne s'introduit qu'en 486 aux concours des Dionysies urbaines. Issue du *comos* et de la farce mégarienne, elle prend forme définitivement en Sicile avec Épicharme qui, d'après Aristote (*Poétique*, 5), « lui donne une fable » à l'imitation de la tragédie et qui peut dès lors créer des caractères (on a conservé l'amusante peinture d'un parasite) et introduire une pensée morale ou philosophique (une discussion sur les dieux semble déjà annoncer un dialogue socratique). Athènes fait sien ce curieux mélange de bouffonnerie et de gravité.

Les derniers feux du lyrisme aristocratique : Pindare

À peine le cadet d'Eschyle, Pindare représente, avec non moins de grandeur, un milieu géographique et politique différent. Ce Béotien appartient à une noble famille dont on faisait remonter les exploits jusqu'aux invasions doriennes. Il est le chantre des concours où s'affronte la fleur de la jeunesse hellénique. De son œuvre lyrique variée subsistent essentiellement les épinicies, ces odes triomphales vouées à commémorer les vainqueurs des jeux panhelléniques. Les plus belles s'adressent aux grands de ce monde, Théron d'Agrigente, Hiéron de Syracuse, Arcésilas de Cyrène, dont il est l'ami et le commensal et qu'il loue sans bassesse, non en poète gagé mais en égal.

Les maîtres mots de son œuvre sont la vertu et la gloire. Les concours sont des épreuves où se révèle au mieux la supériorité individuelle d'un homme qui se surpasse pour devenir le meilleur, supériorité qui n'est d'ailleurs que le reflet de l'excellence d'une race et d'une cité. Un idéal proprement aristocratique, peut-être dorien d'origine, se dégage de ces odes, hérité de l'archaïsme, mais qui reste bien vivant au moment même où s'élabore à Athènes un idéal humain opposé.

Mais le miracle de Pindare, c'est de s'élever très au-dessus de ce fait divers que constitue au fond une victoire agonistique. Un homme a couru plus vite qu'un autre dans le stade, un prince est assez riche pour élever de splendides animaux qui ont triomphé dans l'hippodrome. Il est déjà important que, sur le plan humain, ces succès soient mérités par leurs efforts douloureux, par leur hérédité glorieuse, par la noblesse de leur cité. Mais il y a infiniment plus : une banale chronique sportive se transforme en une méditation sur la destinée. Les dieux dominent toutes les affaires humaines, des dieux nettement transcendants, sur lesquels il serait odieux de raconter certaines billevesées du mythe vulgaire, des dieux parangons de vertu et de justice et qui semblent même se fondre dans un dieu unique et tout-puissant qui embrasse l'univers, lorsque le poète s'écrie : « Qu'est-ce que la divinité ? C'est le Tout » (frag. 23 Puech). L'épinicie est donc toute animée par un mythe qui transfigure singulièrement l'humble réalité humaine : ainsi la *Seconde Olympique*, après avoir rappelé les alternances de prospérité et d'infortune inhérentes à la destinée humaine, s'élève dans une brusque envolée où, en un sens sans doute orphico-pythagoricien, Pindare évoque la félicité suprême dont jouissent dans les îles des Bienheureux les âmes d'élite qui se sont réincarnées trois fois sans contracter de souillure.

Les attaches d'une telle poésie avec le passé sont manifestes. Dernier représentant glorieux du lyrisme choral qui s'épuise, Pindare reste à première vue l'incomparable chantre de la vie heureuse, de la jeunesse, de la puissance, de la gloire, peut-être seulement plus nuancé de mélancolie et du sentiment de la tendresse humaine que ses prédécesseurs. Ses odes se développent d'ailleurs comme chez eux avec la rigueur ternaire des strophes, antistrophes et épodes, que voile à peine un apparent désordre. Mais il est bien aussi le contemporain d'Eschyle, non seulement par l'audace de ses créations verbales, mais aussi par sa conception d'un destin tout-puissant et d'un monde divin idéal. L'un et l'autre sont les dignes témoins, souvent déchirés, de l'enfantement d'une civilisation nouvelle.

Le style sévère dans l'art

L'art n'est pas moins sévère. Le monde ionien n'y joue plus qu'un rôle effacé, à cause des malheurs de l'Ionie, mais surtout parce que son goût pour une grâce sémillante semble dépassé. Les grands centres de production sont Athènes, le Péloponnèse, l'Occident et, au moins dans les deux derniers, le dorisme s'exprime avec une force austère et sobre qui convient aux rigueurs de la situation politique.

On peut assister à l'élaboration du préclassicisme en plusieurs étapes jalonnées par d'importantes constructions. Aussitôt après Marathon, Athènes élève à Delphes un modeste trésor dont les métopes représentent les exploits d'Héraclès et de Thésée : si les excès de certaines musculatures (Héraclès à la biche) rappellent le passé, d'autres scènes se chargent d'un sens spirituel nouveau, comme celle où Athéna semble procéder, on l'a dit, à l'investiture sacrée du fils d'Égée. Entre les deux guerres médiques sans doute, les Éginètes rebâtissent un temple pour leur Aphaia identifiée avec Athéna. Les frontons figurent les deux guerres de Troie autour d'une Athéna qui domine la mêlée, immobile dans l'un, plus archaïque, déployant son égide dans l'autre. Dans la disposition des combattants, d'ailleurs assez habile pour que le triangle entier soit rempli de personnages dans des postures différentes, il y a plus de symétrie et de rigueur que d'unité, plus de juxtaposition que de composition. L'exécution est très soignée, mais elle reste grêle et sèche et ne renonce pas à certaines coquetteries surannées comme le fameux « sourire éginétique » qui erre même sur les lèvres des mourants.

Il y a déjà plus de force dans les métopes du temple E de Sélinonte (470-460), solide construction aux puissantes colonnes consacrée à Héra. Ce sont des épisodes isolés, le plus souvent remarquables par leur violence, tel cet Actéon dévoré par ses chiens sous l'œil impassible d'Artémis, ou cette Antiope qu'Héraclès empoigne au cimier de son casque et immobilise sous les griffes puissantes de son pied avant de l'immoler. Cette brutalité n'étonne pas dans l'Occident grec, qui reste plus rustique, plus primitif. Elle n'empêche pas la spiritualité profonde d'une autre scène, où un Zeus infernal saisit son épouse dans un geste où se mêlent tendresse et désir, prélude à l'hiérogamie qui va féconder le monde. Vers 470, Théron d'Agrigente hâte les travaux d'un gigantesque Olympieion (110 × 55 m) avec d'étranges particularités (demi-colonnes engagées dans le mur au lieu d'un péristyle ; statues colossales d'hommes alternativement imberbes et barbus soutenant l'architrave) : salle de réunion pour des cultes mystiques autant que temple, a-t-on dit.

Égine rebute par sa froideur, Sélinonte par son pathétique trop mouvementé, Agrigente par son étrangeté. À Olympie, une harmonie essentielle nous retient au contraire. En 468 les Éléens qui viennent de fonder une capitale, Élis, décident de doter l'Altis d'un temple de Zeus : ils s'adressent à un

Fig. 58. Jeune homme chevauchant un coq.
Coupe attique à figures rouges, signée d'Épictétos.
Castle Ashby (Grande-Bretagne).

architecte du pays, Libon, qui élève un robuste édifice en calcaire, rehaussé par le marbre des frontons et de la toiture. La décoration sculptée devait attirer tous les regards. Aux frontons, la course de chars entre Pélops et Oinomaos, thème olympique entre tous, et la Centauromachie, ordonnées autour de deux figures divines en gloire, Zeus et Apollon. Une impression de force s'en dégage, qui n'exclut ni les subtilités de la composition, beaucoup plus souple qu'à Égine, ni déjà la recherche de l'expression psychologique. Les douze métopes, consacrées aux exploits d'Héraclès, héros typiquement dorien, ne sont pas moins remarquables. Il y est parfois figuré dans l'effort vigoureux de l'action, traduit par de grandes lignes obliques, plus souvent après la victoire, tel l'Héraclès mélancolique qui semble méditer sur le cadavre du lion, proche parent de ces vainqueurs de Pindare qui connaissent le dur prix du succès et la fragilité des choses humaines, tel aussi l'Héraclès qui, dans un geste de pieuse confiance et de mâle énergie, tend à Athéna, sa divine protectrice qui se tourne vers lui non sans tendresse fraternelle, les oiseaux dégoûtants du lac Stymphale : partout c'est le héros d'endurance, lui aussi ordonnateur d'un univers désorganisé par la violence des monstres, presque un sauveur qui trouve son salut dans le *ponos* (l'effort douloureux) et dans l'acceptation d'un destin inhumain.

Fig. 59. Scène de chasse (Thésée et la laie de Crommyon ?), fragment d'une hydrie attique à figures rouges, du style d'Épictétos (vers 500). Rome, Musée du Vatican.

En dehors des créations décoratives des temples, la sculpture se délivre très vite elle aussi des conventions archaïques. La musculature est rendue avec exactitude, mais sobriété, par grandes masses, l'expression est grave, la statue en ronde bosse est inscrite dans les trois dimensions de l'espace. Les deux plus nobles créations subsistantes sont deux bronzes, le Poseidon retrouvé en mer au cap Artémision, qui brandit son trident avec une admirable dignité ; l'Aurige de Delphes, seul reste – ou presque – d'un quadrige offert par le Deinoménide Polyzalos après une victoire pythique, que l'on attribue à Pythagoras de Rhégion ou, avec plus de vraisemblance, à l'Athénien Critios. De fait, les artistes que l'on connaît pour cette période ne sont guère que des noms : à Athènes, Critios et surtout Calamis, le plus grand créateur de dieux avant Phidias (Apollon Alexicacos de l'Agora, représenté par l'Apollon à l'*omphalos* du théâtre de Dionysos), auteur aussi de la souriante Sosandra où sous les traits d'Aphrodite se cache peut-être Elpinicé, sœur trop aimée de Cimon ; en Grande-Grèce, Pythagoras, qui pousse le souci du réalisme jusqu'à faire torturer un esclave pour mieux rendre la souffrance et dont les créations pathétiques devancent d'un siècle celles de Scopas.

Il est plus aisé de distinguer de grandes écoles : l'art ionien se survit dans les reliefs, d'une noblesse gracieuse, du « Prytanée » de Thasos (Apollon et les Muses, Hermès et les Charites) ; l'art attique conserve son équilibre et son expressivité, dans l'Éphèbe se couronnant du Sounion ou dans l'Athéna dite mélancolique ; l'art dorien du Péloponnèse produit de vigoureuses péplophores ou le puissant guerrier de Sparte, peut-être un portrait de Léonidas ; en Grande-Grèce le triptyque Ludovisi, sans doute décoration du trône d'une statue de culte, situe entre deux représentations d'une courtisane nue et d'une femme chastement vêtue – l'amour sacré et l'amour profane, a-t-on dit – une *anodos* d'Aphrodite, naissant de l'élément humide entre les Heures, d'une profonde spiritualité.

Fig. 60. Diomède et Ulysse s'emparent du Troyen Dolon en présence d'Athéna et d'Hermès. Fragment d'une coupe attique, de style sévère, signée d'Euphronios. Paris, Bibliothèque nationale.

L'évolution de la grande peinture est déterminée par le génie d'un peintre de Thasos, qui travaille surtout à Athènes sous Cimon et y reçoit le titre de citoyen, Polygnote. Sur les murs du Poicile d'Athènes ou de la *lesché* des Cnidiens à Delphes, il peint de vastes et nobles compositions historiques ou mythologiques en registres superposés. Son coloris est sobre, voire pauvre, mais il sait indiquer les différents plans par d'humbles artifices (plis de terrain dissimulant une partie d'un personnage) et rendre l'expression psychologique.

La céramique à figures rouges ne subit pas immédiatement l'influence de ce maître incomparable. Épictétos réagit contre le goût des sujets mythologiques et se spécialise dans les scènes de genre (scènes de beuverie notamment). Euphronios revient à la mythologie et a une prédilection marquée pour la geste d'Héraclès ; il se plaît à représenter avec une précision minutieuse le corps humain (cratère d'Antée et d'Héraclès) et a un sens sûr de la composition. Douris met beaucoup de fantaisie inventive et d'humour dans ses croquis d'école ou de gymnase. Brygos, le plus grand des artistes du style sévère, dont le chef-d'œuvre est la coupe du Sac de Troie (au Louvre), s'intéresse au jeu des lumières et des ombres et donne aux thèmes épiques qu'il affectionne un caractère dramatique qui le rapproche de son contemporain Eschyle (fig. 58, 59 et 60).

2. LA GÉNÉRATION DE PÉRICLÈS ET L'EURYTHMIE DU CLASSICISME

Peu à peu d'insensibles transitions dégagent le classicisme du préclassicisme. L'angoisse s'apaise, les dieux deviennent aussi olympiens que Périclès, Athènes fait triompher partout l'esprit attique. On ne saurait douter qu'il y ait là le reflet de l'équilibre politique et social qui s'instaure alors pour quelques décennies. Comme cet équilibre lui-même, la nouvelle harmonie qui s'impose dans tous les domaines résulte d'un douloureux effort : les forces du mal, même vaincues, restent présentes sur les frises doriques du Parthénon et le thème de la révolte est au cœur même de l'œuvre de Sophocle. Déjà des dissonances se font entendre et il suffira de l'ébranlement provoqué par la guerre du Péloponnèse pour transformer tout l'hellénisme.

L'homme en paix avec les dieux

L'équilibre ébauché à Athènes dès Pisistrate entre les cultes poliades et les cultes populaires se parachève. Athéna et Poseidon, les plus anciennes divinités de l'Attique, sont adorés conjointement sur l'Acropole et au cap Sounion, comme ils sont chantés ensemble dans un chœur fameux de l'*Œdipe à Colone*. Athéna surtout profite de la nouvelle puissance d'Athènes : la merveille des merveilles, le Parthénon, lui est dédiée et Phidias sculpte pour elle, outre la grande chryséléphantine du sanctuaire, deux statues sur la colline sainte, la Promachos et la Lemnia ; les Grandes Panathénées deviennent les plus belles fêtes du monde grec et leur éclat d'un jour s'éternise dans la frise du *sécos* ; les artisans viennent en nombre apporter leurs offrandes à l'Ergané dont l'enclos sacré jouxte la cour du grand temple. De fait, cette antique divinité créto-mycénienne dispensatrice de l'olivier, maîtresse des serpents et de la chouette, protectrice du palais d'Érechthée, a profondément évolué en même temps que la ville dont elle est le vivant symbole : le menu peuple des ouvriers et les femmes habiles à filer et à tisser reconnaissent en elle leur divine inspiratrice ; les soldats et les marins vénèrent la Promachos, la vaillante qui combat au premier rang ; la cité tout entière honore la déesse du *Nous*, dont le fronton principal du Parthénon chante la glorieuse nativité, au-dessus de la frise qui montre sa victoire sur le désordre des Géants.

Dionysos et les « deux déesses » ne sont pas l'objet de soins moins attentifs. Dionysos n'est pas encore, avant tout, le dieu mystique qu'il deviendra bientôt, mais tout au long de l'année on l'honore en tant que dieu du vin par des fêtes traditionnelles, auxquelles la démocratie donne un éclat nouveau : les *Dionysies champêtres*, où se déroule au milieu de cris obscènes le joyeux cortège du *phallos*, les *Lénéennes* autour du pressoir, avec leur procession et leur sacrifice, les *Anthestéries*, où à la joie des concours de buveurs et de l'entrée solennelle de Dionysos qui vient s'unir dans une hiérogamie rituelle à la femme de l'archonte-roi succède le jour de deuil où l'on nourrit les morts d'un repas propitiatoire, et surtout les *Grandes Dionysies* (ou Dionysies urbaines) avec leur somptueuse pompe et les concours dramatiques qui d'ailleurs, sur un pied plus modeste, existent aussi dans les autres festivités et où se forme et s'exalte l'âme commune du *démos*.

Le succès des déesses d'Éleusis n'est pas moindre, à telle enseigne que Périclès doit doubler la superficie du *télestérion* de Cimon, lui-même double de celui de Pisistrate. Les mystères que l'on célèbre en leur honneur s'ordonnent autour de très vieux thèmes créto-mycéniens : thème des deux déesses mère et fille, unies d'une profonde affection, thème du ravissement de la jeune fille par le Seigneur infernal et de la joie des retrouvailles, thème de l'« enfant divin » qui n'est plus tant Ploutos que Triptolème, à qui Déméter a remis le premier épi de blé qui permet aux hommes de développer à la fois, selon une vue chère aux Grecs, l'agriculture et la civilisation. Cette théologie faite d'apports successifs n'est peut-être pas très cohérente : ainsi Hadès-Plouton a peu à peu hérité du nom de Ploutos, l'enfant divin primitif, né des amours de Déméter et d'Iasion, dont le rôle devient très évanide.

Quant aux rites eux-mêmes, une immense conspiration du silence s'est formée autour d'eux, que seuls ont enfreinte des auteurs chrétiens tardifs, mal informés et d'une évidente mauvaise foi. On sait au moins qu'il faut distinguer les Petits Mystères célébrés au faubourg d'Agrai et les Grands Mystères, qui comprennent eux-mêmes deux degrés, l'initiation simple et l'époptie (ou vision). Les cérémonies initiales se déroulent à Athènes où les objets sacrés *(hiéra)* ont été solennellement transportés depuis Éleusis : après le rassemblement et la proclamation qui exclut les sacrilèges et les bègues, c'est le bain au Phalère aux cris de : « À la mer les mystes ». Puis la procession s'ébranle par la voie sacrée et elle gagne Éleusis sous la conduite d'Iacchos, un jeune démon du cri sacré devenu une sorte d'avatar éleusinien de Dionysos, non sans plusieurs haltes, notamment au pont du Céphise où les participants sont assaillis de quolibets. À Éleusis même, après une retraite aux flambeaux en l'honneur d'Iacchos, ont lieu les saintes cérémonies, qui commencent par la récitation de la formule sacramentelle : « J'ai jeûné, j'ai bu la Mixture, j'ai pris dans la ciste et après avoir manié [ou goûté] j'ai remis dans le van, j'ai repris dans le van et mis dans la ciste. » Les objets auxquels il est fait allusion sont sans doute des représentations des organes sexuels (ou de gâteaux qui les figurent) dont la manipulation est un gage de fécondité. Puis l'hiérophante montre solennellement les objets sacrés en prononçant les « formules indicibles » qui assurent l'immortalité ; enfin on joue le premier drame sacré, qui raconte la pathétique aventure de Coré et qui, après avoir plongé l'âme dans les ténèbres du deuil, la fait jaillir dans une lumière merveilleuse concrétisée par l'ouverture des volets du lanterneau. La nuit suivante, pour l'initiation du deuxième degré que l'on ne peut subir qu'un an après celle du premier degré, c'est le second drame sacré, celui de l'hiérogamie de Déméter et de Zeus, au cours duquel l'hiérophante entraîne la prêtresse de Déméter dans le secret de l'*anactoron*, suivi de l'acte essentiel, l'ostension silencieuse d'un épi de blé.

Les érudits sont partagés sur l'interprétation de rites si étranges. Pour M. P. Nilsson, il convient de mettre l'accent sur l'aspect agraire, qui se manifeste dans la « monstrance de l'épi ». Pour Ch. Picard, les éléments sexuels sont plus importants et, de fait, comment ne pas être sensible à la manipulation des simulacres d'organes reproducteurs et surtout à l'hiérogamie à la suite de laquelle on récite la formule qui constate la naissance de l'enfant divin, gage de vie surabondante pour tout le peuple saint : « La vénérable Brimo a enfanté Brimos, l'enfant sacré, je veux dire la Forte a enfanté le Fort » ? Au vrai, il s'agit de très anciennes liturgies qui, à la mode créto-mycénienne, ne séparent pas fertilité et fécondité et dont la célébration a perduré sur l'emplacement même où s'élevait un *mégaron* de l'Helladique récent.

Mais il y a beaucoup plus et, dès l'origine, la participation aux mystères ouvre les portes de l'éternité. L'exaltation des forces les plus intimes de la vie végétale, animale ou humaine, ne limite pas ses effets à l'existence terrestre. Le grain de blé meurt dans la terre pour renaître dans de multiples épis : ainsi de l'homme, et c'est déjà la parabole évangélique, qui correspond à l'une des plus anciennes croyances de l'humanité. De même l'union des dieux a des effets vivifiants qui dépassent de loin la perpétuation des espèces : il est très vraisemblable que la naissance de Brimos le Fort implique que le myste devienne enfant des dieux et, comme tel, soit appelé à une vie qui ne finira point.

En tout cas les textes sont formels, de Pindare et Sophocle à Isocrate et Platon : l'initié mort vivra au sein des dieux dans la félicité, tandis que le non-initié, sans être à proprement parler puni, continuera sa misérable existence comme sur cette terre dans les moites ténèbres ou le bourbier. « O trois fois heureux ceux des mortels qui, après avoir contemplé ces mystères, iront dans la demeure d'Hadès ; car ceux-là seuls y possèdent la vie ; pour les autres il n'y aura que souffrance » (Sophocle, fragment 753 N^2). On s'est quelquefois étonné que le seul accomplissement des rites magiques ait assuré le salut, mais le baptême administré avant la mort ne procure-t-il pas le même effet selon les fidèles d'une religion cependant plus spiritualisée ? En fait, l'initié dûment purifié devient un autre homme et la participation à des cérémonies augustes, qui l'arrache aux mesquines préoccupations de la vie quotidienne et le fait entrer de plain-pied dans le monde divin, auprès des déesses que leurs souffrances passées rendent compatissantes, ne peut le laisser indifférent. Aristophane lui-même, qui ailleurs raille ce salut obtenu au prix minime du porcelet qu'il faut sacrifier, réunit dans une même formule « ceux qui ont été initiés et mènent une vie pieuse envers les étrangers et les citoyens » (*Grenouilles*, 320).

L'influence des mystères a été considérable. Dans une religion faite de pompes et de sacrifices solennels célébrés par l'État, ils introduisent la notion du salut personnel. En outre ils se déroulent dans une atmosphère apaisante de fraternité humaine, puisque indistinctement tous y sont admis, citoyens et étrangers, hommes libres et esclaves, hommes et femmes. Dans une démocratie trop avare de ses faveurs terrestres, le droit de cité dans l'outre-tombe n'est marchandé à personne.

Les sanctuaires panhelléniques témoignent tout au long du siècle d'une semblable vitalité. Certes le prestige de Délos diminue, car l'île est entièrement tombée sous l'autorité d'Athènes, qui en 426, après une nouvelle « purification » qui complète celle de Pisistrate, y commence la construction d'un grand temple à Apollon, « le temple des Athéniens ». Mais Delphes et Olympie profitent de la ferveur religieuse et de l'aisance qui se généralisent dans le monde grec. Delphes a vite fait oublier son attitude équivoque des guerres médiques et voit paradoxalement s'accumuler les offrandes des Grecs victorieux des Barbares (le palmier de l'Eurymédon ou la base de Marathon, consécrations des Athéniens ; les vingt statues d'Apollon offertes par les Liparéens, vainqueurs des Étrusques), et hélas ! bientôt les trophées des combats fratricides entre Hellènes (ainsi en 456 les Argiens, après leur victoire sur les Spartiates à Oinoa, élèvent le monument des Épigones). Son influence morale est peut-être moins grande que pendant l'archaïsme, d'autant que le clergé delphique est souvent accusé, non sans de bonnes raisons, de laconiser. Mais le renom dont jouit l'*hiéron* d'Apollon est bien prouvé par le nombre des *ex-voto*, tels les quadriges des Deinoménides ou le taureau des Corcyréens, gratifiés par le dieu d'une pêche miraculeuse.

Olympie reste plus spécifiquement dorienne, mais l'activité des constructeurs n'y est pas moins grande. Sur le butin fait en 468 par les Éléens sur les Pisates, elle peut édifier enfin pour son seigneur le grand temple qui lui manquait : ainsi s'établit définitivement la suprématie de Zeus sur les déesses qu'il avait supplantées, de même qu'Eschyle et Pindare avaient affirmé son hégémonie morale sur un monde divin rénové. L'atelier de Phidias, l'aile sud du Bouleutérion, les trésors de Sicyone et de Syracuse, sans doute aussi le stade et l'hippodrome, complètent l'œuvre des siècles précédents.

Déjà se font sentir les séductions qui bien vite vont bouleverser cette harmonieuse religion. Si le culte d'Adonis est si répandu en 415, c'est que depuis quelques décennies le jeune Seigneur sémite est venu rejoindre son Aphrodite qui l'avait précédé en Grèce de cinq siècles ; d'autre part les progrès de la réflexion développent un rationalisme qui va se révéler dangereux pour les vieilles croyances. De fait, la démocratie triomphante est assez forte pour ne se montrer trop sévère ni à l'égard des nouveaux dieux ni envers les esprits forts. La Grèce tout entière communie encore d'un seul élan dans une piété réglée, organisée par les cités, un peu froide certes, mais génératrice aussi de beauté. Les aspirations vers le salut se satisfont dans les liturgies d'Éleusis, pénétrées d'un mysticisme collectif et modéré, et les âmes se contentent des promesses qu'elles dispensent. Les dieux restent lointains, dans leur sérénité impassible, mais ils savent témoigner leur bienveillance aux hommes et aux villes qui ne les négligent point. On assiste à l'accomplissement définitif de la religion grecque, totalement dégagée des formes élémentaires de l'animisme et des fétichismes animal ou végétal et que n'ébranle point encore une inquiétude désordonnée. La Parthénos ou le Zeus d'Olympie, tels qu'ils sortent du ciseau de Phidias, sont les plus nobles créations auxquelles s'est élevée la théologie hellénique : l'Olympe qui est leur séjour est fort éloigné des cités terrestres, mais il est leur modèle idéal. L'homme connaît ses limites et le respect mêlé de crainte qu'il doit aux puissances supérieures, mais il a assez de confiance en elles pour ne les point troubler d'inopportunes prières, pour ne se point troubler d'inutiles angoisses.

Divin et humain dans la tragédie de Sophocle

Les genres dramatiques, qui s'adressent directement au *démos*, constituent l'essentiel de la littérature. La comédie, définitivement organisée au point de vue technique, connaît déjà des succès de scandale par ses allusions débridées à l'actualité politique et dès 440 il faut lui interdire de mettre en scène des personnages vivants, ce dont elle continue à ne pas se priver. Tout nous en échappe, hélas ! sauf quelques fragments et quelques noms, parmi lesquels Cratinos, qui paraît par sa verve bouffonne le meilleur précurseur d'Aristophane.

La tragédie se place sur un autre registre : elle continue à se passionner pour les rapports de l'homme et des dieux. Sophocle la résume pour nous, bien qu'Euripide ait commencé à produire dès 455. Il passe pour le modèle de l'homme heureux : constamment victorieux dans les concours, admiré de ses concitoyens au point de se voir confier la stratégie après la représentation d'*Antigone*, adorateur zélé des dieux et comme tel jugé le plus digne d'accueillir Asclépios dans sa demeure quand on le fait venir d'Épidaure. Sa tragédie place au premier plan l'homme, qui prend en main son destin et n'est plus le jouet de l'aveugle fatalité. Son ressort par excellence est la volonté puissante des protagonistes. Contemporain de l'apogée d'Athènes, avant que son exceptionnelle longévité ne le fasse assister à son déclin, il témoigne de la confiance nouvelle qui anime le citoyen, assuré que son action peut infléchir l'événement, comme il témoigne aussi de l'approfondissement de la réflexion morale lorsqu'il exalte dans *Antigone* (vers 454) les « lois non écrites » de la conscience.

Mais sous cet indubitable équilibre on sent un frémissement autrement profond. La volonté humaine est génératrice de drame et, au moment même où elle semble triompher, réapparaissent les dieux jaloux. Créon impose sa volonté à tous, mais il périt sous le poids des malheurs qu'il a lui-même provoqués ; Œdipe cherche avec une rage orgueilleuse les responsables de la souillure de Thèbes, pour découvrir qu'il est le seul coupable. Au surplus, Sophocle, ce bon citoyen, aime les rebelles, les indomptables. Le thème de la révolte, de la juste révolte qui dresse un être passionné et intraitable contre la raison d'État, est au cœur de son œuvre : la pure et fière Antigone, pourtant « née pour partager l'amour et non la haine » (vers 523), est justifiée dans sa désobéissance parce que par son décret Créon a violé tyranniquement des droits essentiels et c'est à bon droit que, gagnant sa dernière demeure, elle revendique hautement l'honneur de son crime.

Il n'est point aisé de rendre compte de cet antagonisme. On a voulu récemment (V. Ehrenberg) faire de Sophocle le défenseur des traditions religieuses, l'adversaire donc de Périclès, disciple du rationaliste Anaxagore, et qu'il aurait représenté sous les traits impies de Créon et d'Œdipe. Je ne suis pas sûr qu'il faille aller si loin. Certes une piété sincère anime son cœur, ainsi qu'un sentiment profond de la toute-puissance des dieux, dont l'action sur les destinées est moins directe, mais tout aussi décisive que chez Eschyle. Mais le divin n'est pas tout pour lui et ce n'est pas sans raison qu'il s'écrie : « Rien n'est plus admirable que l'homme ! » (Antigone, 332). L'homme accablé par les dieux, l'homme fort qui souffre démesurément, reste grand et noble et particulièrement digne de notre pitié, même si la racine de sa souffrance est dans la démesure qui est souvent le fait des tempéraments les mieux doués, à plus forte raison s'il souffre pour obéir à l'instinct de justice, pour défendre les droits imprescriptibles de la personne humaine.

Cette présence constante des dieux, cette importance décisive de l'action, ce sentiment hautement avoué de la dignité de l'homme se retrouvent dans une œuvre contemporaine pourtant toute différente, les *Histoires* d'Hérodote.

Le « père de l'histoire » : Hérodote

L'histoire inaugurée au VIe siècle par les logographes ioniens prend son plein développement au Ve avec l'approfondissement de la conscience politique dû à la démocratie. Le citoyen qui dans la vie politique éprouve sa liberté, sa possibilité de faire son histoire, veut connaître aussi l'histoire que ses ancêtres ont faite.

C'est un Grec d'Asie qui forme la transition entre la chronique des logographes et l'histoire rationnelle de Thucydide. Hérodote d'Halicarnasse voyage longuement en Perse, en Scythie, en Égypte, avant de se fixer à Athènes où il est l'ami de Périclès et de Sophocle et qu'il ne quitte que pour une brève participation à la colonisation de Thourioi. Ses *Enquêtes* (tel est le sens premier du mot *Histoires*) racontent le gigantesque affrontement du monde grec et du monde barbare dans les guerres médiques, ainsi que ses lointains antécédents. Le récit, tout encombré de digressions (le livre II par exemple est un long reportage sur l'Égypte), ne se teinte d'aucune animosité contre les Perses, à telle enseigne que Plutarque, qui n'aime guère Hérodote, le qualifie « d'ami des Barbares », mais il est animé d'une profonde sympathie pour la cause grecque et pour les Athéniens qui ont tant fait pour elle.

Par bien des traits, Hérodote garde la curiosité inlassable d'un Ionien que réjouit le spectacle varié du monde : c'est d'ailleurs en dialecte ionien qu'il écrit. Il s'interroge sur les sources du Nil, sur ses crues, décrit l'hippopotame et le crocodile. Les coutumes différentes de celles des Grecs le passionnent et c'est en véritable ethnographe qu'il analyse les mœurs sexuelles des tribus africaines. Il aime les tableaux animés et pittoresques, comme l'adjudication des filles à Babylone. Son récit fourmille d'anecdotes colorées, notamment sur les Grands Rois : le début de la seconde guerre médique se réduit un peu chez lui à une série de tableaux montrant le déplacement fastueux d'un despote oriental. Tout ce qui est étrange l'attire et il est incomparable quand il évoque les *thomata* (merveilles) naturels ou humains.

C'est déjà beaucoup d'avoir, grâce à lui, des récits pleins de couleur et de vie, mais sous le chroniqueur apparaît déjà l'historien. Sa documentation est étendue, d'abord livresque (et on a pu l'accuser d'avoir pillé ses prédécesseurs, notamment Hécatée), plus souvent tirée de ses enquêtes et de ses voyages et on ne saurait raisonnablement lui reprocher de n'avoir compris ni lu aucune langue orientale et d'être ainsi à la merci de ses informateurs ou cicérones locaux. Incontestablement crédule, il fait pourtant un gros effort pour critiquer les témoignages les uns par les autres. Son impartialité est reconnue, bien qu'il marque à l'occasion quelque mépris pour les Ioniens et pour les Thébains, quelque prédilection pour les Athéniens et particulièrement pour la famille des Alcméonides. Bien qu'il s'intéresse surtout aux causes secondes et qu'il voie dans les vertus ou les intrigues des grands hommes le moteur essentiel de l'histoire, il ne dédaigne pas les causes premières et indique nettement que la vraie cause des guerres médiques est à chercher dans l'inéluctable choc de deux impérialismes. Il mérite bien la gloire que lui attribue Cicéron en faisant de lui « le père de l'histoire » (*De legibus*, 1, 1).

Les ambitions des philosophes présocratiques

De même qu'Hérodote reste dans une large mesure l'héritier des logographes, la philosophie classique demeure dans la ligne de la pensée archaïque. C'est un mouvement continu et bouillonnant, le plus souvent extérieur à Athènes, où la chronologie est si difficile à établir qu'il vaut mieux embrasser dans une seule étude tous les Présocratiques antérieurs à l'apparition de la sophistique, créateurs audacieux de vastes systèmes cosmologiques comme leurs prédécesseurs du VIe siècle. Les deux pôles métaphysiques du monde grec restent l'Ionie et l'Occident.

En Ionie, la pensée est fidèle à un positivisme abstrait, ennemi des constructions mythiques et des sectes mystiques, plus préoccupé de la cosmologie que de la destinée humaine et, comme tel, réservé à une minuscule élite. Elle se résume pour nous en trois grands noms, Héraclite, Anaxagore et Leucippe que l'on ne peut guère séparer de son disciple Démocrite.

Héraclite d'Éphèse, que son humeur chagrine fit surnommer le Mélancolique, cherche en apparence le principe premier, tels les « physiologues » du siècle précédent, et il le trouve dans le feu. L'univers est pour lui un éternel devenir et les maximes où il exprime cette douloureuse constatation sont fameuses : « Tout s'écoule » ; « Tu ne peux descendre deux fois dans le même fleuve, car de nouvelles eaux coulent toujours sur toi. » Mais, immuable dans cette mobilité, persiste le *Logos*, qui est la loi du devenir et que symbolise le feu. Le Conflit *(Polémos)* anime l'univers, « père de toutes choses, roi de toutes choses », et se trouve paradoxalement engendrer l'harmonie suprême, puisqu'il est la tension intime qui maintient dans l'ordre les contraires, vie et mort, jeunesse et vieillesse, veille et sommeil, nuit et jour, puisqu'il est la force qui fait naître un terme de l'autre dans un cycle continu. Ainsi se recompose l'unité fondamentale : « À l'écoute non de moi-même, mais du *Logos*, il est sage de reconnaître que tout est un », si bien que le prophète du mobilisme universel et de l'incessant conflit retrouve à l'issue de sa méditation l'identité essentielle des êtres et l'ordre du *cosmos*. Nietzsche l'a dit avec force : « Ce qu'Héraclite a contemplé, la présence de la loi dans le devenir, sera désormais contemplé éternellement : c'est lui qui a levé le rideau sur ce spectacle sublime. » Mais on comprend que ses contemporains, irrités de ses propos volontairement sibyllins, effrayés par ces abîmes de l'Autre et de l'Un qu'il ouvrait sous leurs pas, l'aient appelé l'Obscur.

Le monde est tout aussi divers pour Anaxagore de Clazomènes. Il est fait de la combinaison de qualités indécomposables. Chaque chose contient, mélangées, les semences de toutes choses, semences qu'Aristote appellera les homéoméries (parties homogènes). Un mouvement incessant vise à leur dissociation, mais il est sans terme, puisque chaque chose recèle l'infinité des qualités. Ainsi peu à peu se sont isolées les différentes parties du monde au sein de l'Infini, l'humide et le froid au centre, le sec et le chaud à l'extérieur. Tous ces mouvements qui animent la matière ne sont possibles que parce qu'il existe en dehors d'elle une essence pensante, le *Nous* ou Intelligence, principe organisateur du *cosmos* dont l'intervention a mis en ordre le chaos originel. Anaxagore le conçoit comme un mouvement circulaire créant peu à peu un tourbillon qui gagne l'espace infini, séparant par exemple les astres et les enflammant. Système exaltant qui montre la puissance unificatrice et ordonnatrice de l'Esprit au sein du désordre infini des qualités, et dont on sait l'influence qu'il a exercée sur la politique de Périclès. De fait, on comprend bien l'amitié des deux hommes, dont l'idéalisme se fonde sur un solide positivisme. Anaxagore dissèque un bélier à une seule corne né dans un troupeau de Périclès, et il est sur le point d'être traîné en justice pour avoir professé que le soleil n'est qu'une masse incandescente : même Athènes n'est pas mûre pour l'audace de sa pensée.

Leucippe de Milet (ou d'Abdère) hérite lui aussi de la tradition ionienne, qu'il enrichit par l'enseignement de Zénon d'Élée. À la fin du siècle, son disciple Démocrite d'Abdère accepte sa cosmogonie, mais élargit sa réflexion aux disciplines les plus diverses et se montre, par le nombre de ses observations précises et par ses ambitions encyclopédiques, le véritable précurseur d'Aristote. Leur originalité propre est d'admettre que la matière est composée de particules insécables, impénétrables, pleines et infinies, auxquelles ils donnent le nom d'*idées*, et entre lesquelles il n'y a nulle différence que de grandeur, de configuration, de position. Au sein du vide parfait où elles se meuvent, le mouvement tourbillonnaire crée des agrégats, selon le double jeu de la densité qui repousse vers l'extérieur les plus légères et de la forme qui permet le rassemblement de particules complémentaires. L'âme elle-même n'échappe pas à la rigueur de ce mécanisme : elle est faite d'atomes légers et sphériques, semblables aux poussières qui voltigent dans un rai de soleil, et constamment rénovés par la respiration. L'aspect moderne de cette doctrine est frappant, non seulement parce que ses créateurs sont les lointains précurseurs de l'atomistique moderne, mais parce que pour la première fois il n'est fait appel, pour rendre compte de l'univers, à aucun moteur extérieur tel que le *Logos* ou le *Nous*.

Au positivisme ionien continue à s'opposer un rationalisme occidental, plus sensible à la mathématique qu'à la physique, s'exprimant volontiers sous forme mythique, préoccupé par le problème de la destinée, et comme tel susceptible parfois d'une plus large propagande. Le pythagorisme conserve son élan créateur et son succès, mais à côté de lui Empédocle et les Éléates ne comptent pas moins.

Le pythagorisme se répand largement aussi bien en Grande-Grèce qu'en Grèce après l'expulsion de la secte de Crotone, mais une scission s'opère entre les deux tendances qui coexistaient dans la pensée du fondateur : les « acousmatiques », fidèles aux observances strictes, forment de véritables confréries religieuses ; les « mathématiciens », beaucoup plus laïques, cherchent à faire progresser les sciences, notamment l'arithmétique, la géométrie et l'astronomie, pour mieux découvrir l'harmonie numérique immanente à l'univers. Quelques noms émergent, surtout à la fin du siècle et au commencement du suivant, sans qu'il soit toujours possible de leur faire correspondre une œuvre précise : Philolaos, hérétique génial qui oppose la notion de relativité aux catégories trop strictes de la tradition pythagoricienne ; Archytas et Théétète (début du IVe) qui font réaliser à la géométrie des progrès décisifs et l'organisent en somme rationnelle, « augmentant le nombre des théorèmes et en composant un ensemble plus scientifique » (Proclos).

Empédocle d'Agrigente se rapproche de Pythagore par sa forte personnalité de mage haut en couleur, vite entouré d'une légende. Vêtu de pourpre, il parcourt le monde grec comme un roi ou mieux comme un dieu, semant les miracles sous ses pas. Il morcelle le monisme des Ioniens en affirmant qu'il y a quatre éléments ou plutôt « quatre racines de toutes choses », feu, eau, éther et terre, doctrine qui va s'imposer pendant des siècles. Deux forces motrices animent l'univers et expliquent les constants échanges entre ces éléments : la Discorde et l'Amitié, qui triomphent l'une après l'autre dans une série indéfinie de cycles. Cette notion de cycle n'est pas moins importante pour l'âme humaine : les âmes coupables doivent errer trois fois dix mille ans pour se régénérer par la souffrance. De fait une mystique est à la base de la doctrine : tout comme Pythagore, Empédocle affirme la nécessité des abstinences et des purifications, auxquelles il consacre un traité. Ce philosophe est à la fois ingénieur, astronome, physicien, biologiste et thaumaturge.

Cet étrange mélange de rationalisme et de mystique détonne un peu en plein Ve siècle : c'est plutôt aux penseurs de l'archaïsme, aux « philosophes rois » chers à Nietzsche, qu'il fait penser, d'autant que le dualisme des deux principes moteurs, la théorie des cycles, les observances rituelles évoquent ces influences orientales qui ont été si importantes à l'aurore de la pensée grecque.

Empédocle met un terme à son existence romantique de prophète en se jetant dans le feu purificateur de l'Étna : ses disciples ne retrouvent que ses semelles, tandis que son âme s'est envolée dans le feu universel.

C'est une véritable école qui se développe à Élée à la suite de Xénophane. Son maître incontestable est Parménide (début du Ve siècle), dont il nous reste quelques fragments éblouissants, comme l'introduction de son poème où il se montre emporté par le char des filles du Soleil vers Justice qui lui révèle la vérité suprême. Cette vérité, c'est que l'être est et que le non-être n'est pas. « Je vais te dire, lui enseigne la déesse, quelles sont les deux seules voies de recherche à concevoir : la première, comment l'être est et qu'il n'est pas possible qu'il ne soit pas est le seul chemin auquel se fier ; la seconde, à savoir qu'il n'est pas et que le non-être est nécessaire, cette voie n'est qu'un sentier où ne se trouve absolument rien à quoi se fier » (fragment 2). L'être est identifié à une sphère parfaite, indestructible, immobile et finie.

Vers le milieu du siècle, Zénon d'Élée reprend cette thèse de l'être un et immobile en montrant dans ses fameuses apories (Achille et la tortue, la flèche immobile en plein vol) les absurdités de la thèse contraire. Il est ainsi, au dire d'Aristote, le véritable fondateur de la dialectique, cette méthode de recherche par la discussion qui va s'imposer à la génération suivante.

Mélissos de Samos infléchit au contraire la doctrine dans le sens de la pensée ionienne en accordant à l'être l'éternité et l'infinité.

Si l'on recherchait un caractère commun à des doctrines aussi différentes, on pourrait le trouver dans leurs ambitions, cosmologiques et ontologiques à la fois : elles veulent expliquer la naissance et l'évolution du *cosmos*, elles se préoccupent de concilier la diversité et l'unité du réel. Héritières directes des philosophies archaïques, elles peuvent en un sens paraître des survivances en plein Ve siècle. Cependant, dès 450, une orientation nouvelle se fait jour en Grèce : une pensée critique se substitue au dogmatisme des Ioniens et des Occidentaux : l'homme remplace l'univers et l'être au cœur de la spéculation. C'est la révolution des sophistes, que nous étudierons au moment de son triomphe définitif.

L'Acropole de Périclès

Le même souci de faire prédominer la raison se manifeste dans la construction des villes. Un urbanisme, apparu sans doute dès 480, se développe. La tradition le lie au nom d'Hippodamos de Milet, un philosophe peut-être de tendances pythagoriciennes, qui en fait semble avoir synthétisé des recherches convergentes. Deux principes nouveaux se dégagent : les rues se coupent à angles droits (ce qui donne une disposition en damier qui avait déjà été adoptée dans certaines agglomérations coloniales), sans d'ailleurs qu'il y ait deux axes principaux comme ce sera le cas dans les créations romaines ; le plan se veut fonctionnel et réserve des quartiers par exemple au port, aux édifices publics, à l'habitat. Le plus notable est qu'on établit un schéma préalable, quitte à le remplir au fur et à mesure des besoins, comme dans les deux ensembles les plus sûrement attribuables à Hippodamos: Milet lors de la reconstruction de 479, le Pirée où il travaille pour Thémistocle. Il est probable qu'il a aussi collaboré à la colonie panhellénique de Thourioi pour Périclès. À la fin du siècle, Rhodes est bâtie selon les mêmes règles, dont nous verrons le long triomphe à l'époque hellénistique.

On continue à construire beaucoup, en Occident notamment, où le dorique règne toujours en maître. Agrigente, qu'engraisse le butin fait à Himère sur les Carthaginois, élève tout au long du siècle une série de dix temples d'une rare beauté, dont ceux de « Junon Lacinienne » et de « la Concorde ». L'enceinte sacrée de Poseidonia s'enrichit vers 450 du « temple de Neptune », dédié en réalité à Héra Argeia, qui donne une si remarquable impression de stabilité sans lourdeur qu'il a pu être considéré comme le plus beau des temples grecs d'Italie : de peu antérieur au Parthénon, il comporte déjà ces raffinements techniques (notamment la courbure des lignes horizontales) dont l'invention fut attribuée par erreur à Ictinos.

Mais le programme de construction de Périclès dépasse de loin tout ce qui avait pu être réalisé ailleurs : le *télestérion* d'Éleusis, les temples de Poseidon au Sounion et de Némésis à Rhamnonte et, à Athènes même, l'Odéon, les temples d'Héphaistos et de Dionysos, sans parler de l'aménagement nouveau de l'Acropole. La chance de Périclès est de trouver en Phidias, dont il fait comme son surintendant des beaux-arts, le collaborateur indispensable. Phidias s'entoure d'une pléiade d'artistes et il conçoit un plan général pour faire de la colline sainte un incomparable marchepied entre les hommes et les dieux. Point de rigueur dans la disposition relative des édifices les uns par rapport aux autres, et un savant mélange du dorique et de l'ionique afin que la sévérité et la grâce concourent dans une riche harmonie. On a pensé (W. Lawrence) que le grand ensemblier avait voulu faire de l'Acropole la rivale des acropoles perses où s'élevaient les palais des Grands Rois, comme pour mieux insister sur les différences qui séparaient une civilisation de la liberté d'une civilisation de la servitude. Voulue ou non, la comparaison s'impose à l'esprit : d'un côté la résidence d'un despote oriental appesantissant son autorité sur un monde d'esclaves soumis, de l'autre la demeure des dieux tutélaires à qui Athènes a d'autant moins de peine à se soumettre qu'ils représentent l'Esprit sous sa forme la plus pure.

Le plan conçu par Périclès et par Phidias était trop vaste pour être mené à son terme en une seule génération : ni l'un ni l'autre n'en virent la réalisation totale, qui ne s'acheva que vers la fin du siècle. Deux édifices du moins étaient terminés, l'un complètement et l'autre partiellement, en 431 : le Parthénon et les Propylées. Élevé sur l'emplacement où la démocratie clisthénienne avait commencé un temple pour Athéna, « le grand temple » que nous appelons le Parthénon, construit entre 447 et 438, est d'abord remarquable par ses dimensions importantes – qui ne cherchent pourtant en rien à rivaliser avec les sanctuaires colossaux d'Asie ou d'Occident – et par ses façades octostyles. Il ne l'est pas moins par le parti pris rare d'unir une frise dorique extérieure, en accord avec l'ordre dorique de la colonnade, et une frise ionique sous le péristyle. Il l'est enfin par les heureux raffinements que ses architectes, Ictinos et Callicratès, mettent en œuvre pour corriger les illusions d'optique (assise de réglage légèrement convexe et dont la courbure se répercute jusque dans l'architrave ; colonnes inclinées vers l'intérieur ; colonnes d'angle plus massives). À l'intérieur, un plan assez complexe : vers l'est le *pronaos* et le *naos*, où règne l'éblouissante Athéna chryséléphantine de Phidias ; à l'ouest l'opisthodome et une pièce supplémentaire, le Parthénon au sens étroit du terme, destiné à conserver le trésor d'Athéna et celui de l'État.

Le décor sculpté ajoute son propre message au message de beauté de cet auguste édifice. Aux frontons, la nativité d'Athéna et la dispute de l'Attique entre la déesse et Poseidon, presque deux scènes de famille pour les Athéniens. Sur la frise dorique, quatre combats, mais qui ne nuisent point à l'harmonie, puisque quatre fois les forces du désordre et de la barbarie doivent céder devant les puissances de l'Esprit. Enfin, par une particularité unique où l'on a pu voir une imitation des frises réalistes de Suse ou de Persépolis, les Panathénées déroulent autour du *sécos* une scène humaine, la procession allègre d'un peuple tout entier uni dans la vénération de ses dieux, représentés eux-mêmes sur la façade principale dans une vénérable et pacifique assemblée.

Le Parthénon achevé, Mnésiclès se charge de donner à l'Acropole une entrée monumentale, les Propylées, qui remplacent le petit propylée de Pisistrate. Ce n'est qu'un vestibule, entre deux ailes que des scrupules religieux forcent à rendre inégales et où le dorique encore se marie à l'ionique. Mais quelle noblesse dans ce large édifice, le seul du plateau qui ne soit point consacré aux dieux, porte de marbres blanc et bleu vers leur demeure acropolitaine !

Les arts figurés : vers le triomphe de la sérénité

Trois noms illustrent la statuaire du milieu du siècle. Myron et Polyclète portent à sa perfection la sculpture athlétique. Myron d'Éleuthères excelle à rendre l'instantané, comme dans l'extraordinaire Discobole qui semble figer un instant fugitif de la durée, mais c'est aussi un puissant animalier. Polyclète d'Argos est plus abstrait et cherche le « canon » du corps humain, c'est-à-dire un système de proportions mathématiques entre ses parties : vieux rêve cher à l'esprit grec et que reprendra Lysippe. Admirable bronzier selon la tradition argienne, il immortalise dans ses deux chefs-d'œuvre, le Doryphore et le Diadumène, de jeunes hommes au repos, à la musculature un peu massive, au visage inexpressif, où l'on admire à la fois l'harmonie rythmique et la savante épure de l'idéale beauté d'éphèbes immobiles perdus en eux-mêmes.

Qu'il s'agisse des frises ou des frontons du Parthénon, du bas-relief du *télestérion* (Déméter, Coré et Triptolème), ou de ses statues (Athéna Promachos et Athéna Lemnia de l'Acropole et surtout ses deux chryséléphantines colossales, la Parthénos et le Zeus d'Olympie), Phidias, lui, est un créateur de dieux et, s'il sculpte des hommes, dans la procession des Panathénées par exemple, c'est pour les élever sur le plan du divin. On pourrait épiloguer sur sa science nouvelle du drapé, sur ses corps plus souples que ceux de Polyclète, sur ses visages à la douceur diffuse. Ce serait laisser de côté l'essentiel, car chez lui tout est spiritualité. L'harmonie du corps, la tranquillité du visage font éclater la suprême vertu des Immortels : la maîtrise de soi. Impassibles certes, ces Olympiens ne consentent pas à s'apitoyer ; mais ils ne sont pas inaccessibles, puisqu'ils donnent à l'homme le pur modèle de leur perfection, à laquelle il appartient à chacun de tendre par l'effort et par la volonté. Cet art, que des naïfs ont dit froid, voire académique, est profondément humain. S'il ne compatit pas volontiers, s'il se refuse à ravaler la divinité, il exalte l'homme en l'arrachant à ses faiblesses. Nul n'est plus engagé et n'engage plus à l'action.

Les marbres du Parthénon illustrent la victoire douloureuse de l'Esprit et le lever des astres, symbole de l'avènement des lumières. Déméter et Coré sont affectueuse générosité. Les diverses Athéna, pacifiques ou guerrières, ont la jeunesse, la force, la sagesse dont Périclès rêve pour Athènes. Le Zeus d'Olympie, à mi-chemin entre l'onctueuse douceur des Bouddha d'Amaravati et la rebutante sévérité du Pantocrator de Daphni, donne du maître du monde l'image la plus équilibrée et la plus vivifiante, celle du stratège suprême du *cosmos*, puissant et magnanime.

Les arts mineurs ne peuvent manquer d'être sensibles à de telles leçons. La céramique en particulier devient beaucoup plus libre vers 460 et subit une double influence (fig. 61).

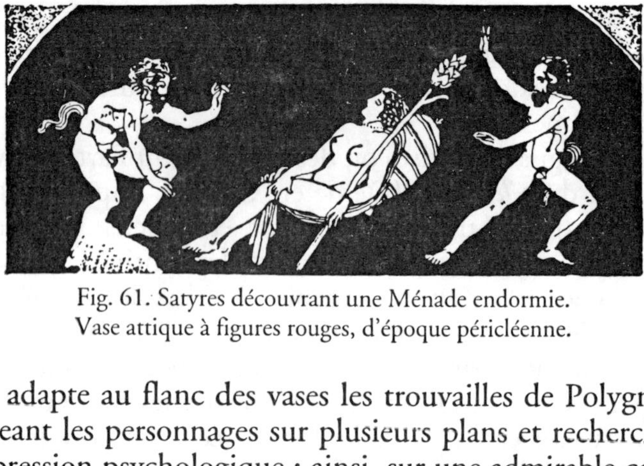

Fig. 61. Satyres découvrant une Ménade endormie.
Vase attique à figures rouges, d'époque péricléenne.

Elle adapte au flanc des vases les trouvailles de Polygnote, étageant les personnages sur plusieurs plans et recherchant l'expression psychologique : ainsi, sur une admirable coupe de Munich, Achille tombe amoureux de l'Amazone Penthésilée au moment même où il l'immole ; sur un cratère d'Orvieto, le massacre des Niobides est traité avec un pathétique nouveau. Mais la grande sculpture de Phidias lui communique de son harmonie, de sa force, de sa sérénité : rien de plus noble, de plus simple dans la ligne, de plus contenu dans le sentiment que les adieux du guerrier peints sur un *stamnos* de Munich.

3. LA GÉNÉRATION DE LA GUERRE DU PÉLOPONNÈSE ET LA CRISE DE LA CONSCIENCE GRECQUE

À partir de 430 – s'il est possible de fixer une date pour un changement si subtil – une crise ébranle l'hellénisme, sensible aussi bien dans les modifications de la vie quotidienne que dans l'évolution du théâtre, de la sculpture, de la céramique ou dans les transformations des croyances religieuses. Les créations spirituelles ne sont pas moins brillantes qu'à la génération précédente, mais à la sérénité succède l'inquiétude, aux certitudes le doute, à l'équilibre la recherche.

Deux causes indépendantes expliquent une évolution aussi générale. La plus apparente est la guerre du Péloponnèse, cet affrontement où la puissance d'Athènes chancelle longtemps avant de s'effondrer et où, bien avant le désastre de 404, sombre son équilibre politique, social et économique. Mais il y a plus, d'autant qu'en plusieurs domaines la transformation est antérieure au conflit. Des penseurs, rompant avec une tradition vieille de près de deux siècles, se détournent des problèmes cosmologiques ou ontologiques et portent leur réflexion sur l'homme : leur critique dissolvante va contribuer à faire éclater les cadres établis.

Une éducation nouvelle : la sophistique

Les sophistes – et le mot, qui signifie « adepte de la sagesse », est bien loin d'avoir d'abord l'acception péjorative que nous lui donnons – sont plutôt des professeurs que des philosophes. Ils vont de ville en ville, donnant des conférences publiques (appelées montres, car ils y font montre de leur savoir et surtout de leur savoir-faire) et s'entretenant avec les jeunes gens, contre de considérables rétributions qui limitent d'autant leur clientèle aux milieux aisés, donc souvent aristocratiques. Ils suscitent beaucoup d'animosité de la part des esprits hostiles à la nouveauté : ainsi Aristophane, dans les *Nuées*, présente Socrate, donné paradoxalement comme un dangereux sophiste, sous l'aspect le plus fâcheux et le plus ridicule, hâbleur, intéressé, dénué de tout sens moral. Mais ils rencontrent, chez leurs jeunes auditeurs, l'accueil le plus empressé et le plus enthousiaste.

C'est que leur enseignement répond à un besoin profond : aucun type nouveau d'éducation n'avait remplacé l'ancienne éducation aristocratique, fondée sur la lecture et le commentaire des vieux poètes (fig. 62). Eux, apportent une méthode,

Fig. 62. Une leçon dans une école. Coupe attique à figures rouges de Douris, vers 480. Berlin, Staatliche Museen.

empruntée à l'éléatisme : la dialectique, c'est-à-dire la discussion pied à pied avec l'interlocuteur, qui l'amène à avouer que ses postulats sont faux. Leurs connaissances variées, sinon profondes, empruntées à toutes les disciplines humaines, les rendent redoutables dans l'argumentation. Au surplus, ce qui séduit aussi leurs élèves c'est l'aspect pratique, voir pragmatique, de leur enseignement : celui qui a appris à parler, à penser, à discuter avec eux devient à son tour un rude jouteur capable de s'imposer dans la vie quotidienne, devant les tribunaux, à l'assemblée. Ces maîtres, qui sont des étrangers, apportent à Athènes, où ils ont tous séjourné, les techniques propres à maîtriser le *démos* ; ils enseignent la parole dans la ville où la parole est reine, mais où aucune rhétorique n'a encore fleuri dans les écoles. On comprend que les subtilités chatoyantes de leur esprit ne soient pas leur seule séduction : le jeune homme qui dépense gros pour les fréquenter a conscience qu'il ne perd ni son temps ni son argent. Le paradoxe de la sophistique, c'est qu'elle donne à Athènes l'éducation de l'esprit et du verbe nécessaire à un État démocratique, mais que sa clientèle se réduit aux plus fortunés d'entre les jeunes gens, contribuant ainsi à accroître le déséquilibre social, puisqu'elle met entre les mains des plus favorisés du sort une arme redoutable : l'art de persuader.

Y a-t-il un élément commun entre des esprits aussi divers ? On l'a cherché dans leur humanisme (W. Jäger) : ils croient tous dans la possibilité indéfinie de développement pour l'homme grâce à l'enseignement qui porte sur toutes les disciplines, même sur la vertu. On peut aussi le chercher dans leur besoin de remettre en question les opinions traditionnelles et de ne plus fonder la pensée et la vie, qu'ils ne veulent point séparer, que sur la raison humaine, dont ils font la pierre de touche de toute croyance et de toute action. Une distinction fondamentale s'impose à eux : celle de la nature *(physis)* et de la loi *(nomos)*. La loi est artificielle, puisqu'elle reflète souvent des facteurs historiques contingents, et n'est donc plus intangible : on imagine la révolution qu'apporte une telle conception dans l'hellénisme, qui avait jusque-là trouvé dans le respect du *nomos* sa base fondamentale.

Mais, parmi ces douteurs professionnels, les différences de pensée restent flagrantes. C'est assurément question de tempérament, plus ou moins radical ; question aussi d'époque, la première génération justifiant l'idéologie péricléenne, la seconde celle des Trente. Protagoras d'Abdère, avec qui Périclès ne craint pas de passer toute une journée en discussion, donne la plus forte affirmation de l'humanisme, puisque pour lui « l'homme est la mesure de toute choses » (voir p. 375). Quant aux dieux, il ne peut savoir « ni qu'ils sont ni qu'ils ne sont pas » (fragment 4). Mais ce doute méthodique ne l'empêche pas d'attribuer à Zeus le plus beau don fait à l'homme, la justice et la pudeur, et il croit dans la vertu des lois au point d'accepter d'être le législateur de la colonie panhellénique fondée à Thourioi par Périclès.

Gorgias de Léontinoi, qui vient à Athènes en 427 comme ambassadeur et qui compte parmi ses disciples Thucydide et Isocrate, pousse beaucoup plus loin le scepticisme : il n'y a point d'être ; s'il y en avait, il serait inconnaissable ; s'il était connaissable, cette connaissance serait incommunicable. Aussi se spécialise-t-il dans l'art de la parole, né à Syracuse après la chute des tyrans avec Corax et Teisias, auteurs de traités techniques de rhétorique destinés à donner au plaideur l'art de persuader. Il triomphe dans toute la Grèce, à Athènes, à Olympie, à Larissa, et fixe les règles du discours, fait de phrases incisives, frappant par des antithèses, rehaussées par d'habiles artifices, notamment par la répétition des mêmes sons.

Prodicos de Céos étudie le langage sous le double aspect de la sémantique et de l'étymologie. Hippias d'Élis, beau parleur doté d'une fabuleuse mémoire, est géomètre et historien. Antiphon le Sophiste – qu'il ne faut apparemment pas distinguer de son homonyme, l'inspirateur des hétairies oligarchiques – insiste sur le caractère conventionnel des lois. Le jeune Calliclès du *Gorgias*, qu'il soit une fiction ou plutôt un personnage réel, donne la plus forte expression d'un nihilisme moral qui n'admet que le triomphe, reconnu suprêmement juste, du surhomme sur le faible.

Il est difficile de juger sainement d'un tel mouvement. Quoi de plus noble que cet effort, le premier en date dans l'histoire de l'homme, pour soumettre toute croyance aux lumières de la raison ! Et comment ne pas rappeler, entre autres, cette maxime d'Hippias qui, niant les antagonismes sur lesquels est fondée la société grecque, considère tous les hommes « comme des parents, des proches, des concitoyens suivant la nature, sinon selon la loi » (dans Platon, *Protagoras*, 337 c) ? Mais il n'est pas moins vrai que la sophistique a ses faiblesses : il y a, sous les apparences humanistes, un grand mépris de l'homme dans cette indifférence devant tout critère moral, dans cette affirmation que le « raisonnement injuste » vaut le « raisonnement juste ». Même en dehors de ces excès, elle reste dissolvante, puisqu'elle s'attaque aux croyances de base, longuement élaborées au cours des siècles précédents, qui fondaient par exemple la cité, la morale, la religion. Née de doutes qui lui sont antérieurs, elle les consolide et en tire les conséquences ultimes : bien avant les convulsions du siècle suivant, la notion de *polis*, appuyée sur le respect de la loi, sur la soumission aveugle de l'individu à la collectivité, sur les distinctions arbitraires établies entre citoyen et étranger, entre homme libre et esclave, entre Grec et Barbare, s'effondre sous ses subtiles argumentations. Au fond, il y a là un triomphe de l'individu, de l'homme armé de sa seule raison, sur les impératifs de l'État ou de la tradition et ce même mouvement se retrouve, à la même époque, dans la prédication des sophistes de l'Inde ou de la Chine. C'est déjà l'*Aufklärung*, avec sa puissance destructrice et avec son incontestable grandeur.

Le magnifique développement de la médecine dans la seconde moitié du siècle s'explique en partie par les mêmes causes que la sophistique : dans des cénacles, dont les deux plus importants sont à Cnide et à Cos, la pensée médicale, héritière d'une tradition ancienne, se dégage peu à peu des croyances magiques et pose les premiers fondements de la thérapeutique moderne, fondée à la fois sur l'empirisme et sur le raisonnement. Ignorant l'anatomie et plus encore la physiologie, les médecins ne négligent ni l'influence du milieu, ni le tempérament, ni la psychologie du patient et réussissent de très belles cures. On peut mesurer la richesse de leurs observations dans les traités de la *Collection hippocratique*. Œuvre collective, cette promotion d'une des plus remarquables techniques humaines s'explique aussi par le génie d'un homme : Hippocrate de Cos (né vers 460), savant et praticien de grande classe, fondateur de la déontologie par le fameux serment qu'il impose à ses disciples. Nous ignorons presque tout de lui, sinon qu'il domine son époque par l'ampleur de sa réflexion et par les exigences de sa conscience.

Le mystère Socrate

Contre les outrances des sophistes se dresse Socrate, que pourtant dès 423 Aristophane feint dans les *Nuées* de confondre avec eux. C'est, lui, un Athénien de souche, un bon citoyen qui combat courageusement à Potidée et à Délion. Il ne tient pas à proprement parler école, puisqu'il ne demande aucune rétribution, mais il est entouré d'un cénacle de jeunes gens fervents. Il n'écrit point. Qu'il parle avec des hommes du commun dans la rue ou chez le cordonnier ou qu'il dialogue avec les professionnels de la pensée ou avec ses disciples, il use de l'ironie au sens grec du terme, c'est-à-dire de l'interrogation, naïve en apparence, qui débusque l'adversaire jusque dans ses derniers retranchements, dévoile les apories de son raisonnement ou les inconséquences de son action, le lui livre pieds et poings liés. Son métier propre, dit-il, est la maïeutique : sa mère, qui était sage-femme, accouchait les corps ; lui il accouche les esprits, leur révèle des vérités cachées qu'ils portent en eux à leur insu.

Ce sage s'est pourtant vu, après le désastre, chargé de tous les péchés d'Athènes humiliée. En 399, trois accusateurs le traînent devant les tribunaux, affirmant qu'il corrompt les jeunes gens et que, non content de ne pas croire aux dieux de la cité, il en introduit d'autres. Y a-t-il quelque réalité là-dessous ? Certains modernes, constatant que l'orphico-pythagorisme imprègne toute la pensée de Platon, pensent en trouver l'origine chez Socrate, mais rien n'est moins sûr et d'ailleurs y aurait-il eu là matière à accusation capitale ? En réalité, c'est plutôt un procès de tendance qu'on lui intente. Ses disciples appartiennent surtout aux milieux aristocratiques et parmi eux ont figuré deux redoutables ennemis du peuple, Alcibiade et Critias. En faut-il davantage pour être suspect à la démocratie sourcilleuse d'après la défaite ? Des auteurs récents (A. Chroust) se sont encore laissé abuser par les apparences et ont vu en Socrate l'inspirateur secret des hétairies (clubs) oligarchiques. Il est certes incontestable que ses disciples les plus marquants, Platon et Xénophon, ont vilipendé amèrement la démocratie, mais n'ont-ils pas trouvé dans la mort de leur maître une raison supplémentaire et décisive de la mépriser ? Rien ne permet de considérer Socrate autrement que comme un homme sensé qui ne s'aveugle pas sur les tares du *démos*, sans pour autant vouloir lui retirer le pouvoir : sa critique de la démocratie semble plus constructive que destructrice. On serait plus avisé de se demander si la prédication individualiste de Socrate n'était pas contraire à la notion traditionnelle de la cité : si Socrate a pu paraître dangereux, c'est qu'il préférait à tout l'amélioration personnelle. De toute façon on cherchait des responsables et nul ne semblait plus apte à remplir ce rôle que cet original, ce vieillard au visage de Silène, mal vu de beaucoup de citoyens qu'il avait dérangés dans leur tranquille inconscience et dont vingt ans plus tôt Aristophane avait pu déjà tracer un fort méchant croquis.

Quoi qu'il en fût, Socrate se défendit noblement, mais, reconnu coupable, il se moqua des juges en proposant comme châtiment d'être nourri aux frais de l'État au Prytanée. Condamné à mort, il pouvait encore s'enfuir, ses disciples ayant corrompu les gardiens. Socrate refuse. Ce vieillard ne veut pas désobéir aux lois, même injustes, de sa patrie, ce qui me paraît infirmer définitivement la thèse qui voit en lui un doctrinaire des hétairies. Non sans demander à ses amis de sacrifier le coq qu'il avait promis à Asclépios, il lève sa coupe remplie de ciguë. On ne peut lire dans le *Phédon* de Platon le récit de ses derniers instants sans être ému jusqu'aux larmes : volontairement, sans forfanterie, sans qu'aucune mégalomanie le soutienne comme d'autres prophètes, il affronte la mort et un au-delà sur lequel il ne nourrit que des espérances et, tandis que peu à peu le poison glace son corps, au milieu de la désolation des siens, il continue à parler sereinement.

Le message de Socrate n'est pas moins mystérieux que les motifs de sa condamnation. Nous ne le connaissons qu'indirectement par les écrits d'un disciple trop niais et d'un disciple trop génial. S'il n'y a rien de commun sauf l'admiration entre les témoignages de Xénophon et de Platon, comment s'étonner que les modernes aient présenté des Socrate si profondément différents ? Sa doctrine, si doctrine il y eut – et on peut en douter en constatant que l'hédonisme des Cyrénéens se réclame de lui aussi bien que le mysticisme ascétique de Platon – se réduit pour nous à fort peu de choses : il pose la primauté de l'homme, « faisant descendre la philosophie du ciel sur la terre », selon le mot de Cicéron (*Tusculanes*, 5, 4) ; il reprend pour son compte le « Connais-toi toi-même » de Delphes, qu'il détourne d'ailleurs de son sens purement moral pour affirmer la nécessité d'une action fondée sur la réflexion et l'introspection ; il proclame que « nul n'est méchant volontairement », donnant à l'intellectualisme moral son expression la plus pure ; il affirme les droits de l'irrationnel, tombant dans une extase d'un jour entier pendant le siège de Potidée et suivant ce mystérieux « démon » – voix de la conscience ou plutôt puissance surnaturelle distincte ? – qui le retient au bord des actes mauvais.

On a déjà beaucoup plus de mal à distinguer ce qui lui revient dans les plus hautes spéculations de Platon : la théorie des idées, de ces formes intelligibles (le sens premier d'*idéa* étant forme) qui expliquent le réel concret, lui est nettement attribuée par le fondateur de l'Académie, mais il est non moins certain que Platon l'a appliquée à des domaines, la science notamment, bien indifférents à Socrate. Le dialogue socratique devait être moins métaphysique que le dialogue platonicien.

Au cœur de l'étrange et puissante action orale qui a été la sienne, il y a essentiellement « une incitation à la vie de l'esprit » (G. Bastide), un art d'accrocher l'auditeur pour le forcer à réfléchir, à se poser des problèmes. Il se compare au taon ou à la torpille qui empêche les Athéniens de demeurer dans leur somnolence. Ce prophète bonhomme a prêché d'exemple et il a semé l'inquiétude qui est à la base de la réflexion morale et philosophique. Héritier d'Anaxagore, il a fait de l'Esprit la seule réalité vivante et, bien que sa pensée ait été limitée dans son objet et qu'il n'ait fondé ni cosmologie ni ontologie, il mérite, mieux que tous les Présocratiques, malgré les malédictions sarcastiques de Nietzsche, d'être considéré comme le père de la pensée occidentale.

Aristophane ou le regret du passé

Dans toutes ses branches, la littérature témoigne de l'influence en profondeur de la sophistique, sauf peut-être dans la comédie qui reste traditionnelle et trop éprise du gros bon sens pour ne point s'inquiéter des subtilités des nouveaux sages. Sa structure est bien fixée maintenant : elle comprend un prologue, puis l'entrée du chœur, le « combat de gueule » *(agon)* qui permet l'exposé contradictoire de deux thèses, la parabase où le chœur, se détachant momentanément de l'action, présente ses doléances aux spectateurs, enfin l'exode en forme de sarabande. Mais elle demeure très libre dans ses sujets, toujours rattachés de près à l'actualité d'une ville en effervescence : cette comédie ancienne s'apparente ainsi plutôt à nos revues à sketches qu'à une véritable comédie d'intrigue, de caractère ou de mœurs.

Un seul nom émerge de la masse des comiques dont il nous

reste quelques vers : Aristophane, un Athénien qui produit sa première pièce en 427. Les années troublées de la guerre du Péloponnèse sont bien aptes à échauffer la bile d'un esprit chagrin qui regrette le bon vieux temps : ce n'est pas que les sympathies de ce modéré aillent aux aristocrates, mais sa pensée se reporte volontiers vers les années lointaines déjà – car on a l'impression qu'il songe plus aux Marathonomaques qu'aux contemporains de Périclès – où la vie était facile et harmonieuse, sans ces raffinements apparents qui ne sont que les fourriers de la débauche.

De fait, rien ne va plus lorsqu'il regarde autour de lui. Les hommes politiques, tel ce Cléon avec lequel il eut souvent maille à partir, sont des grotesques avides et sans scrupules : on a bien du mal dans les *Cavaliers* à trouver un charcutier, plus misérable et plus vil que le Paphlagonien (= Cléon), qui puisse le supplanter dans les faveurs de Démos. La justice est encore plus mal rendue depuis que Cléon a institué le triobole. Les *Guêpes* donnent de la vie judiciaire un horrible tableau : le peuple a soif de juger pour gagner plus ; les sycophantes multiplient leurs accusations scandaleuses contre les riches que le *démos* jalouse ; Athènes est devenue Chicanopolis et les anciens combattants de Marathon, dont par une invraisemblance voulue Aristophane fait les choreutes de sa comédie, ont troqué la pique contre le stylet dont usent les héliastes pour écrire les condamnations. Cette pièce, dont Racine tirera une délicieuse peinture de mœurs, est un puissant pamphlet politique contre une institution démocratique dont les démagogues ont su faire une arme redoutable.

Pourtant, quel admirable champ d'action s'ouvrirait à l'activité de politiques éclairés ! Le peuple souffre des horreurs de la guerre, surtout les paysans ; le rétablissement de la paix est donc le premier objectif qui s'impose. Dans un fragment d'une pièce perdue, Aristophane célèbre Géorgia (l'Agriculture) comme « la nourrice, servante, aide, gardienne, sœur et fille de la Paix » ; dans les *Acharniens*, un brave homme de paysan, Dicéopolis, est obligé de conclure sa paix particulière, qui le comble de joie ; dans la *Paix*, Tyrtée doit enfourcher un escarbot pour quérir dans les cieux cette inaccessible déesse à laquelle le poète, interprète de beaucoup de petites gens, aspire de tous ses vœux ; aux heures sombres de 411, Lysistrata ne voit d'autre solution que de demander aux Athéniennes de laisser inassouvies les ardeurs des hommes pour les contraindre à traiter.

Le spectacle des mœurs quotidiennes n'est pas plus rassurant. La ville démoralise les paysans qui ont dû s'y réfugier. Le Strepsiade des *Nuées* oppose son odeur saine de rural aux fragrances luxurieuses de la citadine qu'il a épousée : « Le jour du mariage, à table, à côté d'elle, je sentais le vin nouveau, les claies au fromage, la laine, l'abondance ; elle les parfums, le safran, les baisers lascifs, la dépense, la gourmandise » (50 *sq.*). Les fils ne respectent plus leur père. C'est qu'à l'éducation virile et vertueuse d'autrefois les sophistes ont substitué une éducation molle et perverse. Les *Nuées* sont un violent pamphlet contre la sophistique, qui enseigne les moyens de réussir en faisant triompher le « raisonnement faible » : le « pensoir » de Socrate, curieusement choisi pour représenter les nouveaux éducateurs, est une école d'immoralité. La religion elle-même se corrompt par l'afflux des cultes étrangers, qui ne trouvent que trop d'adeptes parmi les femmes, naturellement avides de sensations et ferventes d'un mysticisme frelaté.

L'art dégénère chaque jour. La musique s'est dégradée depuis les abominables innovations de Phrynis de Mytilène et de Timothée de Milet, qui diminuent la part de l'élément mâle du rythme au profit de l'élément femelle de la mélodie et dont les airs, comme ceux d'Agathon, ne sont plus que « cheminements de fourmis » (*Thesmophories*, 100). Hélas ! La musique même des tragédies se désagrège sous cette pernicieuse influence. Leur inspiration ne vaut guère mieux. Aristophane confond dans une même haine Euripide mûrissant et son jeune rival, le trop mignon Agathon. Dans les *Thesmophories*, de gaillardes commères sont bien décidées à faire un sort à Euripide, qui médit inlassablement d'elles. Dans les *Grenouilles*, en 405, quand montent les périls, Dionysos sert d'arbitre aux Enfers entre Eschyle et Euripide et il donne la palme au glorieux Marathonomaque, symbole de la grandeur passée, contre le misérable destructeur de la mentalité publique.

Certes, il faut faire la part de l'exagération comique et de la violence des attaques personnelles chères à la comédie ancienne. Ou bien il faudrait croire qu'Athènes n'était peuplée que d'ignobles bardaches... Mais la fresque est si vivante, le témoignage si précis que V. Ehrenberg a pu utiliser cette œuvre pour une étude sociologique d'Athènes à la fin du siècle. L'impression qui s'en dégage est celle d'un monde qui craque de partout sous la pression contraignante de forces novatrices. Ce *laudator temporis acti* qu'est Aristophane s'en afflige, et le paradoxe est qu'il puisse faire rire le *démos* de ses tares et de son besoin de changement.

S'il le peut, c'et que son rire est énorme. Nul raffinement dans des comédies qui brassent allégrement l'excrément, à moins qu'elles ne tombent dans la plaisanterie libidineuse. Mais il faut nous dépouiller de nos préjugés pour comprendre Aristophane, nous replacer dans la saine ambiance naturiste des sociétés antiques. D'ailleurs la puissance de son génie sanctifie ses ordures et ses gaillardises. Nul n'a retrouvé le secret de sa fantaisie, qui déguise les héliastes en guêpes et les pensées trop subtiles en nuées, ou qui imagine la désopilante cité de Coucou-les-Nuées. Nul ne sait comme lui l'art d'introduire sur scène une poésie si ondoyante et si fluide et d'évoquer en termes si délicats la gent ailée ou le peuple croassant des marais. Au reste son idéal personnel n'est peut-être pas très élevé et il s'identifierait volontiers avec Dicéopolis des *Acharniens* (270 *sq.*), pour qui le bonheur consiste à saisir la jolie bûcheronne Thratta à bras le corps et à la jeter à terre, ou bien à faire ripaille. Mais il a passionné son public – et ce public n'était pas l'élite bourgeoise de nos théâtres, il est bon de le répéter, mais le peuple entier – par les plus hauts sujets de politique, de morale ou de littérature. Son œuvre est le plus bel hommage à l'intelligence de ce Démos dont il voyait peut-être trop la seule dégradation.

Un sophiste inquiet : Euripide

Aristophane reste peuple, bien qu'il méprise les innovations dont le peuple se régale. Euripide est un penseur hautain qui, tout pénétré qu'il soit de l'esprit nouveau, ne remporte que cinq fois la première place sur 78 pièces qu'il présente et qui préfère même à la fin de sa vie quitter l'ingrate Athènes pour la cour de Pella.

Nul plus que lui ne porte la marque de son époque, non pas seulement parce que son œuvre fourmille d'allusions précises qui font la joie des commentateurs modernes, mais parce qu'il en exprime toutes les inquiétudes. Il n'a aucune doctrine, aucun système comparable à ceux de ses devanciers. Bien mieux, il semble prendre plaisir à détruire dans une pièce ce qu'il a avancé dans une autre. Ce qui l'intéresse c'est la recherche, l'analyse, non l'élaboration d'une métaphysique ou d'une morale dont il fixerait tour à tour les différents aspects. Il y est poussé aussi bien par sa nature personnelle, son intelligence subtile et fluide à l'excès, assez incapable de se fixer, que par son éducation sophistique qui lui a appris à voir en tout le pour et le contre.

À l'égard des dieux en particulier, sa pensée est fuyante. Il semble avoir commencé par une simple attitude diffuse d'irrévérence, mais bientôt ce sont de véritables professions de scepticisme, voire d'athéisme, qui scandalisent même dans l'Athènes des dernières décennies du grand siècle. On est loin du monde d'Eschyle où les hommes baignent dans le surnaturel, ou même du monde de Sophocle où l'homme ne se pose qu'en s'opposant à son destin. Ici c'est le doute ou même la pure incroyance, qui laisse d'ailleurs l'âme pantelante et désemparée. On n'est que plus étonné de trouver dans sa dernière pièce, les *Bacchantes*, l'œuvre la plus directement mystique de tout le siècle de Périclès.

Sur l'homme, Euripide n'a pas une doctrine beaucoup plus fixe que sur les dieux. Ce qui frappe surtout, c'est l'amertume de sa conception. Ce désabusé, ce misanthrope, ce misogyne a un sentiment très fort de la misère humaine. Il est le premier grand peintre des passions qui dévorent l'âme, en particulier de l'amour et de ses orages, et sa peinture parfois psycho-pathologique semble étrangement moderne. Le malheur de l'homme provient donc, non de sa lutte disproportionnée contre la Moire, mais de ses faiblesses et contradictions intimes et de la force des mouvements passionnels qui l'ébranlent sans l'apaiser. Ses personnages de femmes ravagées, comme Phèdre ou Électre, se sont imposés comme d'admirables modèles de psychologie désespérée, parce que strictement humaine. Dans tous ses ouvrages éclate un pathétique poignant, et, si Aristophane s'irrite devant les haillons dont il aime à affubler même les rois, Aristote, qui a au contraire une prédilection pour lui, le déclare « le plus tragique des poètes » (*Poétique*, 13).

Mais Euripide est trop nuancé pour n'avoir vu que cette humanité qui s'abandonne à ses passions et se dévore ainsi elle-même. Il a aussi représenté avec amour des êtres jeunes et nobles, à peine effleurés encore par la vie, comme cette Iphigénie que, le premier des tragiques, il montre marchant à la mort non comme à un supplice, mais comme à un sacrifice librement consenti pour la cause des Grecs, ou même des personnages qui ont su garder, malgré les épreuves de l'expérience, leur sensibilité et leur probité, tel le Laboureur d'*Électre*, un rustre assez délicat pour avoir respecté la princesse qui a dû l'épouser contre son gré.

Si Euripide a exercé après sa mort une durable influence, c'est donc que, sans vouloir ou pouvoir être métaphysicien ou moraliste, il a été un psychologue et même un psychanalyste étrangement nuancé et pénétrant, qui ne laisse pas de jeter une lumière crue et souvent sinistre sur la condition de l'homme et ses contradictions, sur sa solitude aussi dans un monde peuplé de trop de dieux. C'est également qu'il a profondément transformé la tragédie, n'osant certes pas abandonner les héros traditionnels du répertoire, mais les rapprochant tellement des hommes de tous les jours que les spectateurs se reconnaissent aisément en eux, si bien qu'il peut à juste titre être considéré comme le précurseur de Ménandre et du drame bourgeois. Ses innovations techniques sont aussi importantes : les chants du chœur sont de moins en moins liés à l'action et ont tendance à devenir de simples intermèdes lyriques, ce qui amorce la division d'une matière continue en actes telle que la définira l'*Art poétique* d'Horace ; les parties lyriques s'affranchissent des contraintes les plus strictes de la symétrie ; la musique, par la variété et le caprice de ses mélodies, s'essaie à mieux rendre les nuances de la psychologie.

Ces innovations se retrouvent, encore compliquées, chez son jeune émule Agathon, le brillant amphitryon du *Banquet* de Platon, disciple des sophistes lui aussi, qui ose le premier renoncer aux vieux mythes et introduire sur la scène une pièce, la *Fleur*, dont le sujet est entièrement forgé. Mais la tragédie s'épuise à trop vouloir se rapprocher du quotidien, elle qui était née du culte et qui avait vécu dans l'atmosphère du divin. Elle s'étiole au IVe siècle et c'est une tentative désespérée que la *Poétique* où Aristote s'essaie en philosophe à dégager sa nature, fondée sur l'imitation, ses ressorts, la terreur et la pitié, sa justification, la *catharsis* (purification), en insistant sur l'action beaucoup plus que sur les caractères. C'était aller à contre-courant et nul ne sut plus, pour des siècles, utiliser ces règles et écrire un drame neuf.

« Une acquisition pour toujours » : l'histoire de Thucydide

Une génération après Hérodote, l'Athénien Thucydide marque un progrès décisif dans la recherche historique. Apparenté à la famille des Cimonides, élève brillant des sophistes, il voit sa carrière brisée en 424 par la défaite que, stratège, il essuie devant Amphipolis. L'histoire va être pour lui la rançon éclatante de son échec politique. Le sujet qu'il choisit, la guerre du Péloponnèse, est purement contemporain, encore que dans son *Archéologie* (début du livre I) il remonte jusqu'aux plus lointaines origines de la Grèce. Pour le traiter, il amasse une documentation considérable et précise, et son exil lui permet de se procurer des informations sur les deux belligérants.

Son œuvre est celle d'un esprit rompu à toutes les subtilités par la sophistique. Il s'appuie sur une chronologie d'une rigueur austère, procédant par année et même par saison, cela à cause de l'impossibilité de faire aisément correspondre les calendriers des différentes cités. Sa critique des documents est implacable. Toute l'œuvre d'ailleurs est animée par un souci rationaliste : le merveilleux, si cher à Hérodote, est éliminé ; tout doit à ses yeux s'expliquer par les lois générales de la nature humaine. Certes, il ne voit guère l'importance des structures économiques dans le déroulement de l'histoire, mais qui pourrait raisonnablement le lui reprocher ? Fermement décidé à ne pas s'en laisser imposer par les apparences, il démonte les événements humains pour en faire comprendre le mécanisme intime et l'on ne saurait par exemple ajouter à l'analyse impitoyablement lucide qu'il a laissée de l'impérialisme athénien.

Ses procédés d'exposition sont variés : au récit, remarquable par sa densité et sa vigueur (celui de la peste d'Athènes reste un des modèles du genre), il entremêle des jugements et surtout des discours. Assurément ces discours sont fictifs et témoignent surtout de son extraordinaire puissance oratoire, mais il en fait un incomparable moyen de peindre un homme, un programme politique, une situation. Périclès apparaît tout entier dans les harangues qu'à trois reprises il lui fait prononcer et l'on ne saurait rêver meilleur exposé des antagonismes à la veille du conflit que les allocutions des ambassadeurs réunis à Sparte. Son style abrupt, constamment antithétique et où il y a plus d'idées que de mots, correspond admirablement à son souci dominant de décortiquer les événements et de retenir l'attention.

Il n'est que de comparer son œuvre à celle de Xénophon qui, dans les *Helléniques*, a repris son récit en 411, là où la mort l'avait interrompu, pour mieux apprécier sa rigueur, sa lucidité, son génie. Par sa méthode ou par son style il s'est imposé aux Polybe, aux Salluste, aux Tacite, à tous ceux qui, reprenant la belle formule de Thucydide (1, 22), ont voulu faire de l'histoire « une acquisition pour toujours ».

La crise de l'esprit religieux

Les transformations de la religion, parallèles au développement de la sophistique, sont en partie engendrées par elle. Protagoras, esprit modéré pourtant, ne peut émettre aucun jugement sur l'existence des dieux ; Gorgias, allant plus loin, fait table rase de toutes les croyances. Même un philosophe dans la ligne traditionnelle, comme Anaxagore, indigne les Athéniens en affirmant que le soleil n'est qu'une masse incandescente. Les procès d'impiété se multiplient (en particulier Protagoras doit s'exiler), mais les scandales s'aggravent, témoin le double et épouvantable sacrilège de 415 : mutilation des hermès et parodie des mystères d'Éleusis, dont on accuse Alcibiade, l'élève des sophistes. Euripide, leur disciple lui aussi, répand une critique agressive et sarcastique contre les dieux ; il émet des doutes sur les légendes traditionnelles et se révolte contre la fourberie des divinités. Le mal est plus profond encore, puisque même la comédie, qui respecte pourtant les vieilles coutumes et qui s'en prend volontiers aux sophistes et à Euripide, ne traite pas mieux les dieux : l'Hermès de la *Paix*, le Dionysos des *Grenouilles* sont des grotesques vicieux et pleutres ; la révolte des dieux, privés de leur nourriture par les oiseaux qui, en bâtissant Coucou-les-Nuées entre terre et ciel, ont intercepté la fumée des sacrifices dont ils se nourrissaient, est peinte dans un esprit burlesque qui les ravale sur le plan des appétits humains les plus élémentaires. Ces grasses railleries sont plus pernicieuses encore que les attaques des sophistes, car elles portent mieux sur la masse.

Il est incontestable que la religion traditionnelle, avec ses mythes trop humains, ses dieux impliqués dans de sordides histoires, dénués de scrupules, en proie au désir beaucoup plus qu'à l'amour, ne correspondait plus à une société qui s'affinait, et qu'il était facile de faire rire de ces Immortels mêmes auxquels l'État en grande pompe sacrifiait. D'ailleurs, comment la foi n'aurait-elle pas diminué dans des divinités poliades qui avaient si longtemps secouru Athènes et qui se montraient maintenant de si piètres protectrices ?

Mais il est caractéristique de toutes les époques de trouble que, tandis que se développe le scepticisme, s'exacerbe en même temps l'esprit religieux. Paradoxalement, Euripide le négateur, âme beaucoup plus fervente qu'on ne l'a dit, témoigne aussi de nouveaux besoins religieux. On voit apparaître chez lui une piété où le dieu devient le familier intime de l'homme, dans une sorte de compagnonnage ou d'amitié. Hippolyte parle en ces termes à Artémis : « Seul entre les mortels j'ai le privilège de vivre à tes côtés et de converser avec toi ; j'entends ta voix, si je ne vois pas ton visage » (*Hippolyte*, 84 *sq.*) et il adresse à sa déesse bien-aimée une prière, célèbre dès l'Antiquité, où l'on respire, dans une étrange atmosphère de pureté, des sentiments de confiance et d'affection pour une divinité qui est plus qu'une amie, une confidente.

Certains dieux semblent bénéficier particulièrement de ce regain de ferveur, consécutif aux malheurs qui accablent les Athéniens et aux besoins naturels d'un contact plus étroit avec le divin. Asclépios, héritier à la fois d'un très ancien démon guérisseur en forme de taupe et d'un héros médecin originaire de Thessalie, déjà mentionné par Homère, avait vu son crédit s'accroître au fur et à mesure que se développaient ses cures miraculeuses. Il s'était peu à peu transformé de héros en dieu et intégré au mythe d'Apollon dont il était réputé le fils. Les constructions s'étaient multipliées en son honneur à Épidaure, centre principal de son culte, notamment cette curieuse *tholos* d'époque archaïque retrouvée sous l'édifice du IVe siècle, labyrinthe où il faut sans doute reconnaître une taupinière, séjour normal de l'ancien démon-taupe. En 420, les Athéniens le font venir pour conjurer la peste et, après l'avoir logé provisoirement dans la maison de Sophocle, lui élèvent un Asclépieion au pied de l'Acropole. Le succès de ce dieu bienveillant, compatissant aux misères physiques de l'humanité, se révèle immédiat et il entre d'autant plus rapidement dans le culte officiel que les déesses d'Éleusis font place à des fêtes en son honneur, les Épidauria, au sein des premières journées des Mystères.

L'exemple de Dionysos est plus frappant encore. Ce dieu panhellénique, dont le succès s'était affirmé tout au long de l'archaïsme et que les concours dramatiques honoraient de nobles tragédies et de comédies ou de drames satyriques endiablés, voit ses orgies se développer. Les vases attiques qui représentent des scènes dionysiaques, et en particulier le délire des Ménades (fig. 63), se multiplient. La dernière pièce conservée d'Euripide, les *Bacchantes,* fournit à ce sujet un témoignage d'autant plus net qu'elle est l'œuvre d'un homme qui avait malgré tout exprimé essentiellement ses inquiétudes devant le divin. Elle peint la victoire de Dionysos, dieu de l'extase, de la possession, qui remplit l'âme de ses fidèles d'un saint enthousiasme et triomphe de tout, même de la raison et de ses doutes. Elle met en scène les femmes de Thèbes qui s'exaltent dans les halliers du Cithéron lors des fêtes du dieu et qui se livrent aux rites étranges et barbares du dépècement des victimes vivantes qu'elles saisissent dans leurs transports *(diasparagmos)* et de la consommation à cru de leur chair (omophagie).

Je ne suis point sûr que les *Bacchantes* manifestent une véritable conversion d'Euripide, comme *Esther* ou *Athalie* pour Racine, et sans doute seule la mort a fixé cet esprit infiniment mobile dans cette attitude de foi mystique, fort étonnante pour un écrivain qui s'était jusque-là montré le fidèle disciple des sophistes. Il ne faut point méconnaître en outre que cette tragédie a été composée pour être jouée non à Athènes mais à la cour de Macédoine, dans une ambiance où les cultes dionysiaques devaient revêtir une fougue toute particulière. Mais on a fait trop peu de cas jadis de l'état d'esprit qu'il y peint avec une étonnante vérité, le ménadisme ou transport collectif des Bacchantes, enivrées par la présence dans leur cœur de leur dieu, rompant tous les obstacles et triomphant sauvagement, état d'esprit qui correspondait à un besoin d'abandon total de l'âme à la divinité qu'aucun culte officiel ne satisfaisait.

Fig. 63. Ménade dansant, sur un vase du potier Hiéron et du peintre Macron, vers 480. Berlin, Staatliche Museen.

Quoi d'étonnant à ce qu'on cherchât aussi à le satisfaire en faisant appel à des dieux étrangers, venus de Thrace ou d'Asie ? Les esclaves du Laurion, souvent d'origine thrace, continuent à vénérer des déesses nordiques, Bendis, une chasseresse qui s'identifie aisément à Artémis, et Cottyto, honorée par des mystères obscènes, et la contagion répand ces déesses parmi les Athéniens. La Grande Mère des dieux, Cybèle, avait pénétré de Phrygie dans l'Asie grecque, puis en Grèce dès au moins le VIe siècle. Dès cette date un temple lui est dédié sur l'Agora (il servira de dépôt d'archives). Pindare chante poétiquement ses liturgies nocturnes et les chœurs de jeunes filles qui la célèbrent avec Pan et les

Nymphes. Agoracrite la sculpte accompagnée de ses lions familiers. Son prêtre, le Métragyrte, moine mendiant qui parcourt la ville à jours fixes accompagné d'un ânon chargé des présents qu'il recueille, y introduit un élément de pittoresque oriental. Aristophane raille les sectateurs de Sabazios, une hypostase asiatique de Dionysos, et des Cabires, les dieux de Samothrace protecteurs des navigateurs.

Il s'en prend surtout aux fidèles d'Adonis, le compagnon phénicien d'Aphrodite, dont le culte violemment émotionnel plaît aux femmes. En 415, au moment où se décide l'expédition de Sicile, les Athéniennes fêtent la passion de leur dieu et se livrent sur les toits, dans l'attente de sa résurrection, à une pompe bruyante, qui paraît un sinistre présage : « A-t-elle encore éclaté au jour la licence des femmes, avec leurs bruits de tambour, leurs cris répétés de "Vive Sabazios" et cette fête d'Adonis célébrée sur les toits que j'entendais un jour que j'étais à l'assemblée ? L'orateur proposait de faire voile pour la Sicile et sa femme en dansant : « Hélas ! hélas ! Adonis", disait-elle » (*Lysistrata*, 388 *sq.*). Le succès de ce culte est aussi attesté par la céramique, qui multiplie les représentations des « jardins d'Adonis », offrandes végétales de graines que l'on fait germer hâtivement pour les offrir au pied d'une statue d'Aphrodite.

Le comique a beau jeu de railler les appétits mystiques des femmes que séduisent les liturgies émouvantes en l'honneur d'un dieu dont la mort suivie de résurrection ouvre d'heureuses perspectives sur l'outre-tombe et de les confondre même avec l'ivresse. Le mysticisme est bien le trait commun des nouvelles formes religieuses qui éclosent à Athènes à la fin du siècle : auprès de Dionysos comme d'Adonis on cherche le contact direct avec un dieu compatissant, un dieu sauveur. L'attrait des nouveautés, le pittoresque nordique ou oriental ont dû avoir leur part dans ce mouvement, qui écarte les âmes du mysticisme traditionnel et trop mesuré d'Éleusis. Mais il y a là les premières manifestations d'un phénomène qui ira s'amplifiant sans cesse, et en Grèce et à Rome, et, si Juvénal peut se plaindre amèrement que l'Oronte désormais coule à Rome en place du Tibre, c'est que déjà en 400 il mêle quelque peu ses eaux à celles de l'Ilissos et du Céphise.

L'esprit nouveau dans l'art

Le renouveau n'est pas moins sensible dans l'art, d'abord parce qu'il reste essentiellement religieux et participe donc à l'approfondissement de la piété, ensuite parce qu'il témoigne des nouveaux besoins de l'esprit attique, qui ne se contente plus des perfections du classicisme phidiesque et cherche plus de chaleur humaine et plus de grâce.

Les travaux continuent sur l'Acropole selon le plan conçu par Phidias. Seul le Parthénon était terminé ; les Propylées, inachevés au début de la guerre, ne sont pas continués. Dans les constructions qui parachèvent l'œuvre de la génération précédente et donnent à la colline sacrée son aspect quasi définitif, le style ionique réapparaît avec éclat. Le temple d'Athéna Niké, dû à Callicratès, est inauguré après la paix de 421 sur le bastion qui domine l'entrée : cette petite chapelle amphiprostyle est un bijou d'un charme délicat et prenant.

L'Érechtheion pose des problèmes bien plus complexes, si bien que, commencé peut-être par Mnésiclès, il n'est consacré qu'en 406. Il s'agissait d'honorer à la fois Athéna et Poseidon, les deux dieux qui s'étaient disputé la possession de l'Attique, en remplaçant les constructions provisoires qui avaient succédé après 479 à l'*hiéron* archaïque et au palais mycénien d'Érechthée, en conservant les souvenirs émouvants du lointain passé d'Athènes, l'olivier sacré, la source salée, le tombeau de Cécrops, le sanctuaire de sa fille Pandrose. L'architecte se tire avec une extrême habileté de ces difficultés d'ordre religieux. Cet édifice unique est en réalité double, puisqu'il comporte deux *sécoi*, pour Athéna à l'est, pour Poseidon à l'ouest. La partie ouest est à la fois un temple-autel (avec la présence très rare de trois autels à l'intérieur et des bancs autour des murs qui en font une salle d'initiation où l'on célèbre les cultes les plus nationaux d'Athènes devant des initiés appartenant aux plus anciennes familles) et un temple-tombeau (le tombeau de Cécrops étant situé sous la délicieuse tribune des Caryatides). Ce plan exceptionnel montre qu'il n'est pas possible, en plein siècle des lumières, de négliger des reliques et rites aussi vénérables, qui n'avaient pu trouver place dans le Parthénon où l'on adore Athéna en tant que déesse de l'État rénové par la pensée péricléenne. Mais il faut aussi résoudre des problèmes purement techniques, posés notamment par la pente très forte qui oblige à faire à l'ouest une façade beaucoup plus haute qu'à l'est. Tant de servitudes auraient pu aboutir à un monstre. En fait l'Érechtheion est le plus léger, le plus ravissant des temples ioniques, avec les fières jeunes filles qui soutiennent son portique sud, avec la porte dont le cadre s'orne des plus délicats motifs et le plafond à caissons piqué d'étoiles de bronze de son porche nord. Il va s'imposer comme le modèle par excellence de l'ionique classique.

L'architecture dorique est moins bien représentée à la fin du siècle, sinon par le temple d'Égeste en Sicile, par le « temple des Athéniens » à Délos, de style purement attique, et par le temple d'Apollon Épicourios à Phigalie où Ictinos (vers 420) tente d'audacieuses innovations : dorique périptère à l'extérieur, il est divisé en trois nefs soutenues par des colonnes ioniques ; une colonne isolée, sans doute le premier exemple architectural de l'ordre corinthien qui était déjà apparu dans l'art décoratif, sépare le sanctuaire d'un l'*adyton*.

La sculpture, qui reste fortement marquée par l'enseignement de Phidias, cherche aussi de nouvelles voies (fig. 64). Alcamène, fameux surtout par son Aphrodite aux Jardins, sculpte un Hermès Propylaios où il s'amuse à revenir aux conventions archaïques. L'ombrageux Crésilas, qui rivalise avec Phidias et Polyclète pour l'Amazone blessée d'Éphèse, laisse un admirable buste de Périclès, mélange unique d'idéalisation et de caractères individuels, qui prouve que le classicisme répugne moins qu'on ne l'a dit au portrait ; Callimaque, qui passe pour le créateur du chapiteau corinthien, invente la « draperie mouillée » moulant les formes jusque-là celées par le vêtement ; Paionos de Mendé sculpte à Olympie pour les Messéniens une Victoire en plein vol, dont le corps palpite sous le *péplos* transparent. La sculpture décorative au temple d'Athéna Niké, à l'Érechtheion, à Phigalie, reste digne de ses créations antérieures, avec une évolution vers la joliesse, très sensible aussi dans les gracieuses Victoires de la balustrade du bastion de l'Acropole qui commémorent les succès de 411.

Fig. 64. Enlèvement de Basilé par Échélos sur un char conduit par Hermès. Relief du sanctuaire familial des Échélides au Phalère, près de l'hippodrome panathénaïque, Vᵉ siècle. Haut. 0,60 m. Athènes, Musée national.

De la grande peinture on ne connaît que le nom de quelques artistes, d'ailleurs difficiles à placer chronologiquement. Apollodoros fut appelé le Sciagraphe parce qu'il s'essayait à indiquer les ombres. Zeuxis et Parrhasios font leur profit de cette invention. Zeuxis peint avec délicatesse une Centauresse. Parrhasios converse avec Socrate qui lui demande pourquoi il ne cherche pas à rendre l'âme : « Parce qu'elle n'a ni dimensions ni couleurs », répond-il. Cet Ionien voluptueux représente au Dionysion neuf les guerres de religion dionysiaques et les amours du dieu et d'Ariane, mais il recherche aussi l'expression du pathétique, notamment dans son Philoctète blessé.

On connaît mieux les vases gracieux qui sortent alors des ateliers du Céramique, notamment de celui de Meidias. C'est le « style fleuri », avec ses palmettes et ses rinceaux qui envahissent tout le fond, ses figures allongées et dansantes, ses chatoyantes couleurs. Les scènes de genre, surtout les tableaux de gynécée, se multiplient. Pourtant le plus bel exemplaire est une hydrie, signée de Meidias, qui représente sur l'épaule l'enlèvement des Leucippides par les Dioscures et sur la panse le jardin des Hespérides : on ne peut rêver dessin d'une plus minutieuse finesse, personnages plus légers, draperies plus souples. Mais on n'est pas loin de la mièvrerie, et déjà se présage la décadence de la céramique au IVe siècle.

De fait, Athènes a tant produit qu'on ne saurait lui reprocher de s'épuiser quelque peu, d'autant que, généreuse maîtresse d'école, elle a largement répandu ses bienfaits sur tout le monde grec et barbare. Depuis trente ans, quand sonne pour elle en 404 l'heure de l'inexorable déclin, elle a libéré l'esprit des préjugés ataviques, créé de nouvelles formes d'art ou de littérature plus humaines et plus gracieuses, admis une piété plus émotionnelle et plus mystique. Socrate va bientôt témoigner pour l'Esprit en face de la bêtise et de la mauvaise foi. Tous les linéaments d'un autre classicisme, moins rigide et plus émouvant, sont déjà posés.

CHAPITRE 3

L'ère des hégémonies (404-323)

Si le Vᵉ siècle a une unité profonde, qui est celle que lui impose Athènes, le IVᵉ, qui pour nous s'arrête d'ailleurs à la mort d'Alexandre en 323, est une période heurtée. Trois grandes cités se montrent d'abord assez fortes pour aspirer à l'hégémonie, mais trop faibles pour la conserver. De fait, une crise grave ébranle la Grèce, qui peut paraître sclérosée et incapable de réformer ses institutions, de donner un nouvel essor à son économie, de résoudre ses problèmes sociaux. Philippe de Macédoine fournit en réaliste la démonstration du principe, cher à la philosophie grecque, de la supériorité de l'un sur le multiple. Alexandre peut alors entraîner la Grèce, unifiée et asservie par son père, dans une prodigieuse épopée qui étend l'hellénisme aux confins du monde connu. En quelques années ces mêmes Grecs qui quêtaient les subsides du Grand Roi et de ses satrapes sont devenus les maîtres de l'Orient.

1. CINQUANTE ANS DE FOLIES FRATRICIDES (404-355)

Il y a peu de période aussi décourageante que les cinquante ans qui séparent la chute d'Athènes de l'entrée en scène de Philippe de Macédoine. L'Hellade est divisée par les menées rivales de Sparte, de Thèbes et d'Athènes. Ces cités ne songent qu'à imposer leur propre autorité et les deux premières tout au moins n'hésitent pas à s'humilier devant le Grand Roi pour mieux asservir la Grèce, malgré le fort courant de panhellénisme dont témoigne la littérature contemporaine. Leurs hégémonies ne sont que pitoyables châteaux de cartes. Le résultat de ces tristes et absurdes querelles, c'est que la Grèce brisée ne saura plus opposer que velléités à la volonté déterminée de Philippe.

Tyrannie et trahison de Lacédémone (404-378)

L'année 404 représente une véritable coupure dans l'histoire de la Grèce. Athènes vaincue et humiliée connaît l'horrible tyrannie des Trente, installés avec la complicité de Lacédémone et qui réduisent le corps civique à 3 000 citoyens. Mais dès 403 la démocratie est rétablie ; une réconciliation générale a lieu et, sous l'archontat d'Euclide (403/402), prend place une œuvre considérable de restauration de la constitution.

À Sparte, l'artisan principal de la victoire, Lysandre, connaît la disgrâce et l'on voit s'imposer au premier plan le roi Agésilas III, dont Xénophon a laissé le portrait le plus flatteur : intrépide, infatigable, magnanime, respectueux des lois de sa patrie, incapable de toute ambition personnelle. De fait, il est bien la meilleure incarnation d'une Sparte qui, tout en gardant ses brillantes qualités d'énergie, se meurt faute de savoir se réformer, faute aussi d'admettre d'autre principe d'action que la force, d'autre mobile que l'intérêt le plus égoïste. On nous rapporte de lui quelques beaux mots, telle son exclamation devant les 10 000 ennemis tués à Corinthe : « Malheureuse Grèce, qui vient de perdre des hommes qui nous eussent assuré le succès dans la lutte contre les Barbares ! », mais ce panhellénisme ne peut résister à l'épreuve des faits.

Sparte avait soulevé les alliés contre Athènes au nom de l'autonomie. En fait, dès sa victoire elle fait peser sur la Grèce le joug le plus dur : des garnisons remplacent les colons, des harmostes les phrourarques athéniens ; des régimes aristocratiques succèdent aux démocraties ; le tribut continue à être perçu, mais à son profit. Selon le mot de Plutarque (*Lysandre*, 13), « la Grèce doit boire, après le doux vin de la liberté, la piquette que lui servent les cabaretiers de Lacédémone ».

Ses ambitions s'enflent d'autant. Une armée de 10 000 mercenaires grecs, levés par Cyrus le Jeune pour détrôner son frère Artaxerxès II, réussit, après la mort du prince, à traverser toute la Perse pour atteindre la mer Noire : c'était peu de chose, malgré le récit enthousiaste de Xénophon qui fut un des chefs ; mais l'aventure montre au moins la faiblesse relative de l'Empire des Achéménides. Alors Sparte se croit assez forte pour renoncer à son alliance avec le Grand Roi : elle envoie en Asie plusieurs expéditions, dont celle d'Agésilas qui remporte de fort beaux succès.

Cependant des forces hostiles se regroupent contre Sparte : Athènes, où le mécontentement est vif, à cause de la ruine de l'économie consécutive au désastre, et où l'on commence à mettre de grands espoirs dans Conon, le vaincu d'Aigos Potamos devenu amiral du Grand Roi ; Thèbes qui n'a pas retiré de la victoire commune les fruits qu'elle en attendait. Bientôt c'est la guerre, qui dresse presque toute la Grèce coalisée contre Sparte (guerre de Corinthe : 395-394). Agésilas est rappelé d'Asie et remporte des victoires d'ailleurs stériles, car les Péloponnésiens restent bloqués dans la péninsule. L'entrée en scène du Perse rend leur situation encore plus difficile : Conon détruit la flotte spartiate à Cnide (394), ce qui fait d'ailleurs tomber la Grèce d'Asie sous la coupe d'Artaxerxès. Il rentre alors à Athènes où, nouveau Thémistocle, il encourage les Athéniens à reprendre l'expansion maritime, tout en poussant la reconstruction des Longs Murs.

La guerre se traîne en d'obscures rencontres. À plusieurs reprises on tente d'y mettre fin, soit à Sardes sous les auspices du satrape, soit à Sparte entre Grecs. Finalement le Spartiate Antalcidas a le meilleur sur l'escadre athénienne et tous les Grecs s'assemblent à nouveau à Sardes pour s'entendre dicter les conditions du Grand Roi, converti derechef à l'alliance spartiate : il y proclame ses droits imprescriptibles sur toute l'Asie Mineure et ordonne la dissolution en Grèce des confédérations. Cette « paix du Roi » (386), honteuse antithèse de la paix de Callias, représente la seconde trahison de Sparte à la cause de l'hellénisme : incapable de lutter sur deux fronts, elle préfère s'allier avec le Barbare pour mieux asservir la Grèce.

Les deux complices se sont ainsi partagé la Méditerranée orientale. Les cités grecques d'Asie vont connaître un demi-siècle de servitude, réparties entre les satrapies, payant l'impôt et recevant souvent une garnison. Évagoras de Chypre doit s'incliner à son tour et jurer d'obéir au Grand Roi « comme un esclave à son maître ». Cependant toute la Grèce reçoit les ordres de Sparte : le Péloponnèse est entièrement soumis à la symmachie péloponnésienne qui subsiste sous le fallacieux prétexte que ce n'est pas une confédération ; Thèbes est réduite à elle-même par la dissolution de la ligue béotienne ; les îles doivent payer tribut. Un véritable empire est constitué, soumis à l'impôt du sang ou au tribut, organisé en 10 cercles, copie manifeste de l'Empire athénien du siècle précédent.

Cette grandeur incomparable, qui redonne à Sparte sa puissance de l'époque archaïque, va s'écrouler d'un coup. Le Grand Roi, qui a peu retiré de son alliance avec elle, mène à nouveau une politique de bascule pour affaiblir les Grecs. En Grèce même, l'idée panhellénique gagne du terrain, surtout à la suite du *Panégyrique* d'Isocrate. Thèbes se délivre de sa garnison lacédémonienne et se donne un gouvernement démocratique et un coup de force manqué de l'harmoste Sphodrias contre l'Attique montre à tous le vrai visage de Lacédémone, son monstrueux égoïsme, son recours à la seule violence.

Mais la vraie raison de l'échec de Sparte est ailleurs : dans sa constitution archaïque et son immobilisme social. La tension demeure dramatique entre oppresseurs et opprimés, ainsi qu'il apparaît dans la conspiration ourdie par Cinadon (397), qui arrive à dresser contre les Égaux Hilotes, Périèques et anciens citoyens repoussés par l'indigence dans les classes inférieures : chef et complices périssent dans d'atroces supplices. De fait, la classe des citoyens, en qui résidait toute la force du système, est minée de l'intérieur par l'inégalité, qui n'a fait que se développer tout au cours du Ve siècle et qui s'aggrave encore au IVe. L'éphore Épitadeus consacre une situation déjà acquise en faisant passer une loi qui, sans oser permettre la vente du *cléros*, autorise au moins à l'hypothéquer. Tandis que certains accumulent entre leurs mains les lots, d'autres n'ont plus de quoi payer leur écot aux repas communs et sont éliminés du corps civique. Un autre facteur, la diminution du nombre des enfants, concourt au même résultat ; Sparte, qui alignait à Platées 5 000 hoplites, n'en a plus que 3 000 à 4 000 pendant la guerre du Péloponnèse et

1 000 au temps d'Aristote. L'appauvrissement du potentiel militaire qui en découle apparaît comme dramatique dans une cité dont toute la puissance repose sur ces professionnels de la guerre que sont les Égaux.

Et quelle déchéance morale sous la façade de sobriété égalitaire qui n'est plus qu'une fallacieuse apparence ! Les métaux précieux affluent, avec les fructueuses opérations de pillage et les tributs, dans une cité qui s'obstine à ne connaître que la monnaie de fer. Les accusations de vénalité se multiplient contre les rois ou les magistrats. Les nécessités de l'empire obligent à renoncer au vieux principe qui interdisait aux Spartiates de quitter la ville : les premiers de la cité s'arrachent les postes d'harmostes où ils peuvent donner libre cours à une avidité sans frein. Les contacts avec le monde extérieur, inéluctables pour une ville qui a renoncé à s'enfermer dans le Péloponnèse, ne sont pas moins désastreux, parce qu'ils montrent aux citoyens l'absurdité de leur mode de vie archaïque. La corruption et l'appétit de jouissance règnent en maîtres dans la cité de Lycurgue. À Leuctres, sous les coups des Thébains, ce n'est pas seulement une armée qui va céder, c'est un monde pourri qui paie – en toute justice – les contradictions qu'il recèle entre la réalité et les dehors.

La revanche d'Athènes (378-371)

Les îles, autonomes depuis la paix, mais fortement menacées par le Perse, se tournent à nouveau vers Athènes. Ce sont d'abord de simples alliances, puis une véritable confédération, officiellement dirigée contre Sparte de manière à ne pas inquiéter le Grand Roi et dont les principes sont solennellement posés dans le décret d'Aristotélès (377).

L'autonomie est formellement reconnue aux cités : ni garnisons, ni phrourarques, ni tribut. Deux organes prennent conjointement les décisions : l'*Ecclésia* pour les Athéniens, un *synédrion*, où toutes les cités disposent d'une voix et qui siège en permanence à Athènes, pour les alliés. Le tribut est remplacé par une contribution volontaire (*syntaxis*), au reste assez faible. Des efforts considérables ont été déployés pour éviter que la confédération ne dégénérât en empire, comme cela avait été le cas un siècle plus tôt. De véritables institutions internationales apparaissent, avec application du système représentatif.

Les victoires navales remportées sur les Spartiates par les Athéniens Chabrias et Timothée déterminent de nouvelles adhésions en masse : en Eubée, dans les Cyclades, en Thrace et en Chalcidique, et même dans la mer Ionienne.

Cependant en Grèce centrale deux autres puissances se consolident. La confédération béotienne se reconstitue autour de Thèbes. En Thessalie, Jason de Phères se soumet toutes les cités et se fait nommer tage.

Sparte, de plus en plus isolée, est contrainte à traiter. Par deux fois une nouvelle paix est conclue à Sparte (374 et 371), avec la médiation du Grand Roi : à Lacédémone le Péloponnèse, à Athènes son empire maritime. C'est une magnifique revanche pour Athènes, qui force son vainqueur de 404 à la reconnaître comme son égale. Céphisodote l'Ancien est chargé de sculpter un groupe allégorique de la Paix (Eiréné) portant l'enfant Richesse (Ploutos), bon témoignage des espoirs de prospérité qui animent alors les Athéniens.

Les neuf ans de la grandeur thébaine (371-362)

Cet équilibre précaire est brusquement rompu par la montée de Thèbes, une cité de second rang qui va prendre l'hégémonie. La ligue béotienne est reconstituée sur une base à la fois plus démocratique et plus centralisée que pendant la période 447-386. Le conseil fédéral est remplacé par l'assemblée du peuple (*damos*), qui groupe en principe les citoyens de toutes les cités, mais se réunit à Thèbes, ce qui suffit déjà à donner à celle-ci la prédominance, renforcée d'ailleurs par la nouvelle répartition des unités politiques qui lui en assure 4 sur 7. L'armée est réorganisée par Gorgidas et Pélopidas, qui créent un corps d'élite apte à résister aux redoutables hoplites de Sparte, le bataillon sacré, dont les membres ont pour loi de vaincre ou de mourir ensemble. Surtout un homme de génie sait bander toutes les énergies : Épaminondas, philosophe pythagoricien autant que stratège.

Une armée spartiate chargée de dissoudre la nouvelle confédération béotienne et disposant de la supériorité numérique est vaincue par les Thébains dans la plaine de Leuctres

(371). Épaminondas y utilise pour la première fois une tactique beaucoup plus subtile que l'ordinaire choc frontal de deux armées : l'ordre oblique avec attaque par l'aile gauche.

Sa victoire jette la stupeur dans l'Hellade : Sparte, invaincue depuis des siècles, perd le quart de ses citoyens et son immense prestige. Thèbes voit se grouper autour d'elle toute la Grèce centrale, d'autant que l'assassinat de Jason la débarrasse d'un voisin puissant et ambitieux. Dans le Péloponnèse, c'est la ruine de la symmachie péloponnésienne : à Argos, la révolution massacre les riches et fait 1 200 morts ; en Arcadie, Tégée et Mantinée, rivales héréditaires, s'unissent en une confédération qui fait pièce à Sparte.

La période qui suit est d'une extrême confusion. Thèbes domine désormais la Grèce, ce qui amène de spectaculaires renversements d'alliance : Athènes et Sparte se réconcilient devant le danger, le Grand Roi abandonne les Lacédémoniens pour les Thébains. Épaminondas agit avec force au cours de plusieurs campagnes dans le Péloponnèse, dont le résultat principal est d'isoler Sparte. Il libère la Messénie, serve depuis des siècles, et lui donne sur les flancs du mont Ithome une nouvelle capitale, Messène (369), qu'il ceint d'admirables remparts : Sparte perd ainsi le tiers de son territoire. Il aide la confédération arcadienne à se créer des institutions définitives : c'est une démocratie modérée avec une assemblée des Dix-Mille (composée sans doute des citoyens qui possèdent le cens de l'hoplite), un conseil, 50 démiurges et un stratège. Comme centre politique on bâtit une ville neuve, Mégalopolis, que l'on peuple en prélevant des citoyens dans toute l'Arcadie. Divisée en deux parties par la rivière Hélisson, qui sépare le quartier municipal du quartier fédéral, la nouvelle capitale se développe harmonieusement et devient, avec ses temples, avec son théâtre, avec le Thersilion où se réunit l'assemblée des Dix-Mille, l'une des plus belles cités du Péloponnèse. Sparte ainsi encerclée par les places fortes de Messène, de Mégalopolis, de Mantinée, quel renversement total de la situation !

Thèbes doit d'ailleurs combattre sur plusieurs fronts : en Thessalie, où elle prend partie contre Alexandre de Phères qui cherche comme son oncle Jason à asservir les autres cités et où Pélopidas meurt en remportant sur lui une belle victoire à Cynoscéphales (364) ; en Béotie même, où elle commet l'horrible forfait de massacrer tous les citoyens d'Orchomène qui résistait à son emprise ; dans le Péloponnèse surtout, où à Mantinée s'effondrera finalement son hégémonie. Épaminondas n'hésite même pas à combattre sur mer et il dote Thèbes la terrienne d'une flotte de 100 trières, construites sous les ordres du Carthaginois Annobal. Mais la lutte est interrompue par diverses tentatives de paix : congrès de Delphes et congrès de Thèbes (368 et 366) se montrent incapables de conclure. Entre les deux, le rescrit de Suse (367) témoigne de la nouvelle orientation pro-thébaine de la Perse, puisqu'il déclare la Messénie indépendante de Sparte et ordonne à Athènes de retirer ses navires de la haute mer.

Finalement c'est la conflagration générale. La Grèce entière prend parti dans une obscure querelle entre Éléens et Arcadiens et, dans la plaine de Mantinée, elle se divise en deux camps : d'un côté Sparte, Athènes, les Éléens, les Achéens et l'Arcadie du Nord ; de l'autre Thèbes, Argos, Messène et l'Arcadie du Sud. Épaminondas semblait l'emporter, quand il périt en plein combat, la poitrine transpercée (362). Bataille absurde entre toutes et que, dans la lassitude générale, suit une réconciliation sur la base du *statu quo.*

Mais c'en est fini de la puissance de Thèbes. Épaminondas n'était pas de ceux que l'on remplace et, au vrai, les forces de la cité étaient trop faibles pour qu'elle pût continuer plus longtemps une lutte aussi acharnée. Le héros auquel Thèbes dut sa grandeur d'un moment n'avait d'ailleurs pas d'autres ambitions pour sa patrie qu'Agésilas pour la sienne : l'hégémonie militaire, fondée exclusivement sur le déploiement de la force. Tout ce que son génie, son courage, son inlassable activité ont pu donner à Thèbes, c'est neuf ans d'une dure hégémonie sur la Grèce.

Les désillusions d'Athènes (362-355)

Sparte et Thèbes successivement humiliées, Athènes seule semble conserver quelque puissance, à la tête de sa confédération. Quelques années vont suffire pour que s'écroulent tous ses espoirs.

Les difficultés avaient déjà commencé dans le Nord, où la Chalcidique avait abandonné l'alliance pour s'unir à Amphipolis et où Athènes se heurtait aux ambitions de la Macédoine. Elles se poursuivent sur l'Hellespont, grâce aux intrigues du roi des

Odryses, Cotys, et de son agent, l'infâme Charidémos. Corcyre fait défection. L'Eubée écoute les conseils de Thèbes et trahit à son tour ; il faut déployer de grands efforts pour la faire rentrer dans la ligue.

Mais les ambitions des rois du Nord, les menées de Thèbes ou des oligarques de Corcyre ne sont pas les vraies raisons de l'affaiblissement de la puissance athénienne. D'une part Athènes n'a plus la force de se faire partout respecter. Il en coûte de plus en plus cher de solder fantassins et rameurs pour d'incessantes expéditions qui se renouvellent d'année en année. Les riches sont écrasés par les triérarchies et par l'*eisphora.* Il est plus aisé de chercher des boucs émissaires et de traîner devant les tribunaux les stratèges qui échouent que de résoudre le vrai problème, la pénurie de moyens financiers.

D'autre part Athènes, qui a pourtant assez de prudence pour ne pas retomber dans ses excès impérialistes du siècle précédent, est souvent amenée par la force des choses à agir seule. Le *synédrion*, qui était l'organe le plus nouveau de la seconde confédération, perd peu à peu ses pouvoirs et se voit réduit à un rôle consultatif. Quelques clérouquies (colonies militaires) sont installées. L'autonomie judiciaire de certaines cités est remise en cause. La *syntaxis* reste faible (jamais plus de 300 talents, c'est-à-dire nettement moins que le *phoros* du Ve siècle), mais ce sont les stratèges qui sont chargés de la percevoir.

En réalité, c'est le refus de Chios de verser la *syntaxis* qui fait éclater en 375 la révolte des alliés qui va consacrer la ruine de la confédération. En Asie même la situation a profondément évolué. Alors qu'Artaxerxès II avait vécu sous la menace des rébellions de satrapes presque indépendants, un nouveau souverain, énergique et ambitieux, monte sur le trône en 358 : Artaxerxès III Ochos. Le satrape de Carie, Mausole, jaloux de la prépondérance athénienne dans la mer Égée, détermine la création d'une ligue groupant Chios, Rhodes et Byzance, qui se montre assez forte pour vaincre la flotte athénienne à Embata (356). Athènes a encore le courage d'envoyer Charès en Asie : il y remporte sur un satrape une belle victoire, qu'il déclare non sans emphase « sœur de Marathon ». Mais elle manque trop de ressort pour oser répondre non à l'ultimatum d'Ochos : elle doit renouveler la paix du Roi, reconnaître l'indépendance des cités révoltées (355). En quelques mois il ne subsiste plus que des bribes de ce qui avait été un empire.

En 355, Athènes reste la ville grecque la plus grande et la plus riche, mais elle vient de perdre son atout essentiel, ces villes qui une fois encore s'étaient alliées volontairement à elle et qui, déçues, s'étaient une fois encore détachées d'elle par la force. Mais ni elle ni ses deux rivales, Sparte et Thèbes, n'ont assez de puissance pour unir l'Hellade, appauvrie et démoralisée, contre le danger qui la guette et que même les plus perspicaces ne semblent pas apercevoir. Ce n'est pas en Orient, en effet, que s'accumulent les plus graves menaces contre l'autonomie de la Grèce propre, c'est en Macédoine, où l'année précédente un jeune souverain a pris définitivement le pouvoir.

2. PHILIPPE ET LA GRÈCE (356-336)

Depuis l'assassinat d'Archélaos par son mignon (400/399), la Macédoine avait connu bien des convulsions. Amyntas III, monté sur le trône après une période troublée pleine d'une suite horrible de meurtres, avait continué la lutte pour réduire les vassaux du haut pays et habilement mené une politique de bascule entre les cités grecques. À sa mort (370), ses deux fils aînés régnèrent ensuite tour à tour : Alexandre II, qui fut tué sur l'ordre de l'amant de sa mère, Eurydice, une princesse toute livrée à ses sens et à ses ambitions, puis Perdiccas III, qui périt dans une grande bataille contre les Illyriens, ces turbulents voisins qui créaient l'insécurité sur la frontière occidentale.

À cette date de 359, la situation est donc grave. Le fils de Perdiccas, Amyntas, est trop jeune pour régner et se voit disputer le trône par plusieurs compétiteurs. Le dernier des fils d'Amyntas III, Philippe, choisi comme tuteur de son neveu, s'impose avec une telle autorité que, trois ans plus tard, il peut sans contestation évincer son pupille et se proclamer roi (356).

Philippe et la Macédoine

Philippe n'a que vingt-trois ans quand il devient régent, mais son expérience est déjà grande : otage à Thèbes, il a fréquenté Épaminondas pour qui il a conçu la plus vive admiration ; puis il a gouverné une province de Macédoine. Sa vie privée est assez désordonnée et ses adversaires ont beau jeu de lui reprocher un goût immodéré pour le vin et pour les femmes. Tous doivent au moins reconnaître ses dons politiques : dénué de tout scrupule, il use aussi bien de la force que de la diplomatie. Il possède également les dons contradictoires de l'énergie dans l'action et des atermoiements dans les négociations.

Son œuvre intérieure est considérable, car il doit d'abord pouvoir compter sur une Macédoine forte, avant de s'abandonner à ses vraies ambitions, qui ne sont rien moins que la soumission de la Grèce désunie. Il s'agrandit au détriment de tous ses voisins, conquiert deux provinces sur l'Épire, s'empare d'Amphipolis et de Pydna en se jouant des Athéniens par d'habiles négociations, annexe sur les Thraces le district aurifère du mont Pangée, repousse les Barbares du Nord et de l'Ouest, Péoniens et Illyriens. Les pays récemment conquis sont l'objet d'une véritable colonisation intérieure, qui permet la mise en valeur et l'hellénisation de régions restées somme toute fort barbares. La plus célèbre de ces créations, Philippes, surveille de près les mines du Pangée.

Les atouts dont il dispose sont considérables. D'abord une organisation sociale forte, dans un pays encore primitif où les nobles, enfin soumis, lui fournissent des cadres incomparables : ce sont les hétaires (compagnons), qui occupent tous les postes supérieurs dans l'administration et dans l'armée. Ensuite des finances saines : les douanes sont réorganisées par l'Athénien Callistratos, tandis que les mines du Pangée lui assurent l'énorme revenu de 1 000 talents par an, avec lesquels il frappe de superbes statères d'or, les philippes, qui concurrencent désormais les dariques perses et les chouettes d'Athènes. Il sait profiter de cet argent pour s'attacher les services de Grecs, qui, poètes ou artistes, sont nombreux à hanter sa cour. Incontestablement Grec de formation comme de race, quoi qu'en ait dit Démosthène, il poursuit l'hellénisation de la Macédoine, commencée depuis longtemps. Il pare sa capitale, Pella, de beaux édifices.

Mais sa force principale reste son armée, à laquelle il donne tous ses soins, aidé par un incomparable chef d'état-major, le fidèle Parménion. La conscription obligatoire permet de lever des contingents considérables, dans un pays dont la population atteint peut-être 800 000 habitants. La Macédoine est divisée en circonscriptions militaires, dont chacune fournit 3 unités, une de cavalerie, une d'infanterie lourde, une d'infanterie légère. Au combat, la variété de ces éléments leur assure une grande souplesse de manœuvre, mais le plus important est sans contredit la phalange, groupement d'unités de fantassins lourds armés de la sarisse, une lance longue de 5 à 7 m selon le rang : sans avoir encore le caractère massif et compact qu'elle revêtira à l'époque hellénistique, elle est éminemment apte à retenir l'ennemi et à l'enfoncer par le véritable mur de fer que les sarisses abaissées lui opposent. C'est l'instrument qui va permettre à Philippe de conquérir la Grèce, à Alexandre de soumettre l'Asie.

Philippe et la Grèce jusqu'à la paix de Philocratès (346)

En l'espace de dix ans, les progrès de Philippe sont d'autant plus remarquables que la seule ville qui eût pu s'opposer à lui se replie sur elle-même et préfère ses intérêts matériels à la lutte pour l'hégémonie. Athènes ne croit plus à son destin. Elle se donne à Eubule, un fort honnête homme, qui est avant tout un financier et qui, comme président des préposés au théorique, exerce une influence considérable. Son souci principal est de consolider les finances, obérées depuis la disparition des *syntaxeis* de la confédération, en évitant les gaspillages et sans instaurer d'impôts nouveaux. Il procure au peuple de substantielles compensations à la perte de l'empire, versant plus volontiers les fonds disponibles au théorique qu'à la caisse militaire et intensifiant l'exploitation du Laurion. Sur le plan extérieur, il maintient une stricte neutralité, évitant successivement des conflits avec le Grand Roi, avec Mausole, avec Sparte. Favorablement vu aussi bien des riches (libérés du poids écrasant des contributions de guerre) que du peuple (qui s'endort dans une prospérité sans risque), il assure enfin à sa patrie paix et aisance. Mais une ville qui avait derrière elle un tel passé devait-elle accepter sans réagir la prise par Philippe de Méthoné (354), la seule place qu'Athènes occupât encore sur la côte macédonienne ?

Philippe ne cherche qu'un prétexte pour intervenir plus directement en Grèce. Il le trouve, plus beau qu'il n'eût pu le rêver, dans la troisième guerre sacrée, menée contre les Phocidiens sacrilèges. Sous la direction de dynastes énergiques, Philomélos et Onomarchos, désignés comme stratèges *autocratores*, qui fortifient Delphes et n'hésitent pas à utiliser les biens d'Apollon comme trésor de guerre, les Phocidiens s'assurent l'amitié de Sparte et d'Athènes, mais se heurtent à une redoutable coalition groupant, autour de Thèbes, Thessaliens et Locriens. L'intervention de Philippe, facilitée par les dissensions civiles qui déchirent derechef la Thessalie, donne un sens nouveau à un conflit d'abord limité, mais qui bouleverse maintenant la totalité du monde grec. Le Macédonien ne connaît pas que des succès : il est battu par Onomarchos et une marche brusquée sur les Thermopyles amène la réaction de tous les alliés des Phocidiens. Au moins a-t-il ajouté un atout décisif dans son jeu en annexant la Thessalie, qui garde son autonomie, mais reconnaît son hégémonie : bientôt il se fera nommer archonte à vie de la confédération thessalienne.

Bien que la guerre continue à se traîner en Phocide, il apparaît clairement que le problème de Delphes est désormais secondaire et que seul compte l'affrontement de Philippe et d'Athènes. Philippe trouve à Athènes un adversaire à sa taille dans la personne de Démosthène. Mais que peut l'ardent patriote contre le pacifisme d'Eubule, qui ne manque d'ailleurs pas de bonnes raisons, contre les menées d'orateurs stipendiés par Philippe, tel Eschine ? Le *démos* n'est plus guère capable que de sursauts.

Philippe cependant poursuit méthodiquement l'exécution de ses plans dans la Grèce du Nord. Sans négliger ses turbulents voisins barbares, il donne toute son attention aux cités grecques de la côte. En 348 il s'empare d'Olynthe, minée de l'intérieur par son or et que les atermoiements d'Athènes ne permettent pas de secourir efficacement, et la détruit de fond en comble.

Athènes, découragée, n'a plus que la ressource de traiter pour s'assurer au moins du *statu quo*. Démosthène lui-même, voyant sa patrie complètement isolée, se résout à faire l'union sacrée avec les pacifistes du parti d'Eubule. Philippe, avec ce machiavélisme où il est passé maître, amuse les ambassadeurs, cherchant à obtenir des positions plus avantageuses encore. Finalement la paix de Philocratès est conclue (346) : chacune des parties garde ce qu'elle possède, ce qui laisse la Chalcidique à Athènes. Philippe peut alors châtier les Phocidiens impies avec la dernière des rigueurs et il se voit attribuer les 2 voix amphictioniques confisquées aux sacrilèges. Il vient en personne célébrer à Delphes les Pythies de 346 comme un *Te deum* triomphant.

Un patriote : Démosthène

L'homme qui s'est déjà dressé contre Philippe et qui va assumer un rôle plus considérable encore, n'agit pas au jour le jour. Il se veut « conseiller du peuple » et il a un programme à lui proposer.

Ferme défenseur de la démocratie, il n'aime pas ceux qui flattent le *démos.* Il réclame avec obstination l'engagement personnel de chaque citoyen, qui doit à sa patrie le service militaire et le paiement honnête des contributions. Tels sont les thèmes essentiels des *Philippiques* et des *Olynthiennes.* À l'extérieur il faut aussi faire triompher la démocratie sur la monarchie, lot ordinaire des Barbares. Il comprend que le temps de l'hégémonie athénienne est passé et il paraît incliner vers une direction librement consentie par les Grecs, d'où les satisfactions de prestige qu'il accorde à plusieurs reprises aux alliés, aux Eubéens, à Byzance, à Thèbes.

On serait injuste en ne reconnaissant pas l'unité de cette politique menée avec autant de réalisme que de sens de l'honneur dans une carrière de plus de trente ans. Sa sincérité et son désintéressement ne sont pas moins évidents. On l'a accusé d'avoir reçu de l'argent du Grand Roi ou d'avoir eu partie liée avec les importateurs de blé en provenance du Bosphore cimmérien. S'il a accepté des subsides de l'étranger, c'était un usage établi parmi les orateurs. Rien ne permet de douter de l'affirmation de Plutarque (*Démosthène*, 14), selon qui « il l'emporte de beaucoup, sous le rapport de l'honnêteté, sur tous les hommes de son temps ».

Mais ses options étaient-elles raisonnables ? Sa politique, menée dans l'unité avec désintéressement, allait-elle dans le sens des intérêts d'Athènes et de la Grèce ? On en discute avec acharnement. D'aucuns l'ont accusé d'être uniquement tourné vers le passé et de n'avoir pas vu que la Grèce aspirait d'un immense espoir à l'union, après tant de déchirements.

C'est peut-être oublier bien vite que l'adversaire qu'il avait en face de lui était un politique retors, qui fondait son pouvoir sur les destructions de cités, les bannissements, les spoliations, les carnages, et qui avait en vue non la réalisation des projets panhelléniques, mais l'assouvissement de sa propre *libido dominandi.*

C'est surtout oublier que les vues de Démosthène n'avaient pas l'étroitesse qu'on leur prête. C'est le salut de tous les Grecs qu'il veut, même s'il ne le croit pas possible sans la direction d'Athènes. Dans la 3e *Philippique*, il exhorte l'*Ecclésia* à « délibérer sur les intérêts de tous les Grecs » et il loue les Athéniens du passé d'avoir assuré la sauvegarde commune des Hellènes. Au soir de sa vie, résumant son action dans le *Discours sur la couronne* (59 *sq.*) ; il pourra s'écrier : « Tel je fus pour notre ville, tel pour la Grèce entière. »

Il ne souhaite donc pas moins vivement que les partisans de Philippe la fin des dissensions stériles qui déchirent le monde grec. Mais il croit que l'unité de l'Hellade ne peut se fonder que sur le respect des traditions, sur le respect de la liberté, sur le respect de la *polis*. Au fond il est plus panhellène que le Macédonien, pour qui l'unité de la Grèce n'est que la condition de sa soumission, de son asservissement.

Toutefois, peut-être est-il équitable d'ajouter que cette action venait bien tard, dans un monde qui s'abandonnait. Démosthène a eu grand mal à arracher les Athéniens à leur lassitude, à leur apathie. Il n'est jamais parvenu à grouper tous les Grecs contre le Macédonien : si le sort des armes a balancé longtemps, n'eût-il pas triomphé avec le secours de Sparte, qui préféra s'isoler dans un orgueil dépassé ? D'autre part, en soi, le régime de la cité n'offrait sans doute pas des moyens efficaces pour lutter contre un souverain autocrate. « Philippe commandait, s'écrie-t-il dans une des plus fortes envolées du *Discours sur la couronne* (235), tout seul, en maître absolu... puis il avait de l'argent en abondance et il faisait ce qu'il voulait, sans l'annoncer dans des décrets, sans délibérer publiquement, sans être traîné en justice par les sycophantes, sans encourir d'accusation d'illégalité, sans rendre de comptes à personne, absolument seul maître, chef, souverain de tout. Et moi, qui avais pris position contre lui, de quoi étais-je le maître ? De rien. En effet la faculté même de parler au peuple, seul droit qui fût mon partage, vous l'accordiez aussi bien aux salariés de Philippe qu'à moi. »

Il est trop aisé de faire le procès des vaincus. N'accusons donc pas l'homme, qui est au-dessus des basses calomnies d'un Eschine. N'accusons pas le patriote, qui s'est dévoué à sa tâche sans relâche, sans réserve, donnant de sa personne et de ses biens pour la victoire de ses idées. N'accusons même pas le politique, qui n'est ni un aveugle ni un rétrograde, mais un orateur clairvoyant, qui perce les visées purement égoïstes de Philippe et juge à leur juste mesure ses menées, où le recours à la force ne s'efface que devant le recours à la ruse. Même s'il a visé trop haut, s'il a trop compté sur les possibilités d'Athènes, son audace était belle et il a bien mérité de rester comme le champion de la liberté de l'Hellade. « Si ta force, Démosthène, avait été égale à ta pensée, jamais la Grèce n'eût obéi au sabre macédonien », proclame à juste titre l'inscription d'une statue que les Athéniens lui dédièrent sur l'Agora en 280.

De la paix à la défaite (346-338)

Les six années qui séparent la paix de Philocratès de la nouvelle déclaration de guerre (346-340) sont particulièrement confuses. Athènes subit plus fortement encore l'emprise de Démosthène, qui réorganise la marine et obtient du peuple et des riches de lourds sacrifices financiers : la caisse militaire empiète de plus en plus sur le théorique et l'*eisphora* devient un impôt permanent. De grands procès politiques à propos des malheureuses ambassades préliminaires à la paix montrent son crédit : Philocratès est condamné et Eschine n'est absous qu'à 30 voix de majorité. Mais le peuple ne sait pas saisir une admirable occasion : il renvoie sans ménagement des ambassadeurs d'Ochos venus offrir l'amitié du Grand Roi, inquiet des nouveaux progrès du Macédonien. Philippe est plus habile, et c'est lui qui conclut un traité d'alliance avec le Perse. Au moins Démosthène parvient-il à briser l'isolement d'Athènes : il a la sagesse de traiter d'égal à égal avec la confédération eubéenne qui vient de se créer et sollicite l'alliance d'Athènes, et, avec l'aide de Callias de Chalcis, il réunit à Athènes un congrès panhellénique groupant toutes les cités qui veulent résister à Philippe : l'Eubée, Mégare, Corinthe, l'Achaïe, Corcyre, Leucade, l'Acarnanie, Ambracie. Le peuple juge que l'orateur a bien mérité de la patrie et il lui vote une couronne d'or.

De son côté Philippe, lui aussi, ne considère plus la paix que comme une trêve. Il s'en prend au roi des Odryses, Cersébleptès, honoré par Athènes du droit de cité, et annexe la Thrace, où il établit de nouvelles colonies militaires, dont Philippopolis. Puis il ose traverser la Chersonèse de Thrace et mettre le siège devant Périnthe. Enfin, par un coup de force insigne, il rafle à Hiéron, à l'entrée du Pont-Euxin, un convoi de ravitaillement de 180 vaisseaux athéniens. C'est plus que le peuple n'en peut supporter : Athènes, prête à risquer le tout en face d'un adversaire aussi déloyal, lui déclare la guerre (340).

Les débuts sont heureux pour Athènes. Démosthène réorganise les finances et la marine : la syntriérarchie permet d'obtenir plus des riches et de donner un nouvel essor à la construction navale. Philippe est obligé de lever le siège de Byzance, soutenue par la flotte athénienne ; ses intrigues pour intervenir dans une nouvelle guerre sacrée contre Amphissa échouent. Mais on apprend brusquement que, circonvenant ses anciens ennemis, les Phocidiens, il a tourné grâce à eux les Thermopyles et qu'il occupe déjà Élatée. Cette nouvelle jette la panique dans Athènes. Seul Démosthène réagit : il parvient à arracher au peuple la décision de s'allier avec Thèbes, malgré le souvenir si récent de tant de conflits et de froissements ; il court à Thèbes, où il se montre aussi éloquent pour prouver que seule l'alliance des deux cités peut les sauver et sauver la Grèce, et où il n'hésite pas à faire aux Thébains de grandes concessions. Le combat décisif a lieu en Béotie, à Chéronée (338), où la ligue hellénique et Philippe alignent chacun 30 000 fantassins et 2 000 cavaliers. Ce n'est pas la bravoure qui manque aux coalisés : 1 000 citoyens athéniens restent sur le carreau et tout le bataillon sacré se fait massacrer par fidélité à son serment. Mais leurs piètres généraux ont en face d'eux Philippe, un excellent tacticien, et Alexandre, un jeune prince dont les charges furieuses emportent la décision.

Démosthène est vaincu. Athènes est vaincue. La liberté grecque expire dans les vallons de Chéronée.

La ligue de Corinthe (337)

Philippe s'emporte d'abord jusqu'à insulter les morts. Il montre plus de raison en faisant le généreux avec Athènes. Il lui envoie un des prisonniers, Démade, pour qui la cité n'est plus « qu'une vieille femme traînant la sandale et se gorgeant de tisane ». La paix est conclue : si Athènes doit renoncer à sa confédération comme à la ligue panhellénique, elle garde son autonomie, sa flotte, ses clérouquies. Thèbes, en revanche, est traitée avec la dernière des rigueurs : un régime oligarchique y est établi, sous la protection d'une garnison macédonienne, et la ligue béotienne est dissoute.

Cependant, Philippe victorieux nourrit de très vastes projets. Tandis qu'Athènes répare ses forces sous la direction de l'intègre Lycurgue et garde assez de dignité pour confier à Démosthène le soin de prononcer l'oraison funèbre des morts de Chéronée, il se soumet sans peine le reste de la Grèce, sauf Sparte qu'il humilie en dévastant tout son plat pays et qu'il réduit à la Laconie. Il convoque alors à Corinthe des représentants de toutes les cités et établit une ligue panhellénique, dont seule Lacédémone s'exclut.

Les membres de la ligue de Corinthe sont liés par une paix générale. Les cités gardent leurs frontières et leur gouvernement. Elles doivent non une contribution, mais des contingents proportionnels à leurs forces. L'organe délibératif est le *synédrion* des Hellènes, où chaque cité dispose également d'un nombre de voix en rapport avec son importance militaire. La Macédoine reste en dehors, mais son roi est l'*hégémon*, le chef militaire de la ligue, et en cas de guerre son stratège *autocrator*.

Une telle conception ne manque pas d'ampleur. Pour la première fois la Grèce presque entière connaît de véritables institutions supra-étatiques : le *synédrion* est une assemblée parfaitement constituée, avec une représentation proportionnelle des États, des délégués qui ne votent que selon leur conscience, sans avoir à rendre des comptes, un comité directeur de 5 proèdres qui peut le convoquer en cas de besoin, en dehors des réunions ordinaires prévues pour les jeux panhelléniques. Bien au-delà de la symmarchie péloponnésienne et des deux confédérations athéniennes, on est en présence d'un État fédéral aux attributions très étendues, qui eût pu devenir une monarchie constitutionnelle avec Philippe à sa tête. Il est bien évident qu'une telle création n'eût pas été possible sans le développement, lent mais sûr, des idées panhelléniques au cours du siècle.

Il est non moins évident que cette belle construction est faite dans l'intérêt de Philippe et non des Hellènes. Le rusé souverain connaît trop les Grecs pour les croire capables de renoncer à leurs formes traditionnelles de gouvernement et en particulier à la *polis*. Il superpose donc aux *poleis* un État fédéral, dont il est le chef incontesté, et qu'il surveille par des garnisons maintenues en quàtre points stratégiques : Thèbes, Chalcis, Corinthe et Ambracie.

Comme Bismarck les Allemands, il veut maintenant entraîner les Hellènes dans une grande expédition commune qui cimentera leur union. Là encore le panhellénisme lui ouvre la voie, avec l'idée de la croisade contre les Barbares. On ira donc venger sur le Perse les affronts de Xerxès, d'autant plus aisément qu'après l'assassinat d'Ochos le trône est occupé par un prince à l'autorité contestée, Darius III Codoman.

Mais, aux noces de sa fille Cléopâtre, un hétaire, Pausanias, abat Philippe d'un coup de couteau. Vengeance personnelle, ou n'avait-il pas plutôt été armé par la femme du roi, Olympias, lasse de ses mépris, voire par le Perse ? Qu'allait-il advenir en tout cas de l'œuvre immense d'un homme frappé en pleine force, en pleine gloire ?

3. LA CRISE DU IVe SIÈCLE

La victoire de Philippe ne s'explique pas uniquement par les malheureuses dissensions des Grecs. L'équilibre numérique des forces ne condamnait pas inéluctablement les *poleis* à s'incliner devant le Macédonien. Encore eût-il fallu qu'elles trouvassent en elles-mêmes les ressources nécessaires pour lui résister. Or, politiquement, socialement, économiquement, la cité est ébranlée jusque dans ses bases traditionnelles. La crise de la *polis* est tout autant la cause que la conséquence du triomphe de Philippe.

Bouleversements de la société et de l'économie

Nous invoquerons principalement l'exemple d'Athènes, le seul bien connu à cause du grand nombre des textes littéraires ou philosophiques. Mais on a les meilleures raisons de croire que l'évolution est la même dans des régions qui pratiquent traditionnellement l'oligarchie (Sparte, Thessalie) ou dans une démocratie modérée (Béotie). À ces bouleversements, deux causes fondamentales : de nouveaux rapports s'introduisent entre ville et campagne ; la Grèce, incapable de vivre en autarcie, perd une partie de sa clientèle extérieure.

Aux champs

Nous possédons dans l'*Économique* de Xénophon un document de premier ordre sur la vie rurale au début du IVe siècle. Sous forme d'un dialogue entre Ischomachos (riche propriétaire foncier) et Socrate, c'est un tableau idyllique de l'agriculture, mère et nourricière de tous les arts, école de civisme et d'endurance pour le soldat-citoyen. Le retour à la terre est prêché sous les dehors les plus aimables. Qui n'envierait la vie que mène Ischomachos, au milieu de ses esclaves, traités avec paternalisme mais humanité, auprès d'une douce compagne, délicatement dressée à la soumission et aux devoirs de la maîtresse de maison ? Au surplus, un domaine rationnellement exploité – et il n'est pas besoin de talents spéciaux (Ischomachos use à son tour de la maïeutique et fait retrouver à Socrate, qui les croyait ignorer, tous les principes fondamentaux de l'agronomie) – assure de confortables profits. Le père d'Ischomachos ne pratiquait-il pas une véritable spéculation foncière, achetant des domaines qui périclitaient, pour les remettre en état et les vendre avec de gros bénéfices ?

Ce document, qui idéalise d'ailleurs abusivement la vie aux champs, ne présente qu'un des aspects du problème. Une crise profonde ébranle la campagne depuis la guerre du Péloponnèse : la dévastation de l'Attique par les Spartiates, l'exode nécessaire vers Athènes qui déshabituent les ruraux de leur vie traditionnelle, les longueurs du conflit qui entraînent la mobilisation perpétuelle des agriculteurs ont ruiné l'agriculture, et, pis encore, détruit cette classe sociale de petits et moyens propriétaires qui, recréée par Solon, développée par Pisistrate, avait fait la force de l'Athènes périclééenne, lui procurant la stabilité politique et lui assurant d'excellents hoplites, endurcis par le travail des champs et tout dévoués à la patrie. La guerre finie, et lamentablement finie, beaucoup n'eurent pas le courage de remettre en état leurs champs dévastés. Les deux dernières comédies d'Aristophane peignent la lamentable condition du paysan, obligé de brouter des racines pour tromper sa faim et qui n'a même plus un coin de terre pour s'y faire inhumer. On assiste au sempiternel mécanisme de la fuite vers la ville du paysan ruiné, qui vend ses biens dans l'espoir d'une vie moins misérable. Les bornes hypothécaires se multiplient dans la campagne attique et l'on voit réapparaître, comme aux temps présoloniens, l'idéal communiste (au sens antique du terme) d'un repartage général.

Alors se reconstituent de vastes propriétés, au profit d'aristocrates ou plus souvent de nouveaux riches, heureux d'investir en biens fonciers une partie de leur fortune, d'autant qu'une exploitation rationnelle se montre souvent fort lucrative. La hausse considérable des prix profite au grand propriétaire, qui produit pour vendre, mais non au petit, qui cultive pour se nourrir et doit acheter des objets manufacturés qui enchérissent. Le riche exploite ses terres au moyen de journaliers, qui sont souvent les anciens possesseurs du sol évincés, et surtout d'esclaves, dont le nombre augmente considérablement. Le phénomène est loin de se limiter à l'Attique : la Thessalie voit le renforcement de la grande propriété, pourtant déjà largement répandue ; nous avons signalé qu'à Sparte la terre se concentre aussi entre quelques mains.

Certes l'évolution ne va pas jusqu'à son terme. En Attique et en Béotie la terre demeure morcelée. La grande propriété elle-même reste de dimensions modérées : Platon, dans le premier *Alcibiade* (123 c), juge considérable un domaine de 26 ha. D'ailleurs le mécanisme des achats successifs interdit généralement les biens d'un seul tenant : il y a de grands propriétaires fonciers, il n'y a pas de *latifundia*.

Le capitalisme rural n'est d'ailleurs pas sans avoir d'heureux effets et il serait faux de parler de récession de la production agricole. Il y a d'incontestables progrès techniques, d'ailleurs limités : on étudie la nature des sols et l'on s'achemine vers l'assolement triennal avec des légumineuses ; on multiplie les engrais ; on draine et on irrigue ; le marnage et le chaulage deviennent pratiques plus courantes. Cependant les grands domaines s'orientent naturellement vers les productions rentables : produits maraîchers qui eux s'écoulent bien dans une ville qui s'hypertrophie, vin et huile sur lesquels pèsent au contraire des risques de mévente, vu les difficultés nouvelles que connaît le commerce.

À la ville

À la ville, la paix de 404 n'a pas eu des conséquences moins funestes. Pour les pauvres la ruine de l'État entraînait la disparition des profits de l'Empire et de la guerre (soldes, pillages) et la récession de l'économie, fondée sur le grand commerce. Athènes se reprend cependant au cours des décennies suivantes et surtout après la renaissance d'une confédération maritime. De nouvelles sources de gain apparaissent alors, tant pour le prolétariat urbain que pour les repliés de la campagne.

Il y a d'abord le mercenariat, plaie normale d'une époque de guerres endémiques. Beaucoup de pauvres et de dévoyés sont attirés par les hautes soldes qui récompensent la valeur militaire. L'expédition des Dix-Mille prouve qu'il est aisé de réunir une troupe considérable. Les troubles de l'Empire perse, la révolte de l'Égypte, les menées des satrapes forcent le Grand Roi, le pharaon, les satrapes eux-mêmes à recourir à des mercenaires grecs. La même crise sociale qu'à l'époque archaïque engendre donc les mêmes effets : le citoyen qui ne trouve plus à s'intégrer dans la cité met son bras et sa bravoure au service des princes. D'ailleurs les *poleis* elles-mêmes ne se contentent plus de la conscription, et la diminution de l'esprit civique les force elles aussi à recourir à des soldats à gage. Notons toutefois que ce sont les contrées les plus pauvres, dans lesquelles la vie urbaine n'offre aucune ressource, comme l'Achaïe ou l'Arcadie, où le recrutement est le plus massif. Les pauvres d'Athènes ont d'autres moyens d'assurer leur subsistance.

Ces moyens sont traditionnels. Il y a d'abord l'État-Providence. La reprise des guerres qui se succèdent les unes aux autres, la création de quelques clérouquies, la reconstruction des murailles, les travaux d'édilité ou des temples, les chantiers navals fournissent aux moins fortunés de quoi vivre. Les *syntaxeis* remplacent partiellement le *phoros*.

Dès 400 un démagogue, Agyrrhéos, fait instituer le *mithos ecclésiasticos* : les citoyens reçoivent un salaire (1, puis 2, puis

3 oboles) pour remplir leur devoir majeur et assister aux séances de l'*Ecclésia.* On mesure sur ce détail la décadence de la moralité publique. Il rétablit également le théorique, qu'il avait fallu supprimer et qui prend de plus en plus d'importance, puisqu'on y verse tous les excédents. Ce fonds, qui dans l'esprit de Périclès devait être une caisse de secours aux nécessiteux, sert de plus en plus aux menus plaisirs du *démos.* On sait les difficultés de Démosthène pour le déterminer à préférer la caisse militaire. Les autres *misthoi* subsistent, notamment à l'Héliée, où les jugements sont de plus en plus partiaux et où les confiscations se multiplient, souvent contre toute justice, car le peuple considère le trésor de l'État comme son bien propre.

En second lieu, Athènes a retrouvé son essor économique. Le Céramique bruit à nouveau de l'activité artisanale. La concentration reste faible (le père de Démosthène a 33 ouvriers dans son armurerie et 20 dans sa fabrique de meubles) et il y a surtout de petits ateliers. Le commerce n'est pas moins prospère, favorisé par le développement du prêt à la grosse et de la banque. Les étrangers sont de plus en plus nombreux et l'on voit au Pirée des commerçants égyptiens, phéniciens ou chypriotes. Mais, à côté des métèques, d'anciens esclaves accumulent d'énormes fortunes et deviennent si indispensables à l'État qu'ils se voient conférer le droit de cité, tels Pasion et Phormion. La production et la diffusion de produits de luxe restent donc la base même de la vie économique.

Le rétrécissement du marché

Mais des facteurs de récession font déjà sentir leurs pernicieux effets. D'une part le Pirée n'a plus le monopole incontestable dont il jouissait au Ve siècle. Les ports d'Anatolie, soumis à l'Empire perse, ont retrouvé leur prospérité archaïque, notamment Éphèse qui l'emporte définitivement sur Milet. Rhodes, Cyzique, Byzance deviennent de riches entrepôts.

Il y a plus grave. Le marché extérieur a tendance à se réduire, du fait du développement industriel dans des pays jusque-là sous-développés et qui se procuraient à Athènes tous leurs produits de luxe.

Les ateliers italiotes fabriquent des vases fort présentables et dont au surplus les sujets s'accordent mieux aux goûts locaux que ceux de la céramique athénienne. Même l'Étrurie cuit des vases à figures rouges, au reste assez médiocres. Les monnaies de Syracuse font désormais prime sur le marché occidental, au détriment de celles d'Athènes.

Même phénomène dans le Nord, jadis marché principal d'Athènes. La Scythie, aussi éprise de produits helléniques, achète plutôt dans les colonies qu'à Athènes. Dans plusieurs villes de Chersonèse Taurique on fabrique des amphores vinaires, qui montrent le développement d'une viticulture locale, jusque-là inexistante. Panticapée s'enhardit même jusqu'à cuire des vases à décor figuré à l'imitation des vases athéniens du style de Kertsch. Les objets d'or et d'argent, toujours nombreux dans les tombes indigènes, sont de plus en plus souvent faits sur place et ils témoignent d'influences iraniennes aussi profondes que les influences grecques.

Même constatation en Thrace, où les seigneurs achètent volontiers des produits manufacturés dans les colonies grecques des deux côtes, méditerranéenne et pontique, plutôt qu'à Athènes. Ils importent aussi des objets, en particulier des harnachements de chevaux, en provenance de la Scythie, dont ils sont politiquement de plus en plus tributaires. On voit même se développer un art proprement thrace, assez voisin par sa stylisation de l'art celte.

Enfin dans les provinces de l'Empire perse qui s'adonnaient traditionnellement au commerce avec Athènes, on assiste également à un rétrécissement du marché, mais un peu plus tardif (milieu du siècle). Les poteries attiques sont moins nombreuses dans les tombes, et aux monnaies athéniennes se substituent des imitations locales, souvent maladroites. Al-Mina, détruite par le feu en 375, se libère de l'influence athénienne après sa reconstruction ; sans catastrophe qui établisse une rupture, l'évolution est la même à Naucratis.

Il ne faut point exagérer la gravité de la situation. Athènes exporte encore beaucoup, ainsi qu'il appert du grand nombre des vases dits de Kertsch sur tout le pourtour de la Méditerranée et de la mer Noire. Mais la balance commerciale est devenue déficitaire. En effet, s'il n'est plus loisible d'écouler autant qu'auparavant le vin, l'huile et les produits finis de l'artisanat, les besoins en céréales restent les mêmes, voire augmentent. Certes le blé vient en plus grande abondance d'Égypte, de Chypre, de Phénicie, surtout du Pont qui, d'après Démosthène, fournit la moitié des importations, mais les achats en Occident ont presque cessé. Athènes est réduite aux pires flagorneries à l'égard des dynastes scythes ou thraces, qui se voient souvent conférer le droit de cité : sans leurs bons offices, elle périrait d'inanition.

Les causes profondes de ce changement sont à chercher aussi bien dans la disparition de l'impérialisme – dont nous avons signalé l'inflexion qu'il avait imprimée à l'économie de l'Athènes péricléenne – que dans la maturité des vieilles terres coloniales, qui préfèrent maintenant produire ce que naguère elles importaient. Pas plus qu'elle ne domine politiquement la Grèce, l'Athènes du IVe siècle ne régente le monde méditerranéen et pontique, qui s'émancipe de sa tutelle.

Deux blocs antithétiques : pauvres et riches

La classe moyenne des agriculteurs disposant d'un lopin de terre suffisant pour en vivre s'est effritée. La vie est si dure pour ceux qui ont réussi à se maintenir qu'ils ne participent plus guère à l'*Ecclésia* et s'excluent donc eux-mêmes de la vie politique. Restent en présence deux blocs.

Les pauvres forment un prolétariat misérable, qu'il s'agisse des journaliers à la campagne ou des artisans et boutiquiers d'Athènes et du Pirée. Le ralentissement certain de la vie économique brime durement tous ceux qui vivaient de l'expansion commerciale d'Athènes. Il est difficile de trouver de l'emploi, à cause de la concurrence servile. Le travail est mal rémunéré, surtout pour ceux qui ne disposent pas d'une spécialisation et dont les salaires n'ont pas monté. Or le coût de la vie a augmenté dans des proportions désastreuses : conséquence du flot de métaux précieux que le Grand Roi ou Philippe ne cessent de déverser sur la Grèce et qui n'abreuve que les puissants. Il reste aux déshérités à faire la queue à la porte des tribunaux, à se ruer sur le jeton de présence de l'*Ecclésia*, à attendre les secours ou les munificences du théorique.

Les riches sont les concessionnaires des mines, les gros armateurs, les banquiers, mais en outre ils accaparent de plus en plus la terre. Bien qu'ils connaissent toutes les blandices de l'existence, ils se plaignent amèrement et, de fait, ils sont durement traités. Ils sont victimes de l'inique partialité des Héliastes, dès qu'une cause les met en jeu. Ils sont écrasés par les liturgies (notamment par la triérarchie) et par l'*eisphora.* Dans ces deux domaines, on doit sans cesse innover pour introduire plus de justice et empêcher les puissants de se soustraire à leurs obligations. L'*eisphora* en particulier, jadis impôt de répartition sur le revenu, est devenue un impôt de quotité sur le capital qui ne pèse guère que sur les riches et il a fallu, pour le percevoir, instaurer un système compliqué de 100 symmories, représentant chacune le dixième du capital imposable, qui donne lieu à d'inextricables contestations. On comprend l'aspiration ardente de toute la classe possédante à l'heureux jour « où les Athéniens seront enfin libérés des *eisphorai,* des triérarchies et des autres liturgies concernant la guerre » (Isocrate, *Sur la paix,* 12-13).

À la limite, la cité écartelée entre ces deux blocs se désagrège. On parle souvent de l'affaiblissement de l'esprit civique et ce facteur ne doit pas être sous-estimé, mais il est autant la conséquence que la cause de la disparition de la cité. Bien avant de s'effondrer politiquement sous les coups des Macédoniens, la cité n'existe plus en fait. C'était un corps unitaire où chacun était prêt au sacrifice suprême, parce qu'il avait l'impression d'appartenir à part entière à une communauté de droits et d'intérêts. Mais qui oserait encore parler de l'égalité des droits dans une société où les uns ont tout et les autres rien ? Paradoxalement, chacune des deux classes se sent brimée par l'autre, les pauvres parce qu'ils ne peuvent se contenter des aumônes des *misthoi* et du théorique, les riches parce qu'ils ne peuvent jouir tranquillement de leurs biens, toujours menacés ou amputés. À la volonté commune qui constituait l'essence de la *polis* s'est substituée de part et d'autre la mauvaise volonté.

Athènes n'est pas la seule à souffrir de ce mal dévorant. Le massacre des riches d'Argos donne le ton des haines de classes. La Sparte des Égaux est devenue un monstre d'inégalité. Parfois s'imposent des tyrans, qui promettent au peuple le partage des terres ou la remise des dettes et osent faire appel aux esclaves pour asseoir leur pouvoir. Cette menace, qui, au vrai, n'est encore que latente, détermine malgré tout Philippe à exiger des Grecs la promesse de ne procéder à aucune libération servile en vue de la révolution.

Devant cette ruine de la cité, conséquence d'une rupture économique et sociale dont ils ne voyaient pas l'importance, les penseurs n'imaginaient généralement que des solutions partielles, sans renoncer au principe même de la cité. Alexandre, lui, devait porter un coup décisif aux *poleis*, mais la conquête de l'Orient allait apporter une solution (au moins provisoire) à l'asphyxie économique et aux antagonismes de classes.

4. L'ÉPOPÉE D'UN JEUNE DIEU (336-323)

En 336, à la mort de son père, Alexandre a vingt ans. À treize ans son père l'a placé sous la férule d'Aristote. L'enfant écoute avec passion un maître qui sait tout. Il lit Pindare, Hérodote, Euripide. Il acquiert ainsi une culture profondément hellénique et un goût des choses de l'esprit dont il ne se départira point. À seize ans il se voit confier la régence pendant une expédition de Philippe et il commence à s'initier aux affaires. Momentanément brouillé avec son père, il se réconcilie avec lui et, fils aîné, est normalement proclamé roi par l'armée, quand Philippe tombe sous le poignard de Pausanias. Alors commence un règne de douze ans et demi qui changera la face de l'Hellade et du monde oriental.

Un héros providentiel

Chez Alexandre s'unissent en un composé unique la prudence et l'inspiration, la réflexion et l'intuition. On aime à expliquer cette exceptionnelle nature par la double hérédité de Philippe le réaliste et d'Olympias la mystique. Sa mère, une violente à la sensibilité sans frein et qui s'adonnait à la frénésie des rites dionysiaques, appartenait à la famille royale des Molosses, les Éacides, qui se réclamaient de Pyrrhos le fils d'Achille et possédaient l'impétuosité et l'emportement du héros « au cœur de lion » que la piété de commentateurs érudits leur avait donné pour ancêtre. Il y a chez Alexandre des accès incontrôlables de colère et d'enthousiasme, comme il y en aura chez d'autres Éacides, Pyrrhos, Philippe V.

Ce n'est pas un médiocre héritage pour un adolescent

généreux que de se croire descendant d'Héraclès par son père, d'Achille et de Priam par sa mère. Passionné de traditions mythiques, il sent bouillonner en lui le sang des héros, ses ancêtres. Mais c'est encore trop peu pour lui de se savoir issu, de loin, de Zeus père d'Héraclès. Dans un siècle obsédé de surnaturel, le pas est vite franchi qui fait de lui un dieu. Cette conviction qu'il porte déjà en lui, il la voit corroborée par sa visite à l'oracle d'Amon à Siwah. Dans le saint des saints, il reçoit du dieu la double réponse qu'il espérait : Amon le proclame son fils et lui promet l'empire universel. Qu'Alexandre ait donné un sens trop littéral à l'expression « fils d'Amon », courante dans la titulature pharaonique, peu importe. Ce qui compte, c'est cette certitude exaltante – qui est désormais sienne – qu'il est non point seulement un roi dans une lignée, mais le fils chéri de la divinité, donc dieu lui-même.

Parce qu'il se croit un surhomme, Alexandre se conduit comme un surhomme. Bien infidèle sur ce point aux leçons d'Aristote, qui proclamait que la modération est la seule sauvegarde des monarchies, il est habité par un génie de démesure. G. Radet nous a habitués à la vue d'un Alexandre mystique, qui s'exalte à la pensée d'imiter la vaillance généreuse d'Achille. F. Schachermeyr le montre plus romantique, plus démoniaque : un Titan apocalyptique en qui voisinent la lumière et l'ombre, philanthrope et assassin, bienfaiteur de l'humanité et tyran sanguinaire. L'une et l'autre de ces peintures est vraie : au fond de sa conscience, le sentiment profond des disparités qui le séparent des plus grands parmi les mortels. On comprend sans l'excuser la folie meurtrière qui s'empare de lui, lorsque son frère de lait Cleitos le Noir, à l'issue d'un banquet, cite des vers de l'*Andromaque* (693 *sq.*) d'Euripide : « Ceux qui se croient supérieurs au peuple et qui ne sont rien... » Puisqu'il ne relève pas de la nature humaine, rien ne saurait l'arrêter, ni la mesure que les Grecs appellent sagesse et qu'il juge médiocrité, ni la morale traditionnelle. Rien ne lui est interdit, parce que tout lui est demandé. Mais les taches incontestables qui assombrissent sa vie sont peu de chose à côté de cette fougue, de cet élan créateur, si violents et si impétueux en lui que de bonne foi, sans même les exhortations intéressées des prêtres de Siwah, de Delphes ou de Gordion, il a pu les estimer divins.

La vision de l'Empire universel

Dès le début de son règne, Alexandre frappe avec promptitude et énergie. Il liquide les prétendants et guerroie dans les Balkans. La Grèce s'agite et Démosthène raille le « petit jeune homme » qui règne à Pella. Mais une campagne foudroyante tarit tous les espoirs que la mort de Philippe avait soulevés et, pour montrer son implacable résolution, le roi rase Thèbes qui lui résiste, à l'exception des temples et de la maison de Pindare, mais comme son père se montre généreux avec Athènes. Puis, ayant mobilisé l'armée macédonienne et les contingents de la ligue hellénique, il part pour l'Asie moins de deux ans après son accession au trône (carte 16).

On n'a pas assez insisté, à notre sens, sur cet acte premier, et dont tout va dépendre, que représente le départ pour l'Asie. Ensuite tout s'enchaîne avec une logique assez simple : les facilités des premiers succès, l'écroulement de la monarchie perse décidément aussi pourrie que le proclamaient depuis un demi-siècle les pamphlétaires, la nécessité de consolider l'acquis, les tentations exaltantes d'un Orient toujours plus lointain rendent compte du développement méthodique d'une conquête démesurée. Mais, si le « plan incliné de la victoire », dont on a parlé pour un autre génie conquérant, explique assez bien la longue marche triomphale qui a fait de lui le maître du monde, le rival de Dionysos, le fondateur du plus grand empire que la terre eût jamais connu, pourquoi a-t-il posé le pied sur le sol de l'Asie ?

Les historiens ont présenté bien des exégèses du départ d'Alexandre. Les uns le voient soucieux de soustraire au Barbare les Grecs d'Anatolie et de venger les maux subis pendant les guerres médiques, d'autres désireux de propager en Orient la civilisation hellénique. D'autres – plus réalistes – estiment qu'il a à cœur de poursuivre l'œuvre paternelle, de ne pas abandonner l'armée de 10 000 hommes que Philippe avait envoyée en Asie sous les ordres de Parménion et qui était sur le point d'être rejetée à la mer, et aussi de cimenter l'union précaire du royaume de Macédoine et de la ligue de Corinthe.

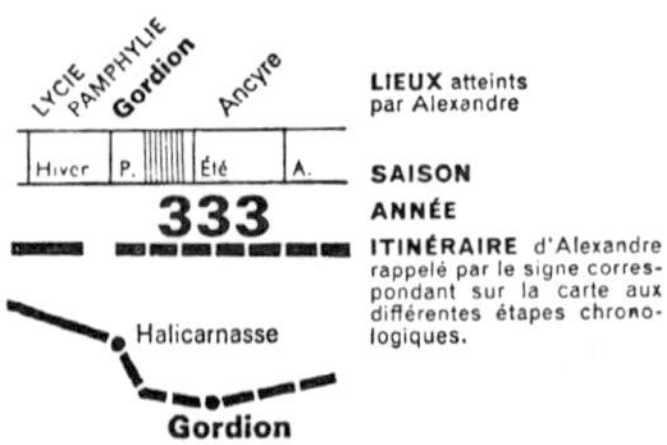

LE TABLEAU CHRONOLOGIQUE donne saison par saison les lieux atteints par Alexandre.
Le grisé indique un séjour prolongé dans un lieu donné.
Un point (*) permet de dater, plus précisément, certaines étapes au cours d'une saison.
Théoriquement, chaque saison comprend 3 mois – Printemps : mars, avril, mai ; Été : juin, juillet, août ; Automne : septembre, octobre, novembre ; Hiver : décembre, janvier, février.
Les noms en caractères gras correspondent à des étapes importantes du voyage d'Alexandre, et servent de repères visuels entre le tableau chronologique et la carte.
SUR LA CARTE, l'itinéraire emprunté par Alexandre a été différencié en trait plein et trait tireté suivant la raison chronologique d'une année sur deux.

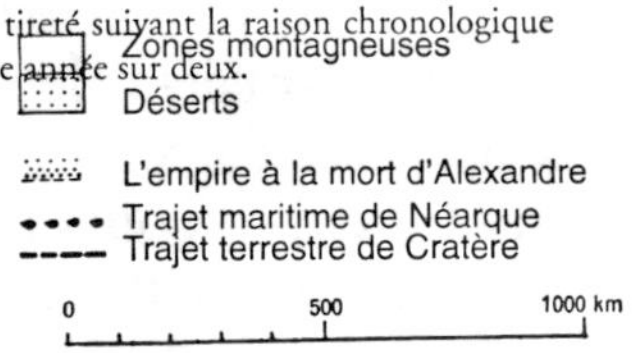

Carte 16. L'épopée d'Alexandre le Grand.

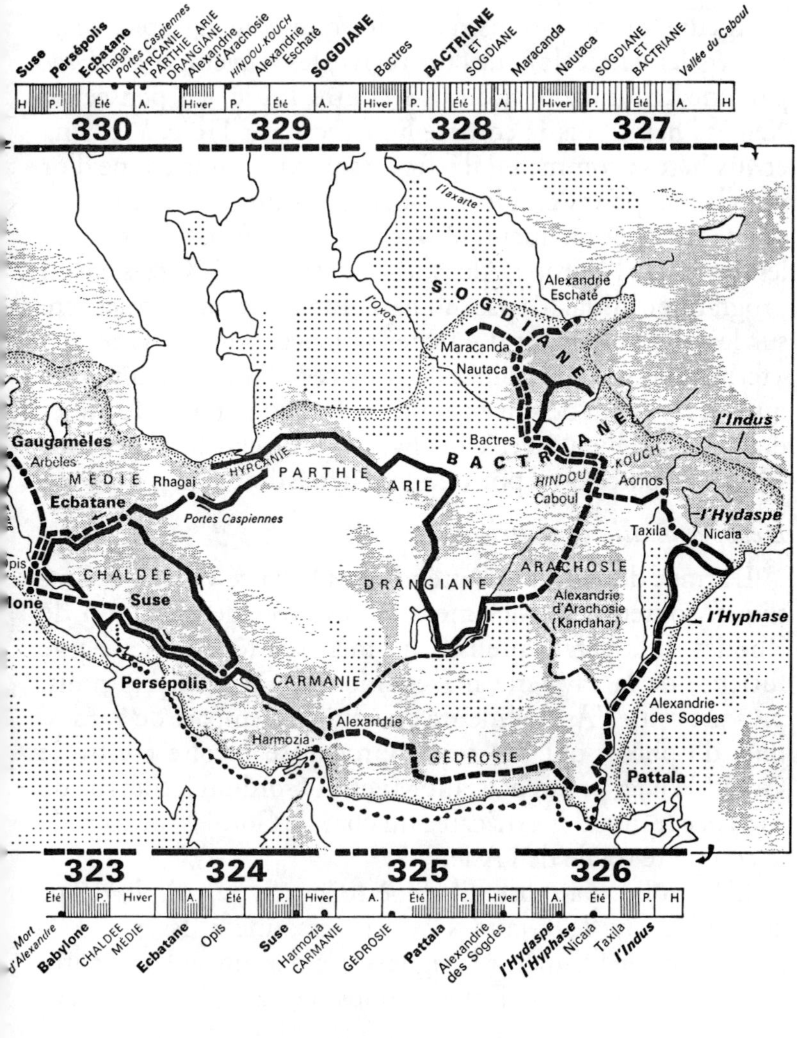

Suse
Persépolis
Ecbatane
Rhagai
Portes Caspiennes
HYRCANIE
PARTHIE
ARIE
DRANGIANE
Alexandrie d'Arachosie
HINDOU-KOUCH
Alexandrie Eschaté
SOGDIANE
Bactres
BACTRIANE ET SOGDIANE
Maracanda
Nautaca
SOGDIANE ET BACTRIANE
Vallée du Caboul
H
P.
Été
A.
Hiver
330
329
328
327
l'Iaxarte
l'Oxos
SOGDIANE
Alexandrie Eschaté
Maracanda
Nautaca
Bactres
BACTRIANE
HINDOU-KOUCH
Caboul
Aornos
l'Indus
l'Hydaspe
Taxila
Nicaia
Gaugamèles
Arbèles
MÉDIE
Rhagai
HYRCANIE
PARTHIE
ARIE
Ecbatane
Portes Caspiennes
Opis
CHALDÉE
Babylone
Suse
DRANGIANE
ARACHOSIE
Alexandrie d'Arachosie (Kandahar)
l'Hyphase
Persépolis
CARMANIE
Alexandrie des Sogdes
Alexandrie
Harmozia
GÉDROSIE
Pattala
323
324
325
326
Été
P.
Hiver
A.
H
Mort d'Alexandre
Babylone
CHALDÉE
MÉDIE
Ecbatane
Opis
Suse
Harmozia
CARMANIE
GÉDROSIE
Pattala
Alexandrie des Sogdes
l'Hydaspe
l'Hyphase
Nicaia
Taxila
l'Indus

Aucune de ces raisons n'est sans doute négligeable. Mais il y a également le désir de faire revivre les souvenirs de l'*Iliade* par une coalition de l'Europe contre l'Asie. La pensée de Xerxès l'habite aussi : comme lui il sacrifie à Troie, à Athéna et aux héros ; comme lui il jette de son navire une coupe d'or dans la mer pour Poseidon. Le fils de Darius avait prié Hélios de lui accorder qu'aucun obstacle ne l'empêchât d'atteindre les limites de l'Europe. Alexandre se veut l'anti-Xerxès et son programme initial n'a pas moins d'ampleur. Son premier acte sur le sol de l'Asie est d'y ficher sa lance, pour en faire une « terre conquise à la pointe de la lance ». Il nous paraît donc que, dès le début de son expédition, le rêve ou plutôt le projet de la monarchie universelle l'habite. L'Orient tombera sous ses coups, parce qu'il porte en lui l'irrésistible élan d'un dieu.

L'épopée asiatique et africaine

L'armée des satrapes l'attend dans la basse vallée du Granique, soutenue par les mercenaires grecs de Memnon de Rhodes. Il la défait, prenant lui-même la tête d'une charge furieuse de la cavalerie macédonienne. En quelques mois, presque toute l'Asie Mineure est à lui : il s'empare de Sardes, puis d'Éphèse, qui dès son approche se révolte contre le Grand Roi, et prend d'assaut Milet. À Gordion il tranche de son épée le nœud inextricable du char de Gordias, présage de la conquête totale de l'Asie.

L'Anatolie conquise, il pénètre en Syrie, où il défait complètement le Grand Roi en personne à Issos (333). Darius donne lui-même le signal de la déroute et laisse entre les mains du vainqueur mère, épouse et bagages. Le roi veut traiter et offre rançon pour les siens : Alexandre lui répond avec hauteur qu'il fasse d'abord sa soumission.

Le Macédonien veut alors briser la puissance maritime de la Perse. Les villes phéniciennes sont divisées. Seule Tyr ose lui résister : il la prend après un siège de 7 mois et la traite avec une extrême rigueur, la rasant et vendant tous ses habitants. Il s'empare de Gaza et passe en Égypte où il est accueilli en libérateur. Il coiffe la double couronne à Memphis, va solliciter l'investiture divine de l'oracle de Siwah et fonde Alexandrie.

Au printemps de 331, il quitte l'Égypte pour la rencontre décisive avec le Grand Roi. Darius l'attend près d'Arbèles, à Gaugamèles, sur un terrain favorable à ses chars de guerre, où il dispose en outre de la supériorité numérique, mais il est à nouveau écrasé. Les capitales tombent l'une après l'autre : Babylone, où Alexandre offre le sacrifice royal à Mardouk pour se faire reconnaître « roi des quatre parties du monde », Suse où il récupère pour le renvoyer aux Athéniens le groupe des Tyrannoctones dérobé par Xerxès, Persépolis qu'il s'égare jusqu'à livrer aux fureurs de la soldatesque et à l'incendie, Ecbatane. Maître de l'Iran, il poursuit Darius, qui est massacré par le satrape de Bactriane, Bessos. Il lui fait des funérailles solennelles, entendant par là se proclamer l'héritier des Achéménides.

Il l'est au point de ne pas consentir à s'arrêter dans sa marche triomphale avant d'avoir conquis les satrapies orientales, sur lesquelles s'était étendue autrefois l'autorité du Grand Roi. Avec une prodigieuse souplesse, il s'adapte aux conditions nouvelles dans des pays mystérieux où la résistance nationale est vive et où tout ne se règle pas par des batailles rangées. Tour à tour l'Hyrcanie, la Parthie, l'Arie, l'Arachosie tombent entre ses mains. L'Hindou-Kouch ne l'arrête pas et il passe en Bactriane et en Sogdiane, fixant à l'Iaxarte la frontière de son empire. Après ses conquêtes difficiles, il hiverne à Bactres, où il punit de mort Bessos pour son régicide.

Mais un nouveau rêve l'habite. L'Inde n'a pas résisté à Dionysos, pourquoi lui résisterait-elle ? Il y noue alliance avec le *raja* de Taxila, désireux de soumettre son vieil ennemi Poros. Il défait Poros sur les bords de l'Hydaspe (aujourd'hui Jhelum) et d'un bond le voici sur l'Hyphase (aujourd'hui Bias). Mais là, les soldats, fatigués d'une si prodigieuse équipée, refusent de le suivre. Avant de rebrousser chemin, il élève 12 autels pour les Olympiens, entourant une colonne de bronze portant l'inscription : « Ici s'est arrêté Alexandre ».

Descendant l'Hydaspe et l'Indus, il divise ses troupes pour le retour en trois fractions. Cratère part pour l'Arachosie ; Alexandre se réserve la tâche la plus difficile, à travers l'horrible désert de Gédrosie ; Néarque revient par mer en suivant le littoral. Tous se rejoignent en Carmanie, d'où Alexandre gagne les vieilles capitales, Suse, Ecbatane, Babylone.

Aux possessions héritées de son père, le royaume de Macédoine et l'hégémonie de la ligue hellénique, Alexandre a ajouté autant et peut-être plus que l'Empire achéménide à l'époque de son expansion maximale sous Darius Ier. Aucun conquérant n'a réuni sous son joug autant de provinces, n'a porté ses armes aussi loin de sa patrie. Il ne suffit pas pour expliquer ces succès d'invoquer la force militaire de la jeune Macédoine, la bravoure des soldats grecs, la décomposition de la monarchie achéménide, la faiblesse et la lâcheté de Darius Codoman. On est au reste stupéfait de la modicité des contingents qui ont permis à Alexandre de conquérir le monde : peut-être 40 000 hommes au débarquement, 120 000 dans l'Inde, 80 000 au moment de sa mort. Mais partout présent, infatigable, chargeant à la tête de sa cavalerie ainsi qu'il est représenté sur la mosaïque de la bataille d'Arbèles, Alexandre anime son armée de son ardeur en même temps qu'il la dirige avec la science du plus sûr stratège. Au surplus cet intrépide cavalier, ce redoutable manieur d'hommes, ce capitaine grand entre les plus grands se montre le plus génial des organisateurs.

Vers l'unification du monde

L'Empire repose sur un homme, doté d'une prodigieuse puissance de travail et secondé de quelques intimes, tels le chancelier Eumène et le chiliarque Héphaistion. L'autoritarisme traditionnel dans la monarchie macédonienne est renforcé au contact de l'Orient, car Alexandre entend être considéré comme le successeur des Achéménides. Le cérémonial royal a été introduit à la cour, où voisinent étrangement le Grec et le Barbare, le harem avec les philosophes et les artistes.

Le soutien principal de l'Empire est l'armée. Elle s'est profondément transformée au fur et à mesure des expéditions qui faisaient fondre l'élément initial, macédonien et grec, et obligeaient à enrôler de plus en plus d'Orientaux. Les dépenses militaires s'ajoutant aux traitements des fonctionnaires, aux grands travaux publics, au faste de la cour supposent d'immenses ressources. Alexandre, qui retire peu de son royaume de Macédoine et rien de Grèce, conserve en Asie une fiscalité incohérente, presque chaque satrapie ayant son système propre d'impôts, foncier ou personnel, de corvées, de douanes. Il use surtout largement des trésors accumulés dans les palais achéménides.

Même souplesse dans l'administration régionale. L'unité reste la satrapie, sauf dans l'extrême Est où il crée de grands commandements militaires. À l'origine les satrapes sont des Orientaux, à l'exception de ceux d'Asie Mineure et de Syrie, mais il les remplace vite par des Macédoniens ou des Grecs. Ils n'exercent plus que le pouvoir civil, l'autorité militaire étant confiée à un stratège qui ne relève que du roi. Dans les emplois moyens et subalternes, il laisse des indigènes, seuls au courant des langues et des traditions. Ainsi il a la sagesse de ne pas vouloir unifier un empire polymorphe et de conserver à chaque région l'administration à laquelle elle était habituée.

Cette politique de collaboration se complète par une politique beaucoup plus ambitieuse et de conception radicalement nouvelle. Alexandre n'embrasse pas l'idéal panhellénique : il veut non soumettre et humilier le Barbare, mais le fondre avec le Grec dans un ensemble harmonieux où chacun aurait sa part. Comment mieux réussir cette fusion qu'en multipliant les mariages mixtes ? Le roi prêche d'exemple : il épouse Roxane, la fille d'un noble de Sogdiane, puis trois princesses perses. En un seul jour, au retour de l'Inde, la plupart de ses généraux et 10 000 soldats s'unissent à des indigènes en une splendide cérémonie. En même temps il fait éduquer à la grecque 30 000 enfants iraniens.

Mais il paraît sensible au danger d'abâtardissement que recèle semblable politique. Même couvert des ornements royaux de l'Orient, le disciple d'Aristote reste fidèle à l'hellénisme. La plus sûre manière d'assurer l'hellénisation de l'Orient est, selon lui, de fonder de nouvelles cités, qui d'un bout à l'autre de l'Empire portent fièrement son nom : ces Alexandrie, 34 au maximum, répondent en même temps à des nécessités militaires, administratives et économiques. Dotées en apparence d'institutions empruntées à la *polis* grecque, elles sont, en fait, soumises à l'autorité d'un gouverneur. Au cours des siècles leur influence a été considérable, bien que toutes n'aient pas connu la gloire d'Alexandrie d'Égypte, appelée à devenir l'une des plus belles villes du monde.

Si urbanisation et hellénisation vont tout naturellement de pair, Alexandre connaît d'autres manières de répandre l'incomparable culture des Grecs. Il fait apprendre le grec le plus largement possible autour de lui. Il appelle des artistes grecs, tels Lysippe ou Apelle, pour célébrer sa gloire. Il institue volontiers devant les Barbares des concours musicaux ou gymniques à la grecque. Il ne cesse pas d'honorer des divinités grecques. Mais il est assez libéral et généreux pour admettre les croyances de chacun. Il ramène de l'Inde un vieux brahmane, Calanos, qu'il autorise à se libérer de la vie sur le bûcher. Il tolère les usages religieux de chaque région, fidèle d'ailleurs en cela à la tradition achéménide, et dépense largement pour restaurer le temple de Mardouk à Babylone ou celui d'Amon à Karnak.

Mais ce prince, dont on loue à juste titre l'intérêt passionné qu'il porte aux choses de l'esprit, est trop réaliste pour ne pas voir que les échanges sont les plus sûrs garants de l'unification progressive de l'Empire. Échanges d'espèces animales ou végétales entre régions éloignées, préfigurant les sélections de l'époque hellénistique. Échanges humains surtout, grâce aux routes, canaux, ports, bassins, bateaux qu'il construit ou reconstruit. Au surplus une géniale intuition lui fait imposer à l'Empire une monnaie unique : les pièces macédoniennes, d'étalon attique, remplacent en Asie les dariques, plus lourdes.

La mort du Titan

Sur le point de quitter Babylone, Alexandre meurt brusquement, après quelques jours d'agonie (323). Des bruits honteux coururent sur plusieurs de ses familiers, mais n'est-il pas naturel que la malaria ait si vite emporté ce corps surmené par les orgies, les chevauchées, les veilles studieuses, et couturé de cicatrices ?

Douze ans et demi de règne. Il est aisé d'en dresser le bilan négatif : violences inutiles, excès d'un roi abandonné aux délices de l'*hybris*, incompréhension des Grecs inquiets de la proscynèse et plus encore de la fusion des races à laquelle ils eussent préféré le dur asservissement du vaincu, démesure géographique d'un empire qui ne survivra pas à son créateur. Mais que sont ces indéniables tares à côté de toutes les nouveautés qu'il apporte : conception d'une monarchie autocratique, domination grecque sur l'Égypte et sur l'Asie, urbanisation des lointaines satrapies, interpénétration des civilisations hellénique et orientale. Alexandre conquiert le monde en emportant avec lui une *Iliade* annotée par son maître Aristote, mais ce héros d'épopée est aussi un génial novateur, répudiant la distinction du Grec et du Barbare, base de l'hellénisme classique, au profit de l'idéal généreux de l'unité de l'humanité. Il n'y a point de plus éclatante preuve que Plutarque a dit vrai et qu'à de certains moments les grands hommes mènent l'histoire. On comprend l'admiration d'un Pyrrhos ou d'un César pour le héros qui, sans avoir accompli ses trente-trois ans, meurt en ayant créé un monde nouveau.

5. LA GRÈCE COLONIALE

Malgré l'importance des événements qui se déroulent en Grèce et en Asie, on aurait tort de ne pas jeter au moins un coup d'œil sur le monde colonial, sans lequel l'Hellade serait plus asphyxiée encore qu'elle ne l'est.

Il y a peu à ajouter, vu les lacunes de notre documentation, au tableau que nous avons brossé de la Pontide pour le Ve siècle. Le trait le plus notable est l'émancipation économique d'une région qui apprend à se suffire à elle-même et ne recourt à Athènes que pour des pièces de grand luxe. Toutes les cités battent monnaie. Les villes se développent, notamment Panticapée qui désormais s'étage en terrasses autour de l'acropole du mont Mithridate, tandis que ses quartiers inférieurs grouillent de l'activité du port.

Vitalité de Cyrène et de Marseille

On est mieux renseigné sur deux grandes cités en pleine expansion, Cyrène et Marseille.

Cyrène est riche, ainsi qu'en témoignent un abondant monnayage et les nombreuses bases de marbre sur son agora. Elle consacre à Delphes un remarquable trésor (voir p. 500) et agrandit son vieux temple d'Apollon. Dans ses vastes nécropoles se multiplient d'étranges statues de femmes coupées à mi-corps, au visage aniconique, offrande à quelque divinité infernale. Les importations de vases de Kertsch sont abondantes et en échange elle envoie ses considérables surplus de blé : une stèle des environs de 330 nous révèle qu'à l'occasion d'une disette elle peut expédier à une quarantaine de cités grecques, dont Athènes, 400 000 hl de céréales. Son école mathématique est fameuse, non moins que son école de philosophes, amis du plaisir, et c'est un Cyrénéen, Annicéris, qui rachète Platon vendu comme esclave.

Marseille subit d'abord durement le contrecoup des nouvelles invasions gauloises qui atteignent la Provence au IVᵉ siècle. La tradition a conservé le souvenir de l'attaque dirigée contre la ville par les peuples voisins groupés sous l'autorité de Catumandus. Le siège est finalement levé... à la suite d'une apparition d'Athéna. Les Marseillais n'auraient-ils pas plutôt acheté la paix ? Des troubles de l'époque témoignent en tout cas et une dévaluation (remplacement des drachmes lourdes par des drachmes légères) et la construction d'un avant-poste fortifié, sur un emplacement déjà occupé précédemment, à Saint-Blaise, sur un piton qui ferme l'anneau de l'étang de Berre. La forteresse qui y a été retrouvée, avec ses courtines, ses contrescarpes, ses fossés, ses poternes, révèle un art militaire très savant et l'on a les meilleures raisons de croire que ce sont des ingénieurs siciliotes qui ont œuvré là, car l'ensemble ressemble de près à l'Euryale de Syracuse.

La prospérité semble revenir, surtout dans la seconde moitié du siècle, après le long effacement du Vᵉ. Le commerce avec la Grèce propre et la Sicile est florissant et c'est pour de gros armateurs marseillais l'occasion de s'enrichir sans beaucoup de scrupules : un certain Zénothémis accepte du fret entre Syracuse et le Pirée et se livre à une abominable entreprise de baraterie. La Gaule méridionale s'ouvre largement aux produits grecs.

C'est sans doute à cette époque (les fouilles d'Olbia datent sa création de la seconde moitié du siècle) que sont fondées de petites colonies sur la côte provençale, « remparts élevés contre les Salyens et les Ligures des Alpes », dit Strabon (4, 1, 5), mais surtout points de pénétration pour les produits grecs : Tauroenton (Sanary ?), Olbia (Hyères), Nicaia (Nice). Le négoce est plus aisé encore en milieu ibérique : dans le Languedoc et le Roussillon, où les *oppida* indigènes de la route héracléenne achètent largement, sans doute par l'intermédiaire du comptoir marseillais d'Agathé (Agde), et en Espagne, où la colonie la plus importante reste Emporion (Ampurias). Ces modestes cités, fortifiées contre les convoitises des Barbares, demeurent sous la dépendance étroite de leur métropole (en particulier, sauf Emporion, elles ne battent pas monnaie) et elles constituent un véritable empire, qui permet à Marseille une large exploitation des populations riveraines de la Méditerranée.

C'est aussi l'époque où de hardis pionniers découvrent des routes nouvelles sur l'Océan, Euthyménès et Pythéas franchissent les colonnes d'Héraclès. L'un descend le long de la côte occidentale de l'Afrique, peut-être jusqu'au Sénégal. L'autre pique vers le Nord, visite les îles Britanniques (qui apparaissent pour la première fois sous ce nom), la Scandinavie, la brumeuse Thulé (Islande) et rentre à Marseille, où il rédige des mémoires qui se heurtent à l'incrédulité générale. Ces explorateurs préparent une meilleure connaissance de l'*oicouméné*, qui se généralisera seulement à l'époque hellénistique.

Sicile et Grande-Grèce

Bien que les Grecs y soient installés de manière plus compacte, la Sicile et la Grande-Grèce sont tout aussi troublées par les menaces des Barbares que les colonies isolées de l'Extrême-Occident. Leur pression s'accentue, tant en Sicile, où les Puniques reprennent de l'audace après presque un siècle de timidité, qu'en Italie, où les Italiques, souvent organisés en confédérations puissantes et belliqueuses (Lucaniens, puis Bruttiens), se révèlent plus dangereux que les Étrusques, en pleine décadence. Mais le mal endémique reste les dissensions entre cités, aussi navrantes qu'en Grèce. Cependant un tyran énergétique réussit à grouper sous son autorité une partie importante de l'Occident grec, qui se réveille et atteint un nouvel apogée. Dès sa mort en 367, des lézardes se font sentir dans ce monde naguère éclatant, préparant sa proche démission et sa conquête par Rome au siècle suivant.

Denys l'Ancien maître des Deux-Siciles (405-367)

Les Carthaginois, après leurs brillants succès de 409-405, menacent Syracuse. Alors un homme de très humble origine, fils d'un ânier, mais ambitieux, brave, intelligent et ne s'embarrassant pas de scrupules, se pousse au premier plan et se fait désigner comme stratège *autocrator*. Denys l'Ancien obtient vite une garde du corps de 1 000 soldats et désormais il règne sans conteste sur la cité. Il ne peut remporter de succès décisifs sur les Puniques et doit se contenter d'un traité de *statu quo* (405).

Ce tyran respecte l'apparence des magistratures traditionnelles. Il persécute durement les aristocrates, massacrant et confisquant, et affranchit des Cyllyriens et des esclaves. L'armée est son soutien principal : il la porte jusqu'à 50 000 fantassins et 10 000 cavaliers. Il fortifie Syracuse, fait d'Ortygie une citadelle imprenable où il réside, entoure la ville d'un système défensif dont la pièce maîtresse est l'admirable château fort de l'Euryale, la plus belle réussite de l'architecture militaire du siècle. Ses ingénieurs sont passés maîtres dans l'art de la poliorcétique : leurs catapultes frappent à 300 m avec une force de percussion extraordinaire. Pour subvenir à ces besoins, il use des ordinaires procédés des tyrans, alourdit l'impôt foncier, altère les monnaies, pille les trésors sacrés. Il s'emporte jusqu'à remplacer par un manteau de laine le manteau d'or du Zeus de Syracuse.

Dès lors il peut rependre la lutte en Sicile contre les indigènes, contre les cités grecques, contre les Carthaginois. Il met à la raison les Sicules autour d'Enna. Il soumet Catane et Naxos et rase cette dernière qui a osé lui résister. Léontinoi préfère lui ouvrir ses portes. Il se proclame désormais « archonte de Sicile » et, pour fondre les races, il déplace des populations ou installe de nouveaux colons : colonisation intérieure qui préfigure celle de Philippe en Macédoine ou des souverains hellénistiques en Orient. Il mène trois guerres contre les Carthaginois, avec des succès inégaux, et peut-être sans pousser à fond ses avantages, car la menace du Barbare rend sa présence indispensable à Syracuse.

Ses ambitions visent plus loin que la Sicile, dont la moitié orientale lui est soumise. Il veut constituer un empire en Italie et, avec Locres comme base, il s'empare de Rhégion, de Caulonia, de Crotone. Il fait alliance avec Tarente, où Archytas essaye d'établir une constitution pythagoricienne fondée sur l'équilibe des classes sociales. Il annexe les Lipari, envoie des colons en Corse, entretient d'excellentes relations avec Naples (ce qui lui permet de lever des Campaniens, rudes mercenaires) et ose piller jusqu'en Étrurie. Il s'assure aussi la maîtrise du canal d'Otrante, s'établit à Ancone et à Adria, prend pied en Illyrie dans l'île d'Issa.

Il est le vrai maître de l'Occident, mais n'oublie pas sa qualité d'Hellène et met volontiers en avant son philhellénisme, quand il y a quelque intérêt. Il intervient activement dans les affaires de Grèce, généralement du côté de Sparte, encore qu'à la fin de sa vie il se tourne vers Athènes.

Sorti de rien, Denys a accompli une œuvre considérable en insufflant une nouvelle vie à la Grèce de Sicile et d'Italie. Sourcilleux, cruel, impie, faisant vendre Platon comme esclave, il a pourtant des prétentions littéraires. Ses ambitions l'amènent à dépasser le cadre de la cité, à envisager la fusion des races, à répandre l'hellénisme, à donner un essor brillant à l'économie. C'est à la fois le Philippe et l'Alexandre de l'Occident.

L'apogée de la civilisation grecque d'Occident

L'hellénisme d'Occident reste bien vivant. La vie économique est florissante. Les céréales sont produites en grande quantité ; l'olivier et la vigne progressent en Italie méridionale. La pêche connaît un vif essor (fig. 65 ; voir aussi fig. 69). L'industrie s'affranchit de la métropole et se révèle à son tour exportatrice. Les échanges se développent grâce à l'expansion de Syracuse par le détroit de Messine et par le canal d'Otrante. Les métaux précieux affluent. On voit apparaître de grands capitalistes, comme ce banquier sicilien qui accapare toute la production sidérurgique.

La population urbaine s'accroît et en particulier Syracuse devient la ville la plus populeuse et la plus riche du monde grec. Denys bâtit des gymnases et des temples. Les arts mineurs atteignent à un raffinement inconnu, notamment l'orfèvrerie et la toreutique – dont le « trésor de Tarente » a

Fig. 65. Plat à poissons d'Italie méridionale. Les plats à poissons, décorés d'une faune marine et comportant en leur centre un creux pour la sauce, sont une des spécialités des ateliers d'Italie du Sud au IVe siècle. Musée du Louvre.

conservé d'admirables productions – et même la céramique (fig. 66). Le dithyrambe fleurit avec Télestès de Sélinonte et avec Philoxène de Cythère, que Denys mande à sa cour pour le faire ensuite jeter aux Latomies, ulcéré de ne pas lui voir admirer ses propres vers. L'historien Philistos, disciple de Thucydide, raconte avec impartialité le règne des deux Denys. L'Italie se délecte de comédies burlesques, les phlyaques (fig. 67).

L'orphico-pythagorisme donne son unité morale à cette civilisation. Nous aurons l'occasion d'analyser (voir p. 521) les lamelles orphiques des tombes de Thourioi ou de Pétilia. Archytas résout le « problème délien » en inventant une courbe nouvelle, il précise la terminologie mathématique et impose l'hypothèse de la sphéricité de la terre : il mérite bien l'éloge d'Horace (*Odes*, 1, 28), lui qui « a pénétré jusqu'aux

Fig. 66. Ulysse et les Sirènes. Cratère de Poseidonia, vers 330. Berlin, Staatliche Museen.

célestes demeures et embrassé de son génie l'univers immense ».

On comprend le prestige dont l'hellénisme d'Occident jouit auprès des indigènes. Un chef iapyge de Brindisi est enterré avec une lamelle orphique. La religion romaine renforce des emprunts helléniques déjà anciens : ainsi Hercule voit sa clientèle se développer, tant à la Porta trigemina, où des marchands honorent un dieu voyageur très proche de l'Héraclès de Poseidonia, qu'à l'Ara maxima, où en 312 App. Claudius fait adopter par l'État un culte gentilice jusque-là secret, rendu à un Héraclès chthonien venu de Locres ou de Crotone et tout pénétré de pythagorisme. Il n'est pas jusqu'aux Carthaginois qui n'imitent en Sicile les monnaies grecques et les figurines de Tanagra. L'Occident commence à rayonner sur la Grèce elle-même : Platon rêve de rendre philosophes les tyrans de Syracuse et subit profondément la marque d'Archytas. Isocrate souhaite un temps que Denys l'Ancien se mette à la tête de la croisade panhellénique.

Fig. 67. Acteur comique et femme.
Amphore apulienne à figures rouges, IVe siècle.
Londres, British Museum.

Le déclin de l'Occident grec

Après 367 commence pourtant l'irrémédiable déclin de l'Occident. Il est dû d'abord aux crises intérieures des cités. À Denys l'Ancien succède son fils Denys le Jeune, un débauché qui préfère suivre les conseils hédonistes d'Aristippe de Cyrène plutôt que de fonder avec Platon un État philosophique. Après une période d'anarchie où toutes les cités reprennent leur indépendance, Syracuse fait appel à sa métropole, Corinthe, qui lui envoie un juste, Timoléon, chargé de mettre fin aux entreprises tyranniques.

Chevalier héroïque et généreux, choisi par les dieux pour punir les tyrans de leur égoïsme et de leur cruauté, si l'on en croit Plutarque, ou plutôt, selon les modernes, habile homme usant d'une duplicité et d'une traîtrise que justifiait à ses yeux la pureté de ses intentions, et en tout cas sincère, désintéressé et animé par sa foi dans l'idéal ancien de la cité, il agit avec la dernière des énergies, sans se laisser abattre par les revers. Il démantèle la citadelle d'Ortygie et institue à Syracuse une constitution censitaire, avec un conseil des Six-Cents et une assemblée du peuple. Il se montre en même temps excellent général et impose la paix à Carthage. Les cités libérées adoptent des institutions semblables à celles de Syracuse. Enfin il rappelle les bannis et fait venir 60 000 colons qui redonnent vie à une Sicile dépeuplée par tant d'épreuves. Après sept ans d'effort (344-337), il abdique les pouvoirs qui lui avaient été confiés.

Il est difficile de juger une œuvre qui a donné lieu à des interprétations contradictoires. Pour M. Sordi, Timoléon aurait évolué, sous l'influence de l'Académie qui, après la mort de Platon et sous la conduite de Speusippe, tendait à un conservatisme plus strict : il aurait passé d'une position de démocratie avancée à une attitude délibérément oligarchique. En tout cas, son hellénisme reste étroit : il subordonne tout aux intérêts des Grecs et considère les terres barbares comme un libre champ d'expansion. Il a néanmoins réussi à interrompre la décadence de la Sicile, sans la pouvoir arrêter : moins de vingt ans après sa retraite, un nouveau tyran s'impose à Syracuse, Agathoclès.

L'Italie méridionale est encore plus troublée, car elle subit les assauts renouvelés des Barbares. Tarente, en proie à une crise intérieure depuis la mort d'Archytas, et menacée par les Lucaniens et par les Messapiens, s'adresse au roi de Sparte Archidamos, puis à un prince épirote, Alexandre le Molosse, qui remporte d'abord de beaux succès, mais est assassiné à Pandosia (331). La mort de ce guerrier énergique, qui aurait pu constituer un royaume de Grande-Grèce pour résister à la pression des Italiques, se révélera désastreuse.

La prospérité reste grande dans tout l'Occident, mais la désunion des cités y porte des fruits plus amers qu'en Grèce propre, à cause de la proximité des Barbares. Le moment n'est plus loin où se réalisera la sinistre prophétie de Platon (*Lettres*, 8, 353 e) : « Alors ce sera la mort de la langue grecque pour toute la Sicile tombée sous quelque pouvoir ou domination de Phéniciens ou d'Osques : contre cette éventualité, tous les Grecs doivent donc avec leur énergie chercher un remède. »

En résumé, le plus frappant dans l'histoire du IVe siècle c'est la force des éléments traditionnels, et en particulier l'attachement à la cité, malgré toutes les tares que l'évolution y avait introduites. Seules les initiatives individuelles ont pu ouvrir ce monde clos, qui se repliait dans son amertume et dans ses conflits : l'Océan révèle le secret de ses marées et de ses terres lointaines à Euthyménès et à Pythéas ; l'Asie cède ses trésors et s'abandonne à Alexandre. Explorateurs et conquérants sont, dès la seconde moitié du siècle, les pionniers d'un univers moins fermé, celui de la période hellénistique.

CHAPITRE 4

Le siècle de Platon ou l'avènement du mysticisme

Le IVe siècle échappe à l'analyse, car l'inquiétude domine. En apparence le cadre institutionnel demeure stable et l'homme reste, selon la fameuse définition d'Aristote, « un animal politique ». Mais les positions traditionnelles sont ébranlées, les cités sont pourries de l'intérieur bien avant de s'incliner devant l'irrésistible élan des Macédoniens, l'économie succombe peu à peu à l'asphyxie.

Alors l'homme s'interroge. Par un trait spécifiquement hellénique, il ne perd pas l'espoir de trouver des solutions rationnelles aux problèmes politiques, l'économique restant en tant que tel généralement en dehors de sa réflexion. Les philosophes comme Platon ou Aristote développent une pensée proprement politique, dont il y a tout lieu de croire qu'elle est aussi importante pour eux que leurs spéculations métaphysiques. En outre la littérature proprement politique – apparue dès le Ve siècle avec la *République des Athéniens* du Pseudo-Xénophon – prend avec Xénophon ou Isocrate un développement considérable.

Mais les efforts pour construire une cité imaginaire montrent bien que la cité concrète n'est plus un cadre supportable : ces utopies sont une des premières manifestations de la fuite devant le concret. Au monde réel se superpose un monde idéal. Le philosophe y retrouve le modèle des réalités sensibles, l'artiste cherche à l'atteindre par-delà les apparences trompeuses, l'homme du peuple lui-même y tend par toutes les aspirations de sa conscience. Un mysticisme nouveau soulève la Grèce, hérité en partie des dernières décennies troublées du Ve siècle et de la prédication de Socrate, mais auquel le génie d'un Platon donne des dimensions nouvelles.

1. LA LITTÉRATURE ET L'ACTION

La littérature donne le témoignage le plus éloquent sur les préoccupations nouvelles. La tragédie s'épuise à traiter inlassablement les mêmes sujets devant un public qu'elle touche de moins en moins. La comédie résiste mieux à l'usure qui guette les genres dramatiques, nés avec la démocratie et qui périclitent avec elle, mais elle ne trouvera sa voie qu'à la fin du siècle. La seule partie vivante est représentée par des œuvres en prose dont les facteurs communs sont l'orientation pragmatique vers l'action et la forme très généralement oratoire.

La comédie moyenne

Déjà les deux dernières comédies d'Aristophane montrent la disparition de la comédie ancienne. Plus de satire politique et guère d'allusions personnelles : Athènes meurtrie ne veut plus rire de ses tares et le poète qui avait tant prêché la paix ne peut se satisfaire du traité humiliant de 404. Il se réfugie dans des utopies dont le comique cache mal l'amertume, la communauté des femmes et des biens dans l'*Assemblée des femmes*, où l'on voit les femmes se substituer aux hommes à l'*Ecclésia*, le triomphe des pauvres honnêtes sur les riches coquins dans le *Ploutos*.

Une nouvelle forme dramatique s'ébauche, la comédie moyenne. Elle abandonne les sujets traditionnels : on évite les vieilles querelles en faveur de l'apaisement politique; d'ailleurs la grossièreté d'antan ne plaît plus et aux gestes obscènes, aux propos équivoques on préfère l'analyse délicate et élégante des situations plus proches du réel. Souvent, au début du siècle, on s'amuse à mettre en scène des dieux et des héros sous les traits de bons bourgeois d'Athènes : ainsi chez Antiphane et chez Eubule le comique naît du contraste entre la grandeur des personnages et les banales aventures galantes où ils sont entraînés. Mais cette parodie de la mythologie ne pouvait faire rire longtemps et la comédie trouve sa vraie voie dans la peinture des mœurs quotidiennes, faite dans un esprit délibéré d'observation réaliste. L'intrigue, tout à fait négligée au siècle précédent, prend un intérêt primordial. Alexis, natif de Thourioi mais devenu citoyen athénien, passe pour avoir créé les types du parasite et du cuisinier vantard qui vont vite devenir traditionnels dans la comédie.

Des orateurs à gages : les logographes

La comédie progresse donc vers l'observation et vers la décence et donne un bon témoignage sur l'évolution des mœurs dans une société policée, qui ne s'intéresse plus aux grands problèmes et ne veut plus s'abandonner au rire énorme d'Aristophane. Mais ce n'est qu'une distraction superficielle et la littérature vivante est ailleurs.

Elle est d'abord dans les tribunaux où se déploie, par personne interposée, l'éloquence des logographes. Ces « faiseurs de discours » fabriquent pour leurs clients les plaidoyers qu'ils récitent devant les juges, l'usage interdisant aux plaideurs l'assistance directe d'avocats.

Le maître du genre est Lysias, qui gagne par son talent une énorme fortune. Nul n'est plus habile à se mettre à la place de son client, à raconter les faits avec pittoresque et simplicité, à gagner par sa bonhomie la faveur de l'auditoire. Il n'a besoin ni d'une dialectique raffinée, qui lui fait complètement défaut, ni d'une éloquence élevée, qui serait déplacée dans des affaires souvent minimes. Son style est sobre et distingué, sa phrase courte. Par sa modération, par la pauvreté volontaire des moyens mis en œuvre, par sa gracieuse élégance, par sa discrétion, ce Syracusain a mérité de devenir le symbole par excellence de l'atticisme et de s'imposer comme un modèle jusqu'en pleine époque romaine à tous ceux qui fuient les pompes de l'éloquence.

Métèque lui aussi, Isée est meilleur dialecticien et il cherche à convaincre les juges par une argumentation organisée avec rigueur. Sa phrase a déjà plus d'ampleur et plus de vigueur. – Isocrate travaille pendant douze ans comme logographe et acquiert dans cette profession qu'il méprise une remarquable aisance.

À la génération suivante nous voyons parmi les logographes les plus prestigieux des orateurs politiques. Dans d'humbles causes, Démosthène est assez adroit pour renoncer aux subtilités de sa dialectique et à la fougue de son verbe. On dirait qu'il imite Lysias, quand il peint les milieux de la banque, avec ses scandaleuses fortunes de parvenus, anciens esclaves *(Pour Phormion)*, ou la bohème d'Athènes et les brimades du service militaire *(Contre Conon)*.

Son rival Hypéride est lui aussi un logographe, habile à ravaler son éloquence au niveau de ses clients. Son *Contre Athénogène* est une délicieuse comédie qui met en scène les fredaines d'un jeune homme éperdument amoureux d'une jolie esclave parfumeuse, qu'il achète avec le fonds de parfumerie à un coquin qui exploite sa naïveté. Il y a tant de vivacité et de fraîcheur dans son art que Cicéron a pu le proclamer l'un des plus parfaits orateurs de la Grèce.

Dans une Athènes qui n'a pas perdu le goût de la chicane, les logographes ont une vaste clientèle : des métèques, écartés comme tels de la tribune, mais aussi de grands orateurs ont trouvé dans cette humble carrière, l'une des premières en date des professions libérales de l'Antiquité, de quoi gagner largement leur vie. Les tribunaux ont été une excellente école d'observation, de dépouillement, d'élégance, de simplicité : toutes qualités moyennes, caractéristiques de l'atticisme nouveau du IVe siècle et fort voisines de celles des meilleurs comiques contemporains.

Les vicissitudes d'un aristocrate : Xénophon

Avec Xénophon et Isocrate, on retrouve l'élégance de l'atticisme, mais dans un contexte bien différent : celui de la propagande politique. Ces deux Athéniens se rapprochent non seulement par leur commune méfiance à l'égard de l'idéal démocratique de leur cité, mais parce que, se tenant l'un et l'autre à l'écart de la politique active, ils cherchent par leurs écrits à diriger le courant de l'opinion dans le sens de leurs idées. L'un et l'autre témoignent d'ailleurs par leurs variations des difficultés qu'éprouvaient des esprits lucides devant l'imbroglio de la situation en Grèce. Quant au reste, tout sépare l'homme d'action qu'est Xénophon, qui passe l'essentiel de sa vie hors d'Athènes, du logographe et du professeur qu'est Isocrate, qui inscrit toute sa carrière dans sa patrie.

De naissance aristocratique, Xénophon est éveillé à la vie de l'esprit par Socrate, mais embrasse très vite la carrière active de l'officier, malgré les conseils de son maître. Il participe à l'aventure des Dix-Mille, dont il laisse dans l'*Anabase* un inoubliable récit : déjà s'impose à lui l'idée que la faiblesse de l'Empire perse le met à la merci d'une attaque audacieuse.

Dégoûté à jamais de la démocratie athénienne par la condamnation à mort de Socrate, il est banni pour avoir combattu à Coronée dans les rangs spartiates. Il s'installe alors dans un vaste domaine que lui offrent les Spartiates à Scillonte (Élide) et y mène la vie d'un *gentleman farmer*, tout en consacrant l'essentiel de son activité intellectuelle à la défense et illustration de la politique lacédémonienne. La *République des Lacédémoniens* est un pamphlet, parfois maladroit et souvent malhonnête, où il loue sans mesure les vertus de l'éducation et de la constitution de Sparte. Mais le dernier chapitre de cet ouvrage, sans doute postérieur et peut-être posthume, présente une critique aiguë de la décadence d'une ville que sa lucidité l'empêchait d'admirer sans réserves. Dans les *Helléniques*, le récit de l'histoire de la Grèce de 411 à 362 est conduit avec un parti pris philolaconien qui rend illusoire sa prétention d'y continuer l'œuvre de Thucydide. L'*Agésilas* fait l'éloge sans réticence d'un roi qui avait été son ami.

Mais, à voir de trop près la Sparte réelle, brutale, cynique et indigne d'un passé qui n'est plus qu'une façade, Xénophon se rend compte qu'elle est fort éloignée de celle qui hante les rêves des aristocrates athéniens et bien incapable de prendre la tête de la croisade contre le Barbare. La *Cyropédie*, le plus long et le plus important de ses ouvrages, est un roman historique où, sous couleur de peindre l'éducation et le règne du grand Cyrus, fondateur de l'Empire perse, il fait l'éloge de la monarchie. La conclusion qui est suggérée au lecteur c'est que seul un roi peut organiser un État assez fort pour conquérir la Perse, dont les faiblesses sont complaisamment étalées.

Chassé de Scillonte par les Éléens et réconcilié avec Athènes, momentanément alliée avec Sparte, Xénophon songe désormais à réformer sa patrie. L'*Hipparque* et l'*Équitation* sont des traités techniques destinés à favoriser la réorganisation de la cavalerie. L'*Économique* cherche des remèdes aux maux dont souffre l'économie de l'Attique. Les *Revenus* présentent un programme financier conservateur certes, mais dont toute hostilité foncière à la démocratie est absente.

C'est sans doute un piètre esprit que ce polygraphe et l'homme prête trop souvent le flanc à l'accusation d'opportunisme. En lui le plus intéressant n'est ni le mirage spartiate de sa jeunesse ni son ultérieur ralliement à Athènes ; c'est l'évolution, en grande partie due aux événements, qui le détache de l'aristocratie spartiate et lui fait placer son idéal dans une monarchie forte. C'est aussi l'idée, qui domine toute son œuvre de l'*Anabase* à la *Cyropédie*, que l'Empire perse n'attend pour succomber qu'un conquérant audacieux. Ouvrages d'histoire, pamphlets ou biographies romancées, ses livres ont préparé l'opinion en lui ouvrant en Orient de larges horizons et de vastes espérances et l'on peut raisonnablement se demander s'ils n'ont pas contribué à faire naître dans l'esprit des souverains de Macédoine la grande idée de la conquête de l'Asie.

Isocrate et la panhellénisme

Ruiné par la guerre du Péloponnèse, Isocrate, qui a suivi l'enseignement des plus grands sophistes, Prodicos et Gorgias, et celui de Socrate, se tourne tout naturellement vers l'éloquence. Mais la faiblesse de sa voix ou sa timidité le détournent de la tribune aux harangues et il exerce pendant douze ans le métier de logographe. Dès qu'il y a acquis fortune et réputation, il l'abandonne non sans mépris, ouvre une école de rhétorique, en même temps qu'il s'adonne à l'éloquence d'apparat (dite épideictique). C'est à la fois comme professeur et comme publiciste qu'il conquiert une immense notoriété.

De tout le monde grec les élèves affluent vers son école : Lycurgue, Hypéride, Éphore, Théopompe sont ses disciples ; Timothée pousse si loin l'admiration pour son maître qu'il lui élève une statue à Éleusis. Ce que tant d'esprits éclairés ont trouvé auprès de lui c'est une méthode qui conciliât les avantages de la rhétorique et ceux de la dialectique, sans tomber dans le vide de l'une et dans les subtilités de l'autre. Isocrate se targue de former l'adolescent à la « philosophie », c'est-à-dire de lui procurer une culture solidement fondée sur des idées générales et sur la méditation des grands exemples moraux ou historiques et perfectionnée par la pratique quotidienne de l'art oratoire. Il est à mi-chemin entre les maîtres de rhétorique, qui se moquent de la vérité et ne se préoccupent que de la forme, et les dialecticiens, qui égarent l'esprit dans des arguties. On voit bien tout ce que cette éducation – qui mérite assez mal le nom ambitieux qu'Isocrate lui-même lui donnait : philosophie – apporte de nouveau : au fond ce qu'Isocrate a inventé ce sont les humanités. Pendant des siècles la civilisation rhétorique de la Grèce et de Rome va vivre sur son héritage.

Son influence n'est pas moins nette dans le domaine particulier de l'art oratoire. Avant lui la phrase restait courte, plus apte aux affaires courantes qu'aux grandes idées. Il crée un nouveau mode d'expression, la phrase ample qui s'organise autour d'un balancement de deux termes et qui finit souvent par un *crescendo* : excellent instrument d'analyse, bien adapté à la réflexion philosophique ou politique, bien fait aussi pour charmer l'oreille grâce au nombre et au rythme que ce musicien de la prose y sait introduire. Créateur de la période, Isocrate est sans doute l'un des génies les plus typiques de tout le monde antique : mis à part quelques délicats qui préféreront demeurer fidèles à la nervosité thucydidéenne, tous ceux dont pendant mille ans jusqu'au triomphe définitif des Barbares, la voix va retentir et s'enfler dans de vastes phrases charpentées et harmonieuses sont ses fils spirituels et Démosthène lui-même n'aurait point enflammé les Athéniens, s'il n'avait eu à sa disposition la prestigieuse période d'Isocrate.

Si Isocrate « a fait faire à la Grèce sa rhétorique » (A. Croiset), il a eu aussi de hautes visées politiques et a donné un éclat nouveau à l'idée panhellénique. Certes les Grecs avaient su se dresser ensemble contre le Barbare dans l'épreuve de la seconde guerre médique, mais depuis lors ils avaient surtout donné le navrant spectacle de leurs dissensions. Au début du IVe siècle cependant deux orateurs insistent dans leurs *Discours olympiques* sur la nécessité de former un bloc solidaire contre le Perse. Gorgias (en 392) prêche la concorde ; Lysias (en 388) insiste sur l'état lamentable de la Grèce sollicitant des subsides du Grand Roi et rappelle que les Grecs ont deux ennemis, les Barbares et les tyrans. Sur un ton plus solennel et plus pressant encore, Isocrate, d'ailleurs disciple de Gorgias, consacre toute son œuvre à plaider la cause de l'hellénisme, qui est pour lui une civilisation *(paideia)*, une forme de pensée *(dianoia)* et non une race. Sans cesse il rappelle les héros mythiques qui restent à ses yeux les grands modèles : Thésée, Héraclès, Agamemnon. Sans cesse il exalte les combats victorieux de l'expédition contre Troie ou des guerres médiques. Sans cesse il proclame la nécessité de la paix entre les cités et s'élève contre l'impérialisme qui, malgré les apparences, rend la Grèce plus faible. Sans cesse enfin il affirme que seule la lutte contre le Perse est capable d'unifier un monde morcelé, de libérer les Grecs d'Asie et d'assurer d'incalculables profits ; d'ailleurs la Perse est faible, minée qu'elle est par le luxe et par la servilité.

Isocrate, qui n'est point le rêveur que l'on a trop souvent vu en lui, pense toutefois qu'une telle croisade n'est possible qu'à condition que la Grèce se soumette à une direction ferme. Sans jamais renoncer à son programme essentiel, il varie considérablement, au cours d'une longue carrière de publiciste, sur la puissance qui doit assumer cette hégémonie. Dans le *Panégyrique* (380), l'un des plus parfaits de ses discours, qu'il avait mis quinze ans à composer, il croit encore qu'Athènes, riche d'un glorieux passé mythique et historique et qui a bien mérité de la cause grecque, peut seule remplir ce rôle. Sparte, qui lui a ravi son empire, a montré qu'elle en était indigne, asservissant la Grèce par ses harmostes, abandonnant au Perse les Grecs d'Asie. Sus donc aux Barbares, sur qui on conquerra des terres fécondes et qui ne sauront résister à l'élan généreux des Hellènes conduits par Athènes et Sparte réconciliées.

Les événements de 380 à 370 n'allaient pas tarder à montrer la vanité de ces espoirs. Devant la désunion persistante, devant la montée de Thèbes qu'il déteste, Isocrate modifie ses projets et cherche dans un homme le guide qu'il ne peut trouver dans les cités. Mais il va de déception en déception. Son disciple Timothée meurt avant de se révéler le Périclès qu'il rêvait. Jason de Phères et Denys l'Ancien disparaissent aussi avant de pouvoir s'imposer. Le roi de Sparte Archidamos se montre indigne de la confiance qu'il avait mise en lui.

Tout naturellement Isocrate va alors se tourner vers Philippe II, après plusieurs années où il semble renoncer à l'idée même de la croisade contre le Perse. Après la paix de 346, il invite le roi dans son *Philippe* à se poser en arbitre impartial des Grecs et à les réconcilier les uns avec les autres. Ensuite il pourra se lancer à la conquête de l'Asie faible et corrompue et y installer des colonies de mercenaires, cumulant la triple gloire d'être « le bienfaiteur des Hellènes, le roi des Macédoniens, le maître des Barbares ». Des lettres reprennent le même programme, dont les points communs avec celui du *Panégyrique* sont manifestes. Au lendemain même de Chéronée, il écrit à nouveau à Philippe pour se réjouir de sa victoire. Surmontant la déception que lui cause sa patrie humiliée, il se montre plus Grec qu'Athénien et il supplie le roi de partir contre le Perse, maintenant qu'il a soumis la Grèce. Il peut se laisser mourir à 98 ans, ayant consacré le meilleur de ses forces à l'idée panhellénique.

Certes ce serait limiter l'œuvre d'Isocrate que de la réduire à la prédication de la croisade contre le Grand Roi. Il ne s'est pas désintéressé de l'évolution intérieure de sa patrie. Dans l'*Aréopagitique* notamment, il appelle de ses vœux une réforme des mœurs, plus importante à ses yeux qu'une réforme proprement politique. La démocratie s'est abandonnée à l'excès ; elle brime les riches sans profit réel pour les pauvres. Isocrate ne croit pas possible ni souhaitable qu'Athènes se convertisse à la monarchie ou à l'aristocratie, mais il veut une démocratie modérée, théraménienne pourrait-on dire, assez voisine de celle qui a les préférences d'Aristote, et où l'Aréopage reprendrait son rôle prédominant dans l'État.

Mais l'essentiel n'est pas là : à ses yeux le problème de la Grèce est plus crucial que celui d'Athènes. Les Grecs s'avilissent dans la discorde ; puisque les cités traditionnelles ne peuvent plus rien d'efficace, au roi de Macédoine de reprendre le flambeau. Isocrate témoigne d'une nouvelle orientation des esprits, las de l'inextricable situation née des antagonismes rivaux ; il aspire à une union que – par la force – réaliseront les Macédoniens. Pas plus que pour Xénophon il n'est possible de mesurer l'influence exacte qu'il a exercée sur Philippe, mais elle dut être considérable. Pour la première fois un penseur, à mi-chemin entre les utopies d'un Platon et l'action directe d'un Démosthène, imposait sa marque sur les destinées de l'hellénisme.

L'éloquence de la passion : Démosthène

Les incertitudes de la conscience grecque sont telles qu'avec non moins de conviction et non moins de sincérité, Démosthène se dresse contre le panhellénisme et consacre toutes ses forces à lutter contre ce même Philippe en qui Isocrate voyait l'arbitre naturel des Grecs. Son action politique a déjà été évoquée, mais il serait injuste de ne pas ajouter qu'elle ne fut possible que parce que Démosthène avait à sa disposition le plus prestigieux talent oratoire, qui lui a permis d'enthousiasmer le *démos* athénien, mieux encore de lui insuffler une nouvelle énergie.

C'est évidemment dans ses *Harangues* ou ses *Plaidoyers politiques*, mieux que dans ses *Plaidoyers civils* où il fait œuvre de logographe, que Démosthène se révèle lui-même. Il a subi fortement l'influence de Thucydide, à qui il emprunte son mépris des règles du style, ses effets de surprise, son goût des constructions abruptes et heurtées. Mais, sans paradoxe, tant il impose à tous ses emprunts sa marque personnelle, il a été sensible aussi à la grande conquête que représentait la période d'Isocrate, avec ses symétries et ses lourds balancements qui décomposent si fortement la pensée.

De fait mots et phrases ne sont entre ses mains que des instruments. Il en use avec la plus grande liberté, ne reculant pas devant la violence des termes ou devant les alliances les plus osées, bouleversant l'ordre habituel des mots, recourant aux images les plus fortement expressives. Ses constructions, souvent harmonieuses et régulières, s'emportent tout à coup dans les pires anacoluthes. C'est qu'il parle non pour qu'on le trouve éloquent, mais pour arracher l'assentiment des auditeurs. Il est tout entier dans son verbe, avec ses rages, ses enthousiasmes, sa dévorante passion de la liberté. Aussi déborde-t-il les cadres statiques où Isocrate enferme trop souvent sa pensée. Sa vertu maîtresse est l'action, ainsi que l'avouait son adversaire Eschine dans une anecdote fameuse, et l'action oratoire n'est pour lui qu'une forme de l'action politique. Toujours passionné, il est infiniment varié, tantôt pathétique, tantôt ironique ; il apostrophe, il menace ou il supplie. Sa véhémence entraîne et même aujourd'hui il faut se déprendre un instant du charme de ses périodes enflammées pour pouvoir examiner la valeur de sa démonstration. Ce n'est pas un orateur éloquent, c'est l'éloquence elle-même et, si l'on est en droit de contester l'opportunité de sa politique, personne ne peut envier à ce grand vaincu la gloire d'avoir porté l'art oratoire jusqu'aux sommets les plus déchirants.

L'histoire oratoire

Outre Xénophon, dont nous avons dit les faibles mérites dans ce genre, l'histoire est représentée par des auteurs de seconde importance, dont l'œuvre n'est conservée que dans des fragments minimes. On sent cependant une heureuse tendance à une plus large ouverture sur le monde. Mais l'éloquence, qui y règne en maîtresse, prime sur la recherche du vrai.

Ctésias de Cnide, qui est médecin à la cour de Suse, y consulte les archives du Grand Roi et donne un livre sur la Perse et un sur l'Inde. Dans la tradition des logographes, son œuvre, écrite encore en ionien, reste toute teintée de merveilleux.

Beaucoup plus sérieux sont deux disciples d'Isocrate. Éphore de Cumes écrit une *Histoire générale du monde* depuis le retour des Héraclides jusqu'en 340 : première tentative d'une histoire universelle, menée d'ailleurs avec un réel souci de critique. Théopompe de Chios, qui s'illustre aussi dans le discours d'apparat, continue d'abord Thucydide, avant de donner, dans son *Histoire philippique*, le récit des événements survenus en Grèce pendant le règne de Philippe. Le défaut commun de ces deux auteurs est de considérer l'histoire comme une branche de l'éloquence plutôt que comme une discipline ayant sa propre dignité.

2. DE L'ACADÉMIE AU LYCÉE

L'histoire de la philosophie au IVe siècle est toute marquée par l'influence de Socrate, dont s'impose d'ailleurs plus la méthode que la doctrine. Il n'est guère de philosophe qui ne se réclame de lui et l'on s'étonne que Cyniques, Cyrénaïques, Académiciens se proclament à la fois comme ses héritiers. D'autre part les sophistes ont assoupli la pensée et habitué à de nouvelles formes de discussion, auxquelles Platon n'échappe pas toujours. Enfin le pythagorisme demeure bien vivant, tant dans le domaine proprement scientifique, où il réalise des conquêtes décisives, que dans celui de la spéculation morale et de l'eschatologie : Aristote peut même affirmer que le platonisme est un pythagorisme modifié par le socratisme (*Métaphysique*, 1, 6).

Cyniques et Cyrénaïques

Parmi les courants divergents, mentionnons d'abord l'école cynique, fondée au gymnase du Cynosarges par l'Athénien Antisthène. La meilleure vie, pense-t-il, est celle de l'animal ou du sauvage, se procurant aisément le strict nécessaire, méprisant l'opinion d'autrui, faisant litière des préjugés touchant le patriotisme et la religion. Il y a de la grandeur dans ce dédain des biens périssables et des conventions sociales, mais aussi de l'affectation, ainsi que Socrate le reproche un jour à Antisthène. La secte qui se proclame elle-même cynique, car ses membres prétendent mener la vie du chien, connaît vite un vif succès, car elle satisfait d'indéniables aspirations morales vers une vie dégagée des contingences et aussi à cause de ses procédés très directs de prédication. Cratès de Thèbes parcourt les rues vêtu de guenilles. Diogène de Sinope, héros de percutantes anecdotes, est un personnage pittoresque, un Socrate hargneux, qui vit dans un dénuement quelque peu ostentatoire et méprise l'humanité au point de « chercher un homme » en pleine Athènes à midi, une lanterne à la main.

Pour Aristippe de Cyrène, une seule sagesse : cueillir les voluptés de l'instant. Mais il ne faut pas se laisser abuser par les déclarations fracassantes de son hédonisme absolu. En fait il professe aussi que le sage doit dominer ses passions, « prendre et ne pas être pris », comme il le dit à propos de ses relations amoureuses avec Laïs. La vie morale est donc dans un équilibre entre le plaisir et le détachement du plaisir, et Aristippe, flatteur éhonté des tyrans de Syracuse, semble être passé maître dans l'art des dosages. Son influence a été profonde sur tout le siècle et quelques-uns des esprits les plus distingués se réclament de l'école cyrénaïque, tels Théodore l'Athée, Hégésias que son pessimisme fit surnommer Conseiller de mort, ou Annicéris.

Platon

Il n'y a pas de différence absolue entre la pensée de Platon et celle d'Antisthène ou d'Aristippe : tous trois formés par le même maître, Socrate, ils cherchent avant tout comment l'on peut être homme. Mais le génie sublime du fondateur de l'Académie lui a permis d'élaborer une doctrine qui embrassât tous les problèmes spéculatifs, en gardant une extrême souplesse et sans jamais tomber dans la scolastique. Son influence a été si profonde, si durable, si diverse que tous les philosophes de l'Occident, a-t-on dit dans une jolie formule, n'ont pu qu'ajouter quelques notes au bas des pages de son œuvre.

Appartenant à une illustre famille aristocratique d'Athènes, Platon est l'un de ces jeunes gens enthousiastes pour qui l'enseignement de Socrate fut la révélation d'eux-mêmes. La mort de son maître et aussi les excès de certains membres de sa famille lors de la tyrannie des Trente le détournent de la vie politique à laquelle il aurait été appelé. C'est un déchirement pour lui et l'on a voulu voir dans ce refoulement l'origine de la hantise qui le poursuivra toute son existence, non seulement dans ses recherches théoriques sur une cité idéale, mais aussi dans ses malheureuses expériences de Sicile. Au retour d'un long voyage qui lui permet de visiter l'Égypte, Cyrène et l'Occident et de subir l'influence du pythagoricien Archytas, il ouvre à Athènes une école dans une propriété voisine des jardins du héros Académos : l'Académie est à la fois un centre de recherches et un institut d'études morales et politiques. Toute sa vie s'y déroule désormais dans la méditation, la formation des jeunes gens et la composition de ses dialogues, trois domaines inséparables de son activité, sauf les deux nouveaux voyages qu'il fait en Sicile sur la demande de Denys le Jeune, dont il avait cru pouvoir faire un prince philosophe et qui se révèle un piètre personnage et un ingrat. Il meurt à Athènes à quatre-vingts ans, sans avoir jamais renoncé à pousser plus loin sa pensée.

La pièce maîtresse de sa doctrine est la théorie des idées. Il réutilise le mot d'idées (c'est-à-dire formes) dont s'était servi Démocrite pour désigner les atomes, mais en un sens tout différent. Les idées sont le modèle, la structure, la formule du monde sensible. Elles seules représentent la réalité véritable, absolue, éternelle, dont les objets visibles ne sont que des reflets. Divers ordres de réflexions semblent avoir favorisé l'élaboration de cette théorie : Socrate lui avait appris que les vertus existent en soi, indépendamment de l'homme vertueux qui les pratique ; les Pythagoriciens lui ont révélé que l'univers obéit à un ordre rationnel et abstrait, fondé sur les nombres ; ses propres expériences esthétiques lui montrent qu'on peut s'élever de la contemplation d'un beau corps à celle des beaux corps, puis à celle des âmes, des occupations et des connaissances, pour atteindre enfin la pure essence du Beau en soi, qui éclate dans l'âme, comme la vision de l'ultime mystère pour l'initié, au terme de cette prodigieuse ascension qui est à proprement parler la dialectique de l'amour. Ainsi le monde de l'être s'ordonne, comme l'enseigne le mythe de la caverne, sur quatre paliers : ombres, objets sensibles, objets mathématiques, idées. De même le monde de la connaissance connaît quatre degrés parallèles : l'illusion, la croyance, la connaissance mathématique, la dialectique qui seule donne accès au monde suprême des idées.

Déjà la théorie des idées révèle comme l'un des aspects les plus marquants du platonisme ce dynamisme qui arrache l'esprit à l'appauvrissante vision des reflets pour l'amener, au terme d'une inéluctable progression guidée par l'amour, jusqu'au domaine radieux du Beau. Le même dynamisme se retrouve si l'on considère maintenant le problème de l'âme. L'âme est une substance indépendante qui n'a pas avec le corps une relation organique ; elle peut refléter et concevoir les idées. Mais le corps est pour elle un obstacle permanent, avec la fermentation trouble de ses instincts. Toute la vie morale consiste donc à se préserver du contact de ce qui est périssable et corporel comme d'une chose impure et dégradante. « Le moyen d'être le plus près possible de la connaissance, c'est d'avoir le moins possible de commerce avec le corps et de nous en purifier » (*Phèdre*, 67 a). Seule une purge violente rend l'âme à sa nature et lui permet de s'unir à Dieu. Philosophie de l'évasion, a-t-on dit ; encore faut-il remarquer que cette évasion vise à affranchir l'âme de la duperie des sens, de l'impureté des appétits et des passions, pour qu'elle débouche dans sa patrie divine, le royaume de l'être. « Il faut s'efforcer de fuir d'ici le plus vite possible ; or, cette fuite c'est la ressemblance avec Dieu », proclame le *Théétète* (176 a-b).

Sur la survie de l'âme, Platon a incontestablement varié. Dans l'*Apologie* ce n'est qu'une hypothèse. Dans le *Phédon*, récit des derniers moments de Socrate, il est solennellement affirmé que la mort fait disparaître ce qui est mortel, mais que l'âme demeure incorruptible du fait de sa participation aux idées. Dans l'admirable mythe du *Phèdre*, on voit l'âme, tirée dans un char par deux chevaux, celui des passions généreuses et celui des passions basses, et conduite par la raison, qui parvient à jeter quelques coups d'œil sur le monde des idées au-delà de la voûte céleste ; quand, réincarnée dans un corps, selon la théorie pythagoricienne, elle reconnaît un rayon du monde idéal, elle se trouble et c'est le frisson du poète, du savant ou de l'amant.

La dialectique et l'eschatologie ne font pas oublier à Platon les cités charnelles. Dans la *République*, il répudie les quatre formes impures de gouvernement (timocratie, oligarchie, démocratie, tyrannie) pour imaginer une cité idéale où l'on se préoccupe d'abord de constituer un personnel gouvernemental de « gardiens » de l'État. Femmes et enfants sont mis en commun. Un système rigoureux d'éducation donne aux meilleurs la possibilité d'étudier la gymnastique (dix-sept à vingt ans), puis la théorie des nombres (vingt à trente ans), puis la théorie des idées (trente à trente-cinq ans) : l'homme ainsi formé pourra s'occuper de fonctions actives de trente-cinq à cinquante ans, avant de retourner à ses études jusqu'à sa mort. C'est, avant Comte et Renan, la remise du pouvoir aux princes de l'esprit, qui gouvernent en se modelant sur le monde des idées.

Bien que la chronologie des dialogues platoniciens soit contestée, il semble que dans sa maturité Platon se soit heurté à certaines objections : Antisthène notamment s'en prend aux idées elles-mêmes et prétend « voir des chevaux, mais non la chevalinité ». Si l'essentiel, la théorie des idées, résiste à toutes les épreuves, la pensée du maître de l'Académie s'infléchit cependant sur certains points et l'on a voulu voir là l'influence d'un de ses amis et disciples, Eudoxe de Cnide, mathématicien, philosophe, géographe et astronome, auteur d'une machine à 27 rouages pour calculer les mouvements des astres. Platon tourne plus volontiers les yeux vers le ciel et, sensible à la beauté régulière de ses mouvements, il a tendance à former du divin un concept moins impersonnel.

D'autre part il se laisse persuader par Eudoxe et par Aristippe, tous deux hédonistes convaincus, d'admettre certains plaisirs purs, comme ceux qui naissent de la contemplation des formes géométriques ou de l'audition de sons doux et clairs, et il définit désormais la béatitude comme un état mixte de connaissance et de plaisir.

La crise surmontée, Platon approfondit encore sa pensée dans les œuvres de sa vieillesse. Le *Timée* esquisse une très vaste cosmologie. L'acte créateur du divin artisan (ou démiurge) part de deux réalités, la matière agitée et chaotique et le monde harmonieusement ordonné des idées, et il cherche à modeler la première sur la seconde. Il dote le monde d'une âme faite d'un mélange de Même et d'Autre réalisé dans un cratère et morcelé suivant deux proportions géométriques qui constituent les intervalles de la gamme. Il crée aussi les dieux, qui sont les divinités de la mythologie et les astres, chargés de créer à leur tour les trois espèces de vivants, en utilisant notamment ce qui pourrait rester d'âme dans le cratère pour l'unir à des corps périssables, dont il appartiendra à l'âme de se purifier par une ascèse appropriée.

Les *Lois* constituent la somme de la dernière pensée politique de Platon. Gardant l'amer souvenir de ses expériences syracusaines et désespérant de réformer la cité, il imagine une cité idéale, qui bon gré mal gré devra se modeler sur l'âme du monde. Un communisme relatif est instauré pour les biens, les femmes, les enfants. Tout est soumis à la réglementation la plus rigoureuse, de manière à soustraire l'individu aux tumultueuses sollicitations de ses instincts. L'éducation, à base strictement mathématique, est assurée par l'État. La liberté est quasi inexistante : des inspectrices surveillent les jeunes ménages ; la pédérastie – ô nouveauté ! – est proscrite ; les voyages à l'étranger sont interdits avant cinquante ans ; pis encore, la religion est obligatoire, aussi nécessaire au profane que la dialectique à l'élite, et l'incroyant est enfermé pour cinq ans dans une maison de correction, à moins que, jugé irrécupérable, il ne soit mis à mort. On s'est souvent récrié devant cet horrible système, comparé suivant les goûts à l'Inquisition ou aux totalitarismes. De fait le durcissement de la pensée politique de Platon depuis la *République* est flagrant et l'on sent dans les dernières pages du philosophe l'âpre pessimisme d'un vieillard dont à Syracuse se sont enfuies les dernières espérances.

L'œuvre frappe par son ampleur démesurée, puisqu'elle embrasse tous les domaines, de l'ontologie et de l'eschatologie à la morale et à la politique. Malgré des contradictions et des repentirs, elle est une, parce que toute soulevée par l'enthousiasme pour le monde idéal, sur lequel il appartient aux individus et aux cités de se modeler. Fondée sur la connaissance mathématique mais aussi sur l'illumination, mystique et réaliste à la fois, elle est si vaste et si riche que les doctrines les plus divergentes ont pu y trouver leurs racines. Tel est le cas, dès l'Antiquité, de l'aristotélisme, qui part du platonisme pour le réformer et le déformer, de la Nouvelle Académie dans les thèses probabilistes de laquelle il est bien sûr que Platon se fût mal reconnu, du néo-platonisme enfin, cette merveilleuse flambée tardive de l'hellénisme qui de Platon a surtout conservé l'élan ascétique et mystique vers l'Un qui est Dieu. Fait plus frappant encore, les grandes religions spiritualistes du monde antique le confisquent à leur profit : au Iᵉʳ siècle de notre ère, le Juif Philon d'Alexandrie tente la synthèse de l'Académie et de l'Ancien Testament ; les Pères de l'Église cherchent en lui le premier degré d'une sagesse que parachève le message chrétien et le plus grand d'entre eux, Augustin, ne serait pas lui-même, s'il n'avait d'abord embrassé comme une foi le néo-platonisme. Arabe, juif ou chrétien, le Moyen Âge est nourri de Platon et c'est sans paradoxe aussi sous son signe que se place la libération de l'esprit dans les Renaissances du XIIe ou du XVe siècle.

Si le message de Platon n'a cessé de féconder la pensée occidentale, c'est en partie parce qu'il a su lui donner la forme la plus merveilleusement vivante. Platon renonce aux traités en prose ou aux poèmes qui avaient jusqu'à lui servi de moyen d'expression aux philosophes, fors Socrate, et il invente le dialogue philosophique. Un dialogue qui est un vrai dialogue, avec de vrais personnages, l'ineffable Socrate – sans doute de moins en moins Socrate et de plus en plus Platon –, les grands sophistes ses contradicteurs et ces délicats jeunes gens, naïfs et attentifs, qui, la langueur en moins, ont l'eurythmie des éphèbes de Praxitèle. Un monde complet où ne manque même pas avec Diotime la présence illuminante de la femme. Un monde où l'Athénien, le Spartiate, le Crétois coudoient l'étranger, où le petit esclave chargé de résoudre le problème de la duplication du carré converse avec les hommes libres adonnés au loisir philosophique. Sans que la main du metteur en scène apparaisse, la vérité, qui n'est jamais donnée toute faite, sort peu à peu de la discussion éristique où, selon la meilleure méthode socratique, l'adversaire se sent tout à coup poussé dans ses derniers retranchements, à moins que, dans les moments les plus émouvants, Platon ne recoure au mythe, seul capable de permettre à l'âme empêtrée du corps un coup d'œil audacieux sur les réalités transcendantes. Tous les extrêmes s'y retrouvent, d'une trempette dans l'Ilissos aux astres tourbillonnant dans l'harmonie, d'un cercle d'amis festoyant aux plus ardus problèmes de la cité, des tendres évocations de la souriante beauté de la jeunesse aux austérités de l'ascétisme. Si le maître de l'Académie n'a cessé de subjuguer ainsi, bien après la fin de sa longue vie, c'est qu'il a mis dans son œuvre la délicatesse de sa conscience, l'angoisse de ses problèmes, la force de ses aspirations, tout un univers qui est sans aucun doute le plus riche que l'Antiquité nous ait légué.

Les progrès décisifs de la mathématique

Sans même rappeler la fameuse formule gravée sur la porte de l'école de Platon : « Que nul n'entre ici, s'il n'est géomètre », il n'est que de parcourir ses dialogues pour comprendre l'importance décisive des spéculations mathématiques dans l'Académie, comme déjà peut-être dans l'entourage de Socrate. C'est que, depuis la fin du Ve siècle et tout au long du IVe, sans qu'il soit possible de préciser les étapes de cette conquête, les différentes branches de la mathématique accomplissent des progrès décisifs. Ils sont le fait avant tout des Pythagoriciens, dont les plus notables sont Philolaos, Théétète, Archytas, mais bien d'autres savants, notamment Théodore de Cyrène et Eudoxe de Cnide, apportent une contribution capitale à cette édification qui, après bien des tentatives, trouvera son expression dans les *Éléments* d'Euclide.

Les spéculations sur les nombres se développent par l'approfondissement de la notion spécifiquement pythagoricienne de médiété *(mésotès)*, c'est-à-dire de progression entre trois nombres *(a, b, c)* qui constituent des rapports égaux avec deux de leurs différences. Trois types primordiaux s'imposent : la médiété arithmétique $\left(\frac{a-b}{b-c}=\frac{a}{a}\right)$, la médiété géométrique $\left(\frac{a-b}{b-c}=\frac{a}{b}\right)$ et la médiété harmonique $\left(\frac{a-b}{b-c}=\frac{a}{c}\right)$.

La géométrie progresse sur un double plan. D'abord se constituent, d'Hippocrate le Mathématicien jusqu'à Euclide, des éléments, c'est-à-dire une suite de propositions logiquement liées qui représentera encore aux yeux de Descartes l'essentiel de la construction mathématique. En second lieu de nouvelles questions retiennent l'attention, qui forcent à élaborer, notamment à propos de $\sqrt{2}$, la notion de grandeur irrationnelle (*arréton* ou *alogon*), en contradiction absolue avec les premières spéculations pythagoriciennes. Les penseurs s'enhardissent alors et ils s'attachent principalement à trois problèmes, la quadrature du cercle, la duplication du cube, la trisection de l'angle : ils ne se rendent pas compte du caractère insoluble du premier, mais Eudoxe et Archytas résolvent le deuxième (mis au concours par les prêtres d'Apollon délien) et le troisième reçoit une solution mécanique grâce à la courbe d'Hippias. Deux géomètres du

IVe siècle, Ménechme et Aristée, abordent même l'étude des sections coniques.

L'astronomie confirme elle aussi ses progrès, bien qu'elle s'enferme dans le géocentrisme. Mais déjà Héraclide Pontique affirme la rotation de la terre sur elle-même et, s'il continue à croire que le soleil et la plupart des planètes tournent autour d'elle, il accorde deux satellites au soleil, Mercure et Vénus. Son contemporain Eudoxe de Cnide part de l'immobilité de la terre et, pour rendre compte des mouvements apparents des astres, il imagine 27 sphères concentriques ayant comme centre commun le centre de la terre : conception génialement absurde qui restera, malgré d'incessantes corrections, la base de toute la connaissance astronomique jusqu'à la découverte de l'héliocentrisme.

Enfin se constitue définitivement la gamme, série de huit notes échelonnées de *do* à *do* obtenue par une succession de quintes, en même temps que s'élabore la théorie des notes diésées et des notes bémolisées. L'imagination s'emporte jusqu'à reconnaître les intervalles musicaux dans les distances des planètes à la terre.

Aristote

Le plus illustre des disciples de Platon s'écarte totalement des mathématiques qui avaient joué un tel rôle dans la pensée de son maître. Aristote, né dans une famille de médecins, se passionne surtout pour l'observation concrète et son domaine de prédilection est celui des sciences de la vie. Pourtant il suit pendant vingt ans les leçons de l'Académie et Platon peut le proclamer « l'entendement de l'école ». Après un séjour à la cour du tyran Hermias, il est appelé par Philippe, qui lui confie l'éducation de son fils Alexandre. Puis il revient à Athènes où il fonde le Lycée. Partageant son temps entre l'enseignement devant un public restreint le matin, plus large l'après-midi, il sait associer ses disciples à ses recherches et utiliser leurs travaux dans ses vastes synthèses. Sur le point d'être traîné en justice lors de la réaction qui suit la mort d'Alexandre, il se réfugie à Chalcis où il meurt. Il laisse une œuvre considérable, dans laquelle nous ne possédons plus que les ouvrages ésotériques destinés à ses élèves, souvent simples notes de cours ou amas de fiches, tandis que tous les livres exotériques sont perdus.

Une anecdote montre Aristote veillant, une boule de bronze à la main au-dessus d'un bassin, pour ne pas succomber au sommeil. De fait on est dans l'admiration devant la somme de travail que représente son œuvre. Une part importante est consacrée à la science du raisonnement, peu à peu élaborée grâce aux sophistes et aux rhéteurs, mais qui n'avait jamais été dégagée dans un système cohérent. Le type du raisonnement est le syllogisme, dont Aristote établit avec soin la théorie, distinguant par exemple dans les 64 modes possibles les 19 qui sont concluants. Il insiste d'autre part sur les principes premiers, sans lesquels il n'y aurait point de déduction possible : principe d'identité commun à toutes les sciences, principes spéciaux dans chaque discipline, comme le pair et l'impair, ou le carré et le cube en mathématiques. Le caractère le plus marquant de cette logique aristotélicienne est qu'elle est formelle, s'attachant à étudier les structures mêmes du raisonnement, s'acharnant à dénoncer les sophismes qui vicient la pensée, sans se préoccuper de la vérité des propositions. On sait l'influence qu'elle va exercer dans l'Antiquité et surtout au Moyen Âge comme gymnastique pour l'esprit, non d'ailleurs sans se scléroser.

Appuyé sur une doctrine solide du raisonnement et croyant fermement dans la possibilité d'atteindre la vérité, Aristote s'efforce de donner une encyclopédie de toutes les sciences, sauf les mathématiques. Il complique la représentation que Platon et Eudoxe se faisaient du mouvement des astres, remplaçant les sphères motrices de Platon, les 27 sphères d'Eudoxe par 55 sphères : le système, résolument géocentrique, vise seulement à mieux « sauver les apparences ». Mais le biologiste est beaucoup plus intéressant en lui. Aidé de ses disciples, il se livre à une enquête d'une exceptionnelle ampleur pour classer les différentes espèces vivantes, dont il décrit plus de 400. Voici, à titre d'exemple, sa classification des animaux :

Les huit « grands genres » du règne animal chez Aristote

I. ANIMAUX À SANG ROUGE

1. *Vivipares* (mammifères et cétacés).

Deux espèces : bipèdes et quadrupèdes.

2 à 4. *Ovipares* : 2. Oiseaux : huit espèces.
3. Reptiles.
4. Poissons.

II. ANIMAUX À SANG BLANC

5. *À corps mou* (céphalopodes).
6. *À corps mou recouvert d'écailles* (crustacés).
7. *À corps mou recouvert d'une coquille* (gastéropodes).
8. *Insectes* (9 espèces) *et vers.*

Il décrit avec minutie et précision les organes et leurs fonctions. Malgré des erreurs de détail (il compte 6 os crâniens au lieu de 8 et 8 côtes au lieu de 12), on est stupéfait de la masse des observations précises et exactes qu'il a accumulées. C'est une fresque immense, animée par le sentiment que la vie est une : il n'hésite pas à comparer l'homme aux animaux (par exemple l'art à l'instinct) et les animaux entre eux ou aux plantes (la bouche est analogue à la racine). Le tout est dominé par une finalité souveraine, chaque organe ayant pour fin le bien d'ensemble de l'animal et étant en particulier adapté à son genre de vie.

Créateur de la logique formelle, naturaliste de grande classe, Aristote ne se désintéresse pas pour autant de la philosophie première. En ce domaine, il rejette totalement la théorie des idées. « L'argument du troisième homme » est fameux : Socrate et Callias se ressemblent parce qu'ils participent de l'idée de l'homme en soi : mais la ressemblance de Socrate et de l'homme en soi ne se peut expliquer que par un troisième homme, et ainsi de suite. Pour Aristote il n'y a donc d'être qu'individuel. L'être se détermine d'après des catégories, antérieures aux opérations de l'intelligence et qui sont au nombre de dix (substance, quantité, qualité, relation, lieu, temps, position, possession, action, passion). L'ontologie progresse ensuite par une série de distinctions fondamentales. La *substance* est un être qui se suffit à soi-même ; les *accidents* ne subsistent que reçus par une substance. L'être en devenir comporte trois principes : « la *forme* qui est l'avenir du mouvement, la *privation* qui est son passé, la *matière* son présent indéfiniment présent » (P. Aubenque). Ainsi l'art du sculpteur fait passer l'airain du métal informe à la statue. La substance se présente sous deux aspects : en *acte* quand sa forme est réalisée, en *puissance* quand cette réalisation n'est pas encore achevée : ainsi l'adulte est en puissance dans l'enfant, le carré ou le cube d'un nombre dans ce nombre. Le cœur de la substance, ou *substrat*, subit des *changements*, qui sont passage de la puissance à l'acte, et qui peuvent être de quatre types : qualificatifs, quantitatifs, locaux ou substantiels (ce dernier, le plus radical, étant génération ou mort).

Cette philosophie centrée sur l'être et ses modalités exclura-t-elle Dieu ? Dans l'explication des changements, « il faut s'arrêter », proclame Aristote. Le mouvement suppose un *moteur immobile* qui est Dieu. Ce n'est pas un démiurge et il ne connaît même pas la création. Mais tout l'univers, et en particulier les astres, est animé par une immense aspiration vers sa beauté sur laquelle il cherche à se modeler. Dieu est pensée pure, acte pur, sans matière ni accidents ni devenir. Intelligence pure, il est totalement absorbé dans sa pensée : il est donc « la pensée de la pensée ». Absolument transcendant, réduit à la contemplation de lui-même, « il meut en tant qu'objet d'amour » tout le *cosmos* par le désir que son immuable perfection fait naître. L'astronomie comme la métaphysique trouvent ainsi l'explication dernière dans ce *primum movens* : toutes les substances conspirent à l'harmonie universelle en se haussant vers une divinité radicalement abstraite, aimée mais non aimante, qui, malgré son caractère purement intellectuel, n'est point sans analogies avec le dieu de Platon.

Au contraire, dans le domaine de l'action, Aristote se sépare nettement de son maître. Il semble être le premier à avoir consacré à la morale des traités particuliers. On y trouve une doctrine qui ne rappelle en rien l'ascétisme de Platon, mais qui, fondée sur la recherche de l'équilibre et du juste milieu, est profondément humaine. Au vrai elle exercera longuement son influence sur les pensées les plus diverses, le stoïcisme, le christianisme, Kant. V. Brochard a pu dire que « l'*Éthique à Nicomaque* est à la morale éternelle ce que sont à la géométrie les *Éléments* d'Euclide ».

Le bonheur est le souverain bien, mais il ne réside pas, ainsi que l'entend le vulgaire, dans le plaisir, la richesse, la considération. Il est dans une activité conforme à la nature de l'homme, c'est-à-dire à la raison. Il se trouvera pour le philosophe dans la vie contemplative, pour tous dans la pratique de la vertu. La définition qu'Aristote donne de la vertu est justement célèbre : « C'est une disposition permanente, une possession présupposant un choix. Elle consiste dans une moyenne, propre à chacun, définie par la raison et telle que la fixerait l'homme de bon sens. » Bien que chacun ait ainsi *sa* vertu, conformément à sa condition, à son âge, à son sexe, à sa profession, la vertu est toujours dans la maîtrise des passions et elle tend à l'établissement d'un état médian, à mi-chemin entre les excès contraires, dans la grande tradition de la sagesse hellénique. Elle n'est donc pas opposée à la jouissance normale de biens modérés : si les appétits sont réglés et dominés, le plaisir s'ajoute à l'action comme un surcroît, « comme à l'adolescence sa fleur ».

Théoricien politique, Aristote s'écarte tout autant de Platon. Cet esprit concret ne s'évade pas, sinon peut-être en ses débuts, dans l'utopie des cités idéales. Il étudie d'abord les constitutions existantes, d'où l'énorme travail des 158 traités sur les cités grecques réalisé en collaboration avec son équipe et dont seule subsiste partiellement la *Constitution d'Athènes.* Il classe ensuite les divers régimes possibles, dont chacun a ses vertus et ses vices propres, tout prêt à dégénérer à cause de l'égoïsme des dirigeants : la monarchie devient aisément tyrannie, l'aristocratie oligarchie sans scrupule, la démocratie démagogie vicieuse. Avec beaucoup de réalisme, il reconnaît qu'il n'y a pas de constitution bonne en soi et que tout dépend du climat, des conditions géographiques, des précédents historiques. On sent toutefois que le meilleur gouvernement serait pour lui, comme pour Isocrate, une démocratie modérée, réservant le gouvernement aux plus instruits, mais respectant l'égalité politique. Il y a tant d'acuité dans l'analyse, tant de remarques pénétrantes dans ce traité souvent si moderne qu'est le *Politique* qu'on croirait parfois lire du Machiavel ou du Montesquieu. Pourtant on ne peut s'empêcher de s'étonner que ce contemporain, ce sujet, cet ami de Philippe et d'Alexandre, n'ait généralement pas songé à un autre cadre politique que celui de la *polis* classique. À comparer avec celle d'Isocrate, sa pensée politique reste timide.

Aristote, qui a aussi écrit sur la rhétorique et sur la poétique, représente un esprit encyclopédique comme l'Antiquité en offre peu d'exemples. Il suffit à sa gloire d'avoir érigé en système la logique et l'éthique et d'avoir donné du monde vivant un tableau précis et hiérarchique. Nul n'a plus cherché à comprendre et l'on voudrait presque que fût vraie l'anecdote qui le montre se jetant dans les flots de l'Euripe, faute d'avoir pu leur arracher le secret de leurs mouvements. Pourtant il n'est pas rare de lui voir reprocher sa sécheresse, simplement parce qu'il n'a pas l'enthousiasme de Platon et qu'il préfère se tenir plus près du concret et du réel. Pis encore, on l'accuse d'avoir stérilisé pendant des siècles la pensée médiévale. Mais est-ce sa faute si « le maître » triomphe avec Albert le Grand ou Thomas d'Aquin et si des théologiens plus hardis qu'honnêtes lui empruntent sa doctrine en la sclérosant, pour y faire entrer – de force – le message chrétien ?

3. LES FRÉMISSEMENTS DE L'ART

Les destinées nouvelles de l'art n'étaient pas imprévisibles dès les dernières décennies du Vᵉ siècle. Mais l'évolution déjà amorcée se poursuit, rapide et continue, tout au cours du IVᵉ siècle, en liaison avec les transformations de la vie politique et surtout de la philosophie et de la religion.

Le père spirituel du siècle est incontestablement Socrate, progressivement glorifié comme un sage martyr. Le mysticisme platonicien influence directement les artistes, malgré le mépris affiché par le maître de l'Académie à l'égard de l'art, considéré comme plus mensonger encore que la réalité par rapport à la vérité essentielle des idées. Cette tendance n'est pas sans danger, car le monde du sensible n'intéresse plus que dans la mesure où il permet d'accéder à un monde idéal et abstrait qui le transcende infiniment, d'où l'usage, et bientôt l'abus, de l'allégorie et du symbole : Scopas installe Pothos (Désir) et Himéros (Charme) aux côtés d'Aphrodite : l'*Hermès Dionysophore* de Praxitèle évoque le salut de l'âme par Dionysos ; Lysippe montre Cairos (Occasion) ailé, tenant une balance sur une lame tranchante. Certains mythes traditionnels reviennent avec une insistance significative, tel celui de Psyché qui illustre au mieux la doctrine platonicienne de l'âme prisonnière du corps et que l'amour délivre de son cachot. De même les scènes d'enlèvement se multiplient et il faut bien se garder d'y voir l'attrait voluptueux de représentations sensuelles, car elles chantent la toute-puissance d'Éros dieu sauveur.

Mais la complexité de l'époque vient en partie de la lutte constante menée contre ce courant mystique par un courant rationnaliste. Sur le plan artistique ce dernier se traduit par la volonté de chercher la beauté dans le monde sensible, conçu comme ayant en soi sa valeur propre, et il aboutit à un réalisme, parfois outrancier, qui est bien antérieur à l'époque hellénistique, puisqu'il se manifeste dès le début du siècle avec le *Pugiliste* de Naucydès (au Louvre) au dos puissamment détaillé. Les deux tendances interfèrent constamment. Toutefois on peut discerner une évolution qui, au triomphe du mysticisme et de la passion visible, dans des styles bien différents, chez Praxitèle et chez Scopas, fera succéder le réalisme eurythmique de Lysippe.

Au reste, mystique ou réaliste, l'art s'adonne à l'analyse psychologique. Ce n'est pas que l'âme fût absente des créations d'un Phidias, mais une même sérénité se traduisait sur tous ses visages. Au IVe siècle les âmes inquiètes ou passionnées s'expriment dans leur changeante vérité. Les héros méritent leur salut par la souffrance. Sur les frontons de Tégée, Scopas montre d'un côté Méléagre grandi par l'épreuve, de l'autre Pélée et Héraclès, pères douloureux assistant dans la plaine du Caïque au combat de leurs fils Achille et Télèphe : l'angoisse devient le motif dominant de ces compositions, qui eussent pu être de banales scènes de chasse ou de bataille. Même les divinités ne sont plus les impassibles modèles de l'humanité déchirée. Aphrodite a souvent le charme voluptueux d'une belle mortelle ; le *Dionysos Tauros* de Praxitèle (au Vatican) fait la moue charmante d'un jeune adolescent ; l'*Asclépios* d'Épidaure, le doigt levé, ressemble à un médecin en train de consulter. Mieux encore, les dieux compatissent à des peines qu'ils partagent : la *Déméter* de Cnide a les yeux caves et les joues creuses d'une mère privée de sa fille ; le *Zeus* de Bryaxis est une déité de miséricorde et de pitié. Moins pur, moins exaltant, cet art nous touche parce que rien d'humain ne lui est étranger.

Athènes reste le foyer qui brûle des sensations et des émotions les plus fortes : encore faut-il ajouter que c'est l'Athènes des jardins d'Académos, non celle de l'Acropole. Mais partout l'on cherche et l'on produit. Une petite cité comme Sicyone reste digne de son glorieux passé artistique. La Béotie se réveille : n'eût-elle donné au monde que la grâce nonchalante et savamment naturelle de ses « tanagras », ne mériterait-elle pas d'être lavée de l'accusation de barbarie qui s'attache encore à son nom ? La plus grande nouveauté, c'est la résurrection de l'Ionie, qui retrouve son dynamisme créateur avec sa prospérité économique. D'ailleurs la notion d'école perd encore de son sens. Les grands artistes sont partout réclamés et ils font de véritables tournées en emmenant de nombreux collaborateurs, d'où un brassage d'influences, un syncrétisme artistique qui répond au syncrétisme religieux. Praxitèle parcourt l'Asie avec Phryné. Les princes barbares, mais philhellènes, de Carie mandent à leur cour les plus grands artistes du temps.

L'architecture religieuse

L'inlassable activité des constructeurs continue à s'orienter essentiellement vers l'architecture religieuse. Sans que le dorique soit pour autant abandonné, on constate une nette renaissance de l'ionique, en liaison avec la résurrection économique de l'Anatolie grecque. D'autre part le corinthien, apparu sous forme d'un unique chapiteau décoratif au temple d'Apollon à Phigalie, a tendance à se constituer en ordre distinct. Pendant longtemps il n'est utilisé que pour les colonnades intérieures (*tholos* de Delphes, temple de Tégée, *tholos* d'Épidaure, Philippeion d'Olympie). Ce n'est qu'avec le monument chorégique de Lysicrate à Athènes qu'il conquiert timidement – sur un édifice-bijou – sa place à l'extérieur. Peu à peu au long du siècle se fixe un type corinthien orthodoxe qui s'imposera aux époques hellénistique et romaine.

Il y a peu d'innovations dans la forme des édifices. Les temples obéissent aux mêmes canons, d'autant que bien des constructions du IVe siècle ne sont que des reconstructions de sanctuaires détruits par des cataclysmes et dont on cherche à conserver le plan. On note toutefois le développement des monuments ronds, que l'art grec avait d'ailleurs toujours connus. La signification propre de ces *tholoi* reste mystérieuse, bien qu'on les devine liées au culte des puissances chthoniennes (*tholoi* de Delphes et d'Épidaure) ou héroïques (*tholos* d'Olympie). Esthétiquement en tout cas elles correspondent parfaitement au goût nouveau d'une élégance raffinée. D'autre part le Mausolée d'Halicarnasse fournit le prestigieux modèle d'un temple-tombeau, édifice dont on trouvait déjà des exemple en Crète et à l'Érechtheion, mais qui s'impose à la suite des contacts avec le monde barbare et du développement des croyances à l'héroïsation des grands morts.

Les architectes semblent plus soucieux des proportions qu'à l'époque précédente. Au Mausolée d'Halicarnasse, au temple d'Athéna à Priène, à l'arsenal de Philon au Pirée ils recherchent des rapports simples entre les différentes parties de l'édifice, comme si la mathématisation de l'épure devait entraîner nécessairement une plus grande harmonie. De tels jeux sont parfois poussés très loin : les propylées de Labranda (en Carie) admettent comme module la hauteur des marches du soubassement pour l'élévation, leur largeur pour le plan, de telle sorte que toutes les surfaces verticales se réduisent en rectangles de 1,5 et 2,5 de côté, toutes les surfaces horizontales en carrés de 2,5 de côté.

Encore ces préoccupations théoriques ne sont-elles rien à côté des prétentions de l'architecte anonyme du trésor de Cyrène à Delphes, sans doute disciple de son compatriote le grand mathématicien Théodore, qui avait construit les racines irrationnelles des nombres de 2 à 17 : dans son projet il multiplie les rapports irrationnels, $\sqrt{2}$ et $\sqrt{3}$ dans les diamètres inférieur et supérieur des colonnes, π dans le jambage de la porte du *naos*. Ce modeste édifice devient ainsi l'expression en marbre précieux des vérités découvertes par l'école mathématique de Cyrène : sa beauté s'analyse en termes intellectuels ; elle est celle que le Socrate du *Philèbe* définissait comme la seule vraie, celle des « lignes droites et courbes, des surfaces et des solides qui dérivent de la droite et du cercle à l'aide du compas, de la règle et de l'équerre » (51 c).

Sanctuaires d'Anatolie et de Grèce

La renaissance ionienne se marque par le nombre des constructions nouvelles plus que par la hardiesse des innovations. L'art ionien du IVe siècle se caractérise comme celui de l'époque archaïque par la profusion décorative et par la tendance au colossal.

À Éphèse on reconstruit sur le même plan le temple de Crésus incendié en 356, en lui ajoutant seulement un grand escalier tout autour de la plate-forme : l'élément le plus original est représenté par les bases de colonnes, sculptées à la mode orientale. Le temple de Cybèle à Sardes, brûlé en 498, n'est reconstruit qu'au IVe siècle, sur un modèle très voisin de celui d'Éphèse. On y constate cependant une disposition nouvelle de la colonnade, dont c'est ici le premier exemple : il y a deux rangées de colonnes sur les façades, une seule sur les longs côtés (pseudodiptère). Les colonnes du péristyle sont colossales, les plus grandes de l'Asie Mineure. À Halicarnasse l'influence attique se montre dans le temple d'Arès, dont les colonnes sont imitées de celles de l'Érechtheion.

Il y a plus de nouveauté à Priène, où Pythios fait du temple d'Athéna Polias l'incarnation d'un canon de proportions, auquel il consacre d'ailleurs un livre. Avec 6 × 11 colonnes il obtient un nombre d'entrecolonnements double sur les longs côtés de ce qu'il est en façade ; d'autre part, les bases des colonnes sont égales aux entrecolonnements, ce qui donne une division régulière du stylobate en carrés de 6 pieds de côté, alternativement libres et couverts d'une plinthe ; enfin les dimensions des différentes parties sont dans des rapports simples.

Tous ces temples d'Ionie, avec leurs proportions imposantes, leurs forêts de colonnes, le luxe de leur décoration, ont une indiscutable magnificence, obtenue peut-être au détriment de la fraîcheur. Au moins faut-il signaler qu'ils ne témoignent ni de l'ostentation ni de la vulgarité qui sont trop souvent la caractéristique de l'ionique hellénistique.

Le Péloponnèse montre une égale vitalité, mais, fidèle à ses traditions, il préfère le dorique et a souvent recours au simple calcaire, moins luxueux que le marbre. Cependant les proportions du dorique s'allègent et les temples, moins trapus, ne dédaignent pas, au moins à l'intérieur, les raffinements du corinthien. Olympie est quelque peu négligée, mais Épidaure offre enfin à Asclépios un temple, œuvre de Théodoros (vers 375), très simple de plan puisqu'il ne comporte qu'un vestibule et un *naos*, mais d'une rare élégance. Le succès du dieu guérisseur est tel que la succursale épidaurienne de Gortys, en plein cœur de l'Arcadie, fait appel à Scopas pour son temple d'Asclépios. Les événements politiques ne sont pas sans influence sur le développement de l'architecture : les succès de la ligue arcadienne lui permettent de confier aussi à Scopas la reconstruction (vers 340) du temple confédéral d'Aléa Athéna à Tégée, détruit au début du siècle : le Parien en fait l'un des plus beaux de la Grèce, mariant harmonieusement les colonnes doriques de l'extérieur aux corinthiennes de l'intérieur. Dans le sanctuaire agonistique de Némée on bâtit pour Zeus un temple très voisin de celui de Tégée.

À ces temples il faut joindre la délicieuse *tholos* d'Épidaure, imitée peut-être de celle de Delphes, et connue dans les inscriptions sous le nom de *thymélé* (autel chthonien). Cet édifice, où se perpétraient sans doute de vieilles cérémonies en l'honneur du dieu-taupe, est l'un de ceux où s'incarne au mieux l'élégance du siècle. Polyclète le Jeune (vers 360) y unit le dorique au corinthien et utilise des marbres polychromes. Les caissons du plafond sont délicatement sculptés, et Pausias y peint des tableaux allégoriques (voir p. 510). Philippe commence à Olympie une autre rotonde, le Philippeion, que son fils achèvera : plus gracieuse encore, puisque le périptère extérieur est ionique, elle chante la gloire des souverains macédoniens et annonce les *héroa* royaux de l'époque hellénistique.

Athènes déchue continue cependant à travailler pour les dieux. Sur le flanc sud de l'Acropole, un nouvel Asclépieion jouxte l'ancien. Sur l'Agora, on reconstruit le temple d'Apollon Patroos et l'on élève une chapelle pour Zeus Phratrios et Athéna Phratria. Le *télestérion* d'Éleusis est doté en façade d'un grand portique (portique de Philon). Rien qui rappelle au vrai l'admirable élan bâtisseur du siècle précédent, d'autant qu'on se contente souvent de pauvres murs en conglomérat, comme si l'on avait perdu la science des belles constructions appareillées.

Delphes reste l'étonnant foyer de l'Hellade, dont s'affirment les tendances contradictoires. La *tholos* de Marmaria, peut-être consacrée à Artémis (premier quart du siècle), donne le premier exemple d'une rotonde, parfaite de grâce et de légèreté : son architecte, Théodoros, qui lui avait consacré un livre, s'était sans doute livré à de subtiles recherches de proportions mathématiques. Le sanctuaire, dévasté par le cataclysme de 373, se couvre de nouveaux édifices où toute la Grèce concourt dans un magnifique élan de piété panhellénique : le temple d'Apollon, protégé par un grand mur de soutènement (l'Ischégaon), est rebâti fort semblable au temple des Alcméonides ; Athéna Pronaia est honorée à Marmaria d'un temple, légèrement déplacé par rapport à l'ancien, dont toute la beauté vient de la pure rigueur des lignes.

Mais on voit aussi éclater le zèle anxieux des cités soucieuses de commémorer les luttes fratricides entre Grecs. Il suffit d'examiner les *ex-voto* pour y lire l'histoire des combats pour l'hégémonie : les Navarques de Sparte après 404, la base des Arcadiens après leur incursion en Laconie de 369, les rois d'Argos après la fondation de Messène. Le trésor de Thèbes, chambre rectangulaire sans colonnes ni sculptures, exemplaire précieux du sobre travail du calcaire, célèbre la victoire de Leuctres. Seul le trésor de Cyrène (troisième quart du siècle) s'élève au-dessus des mesquines contestations entre cités pour offrir au dieu le tribut intellectuel d'une offrande de rythmes mathématiques.

Une merveille du monde : le Mausolée

L'édifice le plus important du siècle est un tombeau et le tombeau d'un prince barbare : on mesure la distance parcourue depuis le radieux temple acropolitain où s'incarnait la gloire du Ve siècle. Conçu par Mausole et terminé après sa mort par sa veuve Artémise, le Mausolée est l'œuvre de deux architectes, Satyros et Pythios, et de quatre sculpteurs, Scopas, Timothéos, Bryaxis et Léocharès : l'éclat de ces artistes montre à suffisance que l'on n'épargna rien pour chanter la gloire du fastueux dynaste d'Halicarnasse qui reposait avec sa femme sous un poids colossal de marbre dans la capitale qu'il avait fondée.

Misérablement détruit par les croisés, le Mausolée n'est plus guère connu que par une description de Pline. Dressé à flanc de colline sur une plate-forme artificielle, il comportait un soubassement quadrangulaire, qui renfermait sans doute la chambre sépulcrale, ornée de frises peintes ; au-dessus, un temple ionique à 36 colonnes, surmonté d'une pyramide rectangulaire à 24 degrés, d'égale hauteur ; au faîte, un quadrige, œuvre de Pythios. L'ensemble produisait une impression de vertigineuse ascension, depuis la base massive solidement accrochée au sol jusqu'à l'envolée de la pyramide et du char, lourdement assis sur la grêle colonnade ionique et qui symbolisait l'élan de l'âme vers des destinées supraterrestres.

Le Mausolée se rattache à une millénaire tradition orientale de tombeaux colossaux et il rappelle en outre les temples-tombeaux des dynastes lyciens (*héroon* de Xanthos par exemple). C'est aussi le faste de l'Orient que l'on constate dans la sculpture, jetée à profusion sur tout l'édifice dont elle accusait le message spirituel. Dans l'état de dégradation des morceaux sortis de la fouille, il ne peut plus être question de reconstituer avec certitude cette décoration sculptée, ni d'y retrouver la part de chacun des quatre artistes, deux maîtres chevronnés et deux jeunes, dont chacun s'était vu attribuer une face. On discute sans trêve pour replacer – sur le soubassement et sur le temple – les trois frises dont il reste des fragments : course de chars, symbole de la victoire finale de Mausole et de son apothéose, Amazonomachie et Centauromachie. La seule *Amazonomachie* est assez bien conservée : non sans peut-être des allusions aux cultes cariens, elle reprenait un vieux thème grec avec une virtuosité remarquable, de la variété dans les épisodes, des détails imprévus et un rythme d'une exquise musicalité. Deux statues colossales du couple, dans le *naos* plutôt que sur le char ou que dans le caveau, complétaient cet ensemble unique.

Les vieilles croyances de l'Orient confluent au Mausolée avec l'art grec le plus novateur qui sculpte des scènes dramatiques, symbole des vicissitudes de l'âme humaine, et donne au visage de pathétiques expressions. Cette impressionnante synthèse de l'hellénique et du barbare annonce d'autant plus l'ère hellénistique qu'elle est tout entière tendue vers l'apothéose d'un prince haussé après sa mort jusque dans l'empyrée.

Édifices de rassemblement et maisons

L'un des traits les plus caractéristiques du IVe siècle est le développement des édifices de rassemblement, et en particulier des théâtres de pierre, qui conservent un caractère religieux, mais témoignent surtout de la diffusion dans toute la Grèce du goût pour les spectacles. À Épidaure Polyclète le Jeune sait faire du théâtre, qui domine à flanc de colline le sanctuaire, non seulement une œuvre d'art, mais une œuvre de science : un jeu complet de l'esprit où la connaissance mathématique est la condition même de la recherche de la beauté. À Athènes des constructions définitives succèdent aux remblais de terre et aux tréteaux de bois : dès la fin du Ve siècle des aménagements sont commencés ; sous l'administration de Lycurgue sans doute, une scène et un *auditorium* de pierre sont construits. Mégapolis et Delphes élèvent aussi des théâtres.

Les assemblées politiques posent également des problèmes qui reçoivent de nouvelles solutions. Certes on se contente à Athènes d'un réaménagement de la Pnyx (sous Lycurgue), mais Mégalopolis, la capitale-champignon de la confédération arcadienne, élève pour l'assemblée des Dix-Mille un *ecclésiastérion* hypostyle très savant (le Thersilion), où les colonnes rangées sur cinq rectangles ne cachent pas pour les participants les orateurs placés au centre : édifice qui subit fortement l'influence du théâtre jusque dans ses gradins en pente et qui servira de modèle à tous les lieux de réunion de l'époque hellénistique. On peut dans une certaine mesure en rapprocher l'Arsenal du Pirée, vaste construction hypostyle de 131 × 18 m dont Philon d'Éleusis sait faire un chef-d'œuvre de technique.

L'architecture privée est mal connue, sinon à Athènes et dans deux villes détruites par Philippe et Alexandre, Olynthe et Thèbes. La maison reste généralement pauvre, avec cependant une évolution vers plus de confort (car le citoyen tend à devenir un homme d'intérieur) et plus de raffinement, en correspondance avec l'état d'esprit nouveau. Fermée sur l'extérieur, elle s'ordonne autour d'une cour centrale, parfois garnie de portiques au moins d'un côté. Le matériau employé est la brique au-dessus d'une assise de pierre, ce qui permet aux voleurs de s'introduire aisément en perçant les murailles. Les plus beaux exemplaires comportent deux pièces principales, l'*andron* (salle de banquet pour les hommes) et l'*oicos* (salle familiale avec le foyer). Le luxe fait son apparition : Démosthène oppose à l'humble demeure de Thémistocle « les palais qui dépassent en munificence les autres édifices » ; Olynthe offre de somptueuses maisons, ornées de stucs peints et de mosaïques, telle la « villa de la Bonne Fortune » qui annonce l'époque hellénistique.

La sculpture nouvelle

Sans rupture avec la période précédente, la sculpture évolue elle aussi rapidement. Jusque vers 370 c'est une période de transition, marquée de recherches dans les directions les plus contradictoires, réalisme outré ou imagination gracieuse. Céphisodote l'Ancien donne son chef-d'œuvre dans un groupe allégorique d'*Eiréné* (Paix) portant le *bambino* Ploutos (Richesse) qui témoigne d'un goût nouveau pour l'enfance. L'élégant Timothéos, chargé de la décoration du temple d'Asclépios à Épidaure, sculpte au fronton oriental une *Prise de Troie* plus aimable que vigoureuse, où se détachent pourtant de beaux morceaux, tel un Priam au visage pathétique ; ses acrotères, délicates figures de Néréides en plein envol, évoquent l'escorte des âmes rédimées.

Scopas le pathétique

Vers 370 se dégage un nouveau classicisme qui trouve d'abord sa plus belle expression avec Scopas et avec Praxitèle.

Scopas, un Parien, travaille à l'Artémision d'Éphèse et participe à la décoration du Mausolée, avant de se voir confier la reconstruction du temple d'Aléa à Tégée. On lui attribue avec vraisemblance le *Méléagre* de la Villa Médicis et la *Ménade* de Dresde.

Il garde encore bien des traits du Ve siècle, dans ses proportions comme dans l'harmonie d'ensemble de ses compositions. Mais ce sculpteur ardent exprime aussi les inquiétudes de son siècle. Ses têtes ont en commun une construction massive et carrée ; les visages ont une puissante expression, obtenue par des moyens très simples, toujours les mêmes : bouche entrouverte, yeux enfoncés sous une lourde arcade proéminente, regard levé. De fait il se plaît aux sujets dramatiques, comme à Tégée où il sculpte la *Chasse de Méléagre* et la *Bataille du Caïque* (voir p. 498). Les corps eux-mêmes frémissent : sa Ménade, emportée par la fureur dionysiaque, vibre de tout son être possédé par le délire du dieu et se tend comme un arc sous sa fine tunique. Maître incontesté du pathétique et du mouvement, il exerce une influence profonde sur les stèles funéraires du IVe siècle, où se lit souvent la même intensité hagarde, comme sur la sculpture pergaménienne. Mais son génie ne s'enferme pas dans les conventions d'un art tourmenté. L'*Arès Ludovisi* représente le dieu de la guerre au repos, comme las des batailles : Gouraud l'appelait non sans raison « le déserteur divin ». Son *Hypnos* (Sommeil) à la tête penchée figure un démon serein, de petites ailes aux tempes, qui semble inviter l'homme à la fuite devant le réel.

Sensualité et mysticisme : Praxitèle

Il y a moins de puissance et plus de grâce chez l'Athénien Praxitèle, fils de Céphisodote l'Ancien. Il commence par des œuvres qui reprennent le rythme polyclétéen, mais avec plus de souplesse et de sinuosité dans la ligne, comme le *Satyre verseur* ou l'*Aphrodite de Thespies*, dont la *Vénus d'Arles* reproduit la juvénile beauté. Puis il invente des figures aux formes flexueuses, languissamment appuyées sur un support. Son *Satyre au repos*, à la tête animale et sensuelle, accentue le nonchaloir de ses premières créations. L'*Aphrodite de Cnide*, la plus belle statue féminine de l'Antiquité, montre la déesse au bain, dans son éclatante nudité : vieux thème asiatique dont il ne faudrait pas méconnaître la valeur religieuse. Son rythme flexible représente l'aboutissement de toutes les recherches précédentes, sans que la langueur dégénère encore en morbidité. Il y a plus de maîtrise encore dans les dernières œuvres, par exemple dans l'*Hermès Dionysophore* d'Olympie. Le dieu adolescent s'arrête pour jouer avec l'enfant qui lui est confié : moment de détente et d'abandon, sauvé de la fadeur par l'intense spiritualité de la mission qu'Hermès assume en arrachant à son destin l'enfant porteur des espérances de l'humanité.

Praxitèle chante apparemment la grâce ineffable de l'adolescence et la divine nonchalance des beaux corps divinisés par le loisir. Nul n'a mieux figuré que lui leur molle sinuosité ni tracé avec un art plus souple les saillants et les dépressions qui y alternent en d'insensibles transitions : constamment imité à l'époque hellénistique, le modelé praxitélien reste d'une inimitable douceur. Les têtes aux chevelures raffinées se penchent délicatement ; les traits du visage se fondent dans un indescriptible *sfumato* ; les yeux et les lèvres sourient. Aux antipodes de la sculpture athlétique, ses éphèbes s'alanguissent dans des poses équivoques, comme s'ils portaient mal le poids de la vie. Ses déesses appellent à la volupté, ainsi que cette Phryné qui l'inspira si souvent. C'est un monde qui s'abandonne à tous les attraits de la beauté, sans que le désenchantement lui soit toujours épargné.

Mais il ne faudrait pas se laisser prendre à tant de charme langoureux. Même s'il les figure sous les traits d'adolescents incertains ou de frémissantes jeunes femmes, ce sont des dieux que crée Praxitèle, des dieux que Platon n'eût peut-être pas reniés, puisque la beauté de leur corps n'est que le reflet d'une réalité transcendante. Les Satyres, pour qui il affiche une particulière dilection, n'appartiennent pas à notre monde éphémère. Il y a un ardent mysticisme, farouchement sensuel, dans la *Cnidienne*, qui donne la plus complète représentation de l'auguste déité sans qui l'univers ne saurait persister. Toute la profondeur de l'attachement que tant d'âmes portent alors à Dionysos transparaît dans le divin portement de l'enfant salvateur.

Lysippe ou le retour au réalisme

On semble revenir à des schèmes plus connus avec Lysippe, le dernier des maîtres de l'école de Sicyone, qui néglige la représentation du corps féminin et reprend la tradition de la sculpture athlétique. Ses plus belles créations, l'*Agias* de Delphes (qui fait partie d'un groupe de dynastes et de vainqueurs thessaliens) ou l'*Apoxyomène* (athlète au strigile), donnent pourtant une impression toute nouvelle de vie par leurs proportions plus libres, par l'art de saisir le mouvement dans l'instant, par le réalisme du détail. La rencontre d'Alexandre fait de Lysippe un artiste de cour, le sculpteur officiel du prince qu'il aime à représenter le visage léonin, le cou incliné sur l'épaule gauche, le regard levé et humide, la chevelure en crinière : savant mélange de réalisme et d'idéalisation qui préfigure toute la sculpture royale de l'époque hellénistique. Après la mort du roi, il semble s'être consacré à sculpter des dieux ou des héros dans des attitudes naturelles qui n'attentent toutefois pas à leur dignité : un *Poséidon* penché en avant, le pied levé, pilote attentif et inquiet, un *Hermès*, le pied levé aussi, rattachant sa sandale avant de porter un message de Zeus.

Tout l'art de Lysippe naît d'une méditation sur le corps humain. Renonçant au canon trop trapu de Polyclète, il allonge les proportions (la tête sera contenue sept fois dans le corps au lieu de six) et obtient des figures plus élancées et plus vivantes. Il vise à représenter la vie dans sa plénitude la plus riche, portant à leur achèvement les longs efforts de la sculpture grecque pour inscrire les statues dans les trois dimensions spatiales, les baignant d'air, d'ombres, de lumière, figeant dans le bronze la vérité d'un instant fugitif, n'hésitant pas devant le détail pittoresque, empruntant à la peinture ses propres moyens d'expression. S'il est un novateur, ce n'est pas par l'aspiration vers le pathétique ou vers le mysticisme, c'est par son acharnement à créer la beauté là où elle est la plus sensible à l'œil, dans la représentation du corps de l'homme. Son influence est d'autant plus forte qu'il vit, semble-t-il, jusqu'à la fin du siècle et forme une transition naturelle entre le classicisme et l'art hellénistique, qui a repris avec constance, et en les poussant souvent jusqu'à la caricature, ses efforts pour dégager le beau de la périssable enveloppe charnelle.

Ces trois maîtres incomparables n'épuisent pas l'histoire de la sculpture au siècle où elle atteint sa puissance maximale d'évocation, son humanité la plus vibrante. Deux Athéniens, Bryaxis et Léocharès, sont avec Timothéos les collaborateurs de Scopas au Mausolée. Bryaxis sculpte un *Asclépios* dont l'ardente compassion éclate sur un visage chargé de bonté et de tendresse (voir aussi p. 649). Léocharès, auteur de l'*Apollon du Belvédère* et de la *Diane de Versailles*, aime les attitudes théâtrales. Silanion, créateur d'un *Platon* à l'expression morose, est le plus fameux d'une série de portraitistes, qui témoignent d'un goût nouveau pour l'individuel destiné à se perpétuer pendant des siècles. D'une manière générale, on est frappé de la vitalité d'un art où inlassablement les artistes des époques hellénistique et romaine trouveront des sources d'inspiration, tandis que les copistes en vulgariseront les chefs-d'œuvre.

L'apogée de la peinture grecque

L'incontestable primat de la sculpture au Ve siècle ne subsiste pas au siècle suivant, où l'on assiste à un remarquable renouvellement de la grande peinture, qui n'est pas sans exercer à son tour son influence sur la sculpture. Lysippe ne déclare-t-il pas que son vrai maître est un peintre, Eupompos de Sicyone ?

Dès le début du siècle se détachent trois écoles. L'école ionienne reconnaît comme maître le grand Parrhasios, qui continue à produire jusque vers 370. Timanthès de Cythnos donne son chef-d'œuvre dans le *Sacrifice d'Iphigénie*, où il rivalise avec un autre Ionien, Colotès de Téos : ce pathétique sujet lui permet de rendre toutes les nuances de la tristesse, mais, désespérant d'exprimer dignement la douleur du père, il préfère représenter Agamemnon la tête voilée.

C'est Eupompos qui donne à l'école de Sicyone un éclat exceptionnel, mais on ne sait rien de lui, sinon que ses tableaux étaient particulièrement prisés à l'époque hellénistique et qu'il forma les deux grands peintres de l'école, Pamphilos et Pausias. Pamphilos d'Amphipolis pratique des techniques difficiles, dont il est parfois présenté à tort comme l'inventeur : la peinture sur buis et la peinture à l'encaustique. On nous signale l'intérêt de ses groupes de famille, sans doute apparentés à ceux que présentent en grand nombre les stèles funéraires contemporaines. Pausias de Sicyone est le peintre de *Glycère*, une jolie bouquetière dont il rend les fleurs avec d'exquises nuances ; mais il sait aussi s'élever au grand art religieux sur les plafonds de la *tholos* d'Épidaure où il peint *Méthé* (l'Ivresse) et *Éros* (l'Amour), les deux récompenses mystiques des fidèles d'Asclépios.

Celui qui devait rester pour les Grecs le plus grand peintre de tous les temps, Apelle, est un Ionien qui étudie à Sicyone et qui sait unir à la grâce légère et à la surabondance qu'il tient de ses origines la gravité de l'école sicyonienne. Il travaille pour les sanctuaires d'Asie et peint pour Cos une *Aphrodite Anadyomène*, dont le bas du corps, encore immergé, devait apparaître par transparence, et pour Éphèse la *Procession du Mégabyze*. La *Calomnie*, que nous ne connaissons que par la description qu'en a laissée Lucien, est un tableau puissamment allégorique. Mais il est surtout le portraitiste attitré de la cour de Macédoine et quelque chose de la gloire de ses modèles, Philippe, Archélaos,

Alexandre, a rejailli sur lui. Parmi les œuvres les plus louées de l'Antiquité, l'*Alexandre sur son char de triomphe* et l'*Alexandre accompagné de la Victoire et des Dioscures* sont les plus célèbres.

L'école attique s'attache à peindre les émotions de l'âme. Aristide l'Ancien montre un goût un peu morbide dans des compositions pathétiques : une mère expirant et repoussant de son sein son nourrisson, une jeune fille mourant d'amour pour son frère. Nicias, le peintre attitré des statues de Praxitèle, est surtout un esthète, préoccupé de la beauté en soi et que passionne le rendu de l'ombre et de la lumière. Il se plaît à représenter l'innocence persécutée dans les romanesques aventures d'*Io et Argos* ou de *Persée et Andromède*. Philoxénos d'Érétrie peint pour Cassandre le *Combat d'Alexandre et de Darius*, dont la fameuse mosaïque de la maison du Faune à Pompéi est sans doute la copie (voir page 638) : dans cette vaste composition on ne sait si l'on admire davantage la précision réaliste des armes et des chevaux ou l'intensité de ce moment unique où s'affrontent les deux rois, le jeune dieu vainqueur et l'Asiatique vaincu, à qui la mort des siens arrache un geste de vaine pitié.

Décadence de la céramique à figures rouges

Au moment même où la peinture atteint sa pleine dignité et, renonçant au simple dessin coloré qui avait longtemps été son lot, conquiert le chatoyant domaine des ombres, des reflets, des transparences, en même temps qu'elle s'essaie à rendre toutes les émotions de l'âme, la céramique s'enlise dans la facilité.

Le grand centre de production reste Athènes. Dans la ligne du style fleuri de Meidias, les céramistes aiment une riche polychromie, les rehauts blancs et même bleus, la dorure. Ils s'amusent parfois à mêler figures peintes et figures en relief, comme sur l'aryballe de Xénophantos qui représente une chasse royale dans un décor de « paradis » perse. Les scènes de gynécée demeurent nombreuses, mais on voit aussi se multiplier les thèmes religieux à résonance mystique qui correspondent aux engouements du moment.

L'exécution est rapide et jamais on ne retrouve le soin méticuleux des belles pièces du Ve siècle. Cependant vers 370 se dessine une renaissance, en accord avec le renouveau de la puissance d'Athènes : ce sont les vases dits conventionnellement de Kertsch, qui se trouvent largement répandus sur toute l'aire de la Méditerranée et de la mer Noire. Éphémère renouveau d'un art qui avait symbolisé le dynamisme artisanal d'Athènes : dans les dernières décennies les vases deviennent de plus en plus médiocres et finalement la céramique à figures rouges disparaît totalement.

Nouveauté intéressante, les fabriques apparues dès le Vᵉ siècle en Italie se développent. Elles produisent de grands vases, sans utilité pratique mais destinés à décorer tombes ou appartements, et qui dénotent souvent une grande habileté technique. Le goût est encore moins épuré que dans les compositions attiques contemporaines : la polychromie devient bariolage, le décor est surabondant, avec déjà une guirlandomanie qui annonce la période hellénistique. Les sujets sont souvent empruntés au théâtre, dont le céramiste s'attache à reproduire les décors, les costumes, les accessoires, qu'il s'agisse de scènes tragiques ou de représentations parodiques, grossières, bouffonnes tirées de la phlyaque. L'outre-tombe est aussi fréquemment figuré : personnel infernal, damnés de grande classe tels Sisyphe ou Tantale et occasionnels visiteurs comme Orphée ou Héraclès (fig. 68).

Dans cette riche production italiote, qui d'ailleurs imite souvent les vases du Kertsch, on distingue trois grands centres : la Campanie, très sensible à l'influence de la proche Étrurie et de son imagerie funéraire ; la Lucanie, qui a une prédilection marquée pour les sujets d'un violent pathétique et pour les scènes d'offrande ou de libation ; l'Apulie surtout, qui cuit des vases au décor végétal exubérant, aux peintures souvent réalistes (plats à poissons : voir fig. 65) ou burlesques (scènes de parodie mythologique ou scènes de la vie quotidienne, toutes remarquables par la bestialité des visages). Ces ateliers travaillent plus longtemps que les ateliers attiques, jusqu'en plein IIIᵉ siècle (fig. 69).

Le raffinement des arts mineurs

Les progrès de l'élégance et du raffinement ne sont nulle part plus sensibles que dans les arts mineurs.

Les ateliers d'Athènes continuent à produire de belles figurines de terre cuite, mais la Béotie redevient un grand centre de production, sans doute sous l'influence du dynamisme nouveau corrélatif aux succès de l'impérialisme thébain : c'est la

Fig. 68. Offrande devant un *héroon* : cinq femmes sont groupées autour du tombeau ; dans l'*héroon*, la morte assise se regardant dans un miroir, avec une servante debout ouvrant un coffret. Hydrie apulienne de Ruvo (Italie). Londres, British Museum.

grande époque de Tanagra, dont le nom est – non sans quelque abus – devenu pour nous un nom commun. Les thèmes sont moins souvent religieux qu'à l'époque précédente : certes les représentations des dieux « mystiques », Aphrodite et Dionysos notamment, sont nombreuses, mais on leur préfère les sujets familiers, enfants, jeunes gens ou jeunes filles. Il n'y a point de représentation plus aimable et plus souriante de la vie quotidienne que ces statuettes d'écoliers, de fillettes dansant, de joueuses de cithare ou d'osselets, de promeneuses à l'ombrelle. Le paradoxe c'est que, dans les meilleurs cas, l'artiste arrive à faire de ces menus bibelots des chefs-d'œuvre de psychologie et à rendre toutes les expressions du rire, de la mélancolie, de la joie de vivre, de la coquetterie primesautière. Les attitudes du corps sont soigneusement notées et reproduites, non sans une grande influence des poses hardies ou langoureuses de la sculpture praxitélienne. Et quelle variété dans les draperies, qui suggèrent avec une sensualité discrète les formes harmonieuses du corps sous l'enveloppe du vêtement !

Cette grâce saisie dans l'instant se retrouve, tempérée de plus

Fig. 69. Le marchand de thon. Cratère de Lipari, début de la période hellénistique.

de gravité, dans les productions de la toreutique. Dans toutes les parties du monde grec on travaille le métal précieux, notamment en Ionie, à Athènes, à Corinthe, à Tarente, et les ateliers du monde gréco-pontique rivalisent avec ceux de la Méditerranée. De nouvelles formes apparaissent, le miroir à boîtier, créé peut-être à Corinthe, et le *cados* (urne) funéraire. Une coupe à *embléma*, l'une des pièces les plus anciennes du « trésor de Tarente », montre Céphale et Procris : l'amour éclate sur leur visage et dans leurs gestes, respectueux, empressé et presque repentant chez le héros, timide et réservé chez la fille d'Érechthée. Les belles urnes cinéraires du Musée de Chantilly portent des scènes mystiques, *Éros et Psyché* ou *Dionysos et Ariane*, qui illustrent d'éclatante manière les croyances platoniciennes dans la libération de l'âme par l'amour.

Les monnaies aussi sont sensibles à l'évolution du grand art, non pas peut-être à Athènes où les tétradrachmes, aux représentations immuables, donneraient plutôt des signes de dégénérescence, mais dans l'Occident grec, qui reste la terre d'élection de l'art monétaire – notamment à Agrigente, à Syracuse, à Tarente et même à Marseille –, et dans les confédérations (ligue arcadienne ou ligue achéenne) qui trouvent dans le monnayage l'expression la plus directe de leur unité politique. Les statères d'or ou les tétradrachmes d'argent des souverains de Macédoine sont intéressants, non seulement par leur très vaste diffusion, mais parce qu'ils seront largement imités dans toutes les émissions, grecques et barbares, de l'époque hellénistique.

Le second classicisme artistique, s'il n'a plus la belle pureté et la sereine eurythmie du premier, offre l'expression la plus complète d'un monde dont les sources vives ne sont point taries. La littérature s'oriente trop vers l'action et la politique, c'est-à-dire vers le contingent. La philosophie se laisse entraîner dans des constructions dont la hardiesse confine à l'utopie. L'art est plus nuancé. S'il donne généralement l'impression d'une élégance qui fuit la noblesse compassée et s'il correspond bien ainsi à l'atticisme d'un Lysias ou à la bonhomie souriante de maints dialogues platoniciens, il sait s'émouvoir sans attendrissement facile, tout en gardant le culte de la beauté formelle qui naît du nombre et de l'harmonie des volumes, des lignes ou des couleurs.

4. L'ANGOISSE DES CONSCIENCES

En apparence il n'y a pas de changement dans le culte officiel, qui continue à honorer les dieux de la cité, dieux ouraniens et certains dieux chthoniens intégrés depuis longtemps dans la religion poliade, telles les « deux déesses » d'Éleusis. Rien ne prouve mieux le crédit dont jouit encore Apollon que la reconstruction du sanctuaire de Delphes, détruit par le cataclysme de 373 (fig. 70) : outre les contributions des cités décidées au congrès panhellénique de

Sparte, de nombreux dons volontaires affluent et l'on réunit sans trop de peine l'énorme somme (500 à 700 talents) nécessaire pour rebâtir le temple des Alcméonides.

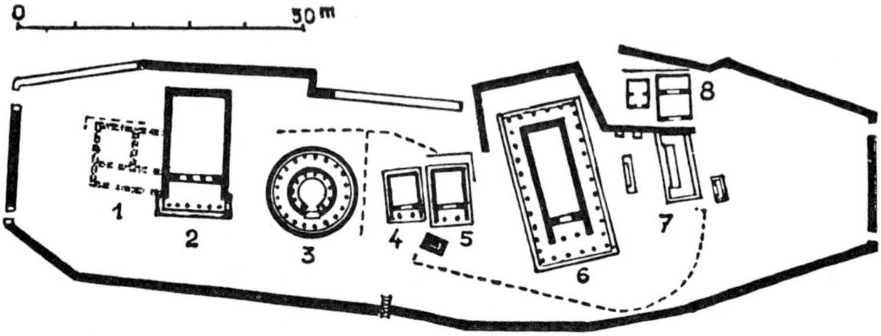

Fig. 70. Le sanctuaire d'Athéna Pronaia à Delphes (d'après P. de La Coste-Messelière) : 1. Habitation des prêtres. – 2. Temple en calcaire d'Athéna. – 3. *Tholos*. – 4. Trésor des Marseillais. – 5. Trésor dorique. – 6. Temple en tuf d'Athéna. – 7. Autels. – 8. Trésors.

Cependant, dans une civilisation où le culte est affaire d'État, tout changement politique entraîne une évolution religieuse. Or, au IVe siècle, la cité chancelle sur ses bases. Aussi n'est-il pas étonnant que s'accroisse la désaffection pour les divinités poliades au profit de dieux qui répondent mieux aux aspirations de l'individu. La crise instaurée au moins dès 430 s'amplifie et prend des proportions inquiétantes.

Les nouveaux dieux

Le vieux fonds hellénique recélait des divinités qui répondaient aux besoins mystiques ou qui pouvaient tout au moins s'accommoder à ces besoins. Ainsi Dionysos, dont les *Bacchantes* d'Euripide venaient de montrer le prodigieux succès. De plus en plus conquérant, il est surtout honoré comme l'« enfant divin », chéri des Nymphes de Nysa, ou comme l'amant salvateur d'Ariane. Le maître du thiase échevelé s'introduit même dans les liturgies bien réglées d'Éleusis, notamment sous la forme d'Iacchos, un héros personnifiant le cri rituel de la procession et dont le nom évoque celui de Bacchos. Il annexe aussi Héraclès, souvent représenté dans sa mort d'apothéose qui lui permet d'accéder à la félicité dionysiaque.

Autre divinité de l'amour ou plutôt du salut par l'amour, Aphrodite, de plus en plus souvent accompagnée par un Éros poupin qui préfigure les Amourets hellénistiques. Intimement liée à Adonis, dont le culte gagne en extension et en ferveur, elle est une déité trouble, et par là toute-puissante sur les esprits, en qui s'associent les forces germinatives et les élans érotiques.

Asclépios continue à être le maître de la santé et ses sanctuaires sont de plus en plus achalandés. C'est au IVe siècle qu'Épidaure se couvre de monuments qui font de son *hiéron* le digne rival des grandes enceintes panhelléniques ; Athènes construit un nouvel Asclépieion ; une petite station de cure comme Gortys d'Arcadie se pose en succursale d'Épidaure. Mais ces témoignages de prospérité sont moins touchants que les modestes *ex-voto* qui se multiplient, représentant le plus souvent les parties du corps sauvées par l'action miraculeuse du dieu. À Épidaure des stèles, gravées au IVe siècle, racontent avec une foi que tempère parfois l'humour, les guérisons d'Asclépios, de vrais miracles apparemment, car son intervention est le plus souvent instantanée et n'implique pas, comme aux époques suivantes, de véritables traitements. Sur les reliefs ou en ronde bosse, le thaumaturge figure, souvent accompagné de sa fille Hygie (Santé) et de son serpent familier, comme l'incarnation même de la philanthropie divine. On est fort loin de ce démon troublant l'ordre du monde par d'intempestives résurrections et comme tel foudroyé par Zeus que présentait encore Pindare.

Mais les âmes sont trop inquiètes et trop effrénées pour se contenter de ces divinités traditionnelles. La vague de fond du mysticisme nordique ou oriental ravage de plus belle la Grèce, malgré les sarcasmes de la comédie moyenne, sur ce point digne continuatrice d'Aristophane, et les malédictions du Platon des *Lois*. Dans le survol de ce panthéon exotique, nous retrouvons des dieux déjà connus, que bien d'autres viennent rejoindre.

Le groupe des dieux thraco-phrygiens est considérable. Ce n'est plus guère une étrangère que Cybèle, mais son prêtre le Métragyrte sert encore de cible aux comiques et elle est désormais accompagnée d'Attis et des galles. Bendis est chez elle à Tarente, comme à Athènes et au Pirée. Sabazios, déjà dénoncé par Aristophane, est servi par d'indignes prêtresses, Ninos, condamnée à mort comme empoisonneuse, ou Glaucothée, mère d'Eschine, dont Démosthène conte non sans mordant les ridicules pratiques. Isodaitès, un nouveau venu, doit lui ressembler de fort près : démon à passion dont on fête la disparition dans les larmes et dans la joie la résurrection, il est honoré par des rites d'une excessive licence et Phryné ne doit qu'à sa beauté et au talent d'Hypéride d'échapper à la grave accusation qui pèse sur elle d'avoir participé à son culte. Les « Grands Dieux » de Samothrace continuent une brillante carrière.

Les dieux du Proche-Orient ne sont pas moins envahissants. Les marchands égyptiens du Pirée obtiennent l'autorisation d'élever un temple pour Isis : de siècle en siècle désormais l'engouement ira croissant pour la bonne déesse. Bientôt ce sont les négociants de Cittion qui reçoivent les mêmes droits pour leur Astarté.

Ces dieux nouveaux ne différaient pas dans leur essence des dieux traditionnels. Plus original est le développement de l'astrolâtrie, héritage direct de l'Orient, et en particulier de ces Maguséens, mages d'Anatolie qui avaient établi un syncrétisme entre le zoroastrisme et l'astrologie babylonienne. À la base de tout, la croyance dans la divinité des astes. Elle n'éclate nulle part avec autant de force et de conviction que dans l'*Épinomis*, la dernière des œuvres de Platon (à moins qu'il ne faille l'attribuer à un disciple immédiat) : les astres ont une âme, comme le prouve bien la régularité de leurs mouvements et cette âme est divine ; ils sont donc des dieux visibles et seule leur contemplation peut apporter à l'homme sagesse et bonheur.

Mais, si cette vue ravit l'âme du vieux philosophe, le peuple tire des conséquences plus directes de la divinité des astres. D'une part, se développe la croyance dans l'immortalité céleste de l'âme, que le pythagorisme avait empruntée au système iranien et qu'Aristophane évoquait déjà dans la *Paix* (827), quand il faisait dire à Trygée que, « lorsque quelqu'un meurt, il devient un astre dans les cieux ». D'autre part, l'idée que le destin de l'homme est inscrit dans les cieux se répand très rapidement et l'on voit commencer le règne des astrologues, qui ne cesseront de siècle en siècle d'étendre leur emprise sur les âmes.

Le culte des souverains

Le culte des souverains nous ramène sur la terre. Des princes sont assez habiles pour exploiter à des fins politiques les croyances latentes dans le peuple, avide de divinités plus proches et plus directement secourables. La royauté gardait quelque chose de la sacralité de ses origines et il existait en Grèce des cultes traditionnels voués à des héros, notamment aux fondateurs de cités. Nulle époque d'ailleurs ne montre avec plus de force le rôle des hommes providentiels dans le déroulement de l'histoire, rôle exalté par certains théoriciens politiques comme Xénophon ou Isocrate. L'Orient enfin donnait depuis des millénaires l'exemple de monarchies théocratiques, où le roi était considéré comme dieu lui-même (Égypte) ou comme vicaire du dieu (Mésopotamie).

Les premiers essais pour renforcer le pouvoir d'un homme par la force immense du surnaturel sont antérieurs à Alexandre. Cléarque instaure à Héraclée du Pont une tyrannie gréco-barbare. Il se proclame fils de Zeus, s'entoure d'un cérémonial liturgique, exige de ses sujets la proscynèse (génuflexion). Philippe va plus loin : dans une procession il fait porter sa statue à la suite de celles des douze dieux ; il commande à Léocharès un groupe chryséléphantin le représentant avec les siens, qu'il compte offrir à l'adoration dans la rotonde d'Olympie, véritable monument d'un culte héroïque.

Mais il est réservé à Alexandre de donner son plein développement au culte royal. Esprit naturellement mystique, pénétré de sa mission divine, il acquiert à l'oracle de Siwah la certitude d'être fils d'Amon. Dès lors tout renforce sa conviction intime : ses éclatants succès, ses exploits de folle bravoure sur les champs de bataille, sa marche épique jusqu'aux rives de l'Indus qui rappelle la conquête de l'Inde par Dionysos. Comment ne se croirait-il pas dieu, lui qui a reculé les limites du possible et épuisé tous les triomphes ? Mais, esprit non moins réaliste, il voit les avantages qu'il peut retirer de sa divinité : le culte du souverain, dieu vivant et épiphane, est seul capable de fournir son indispensable unité à un empire démesuré, par-delà la diversité des contrées, des peuples, des religions.

Il adopte donc le cérémonial quasi divin des Achéménides.

Aussitôt se manifestent les résistances parmi les Grecs, qui ne peuvent admettre l'apothéose d'un homme encore vivant et qui s'indignent de la proscynèse, dont ils méconnaissent la vraie nature à la cour du Grand Roi : acte d'allégeance beaucoup plus que d'adoration. Alors Alexandre s'emporte et frappe : il assassine Cleitos le Noir (voir p. 454) ; Callisthène, le propre neveu de son maître Aristote, est jeté en prison. Peu à peu les oppositions s'affaiblissent. Athènes le vénère comme le « nouveau Dionysos ». En 324, les cités grecques délèguent à Babylone des théores – les ambassadeurs que l'on envoie aux dieux – pour le couronner d'or. Le culte royal est fondé, base la plus sûre de l'autocratie, hérité à la fois des spéculations de la pensée grecque et des traditions monarchiques de l'Orient. Le prodigieux génie qui insuffle pour des siècles une vie nouvelle au monde grec, est aussi responsable de ce monstrueux abêtissement, dont de moins dignes, les *basileis* hellénistiques et les *imperatores* romains, sauront utiliser les avantages politiques. Sa seule excuse est sans doute qu'il ait cru lui-même, non sans d'apparentes raisons, à sa divinité.

Un nouveau mysticisme

Une intense aspiration vers le divin remplit le siècle. Elle se marque par un goût très vif pour les mystères. Les Cabires de Samothrace, les « deux déesses » d'Éleusis, renforcées par l'exaltante présence de Dionysos, conservent leur fidèles. Bacchants et Bacchantes continuent à hanter les halliers en poussant l'*Évohé*. On voit refleurir de vieux rites archaïques, notamment à Andanie (Messénie) où des orgies apparentées aux liturgies d'Éleusis honorent les « Grands Dieux », associés à Déméter, Coré, Apollon Carneios et Hermès.

L'orphisme semble aussi connaître un renouveau, sensible en particulier en Béotie : un vase du Cabirion de Thèbes montre un Dionysos Cabire entouré de figures orphiques. Il n'est pas douteux, malgré d'interminables controverses, que Platon a été fortement influencé par lui, notamment en ce qui concerne l'origine divine de l'âme, sa supériorité par rapport au corps, sa survie heureuse ou malheureuse. Au reste il est toujours aussi difficile de le distinguer du pythagorisme et il est plus sage de parler d'orphico-pythagorisme, notamment à propos des fameuses tablettes retrouvées dans les tombes, particulièrement en Grande-Grèce et dans la Grèce du Nord. Les exemplaires de Pétilia et de Thourioi (IVe ou IIIe siècle) sont des extraits d'un « livre des morts » destiné à faciliter le voyage dans l'au-delà. La première donne les éléments de topographie infernale nécessaires pour accéder au lac de Mémoire où l'âme se désaltérera en proclamant sa descendance divine dans le plus pur style orphique : « Je suis par les Titans fils de la Terre et du Ciel étoilé, mais ma race est céleste. » Les secondes, dans une atmosphère qui emprunte aussi à l'éleusinisme, montrent l'âme « envolée hors du cycle endeuillé des douleurs », descendant auprès de Despoina (Maîtresse), la reine souterraine, et obtenant d'elle l'admission au « séjour des saints ». « Heureux et bienheureux, tu seras dieu au lieu de mortel », affirment-elles avec une ferme conviction et une pieuse confiance qui nous entraînent très loin du « beau risque » que représentait pour Platon la vie éternelle (*Phédon*, 114 d).

D'aucuns veulent connaître dès cette terre des émotions plus fortes. Ils se ruent dans d'autres mystères, auxquels l'exotisme donne plus de piquant, ceux de Sabazios, d'Adonis, d'Attis. Démosthène a laissé dans le *Discours sur la couronne* une inoubliable peinture des liturgies, d'ailleurs plus ridicules que déshonnêtes, qu'Eschine célébrait avec sa mère, sans qu'il soit toujours possible de distinguer les divers éléments syncrétiques qui s'y mêlent : « Tu lui lisais les livres et tu collaborais à toutes ses machinations : toute la nuit tu présentais la peau de lion et le cratère, tu purifiais les initiés, tu les barbouillais de boue et de son, tu les faisais lever après l'initiation, tu leur faisais dire : *J'ai échappé au mal, j'ai trouvé le bien*, tout fier que jamais personne n'eût jamais poussé de tels hurlements. Pendant le jour, tu conduisais par les rues ces beaux thiases couronnés de fenouil et de peuplier blanc, tu maniais les serpents joufflus et les élevais au-dessus de ta tête, tu criais *Évohé ! Sabohé !* tu dansais... » (259-260).

Les aspects sociaux de ce mysticisme sont très nouveaux aussi. Il se développe dans des associations (ou thiases) groupant les fidèles d'un même dieu. Elles apparaissent dès la fin du Ve siècle et Lysias donne des malheurs d'un thiasote exploité par ses confrères une peinture fort piquante. Elles vont se multipliant au cours du IVᵉ, notamment dans les cercles d'étrangers, métèques et esclaves, qui continuent à adorer leurs dieux nationaux, mais attirent bientôt vers eux des Athéniens soucieux de nouveautés religieuses. Comme de règle, les femmes et les petites gens semblent constituer l'essentiel de la clientèle de ces communautés, où l'on devine sans peine l'ébauche des innombrables confréries religieuses de l'époque hellénistique.

C'est dans ces milieux fermés, échappant totalement à l'influence des cultes civiques, que se développe le goût des cérémonies compliquées, faisant appel à tous les sens pour mieux exalter l'âme et orchestrées par les musiques émouvantes de l'Asie. De véritables liturgies apparaissent, recourant souvent à une symbolique facile : ainsi des gâteaux ronds sont distribués sous le nom d'ambroisie ou de pain des Bienheureux et leur manducation est censée apporter le salut.

Le personnel sacré se multiplie, profitant de l'engouement du public pour le surnaturel. Prêtres, exégètes, purificateurs, orphéotélestes exploitent à l'envi l'appétit du divin et développent le goût de la parabole, de l'allégorie, de l'obscurité. Un type psychologique nouveau apparaît, le superstitieux, auquel Théophraste consacre l'un de ses « caractères » (16) : il court chez le devin, si une souris a rongé un de ses sacs de farine, et, s'il rencontre les boueux, « il rentre chez lui, s'inonde de la tête aux pieds, fait venir les prêtresses et leur demande de le purifier avec un oignon marin ou avec le cadavre d'un jeune chien, portés en cercle autour de lui ».

Au total, une religion agitée, chaleureuse, que Ch. Picard a pu comparer au catholicisme de l'époque du Bernin. Toute tiédeur est bannie et les procès d'impiété se succèdent. Certaines âmes sont même si frénétiques qu'elles doivent chercher ailleurs des frissons que les cultes les plus orgiastiques ne leur donnent pas. Les démons ravisseurs d'enfants et les fantômes hantent les imaginations populaires. La magie et les sortilèges se développent au point que Platon prévoit contre eux les peines les plus sévères. Les formules de malédiction se multiplient dès le début du siècle sur des tablettes de défixion où l'on demande à Hermès ou à Hécate de lier la langue ou les membres d'ennemis exécrés.

Il faut revenir à cette contradiction fondamentale que nous signalions en commençant : ce siècle qui est celui d'Aristote est aussi celui où l'aspiration vers le divin retentit pour la première fois avec autant de violence. Partout c'est le triomphe de l'irrationnel, auquel on s'abandonne avec délices. De maîtres mots apparaissent, auxquels les âmes ne sont pas près de renoncer : salut, amour, purification, rédemption. À cet appel chacun répond selon sa nature : Platon et Praxitèle élèvent au-dessus du réel des mondes radieux, mais les pauvres et les femmes doivent se contenter de goûter dans les thiases à un mysticisme au rabais.

LIVRE IV

Le renouveau de l'âge hellénistique

CHAPITRE 1

Les États hellénistiques

L'époque qu'on appelle conventionnellement hellénistique (en allemand *Hellenismus*) s'ouvre à la mort d'Alexandre pour se terminer, à des dates très différentes selon les contrées, par la conquête romaine. Elle se caractérise par l'extension des terres occupées par des Grecs et par le déplacement du centre de gravité de l'hellénisme, le rôle joué par la Grèce propre étant désormais bien faible à côté de celui des grands royaumes orientaux. Son histoire est particulièrement complexe : c'est une longue suite de guerres acharnées et meurtrières et d'usurpations, qui ne cessent de modifier les frontières des États. D'autre part les documents sont beaucoup plus abondants qu'aux périodes précédentes. Une mention particulière doit être faite des papyrus, conservés en très grande quantité, en Égypte surtout, qui ont gardé les témoignages les plus divers : lettres royales, textes administratifs, archives notariales, correspondance privée, cahiers d'écoliers... L'évocation des destinées politiques du monde grec à une époque si troublée sera forcément brève.

Il ne peut être question en particulier de raconter ici les guerres interminables par lesquelles les généraux d'Alexandre se disputent son empire. Dès 321, après l'assassinat du régent Perdiccas, un premier partage est effectué à Triparadeisos : à

Antipatros la Macédoine, à Ptolémée l'Égypte, à Lysimaque la Thrace, à Antigone le Borgne l'Asie Mineure, à Séleucos la Babylonie. Dès 306-305 ils prennent le titre de roi (Antipatros ayant été remplacé par son fils Cassandre). Les luttes se poursuivent encore pendant plus de vingt ans, marquées de sanglants épisodes comme l'écrasement et la mort d'Antigone le Borgne à Ipsos (301), ceux de Lysimaque à Couropédion (281), l'assassinat de Séleucos par Ptolémée Céraunos (280).

À cette date, les successeurs (diadoques) directs d'Alexandre sont tous disparus après quarante ans d'efforts, d'intrigues, de conflits pour s'approprier une part de l'immense empire, faute de le pouvoir régir dans son ensemble. La situation est alors stabilisée par la constitution de trois grands royaumes : l'Égypte à Ptolémée II, fils de Ptolémée, l'Asie à Antiochos Ier, fils de Séleucos, la Macédoine qui revient vite à Antigone Gonatas, petit-fils du Borgne. Aucune époque n'a vu des luttes personnelles aussi âpres, des *condottieri* aussi hardis, des alliances aussi instables. Quelle admirable galerie de portraits que celle qui rassemble le Borgne indomptable, son fils Démétrios Poliorcète (le Preneur de villes), aussi ardent au combat que dans la débauche, l'implacable Séleucos, le rusé Ptolémée et Cassandre le brutal ! La génération suivante, celle des épigones, verra de moins grandes ambitions – puisque aucun prince ne convoite plus de rétablir l'Empire universel qui avait été longtemps l'espoir des diadoques – mais une consolidation générale des royaumes créés au milieu de tant d'épreuves.

Il n'est pas non plus dans notre propos de dire les successives campagnes qui permirent aux Romains de mettre fin à l'indépendance du monde grec, pas plus que d'analyser les motifs et les prétextes de leurs interventions ni de dévoiler les arcanes de la politique sinueuse du Sénat et les convoitises des chevaliers. Les unes et les autres appartiennent en fait à l'histoire romaine. Dans la mesure où ces événements seront évoqués, ils le seront toujours du point de vue des Grecs.

1. LE DÉCLIN DE LA GRÈCE INDÉPENDANTE

Dans la Grèce propre, il reste quelques cités qui gardent la façade de l'indépendance et l'apparence de leurs institutions traditionnelles, notamment Athènes et épisodiquement Corinthe. Mais le déclin s'accentue avec l'appauvrissement et les troubles sociaux. Seules certaines villes insulaires profitent du déplacement de la puissance politique et économique vers l'Orient.

Une Athènes bourgeoise

Si Athènes ne compte plus guère, ce n'est pas tant à cause des entreprises des souverains de Macédoine (en 228 elle chasse même la garnison du Pirée et recouvre donc une autonomie totale, au moins en apparence) que parce que l'esprit démocratique est mort. Les institutions n'ont guère changé, malgré l'adjonction de deux tribus aux tribus clisthéniennes, mais le peuple n'est plus le maître (fig. 71). Le théorique et

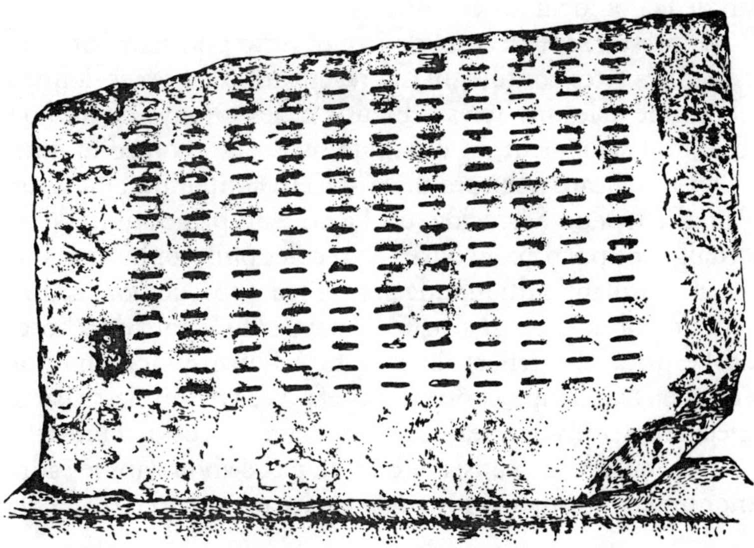

Fig. 71. Machine à tirer au sort les bouleutes *(clérotérion)* découverte sur l'Agora d'Athènes, IIIe siècle (d'après S. Dow).

la plupart des *misthoi* ont été supprimés. Le pouvoir est entre les mains de l'Aréopage et du plus important des stratèges, celui des hoplites. Le service militaire a disparu et l'État confie sa défense à des mercenaires. Les éphèbes ne sont plus que des étudiants qui se groupent pour poursuivre leurs études. L'activité économique a singulièrement diminué depuis la disparition des clérouquies et l'effacement du Pirée, qui n'est plus sur les grandes routes du commerce. Elle reprend quelque peu après la « libération » de la Grèce et surtout lorsqu'en 166 les Romains restituent à Athènes quelques clérouquies et lui donnent Délos, pour faire pièce aux Rhodiens. Elle durera jusqu'au sac de Sylla en 86.

Il reste cependant des riches, qui monopolisent le pouvoir. Leur politique est prudente, car pour eux rien n'a d'importance que le maintien de leurs privilèges et la possession tranquille de leurs biens. Ils cherchent seulement à contrebalancer l'influence macédonienne en entretenant de bonnes relations avec les Attalides et avec les Lagides, qui comblent Athènes de faveurs et y élèvent de belles constructions. Mais la substitution de la bourgeoisie au *démos* représente bien la fin de la grandeur athénienne.

Le prestige intellectuel de la cité reste pourtant considérable. Les fêtes continuent à y revêtir un éclat exceptionnel, notamment les mystères d'Éleusis et les Dionysies, où l'on joue non seulement du classique mais des « comédies nouvelles », délicate peinture de la société contemporaine. Aux Panathénées un Séleucide, un Lagide, un prince numide ne dédaignent pas de concourir. Ses écoles philosophiques sont les plus brillantes du monde grec et leurs spéculations séduisent un public blasé, mais qui n'a pas perdu le goût des choses de l'esprit. Ses ateliers de sculpture fournissent le monde entier en excellentes copies des chefs-d'œuvre du classicisme. Déjà se dessine son rôle de l'époque romaine, celui d'une ville universitaire, d'un conservatoire du passé aboli dans le cadre monumental toujours intact de la cité péricléenne (fig. 72).

La crise économique et sociale dans la Grèce continentale

Partout en Grèce la situation est critique. Certes l'agriculture progresse, grâce à l'emploi d'engrais qui permettent de plus belles moissons, et l'élevage profite de l'extension des prairies, mais c'est au bénéfice de quelques-uns, car la grande propriété se développe de plus en plus selon une tendance qui était déjà apparue au IVe siècle. L'industrie et le grand commerce périclitent, après une brève renaissance dans les

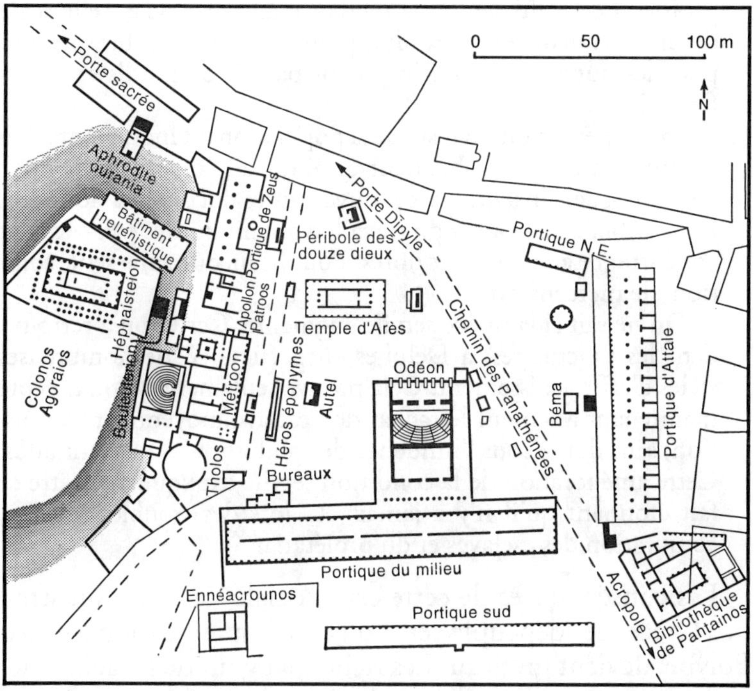

Fig. 72. L'Agora d'Athènes (d'après le plan des fouilles américaines).

années qui suivent la conquête d'Alexandre : très vite en effet les royaumes d'Orient fabriquent eux-mêmes les produits indispensables. La Grèce conserve donc ses mêmes besoins en céréales, besoins d'autant plus coûteux que le prix du blé, après une baisse au début du IIIe siècle, monte considérablement au IIe. Mais elle ne peut guère exporter, sinon du vin et de l'huile – dont malheureusement le prix reste stable – et des produits de luxe qui assurent une modeste survie de l'artisanat, notamment à Corinthe et à Athènes. Les éléments les plus dynamiques se sont d'ailleurs expatriés. Les riches n'investissent plus qu'en terres, ce qui fait disparaître le ferment essentiel de l'activité économique de l'époque classique.

Les répercussions sociales sont graves. La société s'écartèle toujours davantage entre une classe minime de riches et un prolétariat misérable. Les détenteurs de grandes fortunes restent, certes, rares : Polybe nous parle de l'Étolien Alexandros, le plus riche des Grecs, qui possède 200 talents, c'est-à-dire pas plus que l'Athénien Callias, beau-frère de Cimon. Mais il y a une bourgeoisie aisée, cultivée, qui a tendance à croître. C'est elle seule désormais qui détient partout le pouvoir, ce qui comble son goût pour les honneurs en lui imposant parfois de lourds sacrifices financiers.

La paupérisation du reste de la population est inquiétante. Les salaires ont incontestablement diminué au cours de la période hellénistique, ainsi qu'il est prouvé par les documents de Délos. Il est difficile de trouver du travail, d'autant que les esclaves font concurrence aux hommes libres. Pour beaucoup, une seule solution : le mercenariat.

On ne sait si la masse servile augmente. Certes on a retrouvé dans les sanctuaires, à Delphes en particulier, de nombreuses stèles d'affranchissement. Cela prouve seulement qu'on accepte maintenant aisément le rachat de l'esclave moyennant rétribution, sans doute sous l'influence des philosophies humanitaires. Cette amélioration de la condition servile explique peut-être ce fait étonnant qu'il n'y a jamais eu, lors des troubles sociaux, conjuration des esclaves et du prolétariat.

Les conséquences de cette crise sociale s'avèrent sinistres. La Grèce se dépeuple et l'oliganthropie, dénoncée par Polybe, devient un fléau. Les riches par goût de la facilité, les pauvres parce qu'ils sont acculés à la plus extrême misère ne veulent plus d'enfant et, s'ils en ont, ils les exposent. Philippe V essaye en vain de redonner vigueur à la Grèce exsangue en préconisant une politique de natalité et d'immigration.

La misère engendre aussi la révolte. Le brigandage et la piraterie reparaissent. Les vieilles revendications sociales de l'archaïsme refleurissent : abolition des dettes et repartage général des terres. Il est au moins un point où elles trouvent un début de satisfaction : à Sparte, où les disparités sociales sont encore plus fortes qu'ailleurs. Deux rois prennent la tête du mouvement : Agis qui échoue par trop de mesure, Cléomène qui applique un programme véritablement révolutionnaire, abolissant les dettes, créant de nouveaux citoyens pris parmi les Inférieurs ou les Hilotes, leur distribuant des lots. Il donne ainsi à sa patrie une puissance militaire nouvelle et remporte de grands succès dans le Péloponnèse, soutenu d'ailleurs par l'élément populaire, jusqu'au jour où la coalition de la ligue achéenne et de la Macédoine l'abat (bataille de Sellasia, 222). Son œuvre, sans doute influencée par les philosophies égalitaires (on a voulu faire de lui un Stoïcien), échoue donc par la conjuration des tenants de l'ordre social établi. La révolution couve cependant encore et le roi Nabis, considéré par ses adversaires comme un tyran, développe le programme révolutionnaire de Cléomène, déclenchant cette fois l'intervention de Rome elle-même.

Prospérité de la Grèce insulaire

La situation est moins grave dans la polynésie égéenne, qui profite davantage des puissants courants d'échange entre Asie, Égypte et Occident, troublés pourtant par les pirates basés en Illyrie, en Crète et en Cilicie.

On connaît assez bien la prospérité de Cos fondée sur le vin, la céramique et une sorte de soie locale. Les *Mimes* d'Hérondas ou les *Idylles* de Théocrite peignent au vif ses milieux de riches commerçants ou de poètes ésotériques. L'Asclépieion, paré de nouvelles constructions et doté d'une véritable école de médecine, attire de plus en plus les malades.

Rhodes éclipse toutes ses voisines. Formée en 408 par le synœcisme de trois cités, elle a louvoyé habilement au IVe siècle, puis résisté aux assauts du Poliorcète. Elle connaît ensuite un grand siècle d'apogée, gardant son indépendance au milieu des intrigues des rois et montrant une survivance éclatante du régime de la *polis* en pleine période hellénistique. Sa constitution est modérée : c'est une république de marchands, jalouse de son droit de cité, mais accueillant généreusement et protégeant tous les étrangers qui accroissent sa richesse.

Elle doit essentiellement cette prospérité à sa position privilégiée, toute proche de la côte asiatique et en face d'Alexandrie. Elle a trois ports, munis de docks et d'arsenaux remarquables : un de commerce, un de guerre, un d'escale. Dans ses entrepôts gigantesques s'emmagasinent le vin et l'huile produits sur place ou importés, le blé du Pont et d'Égypte, les vases, les denrées exotiques qu'elle redistribue ensuite dans toute la Méditerranée. Les amphores timbrées de ses sceaux pénètrent partout, dans les steppes de la Pontide comme en Gaule et en Espagne. En somme elle a pris la succession du Pirée de l'époque classique. Ses banques sont particulièrement actives. Sa marine de guerre – 50 vaisseaux, admirablement entretenus – maintient la paix dans l'Égée en luttant contre la piraterie. Sa législation maritime, la *lex Rhodia*, est fameuse à telle enseigne que Marc-Aurèle en retiendra certains principes, dont hériteront Byzance et Venise. Elle est si riche et si utile à tous que, détruite par un tremblement de terre en 227, elle se relève immédiatement à l'aide de secours venus de tout le monde grec.

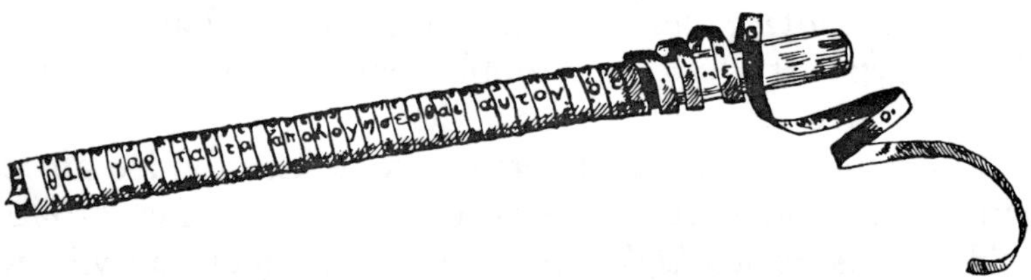

Fig. 73. Une scytale lacédémonienne (*cf.* Plutarque, *Lysandre*, 19) : l'expéditeur et le destinataire possèdent deux bâtons identiques ; l'expéditeur enroule autour du sien une bande de papyrus sur laquelle il a écrit sa missive ; une fois déroulée, la bande n'est plus lisible ; mais les mots se reconstitueront quand le destinataire l'enroulera autour de son bâton.

Cette remarquable splendeur s'écroule presque d'un coup. Pendant longtemps alliée fidèle de Rome, Rhodes a gagné à la paix d'Apamée d'assez vastes possessions sur le continent en Lycie et en Carie méridionale. Mais elle veut jouer au plus fin et ses intrigues lassent Rome, qui en 166 crée à Délos un port franc dont la concurrence fait péricliter son négoce. En deux ans le produit de ses douanes (taxes *ad valorem* de 2 p. 100) tombe du chiffre colossal de 1 million de drachmes à 150 000. Réduite à signer un traité avec Rome, elle perd en fait son indépendance.

Elle reste une ville d'art et de science, un foyer universitaire où les jeunes Romains de l'aristocratie viennent parfaire leurs études. Ses écoles de rhéteurs, fameuses depuis Eschine, recherchent un atticisme dépouillé. Poseidonios d'Apamée y enseigne avec éclat le stoïcisme. Ses sculpteurs cherchent dans les directions les plus variées, avec une prédilection pour le pathétique pergaménien.

Délos développe lentement un rôle nouveau qui fait du berceau d'Apollon l'un des plus gros centres marchands. Là encore la position de l'île est prédominante, mais jouent aussi en sa faveur les énormes richesses accumulées dans les temples et dont les inventaires gravés dans le marbre donnent encore une idée. Les prêtres se transforment en banquiers et leur exemple est bientôt suivi par des particuliers.

Libérée de la tutelle d'Athènes de 314 à 166, Délos est d'abord (et jusqu'en 250) le centre de la confédération des Insulaires, soumise aux Ptolémées. Elle se révèle la principale bénéficiaire de la brouille de Rhodes avec Rome et devient alors l'entrepôt commun des Grecs et des Italiens pour le blé, l'huile, le vin, le bois, la céramique et surtout les esclaves (Strabon, non sans exagération, affirme qu'on pouvait en vendre 10 000 en un jour). Sa population est de plus en plus mêlée : si tous les Déliens ont été expulsés en Achaïe, Athéniens, Italiens et Orientaux s'y coudoient, chacun restant fidèle à ses coutumes et à ses dieux et construisant ses propres entrepôts et ses propres sanctuaires. Un bilinguisme gréco-latin apparaît dans les inscriptions. Les maisons, rehaussées de statues, de fresques et de mosaïques, montrent la richesse et les goûts de luxe d'une bourgeoisie marchande. Les sanctuaires dénotent un véritable cosmopolitisme et l'invasion des cultes orientaux.

Cette prospérité, accrue encore par la ruine de Corinthe et par la formation de la province romaine d'Asie, subsiste jusqu'au Ier siècle. Mais en 88, l'île restée fidèle à Rome lors de la révolte de Mithridate, est saccagée par ses amiraux et 20 000 habitants sont massacrés. C'est le début d'une ruine irrémédiable.

Les États fédéraux

Si le monde des cités ne montre plus guère qu'une caricature des institutions classiques, l'esprit républicain survit dans les *koina* ou États fédéraux (souvent appelés, sans beaucoup de propriété, ligues ou confédérations). Ces *koina* s'étaient surtout développés dans des régions arriérées où les villes étaient petites ou inexistantes, et où survivait une organisation en *ethné* (peuples) antérieure au système de la *polis*. Deux d'entre eux connaissent une grande extension à l'époque hellénistique sans doute parce que les Grecs s'habituent peu à peu aux fédérations depuis la ligue de Corinthe et surtout parce qu'ils prennent conscience que seule l'union peut permettre une résistance efficace contre les entreprises du roi de Macédoine.

Il existait depuis longtemps un *koinon* étolien autour du sanctuaire fédéral de Thermos, où les fouilles ont déjà révélé un lieu de culte mycénien, mais il n'avait jamais joué de rôle historique. L'Étolie passait pour un pays rude dont les habitants, excellents soldats, portaient toujours des armes par peur du brigandage. Profitant de leur courageuse attitude lors de l'attaque de Delphes par des bandes gauloises (279/278), ils assurent leur mainmise sur le sanctuaire, exercent l'hégémonie sur l'amphictionie et accroissent considérablement leur prestige. Ils accomplissent en même temps de grands progrès territoriaux vers l'ouest en Acarnanie et surtout vers l'est en Phocide, en Locride occidentale, en Thessalie, constituant ainsi l'État grec le plus étendu qui ait jamais existé.

L'assemblée du peuple groupe, sans condition de cens, tous les citoyens de toutes les cités appartenant à la confédération. Elle tient deux séances annuelles, dont une à Thermos. Il y a deux conseils, l'un de 1 000 membres (*boulé* ou *synédrion*), l'autre plus restreint (conseil des apoclètes). L'assemblée élit les magistrats, dont le plus important est le stratège, qui est en fait pour un an le maître de l'exécutif. Le nombre des délégués de chaque ville au conseil, ainsi que les contingents qu'elle fournit et les impôts qu'elle verse, sont proportionnels à son importance.

L'hostilité constante du *koinon* étolien à la Macédoine lui fait embrasser la cause de Rome, ce qui ne l'empêche pas de payer de son indépendance en 189 un malheureux revirement contre son alliée.

Rivale de la confédération étolienne, la ligue achéenne ressuscite en 281/280 un ancien *koinon* archaïque dissous au début du siècle. Mais elle déborde vite les limites de la pauvre Achaïe, rallie

Sicyone et s'empare de Corinthe grâce à l'action énergique d'Aratos, s'annexe peu à peu bon gré mal gré tout le Péloponnèse.

Ses institutions sont moins bien connues. L'assemblée fédérale, sans doute accessible à tous les citoyens des cités membres, se réunit quatre fois l'an au sanctuaire de Zeus Hamarios sur le territoire d'Aigion, mais il y a aussi des assemblées extraordinaires. Le rôle essentiel est joué par le conseil, le collège des 10 *damiorgoi* et le stratège élu chaque année. Certaines personnalités de premier plan ont donné un grand éclat à cette magistrature, notamment Aratos de Sicyone et Philopoimen, qui mérita bien par son courage malheureux contre les Romains d'être appelé « le dernier des Grecs ».

Là encore le déclin du *koinon* vient en effet des progrès de la puissance romaine, auxquels il faut ajouter les intrigues de cités, comme Sparte, entrées malgré elles dans la confédération. D'abord alliés de Rome, les Achéens suscitent sa méfiance au point qu'après la troisième guerre de Macédoine, elle déporte 1 000 citoyens, dont Polybe, fils du stratège Lycortas. Ils prennent les armes contre elle en 146, mais Corinthe est rasée et la ligue dissoute.

On a coutume d'opposer ces deux *koina* et il est certain que l'étolien a été plus démocratique que l'achéen. De fait, l'un et l'autre sont menés par les citoyens les plus aisés, car il n'y a pas de *misthoi* pour les magistrats. Ils représentent le suprême effort de l'esprit grec afin d'organiser des États assez forts pour s'opposer aux convoitises des Antigonides.

2. LES ROYAUMES NORDIQUES

La véritable puissance est représentée par la Macédoine, qui, en fait, étend son hégémonie même sur les cités en apparence indépendantes de la Grèce propre et à laquelle seules les ligues étolienne et achéenne tiennent tête. À côté d'elle, l'Épire fait piètre figure, sauf pendant le règne fulgurant de Pyrrhos.

Le royaume de Macédoine

En 276, Antigone Gonatas a définitivement reconquis le royaume de Macédoine qui avait déjà appartenu à son père Démétrios Poliorcète. Il y fonde une dynastie qui règne sur le pays jusqu'à la conquête romaine. Son autorité s'étend non seulement sur la Macédoine, mais sur la partie de la Grèce qui n'est pas entre les mains des Étoliens ou des Achéens : elle y est soutenue par des garnisons commandées par des stratèges.

Ce très grand roi (276-239), ami des philosophes et entouré d'une cour d'hommes de lettres, dont l'historien Hiéronymos de Cardia et le poète Aratos de Soloi, manœuvre avec énergie et cautèle. Il a une haute conception de son métier de roi : « As-tu bien compris, dit-il à son fils, que notre royauté n'est qu'une noble servitude ? » Bien qu'Athènes soit un peu sa « capitale intellectuelle », il se fixe à nouveau à Pella, alors que son père avait édifié une nouvelle capitale, Démétrias, sur le golfe Pagasétique. Il défend avec succès la Macédoine contre les entreprises des rois d'Épire, Pyrrhos et son fils Alexandre. Il mate Athènes soulevée contre lui par Chrémonidès au nom de la liberté. Mais il ne peut empêcher Aratos de rallier Sicyone à la ligue achéenne et de lui prendre Corinthe. À l'intérieur il instaure l'absolutisme royal et poursuit l'urbanisation en fondant trois Antigoneia, en Chalcidique, sur l'Axios et sur l'Aoos.

Son fils Démétrios II doit lutter contre une coalition générale de la Grèce centrale et du Péloponnèse. À sa mort, son cousin Antigone Doson hérite d'une situation grave. Par un coup de maître, il restaure l'influence macédonienne dans le Péloponnèse, où il est appelé par les Achéens, anciens adversaires de la Macédoine, mais inquiets des réformes révolutionnaires du Lacédémonien Cléomène : il récupère Corinthe occupée par le roi de Sparte, organise une symmachie puissante groupant la moitié de la Grèce (dont la ligue achéenne) et dont il est l'*hégémon*, défait Cléomène à Sellasia (222) et entre à Sparte, pour la première fois profanée par un ennemi victorieux. Mais, par une concession dont on mesure mal l'importance, il accepte peut-être la constitution à ses côtés d'un *koinon* des Macédoniens, qui doit dans une certaine mesure limiter son absolutisme.

Le règne des deux derniers rois, Philippe V (fils de Démétrios II) et son fils Persée, est tout entier dominé par la lutte contre Rome. Philippe V est un prince qui pousse l'énergie jusqu'à la violence. Il se laisse entraîner par les Achéens dans une guerre contre les Étoliens, « la guerre des alliés », terminée en 217 par la paix de Naupacte sur la base de l'*uti possidetis*. La première guerre de Macédoine, où les Étoliens et Pergame sont aux côtés des Romains et où Philippe fait alliance aves Hannibal, se termine à Phoinicé (205) par le partage de l'Illyrie entre Rome et Philippe. La deuxième guerre, où les Étoliens et même les Achéens sont alliés à Rome, voit la déroute de la phalange macédonienne à Cynoscéphales (197). L'année suivante, la paix impose à Philippe de renoncer à la Thessalie et à la Grèce et de livrer sa flotte. Flamininus proclame à Corinthe la liberté des Grecs.

Persée reprend la lutte, mais, irrésolu et avare, il est loin d'avoir les qualités de son père. La troisième guerre de Macédoine s'achève en déroute : défait à Pydna (168), il est traîné à Rome au triomphe de Paul-Émile. La Macédoine est morcelée en 4 districts, avant d'être réduite en province (148). En 146, à la suite d'une révolte, Corinthe est prise et rasée par Mummius : horrible forfait où disparaît l'une des plus belles villes de Grèce. À l'exception de Sparte, Athènes et Delphes, qui obtiennent le titre de fédérées, toutes les cités grecques doivent payer tribut. La Grèce est soumise au proconsul de Macédoine jusqu'en 27, où Auguste en fera une province spéciale, l'Achaïe. Elle s'écroule fidèle à elle-même, haïssant toute contrainte, préférant s'allier au Barbare romain plutôt que de supporter le joug du Macédonien : on ne saurait oublier qu'à Cynoscéphales les assauts furieux des Étoliens ont en partie déterminé la victoire romaine.

La Macédoine est sans doute le moins brillant des royaumes hellénistiques, parmi lesquels elle occupe une situation bien à part. Certes sa puissance militaire fut longtemps considérable, à cause de la valeur de la phalange recrutée sur place, à laquelle il fallut d'ailleurs vite adjoindre des mercenaires galates, puis illyriens et crétois, voire syriens. Encore sa flotte, sauf sous Gonatas, ne fut-elle jamais à la hauteur de l'armée de terre. Ses ressources financières étaient limitées. D'autre part, sa proximité par rapport à la Grèce l'a entraînée dans une suite d'intrigues, les Grecs ayant tendance à confondre leurs jeux sanglants avec la défense de la liberté. La force des traditions était telle qu'on n'y trouve ni le culte monarchique, ni l'administration hiérarchisée des cours d'Orient (on n'y connaît qu'un haut fonctionnaire : le secrétaire du roi). Son rôle a pourtant été considérable : ses rois ont assuré la protection de l'hellénisme contre les turbulents voisins du nord et contre les incursions celtiques ; ils ont été les seuls à s'engager de toutes leurs forces contre les convoitises de Rome. Si l'entreprise était vaine, elle n'en était pas moins digne du vrai passé de l'Hellade.

Le royaume d'Épire

La montagneuse Épire était habitée par trois peuples, Molosses, Thesprotes et Chaoniens. Au IVe siècle les Molosses incorporent les autres tribus dans un État fédéral qui porte successivement le nom de *koinon* des Molosses et de symmachie des Épirotes : des inscriptions mentionnent son assemblée *(ecclésia)* et son magistrat principal (le prostate). À sa tête est un roi, appartenant à la dynastie molosse des Éacides qui prétend descendre de Pyrrhos-Néoptolème, fils d'Achille. Parmi les plus importants signalons Alcétas Ier, prince puissant, allié de Denys l'Ancien et sans doute le véritable fondateur du fédéralisme épirote, et Alexandre Ier, beau-frère de Philippe II de Macédoine, monarque prestigieux qui bat pour la première fois monnaie à son nom.

En fait, un seul prince compte dans la lignée des Éacides, Pyrrhos, dont les ardentes convoitises agitent pendant vingt ans la Grèce et l'Occident. Il donne à son royaume de nouvelles frontières, annexant des provinces épirotes soumises à la Macédoine depuis Philippe II (Parauaia, Tymphaia, Atintanie, Athamanie, Amphilochie), une partie de l'Illyrie, Ambracie, l'Acarnanie. Sa véritable ambition est de conquérir la Macédoine. Il y parvient, aidé aussi bien par son habileté à manœuvrer au milieu des intrigues des rois que par son courage et ses éclatants dons de stratège sur le champ de bataille. Mais, dépouillé par Lysimaque, il comprend que les ressources de son royaume, même considérablement agrandi par une politique tenace, sont insuffisantes pour lui permettre d'agir.

L'heure d'un nouveau destin sonne pour lui en 281, lorsque les Tarentins l'appellent à leur secours contre les Romains. Soutenu par l'exemple de son cousin Alexandre le Grand, qui avait montré ce que peut une âme ardente, toute tendue vers un but surhumain, par le sentiment aussi de descendre du bouillant Achille, il met à la voile pour l'Italie, où il connaît les succès les plus brillants, puis il passe en Sicile défendre les Grecs contre Carthage. Champion de l'hellénisme, il se crée en Occident un vaste royaume, mais, abandonné par ses alliés eux-mêmes, il rentre en Épire conquérir de nouvelles ressources, sans renoncer à son grand projet d'un État unifié des Deux-Siciles, laissant d'ailleurs un fils à Tarente avec des forces importantes.

C'est à nouveau un jeu pour lui de conquérir le trône de Macédoine et il s'élance à l'assaut du Péloponnèse. La mort, dans Argos, rend seule définitif un échec occidental qu'il ne cessait de croire provisoire.

L'un des plus prodigieux génies militaires de l'Antiquité, le seul, selon Appien, digne d'être comparé à Alexandre, Pyrrhos, est lui aussi un organisateur. Nous aurons l'occasion d'étudier sa politique en Occident. En Épire même, son action n'est pas moins considérable : son royaume sort peu à peu de la barbarie ; sa nouvelle capitale, Ambracie, devient une belle cité, dominée par le palais royal, et ornée à profusion d'œuvres d'art ; le sanctuaire de Dodone se couvre de nouveaux édifices ; les rapports économiques avec l'Italie s'intensifient.

Son fils Alexandre n'a point le même génie. Il n'a pas à se louer d'oser se mesurer avec Gonatas et doit limiter ses ambitions à l'Épire. Après lui son royaume traverse une crise constitutionnelle : la monarchie est renversée, les cendres de Pyrrhos dispersées au vent. Une république s'instaure, ayant à sa tête un collège de trois stratèges. Les pirates illyriens deviennent de plus en plus audacieux. Ces troubles permettent le dépècement de l'Épire, qui est dépouillée des provinces épirotes voisines conquises par Pyrrhos et réduite aux trois tribus originelles. Le temps approche où, annexée par Rome, elle sera incorporée à la province de Macédoine (148).

3. LA DÉMISSION DE L'OCCIDENT

Le monde colonial n'a plus sa vitalité d'autrefois. Nous aurons l'occasion d'étudier le rôle des villes de Pontide et de Marseille dans la diffusion de l'hellénisme. Mais Cyrène est généralement dans la mouvance égyptienne et la Grèce d'Italie et de Sicile ne va pas tarder à être annexée par Rome. Son déclin n'est que ralenti par les entreprises d'un Agathoclès, d'un Pyrrhos, d'un Hiéron II.

La monarchie d'Agathoclès (319-289)

La situation est grave dans tout l'Occident grec. Dès le début du IVe siècle, Rome s'est soumis la Campanie et elle s'intéresse de plus en plus à la Grande-Grèce. Les Italiques, descendant vers le sud, accentuent leur pression sur les colonies helléniques. Contre eux Tarente appelle tour à tour à son secours le roi de Sparte Archidamos, puis Alexandre le Molosse qui se taille un royaume éphémère de Poseidonia à Rhégion, puis le Lacédémonien Cléonymos.

La Sicile vit sous la menace des Puniques. À Syracuse, qui reste la ville la plus prospère, un démocrate, Agathoclès, prend le pouvoir en massacrant les oligarques, se soumet la Sicile orientale et s'arroge le titre de roi qu'il porte sur ses monnaies. Il recommence la lutte contre l'ennemi héréditaire et, faute de le pouvoir réduire dans l'île, il passe en Libye par un coup d'une hardiesse inouïe où il se montre le digne précurseur de Scipion. L'entreprise se solde d'ailleurs par un échec, mais il réussit à imposer aux Carthaginois une paix de *statu quo* et le paiement d'une indemnité.

Sa notoriété est si grande que les Tarentins, las des services de libérateurs venus de Grèce, font appel à lui. Il guerroie en Italie contre les Bruttiens et soumet Crotone. Il réussit même à s'emparer de Corcyre, qu'il cède avec sa fille à Pyrrhos.

Ce nouveau Denys voit bien que seul un puissant royaume grec des Deux-Siciles peut sauver l'Occident, mais il se heurte à trop de résistances. À sa mort (289), les Syracusains recouvrent la liberté, conformément à sa volonté, mais ils l'aliènent dans des discordes. Les Carthaginois restent aussi menaçants et les mercenaires campaniens d'Agathoclès installés par la force à Messine, les Mamertins, terrorisent la Sicile.

La geste de Pyrrhos en Occident (280-275)

Il peut sembler un moment que l'Occident trouve son sauveur en Pyrrhos, appelé lui aussi par Tarente et qui tente lui aussi d'établir un royaume grec sur les deux rives du détroit de Messine.

Pour la première fois Tarente a à se plaindre non de ses voisins italiques, mais des Romains. En 303 Rome avait conclu avec elle un traité qui interdisait à ses navires de dépasser le cap Lacinion. Elle le viole en 282 et le peuple de Tarente, sous l'impulsion des démocrates, décide la guerre dans une séance houleuse. Il lui faut un chef. Il appelle Pyrrhos, qui avait déjà donné d'admirables preuves de son génie militaire et qui se morfondait dans l'inaction.

Pyrrhos est reçu d'abord dans l'enthousiasme et il rallie à sa cause non seulement les cités de Grande-Grèce, mais les Barbares italiques (Lucaniens et Bruttiens). Mais il se fait vite mal voir des Tarentins en cherchant à leur imposer une sévère discipline. En tout cas ses succès sont éclatants : par deux fois il est victorieux, à Héraclée et à Ausculum (280 et 279) ; dans une marche audacieuse, il va camper jusqu'à Préneste, d'où il contemple les fumées de Rome. Par deux fois aussi il offre la paix aux Romains, peut-être parce qu'il reconnaît leur valeur guerrière et leur courageuse obstination dans la défaite, surtout parce qu'il a bien d'autres vues que de ruiner leur puissance : il préfèrerait s'entendre avec eux, pour se consacrer à l'édification du grand Empire grec du Couchant que n'avaient pu réaliser avant lui que partiellement son oncle le Molosse et son beau-père Agathoclès.

Non sans hésitation, il quitte alors l'Italie pour répondre à un nouvel appel, celui des Siciliens, tout aussi menacés par les Barbares. Ce n'est pas qu'il déserte la tâche entreprise ; bien au contraire il trouvera dans la grande île de nouvelles ressources pour la mener à bien. Là encore tout débute dans l'enthousiasme : proclamé *hégémon* et roi, il remporte de brillants succès sur les Carthaginois et conquiert toute leur province sauf Lilybée, qu'il est impuissant à prendre d'assaut. Il projette alors de suivre la trace d'Agathoclès et de s'attaquer à Carthage en Afrique même. Mais il se heurte à la lassitude de ses sujets qui l'accusent de tyrannie.

Devant l'ingratitude des Siciliotes, il repasse en Italie, affronte à nouveau les Romains, dans une bataille douteuse (Bénévent), et préfère regagner son royaume épirote pour accumuler les forces nécessaires à son entreprise. La mort seule le contraindra à y renoncer.

Ainsi s'écroule le grand rêve qu'il avait conçu, celui d'un royaume qui rassemblât sous sa férule Grecs et Barbares hellénisés d'Italie méridionale et de Sicile, seul capable de mettre un frein aux ambitions que Rome tourne maintenant vers le sud. Ce qui prouve bien l'ampleur de son plan, c'est la politique monétaire qu'il inaugure. Il frappe des pièces d'or et d'argent à son effigie selon l'étalon attique, pour unifier l'Occident comme Alexandre avait unifié l'Orient. Mais, usant de souplesse et d'opportunisme, il émet des bronzes fidèles à l'étalon sicilien qui offre l'avantage de présenter des analogies étroites avec le système libral des Romains. Le Pyrrhos qui apparaît ainsi n'est pas le conquérant volage des historiographes grecs ni le roi chevaleresque des annalistes romains, c'est un organisateur avisé et ferme qui, entre deux campagnes, conçoit de vastes projets et les réalise patiemment. C'est l'Alexandre de l'Occident, mais un Alexandre qui n'eut pas la chance d'être enlevé par la malaria dans la fleur de ses trente-deux ans.

La tentative de Pyrrhos représente le dernier effort de l'hellénisme en Occident. S'il a échoué, ce n'est pas parce qu'il fut inférieur à sa tâche, mais parce que, malgré de brefs sursauts, ni les Tarentins ni les Syracusains n'étaient vraiment décidés à une lutte farouche, qui eût exigé d'eux qu'ils renonçassent à leurs plaisirs et à leurs commodités. Comme un fruit trop mûr, l'Occident grec s'abandonne à la force de Rome.

En Grande-Grèce, la perte de l'indépendance est quasi immédiate. Tarente capitule (272) dès qu'elle n'est plus soutenue par les troupes épirotes. « Tarente vaincue, qui pouvait encore avoir de l'audace ? » (Florus, 1, 13). Toutes les cités se rendent tour à tour et Locres s'humilie jusqu'à célébrer sur ses monnaies la *Pistis* (Bonne foi) de Rome.

La Sicile au temps d'Hiéron II (275 ?-215)

Syracuse au contraire dispose encore de quelques décennies d'indépendance, dont elle profite au mieux sous l'impulsion d'Hiéron II.

Hiéron s'impose par d'indéniables qualités personnelles. C'est un lettré qui compose des livres d'agronomie, mais aussi un soldat courageux qui se battra encore à quatre-vingt-dix ans. Avant tout c'est un diplomate, habile à jouer entre les puissances qui convoitent la Sicile.

Il instaure son autorité à Syracuse en mettant en déroute les Mamertins et il reçoit le titre de roi. Son royaume n'est pas grand, mais il l'administre à la manière des souverains hellénistiques. C'est à l'Égypte lagide que sont empruntées les principales dispositions de la fameuse *lex Hieronica* qui organise la perception de l'impôt foncier sur les paysans royaux et limite les profits des fermiers généraux : Rome l'adoptera, non sans l'altérer profondément. L'industrie d'art et le commerce restent florissants. Les monnaies portant la tête de la reine Philistis sont de purs chefs-d'œuvre. Hiéron a assez de prestige pour intervenir même en Orient, secourant l'Égypte affamée ou Rhodes détruite par un séisme. Il reconstruit le théâtre, s'entoure d'artistes et d'hommes de lettres et, si Théocrite lui préfère Philadelphe, Archimède suffit à lui seul à illustrer Syracuse.

Lorsque la Sicile devient l'arène de la lutte entre Carthaginois et Romains, Hiéron agit avec prudence. En 263, il fait alliance avec Rome, son ennemie de la veille, en se reconnaissant tributaire et en 248 il obtient d'être délivré du tribut. Les services qu'il rend contribuent à la victoire romaine. La Sicile est annexée, mais Hiéron conserve son royaume jusqu'à sa mort en 215, en pleine seconde guerre punique. Syracuse croit alors pouvoir rompre l'alliance avec Rome et prendre cause pour Hannibal. En 212 Marcellus la prend d'assaut, malgré les machines de siège d'Archimède qui périt victime de la soldatesque, et la livre au pillage. La Sicile grecque a vécu.

4. LES ROYAUMES D'ORIENT

C'est en Orient que la forme monarchique héritée d'Alexandre connaît son plein développement, dans deux vastes ensembles formés lors du partage de l'Empire : les royaumes des Lagides et des Séleucides. Parmi les États nés du morcellement de ce dernier, l'un au moins méritera une mention spéciale : le royaume de Pergame.

Le royaume lagide

L'Égypte, dont Ptolémée, fils d'un baron macédonien et lui-même compagnon fidèle d'Alexandre, a réussi à s'assurer la possession, constitue le plus riche, sinon le plus étendu, des royaumes hellénistiques. Elle a la chance d'avoir à sa tête pendant un siècle des souverains énergiques qui savent la mettre en valeur et créer autour d'elle un véritable empire. Mais cet apogée, où elle retrouve autant de puissance et d'éclat que sous les plus grands pharaons, est suivi d'une longue décadence.

Dans tous les domaines, Ptolémée Ier, prince prudent et tenace, se montre l'initiateur. Il commence à annexer des terres autour de l'Égypte, comme pour ouvrir davantage son royaume sur la Méditerranée. Il introduit la monnaie, attire des Grecs, cherche à retenir ses mercenaires en les dotant de tenures. Il inaugure une politique de collaboration entre Grecs et indigènes en proposant à leur adoration un nouveau dieu, Sarapis. Lui-même écrivain et ami du philosophe-tyran Démétrios de Phalère, il ne néglige pas les choses de l'esprit et fonde le Musée et la Bibliothèque.

Son fils, Ptolémée II (283-246), que son union avec sa sœur Arsinoé selon les coutumes indigènes fit appeler Philadelphe, développe son œuvre. Sa politique étrangère est active, fondée à la fois sur des mariages royaux et sur la guerre, notamment contre les Séleucides (Ire et IIe guerres syriennes). Au moment de la plus grande expansion de sa puissance, il possède Cyrène, Chypre, la Pamphylie, la Lycie, la Cœlé-Syrie (plaine entre Liban et Anti-Liban) et exerce l'hégémonie sur la confédération des Nésiotes (Insulaires). Il a assez de curiosité d'esprit pour envoyer des ambassades à Rome et dans l'Inde. À l'intérieur il dote l'Égypte d'une armature administrative qui lui permet de l'exploiter à fond grâce à des monopoles et à une fiscalité rigoureuse. Il réforme la monnaie, fait remettre en état le canal de Nécao et l'immense oasis du Fayoum, continue à attirer mercenaires et capitalistes grecs. Grâce à lui le Musée et la Bibliothèque prennent leur plein développement. Sa cour est le rendez-vous des poètes, des savants, des médecins les plus illustres.

Son fils, Ptolémée III Évergète (246-221), mène d'abord en Asie des campagnes qui semblent renouveler les exploits des grands pharaons du Nouvel Empire, avant de s'endormir sur ses lauriers dans la seconde partie de son règne, comme gorgé de butin. La cour n'a pas moins d'éclat que sous son père. Il agrandit la Bibliothèque, envoie des explorateurs dans le golfe Persique, favorise les travaux d'Ératosthène.

Mais déjà apparaissent des troubles sociaux et des altérations de monnaie qui vont se multiplier sous ses deux premiers successeurs, dont le règne marque le tournant de l'Égypte lagide. Ptolémée IV Philopator, menacé par les ambitions d'Antiochos III, remporte encore à Raphia (217) un brillant succès, mais il doit incorporer dans l'armée des Égyptiens qui retournent leurs armes contre lui, ce qui le contraint à faire des concessions aux indigènes. Sous Ptolémée V Éphiphane, l'Égypte perd la Cœlé-Syrie : de tout son empire il ne reste que Chypre et Cyrène. Bien que le roi ait inauguré son règne par l'octroi d'une amnistie et de privilèges dont témoigne la fameuse pierre de Rosette, les rébellions se multiplient, tant dans la capitale qu'en Thébaïde. Les manipulations de la monnaie sont si graves que les pièces d'or et d'argent disparaissent pratiquement de la circulation dès 210, ce qui coupe de plus en plus l'Égypte du grand commerce méditerranéen.

À sa mort commence une longue période de décadence et de déchéance qui couvre le IIe et le Ier siècle. Deux frères se disputent le trône, Ptolémée VI Philométor et Ptolémée VII Évergète II dit le Bouffi (Physcon) et que ses sujets préfèrent appeler le Cacergète (Malfaisant), soutenus l'un par Antiochos IV, l'autre par Rome. La populace d'Alexandrie intervient maintenant dans le choix des souverains, impose Ptolémée VIII, le chasse, puis le rappelle, massacre Ptolémée X. Un bâtard de Ptolémée VIII, Ptolémée XI Néos Dionysos dit l'Aulète (le Joueur de flûte), usurpe le trône avec la connivence de Rome, s'y maintient en achetant les *imperatores*, dont César. Expulsé par le peuple, indigné de l'annexion de Chypre par les Romains, il est ramené dans les bagages du proconsul de Syrie (35). Des troupes romaines restent stationnées à Alexandrie et le publicain Rabirius devient diœcète.

Les bassesses et les stupres de la cour, la mobilité et la cruauté de la populace d'Alexandrie, la menace constante de l'intervention de Rome pour qui l'Égypte est la plus belle des proies, la servilité éhontée de ses dirigeants expliquent la faiblesse croissante de la monarchie, ruinée par la perte de l'empire, par le manque d'entretien des installations hydrauliques, par la fuite des paysans, par les concessions faites aux prêtres et aux clérouques. Les grands fonctionnaires se rendent indépendants du pouvoir, les prêtres sont plus riches que le roi et se posent en patrons pour les fellahs. Partout c'est l'anarchie, l'abandon, la désertion.

Les querelles reprennent de plus belle à la mort d'Aulète. Alors se révèle en la personne de sa fille Cléopâtre une grande souveraine. La reine aux larges yeux étoilés d'or est bien autre chose qu'une aventurière ou qu'une magicienne. Elle sait utiliser son charme pour de vastes projets. Elle subjugue César. Elle subjugue Antoine et rêve avec lui d'un empire de l'Orient qui redonnerait à l'Égypte ses limites du règne de Philadelphe et balancerait la puissance romaine. Mais elle s'enfuit d'Actium quand la bataille entre Octave et Antoine est encore indécise et elle ne peut subjuguer Octave. La dernière des Lagides préfère la morsure des aspics au char du triomphateur (30). La seule des terres grecques encore indépendante est annexée à l'Empire romain.

La Cyrénaïque

Cyrène, annexée par Alexandre, revient à sa mort à Ptolémée. Mais son éloignement par rapport à la vallée du Nil en fait une proie facile pour des aventuriers, Thibron et Ophellas qui périssent tragiquement, Magas au long règne prospère. Sa fille Bérénice épouse Évergète, après avoir tué un premier fiancé dans le lit de sa propre mère, et réunit ainsi pour longtemps Cyrène à l'Égypte. Ptolémée Physcon lui redonne pourtant son indépendance au profit d'un de ses bâtards, Apion, qui la lègue au peuple romain. En 74, la province de Cyrénaïque est créée.

Pendant toute l'époque hellénistique, la Cyrénaïque connaît une durable prospérité. Les constructions sont nombreuses, non seulement à Cyrène, mais à Ptolémaïs, une ville de la côte qui se développe beaucoup, et à Euhespérides, qui prend le nom de Bérénice. Le plus illustre des fils de Cyrène est Callimaque, chantre délicat de sa patrie mais qui vit surtout à la cour d'Alexandrie. La *« Vénus » de Cyrène* montre l'éclat des ateliers de sculpture.

Le royaume séleucide

L'empire que Séleucos Ier laisse à son fils Antiochos Ier est singulièrement vaste, puisqu'il va de l'Afghanistan aux Détroits, du Pont à la Syrie. Il est non moins varié. On y parle toutes les langues, grec, perse, araméen, dialectes asianiques. Toutes les religions y voisinent, polythéisme grec, zoroastrisme, judaïsme, cultes indigènes d'Anatolie. La vie de relations y demeure particulièrement intense (fig. 74).

Fig. 74. Poids de plomb trouvé à Sidon (poids net : 1 143 grammes). L'inscription porte : « Poids de Séleucos. Année 123 [de l'ère séleucide, c'est-à-dire 189 avant J.-C., sous Séleucos V]. Deux mines. Sous Delphion [nom de l'agoranome]. »

Un dépècement progressif

Les forces centrifuges sont si puissantes que l'histoire du royaume est celle de son dépècement progressif. Encore faut-il s'étonner que sa désagrégation n'ait pas été plus rapide. Son vrai centre est la Syrie, où dès 300 Séleucos fonde sa capitale, Antioche-sur-l'Oronte. Aussi l'émiettement se produit-il essentiellement dans les régions les plus éloignées par rapport à la Syrie : l'Anatolie septentrionale et les satrapies orientales. Les Séleucides ont sans doute été victimes de la décision du fondateur de la dynastie : les Grands Rois, ses prédécesseurs, avaient été plus avisés en administrant leur empire depuis des capitales situées en son centre géométrique, l'Iran. Mais Séleucos est un Grec et il veut faire de sa conquête un État grec, donc méditerranéen.

Dès le règne d'Antiochos Ier l'Asie Mineure septentrionale et centrale échappe. Des royaumes indépendants s'y constituent, sous l'autorité de dynastes indigènes : la Bithynie (que même Alexandre n'avait pu soumettre), la Paphlagonie, la Cappadoce pontique (dite aussi royaume du Pont) et la Cappadoce méridionale (ou Grande Cappadoce). Les Galates, dont l'invasion terrorise l'Anatolie, forment un État sur le haut plateau phrygien : c'est la région qui dès lors portera le nom de Galatie. Au même moment se crée le royaume de Pergame, très modeste d'abord, mais qui va annexer presque toute l'Anatolie méridionale aux dépens des Séleucides.

Plus à l'est, entre Pont et Caspienne, l'Arménie, qu'Alexandre n'a pas soumise, mais à qui Séleucos Ier a imposé tribut, reste sous l'autorité de ses princes indigènes. Dans la partie septentrionale de la Médie, le satrape Atropatès se proclame indépendant de Séleucos Ier et fonde une principauté qui n'a plus que des liens très lâches avec les Séleucides : la Médie Atropatène.

Dès la mort d'Alexandre, le Pendjab avait recouvré son indépendance. Nous verrons comment, peu avant 250, le satrape de Bactriane se débarrasse de la suzeraineté séleucide et comment s'établit, sur les marches orientales de l'Empire, un royaume gréco-bactrien. Encore l'hellénisme y reste-t-il solidement implanté, sous des rois grecs. Mais la région comprise entre Ochos et Caspienne est conquise en 249 par des Barbares venus des steppes touraniennes, les Parthes, dont on ne sait s'ils sont des Scythes ou des Iraniens repliés devant l'invasion grecque : sous la conduite d'Arsacès et de son frère Tiridatès, fondateurs de la dynastie des Arsacides qui prétendra se rattacher aux Achéménides, ils créent un nouvel État indépendant, la Parthie. Leurs ambitions croissent au fur et à mesure que s'affaiblissent les

Séleucides : Mithridate Ier (171-138) soumet la Médie, la Perside, la Babylonie, privant ainsi les monarques d'Antioche de provinces très riches. Les Romains hériteront de la menace que déjà ils font peser sur les rois séleucides. Dès lors il ne reste plus guère que la Syrie de ce qui avait été un immense empire, presque aussi étendu que celui des Achéménides.

Une lignée de médiocres

Ce qui a permis un si lamentable démembrement, c'est l'insigne faiblesse des princes séleucides. Leur puissance est minée par les intrigues de la cour, où meurtres et usurpations se succèdent, souvent sous l'instigation de reines abusives. Leurs fonctionnaires les plus haut placés ne sont point toujours sûrs, tel ce Molon, stratège de Médie, qui se révolte contre Antiochos III. Leurs voisins d'Égypte, auxquels les relient cependant tant de liens dynastiques, leur livrent en outre une interminable querelle pour la possession de la Cœlé-Syrie.

Mais la plus grande faiblesse du royaume réside peut-être dans la médiocrité de la plupart des souverains. Ils avaient pourtant un grand exemple dans la personne du fondateur de la dynastie, rude jouteur qui mérita bien le surnom de Nicator (Victorieux). Dès la fin du règne de son petit-fils Antiochos II Théos, d'obscures intrigues de palais, où la reine Laodice joue un rôle déplorable, engendrent le partage du royaume entre deux frères, Séleucos II Callinicos et Antiochos Hiérax : à leur mort les Séleucides sont dépouillés de toute possession au nord du Taurus.

Un seul prince marque un temps d'arrêt dans cette déchéance : Antiochos III (223-187), qui restaure le pouvoir affaibli par tant d'intrigues, reconquiert une grande partie de l'Asie Mineure, parcourt l'Orient jusque dans l'Inde dans une éblouissante anabase qui rappelle celle d'Alexandre et arrache définitivement la Cœlé-Syrie à l'Égypte. À l'apogée de sa puissance, il mérite bien le surnom de Grand. Mais ses ambitions se heurtent à la jalousie de Pergame et de Rhodes, qui font appel à Rome, déjà inquiète qu'il ait recueilli Hannibal comme conseiller. Il est vaincu par les Scipions à Magnésie du Sipyle (189) et dépouillé au traité d'Apamée de toute l'Anatolie au-delà du Taurus. Ce prince hardi et ambitieux, qui avait pu paraître un nouvel Alexandre, meurt dans une misérable escarmouche contre ses sujets révoltés de Susiane, donnant aux moralistes l'exemple de ce que peut la Fortune sur le destin d'un mortel.

Dès lors c'est l'irrémédiable décadence, due surtout aux erreurs et turpitudes de ses successeurs. Parmi eux se détache encore l'un de ses fils, Antiochos IV Épiphane (175-168), qui accumule les folies et les outrances, mais qui agrandit Antioche, favorise les arts et cherche sincèrement à répandre l'hellénisme. Il ose se lancer à la conquête de l'Égypte : l'insolence de l'ambassadeur romain, C. Popilius Laenas, traçant autour de lui un cercle sur le sable et lui interdisant d'en sortir avant d'avoir répondu à son *ultimatum*, suffit à l'en dissuader. Pendant un siècle la dynastie se survit au milieu des intrigues les plus basses, jusqu'aux triomphes orientaux de Pompée qui annexe la Syrie en 64.

Cette date peut être considérée comme cruciale : c'est la fin de l'indépendance pour toute l'Asie grecque ou hellénisée. L'année suivante, le dernier des souverains du Pont, Mithridate VI Eupator, définitivement vaincu par Rome, préfère tendre la gorge à l'épée d'un Galate. Certes sa dynastie n'était point grecque par ses origines, puisqu'elle remontait à ce Mithridate, prince de Cios sur la mer Noire, qui avait imposé son indépendance à Séleucos Ier. Mais elle s'était profondément hellénisée, à tel point qu'Eupator peut passer pour le dernier des grands monarques hellénistiques. Ce Barbare raffiné et cruel, énergique et lucide, a fait trembler Rome, s'unissant à tous ses ennemis, Sertorius, les pirates, l'Arménie, massacrant dans d'horribles vêpres 80 000 hommes en Asie, tous ceux qui parlaient latin ; il a soulevé la Grèce contre elle au nom de principes démocratiques que l'on pouvait croire périmés depuis longtemps ; il a uni sous son sceptre les rives du Pont-Euxin, intervenant en Crimée à l'appel de Chersonésos et annexant le royaume du Bosphore (107). Mais les campagnes successives de Sylla, de Lucullus, de Pompée lui ôtent toute chance de succès : si génial fût-il, un roi ne pouvait plus résister aux appétits des *imperatores* et des publicains.

Alors Pompée peut fixer le nouveau statut de ce qui avait été l'Asie grecque. Il existait déjà trois provinces : l'Asie depuis 129, la Cilicie depuis 101, la Bithynie léguée par Nicomède IV depuis 74. Il agrandit la Cilicie, à laquelle Chypre sera adjointe en 58, et ajoute à la Bithynie la partie occidentale du royaume du Pont, arraché à Eupator. Il crée la province de Syrie. Quant aux régions les plus excentriques, Pont oriental, Paphlagonie, Galatie, Cappadoce, Arménie, Commagène, il les laisse à des roitelets vassaux.

Le royaume attalide

L'État attalide naît d'une trahison. Lysimaque avait confié la garde de la citadelle de Pergame avec un trésor considérable à un officier de père grec et de mère paphlagonienne, Philétairos. Celui-ci passe à Séleucos Ier (282), qui le laisse maître de Pergame, mais dont il doit se reconnaître vassal. Son neveu Eumène Ier rompt avec Antiochos Ier et se proclame indépendant. Le pas décisif est accompli par son cousin et successeur Attale Ier, qui remporte de belles victoires sur les Galates et ose s'arroger le titre de roi (240). Surtout il conclut alliance avec Rome, dont il se montre l'ami fidèle dans les deux premières guerres de Macédoine. Cette alliance domine désormais toute l'histoire de Pergame : c'est elle qui fait de ses rois autre chose que les souverains d'un petit royaume anatolien et qui leur permet de jouer un grand rôle dans l'histoire du monde grec au IIe siècle.

Son fils Eumène II (197-159), un roi qui joint l'énergie à la finesse diplomatique, contribue à déclencher la guerre entre Rome et Antiochos III, combat vaillamment à Magnésie du Sipyle du côté romain et profite largement de la victoire, puisqu'il se voit pratiquement attribuer toutes les terres arrachées au Séleucide en Anatolie (sauf la Carie du Sud et la Lycie données à Rhodes). Son royaume est désormais le plus puissant d'Asie Mineure, mais il a beaucoup de peine à le conserver devant la haine de tous ses voisins et la disgrâce qu'il encourt, sans raisons bien apparentes, d'une Rome assez puissante pour se montrer capricieuse.

Cette grandeur est éphémère. Le second successeur d'Eumène II, son fils Attale III, meurt sans enfant (133) et lègue son royaume aux Romains, donnant seulement la liberté à Pergame et aux cités grecques. On épilogue sur cette étrange décision d'un prince qui poussait la misanthropie jusqu'à la tyrannie la plus sanguinaire et qui occupait ses loisirs à cultiver des plantes vénéneuses. Reconnaissance d'un état de fait ? Crainte de troubles sociaux, en particulier de révoltes serviles, que Rome seule pouvait éviter ? Rome accepte le legs et constitue une province d'Asie (129) avec l'Ionie et la région de Pergame, laissant aux rois voisins, ses vassaux, les régions excentriques : moment capital où elle met pour la première fois le pied sur le sol de l'Asie, à laquelle elle empruntera, selon le mot de Justin (36, 3), « et ses ressources et ses vices » *(cum opibus suis vitia quoque).*

Le royaume de Pergame était né d'une usurpation et il n'atteint la puissance qu'en s'alliant avec les Romains contre des monarques grecs. Ses souverains, qui ne peuvent se targuer d'une ascendance macédonienne ni fonder leur royauté sur le droit de la lance, font piètre figure à côté des Lagides ou des Séleucides. Mais ces rois bourgeois, affables et accessibles, se créent un style personnel et, s'ils ne sont que trop habiles à exploiter leurs sujets en imposant de lourds tributs aux cités et aux temples et en pressurant les paysans royaux de la *chora*, on peut porter à leur actif d'avoir arrêté les Galates, créé à Pergame un centre vivant d'hellénisme et beaucoup construit en Grèce.

Le problème juif

Depuis la conquête assyrienne, les Juifs ont perdu leur indépendance, mais ils conservent de très puissantes traditions nationales et puisent une grande force dans l'alliance qui est censée les unir à Iahve. Ils forment deux groupes dont l'évolution est fort différente, en Judée et dans la *Diaspora.*

En Judée

La Judée fait partie de la Cœlé-Syrie et comme telle elle appartient longtemps à l'Égypte. Récupérée par Antiochos III, elle forme une communauté administrée par le grand prêtre et un conseil (le *Synédrion* ou Sanhédrin), qui disposent des considérables trésors du Temple. Spirituellement, elle est profondément divisée : les uns, surtout dans l'aristocratie, s'hellénisent et renonceraient volontiers à certaines pratiques de la Loi ; d'autres, les Pieux *(Hasidîm)*, restent d'un rigorisme austère et repoussent toute contamination étrangère. Au Ier siècle apparaît la secte des Esséniens, qui se rattache à un Messie, le Maître de Justice, créateur d'une gnose qui emprunte beaucoup au pythagorisme.

Antiochos III n'avait pas hésité à accorder aux Juifs l'autonomie dont ils jouissaient sous les Lagides. Ses successeurs sont moins tolérants et déclenchent une réaction nationaliste qui va jusqu'à la révolte ouverte. Séleucos IV envoie à Jérusalem son vizir Héliodore, qui doit se laisser corrompre par les Juifs : la légende veut que des anges l'aient fustigé et empêché de remplir sa mission. Les choses s'aggravent sous Antiochos IV, partisan décidé de l'hellénisation. Le grand prêtre Jason accepte d'établir un gymnase au pied de la colline de Sion. Des troubles éclatent et le roi profane le Temple par des sacrifices sanglants et y installe la statue de Zeus ; il interdit la circoncision et le sabbat. Alors c'est la guerre sainte prêchée par Judas dit Macchabée, qui reprend Jérusalem et purifie le Temple (165).

La lutte se poursuit avec des alternatives diverses, mais toujours beaucoup d'acharnement. Les Juifs intriguent habilement et profitent des querelles dynastiques d'Antioche et de l'appui de Rome. Le grand prêtre Simon finit par se faire reconnaître comme ethnarque (chef du peuple), tout en admettant sa vassalité à l'égard du roi. Son petit-fils Aristoboulos, dont le nom seul montre bien l'hellénisation, restaure le royaume juif, se proclame roi (104) et fonde la dynastie des Asmonéens qui gardera le pouvoir jusqu'au temps d'Hérode. Aucun des Séleucides ne pourra mettre fin à cette dissidence. Il y a donc d'ores et déjà une question juive, dont les Romains hériteront.

L'empreinte de l'hellénisme sur la littérature juive tardive est considérable. Le dernier des livres sapientiaux, l'*Ecclésiastique*, écrit vers la fin du IIIe siècle, manifeste une influence certaine des spéculations stoïcienne et cynique.

Dans la « Diaspora »

L'émigration des Juifs hors de Judée était un fait ancien, remontant au moins à la grande catastrophe de 586 : prise de Jérusalem par Nabuchodonosor suivie de l'Exil. C'est la *Diaspora* (Dispersion), qui s'accentue lorsque Alexandre annexe la Palestine au monde grec et plus encore avec les troubles juifs du IIe siècle.

L'aire de cette dispersion est considérable. On a pu évaluer à 8 millions la population juive mondiale à l'époque hellénistique. Elle est principalement groupée dans 4 zones : Babylonie, Syrie, Anatolie, Égypte, dont chacune comporte plus d'un million de Juifs. Mais ils sont aussi nombreux en Cyrénaïque, dans les îles de l'Égée, en Grèce et même en

Afrique, en Italie, en Espagne. Partout on enregistre des conversions, surtout parmi les femmes, car beaucoup d'hommes trouvent répugnante la circoncision, et il se forme une catégorie de demi-convertis, les *séboménoi* (ceux qui craignent Dieu). S'il n'y a qu'un Temple, les synagogues (lieux de réunion pour la prière) se multiplient.

C'est en Égypte que les Juifs de la *Diaspora* sont le mieux connus. Ils y avaient formé de petites communautés dès le VIe siècle ; d'autres viennent en grand nombre avec l'annexion de la Cœlé-Syrie, puis avec la révolte des Macchabées. Ils y sont plus d'un million, dont 100 000 à Alexandrie où ils peuplent 2 quartiers sur 5. Ils ont d'ailleurs partout tendance à se grouper en quartiers spéciaux. Ils exercent tous les métiers : soldats, agriculteurs, artisans, fonctionnaires, plus rarement commerçants ou prêteurs, ce qui les différencie nettement des Juifs médiévaux. Il n'y a pas, à proprement parler, d'antisémitisme, mais ils suscitent incontestablement la méfiance des Grecs, dont ils sont les grands concurrents. Leur particularisme choque, comme le reconnaît dès le IIe siècle un *Oracle sibyllin juif* (3, 272) : « Tes coutumes provoqueront le courroux de tous les hommes. »

Mal encadrés, sauf à Alexandrie où leur communauté est administrée par un conseil d'Anciens *(gérousia)*, et vivant en contact avec les Goyim, les Juifs d'Égypte s'hellénisent. La plupart de ceux qui sont mentionnés sur des papyrus portent des noms grecs. Dès le début du IIe siècle, ils abandonnent l'araméen pour le grec. Les textes sacrés sont traduits en grec à partir de Philadelphe : c'est la fameuse version des Septante qui exerça une telle influence pour faire connaître l'Ancien Testament aux non-Juifs. Aussi l'hébreu, qui n'est plus nécessaire à la synagogue, disparaît-il de l'usage.

Des écoles d'exégètes se forment, qui appliquent à la Bible des méthodes d'interprétation des Stoïciens. Les Juifs composent en grec des ouvrages de philosophie, des tragédies, des oracles sibyllins. L'admirable Philon (né peu avant notre ère) est à la fois un rabbin nourri de la tradition hébraïque et un philosophe éclectique, et en tout cas l'un des plus beaux génies spéculatifs de l'Antiquité, dont la synthèse entre deux pensées si différentes préfigure le syncrétisme helléno-chrétien. S'il n'appartient plus à l'époque hellénistique, il est dans la lignée de ces Juifs à l'esprit ouvert qui, pendant trois siècles, se sont profondément imprégnés de l'éducation grecque.

La différence reste considérable entre les Juifs de Judée, dont l'hellénisation est dans les meilleurs cas superficielle, et ceux de la *Diaspora*, où, notamment en Anatolie, en Syrie, en Égypte, l'assimilation de la culture grecque est beaucoup plus profonde et où les Juifs n'hésitent pas, tout en demeurant fidèles au meilleur de leur foi, c'est-à-dire au monothéisme, à renoncer à certaines des pratiques de leur religion qui leur auraient rendu la vie difficile dans un monde hellénisé.

5. LA MONARCHIE HELLÉNISTIQUE

Le démembrement de l'empire d'Alexandre, puis celui du royaume séleucide, n'ont fait que confirmer la grande innovation politique que représente l'institution monarchique : petites ou grandes, partout s'instaurent des royautés.

Le roi et la cour

Comme au temps d'Alexandre, des facteurs très différents confluent dans l'idéologie monarchique qui se constitue alors. Les philosophes, notamment les Pythagoriciens et les Stoïciens, développent la conception de l'homme fort et providentiel qui était apparue dès le IVe siècle, surtout chez Isocrate. Le roi est pour eux la loi vivante et incarnée *(nomos empsychos)*, ce qui se justifie par son caractère divin. Le vulgaire est surtout sensible au prestige que confère la victoire : les succès militaires lui apparaissent comme la marque la plus tangible de la faveur des dieux. Ainsi se définit une monarchie absolue, qui crée d'ailleurs au roi des obligations morales sur lesquelles les textes insistent à l'envi : le monarque doit être zélé, bienveillant pour tous et particulièrement pour les humbles, philanthrope, pieux.

Mais les facteurs orientaux ne sont pas moins manifestes. Héritiers des théocraties orientales, les souverains hellénistiques disposent d'une puissance absolue, puisqu'ils sont fils de la divinité et eux-mêmes dieux. Ainsi les Lagides ont accepté d'être pharaons. Soter ne s'était pas soumis au rite du couronnement, jugeant sans doute suffisant de régner par droit de conquête, mais ses successeurs laissent faire les prêtres qui les pourvoient du fluide magique qui est celui de l'Horus vivant. Désormais ils portent les 5 noms caractéristiques de la puissance pharaonique : « adolescent vaillant, grand de gloire, intronisé par son père, puissant *ka* de Ra aimé d'Amon, Ptolémée », tel est Ptolémée II pour un Égyptien. Une inscription du temple d'Edfou enseigne qu'Horus a livré au monarque la terre d'Égypte avec ses titres de propriété rédigés par le greffier divin Thot.

La monarchie est héréditaire. Le fils aîné succède au père. Les exceptions sont rares, dues à des intrigues de cour : ainsi Ptolémée Ier impose comme son successeur un bâtard légitimé, qui devient Ptolémée II, au détriment de son fils aîné Ptolémée Céraunos. Le père s'associe parfois le fils comme corégent, surtout chez les Séleucides où le jeune prince peut servir de vice-roi pour les satrapies orientales.

La reine joue un rôle important. Malgré l'exemple contraire de Philippe et d'Alexandre, les rois pratiquent la monogamie, tempérée d'ailleurs par le concubinat. À de très rares exceptions près, ils choisissent leur femme dans les familles régnantes. En Égypte s'introduit même, avec Philadelphe, la coutume indigène du mariage consanguin, destiné à conserver la pureté totale de la race, et que certains Séleucides adoptent.

Le roi s'entoure d'une cour *(aulé)* dont les usages rappellent à la fois ceux de la monarchie macédonienne et ceux de la monarchie perse. Il porte la chlamyde et le casque ou la *causia* des souverains macédoniens, mais aussi le diadème des Grands Rois. Le palais où il vit ne s'inspire pas des gigantesques constructions de princes de l'Orient, mais est confortable et luxueux. Peu à peu, s'introduit une étiquette qui tend à différencier le roi et les siens du commun des mortels. Des titres auliques apparaissent, qui créent une sorte de noblesse, d'ailleurs personnelle et non héréditaire : on distingue généralement (car ils varient d'une dynastie à l'autre) les « amis du roi » et « les parents du roi » (par exemple « le père nourricier » ou « le frère de lait », titres purement honorifiques, permettant de revêtir la pourpre royale, mais n'impliquant pas de véritables liens de parenté). Si l'on ajoute le culte royal, qui sera étudié ultérieurement, et la présence de l'effigie royale sur les monnaies (seuls les Attalides renoncent à y figurer le souverain vivant), on voit l'importance d'une époque où s'instituent des usages dont beaucoup seront adoptés par les empereurs de Rome ou de Byzance et par les souverains modernes.

L'administration royale

Le roi est la loi vivante. Il légifère donc sans que ses décisions aient besoin d'être approuvées par aucun conseil ou aucune assemblée et telle est bien la différence essentielle avec la période classique, où la loi est l'expression de la communauté. Dans le détail, les textes où s'exprime la volonté toute-puissante du roi sont variés : lois *(nomoi)*, règlements *(diagrammata)*, ordonnances *(prostagmata)* qui prennent souvent la forme d'une lettre.

Naturellement le roi, omnipotent dans tous les domaines, ne peut tout connaître ni tout décider par lui-même. Il appelle ses « amis » à siéger en conseil pour l'éclairer. Il confie à certains d'entre eux des charges qui correspondent en gros à des ministères, tout en se réservant toujours, comme deux fonctions spécifiquement royales, le commandement de l'armée et les pontificats suprêmes. Il y a généralement une sorte de vizir, qui porte d'ailleurs un titre modeste (préposé aux affaires), un grand chancelier (particulièrement important en Égypte, où la bureaucratie est écrasante), un ministre de la justice (en Égypte l'archidicaste), un contrôleur général des finances (chez les Lagides le diœcète, chez les Séleucides le préposé aux revenus).

L'administration locale est directement calquée sur celle des royaumes antérieurs à la conquête d'Alexandre et comme telle fondée sur la notion de territoire administré par un préposé qui représente directement le souverain. Mais au chef de région traditionnel, nomarque ou satrape, a tendance à se substituer chez les Lagides comme chez les Séleucides un gouverneur militaire, concentrant peu à peu entre ses mains tous les pouvoirs, et qui porte partout le titre de stratège, hérité de l'Athènes classique (au IVe siècle la stratégie y avait peu à peu acquis la stabilité d'une charge de fonctionnaire, ce qui peut expliquer l'emploi du mot à l'époque hellénistique, assez paradoxal en apparence). L'institution de la stratégie est fondamentale et c'est en grande partie grâce à elle que ces royaumes ont pu subsister malgré l'énorme disproportion entre Grecs et indigènes.

L'Égypte reste divisée en nomes (une trentaine), administrés par un nomarque aidé par un secrétaire royal (basilicogrammate). En principe chaque nome est à son tour divisé en deux toparchies, avec un toparque et un topogrammate. Les toparchies sont composées de villages *(comai)* avec un comarque et un comogrammate. Mais Soter introduit dans chaque nome un stratège, qui, peut-être déjà sous Ptolémée III, concentre tous les pouvoirs civils et militaires et réduit le nomarque à la gérance du domaine royal. En Haute-Égypte, où les révoltes nationalistes ont été violentes, il y a un gouverneur militaire, le stratège de Thébaïde, qui a sous son autorité les stratèges des différents nomes et porte même dans certains textes le titre d'épistratège.

Les Séleucides ont conservé la division perse en satrapies, tout en augmentant légèrement leur nombre. Il semble que là aussi coexistent un gouverneur militaire, le stratège, et un préfet, le satrape, dont les fonctions semblent assez effacées.

Ces institutions sont grosses d'avenir, sur le plan des faits comme sur celui de l'idéologie. Le Trajan que Pline le Jeune présente dans son *Panégyrique* est l'héritier direct d'un monarque hellénistique et de toute évidence le stratège a servi de modèle au proconsul et plus encore au légat d'Auguste. Le vétéran romain n'est pas sans rappeler le clérouque. Mais l'étude de l'économie et de la société nées de la conquête dans les royaumes grecs d'Orient pose des problèmes non moins passionnants : on y constate la même hardiesse, le même modernisme dans les solutions adoptées, où éclate la vitalité d'un hellénisme qui refuse de se scléroser.

CHAPITRE 2

Le monde de la conquête : l'exploitation des royaumes

Les successeurs d'Alexandre se trouvent devant le problème qui avait déjà été le sien : organiser la vie économique et sociale dans les royaumes où traditionnellement elle était réglée par l'autorité royale. Ils s'y appliquent avec le souci constant – qui est la plus élémentaire des sagesses – de ne point trop bouleverser l'ordre antérieur. Mais les conditions nouvelles – développement d'une bourgeoisie capitaliste d'origine grecque et en Égypte introduction de la monnaie – déterminent des transformations profondes, particulièrement visibles dans les villes. La superposition d'une classe de conquérants à une masse d'indigènes vaincus (mais pour la plupart habitués de longue date à des dominations étrangères) donne au monde hellénistique son faciès très particulier et fait de lui, bien souvent, la préfigure de l'Empire romain.

1. L'URBANISATION

La civilisation archaïque et classique avait coïncidé avec l'essor de la *polis* et c'était dans de grands centres urbains, tels Milet, Corinthe, Athènes, Syracuse, que s'était développée la civilisation grecque. Alexandre s'était bien montré l'héritier de la tradition en parsemant l'empire qu'il venait de conquérir de nombreuses Alexandrie, destinées à helléniser l'Orient et à réaliser cette fusion de races qu'il envisageait comme nécessaire (carte 17).

Ses successeurs suivent inégalement sa politique : les Séleucides dotent leurs États de nombreuses cités nouvelles ; les Attalides, dans une Asie Mineure urbanisée depuis longtemps, fondent pourtant Pergame, afin d'avoir une capitale capable de rivaliser avec les grandes métropoles de l'Orient ; l'Égypte des Lagides reste purement rurale, mais Alexandrie, création d'Alexandre, connaît un prodigieux essor qui fait d'elle la ville la plus importante du monde hellénistique.

Les créations des Séleucides

Le seul Séleucos Ier fonde une soixantaine de villes, dont 16 Antioche (du nom de son père) et 9 Séleucie. Les créations se multiplient sous Antiochos Ier, mais elles se raréfient sous ses successeurs jusqu'au règne d'Antiochos IV Épiphane, où elles reprennent avec éclat. Il ne faut d'ailleurs pas se laisser abuser par le mot de fondation qui n'implique pas forcément une création *ex nihilo*, mais recouvre parfois un synœcisme de villages, ou l'élévation d'une bourgade indigène à la dignité de cité, ou même un simple changement de nom.

Ces cités sont de véritables *poleis*, au sens grec du terme, avec un territoire, une autonomie municipale, notamment en matière judiciaire et financière, des magistrats. Bien entendu, elles ne représentent plus des États indépendants comme à l'époque classique : elles sont le plus souvent étroitement soumises à la surveillance d'un gouverneur (épistate) et doivent parfois recevoir une garnison. Le roi d'ailleurs multiplie à leur égard les marques de philanthropie, participant de sa caisse à la construction des édifices publics, les secourant en cas de catastrophe, leur octroyant des privilèges qui accroissent leur indépendance, comme l'asylie ou l'inviolabilité.

Les visées de cette urbanisation sont assez diverses. Les cités favorisent l'essor économique, qui accroît d'autant la fortune du

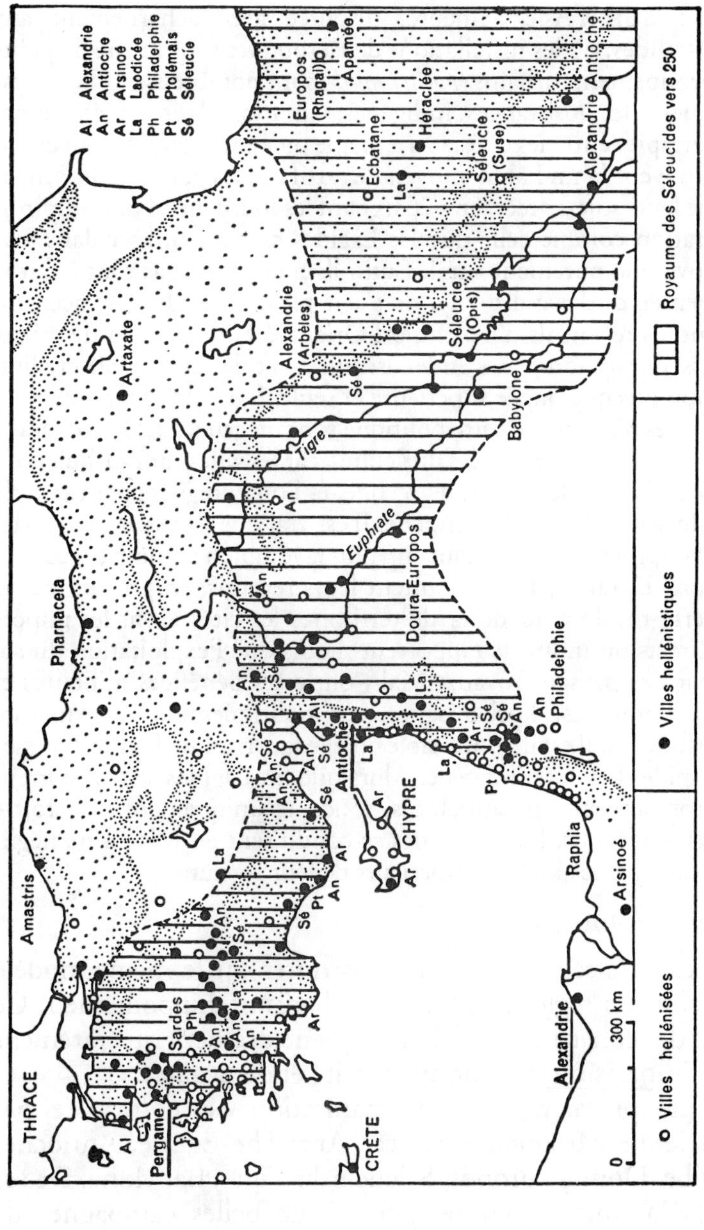

Carte 17. Urbanisation de l'Orient et créations dynastiques.

roi. Elles permettent l'implantation de troupes, gardant les grands axes de circulation et les positions stratégiques : le cas est net dans l'Asie Mineure, disputée avec acharnement aux Attalides, où les installations de clérouques sous forme de petits groupements urbains *(politeumata)* sont nombreuses. Elles diminuent les résistances indigènes, en morcelant les anciennes satrapies entre les cités. On a même pu penser que les souverains trouvent là un habile moyen de satisfaire les goûts traditionnels de leurs sujets grecs, en s'épargnant les lourdeurs d'une administration comme celle que les Lagides doivent utiliser dans leur royaume purement rural. Enfin ils n'oublient pas tout à fait la pensée d'Alexandre : s'il ne s'agit plus de fondre les races, du moins rêvent-ils d'helléniser l'Orient, à la double fin de mieux asservir les indigènes en les assimilant et de répandre la civilisation grecque, jugée supérieure et seule digne de l'homme.

Les résultats de cette politique sont inégaux. Les Séleucides se créent à eux-mêmes des difficultés, car les villes sont turbulentes, dans la grande tradition grecque, et l'on enregistre par exemple plusieurs révoltes d'Antioche. Il est vrai que le système perse des satrapies n'était pas beaucoup plus favorable à un pouvoir central fort. D'autre part, ils limitent leurs revenus, en prenant sur la terre royale pour doter de territoires les cités, dont les impôts directs ou indirects rapportent moins que l'exploitation du sol par des paysans royaux. Mais, outre ses bénéfices militaires et économiques, l'urbanisation est politiquement une mesure habile, car il est incontestable qu'elle favorise l'hellénisation assez rapide de l'élite indigène. Alors que les Lagides se comportent trop souvent en capitalistes, soucieux uniquement d'accroître leurs revenus, les Séleucides se conduisent en rois en ne négligeant pas les intérêts supérieurs de leur royaume.

Doura et Antioche

Les cités séleucides sont construites sur le même modèle et selon les règles strictes de l'urbanisme hippodamien. Ce sont des constructions hâtives, qui ne donnent que rarement une impression de monumentalité et de beauté.

Une première zone d'urbanisation est constituée par l'ancienne Mésopotamie, avec Antioche-Édesse, Antioche-Nisibe, Doura-Europos, Séleucie du Tigre, Babylone. De ces villes la mieux connue, grâce à de belles campagnes de fouilles, est Doura-Europos, sur la rive droite de l'Euphrate, création de Séleucos Iᵉʳ. Citadelle gardant le passage du fleuve et centre commercial de premier ordre, la ville est construite en damier autour d'une vaste agora. Ses institutions sont grecques, avec une *boulé*, un stratège, des trésoriers, des *sitonai* chargés du ravitaillement en blé, mais le roi exerce sa surveillance par un épistate. Les citoyens ont des *cléroi*, que travaillent pour eux des indigènes. Mais, à côté des temples dédiés à des dieux grecs (Zeus Mégistos, Apollon et Artémis), les sanctuaires de divinités locales sont nombreux et l'art témoigne bien de la prédominance rapide des éléments orientaux. En tout cas la prospérité économique est grande et le développement de Doura sera continu, par-delà l'occupation parthe, pendant l'époque romaine.

Les plus belles créations séleucides se situent pourtant dans la Syrie, qui devient d'ailleurs le noyau du royaume après ses rétrécissements successifs. Quatre villes comptent surtout, deux ports, Séleucie de Piérie et Laodicée (Lattaquié), deux cités sur l'Oronte, Antioche et Apamée.

Antioche est située sur la rive gauche du fleuve, à 22 km de son embouchure, dans une riche vallée, large à cet endroit d'une quarantaine de km et que la fertilité du sol et l'abondance des précipitations ont permis de transformer en un vaste jardin. L'Oronte, navigable jusqu'à la mer, est doublé d'une route qui dans l'autre sens permet de gagner par caravanes l'Asie antérieure.

La cité, fondée en 300 par Séleucos Ier pour 10 000 colons, prend un développement considérable. À la fin de la période hellénistique, elle groupe, sans compter de gros faubourgs indigènes, 300 000 à 400 000 habitants, répartis en quatre quartiers : deux proches du fleuve, datant de la fondation, un troisième, Néapolis, dans une île de l'Oronte, ajouté par Antiochos III le Grand, un quatrième sur les premières pentes du mont Silpios, œuvre d'Antiochos IV Épiphane qui ceint aussi la ville de remparts. Le plan relève des normes ordinaires de l'urbanisme hellénistique : une grande voie court parallèlement au fleuve, sur laquelle s'ordonnent les rues à angles droits.

Les institutions d'Antioche sont celles d'une *polis*, avec *boulé* et archontes. Beaucoup de Grecs sont venus rejoindre les colons macédoniens de Séleucos Ier et l'élément indigène est important : de nombreux Syriens naturellement, qui s'hellénisent assez vite, et des Juifs, groupés dans un ghetto. Métropole cosmopolite aux rues grouillante de vie, avec une industrie textile florissante, et capitale du royaume séleucide, Antioche est une des cités les plus prospères et les plus animées de l'Orient hellénistique. Mais, malgré les efforts de certains de ses rois (Antiochos III et Antiochos IX cherchent l'un et l'autre à y établir un Musée et une Bibliothèque) et bien qu'on y travaille les métaux précieux, elle ne peut rivaliser ni avec Alexandrie ni avec Pergame comme foyer littéraire et artistique. Son destin est d'être une cité levantine, dont l'incomparable richesse et la propension au luxe et aux plaisirs s'affirmeront à l'époque romaine.

Pergame l'Attalide

Tout autre est le destin de Pergame. La capitale des Attalides se dresse à 30 km de la côte, sur un éperon formé par deux affluents du Caïque, le Sélinous et le Cétios : cette avancée de trachyte, haute de 335 m, fournit un site admirable, mais difficile à aménager, en raison même de sa hauteur. Les architectes y parviennent en superposant trois villes, réunies les unes aux autres par des escaliers, avec des belvédères et des terrasses qui témoignent d'un goût nouveau pour le pittoresque et s'adaptent parfaitement au paysage (carte 18).

La ville haute, la plus importante, comporte une double agora, bordée par un temple de Dionysos. Sur le plateau supérieur, le grand autel de Zeus, l'un des plus remarquables édifices tant par ses dimensions colossales que par la beauté romantique de sa décoration sculptée, le sanctuaire d'Athéna Polias, limité par deux portiques et dominant superbement la vallée du Sélinous (avec son temple dorique à la sobre décoration), la Bibliothèque et, tout en haut, le palais et un vaste arsenal. Un peu en contrebas, le théâtre, surplombant lui-même une longue terrasse à l'extrémité de laquelle se dresse un petit temple ionique de Dionysos.

Dans la ville moyenne, un magnifique gymnase, peut-être le plus beau du monde hellénistique, disposé sur plusieurs plans superposés réunis par des volées d'escaliers et des passages souterrains, les temples de Déméter et d'Héra Basileia séparés par le Prytanée. La ville basse, autour d'une spacieuse agora bordée d'une colonnade à deux étages, constitue le centre commerçant. Au total, c'est une admirable réussite que cette ville, élevée pour rivaliser avec Athènes et où tant d'inspirations nouvelles se font jour. « Qu'ont de commun les trophées dont Rome jalonne le monde et la passion avec laquelle les Hellénistiques firent du vaste site de Pergame une architecture déployée de l'horizon jusqu'aux dieux ? » (A. Malraux).

Cette réussite s'explique par les activités multiples dont Pergame est devenue le centre, par la volonté des Attalides. Ce n'est pas le commerce qui rend compte de son développement, car elle est située trop à l'écart des grandes routes qui gagnent la Haute Asie. Mais elle est le centre d'un riche terroir (blé, oliviers, vignes) et l'on y pratique un élevage scientifique avec sélection des espèces. Une industrie différenciée s'y est établie : parfums, draps fins, parchemin (dont le nom même rappelle celui de la ville). En outre elle est la capitale d'un État qui, sans avoir les dimensions des trois grands royaumes hellénistiques, est certainement l'un des mieux administrés et des plus riches.

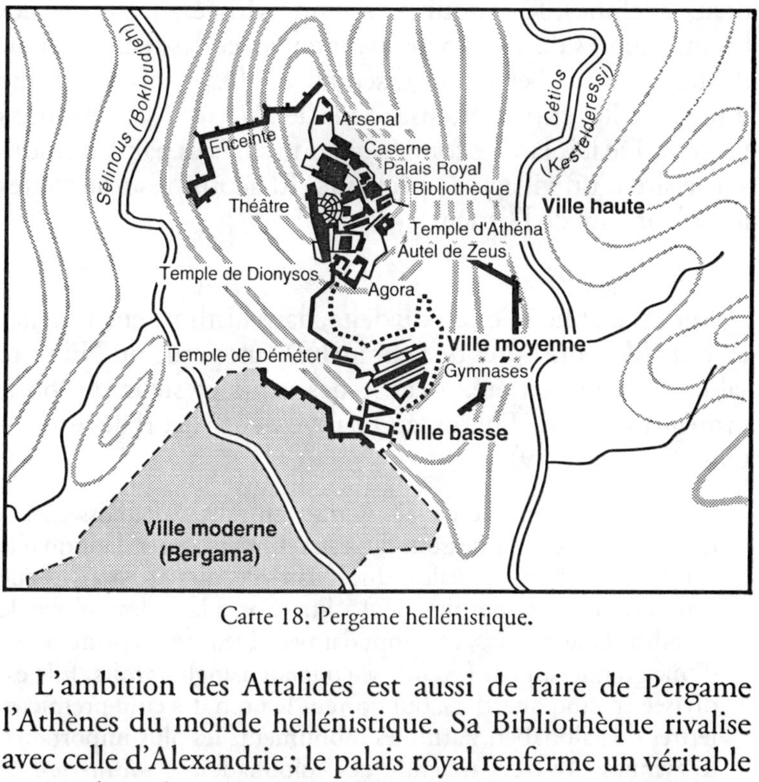

Carte 18. Pergame hellénistique.

L'ambition des Attalides est aussi de faire de Pergame l'Athènes du monde hellénistique. Sa Bibliothèque rivalise avec celle d'Alexandrie ; le palais royal renferme un véritable musée de sculpture, où sans doute prend naissance la critique d'art. Son école de rhéteurs, ses ateliers de sculpteurs, amis du pathétique et de l'effet, sont justement célèbres, ainsi que ses artistes dionysiaques, protégés eux aussi par les souverains, grâce à qui elle devient le principal foyer de l'art dramatique. Le plus bel hommage à Pergame est peut-être celui de Pline l'Ancien (33, 149) : « À partir de la mort d'Attale [le souverain qui légua ses États aux Romains], les Romains commencèrent à aimer et plus seulement à admirer les splendeurs étrangères. » Pergame école de Rome fait pendant à Athènes école de la Grèce.

Alexandrie d'Égypte

« Tout ce qui peut exister ou se produire sur terre, on le trouve en Égypte : fortune, sport, pouvoir, ciel bleu, gloire, spectacles, philosophes, or fin, jolis garçons, temples des dieux adelphes, le roi qui est si bon, Musée, vin, toutes les bonnes choses dont on peut avoir envie, et des femmes, tant de femmes... » Tel est le discours confus, mais véridique d'une vieille entremetteuse dans le *Mime 1* d'Hérondas (26 *sq.*). De fait la ville fondée de toutes pièces par Alexandre sur le site d'un village de pêcheurs, Rhacotis, résume toutes les splendeurs de l'Orient.

La ville et le port

Elle est établie à l'ouest du delta, dans l'isthme entre la mer et le lac Maréotis, près de la branche Canopique du Nil : site salubre, même en été, à cause des vents étésiens. Le port, protégé par l'île de Pharos, est relativement à l'abri des grosses tempêtes (carte 19).

La ville ancienne est mal connue, en raison d'affaissements qui l'ont enfouie au-dessous des eaux. On sait cependant qu'elle a une forme allongée (celle d'une chlamyde, dira Strabon) et que son périmètre est de plus de 15 km. Son plan, dessiné par le Rhodien Deinocratès, est hippodamien. Deux voies principales, d'une grande largeur (30 m), se coupent à angles droits. Elle est divisée en cinq quartiers, qui portent le nom des cinq premières lettres de l'alphabet. Parmi les monuments les plus importants, le gymnase avec ses magnifiques colonnades, le *dicastérion*, le *Séma* ou tombeau d'Alexandre, isolé de la ville par un grand mur.

Le palais couvre à lui seul un quart d'Alexandrie, mais il ne ressemble en rien aux ensembles monumentaux des demeures pharaoniques : avec ses constructions légères, ses jardins, le Musée, la Bibliothèque, le théâtre, il forme Néapolis, la Ville neuve.

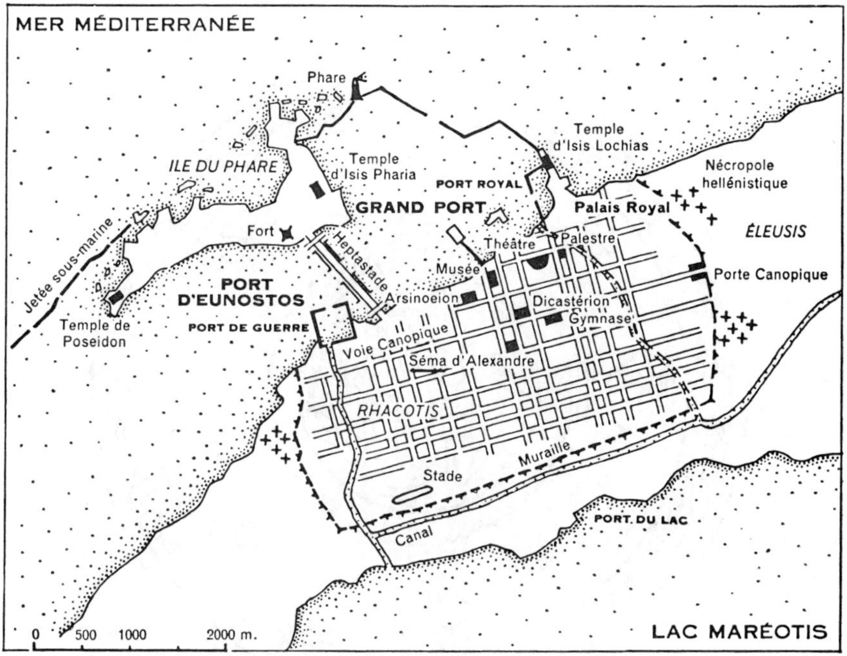

Carte 19. Alexandrie hellénistique.

Le port est séparé en deux par la jetée ou Heptastade qui réunit l'île de Pharos à la terre ferme : à l'est le grand port, qui reçoit l'essentiel du trafic et dont une partie est réservée au port royal ; à l'ouest l'Eunostos (Bon retour) avec le port de guerre, bassin artificiel communiquant avec le lac Maréotis. Au milieu de l'île, le Phare, œuvre de Sǫstratos de Cnide, avec ses trois étages superposés (110 m), surmontés d'une lanterne où un jeu de miroirs convexes réfléchit la lumière d'un feu de bois résineux (fig. 75).

Dans le quartier égyptien de Rhacotis, les rues sont plus étroites. C'est là que se dresse le Sarapieion. En outre la ville a vite débordé son enceinte : à l'est, c'est le faubourg d'Éleusis, avec le stade, l'hippodrome, un cimetière ; à l'ouest, la nécropole principale et, le long du canal qui réunit Alexandrie à Canope, de beaux jardins et de somptueuses demeures où, au témoignage de Strabon, on mène joyeuse vie.

Le souci du confort et de la propreté est poussé très loin : l'eau est distribuée par un réseau serré de canalisations branché sur le canal amenant l'eau du Nil.

Fig. 75. La construction du Phare d'Alexandrie. Plat d'argent de Perm. Deux Amourets construisent en toute hâte la tour du Phare dans le paysage du delta (poissons, oiseaux, lotus). Autour de l'*embléma*, évocation de la vallée du Nil (canards, serpents, ornithorynques, nénuphars...).
Leningrad, Musée de l'Ermitage.

Un tourbillon cosmopolite

La ville offre l'un des spectacles les plus cosmopolites de tout l'Orient grec. Au témoignage de Strabon (sous Auguste), elle a plus d'un million d'habitants. Toutes les nations s'y coudoient : Grecs, Égyptiens, Syriens, et à partir d'une certaine date Italiens. À eux seuls les Juifs en peuplent les deux cinquièmes : leurs violentes contestations avec les Grecs amènent souvent des troubles graves qui se perpétueront jusqu'en pleine époque romaine.

La ville s'administre elle-même, au moins en apparence. On connaît par les inscriptions deux assemblées : la *boulé*, créée par Alexandre et assez vite supprimée, l'*ecclésia* organisée suivant le système athénien avec tribus, phratries, dèmes. Le magistrat le plus important semble le gymnasiarque, qui apparaît comme le représentant des citoyens et le défenseur des libertés républicaines. En fait, dans une cité qui est aussi la capitale d'un royaume fortement centralisé et la résidence royale, l'autonomie est plus une façade qu'une réalité : les fonctionnaires royaux s'immiscent dans les affaires municipales, notamment le « chef de la garde de nuit », titulaire d'une charge assez mal connue, mais sans doute voisine de celle qu'occupera à Rome le préfet des vigiles.

La vie y est animée, bruyante, frénétique. Les embarras d'Alexandrie chantés par les poètes vont servir de modèle aux satiriques qui évoqueront ceux de Rome puis de Paris. On y pratique tous les plaisirs, même les moins innocents. « Aphrodite y est chez elle », dit Hérondas (1, 26). Comme il n'est pas difficile de s'y cacher, beaucoup de paysans fuyant les charges de la vie rurale s'y réfugient. Le peuple y est turbulent : son humeur frondeuse eut souvent l'occasion de se manifester durant les querelles dynastiques du IIe siècle, aussi bien que lors de l'intervention de Jules César.

Les fonctions d'Alexandrie

Alexandrie est pratiquement la seule cité d'Égypte, car on peut tenir pour rien les deux villes qui ont aussi statut de *polis*, la vieille Naucratis, et Ptolémaïs fondation de Soter.

Trois facteurs expliquent un développement unique dans l'histoire du monde grec. D'abord elle est le centre politique du royaume lagide dont elle abrite l'énorme bureaucratie.

En deuxième lieu c'est le siège de nombreuses manufactures (vases, étoffes, papier, parfums, objets de luxe) et le seul vrai port de l'Égypte sur la Méditerranée, donc sa seule liaison avec les autres royaumes hellénistiques et plus tard avec Rome. Port d'importation pour le bois, les métaux, le marbre – tous produits qui font défaut – et pour l'huile d'olive et les vins fins. Port d'exportation pour le blé surtout, le papyrus, les toiles ou mousselines de lin, les parfums, les « articles d'Alexandrie ». Port de transit enfin qui réexpédie dans toute la Méditerranée les denrées en provenance de l'Afrique profonde (ivoire, or, plumes d'autruche, esclaves nègres, animaux sauvages) ou de l'Arabie et de l'Inde (épices, aromates, parfums, soies) : ces marchandises gagnent Alexandrie par le canal de Nécao ou par les pistes et le Nil ou par mer depuis Gaza. L'importance du trafic maritime et fluvial – avec rupture de charge à Alexandrie – explique le développement des chantiers navals.

Enfin nous aurons l'occasion de constater qu'Alexandrie est l'un des centres culturels les plus vivants du monde grec. Son éclat est tel qu'on a longtemps appelé – à tort – alexandrin tout ce qui est hellénistique. Grâce au mécénat de princes éclairés, grâce aux grandes fondations dont ils dotèrent la ville, on vit pendant plus d'un siècle Alexandrie prendre la tête du nouvel hellénisme né de l'épopée de son fondateur. Ses poètes, ses savants, ses érudits, ses sculpteurs, ses toreutes illustrent le IIIe siècle. Après, c'est un déclin non dépourvu de charme...

Mais cette réussite se place en marge de l'Égypte. La formule latine *Alexandria ad Aegyptum*, Alexandrie auprès de l'Égypte, illustre une réalité valable aussi pour l'époque ptolémaïque. La grande cité qui ressemble – en mieux – aux autres villes hellénistiques, est la capitale d'un royaume qui, dans la *chora*, continue son existence immémoriale et immuable. Telle est au fond la vraie faiblesse d'Alexandrie et de ceux qui ont présidé à sa création : obnubilés par les formes spécifiquement grecques de l'État, ils ont réussi à créer une *polis* grande, belle, prospère, mais sans l'intégrer à la vie du royaume, sur lequel elle est comme plaquée.

2. MERCANTILISME CAPITALISTE ET DIRIGISME D'ÉTAT

La vie économique subit une transformation radicale. La Grèce ne joue plus le rôle central et dominateur qui avait été le sien pendant des siècles et qu'elle avait commencé à perdre dès le IVe siècle : seules deux places insulaires (Rhodes, puis Délos) et Corinthe ont une importance internationale. Toute l'activité tend à se concentrer en Asie Mineure, en Syrie et en Égypte.

Les échanges internationaux

C'est dire que l'économie de type colonial qui avait si longtemps prévalu disparaît : sauf dans l'Extrême-Occident et dans le Pont, il ne s'agit plus d'écouler les produits grecs dans des régions sous-développées. Inversement deux types nouveaux d'échanges apparaissent.

D'une part, le commerce des royaumes hellénistiques entre eux ou avec la Grèce est actif. Il porte d'abord sur des denrées alimentaires (l'Égypte en particulier est grosse exportatrice de blé ; inversement les Grecs d'Orient restent friands de bon vin, qui vient toujours de Grèce ou d'Anatolie (fig. 76), et d'huile

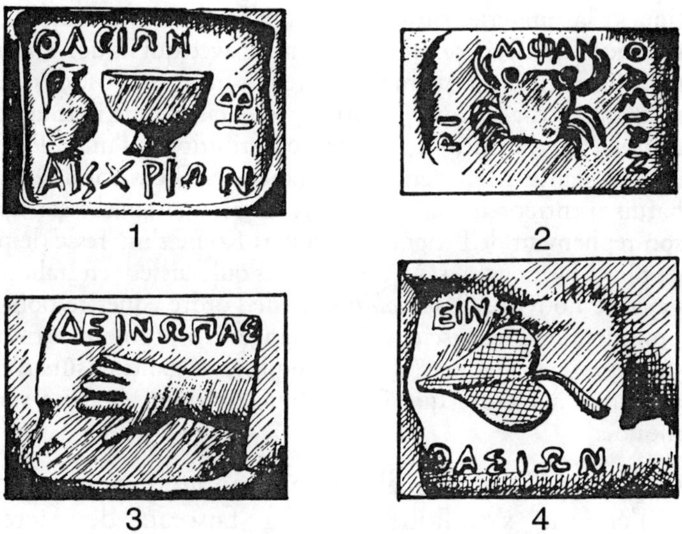

Fig. 76. Anses d'amphores vinaires originaires de Thasos :
1. *Oinochoé* et bol ; – 2. Crabe ; – 3. Main ; – 4. Feuille de lierre.

d'olive ; les papyrus nous renseignent même sur certains négoces plus spécialisés, comme celui des noisettes du Pont) et sur des matières premières (bois, poix, métaux). En second lieu circulent des produits manufacturés de bonne qualité : céramique dite mégarienne, vases métalliques, bronzes d'art, *ex-voto* et bijoux, tissus et tapis de luxe (tout ce qui est production courante est désormais fabriqué partout avec le développement des industries de base). Enfin le trafic des esclaves est considérable.

D'autre part, la conquête de l'Orient permet l'arrivée dans la Méditerranée de produits originaires de l'Afrique profonde, de l'Arabie, des Indes : ivoire, épices, encens et parfums, perles et pierreries, bois précieux... L'importance des ports syriens et d'Alexandrie s'explique parce que y aboutissent les routes terrestres ou maritimes sur lesquelles ils sont convoyés. L'achat de ces denrées de très grand luxe entraîne le déficit de la balance commerciale, d'où une hémorragie d'or et d'argent qui persistera jusqu'à la fin de l'Empire romain. Nous aurons l'occasion de retrouver ce trafic lointain, à la fois cause et conséquence de l'ouverture du monde hellénistique sur des régions sur lesquelle la Grèce classique n'avait eu que d'éphémères aperçus.

Certes toutes les conditions ne sont pas favorables au développement du trafic. Les guerres désolent les royaumes hellénistiques ; la piraterie, surtout au Ier siècle, est un mal difficile à refréner. Les Grecs ont des concurrents avec qui ils doivent partager leurs profits. Le commerce avec les Indes suppose des intermédiaires : sur la route maritime, les Arabes ; sur la route terrestre, les Parthes après la constitution d'une Parthie indépendante. Même en Méditerranée, les Grecs ont des rivaux hardis et entreprenants : Carthage connaît un nouvel essor, après son repliement de l'époque classique ; Rome s'intéresse de plus en plus à l'Orient et, si les gros besoins qui naissent en Italie avec l'avidité nouvelle de la *nobilitas* et de l'ordre équestre pour les produits de luxe, suscitent les échanges, ils profitent surtout à des *negotiatores* italiens, de plus en plus arrogants et sûrs d'eux, au fur et à mesure que Rome appesantit son emprise sur le monde.

Cependant le remarquable essor économique qui caractérise l'époque s'explique par un faisceau de facteurs convergents. Les techniques de la navigation s'améliorent. D'excellents ports marchands sont aménagés ou agrandis. Routes et canaux sont l'objet de la sollicitude des souverains. Partout se constate un effort intelligent, dans la ligne de celui des Grands Rois et d'Alexandre, pour doter l'Égypte et l'Asie de l'infrastructure économique nécessaire au grand commerce.

La demande est considérable. Il ne s'agit pas seulement de facteurs constants, et qui subsistent : nécessité pour la Grèce de se procurer du ravitaillement, ou pour l'Égypte du bois et du fer. À ces besoins vitaux s'en ajoutent d'autres, nés du raffinement d'une civilisation qui ne se veut priver d'aucun plaisir, d'aucun luxe. Les rois dépensent sans compter pour l'entretien de leur cour et pour les fêtes qui sont presque une obligation pour eux, puisqu'elles assurent leur prestige. Une bourgeoisie riche et éclairée aime le faste et ne saurait plus se contenter de la vie austère des Grecs du Ve siècle. Ils ne peuvent se passer de ce qui ailleurs est enviable ou somptueux. Même la Méditerranée est trop petite pour leurs convoitises : l'Afrique noire ou l'Inde leur doivent de quoi embellir palais ou demeures, de quoi parer leurs personnes, de quoi donner au quotidien le piment de l'exotisme.

Monnaies, banques et capitalistes

Des conditions de technique économique facilitent d'ailleurs les échanges : extension de l'économie monétaire et développement de la banque. L'usage de la monnaie devient général, même chez les peuples barbares : Arabes, Parthes, Thraces, Celtes, Ibères, Romains. Le cas le plus intéressant est celui de l'Égypte, qui vivait jusque-là hors de l'économie monétaire, bien qu'y circulassent des monnaies grecques (athéniennes surtout), des dariques et même des pièces frappées par les dernières dynasties nationales pour solder leurs mercenaires. À la suite d'Alexandre, Soter émet à son effigie, dès 305, les premières monnaies royales lagides : statères d'or, tétradrachmes d'argent et oboles de cuivre, exemple qui sera suivi par tous ses successeurs. Bien que l'économie naturelle reste vivante dans certains secteurs, comme nous le constaterons, l'Égypte sort enfin de l'âge du troc.

La quantité de métal précieux soumise à la frappe est considérable, à tel point qu'un certain épuisement se manifeste à la fin de la période, à un moment où d'ailleurs pillages, amendes et commerce font affluer en Italie une grande part du monnayage des royaumes grecs. Le monométallisme argent reste de règle, mais les successeurs d'Alexandre ne savent pas demeurer fidèles à l'unité monétaire qu'il avait instituée. Tandis que Séleucides, Antigonides et Attalides conservent l'étalon attique, Rhodes et les Lagides adoptent un étalon plus léger, qui est le même que l'étalon phénicien de Carthage.

Les diverses monnaies circulent librement, sauf en Égypte où Philadelphe interdit l'usage des pièces étrangères. L'une des premières activités des banques, qui prennent alors un incroyable développement, est le change. Elles prêtent aussi, à un taux qui est généralement de 10 p. cent (à Rhodes ou à Délos par exemple, qui sont les premières places bancaires), alors qu'il atteint 24 p. 100 en Égypte. Elles tiennent les comptes de leurs clients et la lettre de change, le chèque, peut-être le virement, deviennent pratique courante.

À côté des banques privées, souvent entre les mains d'Athéniens expatriés (Athènes avait en effet pris une grosse avance dans ce domaine dès la fin du Ve siècle), il existe des banques de cité, par exemple à Milet. Dans les temples aussi se développent des institutions bancaires, selon une très vieille tradition, puisque c'étaient les prêtres des grands sanctuaires qui avaient eu les premiers l'idée de faire fructifier l'argent des dépôts sacrés : les plus fameuses sont en Anatolie (à Éphèse ou à Sardes) et à Délos, mais, lorsque les prêtres d'Égypte recouvrent leur autonomie à l'égard du roi, ils se lancent à leur tour dans une voie si féconde en profits.

Les Lagides créent aussi des banques d'État, dont le monopole est affermé. Leur rôle est double : d'une part elles effectuent pour des particuliers les mêmes opérations que les banques privées ; d'autre part elles reçoivent régulièrement les recettes d'impôt des caisses publiques, à charge pour le fermier de faire fructifier l'argent du roi, et opèrent les versements publics. Les papyrus permettent de mesurer l'implantation profonde de la banque dans l'Égypte lagide : Grec ou Égyptien, l'artisan et le trafiquant recourent à ses services pour effectuer toutes leurs transactions.

La raison la plus profonde de l'essor d'un vaste négoce international est à chercher dans l'avènement définitif d'une grande bourgeoisie capitaliste, à laquelle appartiennent banquiers et fermiers généraux, mais aussi armateurs et commerçants. Souvent les trafiquants s'associent, comme on le voit avec une netteté particulière à Délos. Parfois ils sont assez puissants pour agir seuls, tel cet Apollonios, diœcète de Philadelphe, dont les archives de Zénon montrent non seulement les intérêts dans son immense propriété du Fayoum, mais encore les liens de commerce avec la Syrie. Les plus dynastiques des Grecs expatriés réalisent ainsi en Orient d'extraordinaires fortunes, bien vite imités par des Syriens et même par des Égyptiens, puis par les *negotiatores* italiens qui vont de plus en plus profiter de la prédominance politique de Rome pour s'imposer comme les maîtres du trafic.

Le dirigisme de l'agriculture

Le grand commerce est ainsi le domaine de l'initiative privée, qui semble réussir d'autant mieux qu'elle est plus hardie. La vie rurale nous offre le tableau antithétique d'un monde qui évolue peu et où l'État exerce un véritable dirigisme.

Terre royale, concessions, terres privées

Sans préjudice d'autres facteurs capitaux que nous analyserons, les souverains sont amenés à s'occuper de très près de la terre parce que la conquête leur a conféré le droit éminent que possédaient avant eux les pharaons ou les Achéménides. La plus grande partie de la terre appartient donc au roi : c'est la « terre royale » *(basilicé gé)*, affermée par contrat à des « paysans royaux ». Ils la cultivent moyennant une redevance qui, avec les impôts, peut atteindre la moitié de la récolte.

Cependant toute la terre du royaume n'est pas royale. D'une part, le roi en concède une partie à des collectivités ou à des individus. Dans le premier groupe rentrent les cités (ce qui n'est pas valable pour les Lagides, qui n'en ont pour ainsi dire pas fondé) et les temples, qui se voient confirmer leurs possessions antérieures ou même doter de nouveaux domaines : en Asie Mineure il existe de véritables États sacerdotaux autour de grands sanctuaires comme ceux de Pessinonte ou de Comana, détenteurs d'une grande richesse foncière ; même phénomène en Égypte où les derniers Lagides augmentent d'ailleurs considérablement les biens du clergé pour tenter de s'assurer sa faveur. Dans le second groupe, des soldats que le roi cherche à s'attacher grâce à l'institution de la clérouquie, ou de grands fonctionnaires qui reçoivent comme témoignage de sa satisfaction des dotations ou *doréai*, dont la mieux connue est celle d'Apollonios au Fayoum.

D'autre part, il existe une propriété privée, dont on voit, au moins par des textes de Haute-Égypte, qu'elle est nettement antérieure à l'implantation des Grecs. Elle se développe de deux manières : le roi vend une partie de la terre royale pour avoir de l'argent, expédient trop souvent utilisé par les Séleucides qui diminuèrent ainsi notablement leur domaine : ou bien il accorde des baux emphytéotiques, qui équivalent en pratique à une vente, quand il s'agit de terres très ingrates récupérées sur le désert ou de domaines mis en valeur comme vignobles ou vergers, qui ne se prêtent évidemment pas au contrat annuel de la terre royale.

Ces réserves faites, les rois grecs des royaumes orientaux ont hérité d'un régime de la terre qui les met en possession d'une part considérable du sol. Comment l'exploitent-ils ? C'est ce que l'exemple de l'Égypte, bien connu grâce à de nombreux papyrus, va nous montrer.

Le cas de l'Égypte : facteurs nouveaux et facteurs anciens

En Égypte l'essentiel de la richesse provient de la terre. Or, ici plus qu'ailleurs, c'est une nécessité d'organiser le travail à cause de la crue annuelle. En outre le sol doit maintenant nourrir de nouveaux venus, administrateurs, soldats ou commerçants, qui ne produisent pas leur subsistance. Il faut donc diriger l'effort du paysan pour le contraindre à produire davantage.

Le problème est encore plus complexe. L'Égypte vivait jusque-là en autarcie, repliée sur elle-même. Désormais elle achète à l'étranger des denrées nécessaires à la vie des Grecs qui y habitent, et en particulier du roi et de la cour. Jusque-là elle vivait en dehors de l'économie monétaire. Désormais les rois ont besoin d'argent pour payer les services de tous ceux qu'ils emploient, mercenaires, techniciens, administrateurs. Il faut donc que les exportations soient de beaucoup supérieures aux importations. Or ces exportations, mises à part certaines marchandises originaires de l'Afrique profonde ou de l'Orient lointain qui transitent à travers l'Égypte, sont avant tout constituées de produits agricoles : soit directement (avant tout le blé, qui vient en grande quantité en Égypte et dont il y a un tel manque dans le monde grec), soit indirectement quand il s'agit de produits manufacturés dont la matière première est fournie par le sol (papyrus, toiles de lin).

C'est donc une nécessité pour le souverain d'organiser la production agricole : faire produire au maximum la terre d'Égypte est le seul moyen dont il dispose pour s'enrichir, c'est-à-dire pour pouvoir régler les importations et payer solde et traitement de ceux qui le servent.

Cette nécessité est immédiatement comprise. Pour augmenter la production, les Lagides peuvent profiter de l'expérience déjà millénaire de l'Égypte pharaonique. La vallée du Nil était, de temps immémorial, habituée à une économie strictement dirigée par le pharaon : tout un système de recensement des hommes et des terres et de statistiques, absolument indispensable pour qui voulait planifier de manière autoritaire, était déjà en place. Les Ptolémées n'ont donc qu'à utiliser des cadres préétablis en gardant l'infrastructure administrative du plat pays.

Monopoles et fiscalité

Cependant le système est dans une certaine mesure, d'ailleurs difficile à fixer, infléchi par la grande nouveauté que représente l'introduction définitive de la monnaie. L'économie purement naturelle de l'Égypte est profondément transformée par les deux corollaires entraînés par l'usage de la monnaie : banque et affermage des revenus.

Il vaut la peine d'entrer un peu dans le détail pour constater comment les solutions appliquées par le pouvoir royal pour contrôler la vie agricole sont souples et diverses.

Pour le blé, culture de base, le roi fixe lui-même par un bordereau *(diagraphé)* la superficie à emblaver dans chaque nome. La nature même de ce bordereau a d'ailleurs donné lieu à des contestations entre érudits : pour les uns c'est un ordre qui s'applique à tous ceux qui cultivent, à quelque titre que ce soit, donc l'instrument d'une économie d'État absolue ; pour les autres c'est un programme de gestion pour les terres royales.

Le roi prête des semences aux paysans, ce qui représente pour lui un excellent placement et lui permet d'introduire des espèces nouvelles dont il espère un meilleur rendement. Les champs sont ensuite étroitement surveillés par les fonctionnaires royaux jusqu'à la moisson. La récolte est entièrement mise sous séquestre : c'est la garantie pour le roi des redevances et des impôts qui lui sont dus en blé (le plus important des impôts, l'impôt foncier, est proportionnel à la surface cultivée). Intérêts des prêts de semence, fermages et impositions prennent facilement la moitié du produit de la terre.

Les profits du roi sont énormes. Détenteur de prodigieuses quantités de blé qui s'entassent dans les greniers royaux, il est le maître de la campagne. Il dispose en outre d'une précieuse denrée pour l'exportation. Cette puissance absolue sur le marché des céréales est obtenue avec un minimum de recours à l'absolutisme.

Le cas de l'huile est tout différent. Elle est essentiellement procurée par des graines oléagineuses (ricin, sésame, cnécus) et, dans une petite mesure, depuis la conquête grecque, par les olives. Des semences à la récolte, la production des oléagineux est étroitement surveillée ; elle est ensuite entièrement absorbée par les services royaux et affermée après estimation. Le but poursuivi est d'établir un monopole absolu de fabrication et de commerce. L'huile peut alors être vendue à un prix fort élevé, dépassant de très loin le prix de revient, ce qui entraîne comme corollaire que des droits considérables frappent toute importation.

L'huile offre donc l'exemple d'une économie entièrement étatique et fermée. Il était habile de la part du roi de la choisir comme objet de monopole, à cause du rôle qu'elle joue dans l'alimentation et dans l'éclairage. Disposant d'un fonctionnariat nombreux, aidé par ces gros bailleurs de fonds que sont les fermiers généraux, il ne rencontre devant lui aucune résistance, sinon la mauvaise volonté des paysans et les ruses des fraudeurs.

Pour le lin, une ordonnance détermine aussi chaque année la surface à ensemencer et la récolte est également surveillée et affermée. Le lin est ensuite tissé dans des ateliers soumis à un contrôle rigoureux, afin que soit évitée toute fabrication clandestine. Il y a donc monopole, mais avec plus de souplesse que dans les huileries : le tisserand peut en effet produire de la toile en sus de la quantité qu'il doit au roi. D'autre part certains ateliers échappent à l'emprise du roi : ceux des temples, où l'on tisse le *byssos*, l'étoffe rituelle des momies et des dieux, qui est aussi une matière de grand luxe, très demandée hors d'Égypte.

Vignobles et vergers se multiplient à la faveur de l'emphytéose. L'intervention du roi est forcément plus restreinte en ce domaine et l'impôt prend la place que tiennent pour les cultures annuelles fermages et réquisitions. Il en est de même pour le papyrus, plante vivace des marécages du delta ou du Fayoum, qui est aussi l'objet d'un contrôle fiscal et non économique.

L'élevage est très développé dans une Égypte qui semble avoir beaucoup plus de pâturages que de nos jours. Le gros bétail est utilisé essentiellement pour le travail des champs, mais le petit bétail est exploité comme un capital : sur la dotation d'Apollonios au Fayoum on voit d'énormes troupeaux de moutons, dont un de 6 381 bêtes. Le bétail peut appartenir au monarque, ou bien à des particuliers, à des clérouques, à des temples. Dans le premier cas, le roi le loue et en tire à la fois des revenus et des impôts. Dans le second cas, les propriétaires sont soumis à une imposition spéciale, l'*ennomion*, qui frappe tous les animaux, même les chameaux. Cet impôt, qui est affermé, suppose un dénombrement général du cheptel : on l'effectue au plus fort de la crue quand les troupeaux sont réfugiés sur les buttes, afin de vérifier les déclarations faites par les propriétaires. – La chasse et parfois la pêche sont données à ferme.

Un tel système, dont la souplesse est frappante, n'est pas inspiré par des plans préconçus. Le contrôle que le roi exerce sur la production agricole varie d'une denrée à l'autre, même quand il s'agit de deux types de cultures voisines, pratiquées sur les mêmes terres, comme le blé et les oléagineux. C'est qu'en vérité un seul désir anime les Ptolémées : remplir leurs caisses. Ce sont, a-t-on dit, de grands capitalistes soucieux essentiellement de s'enrichir et qui considèrent l'Égypte comme un vaste domaine qui leur appartient en propre et dont ils doivent assurer l'exploitation au mieux de leurs intérêts. La construction qu'ils ont élaborée apparaît comme boiteuse et peu cohérente : parfois c'est une véritable économie dirigée avec des monopoles oppressifs, parfois au contraire l'État se contente de prélever sa part sur les richesses produites par des particuliers sur des terres qui leur appartiennent et avec le bétail qui est leur bien propre. Ce qui fait l'unité du système, c'est l'unité de la visée : favoriser une production intensive dont la plus grande partie possible, par le moyen du fermage ou par le moyen de l'impôt, ou par l'un et l'autre à la fois, sera réservée au souverain.

Les progrès de l'Égypte rurale

Cet intérêt, tout nouveau dans l'histoire du monde grec, que le pouvoir prend à la vie rurale n'est pas sans avoir de très heureux résultats. Des agronomes écrivent des traités. La surface cultivée est accrue par drainage des marais et irrigation des marges du désert. La plus belle création du Nouvel

Empire, l'immense oasis du Fayoum, reprend vie, après le long abandon de la Basse Époque. Des techniques perfectionnées d'irrigation s'introduisent : une machine à roue dentée ou la vis d'Archimède tendent à remplacer les *shadoufs* primitifs.

Un outillage plus résistant apparaît avec les importations de fer en grande quantité. Charrues, bêches, houes, faux, haches, qui étaient en bois sous les pharaons, sont maintenant en fer. On utilise une charrue semeuse et peut-être aussi un pressoir à vis pour le raisin et les olives.

De gros efforts sont accomplis pour acclimater des espèces nouvelles. La vigne et l'olivier, qui existaient déjà en Égypte, mais à l'état sporadique, se développent considérablement pour satisfaire aux besoins des immigrants grecs. On introduit figuiers, grenadiers, pommiers, noyers. Les plantations d'arbres sont encouragées dans les rares endroits où elles sont possibles, afin de pallier la disette en matériaux de charpente. Une véritable sélection permet d'améliorer les blés de semence ou d'introduire des moutons milésiens à haute laine et des ânes syriens.

Les résultats économiques de cette politique semblent donc avoir été heureux : la production de la terre et de l'élevage est intensifiée. Mais socialement rien n'est fait pour améliorer la condition du paysan, exploité plus durement encore que sous les pharaons et qui, dans les périodes de crise, n'a d'autre ressource que l'anachorèse, la fuite devant l'oppression et l'iniquité. Les Lagides n'ont pas voulu comprendre qu'en augmentant les salaires et en pressurant moins les ruraux, ils auraient développé le pouvoir d'achat et le commerce intérieur.

3. UNE SOCIÉTÉ COLONIALE

La société née de la conquête est une société coloniale, avec surimposition d'envahisseurs macédoniens ou grecs aux indigènes. Ces derniers restent de beaucoup les plus nombreux : en Égypte peut-être 8 millions contre à peine 1 million de conquérants. Cette disproportion entraîne les conséquences ordinaires en pareil cas : de la part des Gréco-Macédoniens, réactions de défense pour préserver la pureté de leur civilisation et néanmoins orientalisation progressive, particulièrement éclatante dans le domaine religieux ; de la part des indigènes, réactions nationalistes pour conserver leurs usages et leurs croyances et toutefois apparition d'une élite qui s'hellénise par intérêt.

Clivage ethnique et clivage économique

Comme dans toute société coloniale, le clivage se fait d'abord suivant le critère ethnique : aux conquérants pouvoir et richesse. Mais la disproportion entre les deux éléments, les qualités natives de certains indigènes détenteurs d'une civilisation millénaire, les réussites personnelles d'individus bien doués et dynamiques amènent assez vite, et en tout cas dès le IIe siècle, une autre différenciation, fondée sur la fortune et non plus sur la race. Sans même parler des prêtres, qui conservent ou récupèrent leur emprise, beaucoup d'indigènes s'enrichissent dans l'administration, dans les fermes, dans l'agriculture ou dans le commerce : ils occupent dans la hiérarchie sociale une place plus haute que les « petits Grecs » déchus qui végètent dans des situations subalternes. À cela s'ajoutent les innombrables métissages, d'autant que, parmi les immigrants grecs, les hommes étaient évidemment beaucoup plus nombreux que les femmes.

Il y a souvent mépris, d'ailleurs réciproque, des deux éléments ethniques en présence, mais généralement pas de ségrégation, ni dans la réglementation ni dans les faits. Sur la dotation d'Apollonios, fermiers grecs et égyptiens cohabitent (avec d'ailleurs aussi des Syriens, des Arabes et des Juifs) et il en est de même dans l'administration à tous les degrés, comme dans les fermes royales. Mieux vaut donc étudier les différents types sociaux sans considération de race, tout en constatant que les indigènes sont d'autant plus nombreux qu'on descend davantage l'échelle sociale.

La nouvelle bourgeoisie

L'avènement d'une bourgeoisie nombreuse et aisée est le trait le plus notable de l'époque. Elle tire ses revenus de l'industrie et surtout du commerce, sans jamais négliger l'achat de biens fonciers. Ses moyens matériels comme son niveau intellectuel sont plus élevés qu'à l'époque précédente, d'où une transformation profonde de la vie quotidienne. Elle aime les plaisirs de la vie, la bonne chère, les courtisanes, les maisons confortables, mais ne néglige pas des satisfactions plus raffinées que lui procurent la poésie, l'art, la philosophie.

Un type qui se répand est celui de l'homme de finance. Sur les grandes places, les banquiers accumulent d'énormes fortunes. Les fermiers généraux ne sont pas moins puissants. Notamment en Égypte, ils profitent du désir du roi de diminuer ses risques. La plupart des revenus sont affermés, comme une garantie supplémentaire dans un pays qui ne connaît que depuis peu l'économie monétaire. Certes le souverain s'entoure de précautions extraordinaires : le fermier doit verser caution ; tous les mois, ses comptes sont vérifiés par l'économe ; il est responsable sur ses biens. Les papyrus montrent l'énorme contentieux des différentes fermes. Mais on ne verrait pas des hommes de toute race, Grecs surtout mais aussi Égyptiens et Juifs, se disputer les adjudications, si le système n'était pas normalement des plus lucratifs pour les publicains.

Mieux encore que dans l'Athènes du IVe siècle, le développement d'une économie capitaliste permet à certains, plus dynamiques ou jouissant de hasards heureux, d'accumuler d'énormes fortunes. Tel est le cas d'Apollonios, ami et diœcète de Philadelphe, que ses lourdes fonctions officielles n'empêchent pas de gérer des affaires personnelles d'une extraordinaire complexité : trafic avec l'Asie Mineure, la Palestine, la Syrie, l'Arabie ; exploitation de la *doréa* de 10 000 aroures (2 700 ha) que le monarque lui a concédée à Philadelphie sur la bordure de la cuvette du Fayoum. Son énergie et son activité font merveille dans ce domaine pilote où il s'agit avant tout de produire, non seulement pour plaire à un roi dont U. Wilcken a pu comparer la politique économique à celle de Colbert ou de Frédéric le Grand, mais aussi pour s'enrichir, puisque les surplus de vins, d'huile, de toile, de papyrus peuvent être vendus.

L'admirable dossier de Zénon montre la vie fastueuse d'Apollonios, sa table chargée d'argenterie et de fleurs rares, couverte des mets les plus raffinés, poissons, caviar, vins fins. Il montre surtout ses dons d'organisation, avec ses bureaux divisés en deux sections (secrétariat et comptabilité), qui comportent même des scribes indigènes pour la rédaction des contrats avec les paysans égyptiens. Il révèle enfin un homme, l'esprit prompt à décider, le verbe net et impérieux, rassuré par son éclatante réussite : « Sous son calame, les superlatifs abondent comme dans l'anglais des Américains » (Cl. Préaux). Pour la première fois peut-être dans l'histoire, une figure de grand capitaliste apparaît avec autant de netteté. L'argent, qui est le mobile premier de son action, ne lui suffit pas : il a aussi le souci de son prestige, de sa gloire. Entouré d'une véritable cour de clients et de serviteurs, il vit en grand seigneur éclectique et philanthrope, généreux envers les dieux quels qu'ils soient, grecs ou égyptiens, généreux envers les hommes qui recourent à sa toute-puissance.

Le même dossier de papyrus révèle aussi la figure de Zénon, un Grec de Carie qui est l'homme de confiance du grand diœcète : successivement son agent commercial pour les affaires d'Orient, son secrétaire, son intendant à Philadelphie. C'est un homme instruit, qui sur un brouillon griffonne quelques notes de musique ou des vers d'Euripide. Il écrit un grec excellent et nerveux, mais l'esprit paraît moins clair, la volonté moins ferme que chez son patron. Il semble cependant à son aise dans l'administration de cette terre immense où il y a tout à créer, très fier au demeurant de son rôle de fondateur de ville, de sa mission qui est de faire naître la vie et la prospérité à partir du désert. Son train n'est pas princier à l'égal de celui d'Apollonios, mais il vit largement, mange des mets délicats les jours de fête, possède de beaux chiens de chasse. Lui aussi sait jouer au philanthrope et il reçoit d'amis restés en Carie des lettres d'amitié désintéressée qui montrent en lui un homme point indigne de sa réussite sociale.

Les fonctionnaires

Un type tout à fait nouveau dans le monde grec est représenté par le fonctionnaire. Si le royaume des Séleucides souffre d'une sous-administration manifeste, il n'en est pas de même chez les Attalides et surtout chez les Lagides qui disposent d'une hiérarchie solide de serviteurs.

Le fonctionnaire est l'homme du roi – auquel il est lié par serment –, chargé de transmettre et de faire exécuter ses volontés et avant tout, dans ces monarchies capitalistes, d'assurer l'exploitation maximale et de percevoir les revenus. De fait le système est doublement vicié. D'une part, nommé en théorie par le roi, le fonctionnaire est en fait désigné par son supérieur, dont, avec le temps, il devient de plus en plus l'homme lige : les papyrus montrent les cadeaux dont il doit combler ses chefs pour être maintenu à son poste. Ainsi tend à se constituer, au fur et à mesure de l'affaiblissement de la monarchie, une nouvelle structuration qui fait des plus haut placés dans la hiérarchie de véritables despotes, assez peu soumis à l'autorité centrale, traitant leur subordonnés avec d'autant plus de hauteur, de mépris, d'arrogance qu'ils dépendent entièrement d'eux, même sur le plan judiciaire puisque les fonctionnaires sont justiciables d'une juridiction administrative spéciale.

D'autre part, le souverain a cru trouver une garantie supplémentaire dans la responsabilité financière des fonctionnaires. Par une réaction en chaîne, chacun cherche à récupérer sur son subordonné immédiat les sommes dont il est personnellement redevable ; aux plus humbles de pressurer leurs administrés pour faire rentrer l'argent coûte que coûte : tous les moyens sont bons, saisies, réquisitions, voire châtiments corporels. La violence répond d'ailleurs à la violence : aux plaintes des villageois contre l'arrogance méprisante et les excès des fonctionnaires correspondent dans les papyrus les doléances des inspecteurs ou des percepteurs reçus à coup de bâton.

Il ne faudrait toutefois pas se laisser abuser par les innombrables témoignages sur les méfaits de l'administration, car par définition les papyrus n'ont gardé trace que des imperfections du système, d'ailleurs manifestes. On voit aussi se dessiner l'idéal du bon fonctionnaire, scrupuleux, déférent envers ses supérieurs, généreux avec ses administrés : héritage d'un type, traditionnel en Égypte, de scribe respectable et intègre, aussi bien que d'un modèle grec de magistrat philanthrope. Les bons souverains ne cessent de rappeler leurs devoirs aux administrateurs : « Dans vos tournées d'inspection, écrit l'un d'eux, essayez d'encourager les gens et de leur inspirer de meilleures dispositions, non seulement avec des mots, mais, si les paysans se plaignent des comogrammates et des comarques au sujet du travail de la terre, enquêtez et mettez un terme aux pratiques délictueuses. » C'est dans le fonctionnariat lagide que les Romains, puis les Byzantins trouveront le modèle de leurs institutions et la base sûre d'une administration efficace.

La carrière administrative permet aux Grecs et aux indigènes de se coudoyer, car les Ptolémées ont eu l'habileté de ne pas se priver d'une structure préexistante. Certes les cadres supérieurs sont strictement grecs, au moins jusqu'à Évergète II qui confie des stratégies à des Égyptiens. Mais les échelons moyens et inférieurs se recrutent essentiellement parmi les indigènes et l'on voit même dès le début des nomarques égyptiens. Dans une autre caste traditionnelle, le clergé, la vieille élite indigène continue à régner seule en maîtresse.

Le clergé indigène

Partout les successeurs d'Alexandre conservent la politique de tolérance à l'égard des dieux nationaux qui avait été la sienne. Par politique essentiellement – car ils sentent son emprise sur le peuple – ils cherchent à se concilier le clergé indigène, réparent les anciens sanctuaires, en élèvent de nouveaux, comblent dieux ou prêtres de présents et d'immunités, espérant bien en échange que cette générosité leur permettra de tenir plus aisément en main les masses. Bien que l'on connaisse assez bien certains grands temples d'Asie, en particulier l'Artémision d'Éphèse, véritable État sacerdotal avec d'immenses richesses et un personnel innombrable de prêtres eunuques et de courtisanes sacrées sous l'autorité du Mégabyze, ou l'Ésagil de Babylone et le temple de Nabou à Borsippa, tous deux restaurés par les Séleucides, c'est pour l'Égypte que la documentation est la plus abondante et le tableau le moins imprécis.

Si le fonctionnaire est l'homme du roi, le prêtre est l'homme du dieu. Il dispose d'un pouvoir inquiétant, puisqu'il est seul capable d'établir des relations avec le monde surnaturel et de procurer à l'univers sa stabilité par les liturgies quotidiennes ou solenelles qui, offrant au dieu tout ce dont il a besoin pour sa vie dans le temple, nourriture, boisson, vêtements, distractions, assurent en même temps aux mortels la bienveillance de la divinité. Héritier d'une science millénaire, dépositaire des traditions et de l'écriture sacrée, il conserve l'immense prestige dont il a toujours été entouré dans la vallée du Nil, encore qu'à l'époque ptolémaïque les milieux sacerdotaux tendent à se replier sur eux-mêmes et à se scléroser (Strabon signale par exemple qu'ont disparu toutes les écoles de sanctuaires qui existaient au temps d'Hérodote ou de Platon) : prélude à l'irrémédiable décadence bien visible dès Antonin dans les piètres inscriptions du temple d'Esna.

Mais il y a une équivoque, parce que les Ptolémées se posent en successeurs légitimes des pharaons et que les prêtres – lassitude ou opportunisme – ont accepté d'entrer dans cette vue. Or le pharaon est le seul vrai prêtre et c'est de lui que tous les prêtres tiennent leur ministère. Le roi nomme lui-même aux postes les plus importants et de toute manière il perçoit une taxe spéciale à chaque investiture ou à chaque élévation dans la hiérarchie, car les prêtres doivent acheter leur charge ainsi que les prébendes qui y sont attachées. Il est salué solennellement tous les ans pour son anniversaire par le conseil de cinq membres élus qui administre chaque temple. Ainsi s'établissent des rapports étroits entre le souverain et le clergé, chacun ayant besoin de l'autre, le monarque pour établir sa légitimité aux yeux de ses sujets indigènes et pour faire assurer le culte royal sous sa forme traditionnelle, les prêtres pour continuer à jouir de leurs privilèges immémoriaux.

Tant que les Ptolémées sont forts, ils maintiennent le clergé dans une stricte obédience. La terre sacrée, qui n'a pas été confisquée et qui continue à comporter d'immenses domaines fonciers avec des ateliers (particulièrement de tissage), est administrée directement par le roi qui, étant dieu, en perçoit tout naturellement les revenus : il n'y a pas là spoliation, car tel avait déjà été le cas dans l'Égypte indépendante, quand le pouvoir pharaonique était fort. En échange le roi assure aux prêtres de quoi subsister et rendre aux dieux l'hommage liturgique.

Mais, lorsque s'affaiblissent les Ptolémées et que les révoltes indigènes leur rendent l'appui du clergé plus nécessaire, ils accordent l'immunité aux temples (décret de 118) – se privant eux-mêmes de revenus considérables – et comblent leurs desservants de présents. Des paysans royaux en fuite se réfugient de plus en plus nombreux dans l'asile des sanctuaires : les prêtres se transforment pour eux en patrons (au sens que ce mot aura au Bas-Empire) et accroissent d'autant leur influence. Leur richesse est telle qu'ils prêtent désormais au monarque. Ils récupèrent ainsi l'immense puissance temporelle qu'ils avaient eue sous la VIe et sous la XIXe dynastie, mais sans conserver l'autorité spirituelle et la dignité qui justifiaient alors, au moins partiellement, leur pouvoir dans l'État.

Dans le détail il faudrait nuancer le tableau, car le clergé est innombrable. Aux purifiés qui seuls ont droit de pénétrer dans le saint des saints (grand prêtre, prophètes, habilleurs des dieux) et aux scribes des livres divins s'oppose le bas clergé, dont la mission est de préparer les cérémonies ou d'assurer la gestion des biens sacrés. On connaît par un dossier papyrologique de Thèbes le petit monde des choachytes, prêtres funéraires chargés du culte des morts : sots, cupides, et prompts à la bagarre quand il s'agit de leurs profits. Mais partout un même univers traditionaliste, conservateur, opportuniste, qui pendant des siècles a trop pris l'habitude des dominations étrangères pour s'émouvoir d'autre chose que de ses intérêts.

Le monde du travail

Roi, bourgeois, fonctionnaires, prêtres vivent du dur labeur des humbles. La coupure de la société en deux classes antithétiques, riches et pauvres, et l'exploitation des uns par les autres, qui étaient apparues au IVe siècle en Grèce, ne fait que s'accentuer dans le monde de la conquête.

On n'est point d'accord sur le nombre des esclaves, qui à notre sens doit être important, à cause tant des guerres que du trafic dont ils sont l'objet sur une large échelle. Aux esclaves domestiques, fort nombreux à cause du développement d'une bourgeoisie avide de confort, s'ajoutent les esclaves employés comme main-d'œuvre industrielle dans les manufactures de Pergame, d'Antioche et surtout d'Alexandrie où, pour la première fois, semble apparaître une concentration servile importante.

La masse des travailleurs, artisans et paysans, est libre, bien que requise quelques jours par an pour la corvée royale. L'agriculture reste l'activité de base et, dans la *chora* (plat pays), la vie n'a guère changé malgré quelques améliorations techniques. En Égypte en particulier, le fellah mène son existence traditionnelle, dans de misérables villages concentrés sur des buttes artificielles hors de portée de l'inondation et où les réquisitions de logement pour les agents royaux ou les soldats font durement sentir leurs effets : le souverain doit souvent rappeler qu'on ne peut réquisitionner plus de la moitié d'une maison, en réponse à des plaintes dont les papyrus montrent qu'elles sont innombrables. À qui que ce soit qu'il loue ses services, la vie est dure pour lui – avec les fermages, les impôts, la corvée, les réquisitions de toute sorte, légales et de plus en plus souvent illégales, que multiplient les fonctionnaires –, plus dure qu'avant la conquête, car on exige de lui une production plus importante.

Cependant les textes permettent de dégager une évolution. Au IIIe siècle la condition du paysan égyptien n'est pas trop mauvaise. Il loue ses bras au roi (puisque la majorité de la terre est royale), mais aussi aux temples ou à des particuliers : le contrat qui le lie à son maître est librement débattu et consenti. Mais, dès le début du IIe siècle, la situation s'aggrave : les guerres civiles ruinent la campagne ; le roi, appauvri par la perte de l'empire, veut faire produire plus à une terre qui va en rétrécissant, car les régions gagnées sur le désert par des travaux d'irrigation sont peu à peu abandonnées faute d'entretien des installations hydrauliques ; les fonctionnaires moins surveillés se conduisent souvent en despotes. Il est de plus en plus difficile de trouver des paysans pour cultiver et les papyrus montrent qu'il faut recourir à tous les arguments pour faire signer des contrats de travail, depuis l'appel au dévouement jusqu'à la torture.

Les remèdes cherchés par l'administration à cette crise grave ne sont que des palliatifs, qui parfois aggravent le mal : certes il y a de minutieux réajustements de fermages qui témoignent d'un réel souci de justice, mais on en vient à des mesures de contrainte. Des prises à bail supplémentaire sont imposées aux moins pauvres des paysans : c'est la redoutable *épibolé* qui fait son apparition en 164 et développe ses pernicieux effets jusqu'en pleine période romaine. Dès la fin du IIe siècle on établit la responsabilité collective du village : la communauté des fermiers royaux d'un village est responsable de l'ensemble des redevances. On exige du paysan le serment de « rester en vue des fonctionnaires royaux », car il est bien manifeste que la simple signature d'un contrat ne suffit plus.

Écrasé par un système oppressif, par des baux iniques et malsains, le paysan s'enfuit : c'est l'anachorèse qui est l'un des phénomènes les plus graves de la basse époque hellénistique avant de devenir l'une des plaies de l'Égypte romaine et de se teinter de valeurs religieuses avec les premiers anachorètes chrétiens. Quoi qu'on en ait dit, le désert ne fournit de retraite possible qu'à une infime minorité, car la vie y est impossible pour quiconque n'a pas l'habitude du nomadisme. Mais Alexandrie, avec son grouillement de population mal contrôlable, exerce une attraction d'autant plus forte qu'on y trouve du travail et les temples sont tout prêts à offrir leur droit d'asile au paysan déserteur. D'autres encore se groupent en bandes de brigands qui désolent le plat pays. On voit dans les papyrus l'angoisse et les plaintes amères de ceux qui restent et que la solidarité du village contraint à payer pour ceux qui fuient : les dénonciations indignées se multiplient auprès des agents royaux.

Fig. 77. Affiche de l'officine d'un *énypniocritès* (interprète des songes) du Sarapieion de Memphis, étonnant témoignage du syncrétisme gréco-égyptien. La stèle affecte la forme d'un *naïscos* grec avec fronton et acrotères, mais les piliers latéraux et les déesses qu'ils supportent sont égyptiens.

La peinture représente le bœuf Apis devant un autel. L'inscription signifie : « J'interprète les songes sur ordre du dieu. Bonne fortune ! L'interprète est crétois. » Musée du Caire.

Les papyrus montrent au vif le mécontentement profond qui règne dans les campagnes. Les paysans y apparaissent assez

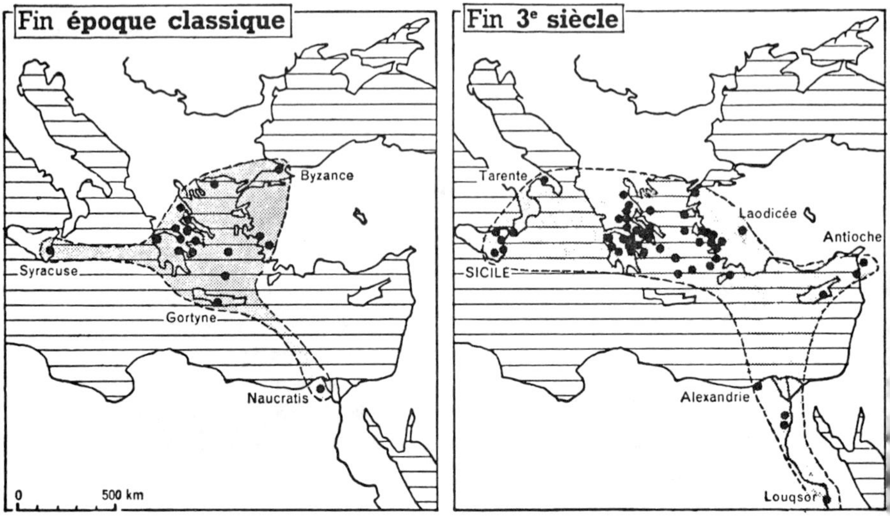

Carte 20. La multiplication des gymnases à l'époque hellénistique (d'après J. Delorme).

violents et incapables de supporter la contrainte : leurs revendications sont présentées avec un accent de révolte qui s'oppose au ton de plate adulation qu'adoptent en pareille circonstance les « petits Grecs ». Ce découragement et cette turbulence expliquent que les révoltes aient trouvé un tel écho dans la *chora* égyptienne.

Ainsi se creuse de plus en plus le fossé entre monde urbain exploitant et monde rural exploité, dans lequel M. Rostovtzeff voit non sans raison la tare la plus profonde des sociétés antiques à partir du IVe siècle et qui finalement sera une des causes les plus nettes de leur écroulement.

L'inévitable fusion

Dans cette société coloniale qui ignore en droit les discriminations raciales entre vainqueurs et vaincus, fondamentales dans l'Empire romain, se réalise peu à peu cette fusion des races qu'avait rêvée Alexandre.

« Les Macédoniens sont devenus des Égyptiens », déclarent Polybe et Tite-Live. Malgré l'évidente exagération de cette formule, l'attrait de l'Orient se fait sentir sur tous les Grecs,

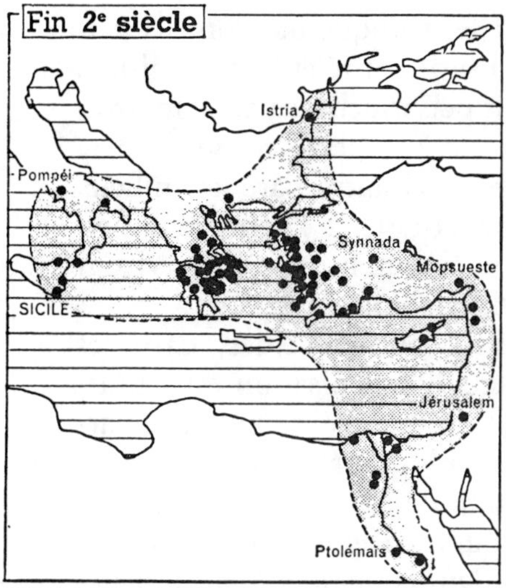

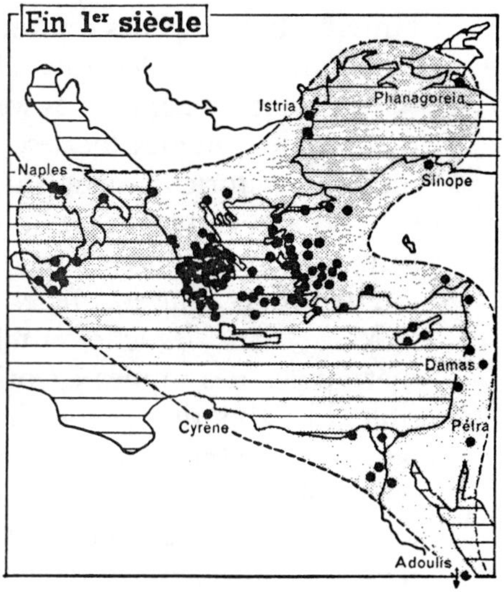

en Égypte comme en Asie, principalement dans le domaine religieux (fig. 77). En Égypte des Grecs se font momifier et enterrer avec les livres des morts ; le système des poids et mesures et le calendrier pharaoniques s'imposent à l'administration lagide. Mais, si la contagion reste faible dans les cités, où les Hellènes conservent leur cadre traditionnel et où ils sont relativement nombreux, colons et clérouques, qui vivent beaucoup plus isolés et ne peuvent se grouper que dans des *politeumata*, associations reconnues mais non institutionnalisées et qui ne sont à la limite qu'une caricature de cité, adoptent peu à peu les usages indigènes, d'autant que ceux-ci répondent à un climat fort différent de celui de la Grèce ou de l'Anatolie et que les mariages mixtes sont nombreux dès 250. Un papyrus thébain de 113 garde trace du prêt fait à un choachyte par un Grec nommé Psen-Mont fils de Pa-Thot : du Grec il n'a plus que le statut juridique. Même phénomène en Syrie et en Babylonie, à Doura-Europos notamment, où l'onomastique montre la fusion entre éléments grecs et indigènes.

Le phénomène inverse est plus net encore, car il est de

l'intérêt des indigènes d'imiter les vainqueurs, dont ils sentent d'ailleurs peut-être aussi la supériorité et le dynamisme. Assurément les campagnes sont peu touchées par ce mouvement et les langues locales, araméen, perse et égyptien, y résistent victorieusement au grec. D'autre part les milieux sacerdotaux restent assez impénétrables : l'écriture cunéiforme, le sumérien en tant que langue liturgique survivent longtemps, et plus encore les hiéroglyphes.

Mais, dans les cités attalides ou séleucides, dans les métropoles des nomes égyptiens, l'hellénisation est irrésistible. Elle aboutit à la constitution d'une élite indigène parlant grec, s'habillant à la grecque, adoptant les us et coutumes grecs. Même à Thèbes, dans un milieu sacerdotal et traditionaliste, on a de plus en plus recours aux agoranomes, notaires d'expression grecque qui répandent largement le droit hellénique et discréditent les notaires égyptiens rédigeant en démotique. Dans la vieille métropole religieuse, les *graffiti* rédigés en grec sont nombreux et certains de leurs auteurs, qui se proclament prêtres, magiciens ou embaumeurs, ne peuvent être que des Égyptiens. Les textes scolaires, si nombreux sur papyrus, montrent que partout on lit Homère, les tragiques, Démosthène ou Ménandre. Le gymnase, là où il est accessible aux indigènes, c'est-à-dire surtout en Asie, constitue un milieu idéal où se former au style de vie hellénique (carte 20) : ceux qui l'ont fréquenté sont très fiers et forment des associations d'*apo tou gymnasiou* (ceux qui sortent du gymnase).

Socialement le développement de cette classe moyenne hellénisée est une réussite. Encore convient-il d'ajouter que, mis à part Zénon, le fondateur du stoïcisme, aucun de ceux qui brillent dans les lettres, les arts, la science ou la philosophie ne lui appartient. Ses membres peuvent parler ou lire le grec, vivre à la grecque dans des maisons grecques, ils ne font jamais partie de l'élite pensante. Paradoxalement, il faudra attendre l'Empire pour que s'en dégagent un Philon, un Plotin, un Athanase.

4. LE MONDE DES SOLDATS

L'un des facteurs essentiels de cette hellénisation est la présence de soldats dans les cités ou les métropoles de nomes. Au reste l'armée joue un tel rôle dans le monde hellénistique, né d'ailleurs de la conquête et déchiré d'incessants conflits, qu'elle mérite une étude particulière.

Le recrutement des mercenaires

Au moment où les besoins en hommes se font si impérieux, le recrutement civique, lié au système de la *polis*, se tarit. D'où la nécessité pour les souverains de recourir à des mercenaires, selon une évolution qui avait d'ailleurs commencé dès le IVe siècle.

Le recrutement s'opère de plusieurs manières : envoi de sergents recruteurs, engagement de *condottieri* suivis de leurs propres troupes, voire accords diplomatiques entre cités prévoyant la fourniture de contingents en cas de besoin. Une fois le mercenaire engagé, il convient de le conserver le plus longtemps possible. On cherche donc à le transformer en colon militaire (ou clérouque), en lui fournissant une terre dont il aura la jouissance moyennant diverses obligations : obligations financières, obligation de se tenir toujours prêt pour une mobilisation immédiate.

Où se recrutent ces mercenaires ? Jusqu'à la fin du IIIe siècle l'élément grec joue un rôle capital. Originaires des régions les plus pauvres de l'Hellade (certaines contrées du Péloponnèse, Grèce centrale et septentrionale, îles de l'Archipel), des Grecs se mettent en grand nombre au service des nouvelles monarchies. La proportion des Grecs diminue considérablement au IIe siècle, d'une part parce que la condition du mercenaire empire, d'autre part parce que beaucoup s'adaptent mal au climat, notamment en Égypte où l'on a constaté que les familles de clérouques s'étiolent. Le cas des Macédoniens est un peu différent : ils sont nombreux dès l'origine et le demeurent. On a pensé qu'appartenant à une race jeune, ils s'adaptent mieux et continuent à proliférer.

Les Barbares s'engagent aussi volontiers. Parmi eux les Galates, ces Celtes qui envahissent la Grèce, ravagent l'Anatolie et poursuivent même leurs entreprises jusqu'en Égypte. Des débris de leurs bandes sont incorporés par les souverains, notamment les Antigonides et les Attalides, qui apprécient leur vaillance et leur total dévouement. Les Sémites également sont très prisés, même en Égypte où ils tendent à remplacer les Grecs dans l'armée.

De plus en plus les souverains doivent avoir recours à des éléments indigènes, pour pallier l'insuffisance numérique des soldats grecs. Les Lagides se décident, à partir de la bataille de Raphia (217), à incorporer des Égyptiens.

La condition du mercenaire

Le mercenaire, exilé souvent pour toujours, devient une sorte d'apatride dépourvu de tous droits politiques. Vie militaire et vie civique, si étroitement liées dans la Grèce classique, se dissocient définitivement. Certes on voit des garnisons, des unités, voire des associations de soldats voter des décrets honorifiques et élire des magistrats, mais cette activité n'a aucune réalité authentique et traduit sans doute seulement la nostalgie que beaucoup d'entre eux gardent des anciennes institutions.

Leur condition sociale est difficile à définir, d'autant qu'elle évolue considérablement. Au IIIe siècle, le mercenaire est bien rétribué, en espèces et en nature, sans préjudice de maints avantages accessoires, et le métier des armes est recherché, parce que lucratif. Le soldat appraît alors comme un personnage bien nourri, bien vêtu, bien servi, heureux de sa situation. Au IIe siècle au contraire, avec la crise économique qui sévit dans les monarchies hellénistiques, la profession perd beaucoup de ses attraits : mal payé, besogneux, le soldat ne diffère plus guère du paysan dont, obligé de cultiver sa terre, il partage les humbles occupations.

Cette évolution explique les nouveaux rapports du soldat et de la population de la ville ou du village où il cantonne. Au IIIe siècle, les plaintes dirigées contre des mercenaires sont nombreuses : sous Évergète on voit des propriétaires arracher les toitures de leurs maisons et en obstruer les portes avec des autels plutôt que de se soumettre à la réquisition. Au IIe siècle un *modus vivendi* semble s'établir, dans la mesure où l'armée est plus indigène et où d'autre part le soldat est loin d'être le privilégié qu'il était précédemment : beaucoup plus proche du paysan, il ne suscite plus ces haines farouches dont témoignent tant de papyrus du IIIe siècle.

Déracinés, les mercenaires grecs ou macédoniens restent foncièrement attachés à l'hellénisme, encore qu'ils subissent fortement l'influence des cultes locaux. Il semble qu'il faille leur attribuer en grande partie les fondations de gymnases qui se multiplient dans les royaumes hellénistiques. Encore doit-on distinguer : dans le monde syro-anatolien les gymnases s'ouvrent aux indigènes avides d'accéder à la culture grecque. En Égypte au contraire, ce sont des clubs jalousement réservés aux occupants ; au moment où l'armée y est envahie par les Sémites, ils constituent le foyer d'une sorte de franc-maçonnerie hellénique qui veut se préserver de la contamination des Barbares.

La tenure clérouchique

L'une des institutions les plus originales de l'époque hellénistique est celle de la clérouquie, destinée à fixer sur place les mercenaires en leur attribuant un lot de terre (dont la surface varie d'ailleurs considérablement, entre 1 et 250 ha). Encore que le mot soit grec et rappelle les clérouques de l'Athènes classique, ce moyen de récompenser les services militaires était traditionnel en Orient, et notamment dans l'Égypte pharaonique. Les souverains grecs ont trouvé un grand avantage à le conserver : ils désiraient constituer ainsi une armée héréditaire et se délivrer du délicat problème de recruter de nouveaux mercenaires ; ils espéraient en même temps, en installant des colons grecs jusque dans le plat pays, mieux tenir les autochtones et favoriser leur hellénisation. Mais le système a été fondamentalement vicié, lorsque des indigènes ont été introduits dans l'armée royale et que des terres clérouchiques leur ont aussi été concédées.

À l'origine, à la mort du clérouque sa terre revient au roi, sauf s'il a un fils en âge de porter les armes. Mais les rapports entre souverain et clérouque évoluent. Au IIIe siècle les premières opérations d'appropriation, de défrichement, de dessèchement sont effectuées par les services royaux. Le clérouque, retenu au loin par les campagnes extérieures, connaît en outre mal le travail de la terre, surtout dans les conditions si particulières de l'agriculture égyptienne. Mais dès le IIe siècle les clérouques ne sont plus des étrangers : ce sont des fils de clérouques ou des indigènes.

On leur assigne des terres incultes qu'ils doivent mettre en valeur. Ils ne sont plus les obligés du roi, mais ils lui font plutôt une faveur en cultivant un terrain en friche, sur lequel ils paient des redevances.

Dans ces conditions, il est naturel que les exigences du roi à l'égard des clérouques diminuent. La tenure tend vers l'hérédité et on la voit même échoir à des femmes. Elle devient aussi presque aliénable : le clérouque peut non la vendre, mais la transférer contre argent avec les charges qui lui sont liées, ce qui revient au même. L'hérédité et la quasi-aliénabilité du *cléros*, peu à peu assimilé à un bien privé ordinaire, est une victoire importante remportée par l'individu sur les prérogatives royales.

Il y a là un cas particulier typique de l'évolution des rapports entre le roi et ses sujets à basse époque hellénistique. À l'origine la concession clérouchique est une faveur, assortie d'obligations sérieuses. Mais l'appauvrissement progressif de l'Égypte amène les souverains à considérer comme une nécessité vitale d'assurer la culture du sol, l'essentiel de leurs ressources provenant de la terre. Ils renoncent alors à certains de leurs droits pour obtenir une plus large mise en valeur. Mais il y a là un cercle vicieux : la transformation des tenures clérouchiques en propriétés privées diminue d'autant le domaine royal, donc la richesse foncière du monarque, déjà singulièrement entamée par les concessions et dons faits aux prêtres.

Les royaumes hellénistiques laissent une impression confuse de réussite et d'échec. D'un côté, les grandes cités cosmopolites aux larges artères et aux nobles monuments, une indéniable prospérité, une bourgeoisie dynamique et en pleine expansion et l'hellénisation d'une classe moyenne dans les milieux indigènes. De l'autre, la stagnation des campagnes, durement exploitées et qui ne tirent aucun profit de l'ordre nouveau. Le roi et les grands capitalistes qui mènent le jeu ne s'intéressent qu'à leurs profits et, consciemment ou non, favorisent cette coupure entre le monde urbain et le monde rural qui n'est qu'en apparence dans la ligne de l'hellénisme, car, si la civilisation classique se définissait bien par la cité, celle-ci englobait ville et campagne. Sûrement se préfigure, avant même la conquête, l'Empire romain, dont grandeurs et faiblesses s'inscrivent dans le même cadre antagoniste.

Ce qui est plus grave, c'est que la situation se détériore, notamment en Égypte où prêtres, soldats et fonctionnaires conquièrent de plus en plus de privilèges au détriment du souverain et où les campagnes, ravagées par l'anachorèse, sont de moins en moins cultivées. On a parlé à juste titre d'un « refus des masses », abandonnées à leur sort, dont on ne fait rien pour élever le niveau de vie (ce qui eût pu pourtant être un moyen, dans l'optique capitaliste, de susciter l'économie) et auxquelles on ne sait pas offrir un idéal qui donne un sens à leur travail.

Encore faut-il ajouter, pour ne point tomber dans l'injustice, que les souverains ont fait de leur mieux, compte tenu du petit nombre des immigrants grecs et macédoniens, incapables de bouleverser les masses indigènes beaucoup plus nombreuses. Reprenant un mot fameux appliqué au Haut-Empire, on pourrait dire, avec toutes les restrictions que comporte cette formule, que le monde hellénistique était alors le moins mauvais des mondes possibles. C'est au reste le sentiment qu'exprimait un diœcète en écrivant : « Personne n'a le droit de faire ce qu'il désire, mais tout est réglé au mieux. »

D'ailleurs l'étude de la civilisation qui s'est développée dans ce cadre va montrer d'autres réussites, souvent éclatantes.

CHAPITRE 3

L'ultime mutation de l'hellénisme spirituel

La richesse un peu désordonnée des créations de la période hellénistique frappe vivement. On y constate un foisonnement de vie qui se laisse mal réduire à l'unité. C'est que l'individualisme, qui avait fait tant de progrès depuis la fin du Ve siècle, triomphe enfin. Il s'exprime sous des formes aussi différentes que le succès du lyrisme, l'aspiration du philosophe à une sagesse personnelle, les besoins mystiques de l'âme soucieuse d'assurer son propre salut.

Mais paradoxalement l'homme ne semble pouvoir épanouir son individualité que dans la collectivité. Les poètes se groupent en cénacles, les traditions d'atelier jouent un rôle prépondérant dans le développement de l'art, philosophie et science évoluent dans des écoles fortement organisées. Même les mystiques ne trouvent leur dieu que dans des confréries.

En corrélation avec ce besoin se développent, avec l'aide de souverains éclairés, des bibliothèques et des instituts où s'emmagasine et s'accroît le savoir humain. Les deux premiers Ptolémées, sous l'influence de Démétrios de Phalère, disciple de Théophraste, et du poète Philétas, dotent leur capitale du Musée et de la Bibliothèque. Le Musée (littéralement : sanctuaire des Muses), fondé par Soter, devient à partir de Philadelphe un centre académique de hautes recherches : des savants y sont défrayés par la munificence du prince et ils y trouvent des instruments, collections, jardins zoologique et botanique nécessaires à leurs travaux. La Bibliothèque, annexe du Musée, ne cesse de croître : 200 000 volumes à la mort de Soter, 400 000 à celle de Philadelphe qui achète des fonds importants, notamment celui d'Aristote, 700 000 au temps de César. Philadelphe installe en outre au Sarapieion une seconde bibliothèque, riche de 50 000 ouvrages. Les Attalides rivalisent avec les Lagides en fondant à Pergame une bibliothèque de 400 000 volumes, spécialisée dans l'érudition plus que dans la littérature.

1. SENSIBILITÉ ET INTELLECTUALISME DANS LES LETTRES

La littérature se révèle extraordinairement vivante. Certes les genres traditionnels des siècles classiques disparaissent presque complètement : destinées à instruire et à convaincre le *démos*, la tragédie et l'éloquence ne trouvent plus désormais le cadre social qui leur était nécessaire. Mais la poésie lyrique renaît, l'érudition philologique apparaît, tandis que seules la comédie et l'histoire survivent.

L'homme de lettres et son public

Les conditions nouvelles du monde hellénistique expliquent à la fois l'éclat de la littérature et sa transformation radicale. Parmi les plus importantes, l'apparition d'un instrument d'expression et de centres littéraires, qui permettent de saisir au vif ce mixte d'unité et de diversité qui caractérise alors l'hellénisme.

Pendant le classicisme, le dialecte attique avait acquis une indéniable primauté à cause de l'éclat intellectuel d'Athènes. C'est lui qui forme la base essentielle de la *koiné*, ou langue commune, que l'on voit se répandre dès l'époque d'Alexandre à des fins d'abord pragmatiques, dans la chancellerie, les relations commerciales, l'usage courant. Mais la *koiné* enrichit l'attique de divers emprunts, faits notamment à l'ionien, et elle le simplifie du double point de vue morphologique et syntactique, lui ôtant de ses nuances et de sa finesse, mais lui permettant de devenir une langue de culture de vaste diffusion. Toutefois, la littérature reste un jeu comme à l'époque précédente et, usant largement de la *koiné* dans la prose, elle se plaît en poésie à varier l'expression par le recours aux dialectes traditionnellement attachés à un genre : la langue homérique, elle-même composé fort bâtard, pour l'épopée, l'éolien pour le lyrisme amoureux, le dorien pour les chants bucoliques.

Athènes, qui a imposé pour l'essentiel son dialecte, ne reste pas pour autant le foyer littéraire de l'Hellade, sauf pour la comédie, Alexandrie tend à la remplacer, sans d'ailleurs jouer ce rôle de capitale dans la philosophie et les sciences. Mais d'autres centres ne sont pas négligeables, tels Syracuse, Tarente, Cos ou Pergame.

La nouveauté n'est pas moins flagrante en ce qui concerne les rapports des créateurs avec les puissants et avec le public. Un type humain entièrement nouveau apparaît : l'homme de lettres. Mais, la notion de droits d'auteur étant étrangère à l'Antiquité, le littérateur ne peut vivre que des subsides des princes, à moins qu'il ne dispose de ressources propres. Le mécénat devient donc la base normale de toute vie littéraire. Il est particulièrement pratiqué par les premiers Lagides, à qui la littérature est aussi chère que les arts ou les sciences. Le danger, auquel les meilleurs n'ont point échappé, est le développement d'une poésie de cour, avec ses inéluctables flagorneries. Théocrite, après avoir en vain cherché à attirer l'attention d'Hiéron de Syracuse et avoir séjourné à Cos où il avait peut-être des attaches de famille, vient s'installer à Alexandrie où il s'acquiert les bonnes grâces des rois Adelphes. C'est l'occasion pour lui d'écrire l'une de ses idylles les plus médiocres, l'*Éloge de Ptolémée* : un véritable exercice d'école avec la rigueur pédante de son plan, emprunté aux panégyriques des sophistes et des rhéteurs et qui lui fait louer successivement les parents, la naissance, les mérites de Philadelphe. Mais l'exemple des *Syracusaines*, l'un de ses poèmes les plus parfaits, où il sait montrer l'éclat des fêtes du palais et entrer finement dans le jeu de l'apothéose des monarques, montre que la poésie courtisane ne stérilise pas nécessairement l'esprit.

Le public n'est pas non plus celui de l'époque précédente.

Certes il reste purement hellénique et il n'apparaît pas que les lettres indigènes aient exercé la moindre influence, malgré un certain intérêt pour les traditions locales, dont témoignent deux œuvres, perdues pour l'essentiel, celles de Bérose et de Manéthon qui écrivent en grec sur le passé de Babylone et de l'Égypte. Mais la littérature ne touche plus le *démos* et elle s'adresse exclusivement à la bourgeoisie.

Encore faut-il remarquer que cette classe a tendance naturelle à s'étendre, qu'elle est de plus en plus éclairée à cause de l'incontestable diffusion de la culture due à un enseignement plus poussé et plus rationnel, et que les femmes, imitant des reines souvent fort instruites, ne sont plus nécessairement tenues à l'écart des choses de l'esprit. Sans être populaire comme auparavant au théâtre, au tribunal, à l'*Ecclésia*, le public reste assez vaste et l'on s'étonne d'autant qu'il ait pu se complaire par exemple aux subtilités d'une poésie raffinée, en apparence réservée aux *happy few*. Il est incontestable que la familiarité avec les Muses passe pour une vertu et presque pour une voie d'accès à l'héroïsation et que le succès d'une fête comme celle que donne Philopator pour célébrer l'apothéose d'Homère eût été incompréhensible précédemment.

Tout naturellement l'homme de lettres doit tenir compte des goûts et des préoccupations de ce public, qu'il partage généralement lui-même. Ainsi se développent certaines tendances qui peuvent paraître communes à tous les genres littéraires. La plus évidente est la recherche fiévreuse du nouveau. Si les genres classiques disparaissent, à l'exception de la comédie et de l'histoire, ce n'est pas seulement parce qu'ils s'accordent mal avec la société nouvelle, c'est surtout que l'on n'aime pas à marcher dans les pas de prédécesseurs immédiats. On préfère se tourner vers le passé le plus ancien de l'Hellade, l'époque héroïque ou tout au moins l'archaïsme, pour y trouver des formes littéraires disparues depuis des siècles, épopée, poésie didactique, lyrisme personnel, cadre commode pour insérer des pensées ou des sentiments radicalement neufs. Le souci archaïsant, que l'on retrouve dans l'art, ne doit d'ailleurs pas faire illusion : Apollonios de Rhodes ne peut et surtout ne veut être un Homère, ni Théocrite un Alcée.

Autre tendance non moins flagrante : le goût pour une littérature hautement intellectuelle. Plus que jamais le Grec cherche à comprendre et, comme les événements se pressent heurtés dans cette époque chaotique, l'histoire connaît un vif développement. Plus que la science c'est d'ailleurs l'érudition qui fait prime et qui profite de cette inlassable curiosité. Les commentateurs cherchent à percer les secrets des grands textes classiques, tandis que, par leurs allusions voilées et leurs ténèbres volontaires, les poètes créent bien des énigmes pour les exégètes futurs.

La comédie nouvelle

Tandis que la tragédie est morte, la comédie continue un certain temps à briller d'un vif éclat à Athènes et elle se répand en Macédoine (Philippe donne des représentations après la prise d'Olynthe et Alexandre après celle de Thèbes) et dans l'Orient hellénistique. Le chœur et la parabase disparaissent : des intermèdes tendent à couper en actes la matière jusque-là continue et un prologue, imité de la tragédie, permet au poète de nouer l'action et de présenter ses opinions personnelles, un peu comme il le faisait jadis dans la parabase.

Plus encore que la comédie moyenne, la forme de comédie qui apparaît alors (dite comédie nouvelle) s'attache à la représentation nuancée de la vie contemporaine. L'amour devient le sujet essentiel, un amour contrarié jusqu'à la reconnaissance finale qui permet un dénouement heureux. L'intrigue se complique, tout en restant fidèle à un schéma à peu près constant. Les caractères sont finement étudiés. Décrivant les masques comiques, Pollux en compte 44, dont 9 de vieillards et d'hommes faits, 17 de femmes, 11 de jeunes gens, 7 d'esclaves : on ne se contente donc plus de types humains généraux.

Cette comédie, qui frôle souvent le pathétique, reste pourtant gaie. Elle conserve, à titre de *gags*, les procédés de la comédie moyenne : parodies, bavardages de cuisiniers, vantardises de soldats fanfarons, récits de parasites, intrigues d'esclaves dupant les barbons, esclaves qui sont les ancêtres des Scapin.

Les pièces sont connues par les « contaminations » de la comédie latine et par des fragments. Deux auteurs surtout se distinguent, Philémon (peut-être Syracusain de naissance) excelle à multiplier les incidents comiques. L'Athénien Ménandre, « l'astre de la nouvelle comédie », partage son temps entre les délices de sa villa du Pirée, la compagnie de la courtisane Glycère et la composition de près de 110 comédies. On se fait une idée moins imprécise de son génie, que M. Croiset a déclaré, sans excès, inférieur à celui du seul Molière, depuis la découverte sur un papyrus de son *Dyscolos (Misanthrope).*

Ménandre philosophe volontiers, ou plutôt il moralise et sans beaucoup d'originalité : on a pu dire de son *Misanthrope* que c'était une « pièce de patronage ». Son vrai mérite est de dessiner des personnages si vrais qu'Aristophane de Byzance se demandait qui de Ménandre ou de la vie humaine avait imité l'autre. Dans son *Héautontimorouménos*, presque traduit par Térence, il oppose deux types de vieillards, Chrémès, solennel phraseur, et Ménédème, l'« homme qui se punit lui-même », âme entière éprise d'absolu, et il évoque les conflits de générations en montrant leurs rapports avec leurs fils. L'*Arbitrage* met en scène deux jeunes mariés qui s'adorent, séparés par un grave malentendu : le jeune homme, caractère passionné, véritable héros scopasique, se jette de toute sa fougue dans la débauche, avant de retourner à sa femme qui était malgré les apparences restée digne de son amour.

L'amour et les sentiments de famille forment donc la matière par excellence de la comédie de Ménandre, comme il est naturel à une époque où l'homme, arraché à sa condition de citoyen, se raccroche aux passions et aux affections. Mais il est trop de son temps pour ne pas donner aussi bien des aperçus, passionnants pour l'historien, sur d'autres problèmes : les rapports entre riches et pauvres, l'esclavage, la superstition et la religion. Dans la grande tradition comique, il abomine les cultes étrangers. Le *Fantôme* jette d'étonnantes lueurs sur les pratiques des magiciennes. La *Femme possédée de la divinité* met en scène une jeune fille vouée à Cybèle et qui se lamente d'avoir perdu ses dons de prophétesse depuis qu'elle est tombée amoureuse : la déesse veut un amour exclusif.

En bref, un théâtre qui retient l'attention par la finesse de touche de ses analyses psychologiques, en même temps qu'il émeut par ses qualités profondément humaines. Ce sont les derniers feux du génie attique, encore assez brûlants pour qu'on puisse à propos de Ménandre évoquer aussi bien Euripide que Platon.

Un lyrisme de l'évasion

La poésie mérite pour l'essentiel son nom traditionnel de poésie alexandrine, puisque c'est à la cour des Lagides qu'ont vécu, au moins partiellement, les plus grands poètes.

Nous avons déjà noté certains de ses caractères et d'abord la courtisanerie. La louange, souvent effrénée, du souverain tient la place qu'occupait autrefois l'amour de la patrie. L'éloge est tantôt direct, rehaussé de pieux mensonges, tantôt indirect grâce à d'habiles rapprochements mythologiques. Dans ces poèmes de cour, le style est à la hauteur de l'inspiration : compassé, froid, plein de périphrases recherchées ou d'inutiles apostrophes.

Quel que soit le thème traité, la poésie se fait savante. Encore faut-il bien remarquer que ce n'est pas la vraie science, qui connaît alors d'exaltants développements, qu'elle accueille dans ses vers, mais l'érudition, principalement l'archéologie, l'histoire, la géographie, la mythologie. Certains passages de Callimaque et surtout de Lycophron sont totalement illisibles pour nous sans une édition commentée qui utilise les travaux des glossateurs antiques ou byzantins, souvent fort désemparés eux-mêmes devant telle allusion obscure.

Mais ce qui fait la grandeur des Alexandrins, c'est bien autre chose que la courtisanerie ou que l'érudition. Une sensibilité nouvelle apparaît, délicate ou profonde, mais toujours nuancée et variée. Les sentiments de famille se manifestent volontiers et même l'affection pour les animaux domestiques, visible dans tant d'épitaphes de compagnons familiers. L'amour surtout règne en maître dans ce nouveau lyrisme. Il s'introduit partout : les rudes guerriers homériques deviennent des galants à bonnes fortunes ; le Cyclope lui-même, l'affreux Cyclope d'Homère, se transforme, dans une des plus charmantes élégies de Théocrite, en un amoureux transi qui touche par son infortune et par les mépris dont l'abreuve sa bien-aimée. Il est rare que, comme dans les *Argonautiques* d'Apollonios, on ait la peinture détaillée d'une passion. Le plus souvent il s'agit de pièces brèves, avec la traduction pathétique d'une situation amoureuse. On a coutume d'insister sur tout ce qu'il y a d'affectation et de faux esprit dans ces poésies, où certes les Amours et les métaphores des feux, des traits, des chaînes sont un peu trop nombreux. Mais il ne faut pas oublier que ces images, si péniblement banalisées depuis, sont alors dans leur première jeunesse. Au reste, dans les plus belles élégies de Théocrite ou de ses meilleurs imitateurs, on entend aussi des voix plus fortes : tantôt la sensualité éclate dans toute sa frénésie, tantôt elle s'associe au remords, au regret, au désespoir devant la trahison. Les élégiaques alexandrins n'ont pas seulement inventé la poésie galante, ils ont aussi pratiqué le lyrisme amoureux le plus sincère et le plus émouvant.

Le goût de la campagne est vif à cette époque où les villes se développent au point de devenir d'énormes agglomérations inhumaines. La poésie bucolique se plaît à évoquer la nature comme cadre des émotions humaines. Les paysages qu'elle préfère sont aimables, gracieux, propres à fournir à l'homme fatigué un agréable lieu de repos. Ce sont ceux-là même que nous appelons encore idylliques en souvenir d'Alexandrie : les éléments essentiels en sont les sources cristallines, les rus, les roches moussues, les tapis d'herbe molle. Ils sont peuplés de paysans et surtout de pâtres qui ne sont point des bergers d'Arcadie : ils mènent une vie libre et solitaire au sein des vallons, connaissent leurs animaux par leur nom, les soignent et les aiment; leurs bêtes ne portent pas encore de rubans. Mais ils s'élèvent très haut au-dessus de leur condition par une ardente aspiration vers la beauté, beauté des corps désirables d'adolescents ou de jeunes filles, beauté des vers et de la musique surtout. D'où ces défis poétiques, ces luttes musicales, ces chants amœbées qui forment si souvent le fond des églogues de Théocrite et qui transposent des concours qui semblent avoir été alors bien vivants dans les milieux pastoraux de Sicile.

Il y a d'autres évasions possibles et que ne négligent pas les Alexandrins. Ils sont sensibles à la poésie du voyage et manifestent une dilection particulière pour les incidents pittoresques et les pays merveilleux : ainsi Apollonios adapte aux goûts et aux connaissances du temps les vieux rêves odysséens. Ils se laissent séduire par les métamorphoses, dont la mythologie leur fournit tant d'exemples. Pourtant, sans paradoxe, ils savent aussi tirer le meilleur parti du détail concret et réaliste. Ils décrivent longuement, avec un grand luxe d'épithètes précises, des natures mortes et même des œuvres d'art : ce sont les *ecphraseis* qui tiennent une si grande place dans les épigrammes de l'*Anthologie*.

À ce renouvellement total de l'inspiration correspondent des moyens d'expression neufs. Les Alexandrins n'ont pas fui le long poème, ainsi qu'en témoignent l'*Alexandra*, les *Argonautiques*, les *Phénomènes*. Mais ils lui préfèrent la pièce courte, où la recherche de l'expression peut être poussée jusqu'à ses plus extrêmes limites : l'idylle, dite encore églogue, ou l'épigramme. Ils professent un véritable culte de la forme, choisissant le mot rare, archaïque ou technique, accumulant les noms propres aux puissantes sonorités. En même temps, par une véritable révolution, la poésie s'affranchit de l'accompagnement musical. Les poètes n'en accordent que plus d'attention à la métrique, pour laquelle ils se montrent particulièrement sourcilleux, puisqu'elle doit désormais à elle seule donner au vers sa musique.

Les maîtres de l'art pour l'art

C'est à l'Alexandrie du IIIe siècle qu'appartiennent les plus grands noms, encore que plusieurs poèmes de Théocrite évoquent avec éclat le gentil cénacle de poètes groupés à Cos autour de Philétas, lui-même appelé d'ailleurs à la cour des Lagides comme précepteur des enfants royaux.

Théocrite porte d'emblée à son sommet la poésie pastorale. Ce Syracusain n'a jamais oublié, même à Alexandrie, le charme des paysages siciliens, ni les jeux érotiques ou musicaux des bergers. Son exquise sensibilité, un peu féminine, fait merveille lorsqu'il s'agit d'exalter les joies éphémères et les peines durables de l'amour. Il pousse le cri le plus désespéré de l'Antiquité (13, 66) : « Malheureux ceux qui aiment ! » Il évoque les philtres et les refrains de la jeune fille déshonorée et abandonnée. Mais ses *Syracusaines* sont un mime savoureux et brutal, en même temps qu'une délicate évocation des liturgies auliques. Sa verve bucolique va être longuement imitée par Moschos, par Bion, par d'innombrables anonymes, dont la production est assez médiocre, à quelques exceptions près, telle la délicieuse *Oaristys*, qui reste la plus sensuelle conversation amoureuse de la poésie antique. Créateur incontesté d'un genre qui se sclérose vite, ce raffiné, ce sensible ne mérite pas le discrédit que des émules maladroits ont jeté sur son nom.

Callimaque, bibliothécaire à Alexandrie sous Philadelphe et sous Évergète, est le très savant auteur des *Origines*, des *Élégies* et des *Hymnes*. Animé d'une conscience aiguë de la dignité de la poésie, il déteste les critiques, « fléaux des poètes, qui plongent l'esprit des enfants dans l'obscurité, punaises qui dévorent les beaux vers ». Il est dommage qu'il ait un goût si vif pour la rareté, pour l'allusion et qu'il se délecte dans un style rocailleux.

Son intraitable ennemi, Apollonios de Rhodes, veut donner dans les *Argonautiques* un pendant à l'*Odyssée* : le plagiat serait insupportable, n'était une admirable peinture de la passion de Médée. Aratos, favori d'Antigone Gonatas, a une audace plus grande encore : dans ses *Phénomènes* il met en beaux vers le système astronomique d'Eudoxe de Cnide et montre que l'inspiration de la plus haute philosophie n'est pas incompatible avec la poésie. L'obscur Lycophron, bibliothécaire de Philadelphe, étale dans une longue monodie, l'*Alexandra*, les lamentations prophétiques de l'infortunée Cassandre qui prédit la grandeur future de Rome. Il a l'art de la formule hardie, comme quand il traite Clytemnestre de « putain respectueuse », mais il s'égare trop souvent dans les incompréhensibles subtilités d'une poésie hermétique. Hérondas pratique le mime, un genre cru et picaresque, que les plus grands de l'époque ne dédaignent pas. Son Marchand de filles, cherchant à récupérer devant le tribunal une de ses pensionnaires qu'on lui a ravie, a le langage savoureux et ordurier de son emploi. Les innombrables épigrammes de l'*Anthologie*, recueil factice d'époque tardive qui contient aussi beaucoup de pièces romaines ou byzantines, témoignent sur un mode mineur des goûts délicats et précieux de l'époque.

Cette poésie ne mérite pas le discrédit où on la tient souvent. Elle est beaucoup plus que les exercices de chien savant où on la veut réduire. Elle exprime, avec un ton moderne qui frappe dès l'abord, des émotions et des sensations nouvelles. Elle est animée par un intense besoin de perfection formelle qui fera d'elle le modèle naturel de tous ceux qui, au cours des siècles, rechercheront l'art pour l'art.

L'érudition philologique

Malgré les mépris de l'amer Callimaque, les grammairiens de l'époque hellénistique accomplissent œuvre utile en créant une branche nouvelle du savoir, la critique des textes, devenue de plus en plus nécessaire au fur et à mesure que se constituent de vastes bibliothèques.

Leurs noms méritent d'être retenus, car c'est grâce à eux que l'on a pu posséder des textes corrects des grands auteurs grecs. Zénodote d'Éphèse est le précepteur de Philadelphe avant de devenir bibliothécaire à Alexandrie. Il donne une édition des poèmes homériques et ouvre la voie aux diorthotes (correcteurs). Aristophane de Byzance, bibliothécaire sous Évergète, édite Homère, Hésiode et les lyriques avec un remarquable esprit critique. Le plus notable de ses disciples et son successeur à la Bibliothèque, Aristarque, célèbre surtout pour son Homère, s'illustre au point que son nom devient un nom commun pour désigner un juge difficile. Avec son maître, il commence à établir le canon (c'est-à-dire la liste) des classiques, qui s'impose rapidement. Enfin son grand rival, Cratès de Mallos, bibliothécaire à Pergame, fournit des commentaires d'Homère et d'Hésiode en même temps qu'une œuvre importante de philosophie stoïcienne.

Un historien rationaliste : Polybe

L'histoire survit, mais en se transformant complètement. À la suite d'Éphore de Cumes, elle tend à devenir universelle et ses curiosités embrassent, outre la Grèce, aussi bien l'Orient (qui s'ouvre avec l'épopée d'Alexandre) que l'Occident, sur lequel les progrès de la conquête romaine attirent peu à peu l'attention. Mais la masse des événements est maintenant si considérable, les recherches nécessaires si vastes que l'historien se fait érudit de cabinet, à la seule exception de Polybe, qui doit à sa connaissance directe de ce qu'il narre son incontestable supériorité sur ses prédécesseurs et sur ses émules. D'autre part, l'histoire se pose de plus en plus comme une recherche scientifique et elle abandonne parfois toute prétention littéraire.

Le plus grand historien du IIIe siècle est Timée de Tauroménion, auteur notamment d'une *Histoire de Sicile*, admirable érudit qui s'impose un immense travail de préparation pour recueillir des documents originaux. On a trop tendance à le juger d'après les critiques acerbes que Polybe ne lui a pas ménagées, lui reprochant ses connaissances trop livresques et surtout son goût excessif pour la rhétorique. En fait, sa passion de savoir l'amène à s'intéresser à des domaines jusque-là négligés, tel l'Occident barbare, et en particulier Rome, sur lequel il est le premier à attirer l'attention.

Sa gloire est cependant effacée par celle de Polybe (*circa* 210-125), introducteur d'une véritable révolution en histoire et certainement l'un des esprits les plus féconds et les plus profonds de toute l'époque hellénistique. Ce jeune homme appartenant à une grande famille de Mégalopolis est l'un des otages que la ligue achéenne doit livrer après Pydna. Il passe ainsi quarante ans à Rome, où il se lie avec tout ce que la ville pouvait comporter de plus noble, en particulier avec les fils de Scipion Émilien. Pour lui, comme pour Thucydide, l'histoire est donc la rançon de l'exil. Comme le grand Athénien, il y porte une connaissance réelle des choses de la guerre et de la politique. Dans son œuvre essentielle, les *Histoires*, il raconte comment Rome a conquis le monde. Son vrai récit va de 221 à 146, mais il présente sommairement en guise d'introduction les événements depuis 264. L'ensemble, qui suit l'ordre chronologique, est divisé en 40 livres, dont seuls les 5 premiers sont intégralement conservés.

Dès le début de son ouvrage, Polybe assigne à l'histoire un double but didactique, politique et moral : tirer des leçons pour l'homme d'État et apprendre à supporter les coups de la fortune. Il rejette donc tout ce qui n'a comme fin que de plaire, et en particulier la rhétorique.

Pour atteindre son but, il doit procéder à la recherche des causes, ce par quoi il se montre un disciple fidèle de Thucydide. Comme lui, il réclame que l'on distingue entre les prétextes et les causes vraies des guerres. Parmi ces dernières, il attache une importance primordiale à l'action de fortes personnalités comme Hannibal ou Scipion, aux institutions et aux mœurs (il estime que la rivalité entre Rome et Carthage était inévitable, en raison d'une sorte de déterminisme), aux facteurs économiques (il montre excellement le rôle joué dans la politique romaine par le marché des capitaux, la bourse, les *negotiatores*), aux facteurs sociaux (il insiste sur l'importance de l'oliganthropie dans le déclin de la Grèce). Ainsi, pour lui l'histoire est non point le récit de faits particuliers, mais une œuvre d'intelligence orientée vers la pratique.

Malgré ce souci constant d'explication rationnelle, il invoque souvent la Tyché (Fortune). Mais il semble bien ne pas admettre en histoire le hasard plus que la providence. La Tyché représente donc une sorte de résidu et il cherche, autant qu'il le peut, aux événements humains des causes humaines : ainsi la conquête romaine résulte essentiellement à ses yeux d'un plan concerté et des qualités exceptionnelles d'une race.

Partant de tels principes, il donne une œuvre d'une indéniable rigueur. Sa documentation est de premier plan : il a participé à beaucoup d'événements et il a été à même d'en connaître maints autres, notamment à Rome dans le cercle des Scipions dont il est l'ami. Sa source principale d'information, celle aussi à laquelle il tient le plus, est donc son expérience personnelle. En outre, il a beaucoup voyagé en Occident et en Égypte et il a ainsi une pratique directe des lieux où se passe son récit. Mais il a aussi beaucoup lu, des devanciers et des contemporains. Il a enfin eu accès à des documents d'archives, en particulier à la *tabula* du grand pontife et aux archives de Persée, transportées à Rome après Pydna.

L'objectivité est pour lui un souci constant. « La vérité, écrit-il, est à l'histoire ce que les yeux sont aux animaux : si on les leur arrache, ils deviennent inutiles. » Il pousse si loin cette préoccupation qu'il supprime presque les discours refaits qui étaient de tradition dans l'historiographie grecque.

Cependant, il n'est jamais absent de son contexte, fréquemment coupé de préfaces, de digressions explicatives, de polémiques aussi où il perd de sa sérénité. Constamment juge et critique, animé parfois d'une étrange âpreté, il est bien loin de la méprisante impassibilité du grand Thucydide. Une question d'une particulière importance se pose, celle de ses rapports avec les Romains. On a été jusqu'à lui reprocher sa politique de collaboration et il est patent qu'impressionné par ce qu'il a vu de ses yeux à Rome, il ne cache pas son admiration pour ce peuple sage, patient, sérieux, énergique. Mais, par la suite, son enthousiasme s'est quelque peu tempéré : il a été témoin de la violence avec laquelle les Romains tranchaient les conflits ; il a aperçu aussi la crise qui menaçait Rome et prévu sa décadence.

La forme est le côté le plus faible de son œuvre. Il n'a ni imagination ni sensibilité. Il peint mal et montre une dilection coupable pour les mots vagues et abstraits. Il écrit plus mal encore et un critique moderne a pu dire sans trop d'excès qu'il est lisible dans toute langue sauf dans la sienne. Par là c'est un isolé au milieu de tant de beaux esprits soucieux avant tout de plaire. Lui a voulu avant tout comprendre, expliquer, convaincre et il l'a fait avec tant de profondeur et de ferveur qu'il reste l'un des historiens les plus solides de toute l'Antiquité.

2. L'IMPASSIBILITÉ DU SAGE ET L'APPÉTIT DU SAVANT

Les cénacles philosophiques

La philosophie avait brillé d'un tel éclat avec Platon et avec Aristote qu'elle semblait condamnée à la stagnation. Pourtant elle reste, durant toute l'époque hellénistique, l'une des branches les plus vivantes de la pensée grecque. Non seulement les doctrines traditionnelles survivent et connaissent d'intéressants développements, mais on en voit apparaître de nouvelles, qui marquent profondément l'élite.

Le caractère commun est la discipline qui s'impose au philosophe. Point d'isolés, mais des écoles fortement organisées avec leurs traditions, leurs locaux, leur chef (ou scolarque) et naturellement leurs hérétiques. Paradoxalement même les Cyniques se plient à cette règle. Dans ces séminaires le maître continue à former les disciples non pas tant par des leçons théoriques que par l'entretien quotidien et la vie commune. Le philosophe devient un type humain bien défini, un spécialiste de plus en plus coupé du vulgaire.

Bien que chaque cité importante ait ses philosophes, qui dispensent avec les rhéteurs ce que l'on pourrait appeler l'enseignement supérieur, le centre majeur de la pensée reste Athènes dont les écoles sont plus renommées que toutes autres et où s'élaborent les nouvelles doctrines.

Les écoles traditionnelles

La plupart des écoles du IVe siècle subsistent. Les Cyniques sont les plus pittoresques, avec leur matérialisme intégral, leur refus de tout respect humain, leur fréquentation délibérée des éléments les plus douteux de la société, dockers ou prostituées.

L'école d'Aristote connaît un beau développement avec Théophraste, disciple direct du maître, qui néglige la métaphysique pour une observation de plus en plus précise des faits, notamment en botanique et en météorologie. De son œuvre mutilée subsistent surtout les *Caractères*, qui paraissent les fragments d'une *Poétique*, modèles proposés à l'imitation des poètes.

L'Académie reçoit un nouvel élan avec Arcésilas de Pitané (scolarque de 268 à 241), fondateur de la Nouvelle Académie.

Il enseigne le probabilisme, doctrine qui, répugnant au dogmatisme des Stoïciens, ne vise qu'à la découverte du plus vraisemblable, du plus probable. Au IIe siècle, Carnéade l'érige en système. Il est surtout connu par l'ambassade qu'il mène à Rome pour le compte des Athéniens (155), avec deux autres philosophes, le stoïcien Diogène et le péripatéticien Critolaos, et par le succès mêlé de scandale qu'y rencontrent ses conférences. Bien qu'il n'ait rien écrit, il semble avoir été l'un des penseurs les plus profonds de l'époque. Selon lui il n'y a aucun moyen de distinguer la vérité de l'erreur ; il faut se frayer un chemin difficile entre le doute absolu des Sceptiques et les grandes hypothèses des Stoïciens.

Les Sceptiques (littéralement les interrogateurs) se réclament de Pyrrhon (fin du IVe siècle), un penseur d'une grande hauteur de caractère qui n'est connu que par le témoignage de ses disciples, en particulier Timon. Ils enseignent que tout est indifférent, ni vrai ni faux. L'homme doit donc être sans opinions ni sans penchants et abandonner toute croyance pour que disparaissent en lui les raisons de trouble. Voici l'épitaphe où un disciple de Pyrrhon proclame ce qu'il a reçu du maître : « C'est moi Ménéclès le Pyrrhonien, qui trouve toujours d'égale valeur tout ce qu'on dit et qui ai établi chez les mortels la voie de l'ataraxie. » Une telle doctrine n'est pas sans rappeler la sagesse hindoue et l'on rapporte que Pyrrhon avait renconté le gymnosophiste Calanos, revenu de l'Inde avec Alexandre.

Le succès de l'école sceptique s'avère très vif durant toute l'époque hellénistique et l'on comprend bien que les malheurs du temps aient porté les esprits vers cette doctrine désespérée. Elle s'élève surtout contre le dogmatisme des Stoïciens : telle est l'attitude d'Ariston de Chios, un dissident du stoïcisme, dont les critiques rejoignent souvent celles des Sceptiques purs. L'école restera bien vivante, au-delà même de la conquête romaine, puisque ses deux maîtres les plus éminents datent de l'époque impériale : Énésidème et Sextus Empiricus.

L'épicurisme d'Épicure

Les préoccupations morales sont déjà importantes dans les écoles traditionnelles. Elles sont plus fortes encore dans les deux doctrines qui apparaissent à la fin du IVe siècle, l'épicurisme et le stoïcisme. En exagérant à peine, on peut dire que la philosophie se présente maintenant comme un refuge contre la déroute de l'homme qui ne trouve plus ses raisons de vivre dans son métier de citoyen. Elle vise d'abord à donner une solution au problème du bonheur et, dans les deux cas, malgré d'évidentes différences, la réponse est la même : le bonheur est dans la maîtrise sur elle-même d'une âme qui échappe au monde, qui se libère du contingent, qui parvient à un état d'indifférence (ataraxie pour les uns, apathie pour les autres) où rien ne saurait plus l'atteindre. L'ascétisme foncier qui est à la base de ces doctrines n'est certes pas nouveau en cette fin du IVe siècle, mais pour la première fois il se fonde sur la science, sur la physique en particulier : d'où leur dogmatisme scientifique qui de fait les éloigne fort des philosophies humanistes de la grande tradition classique.

Épicure, né à Athènes, passe sa jeunesse à Samos, puis revient se fixer à Athènes où, retiré dans son fameux jardin, il vit entouré de disciples qui cherchent avec lui la paix morale. La bienveillance avec laquelle il les traite, l'amitié qu'il leur porte, la douceur de son caractère, d'autant plus méritoire qu'il est en proie à une cruelle maladie qui l'emporte en 270 après des années de souffrance, font de lui plus qu'un saint, un sage.

Son enseignement est mal connu, car nous n'avons de lui que trois lettres-programmes, adressées à des amis, et une série de pensées. Il adopte l'atomisme de Leucippe et de Démocrite, non d'ailleurs que la physique ait à ses yeux un intérêt en soi, mais le calme de l'âme ne peut être obtenu que par une explication générale de l'univers. Le mécanisme du système, à peine atténué par la théorie du *clinamen* qui permet de sauvegarder la liberté, l'aide à dominer les superstitions qui terrorisent le vulgaire : crainte des dieux et crainte de la mort. Les dieux existent, mais souverainement indifférents à l'homme, ils habitent sans doute les espaces qui séparent les mondes. Quant à la mort, c'est un vain fantôme, puisque l'âme, composée d'atomes matériels particulièrement subtils, se désagrège au moment du trépas et ne peut donc être punie des châtiments infernaux qui épouvantent les âmes non philosophiques.

Sa morale est subtile et fort méconnue, car ses détracteurs ont donné très tôt au mot épicurien un sens qui eût fait rougir Épicure. Certes tous les êtres recherchent le plaisir et fuient la douleur, mais la sagesse n'est pas dans la quête effrénée des satisfactions vulgaires qui rendent l'âme plus esclave encore ; elle est dans l'absence de trouble (tel est le sens du mot ataraxie) qui s'obtient en supprimant l'agitation des désirs.

Le sage ainsi défini ne participe évidemment pas à la vie politique. Il fuit l'engagement social pour se retirer dans sa tour d'ivoire. Telle est sans doute la raison pour laquelle l'épicurisme, s'il a entraîné l'adhésion de grandes âmes, a connu peu de succès dans la masse. Il était facile de jouer sur l'équivoque de cette recherche du plaisir qui définissait la morale d'Épicure : les railleries de Fabricius contre Cinéas, ambassadeur du roi Pyrrhos et philosophe épicurien, montrent que cette incompréhension n'est pas tardive. À Rome cependant l'épicurisme fait d'étonnants progrès, même dans les milieux populaires. C'est un Romain que le plus fameux de ses sectateurs : le poète Lucrèce, dont le *De rerum natura* donne l'exposé le plus complet de la doctrine. Nul n'a dit plus nettement la libération que l'âme trouve dans la doctrine atomistique. Nul n'a chanté non plus avec tant d'enthousiasme la volupté de savoir, la confiance dans la philosophie, l'émerveillement devant la sagesse d'Épicure invoqué comme le prophète du salut. Écho éclatant de la prédication de ce sage à qui une doctrine hautaine d'intellectuel n'a jamais fait oublier les vertus les plus fraternelles et les plus humaines.

Stoïcismes ancien et moyen

Le stoïcisme, ainsi appelé du nom du Portique (en grec *Stoa*) où les disciples de Zénon se réunissaient à Athènes, est né du même besoin de paix et de certitude, de paix par la certitude, dans une des périodes les plus troublées de l'histoire grecque.

Son fondateur est un Sémite de Cittion de Chypre, Zénon,

un commerçant qui se convertit à la philosophie. Il connaît à Athènes un tel succès que le *démos* l'honore d'une couronne d'or et qu'Antigone cherche en vain à l'attirer à la cour de Macédoine. L'école qu'il avait fondée et dirigée de 322 à 264 a ensuite à sa tête Cléanthe (de 264 à 232) et Chrysippe (de 232 à 204), qui systématisent sa pensée. À eux trois, ils forment ce qu'on est convenu d'appeler l'ancien stoïcisme.

Il repose sur une ample vision de l'univers et offre tout un corps de doctrine à l'âme assoiffée de vérité : logique, physique et éthique. L'ordre admirable de l'univers prouve qu'une intelligence le dirige. Cette intelligence, qui est Dieu, n'est pas extérieure au monde, mais elle lui est immanente : c'est une raison répandue dans la matière. Le principe le plus actif est le feu, le feu intelligent et artiste, qui, au bout d'une grande année de dix mille ans, consume entièrement le monde et le rénove, dans une conflagration générale *(ecpyrosis)*.

Dans un monde totalement déterminé par les lois physiques, l'homme n'a qu'une règle à suivre : vivre conformément à la nature, se plier à l'ordre universel, vouloir ce que veut la divinité et s'identifier ainsi avec elle. Mais cette acceptation, loin d'être chagrine, doit être joyeuse : une complaisance au monde. Pratiquement l'essentiel est de distinguer « ce qui dépend de nous » et « ce qui ne dépend pas de nous ». Dans le second groupe se range tout ce qui relève des passions, et à quoi il faut apprendre à renoncer par une longue ascèse qui débouche sur la maîtrise parfaite de soi, l'apathie (absence de passion). Ce qui dépend de nous, c'est justement la volonté, qui fait du sage l'égal de Dieu. Morale dure, mais exaltante, qui rend l'homme indépendant des circonstances, et en particulier de son rang et de sa situation, et prêche une sorte de socialisme égalitaire.

« Philosophie de métèques », a-t-on pu dire (P. Petit), et de fait les plus grands de l'école sont des Orientaux, des Sémites surtout (et, parmi eux, même des Chaldéens). L'influence des spéculations asiatiques est patente, en particulier dans la conception d'un dieu unique et omnipotent, qui administre l'univers avec sagesse et gouverne les hommes par sa providence. Mais le stoïcisme n'eût point réussi en Grèce, s'il n'avait aussi plongé des racines profondes dans la pensée hellénique du IVᵉ siècle, celle des Cyniques notamment, et aussi celle de Platon, le premier des maîtres de l'ascétisme moral.

Aux IIᵉ et Iᵉʳ siècles, l'école prend un nouveau développement, avec deux hommes de grand talent, d'ailleurs, très différents l'un de l'autre, Panaitios de Rhodes et Poseidonios d'Apamée, les deux maîtres du moyen stoïcisme.

Panaitios (scolarque de 129 à 110) fait à Rome de nombreux disciples au cours d'un long séjour dans la ville, où il est l'ami de Scipion Émilien. C'est un humaniste qui délaisse quelque peu la théologie orientalisante du premier stoïcisme et réintroduit la liberté humaine et le primat de l'action.

Poseidonios, qui dirige l'école stoïcienne de Rhodes où il est le maître de Cicéron, est un savant complet qui vise à établir une synthèse de toutes les sciences dans une optique stoïcienne. On lui a prêté une eschatologie mystique qu'il aurait empruntée au pythagorisme, mais cette vue ne résiste guère à l'étude des fragments conservés. Mieux vaut chercher le sens profond de sa pensée dans la sympathie universelle. Il diverge totalement de Panaitios et annonce tous ceux qui, dans les siècles suivants, insisteront sur l'unité du *cosmos*.

Cette évolution même est le meilleur signe de la vitalité d'une doctrine dont l'éthique représente sans doute la plus belle création de l'esprit humain dans l'Antiquité. Il n'y a pas lieu de s'étonner qu'elle ait embrasé tant de grandes âmes, Cléomène de Sparte ou Tib. Gracchus. Son influence à Rome est profonde, car elle pousse à l'action. Les derniers tenants de la République, Brutus et Caton d'Utique, sont de ses adeptes. À l'époque impériale, le nouveau stoïcisme donne à l'élite son armature morale : il aide à mourir les victimes des tyrans, tel Sénèque, et au IIᵉ siècle, avec l'esclave Épictète ou l'empereur Marc-Aurèle, il devient une sorte de philosophie d'État, inspirant les décisions philanthropiques des princes les plus sages, fournissant un idéal aux âmes d'élite, dégoûtées de la corruption ambiante et qui ne veulent s'abandonner aux facilités frelatées des divers mysticismes orientaux.

Le sage

Il est sans doute caractéristique de cette période troublée que les plus grandes philosophies se lancent à la recherche du bonheur. Mais ce bonheur n'est possible que dans le détachement de l'âme, qui s'arrache par la violence de l'ascèse aux troubles du monde. De même, dans la crise des IIIe et IVe siècles après J.-C., l'élan mystique du néo-platonisme promettra à l'initié les béatitudes de l'évasion.

Ainsi un nouvel idéal moral se dégage : au héros des premiers temps, au citoyen des âges classiques succède le sage. Il y a quelque résignation dans cette conception, une fuite devant le réel qu'il faut dominer faute de le pouvoir assumer, mais quelle grandeur et quelle noblesse aussi dans cette ascension qui donne à l'âme tous les pouvoirs ! Le salut, que recherchent également alors les religions, se mérite par la lutte. L'hellénisme penche définitivement vers l'individualisme, puisque la conscience est seule en face de son destin, mais il ne désespère pas de réformer la chose publique, notamment avec les Stoïciens, grands conseillers de princes, et surtout il n'oublie pas, dans un magnifique élan de philanthropie au sens plein du terme, que tous les hommes sont frères.

La similitude finale de l'ataraxie et de l'apathie, obtenues au terme de voies au départ radicalement hétérogènes, ne peut manquer de frapper l'historien. On a signalé d'ailleurs la ressemblance entre ces états de calme serein et le *nirvana* des spéculations indiennes : il y a sans doute là plus qu'un rapprochement fortuit et ce n'est pas sans raison que la même sagesse éclot dans la Méditerranée orientale et dans la plaine indo-gangétique, entre lesquelles tant de contacts féconds continuent de s'instaurer.

L'apogée de la science grecque

Les sciences sont maintenant totalement indépendantes de la philosophie. Elles ont tendance à se constituer en disciplines autonomes, aucun esprit ne pouvant plus embrasser comme Aristote la quasi-totalité du savoir humain.

Parmi les conditions favorables qui expliquent leur considérable développement, il faut compter le mécénat qui crée de véritables instituts de recherches, tel le Musée d'Alexandrie aves ses salles de dissection, ses observatoires, ses jardins zoologique et botanique. Mais l'extension du monde connu joue aussi son rôle, et non pas seulement, comme il est naturel, dans la connaissance de l'*oicouménè*, mais aussi dans la géographie mathématique : seule la longueur de l'Égypte permet de mesurer le méridien terrestre. Enfin les contacts se multiplient avec la science orientale, égyptienne ou chaldéenne.

L'investigation mathématique

Les mathématiques conservent leur primat et, outre les incontestables progrès qu'elles réalisent, elles servent de plus en plus largement à rendre compte de l'univers.

Euclide, appelé à Alexandrie par Ptolémée Soter, y rédige vers 300 les 13 livres de ses *Éléments*. Il organise toutes les recherches antérieures, auxquelles s'ajoutent les siennes propres, et use d'une méthode totalement systématique, procédant du simple au complexe par longues suites de démonstrations à partir de principes premiers. L'importance historique de son œuvre ne doit pas être sous-estimée, puisqu'elle a fourni la base solide de tout le savoir humain en la matière jusqu'à l'invention récente de nouvelles mathématiques. Apollonios de Pergé enseigne à Alexandrie et à Pergame vers 200 et mérite le nom de « grand géomètre ». Ses travaux portent surtout sur la valeur de π et sur les sections coniques, dont il donne le premier une définition rationnelle.

Archimède de Syracuse (287-212) s'intéresse aussi aux mathématiques, notamment à π (dont il fixe la valeur à 3,1416), à la sphère, au cylindre et aux sections coniques, et il fonde la mécanique rationnelle et l'hydrostatique. Mais, à côté de cette œuvre théorique éblouissante, il déploie un extraordinaire génie dans le domaine de la mécanique pratique, inventant leviers, jouets mécaniques, machines de siège et laissant son nom à la « vis d'Archimède », conçue en Égypte pour les besoins de l'irrigation. Par là il témoigne d'un goût nouveau pour les perfectionnements de la technique, que l'on retrouve aussi à Alexandrie dans une pléiade d'excellents ingénieurs, dont Sostratos de Cnide, l'architecte du Phare.

L'astronomie profite aussi des progrès de la mathématique. L'extension du monde connu éveille d'autre part un intérêt nouveau pour la terre, sa forme, sa place dans l'univers, son mouvement. Ératosthène de Cyrène, bibliothécaire à Alexandrie sous Évergète, crée la géographie mathématique. Il mesure la longueur du méridien terrestre par une méthode assez simple : Syène et Alexandrie sont approximativement sur le même méridien ; le jour du solstice d'été, les rayons du soleil frappent perpendiculairement à Syène, qui est sous le tropique ; ce même jour, à Alexandrie les rayons forment avec la verticale un angle qu'il mesure au moyen du gnomon : 7° ; connaissant d'autre part la distance qui sépare les deux villes, il en déduit la longueur du méridien : 252 000 stades (39 690 km), résultat dont la précision remplit d'admiration. D'autre part il établit une carte de la surface terrestre par longitudes et latitudes : prenant Rhodes pour centre de ses coordonnées, il calcule les longitudes par les différences d'heures et les latitudes par l'inclinaison du soleil au solstice par rapport à la verticale du lieu.

Aristarque de Samos (IIIe siècle) détermine la grandeur du soleil et de la lune et leur distance à la terre. Mais sa vraie gloire est de soutenir que le soleil est immobile et que la terre gravite autour de lui. Bien qu'il n'envisage encore pour la terre, la lune et les planètes que des orbites circulaires, il peut être considéré comme le premier précurseur de Copernic.

Cette hypothèse fait d'ailleurs scandale et le plus grand de ses successeurs, Hipparque de Nicée, s'ingénie à « sauver les apparences » et à améliorer le système géocentrique en perfectionnant la théorie des excentriques et des épicycles. Théorie extrêmement ingénieuse qui consiste à faire tourner les astres non pas directement autour de la terre, mais autour d'un point gravitant lui-même autour de la terre, ce qui permet de rendre compte des irrégularités apparentes des planètes, de leurs stations, de leurs reculs. Doué d'un admirable don d'observation, il dresse, dans son observatoire de Rhodes, une carte du ciel où il catalogue plus de 800 étoiles fixes et, comparant ses résultats avec ceux des Chaldéens, il découvre la précession des équinoxes. Il calcule avec une précision notable la durée de l'année solaire : 365 jours 5 heures 55 minutes (chiffre vrai : 48 minutes). En même temps, il pose les fondements de la trigonométrie, en instaurant notamment la division du cercle en 360 degrés, divisés en minutes et secondes.

Poseidonios d'Apamée, le grand Stoïcien, est aussi versé dans les sciences. Il se passionne pour la mesure (longueur du méridien, hauteur de l'atmosphère, distance des astres) et émet l'hypothèse que les marées s'expliquent par l'attraction lunaire.

Biologie et médecine

Les sciences de la vie ne fleurissent pas moins, liées surtout à la passion de l'observation précise et aux progrès de la médecine. Alexandrie est peut-être le siège de l'école la plus fameuse : on y commence à disséquer, sans doute parce que les pratiques de la momification rendent paradoxalement le respect dû à la dépouille mortelle moins absolu qu'en Grèce. Mais Cos, patrie d'Hippocrate et célèbre depuis longtemps pour son Asclépieion, conserve aussi son antique renom ainsi que Cnide et, d'une manière générale, dans tous les sanctuaires d'Asclépios (à Épidaure et à Pergame notamment) les guérisons par traitements médicaux prennent le pas sur les miracles.

Les plus grands noms sont ceux de deux contemporains, nés à la fin du IVe siècle. Hérophile de Chalcédoine est l'un des pionniers de l'anatomie. Il découvre le système nerveux et en explique le fonctionnement général, montrant le rôle de la moelle épinière et du cerveau. Il étudie l'œil et le nerf optique et établit le diagnostic par le pouls. Érasistrate fonde véritablement la physiologie. Il se spécialise dans l'étude de la circulation, a l'intuition du rôle des vaisseaux capillaires et, bien qu'il enseigne que les artères contiennent de l'air et que seules les veines portent le sang, ses découvertes en ce domaine ne seront pas dépassées jusqu'à Harvey.

Le médecin reste l'un des types sociaux les plus nobles du monde grec. Sans être guère sensible à l'influence de l'Orient, il continue à pratiquer une médecine laïque et scientifique qui se réclame des grandes philosophies helléniques. Il est beaucoup plus qu'un technicien de la guérison : une autorité morale dont on attend aussi le réconfort psychologique. À la cour des rois, des Lagides notamment, il est très écouté et jouit d'un incomparable prestige.

La science hellénistique a des limites que l'on ne saurait dissimuler. Bien que les mathématiques pénètrent dans les domaines nouveaux, il n'y a pas de systèmes cohérent de notation des nombres et il faudra attendre Diophante, au IIIe siècle de notre ère, pour que s'ébauche une notation algébrique, d'ailleurs encore rudimentaire. D'autre part l'absence d'instruments d'observation se fait cruellement sentir dans les sciences de la nature. On reste toutefois confondu des progrès réalisés. « Celui qui comprend Archimède et Apollonios, disait Leibniz, considère avec moins d'admiration les modernes. » Cette floraison est d'autant plus remarquable qu'elle constitue en somme la fin de la science antique : les Romains ne poursuivront guère dans ce domaine l'effort spéculatif des Grecs et l'humanité vivra jusqu'aux grandes découvertes de la Renaissance sur le capital intellectuel amassé à Alexandrie, à Rhodes ou à Pergame.

3. UN ART DE L'HOMME

Si la philosophie et la science nous ont entraînés dans les « temples sereins » dont l'accès est réservé à quelques spécialistes, l'art nous ramène dans le quotidien. De fait, aucune époque n'a autant demandé aux artistes d'embellir le cadre de la vie de tous les jours. Quantitativement la production est prodigieuse : on construit avec fièvre et les grands chantiers de fouilles ont révélé par milliers statues ou statuettes destinées à décorer les édifices. Jamais il n'y a eu autant d'architectes, de sculpteurs, de peintres. C'est d'abord que le monde hellénistique est prospère et que les rois considèrent comme un devoir de s'entourer d'hommes capables d'illustrer leurs capitales ou leurs demeures. C'est aussi que la bourgeoisie est nombreuse et riche, amie de l'art comme des lettres, et que les tendances évergétiques s'y développent autant que dans les cours.

L'art se laïcise, car les grands clients sont maintenant les rois et les bourgeois. Assurément l'architecture et la sculpture religieuses subsistent, d'autant qu'il n'y a pas de cité grecque sans sanctuaires et que l'urbanisation est l'un des phénomènes les plus caractéristiques de l'époque. Mais, à quelques exceptions près, l'élan de la foi n'y est plus : on n'innove guère quand on construit des temples et l'on se contente le plus souvent d'employer des recettes éprouvées ; la statuaire se plaît à représenter des divinités très humaines, et la scène de genre remplace souvent le relief religieux. En revanche les édifices civils se multiplient dans de belles villes organisées suivant un urbanisme rationnel ; palais et demeures privées rivalisent de luxe et de confort.

L'influence de l'Orient ne se fait guère sentir, alors que les arts indigènes, qui d'ailleurs périclitent et n'inventent plus, ont tendance à imiter les modèles grecs. Partout, c'est le triomphe de l'hellénisme et, malgré de nettes différences d'écoles, la création d'une sorte de *koiné* artistique.

Demeures des dieux et des hommes

Dans l'architecture religieuse, domaine de prédilection de l'art classique, peu d'innovations. Les travaux de l'Olympieion d'Athènes, abandonnés depuis la chute des Pisistratides, sont repris grâce aux subsides fournis par Antiochos IV, non d'ailleurs sans une importante modification, puisqu'on y adopte l'ordre corinthien, dont c'est la première apparition dans un grand temple ; mais les chantiers sont interrompus une fois encore et il faudra attendre Hadrien pour que soit achevé le colossal édifice. On construit beaucoup de temples nouveaux, mais selon les normes traditionnelles. L'ionique est particulièrement en honneur, notamment en Asie Mineure où la réussite la plus remarquable est le temple d'Artémis Leucophryéné à Magnésie du Méandre. Le dorique, dont les meilleurs exemples sont à Pergame, évolue vers plus de légèreté, sous l'influence de l'ionique : les colonnes deviennent plus grêles et les triglyphes se multiplient.

Un seul édifice sort de l'ordinaire : le Didymeion de Milet, enfin reconstruit après son incendie du début du Ve siècle. Ce gigantesque édifice (116 × 52 m) est entouré d'une *péristasis* de deux rangées sur les longs côtés et de trois sur les façades, en tout 120 colonnes, une véritable forêt de marbre comme dans les grandes créations de l'archaïsme anatolien. Le plan est des plus curieux : un *pronaos* est suivi par une antichambre servant de salle des oracles, ne communiquant pas avec lui sinon par un balcon d'où l'on promulguait peut-être les oracles. On accède à une vaste cour centrale, d'une part de l'antichambre par un grand escalier monumental, d'autre part du *pronaos* par deux tunnels passant de chaque côté de l'escalier. Cette cour à ciel ouvert correspond à ce qu'est le *naos* dans un temple canonique, mais ses dimensions ou peut-être des motifs religieux ont empêché qu'on ne la couvrît. Au fond de la cour, un petit temple ionique prostyle tétrastyle jouxte la source sacrée et renferme la statue d'Apollon par Canachos, enlevée par Xerxès et ramenée d'Ecbatane par Séleucos. Il est difficile d'imaginer les raisons qui ont déterminé une construction aussi originale, nécessités du culte ou besoin de renouvellement ?

Les progrès architecturaux sont beaucoup plus nets dans la maison, qui s'agrandit et gagne encore en confort et en somptuosité. L'évolution, commencée dès le IVe siècle, s'accentue, maintenant que l'homme, de citoyen devenu simple particulier, n'a plus sa place à l'extérieur dans les palabres de l'agora et de l'assemblée et qu'il s'intéresse de plus en plus à son intérieur. Il reste naturellement beaucoup de misérables logis : à Alexandrie les pauvres s'entassent dans des immeubles de rapport à plusieurs étages (au moins 4) qui préfigurent les *insulae* de la Rome impériale. Mais l'avènement d'une bourgeoisie aisée favorise la construction, ainsi qu'il appert des fouilles de Priène et surtout de Délos.

Dans l'île d'Apollon, maintenant l'un des centres privilégiés du grand commerce méditerranéen, les fouilles ont dégagé aussi bien de médiocres maisons, serrées les unes contre les autres entre quatre rues, que de luxueuses demeures occupant à elles seules tout un îlot. Ces dernières, nombreuses surtout dans le quartier du théâtre, ouvrent par une porte unique sur un vestibule ; elles s'ordonnent autour d'une cour centrale, généralement bordée d'un péristyle sur lequel donnent les pièces de réception (notamment l'*oicos*) et d'habitation ; au centre une citerne, recouverte d'une mosaïque, recueille l'eau, plus qu'ailleurs indispensable dans cette île sans sources. Le plan n'a rien d'original et développe les données antérieures, mais l'abondance et le luxe de la décoration sont choses nouvelles : dans les pièces principales, le pavement est fait de mosaïques d'un extrême raffinement, aux sujets parfois dionysiaques (*Bacchos à la panthère*), dont les couleurs éclatantes rappellent le style syrien ; les murs sont revêtus de stucs peints de teintes vives encadrant des bandeaux où s'inscrivent des scènes figurées ; statues et statuettes égaient cours et chambres, comme dans la « maison de l'hermès », somptueuse demeure à étages avec deux péristyles superposés ; tables ou fauteuils de marbre meublent harmonieusement les intérieurs. On comprend que les négociants italiens installés à Délos se soient plu dans ces belles maisons, à la fois intimes, aérées, spacieuses, et qu'ils les aient vite imitées, en Campanie d'abord, puis à Rome, où le péristyle tend à doubler l'*atrium* primitif.

Une réussite méditée : la ville

Le progrès est tout aussi net, si l'on considère l'ensemble urbain. Il est rare qu'on laisse la ville se développer d'elle-même, au hasard, ainsi que cela semble le cas à Délos. L'urbanisme devient la règle, qu'il s'agisse comme à Milet ou au Pirée de meubler un cadre déterminé depuis longtemps, ou comme dans les agglomérations nouvelles de créer à partir de rien. Les cités qui poussent dans tout l'Orient obéissent le plus souvent aux règles hippodamiennes : voies orthogonales et plan fonctionnel. Alexandrie et Antioche sont d'excellents exemples de ces réalisations qui répondent aux lois de l'esthétique autant qu'à celles de la commodité. Mais Pergame, avec sa très haute acropole, donne aux Attalides l'occasion d'une création toute différente, continuée plus d'un siècle, sous l'impulsion surtout d'Attale Ier et d'Eumène II. Ce sont comme trois villes superposées, chacune avec ses temples, accrochées sur des terrasses que relient une voie en lacet et de gigantesques escaliers : un extraordinaire décor de théâtre suspendu au flanc d'un abrupt éperon au-dessus de la plaine.

De fait, hippodamiens ou non, les plans des villes hellénistiques témoignent de plus de subtilités et d'arrière-pensées qu'il n'apparaît au premier coup d'œil. L'adaptation au paysage, dont Pergame tire sa puissante beauté, n'est pas une loi moins contraignante dans une ville de plaine comme Alexandrie, où tout s'ordonne autour des ports : dans cette union intime de l'eau et des édifices, peintres et mosaïstes puiseront inlassablement leur inspiration.

Point de monotonie non plus, comme on eût pu le craindre pour des villes trop méditées. Si elles n'ont plus la liberté chaotique de l'ancien temps, on y découvre d'extraordinaires édifices, faits pour surprendre ou pour frapper. Alexandrie est dominée par son Phare, l'une des 7 merveilles du monde, superposition d'un parallélépipède, d'un octogone et d'un cylindre, et elle possède aussi la tente-pavillon de Philadelphe et le thalamège (vaisseau-maison) de Philopator. Pergame montre le grand autel de Zeus et d'Athéna, une table d'offrande unique par sa taille comme par sa beauté, digne du maître des dieux et de sa fille chérie.

Si les urbanistes qui conçoivent ces mondes organisés de pierre ne renoncent jamais à y incarner à la fois l'ordre mathématique et la fantaisie théâtrale, ils songent aussi à des nécessités plus pratiques. Nous connaissons, notamment par des inscriptions, plusieurs règlements d'édilité prévoyant la largeur des rues ou la distance entre les maisons. L'eau est amenée par des aqueducs et largement distribuée, sans jouer toutefois un rôle aussi important que plus tard dans les villes romaines. On organise des services d'enlèvement des ordures.

Les grands édifices collectifs

Malgré la diversité des plans, partout les édifices réservés à la vie collective reçoivent un développement considérable. Il y a des salles de réunion pour le conseil, qui reprennent généralement la disposition du Thersilion de Mégalopolis et dont les meilleurs exemples sont les *bouleutéria* de Priène et de Milet, tous deux du IIe siècle.

Mais l'affaiblissement de la vie politique explique que les plus belles créations ne soient vouées qu'au plaisir et à la commodité des habitants. Un goût très vif pour les portiques se manifeste : ils donnent à l'ensemble urbain de la monumentalité, offrent un refuge aussi bien contre les ardeurs du soleil que contre la pluie, abritent le flâneur ou le philosophe. Les Romains emprunteront très vite ce type architectural, non sans quelques modifications : ce sera la basilique, qui conservera au cours des âges le nom des « portiques royaux » d'Athènes ou des cités hellénistiques.

Le portique est souvent utilisé seul, pour offrir à un sanctuaire un cadre plus grandiose (portiques d'Antigone Gonatas et de Philippe V à Délos) ou pour souligner un paysage urbain préexistant (portique d'Eumène au pied sud de l'Acropole d'Athènes, conduisant vers les temples d'Asclépios et de Dionysos). Plus souvent il est élevé en bordure d'une agora qu'il contribue ainsi à limiter et à régulariser. L'agora, jusque-là simple place du marché assez inorganique, se définit désormais, selon le type milésien, comme une place rectangulaire entourée de portiques. Délos a plusieurs agoras, proches du port où se concentre maintenant l'activité principale de l'île marchande. Corinthe, Thasos, Magnésie du Méandre ont les leurs, spacieuses et harmonieuses. Celle d'Athènes est plus remarquable encore, avec ses trois nouveaux portiques du milieu, du sud et de l'est (ce dernier, offert par Attale II).

Dans une civilisation qui s'humanise, les édifices destinés aux plaisirs collectifs se multiplient. Partout des théâtres de pierre s'adossent à la pente d'une colline. Une modification importante de leur plan permet le développement d'une véritable scène permanente : alors que précédemment les acteurs étaient placés sur une estrade de bois devant le *proscénion* jouant le rôle de toile de fond, désormais ils montent sur ce *proscénion*. La transformation est particulièrement nette dans le théâtre de Priène, où on peut la dater vers 150.

Gymnases, palestres, stades témoignent jusque dans les plus modestes cités d'un goût traditionnel pour les exercices physiques, base de toute éducation libérale. Le gymnase, où se réunit régulièrement la jeunesse, devient aussi le centre universitaire de la cité, où des professeurs attachés à l'établissement dispensent l'enseignement littéraire, scientifique, philosophique, musical et où parlent des conférenciers de passage. Cette fonction n'est attestée dans les inscriptions qu'à partir du IIIe siècle, mais c'était déjà l'usage depuis un siècle à Athènes que grammairiens, rhéteurs ou sophistes se donnassent rendez-vous au gymnase. De nouvelles pièces répondent à ces nouveaux besoins : salles de conférences *(acroatéria)* et bibliothèques, en même temps que s'ordonnent tout autour des jardins pour les promenades des philosophes. Les adultes ne dédaignent pas de fréquenter, pour se livrer aux plaisirs de la conversation, ces sanctuaires du corps et de l'esprit, placés désormais sous la protection particulière d'un dieu et d'un héros typiquement grecs, Hermès et Héraclès, et qui s'intègrent de plus en plus à la cité, puisque, jadis extérieurs à l'agglomération, ils avoisinent maintenant souvent l'agora.

Le développement du grand négoce suscite d'autres créations, sur lesquelles nous sommes particulièrement bien renseignés par les fouilles de Délos. Dès le IIIe siècle, on y élève une vaste salle hypostyle – dont le plan manifeste peut-être des influences orientales – que l'on ne saurait mieux comparer qu'à une bourse du commerce. D'autre part les confréries de marchands étrangers y installent de vastes entrepôts, dotés aussi de somptueuses salles d'apparat et de petites chapelles : de véritables *fondouks*, a-t-on pu dire justement. Les Poseidoniastes de Bérytos (Beyrouth) y ont à côté du lac sacré un établissement particulièrement luxueux, où l'on a découvert de remarquables statues (groupe d'*Aphrodite, Pan* et *Éros*). Les *negotiatores* italiens ont leur propre agora, bordée de magasins et de bureaux, préfigure de la « place des corporations » de l'Ostie impériale.

Rien ne témoigne mieux de la prospérité du monde grec et des loisirs de ses habitants que ces villes harmonieuses, où tout est ordre et beauté, sur l'agora, au théâtre et à la palestre, et même dans les édifices les plus utilitaires. Encore faut-il ajouter qu'elles sont ornées d'une profusion d'œuvres d'art qui dépasse l'imagination : lorsque Philippe V prend Thermos, centre de la confédération étolienne mais bien modeste cité, Polybe y dénombre 2 000 statues ! Pas plus qu'aux époques prédécentes, le Grec ne conçoit une architecture qui se passe des prestiges de la sculpture.

Pathétique et réalisme dans la sculpture

Peu d'époques ont davantage aimé statues et bas-reliefs. Tout n'est évidemment pas de première qualité et l'élargissement du public ne va pas sans une certaine dégradation de l'art. Cependant la sculpture reste bien vivante : elle ne se contente pas de continuer sur sa lancée ni de copier sans se lasser les œuvres maîtresses du classicisme, mais elle crée du neuf, dans des centres nouveaux qui se substituent aux foyers traditionnels (en particulier à Athènes, bien déchue dans ce domaine comme dans tant d'autres).

Deux tendances, toutes deux héritées du second classicisme, semblent s'imposer. D'une part le pathétique triomphe et la sculpture paraît prendre la relève de la tragédie pour inspirer à l'âme terreur et pitié. On aime les scènes sanglantes, empruntées aussi bien aux terribles châtiments de la mythologie qu'à l'histoire la plus contemporaine. Les corps se convulsent, les visages décomposés par la souffrance expriment la malédiction de la condition humaine : c'est un romantisme effréné et farouche qui apparaît, à Pergame notamment, mais aussi à Rhodes, dans la lignée de l'art scopasique dont il exaspère encore les outrances.

D'autre part la veine réaliste s'exacerbe elle aussi. Elle se manifeste dans le portrait, qui triomphe avec le développement de l'individualisme et l'avènement des cultes royaux. Elle est tout aussi évidente dans un goût, que l'on pourrait mieux dire naturaliste que réaliste, pour ce que l'existence comporte de plus trivial : témoins l'épouvantable *Vieille femme ivre*, chef-d'œuvre de Myron de Thèbes, ivrognesse décrépite à la lamentable poitrine flétrie, tenant encore à la main son vase à boire, ou ce *Pêcheur* misérable au pitoyable visage, et dont chaque côte saille. Les aspects le plus souvent négligés par l'art classique, épris d'une beauté idéale, ne sont plus dédaignés par le sculpteur : l'enfance, la vieillesse, les difformités physiques, la pauvreté. C'est presque un baroque qui apparaît, notamment dans la petite statuaire d'appartement ou dans les reliefs dits pittoresques, que l'on a trop vite qualifiés d'alexandrins et qui semblent aussi prisés en Asie.

La tradition sculpturale en Grèce

En Grèce propre, on n'innove guère et l'on se contente d'exploiter des traditions sculpturales, vieilles déjà de plusieurs siècles et riches de nombreux chefs-d'œuvre. Bien qu'on constate, comme dans la poésie alexandrine, certaines tendances archaïsantes, la coupure avec le IVe siècle est du reste beaucoup moins brutale que dans la littérature.

On imite essentiellement les grands maîtres du second classicisme, sans toujours bien comprendre leur message ni leur mesure. On reprend volontiers les thèmes chers à Praxitèle : adolescents aux formes trop aimables, mollement appuyés contre un support, Satyreaux à la flûte dont les répliques sont innombrables, Éros familiers, jeunes femmes à la chair riante. On exagère d'ailleurs les traits les plus marquants du maître : douceur du modelé aux transitions insensibles *(sfumato)*, *morbidezza* du visage, soin particulier accordé aux chevelures. Dans ce succès persistant de Praxitèle, il y a plus qu'un hasard : cet art charmant, dont on méconnaît de plus en plus la valeur spirituelle, correspond à un goût du gracieux largement répandu dans tout le monde hellénistique et l'on a signalé à juste titre que le Satyreau était proche de certaines créations de l'idylle de Théocrite.

Le maître du réalisme douloureux, Scopas, avant de trouver dans les sculpteurs de Pergame ses héritiers les plus directs, est largement imité en Grèce : témoins ces Alexandre « mourants » à l'intense expression pathétique, au regard levé comme dans l'extase, qui rappellent les têtes des frontons de Tégée. Avec plus de liberté et d'éclectisme, l'auteur anonyme de la *Victoire de Samothrace* est aussi un disciple du Parien : la déesse au torse cambré, aux hanches saillantes, palpite d'une vie profonde, à laquelle s'associe au mieux la draperie bouillonnant au souffle du vent marin, non sans quelque romantisme. On n'en regrette que plus les incertitudes des spécialistes au sujet de la bataille que commémorait cette œuvre maîtresse : victoire de Démétrios

Poliorcète sur Ptolémée à Salamine de Chypre, ou plutôt victoire d'Antigone Gonatas à Cos ?

Lysippe aussi fait école. Le sculpteur anonyme de l'*Hercule Farnèse* garde quelque chose de sa manière : mais le héros semble comme écrasé par sa monstrueuse musculature d'« hercule forain » et las de ses propres victoires. Le disciple le plus prisé du Sicyonien est Charès de Lindos, auteur du fameux *Colosse de Rhodes*, l'une des 7 merveilles du monde : cette statue colossale (haute de 32 m) d'Hélios, divinité poliade, qui se dressait à l'entrée du port de Rhodes et qui fut vite renversée par un tremblement de terre.

Avec le temps, un académisme apparaît. À partir de 150, l'école néo-attique cherche délibérément ses modèles dans le passé et fuit l'observation directe de la vie. Cet art froid et compassé, obsédé par les réussites trop éclatantes du classicisme, produit les œuvres les plus impersonnelles de toute l'époque en copiant inlassablement la *Parthénos* ou les *Corés* de l'Érechtheion. Il se prolonge à Rome, où son plus célèbre représentant est Pasitélès (Ier siècle), esprit curieux qui consacre 5 livres à l'histoire de la sculpture.

La passion dans les écoles asiatiques

Mais la sculpture hellénistique ne se limite pas à cet art de tradition, vite figé dans l'immobilisme. En Asie ou à Alexandrie voient le jour de grandes créations, animées véritablement d'un esprit nouveau.

L'Asie fermente derechef. De tous les ateliers, nombreux et novateurs (fig. 78), le plus éclatant est celui de Pergame. Les Attalides constituent dans leur palais un musée, où ils rassemblent même des pièces archaïques de Boupalos et d'Onatas, et ils s'entourent d'excellents maîtres. C'est autour d'eux que se crée un genre nouveau, la critique d'art. C'est pour eux que sont réalisées quelques-unes des œuvres les plus notables de l'époque.

Attale Ier dresse au sommet de la citadelle, auprès du sanctuaire d'Athéna, un grand *ex-voto* pour célébrer sa victoire sur les Galates, ces bandes errantes de Gaulois qui désolèrent l'Asie. Si l'ensemble est difficile à reconstituer, on peut au moins lui attribuer des morceaux fameux, le *Gladiateur mourant* du Capitole et le groupe d'*Arria et Paetus* de la collection Ludovisi, qui représentent en réalité un Galate expirant et un Galate s'égorgeant après avoir tué sa femme. Belle occasion pour l'artiste anonyme de chanter la gloire du souverain, en étalant la détresse des vaincus dont les visages expriment l'horreur de la défaite et de la mort, tandis que leurs corps s'affaissent sous d'horribles blessures.

Fig. 78. Combat d'Amazones contre un hoplite grec. Bas-relief très plat, originaire de Téos : décoration d'un édifice funéraire, vers 300.

Eumène II élève à Zeus et Athéna Nicéphoros un grand autel sur le soubassement duquel court une longue frise continue (130 m de développement), à la mode orientale, représentant une *Gigantomachie*. D'un côté les Géants, figurés souvent sous des formes d'un réalisme horrible (monstres à têtes de lion ou anguipèdes ailés) ; de l'autre les Olympiens aux gestes plus modérés et plus élégants. Quelle puissance, quelle fougue dans cette mêlée échevelée, toute soulevée d'un romantisme qui évoque l'art tourmenté de Rude ! Quelle démesure dans les visages poignants des monstres ! Quel réalisme poussé jusque dans le détail le plus infime, pelage des monstres, écailles des serpents, accessoires qui meublent les moindres espaces libres du bandeau, comme si l'artiste avait eu l'horreur du vide ! On pense avec quelque nostalgie à ce qu'avait été moins de trois siècle plus tôt la *Gigantomachie* du Parthénon. Un Scopas délirant a poussé ici jusqu'au bout le désordre, le tourbillon exacerbé des passions, pour mieux exprimer l'âcre barbarie du conflit qui avait ébranlé l'univers avant le triomphe des dieux.

La puissance d'émotion de ces œuvres vient de tout ce qu'elles osent enfin exprimer : l'horreur et le désespoir devant la mort ou devant la barbarie. Le goût du macabre, du morbide, du difforme, de ce qui nie la raison et la mesure de l'homme, s'y étale avec une complaisance qui relèverait de la psychanalyse. Leur leçon n'est sans doute point différente de celle de l'art classique, mais les convulsions d'une époque angoissée ont délivré l'artiste de ses réserves et de ses scrupules : dure est la victoire de l'esprit, souillée de sang, impure. Un monde qui connaît la terreur et les phantasmes se trahit autant qu'il se traduit sur la haute acropole de Pergame.

Rhodes possède aussi une brillante école de sculpteurs, qu'il vaut mieux rattacher aux ateliers asiatiques. La production y est très variée, depuis une triple *Hécate* de goût archaïsant jusqu'à une *Nymphe* qui reprend avec beaucoup de liberté l'une des sculptures les plus modernistes, l'*Aphrodite de Doidalsés*. La pièce maîtresse est le groupe du *Laocoon* (vers 50), où se manifeste un goût du pathétique qui rappelle de très près Pergame, avec plus d'attendrissement peut-être, à cause des enfants que les horribles serpents vont étouffer.

On retrouve cette même « anatomie de la souffrance » (Ch. Picard) à Tralles, dans l'énorme groupe du *Taureau Farnèse* (vers 100). Les artistes ont retenu avec complaisance un mythe fort rare, celui du châtiment de Dircé par les deux fils d'Antiope, comme les poètes s'attachent à des thèmes peu connus. Au sommet d'une rocaille les jeunes gens préparent le supplice de Dircé, dont le corps palpitant attaché à un taureau sauvage sera ensuite jeté dans une fontaine : une énorme masse pyramidale et un paroxysme d'émotion.

Dans le nord de l'Anatolie œuvrent deux grands maîtres. Doidalsès de Bithynie sculpte une *Aphrodite accroupie*, au bain, faisant ruisseler l'eau sur son corps charnu : une scène de genre où la déesse n'est plus que le prétexte au déploiement d'une audacieuse virtuosité. Boéthos de Chalcédoine donne un charmant *Bambin à l'oie*, où se manifeste un goût nouveau pour l'enfance.

L'école syrienne reste peut-être plus classique. Elle se complaît dans la représentation du modelé féminin gras, aux formes abondantes. L'œuvre la plus caractéristique est le groupe d'*Aphrodite, Pan et Éros* trouvé à Délos dans l'établissement des Poseidoniastes de Bérytos : la déesse ressemble de bien près à une mortelle grassouillette, aux lourds appas, une beauté levantine a-t-on pu dire.

Le réalisme aimable d'Alexandrie

Malgré la richesse et la diversité des écoles asiatiques, la sculpture de l'Égypte ptolémaïque supporte aisément la comparaison. Il est d'ailleurs parfois difficile de les distinguer : un *Galate* du Fayoum est très proche des *Galates* pergaméniens et telle *Aphrodite* plantureuse d'Alexandrie évoque de près ses sœurs syriennes.

L'influence praxitélienne est plus forte à Alexandrie que partout ailleurs. Elle se manifeste surtout dans les innombrables représentations féminines, qui n'ont souvent de déesse que le nom : *Aphrodite à la toilette* ou *au bain*, dénouant sa chevelure ou rattachant sa sandale, *Aphrodite pudique* dissimulant avec coquetterie les charmes de son corps potelé. L'une des plus émouvantes dérivations des modèles praxitéliens provient d'un centre voisin : c'est la *« Vénus » de Cyrène.*

On se passionne pour l'observation aiguë de la réalité et il y a tout lieu de penser que dans ce réalisme confluent un courant grec, apparu dès le classicisme, et un courant égyptien, l'art indigène s'étant toujours complu dans l'analyse minutieuse et souvent amusée du réel. On aime de plus en plus l'anecdote pour l'anedocte et les scènes de genre remplacent les scènes d'inspiration religieuse. Les Amours y folâtrent volontiers, gracieux *putti* aux grosses joues et au visage narquois, ainsi que les animaux familiers, tout comme dans les épigrammes de l'*Anthologie.* Le sculpteur se plaît à différencier les types sociaux et toute la vie des humbles, marins, paysans, pêcheurs, bouffons, apparaît, témoignage fort instructif pour l'historien de la vie quotidienne. Il ne néglige pas non plus les types exotiques que l'on coudoie dans l'Alexandrie cosmopolite : Nubiens, Libyens, négrillons. Dans le relief pittoresque, l'une des créations les plus originales de l'alexandrinisme, il sait évoquer tout un paysage dans un cadre modeste : paysage rural, parent de ceux des idylles contemporaines, paysage urbain, portuaire ou nilotique.

Un intense amour de la vie sous ses formes les plus variées se traduit dans les sujets de genre ou les reliefs pittoresques. Il se retrouve dans les portraits, portraits royaux surtout, dont les plus beaux dénotent un sens aigu de l'analyse psychologique. On a des bustes remarquables des premiers Lagides et la dernière des reines, la grande Cléopâtre, se reconnaît maintenant avec son profil impérieux et son nez aquilin dans une noble tête voilée de Cherchel.

Syncrétismes gréco-égyptiens

Tandis que l'art grec d'Alexandrie se passionne pour saisir la vie dans ce qu'elle a d'insaisissable, l'art égyptien traditionnel se meurt. On continue à sculpter selon les canons pharaoniques, témoin le relief du *Couronnement de Ptolémée IV Philopator* où le souverain lagide apparaît tel un pharaon, entouré des deux déesses de Haute et de Basse Égypte. Mais c'est une sculpture moribonde où la convention remplace la sincérité.

Plus attachant est un art mixte qui apparaît déjà (fin du IVe siècle) dans le *monument funéraire de Pet-Osiris*, prêtre égyptien héroïsé à la grecque, dont les bas-reliefs montrent un curieux mélange de motifs indigènes et de types helléniques. Mais la ronde-bosse offre des œuvres plus remarquables encore. Une grande tête de schiste vert de Copenhague représente un *Ptolémée Évergète*, le visage plein, aux traits apolliniens, mais les surfaces lisses et planes, se rencontrant en arêtes, sont impossibles à concevoir en dehors de l'Égypte, ainsi qu'une amorce de pilier dorsal. Une autre tête de schiste vert (au British Museum) est le portrait d'un *Africain* au type chamitique marqué, avec l'ossature très apparente, les cheveux en bouclettes et une expression indéfinissable d'ironie, de cruauté, de mystère : une admirable création où confluent aussi deux techniques et, pourrait-on ajouter, deux sagesses.

Le monde de la couleur : peintures et mosaïques

Du peintre tout comme du sculpteur on attend qu'il sache à la fois émouvoir et charmer. La peinture est mieux connue grâce à la découverte de quelques très rares originaux (décoration des maisons de Délos ou stèles de la nécropole de Volo) et surtout des fresques ou des mosaïques des villas d'Herculanum ou de Pompéi notamment qui copient à l'envi les grandes créations de la peinture hellénistique.

Là encore c'est hors de Grèce qu'il faut chercher l'élan créateur. Les écoles de Propontide et d'Asie se font remarquer par leur *pathos*. Deux exemples caractéristiques. Timomachos de Byzance peint *Médée*, en proie à une vive agitation mentale, regardant ses enfants qu'elle va immoler : eux s'amusent tranquillement aux osselets sur un autel où ils seront égorgés, devant leur pédagogue. C'est aussi, mais de manière plus nuancée, avec la sensibilité du spectateur que joue l'artiste pergaménien qui représente *Télèphe*, avec la Nymphe *Arcadie et Héraclès* : tandis que les yeux de la Nymphe se perdent au loin, comme si elle contemplait l'avenir de la dynastie des Attalides, issue de ce petit enfant d'après une version qu'ils cherchent à accréditer, Héraclès regarde Télèphe ; à côté d'eux, une large corbeille de fruits, un Satyreau et la jeune Parthénos symbolisant le paysage arcadien.

L'école d'Alexandrie se caractérise par l'importance des scènes d'amour dans des paysages bucoliques. Le cycle d'Aphrodite et d'Adonis y tient une place primordiale. Les Amourets espiègles et cruels, avec leurs méchantes petites inventions dont souffrent tant les mortels et les dieux eux-mêmes, y apparaissent dans de jolies scènes, comme la *Découverte d'un nid d'Amours* ou la *Marchande d'Amours*. Ces peintures sont le plus souvent empreintes d'un charme léger, encore qu'elles tombent parfois, comme la poésie contemporaine, dans le libertinage le plus brutal.

L'incontestable progrès de la peinture est dû non seulement à l'enrichissement de la technique (apparition de tons nouveaux : bleu, violet, pourpre), mais à l'approfondissement de la sensibilité. Les scènes d'idylle sont sans doute les plus nombreuses. Le plus souvent on représente les couples fameux de la mythologie, prétexte commode pour des pastorales attendries : une Nymphe verse à boire à un Satyre altéré ; Aphrodite coquette avec Arès ; Artémis prend amoureusement le menton d'Hippolyte qui la regarde avec de grands yeux étonnés ; Dionysos contemple Ariane endormie par Hypnos ; Adonis meurt sur les genoux d'Aphrodite.

Le paysage, qui sert déjà de toile de fond indispensable à ces idylles, est aussi parfois représenté pour lui-même. On aime particulièrement les jardins, « paradis » pleins d'essences rares et d'où semble se dégager une odorante fraîcheur, et les paysages portuaires qui paraissent chanter une invitation au voyage. Les peintres se plaisent également à figurer des animaux, fauves, monstres fantastiques, et tout aussi souvent poissons ou volailles, décor tout naturel pour les salles à manger, et qui jouxtent des corbeilles de fruits : première apparition de la nature morte dans l'art grec.

À côté de ces peintures qui servent surtout à charmer l'œil, il faut faire une place à part à de vastes fresques où s'ordonnent de multiples personnages, dont l'inspiration humaine et souvent religieuse parle vivement à l'esprit. Les *Noces Aldobrandines* du Vatican montrent la jeune épousée entourée de sa mère et de ses servantes et encouragée par Aphrodite et Peitho (Persuasion) : rien de plus doux que les émotions qui se peignent sur les visages, de plus clair que les coloris.

Les fresques de la villa Item à Pompéi (dite aussi Villa des Mystères) sont plus remarquables encore. Ce vaste ensemble d'époque augustéenne, qui décore sans doute une salle d'initiation, pose bien des problèmes d'interprétation : Dionysos s'appuie contre Ariane, un Satyre joue de la *syrinx*, une Ménade est en transes, tandis qu'une jeune fille reçoit une fustigation rituelle, qu'une autre se réfugie pleine d'effroi sur le sein d'une compagne, qu'un enfant de chœur lit un livre sacré... Au moins le sens général est-il clair : c'est le salut par l'amour du dieu que les mystères promettent aux fidèles. Tout autant que par sa beauté et par la perfection technique dont elle témoigne, l'œuvre vaut par l'intense ferveur religieuse qui l'anime.

La mosaïque emprunte souvent à la peinture ses cartons. Dégagée au IVe siècle de ses premiers essais (pavements de cailloux naturels, dits *pebble mosaics*), elle fait tout de suite d'immenses progrès vers l'expressivité par l'usage de pierres colorées, taillées spécialement. Où ces progrès ont-ils été accomplis, en Sicile ou à Alexandrie ? On en discute, mais il est sûr que d'emblée cet art mineur se pousse au premier plan dans la décoration des palais et des maisons.

L'admirable *Bataille d'Arbèles* du musée de Naples copie sans doute un tableau de Philoxénos d'Érétrie (voir p. 511). L'artiste s'y essaye à des recherches compliquées de perspectives : son ciel rayé de lances, ses raccourcis de chevaux font songer à un tableau d'Uccello. Un arbre desséché symbolise le paysage. La composition très dense est cependant centrée sur le geste émouvant et vain de Darius.

Les mosaïques de Délos offrent ce rare mérite d'être des œuvres vraiment hellénistiques et non des copies romaines. Les riches demeures ont des pavements qui, selon les pièces, offrent des ornements géométriques, des natures mortes, des animaux (le plus souvent marins : dauphins) ou des scènes mythologiques : la plus célèbre est l'étonnant *Dionysos brandissant le thyrse*, le visage mélancolique, l'œil rêveur, contrastant avec l'ardente panthère qu'il chevauche. – On a exhumé dans le palais de Pella de remarquables mosaïques.

Arts mineurs et articles d'Alexandrie

Une civilisation se juge sur les petites œuvres des arts mineurs autant que sur les grandes créations des arts plastiques. Or, la période hellénistique brille dans ce domaine d'un éclat tout particulier.

La céramique pourtant est en déclin. Sur un fond tantôt clair (comme sur les hydries funéraires d'Alexandrie), tantôt sombre (imitant les modèles métalliques), s'enlève un décor, rarement emprunté à la figure humaine, le plus souvent végétal et floral. En fait, le vase peint n'a plus la place d'honneur qui était la sienne pendant le classicisme. Il subit d'abord la concurrence de la poterie en relief, rare jusqu'ici, et qui se développe considérablement : les bols dits autrefois mégariens (on sait aujourd'hui qu'ils sont produits d'abord à Athènes, puis dans toute la Méditerranée orientale) reproduisent à bas prix les belles créations de la toreutique.

On n'a en effet jamais tant aimé les vases métalliques. À Alexandrie comme à Pergame, les toreutes travaillent l'or, l'argent, le bronze. La plupart des pièces du fameux trésor de Berthouville-Bernay (en Normandie) sont d'époque hellénistique et non romaine : les plus belles représentent la tristesse et la mort d'Achille et le tragique destin d'Hector dont le corps est traîné autour des remparts, puis pesé : scènes pathétiques et moralisantes que l'on a eu raison de rattacher à l'art pergaménien.

On peut rapprocher de ces vases les lits d'apparat en bronze, garnis de montants ciselés représentant des scènes dionysiaques (mulets couronnés de pampres ou Dionysos lui-même). On les appelle indifféremment « lits de Délos » d'après le plus grand centre producteur, ou « lits de Boéthos » d'après l'un des plus fameux créateurs, le maître de Chalcédoine (fig. 79).

Fig. 79. Mulet dionysiaque servant d'applique de *fulcrum*. Époque hellénistique. Musée de Mariemont (Belgique).

Les séries monétaires sont innombrables, chaque souverain voulant avoir sa monnaie, marquée de son effigie, selon un usage qui avait été déjà celui de certains satrapes ou dynastes dans l'Empire perse et qui s'instaure non seulement dans les royaumes hellénistiques, grands ou petits, de l'Orient, mais aussi en Scile avec Hiéron II, à Sparte même avec Cléomène et Nabis, et dans les royaumes bactriens et indiens. Elles valent surtout comme une admirable galerie iconographique, où se détachent quelques têtes admirables, comme celles du gras eunuque Philétairos ou de Tigrane d'Arménie avec son profil classique et sa tiare lourdement chargée, ou celles des princes du Pont, Mithridate III, Pharnace Ier et Mithridate VI surtout, rendus avec un puissant réalisme. Les cités restées indépendantes continuent naturellement à battre monnaie : les pièces d'Athènes, toujours nombreuses, sont l'œuvre de graveurs négligents et routiniers, dépourvus de tout sens de la composition.

Les figurines de terre cuite donnent la plus délicate évocation d'un monde de grâce et d'harmonie. Les coroplastes d'Alexandrie les rehaussent d'un coloris léger de teintes pastel. Le centre le plus fameux est dans le royaume attalide, à Myrina : les figurines qu'on y produit, peut-être moins raffinées que les « tanagras » du IVᵉ siècle, sont d'une variété presque infinie (fig. 80).

Fig. 80. Tireur d'épine. Statuette de terre cuite trouvée à Priène, IIᵉ siècle. Berlin, Staatliche Museen.

Reste une bimbeloterie d'art, verrerie, médaillons de bronze ou de plâtre, camées, bijoux d'or, de cristal ou de porphyre, véritables « articles d'Alexandrie » (au sens où l'on parle d'articles de Paris), car il semble bien que la capitale des Lagides soit le centre de production de ces menus chefs-d'œuvre, empreints d'une grâce délicate et où la vie se sublime dans un réalisme délicat, parfois caricatural, souvent attendri, au milieu des arabesques d'une dévorante guirlandomanie. Les fouilles de Bégram ont montré qu'ils étaient prisés très loin du monde méditerranéen où on les a retrouvés à profusion, jusqu'au cœur de l'Afghanistan.

Quoi qu'on en ait dit, l'art grec ne renaît pas à l'époque hellénistique – car il n'était point mort – il ne se survit pas non plus – car il innove et se renouvelle dans les voies les plus diverses. Son caractère le plus profond est d'exprimer l'homme, avec ses angoisses, mais aussi son aspiration à un bonheur aimable. Il est peu d'émotions qu'il ne rende, depuis les outrances de la passion jusqu'aux délicatesses de l'idylle. Il n'est guère de sujet qu'il n'aborde : Grecs et Barbares, vieillards et enfants, beauté idéale et difformité et, bien qu'il s'adresse à l'élite des riches, il trouve souvent son inspiration dans le monde des humbles. Il n'est pas de voies qu'il ne tente, depuis le romantisme pergaménien jusqu'au baroque de certains reliefs alexandrins. Il reste bien grec, parce que plus que jamais rien d'humain ne lui demeure étranger.

4. LA FERMENTATION RELIGIEUSE

Pas plus qu'au IVe siècle, la religion traditionnelle ne disparaît. Les Panathénées continuent à gravir l'Acropole, les athlètes à se mesurer dans la lice olympique, Delphes à rendre ses oracles ambigus, les mystes à envahir les parvis d'Éleusis : tous ces sanctuaires resteront d'ailleurs fréquentés bien au-delà de la période hellénistique, jusqu'à la fin du monde antique. Mais l'élan de la foi n'y est plus et les sacrifices publics ne sont plus guère que l'occasion d'un bon repas au milieu de la liesse générale.

Scepticisme et ferveur

Déjà moribonde du fait de la désagrégation interne des cités, la religion poliade s'effondre avec leur écroulement politique. L'homme ne trouve plus à satisfaire ses aspirations vers l'au-delà dans le cadre des *poleis* : la meilleure dévotion ne peut plus être d'accomplir de son mieux son devoir de citoyen. La religion de collective se fait individuelle, comme il est naturel en un temps où partout triomphe l'individualisme.

Cette crise profonde engendre deux attitudes opposées. Beaucoup tombent dans le scepticisme, qui se développe non seulement dans certaines écoles philosophiques, mais aussi, semble-t-il, dans le populaire : comment l'Athénien n'aurait-il pas douté d'Athéna après avoir vu le Poliorcète se proclamer le frère de la déesse et installer son harem dans le Parthénon ? Évhémère (fin du IVe siècle) enseigne que les dieux ne sont que d'anciens grands hommes divinisés pour les services rendus à l'humanité : théorie qui trouvera bien des oreilles favorables en Grèce même et surtout dans la Rome républicaine.

Le culte nouveau de Tyché (la Fortune) est une forme déguisée du scepticisme. Cette déesse n'est en somme que la négation de la providence divine et la personnification du désordre et du fortuit qui semblent seuls désormais gouverner les affaires humaines, au milieu des vicissitudes d'événements chaotiques. Un héros d'une comédie de Ménandre reproche sa crédulité à son interlocuteur : « Penses-tu que les dieux s'occupent à damner ou à sauver les millions d'hommes un par un ? Quelle occupation ! » Nous avons signalé l'importance de la notion de Fortune dans l'histoire de Polybe, qui la concilie d'ailleurs mal avec ses prétentions d'explication rationaliste. Il est plus curieux de constater l'apparition d'une véritable divinité adorée comme telle et capable d'un grand rayonnement (la *Fortuna Primigenia* du sanctuaire italique de Préneste n'est pas sans avoir subi de fortes influences hellénistiques). Même les métropoles ont leur Tyché et nous avons conservé la représentation de la *Tyché d'Antioche*, telle qu'elle est sortie du ciseau d'Eutychidès, disciple de Lysippe : le corps majestueux et souple, le pied posé sur l'Oronte domestiqué, la tête ceinte d'une couronne de tours, la déesse porte sur son visage une gravité sereine et même bienveillante, mais impénétrable.

Mais la ferveur est dans l'ensemble beaucoup plus forte que le scepticisme. Elle éclate dans certaines philosophies comme le stoïcisme, témoin l'admirable *Hymne à Zeus* de Cléanthe, qu'il faudrait pouvoir citer en entier et dont voici au moins l'ultime invocation : « Zeus, dispensateur de tous les biens, dieu des sombres nuées, de l'éclatante foudre, sauve les hommes de leur funeste ignorance, dissipe-la, ô Père, de leurs âmes, donne-leur de trouver la sagesse à laquelle tu obéis et qui te fait gouverner avec justice. »

Elle est plus forte encore dans la masse, écrasée par la crise sociale, heurtée par les vicissitudes d'une histoire tourmentée, arrachée à ses croyances traditionnelles et qui ne peut se consoler qu'en parvenant jusqu'aux sommets de la sagesse. La soif du salut se fait tourment. Elle ne trouve à s'apaiser que dans des cultes émotionnels, voire extatiques, qui procurent au fidèle un contact direct et personnel avec le dieu qu'il a choisi.

Des dieux tout proches : les rois

À première vue, le culte des souverains, hérité d'Alexandre, répond mal à ces aspirations nouvelles et peut passer pour une habile machination de rois qui ont un intérêt évident à se proclamer dieux. Cependant, devant la faillite de la cité, les espoirs se tournent d'un mouvement naturel et spontané vers ces maîtres tout-puissants dont la faveur est infiniment précieuse. L'hymne de Stratoclès en l'honneur de Démétrios Poliorcète exprime exactement des sentiments qui devaient être ceux de beaucoup : « Les autres dieux sont loin ou ils n'ont point d'oreilles, ou ils n'existent pas, ou ils ne prêtent aucune attention à nos besoins ; toi, Démétrios, nous te voyons ici-même, non en bois ou en pierre, mais réellement présent. » Ces dispositions sont ensuite exploitées par les monarques, trop heureux de trouver dans le culte royal une garantie de puissance et de stabilité, souvent aussi un moyen d'imposer une unité spirituelle à la mosaïque de populations constituant leur royaume.

Nous avons déjà insisté sur les origines composites de ce culte, où éléments helléniques et éléments orientaux ont eu leur part. Les cités grecques ne sont pas les moins empressées à l'adoration : ainsi dès 305 Ptolémée Ier reçoit à Rhodes des honneurs divins. Mais les traditions théocratiques de l'Orient accentuent l'évolution et permettent la régularisation et l'universalisation de cultes d'abord isolés et anarchiques. Dans le détail il faudrait introduire bien des nuances, d'autant que le culte d'État est distinct du culte municipal.

Un bon exemple de l'implantation du culte royal est fourni par l'Égypte. Certes il y avait là une tradition millénaire qui faisait du pharaon un dieu, mais il s'agit d'imposer cette croyance aux Grecs qui constituent l'élément le plus dynamique du royaume. Ptolémée II tient cette gageure. À Alexandrie,

Alexandre est honoré à la fois comme dieu et comme héros fondateur de la cité. Philadelphe joint à ce culte celui de son père Soter (Sauveur) et même celui de ses parents sous le nom de Sauveurs. Un pas de plus est franchi avec l'apothéose d'Arsinoé II, sa sœur-épouse : dès son vivant elle se pose en Aphrodite en recevant Adonis dans son palais et en l'installant sur sa propre couche et elle est honorée par Callicratès d'un temple proche d'Alexandrie, consacré à Aphrodite Zéphyritis. Après sa mort, son mari la divinise sous le vocable de Philadelphe : dans les petites villes du plat pays, son culte se répand vite, notamment dans le nome Arsinoïte (Fayoum) qui porte son nom. Il a son siège principal à Crocodilopolis, où elle a comme parèdre un Adonis pour qui on cultive dans un « paradis » les fleurs chères à ce jeune dieu de la végétation. En même temps Ptolémée s'associe vivant à la reine morte et crée un culte des dieux Adelphes (Frères). Le rusé souverain triomphe ainsi de toutes les difficultés et obtient durant sa vie les honneurs divins, exemple qui sera suivi par tous ses successeurs.

Les surnoms des souverains sont caractéristiques du nouvel état d'esprit : Soter (Sauveur), Évergète (Bienfaiteur), Épiphane (qui apparaît, comme un dieu apparaît dans une épiphanie), Théos (Dieu). Les esprits s'habituent si bien à ces étranges confusions entre le divin et le royal qu'à la fin de la période hellénistique on assiste avec Antoine et Cléopâtre à une extraordinaire tentative en vue de constituer un vaste empire théocratique : si Cléopâtre retrouve Antoine à Tarse, c'est Aphrodite qui va festoyer chez Dionysos ; le triumvir prend officiellement le surnom de Nouveau Dionysos et il entre dans Alexandrie couronné de lierre, tenant un thyrse et chaussé de cothurnes, comme Bacchos lui-même ; à la veille de la défaite, on crut même entendre le thiase divin qui abandonnait l'*imperator*, comme pour le laisser à sa seule mesure humaine, lui que le dieu avait habité pendant des années.

Des dieux transcendants

Les cultes royaux, même s'ils correspondent à la mentalité populaire qui fait de l'homme fort un dieu et s'ils servent les intérêts politiques des souverains, ne suffisent pas à combler les aspirations religieuses. Il faut des dieux transcendants.

Certains des dieux du panthéon traditionnel, ceux-là mêmes dont le succès s'était affirmé au IVe siècle, conservent une clientèle achalandée. Vers Asclépios continuent à se porter les regards de tous les malades : dans sa bienveillance foncière, qui éclate dans tant de statues ou de reliefs de l'époque, il compatit aux souffrances et assure la guérison. Les succursales d'Épidaure, notamment Cos et Pergame, se couvrent de somptueux édifices qui témoignent de leur richesse. Ces sanctuaires deviennent d'ailleurs de véritables écoles de médecine, d'autant que les miracles se font rares et que maintenant le dieu guérit le plus souvent grâce aux traitements imposés par ses prêtres-médecins. Il y a donc une certaine rationalisation dans ce culte et l'on s'achemine peu à peu vers l'Épidaure romaine, qui est autant une ville d'eaux qu'un *hiéron* de cure.

De même Dionysos continue à accroître son emprise sur les esprits. La littérature et l'art témoignent de la profondeur du mouvement dionysiaque, qui poursuit d'ailleurs ses conquêtes en Étrurie et à Rome même. L'extase reste la récompense du fidèle qui s'abandonne pleinement à la folie qu'inspire le dieu, mais de plus en plus s'impose une sotériologie dionysiaque qui prêche le salut par l'amour. Certes, tous les fidèles ne comprennent pas la profondeur de la doctrine et beaucoup sans doute s'abandonnent aux facilités d'un mysticisme qui trouve dans l'ivresse sa source première, mais il suffit de regarder les fresques de la villa Item (voir p. 638) pour comprendre ce qu'apportent aux meilleurs les mystères du dieu qui ravit l'âme comme il ravit Ariane, abandonnée sur son sein dans un ineffable bonheur.

Le triomphe de l'Orient

Mais les dieux de l'Orient ont un attrait, fait en partie d'exotisme et de mystère, auquel la Grèce n'avait été que trop sensible depuis 420 et qui va assurer leur triomphe pendant l'époque hellénistique, d'autant plus aisément que les Grecs occupent maintenant les foyers mêmes de leur culte. L'influence de l'Asie antérieure reste considérable, tandis que diminue celle de la Thrace et que s'accentue celle de l'Égypte. Nous laisserons de côté provisoirement le bouddhisme et le brahmanisme, dont nous aurons l'occasion de dire qu'ils ont exercé aussi leur attraction sur les Grecs de la *Diaspora* la plus orientale.

La Phrygienne Cybèle, depuis longtemps hellénisée, gagne chaque jour des adeptes, notamment dans le royaume de Pergame où les Romains vont, un jour de détresse, chercher la pierre noire qu'ils introniseront solennellement à Rome dans un temple sur le Palatin (204). Alexandrie elle-même est conquise et un curieux document du Musée du Caire décèle les étrangers syncrétismes qui unissent à l'ancienne déesse d'Asie une divinité crétoise assistée de démons guerriers, les Courètes, non sans de curieuses références à l'astrolâtrie puisque les planètes y sont aussi représentées. L'élément le plus nouveau du culte est qu'Attis apparaît de plus en plus à côté de sa divine amante, servie par des galles eunuques, zélés imitateurs d'un dieu qui s'était châtré dans sa folie. Les barrières de décence et de raison que l'hellénisme avait opposées pendant des siècles au culte métroaque tombent et Cybèle se montre désormais telle qu'elle était au vrai en Phrygie ou en Crète, une Grande Mère orgiastique, maîtresse de toutes les frénésies. On pourrait en dire autant des divinités syriennes, en particulier de la « déesse syrienne », honorée en des mystères obscènes où s'exalte son caractère résolument naturiste.

Le prestige de l'Égypte est plus grand encore. Les Grecs y sont sensibles au colossal des temples et des tombeaux, à la cohérence d'une spiritualité où cultes, rites et croyances forment un ensemble organique, au message d'immortalité d'une religion ouverte et optimiste. Les cultes indigènes sont encore parfaitement vivants, ainsi qu'en témoigne l'un des plus beaux temples d'époque ptolémaïque, celui d'Edfou : sur des kilomètres d'inscriptions, les prêtres ont réuni de manière systématique la somme de toutes les connaissances sacrées, géographie, astronomie, mythologie et aussi rituel, car les fêtes conservent leur somptuosité, qu'il s'agisse du service quotidien ou des grandes solennités comme celles du couronnement du pharaon, de la victoire ou de la « bonne réunion » (hiérogamie d'Horus et d'Hathor). À Thèbes même, maintenant déchue de tout rôle politique, les grands sanctuaires de la rive droite sont en activité et bien entretenus, encore qu'Amon perde de son crédit au profit d'un autre dieu solaire, Montou-Ré, favorisé de dotations par les souverains.

Presque tous les dieux égyptiens ont leurs fidèles parmi les Grecs, qui se livrent à d'étranges identifications : Hathor la déesse-vache devient Aphrodite et Épet la déesse-hippopotame Déméter ! Amon, Anubis, Horus jouent un rôle important. Mais les cœurs sont surtout touchés par Isis, souvent associée à son époux Osiris. Elle développe un mysticisme modéré, qui cherche la communion avec la déesse non dans la violence de l'orgie, mais dans la conversation quotidienne de la liturgie et dans la quête de l'amélioration morale. Nous possédons plusieurs copies (basse époque hellénistique et époque romaine) d'un *Hymne à Isis* qui remonte certainement à la haute période hellénistique et semble avoir été écrit par un Grec de Memphis, instruit dans la religion égyptienne : c'est une très douce litanie, traduction à peine hellénisée de quelque texte religieux indigène, où le fidèle épanche sa reconnaissance et son adoration pour celle à qui l'humanité doit tant de bienfaits.

Même des formes beaucoup plus élémentaires de la piété égyptienne connaissent grand succès auprès des Grecs, comme la zoolâtrie. Sans parler de l'Apis de Memphis, on connaît bien le sanctuaire gréco-romain d'Hermoupolis, aménagé spécialement pour l'élevage des animaux sacrés, avec des fontaines pour les ibis, des palmeraies pour les babouins et des galeries pour la sépulture des ibis et des babouins dûment momifiés : les pèlerins étaient nombreux à monter rendre hommage à ces animaux, conçus comme « la grande âme du dieu sur la terre ».

La pénétration de ces cultes se fait dans toute la Méditerranée, mais nul exemple n'est plus typique que celui de Délos. Dans l'île où Léto avait donné le jour à Apollon et à Artémis, il semblait qu'il n'y eût point place pour des dieux venus d'ailleurs. Cependant on voit se créer à l'époque hellénistique, à mi-pente du Cynthe, une terrasse presque entièrement réservée aux dieux étrangers, syriens d'un côté, égyptiens de l'autre. La partie nord est consacrée aux dieux d'Hiérapolis en Syrie : Hadad et sa parèdre Atargatis, honorée comme Aphrodite la Sainte. Elle comprend un théâtre sacré, isolé par un portique destiné à garantir de toute vue profane les mystères licencieux qui se célèbrent en l'honneur de la « déesse syrienne ». La partie sud comporte des constructions multiples, dont plusieurs temples dédiés à Isis, à Osiris, à Sarapis et à Anubis. Fait notable : il n'est pas jusqu'aux Romains qui n'introduisent à Délos certains de leurs usages religieux, en particulier celui du laraire.

Naissance et amalgames de dieux

Parfois les Grecs ne se contentent pas d'adopter telles quelles des divinités au puissant potentiel mystique et il se forme d'étranges syncrétismes. Dans un cas privilégié on assiste à la création – au sens le plus plein du terme – d'un type divin mixte. Ptolémée Ier, désireux d'imposer à ses sujets grecs et égyptiens un dieu qu'ils puissent honorer en commun, confie à une commission de théologiens, où Manéthon joue un grand rôle, le soin d'élaborer cette nouvelle déité. C'est Sarapis, héritier à la fois d'Osiris-Apis, dieu funéraire égyptien de Memphis, et de divinités grecques, philanthropes comme Zeus ou Asclépios, et mystique comme Dionysos, que déjà Hérodote identifiait avec Osiris. Une statue de Bryaxis, transportée à Alexandrie sur l'ordre du roi, fixe son image sous les traits d'un homme d'âge mûr, avec une grande barbe, la tête ceinte du *modius*, le visage empreint d'une bienveillance infinie.

Le culte, né à Memphis, se répand à Alexandrie, où Ptolémée III remplace par un vaste sanctuaire le petit Sarapieion édifié par le fondateur de la dynastie. On y voit le syncrétisme délibérément voulu par Soter. La décoration sculptée est grecque, faite de motifs dionysiaques. Les plaques de fondation célèbrent en grec « le roi Ptolémée fils des dieux adelphes » et en égyptien « le roi du Sud et du Nord, choisi par Amon, fils de Ra, Ptolémée éternellement vivant, aimé de Ptah ». Peu à peu Sarapis se répand dans tout le bassin méditerranéen : Délos en particulier possède trois Sarapieia, dont deux d'ailleurs fort modestes, ce qui montre son succès dans les classes les plus humbles. Étrange destinée que celle d'un dieu qui naquit de la volonté du premier des Lagides et de la subtilité de ses théologiens et qu'ils réussirent à imposer à l'adoration des Égyptiens, puis du monde entier !

D'autres synthèses sont plus spontanées. Ainsi Zeus Hypsistos (Très-Haut), qui est parfois honoré seulement sous le nom d'Hypsistos, unit à des caractères grecs ou asiatiques de dieu des cimes des traits manifestement hébraïques : il suffit du double sens de son épithète pour que s'autorise cette fusion. Aux abords de l'ère chrétienne ce Zeus tend à se substituer à tous les dieux mâles du panthéon hellénique et à devenir un dieu unique, sous l'influence conjuguée du monothéisme juif et de celui vers lequel s'oriente la conscience grecque (fig. 81).

Plus curieux encore le cas du couple sémitique d'Aphrodite et d'Adonis, depuis longtemps intronisé dans le panthéon grec et qui s'introduit en Égypte par assimilation avec Isis et Osiris. Dès le début du IIIᵉ siècle apparaissent à Alexandrie des dédicaces à Aphrodite-Isis et, partout où s'installe Aphrodite, profitant de l'immense popularité d'Isis, s'installe aussi son amant Adonis, identifié avec Osiris, le dieu bienveillant des souterrains séjours et de la vie surnaturelle. Les *Syracusaines* de Théocrite montrent le peuple d'Alexandrie se pressant au palais pour y contempler, dans sa radieuse beauté que la certitude de la mort proche rend plus pathétique encore, son jeune dieu, « Adonis le trois fois aimé », pour qui les femmes surtout ont une admiration passionnée et passionnelle. Un document beaucoup plus modeste, le livre de comptes d'un sectateur d'Adonis, permet indirectement de reconstituer les Adonies célébrées à la campagne par un petit Grec : après le bain de purification et la tonsure rituelle, empruntée à la liturgie isiaque, c'est le jour d'allégresse de l'hiérogamie, fêtée par de plantureuses agapes, puis la journée de deuil et d'abstinence, commémoration des funérailles du dieu, puis celle des mystères où l'on joue la pantomime sacrée de la résurrection.

Fig. 81. *Ex-voto* à Zeus Très-Haut, provenant d'Athènes. L'inscription du sein votif porte : « Eutychia au Très-Haut en exécution d'un vœu ». Ier siècle avant J.-C. Berlin Staatliche Museen.

Partout on constate de pareils syncrétismes. L'*Hymne à Isis* déjà cité l'identifie avec Déméter. Une dédicace de Délos est faite à une Isis Soteira (Salvatrice) Astarté Aphrodite, donc une déesse du salut à la fois grecque, sémitique et égyptienne. Une aspiration confuse au monothéisme tend à réunir dans la personne d'Isis toutes les déesses de la Méditerranée orientale. Le temps n'est plus très loin où Apulée, dans l'admirable invocation du livre 11 des *Métamorphoses*, la présentera comme une puissance universelle honorée sous les vocables les plus divers.

Hermétisme et magie

De nouvelles spéculations se développent : l'astrologie, l'alchimie. Nulle n'est plus importante que l'hermétisme qui tire son nom d'Hermès, équivalent hellénique du Thot égyptien, dieu bienveillant, inventeur de l'écriture hiéroglyphique et dispensateur de toutes les sciences sacrées, qui mesure le temps et écrit le destin, sait prononcer les invocations sur le ton voulu et, pour les théologiens d'Hermoupolis, est même le créateur du monde grâce à son Verbe démiurgique. Dans les traités hermétiques, qui sont d'ailleurs d'époque romaine, mais dérivent de textes hellénistiques, les spécialistes ne s'accordent pas toujours sur ce qui est égyptien, grec, voire iranien. La part des antiques spéculations indigènes est en tout cas considérable : « Les Grecs, déclare Asclépios dans un de ces livres *(Corpus hermeticum*, 16, 2), n'ont que des discours vides, bons à produire des démonstrations, et c'est là en effet toute la philosophie des Grecs, un bruit de mots. Quant à nous, Égyptiens, nous n'usons pas de simples mots, mais de sons tout remplis d'efficace. »

La pensée hermétique procède en effet par révélations, non par cheminement discursif. C'est un effort total pour mettre en jeu les forces divines destinées à conserver à l'univers sa force et sa stabilité. L'intelligence ne s'y sépare pas de l'action, car seuls les rites peuvent donner leur régularité aux phénomènes : ainsi le retour régulier de la lune est assuré par le sacrifice de l'antilope, ennemie de la lune. Le roi a pour rôle d'exécuter les rites stabilisateurs du *cosmos* : il est « le maître de la parole qui fait la paix ».

L'apport égyptien est donc considérable dans l'hermétisme, mais il est non moins certain que la pensée égyptienne a été repensée en termes grecs. Ainsi dans la théorie trinitaire du dieu solaire Atoum, créateur de deux dieux qui restent un avec lui qui est le Tout, il y a transcription en langage philosophique d'anciennes croyances indigènes.

Le développement de la magie, qui se pose alors dans le monde grec comme une discipline autonome, à l'instar de ce qu'elle était depuis des millénaires en Orient, ne témoigne pas moins d'influences orientales. Les *Magiciennes* de Théocrite nous mettent au fait d'étranges pratiques visant à récupérer un bien-aimé volage. Les amulettes se multiplient dans les tombes. Les papyrus magiques montrent que la magie aboutit à la possession du magicien par un dieu ou un démon qui vient établir en lui sa demeure : bien au-delà des rites, des formules, des invocations, des envoûtements, elle devient une fortune du mysticisme.

Un bon témoignage des puissances que sent en lui le magicien habité par le démon est fourni par ce texte, qui est d'ailleurs loin d'être isolé : « Que ton nom et ton fluide m'apportent de bonnes choses ! Entre dans mon intelligence et dans mes pensées pour tout le temps de ma vie et accomplis pour moi tous les souhaits de mon âme. Car toi tu es moi et moi je suis toi. Ce que je commande toujours doit arriver. Car je possède ton nom en guise de phylactère dans mon cœur et nulle chair se mouvant contre moi ne pourra me dominer, nul esprit ne me résistera, à cause de ton nom à toi que je possède dans mon cœur et que j'invoque. Lie les yeux de ceux qui me résistent, de tous et de toutes, et quant à moi donne-moi de réussir en tout ce que j'entreprends. »

Des fraternités nouvelles

Les adeptes des dieux nouveaux se groupent en communautés culturelles. Alors que, pour les divinités poliades, le cadre du culte était, par définition, la cité, on a ici affaire à des associations privées, véritables confréries, où les fidèles se retrouvent côte à côte, parce qu'ils ont choisi librement d'adorer un même dieu.

Grecs et Barbares, citoyens et étrangers s'y coudoient. Bien que les esclaves se groupent parfois entre eux (comme les Compétaliastes de Délos), la plupart des confréries reçoivent à la fois hommes libres et esclaves. Femmes et hommes y sont à égalité et même les enfants sont admis comme enfants de chœur. On imagine le puissant ferment d'unification sociale qu'elles représentent : au monde classique, où l'opposition entre Grec et Barbare ou entre citoyen et esclave est absolue, où la femme est passablement méprisée, succède un monde nouveau où les antagonismes s'effacent, où tous les hommes se sentent frères puisqu'ils aiment un même dieu et attendent de lui le même salut.

Il y a différentes sortes de confréries. Les orgéons, vieux de plusieurs siècles, adorent des héros protecteurs, mais ils disparaissent assez vite. Ils sont supplantés par les thiases, groupements assurant le culte d'un dieu sauveur et dont nous avons signalé la création à la fin du Vᵉ siècle. Les *éranoi* sont des sociétés par cotisation qui apparaissent au IIIᵉ siècle, d'une organisation plus complexe et moins religieuse que les thiases. Nous connaissons assez bien, grâce à de nombreuses inscriptions, la vie de plusieurs de ces associations, qui jouent un rôle de plus en plus important dans l'existence quotidienne. Ainsi les thiases de technites (artistes) dionysiaques sont des compagnies d'acteurs, souvent chargés par les souverains d'organiser fêtes et processions : les plus fameux sont celui « des artistes de l'Isthme et de Némée » et celui « des artistes sous l'invocation de Dionysos en Ionie et dans l'Hellespont » qui exerce son activité dans toute l'Anatolie et auquel les Attalides accordent leur patronage.

Mais peu importent les distinctions. Partout l'esprit est le même : les participants sont des frères, qui se réunissent pour prier, accomplir les liturgies, ou banqueter, et que la mort ne sépare pas, puisque l'association a souvent son propre cimetière. Ils sont unis parce qu'ils ont choisi librement un même dieu. L'union des cœurs est fortifiée par la participation aux mêmes cérémonies, à la même initiation, qui est souvent un baptême d'eau ou de sang, aux mêmes jeûnes, aux mêmes rites qui, telle la *catabasis* (descente dans la terre), symbolisent l'espoir d'une autre vie, surtout au même message de salut. Comme le dit excellemment le R. P. Festugière, il suffit de changer le nom du dieu dans la phrase de l'*Épître aux Galates* (3, 28) pour avoir la définition de toutes ces communautés : « Il n'y a plus désormais ni Juif ni Grec. Il n'y a plus d'esclave ni d'homme libre. Il n'y a plus d'homme ni de femme. Vous êtes tous un dans le Christ Jésus. »

Ainsi l'inquiétude fondamentale de l'époque, que la raison philosophique dissipe pour les meilleurs, trouve son remède pour les humbles dans les espoirs que leur ouvrent des doctrines de salut. C'est cette religion si fervente et si vivante qui va être empruntée par Rome, une religion où la part de l'Orient ne doit pas être minimisée à côté de celle de l'élément hellénique.

C'est aussi dans ce monde que naîtra une autre religion orientale, religion à mystères elle aussi, religion de salut elle aussi, qui va lentement s'imposer : le christianisme. Bien que ses racines judaïques soient évidentes, c'est dans la religion hellénistique qu'il trouve sa préparation psychologique : la trinité, la possibilité d'un trait d'union entre nature divine et nature humaine, la mère du Sauveur, le culte des saints sont des dogmes dont l'équivalent direct se trouve dans les royaumes hellénisés d'Orient, alors qu'ils sont profondément étrangers au judaïsme. Au reste l'essentiel est peut-être que, comme les mysticismes d'Égypte ou d'Asie, il enseigne l'amour et non la crainte du Seigneur.

Dans la confrontation de la Grèce et de l'Orient qu'a entraînée la conquête d'Alexandre, il est difficile de mesurer ce que l'Orient a fourni à la civilisation hellénistique : pour ainsi dire rien dans la littérature et dans la science, un peu plus dans l'art et dans la philosophie, presque tout dans la religion.

D'une manière générale, tout ce qui est coulé dans le moule de la langue est peu sensible à l'influence orientale, mais les aspirations du cœur trouvent souvent à se satisfaire par l'adhésion aux croyances et aux rites séduisants et mystérieux de l'Orient. S'il est malade, le Grec d'Égypte s'adressera d'abord à un médecin grec, qui utilisera une méthode de diagnostic, un traitement, une pharmacopée presque exclusivement helléniques. Mais, s'il désespère de recouvrer la santé, il montera volontiers au-dessus de Thèbes dans la montagne aux tombeaux pour demander la guérison à Aménhotep fils de Hapou, « dieu très bon » comme le disent les *graffiti*, presque tous rédigés en grec.

CHAPITRE 4

Au-delà des frontières politiques

L'extension de l'*oicouméné* est peut-être le phénomène le plus marquant de l'époque. Il est net en Occident comme en Orient et n'est donc pas uniquement lié à la conquête d'Alexandre. Il affecte aussi bien des terres de civilisation déjà ancienne comme Carthage ou l'Inde que des pays encore barbares comme la Scythie, la Gaule ou l'Ibérie. Partout le monde s'ouvre largement à l'hellénisme : avec les relations commerciales, l'art, la pensée, la religion, les modes de vie grecs se répandent au loin, faisant lever les civilisations les plus diverses comme le levain la pâte.

On peut, en gros, distinguer deux modes différents dans cette transformation générale. Tantôt c'est le schéma, bien connu depuis l'archaïsme, de l'hellénisation grâce à des colonies implantées en terre barbare : ainsi sans Marseille l'Occident gaulois, ligure ou ibère n'eût pas été ce qu'il fut. Tantôt ce sont des relations commerciales de longue portée (plusieurs milliers de km dans le cas des rapports entre Méditerranée et Inde ou Chine) qui mettent en contact des mondes qui s'ignoraient.

1. L'EUROPE BARBARE

De l'Oural au détroit de Gibraltar, en dehors de la bordure méditerranéenne, l'Europe, où les Indo-Européens ont presque partout éliminé les populations antérieures, continue à mener une vie patriarcale, malgré d'incontestables progrès matériels, et en particulier la diffusion générale de la métallurgie du fer. Presque partout c'est l'antique système colonial qui permet aux Grecs d'y écouler leurs produits, tout en se ravitaillant en denrées alimentaires ou en matières premières, et partant à l'hellénisme de s'y imposer peu à peu, au moins dans les régions les plus proches de la Méditerranée et de la mer Noire.

Les colonies de la Pontide septentrionale

L'hellénisme reste solidement implanté sur le Pont, malgré les migrations de nouvelles tribus iraniennes, les Sarmates, qui, venant des steppes asiatiques et de la région entre Oural et Don, remplacent les Scythes aux IIIᵉ et IIᵉ siècles sur le littoral nord. Les Scythes se trouvent alors confinés en Crimée, autour de leur récente capitale de Néapolis, et sur les cours inférieurs du Dniepr et du Boug.

Une cité au moins subit gravement le contrecoup de ces vastes mouvements : Olbia qui, assiégée à plusieurs reprises, doit payer de lourds tributs et tombe au IIIᵉ siècle sous la coupe des Scythes, avant d'être détruite par les Gètes vers 50. La situation est d'abord moins troublée en Crimée. Une nouvelle Tanaïs s'installe au IIᵉ siècle sur l'abrupte rive droite de l'embouchure du Don. Toutes les villes s'enrichissent de magnifiques demeures, beaucoup plus vastes que celles du passé : à Chersonésos une maison hellénistique comporte un bain décoré d'une mosaïque, due sans doute à un artiste local, qui représente deux jeunes beautés nues de part et d'autre d'une vasque où se mire un oiseau (fig. 82). Cependant la menace des Barbares s'accentue peu à peu. Mithridate Eupator, qui unit sous son autorité les royaumes du Pont et du Bosphore (voir p. 552), réprime une grave révolte des esclaves scythes et vole au secours de Chersonésos, attaquée par les Scythes, et qui devra bientôt renoncer à son indépendance et se laisser intégrer dans le royaume. Son suicide en 63 marque le point de départ d'une irrémédiable décadence.

La prospérité générale demeure fondée sur l'exportation du blé, pourtant concurrencé de plus en plus par le blé égyptien, et du poisson salé. On connaît pour cette époque de grosses installations agricoles, tel ce domaine du IIIᵉ siècle à

Chersonésos, entouré de puissantes murailles quadrangulaires. Les pêcheries s'organisent sur un plan industriel. Les fabriques de céramique et les tuileries, de vraies usines elles aussi, continuent une grosse production. Une nouveauté intéressante est représentée par l'extension de la viticulture, en apparence paradoxale dans ces contrées nordiques, dans toute la banlieue de Panticapée : à Myrmécion on a retrouvé une grande propriété où les pressoirs et les cuves à moût se multiplient autour de la maison du maître, somptueusement décorée ; à Tiritaca, ce sont des citernes pouvant contenir 5 000 litres de jus de raisin.

Fig. 82. Femmes au bain. Mosaïque hellénistique retrouvée à Chersonésos (Crimée), IIe siècle.

Le négoce, toujours intense, change derechef de direction : avec le déclin d'Athènes, il intéresse plutôt l'Asie Mineure, Rhodes et Alexandrie. Son principe reste celui du commerce colonial des siècles antérieurs : échange de denrées surtout alimentaires contre des objets de luxe et du vin. Cependant l'ouverture plus large de l'*oicouméné* fait de la Pontide septentrionale le point d'aboutissement de routes fort lointaines. Nous verrons qu'une longue piste venant de Chine par la Mongolie débouche à Olbia. D'autre part les liaisons aisées avec le grand Nord par la plaine russe s'intensifient. Des trouvailles d'os et de bois de renne à Olbia sont caractéristiques de cette extension du trafic. On signale un ours polaire à Alexandrie. Dans l'atelier d'un toreuticien de Memphis on a retrouvé un relief de plâtre représentant une femme, vêtue d'une longue pelisse, qui trait la femelle d'un renne, à côté d'un renne debout et de deux chiens assis : évocation pittoresque, bien dans le goût alexandrin, de la vie dans l'extrême Septentrion.

L'hellénisme de la Pontide reste certes pâle à côté de celui de la Méditerranée et c'est à peine si parmi les enfants du pays on peut citer le Cynique Bion de Borysthénès ou le Stoïcien Sphairos, conseiller de Cléomène. Il se laisse même parfois contaminer par les indigènes, qui sont de plus en plus nombreux à venir s'installer dans les cités grecques : dans la petite ville de Citée, une inscription du IIIe siècle mentionne un temple dédié à une divinité anonyme, le « dieu tonnant ».

L'hellénisation des Scythes

Parmi les transformations profondes du monde scythe, dues à un long contact avec l'hellénisme, aucune n'est plus importante que l'urbanisation. Les Scythes tendent à renoncer à la vie nomade et à se fixer dans des agglomérations. Au IIe siècle ils bâtissent une nouvelle capitale, Néapolis (près de Simféropol), selon le modèle grec. À l'intérieur des remparts, qui restent dans la tradition scythique, on a retrouvé un portique dorique de type hellénistique en appareil isodome, des maisons décorées de fresques, des sculptures, des inscriptions grecques. Non loin de l'enceinte se dressait le mausolée d'une grande famille aristocratique (IIe siècle), de construction assez grossière, mais les tombeaux en surface étaient inconnus jusque-là en Scythie. En même temps la puissance royale s'affirme, ce qui est visible dans l'apparition de la monnaie, frappée à Callatis dès le milieu du IVe siècle par le puissant monarque Atée (fig. 83).

De fait l'hellénisme s'insinue profondément à l'intérieur du pays. Les trouvailles grecques se font plus nombreuses : monnaies (de Panticapée surtout) et vases, principalement des amphores vinaires qui portent les timbres de Sinope, mais aussi de Thasos et de Rhodes. Une évolution irréversible arrache l'art à la stylisation végétale et animale pour l'amener à la représentation humaine. Les pommeaux des tombes sont couronnés non plus d'oiseaux ou de griffons, mais de l'image de la Grande Déesse, comme dans le tumulus d'Alexandropol (début du IIIe siècle). Sur de nombreuses plaques d'or placées dans les sépultures on voit la déesse assise, un miroir à la main, devant un homme au rhyton, ou l'aïeule anguipède des Scythes. Sur les armes d'apparat, les carquois en particulier, les animaux cèdent la place à de véritables scènes empruntées à la vie d'Achille, non sans de curieuses particularités locales (l'éducation du héros apprenant à tirer de l'arc doit être une concession aux coutumes indigènes). On ne peut s'empêcher de penser que cette transformation artistique va de pair avec une évolution religieuse vers l'anthropomorphisme.

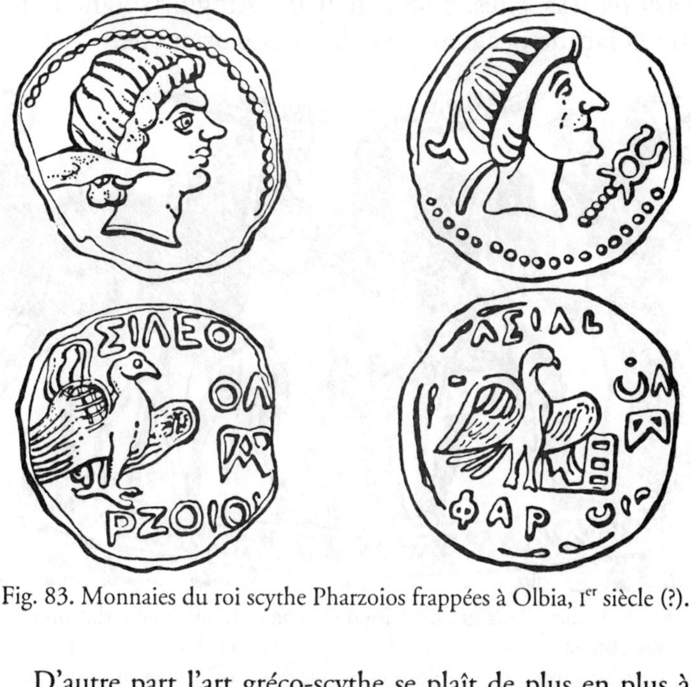

Fig. 83. Monnaies du roi scythe Pharzoios frappées à Olbia, Ier siècle (?).

D'autre part l'art gréco-scythe se plaît de plus en plus à la représentation de scènes typiquement locales : batailles, élevage du cheval, héros tirant de l'arc, luttant ou buvant dans un rhyton, poursuite d'un lièvre par un cavalier. Il faudrait se garder d'y voir seulement des reliefs pittoresques, s'essayant à rendre avec couleur locale la vie ardente de la steppe, encore que les artistes grecs qui ont conçu les premiers cartons aient incontestablement travaillé dans cet esprit caractéristique de l'époque hellénistique. On a de sérieuses raisons de penser que pour les Scythes elles illustrent de vieilles sagas chantant les hauts faits antiques de la race.

La région balkano-danubienne

La région balkano-danubienne est habitée à l'est par les Thraces, à l'ouest par les Illyriens, au nord par les Gètes et les Daces. Sa grande proximité par rapport à la Grèce y avait depuis longtemps facilité l'expansion commerciale et culturelle de l'hellénisme, qui se développe encore à l'époque hellénistique, malgré le bouleversement occasionné par les invasions des Celtes. Encore faut-il distinguer soigneusement entre la façade occidentale et la façade orientale.

Fig. 84. Fragment de la grande frise de la chambre mortuaire du tombeau de Kazanlik (Bulgarie). IVe-IIIe siècle, frise représentant le banquet funèbre d'héroïsation. Servante portant des bijoux et esclave retenant les chevaux d'un quadrige.

L'Illyrie reste assez peu perméable. Certes les colonies grecques de la côte, Épidamne et Apollonie, continuent à se développer mais elles sont séparées de l'hinterland par des barrières montagneuses. Les influences italiques et celtiques s'y affirment fortement : il est vrai qu'elles diffusent pour ainsi dire un hellénisme déjà assimilé. Les objets grecs y sont rares, sauf peut-être les vases apuliens.

Tout autre est la situation dans la partie orientale. Les colonies grecques des deux côtes thraces ont un puissant rayonnement. L'Hèbre et les vallées du Vardar et de la Morava permettent une diffusion des objets d'art et des modes de vie. En outre les Thraces sont beaucoup plus civilisés que les Illyriens et même que les Géto-Daces, ce qui les met plus à même de goûter l'hellénisme, et l'influence des Scythes, qui reste grande parmi eux, aide encore à son extension.

C'est donc en pays thrace que l'on trouve les documents grecs les plus remarquables. Aucun ne l'est peut-être davantage que le tombeau à coupole de Kazanlik (Bulgarie) de la fin du IVe ou du début du IIIe siècle (fig. 84). Le vestibule et la chambre mortuaire sont décorés de fresques d'une exceptionnelle fraîcheur. La principale représente un banquet funéraire : le défunt, un chef odryse sans doute, est assis, couronné d'or, devant une table ; il tient la main de son épouse, tandis que des serviteurs s'affairent, portant des fruits ou des bijoux et essayant de retenir des chevaux piaffant. Il n'est pas douteux que l'œuvre, d'un réalisme vigoureux, soit due à des artistes grecs, et plus probablement anatoliens, mais plusieurs détails montrent, en particulier dans la construction de la coupole, qu'ils ont su s'adapter aux traditions locales. De la même époque (fin du IVe siècle) date le trésor de Panaguritchté (près de l'ancienne Philippopolis), composé de 9 vases pesant ensemble plus de 6 kg d'or fin : magnifique service qui n'a pu être exécuté – par des Grecs – que pour les somptueuses beuveries d'un prince (fig. 85).

Plus notable encore que ces objets d'importation, l'art gréco-thrace qui se développe alors. Sur la rive gauche du Tonzos (auj. Toundja), Seuthès III construit à la fin du IVe siècle une nouvelle capitale, Seuthopolis, dont les remparts enserrent 5 ha. Le palais royal, entouré d'une enceinte spéciale, est un vaste bâtiment de 40 m de façade, avec une grande salle décorée d'incrustations polychromes. Les maisons s'ordonnent autour d'une cour et comportent souvent des terrasses soutenues par des colonnes de bois. Le plan d'ensemble est hippodamien et il y a un service de distribution d'eau dans chaque demeure. On y a retrouvé en grand nombre des vases, locaux ou grecs : parmi ces derniers les amphores vinaires de Thasos sont nombreuses. La ville fut d'ailleurs ruinée dès la fin du IIIe siècle. Plus tardives sont les grandes forteresses daces dont les découvertes se multiplient en Transylvanie.

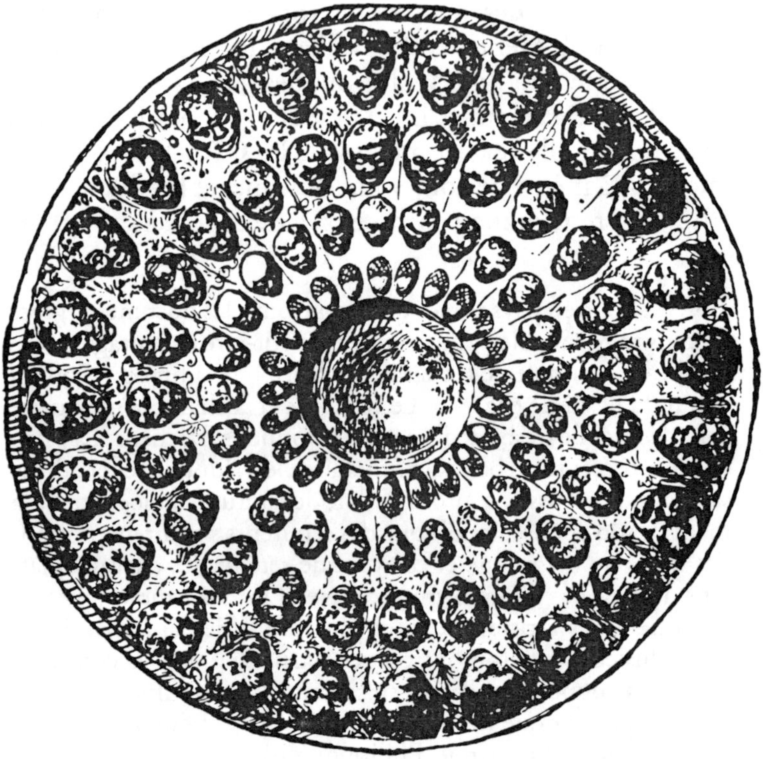

Fig. 85. Phiale en or, fin du IVe siècle. Cette phiale (diamètre 0,25 m, poids 0,85 kg) est décorée d'ornements au repoussé en cercles concentriques autour d'un *umbo* central : rosaces, glands, trois rangs de têtes négroïdes. Entre les motifs, des fleurs de lotus et des palmettes. Elle devait servir de plateau à un service à boire. Trésor de Panagurichté (Bulgarie). Plovdiv, Musée archéologique.

Les arts mineurs des Thraces et des Géto-Daces ne montrent pas moins l'influence hellénique : vases métalliques, argenterie, bijoux, armes d'apparat, céramique de luxe. Partout on frappe monnaie, à l'imitation d'abord des statères de Philippe et d'Alexandre, puis des tétradrachmes de Thasos.

C'est enfin aux Grecs que les Thraces empruntent une représentation anthropomorphe de leur divinité principale, le Héros figuré sous les traits d'un cavalier. Bien que la plupart des exemplaires, innombrables, ne datent que de l'époque romaine, il est certain que la genèse du type remonte à la période hellénistique. La religion s'hellénise d'ailleurs et l'on constate de curieuses synthèses, entre le Héros et Apollon ou Asclépios, entre Bendis la chasseresse et Artémis ou Hécate.

Le monde celtique

Dès le Vᵉ siècle, l'Occident est à peu près entièrement celtisé, mais le dynamisme turbulent des Celtes les entraîne aussitôt vers d'autres conquêtes. Au début du IVᵉ ils occupent l'Italie padane, y créant une nouvelle Gaule. La Gaule méridionale reçoit de nouveaux immigrants au IVᵉ et au IIIᵉ, les îles Britanniques et l'Espagne au IIIᵉ. D'autres s'installent dans la vallée danubienne et jusqu'en Illyrie et en Thrace. Les bandes de Galates saccagent la Grèce au IIIᵉ, avant de s'infléchir en Asie Mineure, où beaucoup se fixent définitivement en Galatie. À partir de 250, c'est au tour des Belges de conquérir tout le nord de la France et une partie de la Grande-Bretagne. À la fin de cette expansion, la Celtique comprend l'Allemagne jusqu'à l'Elbe, toute l'Europe moyenne de part et d'autre du Danube, les îles Britanniques, la France, l'Italie septentrionale, l'Espagne et le Portugal. La Scandinavie elle-même est toute pénétrée d'influences celtiques, dues en particulier aux importations d'œuvres d'art. Aucun peuple dans l'Europe indépendante n'est aussi puissant.

Dès le premier âge du Fer (époque de Hallstatt), la civilisation celtique s'était imprégnée profondément d'hellénisme, grâce à des relations établies depuis la Grèce par la voie danubienne, depuis l'Italie par les cols alpins, depuis Marseille par la vallée du Rhône. Le mouvement continue au second âge du Fer (époque de La Tène), surtout pendant les deux premières périodes (La Tène I : 450-250 et La Tène II : 250-100), où le monde celtique atteint son apogée. Un certain déclin se marque à La Tène III (Iᵉʳ siècle). Les voies de pénétration restent les mêmes, mais l'expansion gauloise vers le sud rend les contacts beaucoup plus aisés et féconds. Au reste la Celtique occidentale s'oriente de plus en plus vers la Méditerranée, et le sillon rhodanien, grande route de l'étain, retrouve son importance de la période archaïque.

De ce commerce témoignent d'abord les objets grecs, qui restent nombreux dans le monde celtique. Les Marseillais y importent aussi en abondance le corail rouge, originaire des îles d'Hyères, dont l'art gaulois fait un grand usage. Les monnaies grecques, surtout les pièces de Marseille, se retrouvent partout en Gaule, sauf à l'ouest d'une ligne qui va de la Normandie occidentale à l'embouchure de la Gironde, ce qui ne veut pas dire d'ailleurs que le négoce marseillais pénètre *directement* dans toute la Gaule, les frappes marseillaises servant souvent pour le trafic des Gaulois entre eux. Certaines traditions curieuses, montrant la diffusion lointaine de l'hellénisme, doivent remonter à cette époque : ainsi Tacite attribue à Ulysse la fondation d'Asciburgium (Eschenburg, au confluent de la Ruhr et du Rhin, centre important sur la route de l'ambre et de l'étain).

Nul domaine n'est plus touché que l'art. Certes les Celtes continuent à représenter rarement la figure humaine et les quelques œuvres de ronde-bosse qui sont parvenues jusqu'à nous sont peu marquées par l'hellénisme. Mais l'art décoratif produit des pièces excellentes, armes d'apparat, bijoux d'or, de corail, d'émail et de bronze, vases d'airain, vaisselle de terre. On y voit utilisés des motifs grecs, notamment feuilles, palmettes et rinceaux, qui peu à peu se transforment en s'enrichissant de dessins curvilignes assez extravagants. Les spires remplacent les feuilles des palmettes. Les rinceaux deviennent spirale double. Le décor végétal se mue, par le jeu d'une fantaisie allègre, amie de la courbe, de l'asymétrie, du géométrisme abstrait.

Avec les échanges se développe l'économie monétaire, elle aussi empruntée à la Grèce dans la région balkano-danubienne. Elle se répand largement dans toute la Celtique, depuis la Hongrie jusqu'en Grande-Bretagne. Dès le IIIe siècle, les Arvernes imitent les monnaies de Philippe. Vers la fin du IIe siècle, d'autres peuples frappent l'or et l'argent, mais c'est seulement au Ier que les émissions (or, argent, puis bronze) se généralisent. De brèves inscriptions, en caractères grecs ou latins, apparaissent, noms de peuples, de magistrats ou de rois. Mais avec le temps et la diffusion spatiale, les prototypes grecs qui ne sont plus compris se simplifient, suivant les tendances de l'art celtique qui fuit le naturalisme. Les éléments se dissocient : par exemple le corps et les jambes d'un cheval sont représentés séparément. Il y a aussi une adaptation aux croyances indigènes, visible dans la présence de nombreux symboles mythologiques. On en arrive à d'étranges déformations, notamment en Armorique, où des motifs fantasmagoriques correspondent peut-être à des mythes celtiques que l'on retrouve dans les épopées irlandaises du Moyen Âge. Aucun des innombrables peuples barbares qui ont copié les pièces helléniques ne l'a fait avec autant de liberté, de fantaisie, de dédain de la beauté classique.

De fait, il faut bien marquer les limites de l'hellénisme dans le monde celtique. Séduits par les chefs d'œuvre grecs, les Gaulois les imitent, mais leur adaptation est très libre et elle va toujours dans le sens de leur génie propre, hérité du géométrisme abstrait de l'Europe primitive. D'ailleurs leur esprit très souple est en même temps sensible à bien d'autres influences, parfois fort lointaines : motifs stylisés des Scythes, animaux héraldiques de l'Iran. Les apports étrusques ne sont pas moins considérables : c'est à leur contact que les Gaulois de Cisalpine, puis ceux de Gaule, se mettent à construire des *oppida*. Il est vrai que, au moins dans le domaine artistique, l'Étrurie transmet un message grec déjà assimilé.

Ce n'est que dans les régions les plus voisines de la Méditerranée, sous l'influence proche de Marseille et de ses colonies, dans des régions où le celtisme, abâtardi par le contact avec des populations antérieures comme les Ligures ou les Ibères, était moins pur, que les Celtes vont se pénétrer d'un hellénisme profond.

Marseille hellénistique

Marseille reste puissante. Pendant la seconde guerre punique, elle est la plus fidèle alliée de Rome, avec qui ses relations étaient excellentes depuis fort longtemps. Au IIe siècle Rome la récompense en envoyant ses troupes pour la défendre contre les Celto-Ligures et en la dotant d'un vaste territoire, pris sur ses ennemis le long du littoral, alors que jusque-là elle n'avait disposé que d'une banlieue très étroite.

Il faudra son mauvais choix dans le conflit entre César et Pompée pour qu'elle perde sa liberté en 49 et soit annexée à l'Empire.

Sa constitution est aristocratique, avec un conseil de 600 timouques et deux délégations plus restreintes de 15 et 3 membres. Un trait marquant est l'absence d'assemblée du peuple. Mais il n'y a pas de crise sociale, parce que les riches ne sont pas de grands propriétaires fonciers. Les mœurs restent d'une sévérité antique, dans une ville toujours sur le qui-vive à cause de la menace barbare et dont l'organisation militaire est rigoureuse. Les spectacles de mime sont interdits, ainsi que les cultes orientaux et les dots dépassant 100 pièces d'or. On y a gardé les coutumes d'autrefois, par attachement forcené à un hellénisme souvent en danger : le long vêtement traînant à l'ionienne y est demeuré à la mode, d'où de bien injustes accusations contre les mœurs des Marseillais. Il y règne en réalité une gravité austère, assez étonnante dans ce grand port.

Les cultes essentiels restent ceux d'Apollon, de l'Artémis d'Éphèse, d'Athéna, mais on y a retrouvé aussi une statuette d'Hécate et, dans une grotte voisine, de petits vases en grande abondance, sans doute offerts à une Nymphe des montagnes. On y aime les contes, dont l'un a peut-être survécu dans le *Toxaris* de Lucien. Les représentations dramatiques y sont en honneur, puisqu'on y élève un théâtre. Les techniques y fleurissent, notamment la construction de navires et de machines de guerre : les lieutenants de César auront fort à se plaindre des catapultes marseillaises. L'école de médecine sera fameuse jusqu'en pleine époque romaine. Mais les arts demeurent le point faible : Strabon n'y admire aucune construction, sinon les remparts ; Vitruve déclare que les maisons sont couvertes de torchis ; les *ex-voto* sont fort grossiers et les vases qu'on y cuit, de la vaisselle vulgaire.

L'économie prend un vif essor. La ville s'agrandit et reçoit une nouvelle enceinte. Le monnayage est abondant, stable, de bon aloi depuis la dévaluation du IVe siècle : ce sont des pièces d'argent ou de bronze aux types d'Apollon, d'Artémis, d'Athéna, où se reconnaît l'habileté des graveurs siciliens. Les relations avec la Campanie et Rome s'intensifient, mais Marseille n'est pas coupée du monde grec traditionnel. Dans les listes de proxènes ou de théorodoques de Delphes figurent plusieurs Marseillais. Le peuple de Délos vote un décret honorifique pour un citoyen, Léon. Lampsaque, une cité-sœur puisqu'elle aussi fondation phocéenne, lui envoie une ambassade pour solliciter son appui diplomatique, quand elle veut obtenir le secours de Rome contre Antiochos III. Mais la vraie originalité de Marseille, c'est que, puissamment aidée par le réseau de colonies qu'elle a su jeter sur la côte, elle draine tout le commerce de la Gaule méridionale et de l'Ibérie méditerranéenne.

Les Celto-Ligures de Provence

De temps immémoriaux, la côte depuis les bouches du Rhône jusqu'à l'Arno était occupée par des peuples primitifs, sans doute non indo-européens, les farouches Ligures. Dans la Provence, ils se mêlent à la nouvelle vague d'envahisseurs celtes (IVe siècle), créant ainsi une civilisation mixte. Une puissante confédération celto-ligure, celle des Salyens, se forme, avec comme centres principaux Arles et Entremont (près d'Aix-en-Provence). Bien que les relations soient souvent tendues avec Marseille, des liens de commerce s'établissent vite, d'autant que les Celtes se montrent plus perméables à l'hellénisme que les Ligures. D'ailleurs Marseille est puissamment fortifiée et elle possède toujours à Saint-Blaise un admirable poste avancé, que seuls détruiront les lieutenants de César. Ses marchands sont bien protégés. Ils sont généralement accueillis avec faveur, aux termes d'accords passés avec les indigènes de l'intérieur. Une main de bronze (début du Ier siècle) trouvée en Haute-Provence est un tessère d'hospitalité avec les Velauni, tribu des Alpes maritimes.

Les *emporia* de la côte provençale continuent à servir de relais au négoce marseillais, dans un pays rude où mieux vaut être protégé de murailles. En outre, à la fin du IIIe siècle les Marseillais s'installent à Glanon (Saint-Rémy-de-Provence), au débouché des percées traversant la petite chaîne des Alpilles, sur un site indigène groupé autour d'un sanctuaire des eaux. Une belle cité hellénistique se développe, centre de négoce, mais aussi ville d'agrément. Elle atteint son apogée au IIe siècle : les maisons ont, avec leur péristyle, un plan semblable à celui des demeures déliennes et la construction, en appareil hellénique, est très soignée. De cette époque datent un temple, un nymphée monumental élevé autour de la fontaine miraculeuse (auprès de laquelle on a retrouvé une dédicace à Apollon guérisseur), un relief de marbre représentant une Saison dansant, d'un travail sobre et ferme (Musée de Munich) et les monnaies d'argent des Glaniques. Mais déjà le Iᵉʳ siècle voit la romanisation de Glanon, à la suite de l'occupation du pays par Marius : des moellons irréguliers remplacent les parements isodomes et le plan des maisons subit l'influence italienne.

Une telle implantation de colonie dans l'intérieur semble unique. Mais le commerce seul suffit à expliquer l'hellénisation rapide des Celto-Ligures. La culture de l'olivier et de la vigne s'introduit, d'ailleurs assez étroitement limitée. Les *oppida* sont fortifiés selon les techniques grecques, avec des murs en bon appareil qui contrastent avec ceux des enceintes de la Gaule chevelue. Le culte de Dionysos se répand avec le goût du vin. Les Celtes commencent à écrire leur langue avec l'alphabet grec : il subsiste en Provence une quarantaine d'inscriptions gallo-grecques assez énigmatiques, dont les fameuses dédicaces aux Mères (déesses gauloises de la Fécondité) de Glanon.

Surtout il se forme un art celto-grec, connu essentiellement par les découvertes d'Entremont ou de Roquepertuse. Les thèmes sont celtiques, mais la technique est manifestement empruntée aux Grecs. Certes cette sculpture reste assez barbare et l'on s'étonne que, née aux IIIᵉ et IIᵉ siècles, elle rappelle souvent l'archaïsme grec, comme si les sculpteurs débutants s'étaient trouvés devant les mêmes problèmes et avaient eu recours pour les résoudre aux mêmes conventions. Mais que l'on compare ces pièces celto-grecques à telle sculpture purement celtique, comme la tête trouvée à Msecké-Zébrovice (Bohême) avec son étrange stylisation, ou même le dieu au sanglier d'Euffigneix (Haute-Marne), et l'on verra les progrès décisifs accomplis sous l'influence méditerranéenne).

L'influence hellénique est particulièrement visible dans l'*oppidum* principal des Salyens, Entremont, détruit par les Romains en 122. Sur un plateau triangulaire barré par un mur d'enceinte se développe une vaste cité, divisée en ville haute et ville basse, la première contenant les demeures des chefs et le sanctuaire, la seconde les habitations et les ateliers où l'on travaille le métal, le cuir, l'argile. Le plan est hellénistique, avec son quadrillage caractéristique et ses larges rues, mais les maisons de pierre sèche ou de brique crue, avec couverture de branchage, font piètre figure à côté de celles de Glanon. Les objets helléniques y sont nombreux (bols « mégariens », amphores rhodiennes), tous importés de Marseille. Les monnaies, qu'on a retrouvées en grand nombre, sont essentiellement marseillaises (un trésor en comporte près de 1 500), bien qu'il y ait aussi 3 pièces allobroges et quelques deniers républicains.

Une voie dallée conduit au « sanctuaire des esprits », situé dans la partie haute. C'est là qu'ont été faites d'étonnantes découvertes : piliers creusés d'alvéoles en forme de crâne alternant avec des gravures de têtes coupées, statues de chefs en costume de guerre, représentés assis, accroupis en tailleur, ou à cheval, portant la main gauche sur un masque figurant une tête coupée, les yeux mi-clos, et tenant de la droite un foudre de fer. Les grands chefs morts sont honorés ici, héroïsés sous la forme de Taranis, le dieu de la foudre que les Romains identifieront à leur Jupiter. Quant aux têtes coupées, elles ne sont pas forcément celles d'ennemis décapités, car nous savons que les Gaulois embaumaient les têtes de leurs rois défunts et les gardaient précieusement : Poseidonios, qui a visité la Gaule au début du Iᵉʳ siècle, en fait le récit horrifié. Culte des héros, devenus des démons protecteurs dont il est salutaire de conserver le *mana* dans l'*oppidum*, culte de la tête coupée, ce sont les croyances profondes du monde celtique qui se perpétuent à Entremont, mais en empruntant aux Grecs leurs moyens d'expression plastique. L'inspiration macabre reste profondément indigène, avec une émotion poignante devant la mort, terrible et fraternelle à la fois puisqu'elle donne accès à l'apothéose, mais la technique est hellénique (fig. 86).

Les anciens ont été sensibles à ce vaste mouvement d'hellénisation qui en l'espace de trois siècles conquiert toute la Gaule méridionale. César (*Guerre des Gaules*, 1, 1, 3) déclare qu'il y a une civilisation *(cultus)* et un humanisme *(humanitas)* en Narbonnaise qui n'existent pas dans la Gaule chevelue. Selon Strabon (4, 1, 5), « les Marseillais avaient fait de leur ville une grande école pour les Barbares et avaient rendu les Gaulois philhellènes au point qu'ils ne rédigeaient plus qu'en grec leurs contrats d'affaires ». Justin, abréviateur de Trogue-Pompée, est plus net encore, bien qu'une certaine enflure rhétorique gâte le passage fameux où il s'écrie : « Sous l'influence des Phocéens, les Gaulois adoucirent et quittèrent leur barbarie et apprirent à mener une vie plus douce, à cultiver la terre et entourer les villes de remparts, à vivre sous l'empire des lois plutôt que sous celui des armes. Le progrès fut si brillant qu'il semblait, non que la Grèce eût émigré en Gaule, mais que la Gaule eût passé dans la Grèce » (43, 4).

Fig. 86. Pilier décoré de deux têtes coupées, art celto-ligure d'époque hellénistique. Remarquer les yeux clos ou mi-clos, symbolisant la mort. Découvert à Entremont, près d'Aix-en-Provence.

Ibères et Celtes du Languedoc-Roussillon

Ces témoignages valent aussi pour la région comprise entre Rhône et Pyrénées, non moins soumise à l'influence de Marseille, mais différente au point de vue ethnique : des Celtes, les Volques, se sont superposés là à des Ibères, population non indo-européenne sans doute assez voisine des Ligures, et ont formé une civilisation syncrétique où une aristocratie celtique commande à des indigènes restés très attachés à leurs traditions. La basse plaine parsemée d'étangs du Languedoc-Roussillon est peuplée de manière dense, dans des *oppida* installés à la limite de la montagnette, souvent au débouché des vallées qui permettent d'amener le minerai à la mer (cuivre des Corbières et de la Montagne noire, étain des lointaines Cassitérides arrivant par l'Aude, l'Orb et l'Hérault au terme d'un long cheminement), ou dans la région voisine des Pyrénées, où débouche une route terrestre amenant les produits de l'exploitation des riches mines cantabriques.

Les Marseillais avaient de tout temps commercé dans la région entre Hérault et Pyrénées, qui les intéressait à cause de ses ressources en blé et surtout en minerais. À l'embouchure de l'Hérault, ils avaient installé leur unique colonie en Gaule à l'ouest du Rhône, Agathé (Agde). Les fouilles y ont révélé, sur la butte où se trouve encore la ville haute, une petite agglomération hellénique, avec beaucoup de tessons marseillais et campaniens, et trois inscriptions grecques (une dédicace, une funéraire et une lettre privée). Mais à partir du IVe siècle la zone comprise entre Rhône et Hérault est gagnée à son tour, au fur et à mesure que les Celtes s'y installent. Ainsi entre Rhône et Pyrénées s'ouvre désormais un magnifique champ d'expansion au commerce grec, qui a laissé d'innombrables vases et monnaies sur les *oppida*.

Ces relations expliquent les emprunts de civilisation faits par les indigènes. L'architecture se perfectionne : les fortifications sont soignées ; les maisons, qui restent rudimentaires et à une seule pièce, sont soutenues par une colonne dont le chapiteau s'essaie à imiter maladroitement l'ionique ou le dorique. Une sculpture celto-grecque se développe, très voisine de celle de Provence, et dont les exemples les plus remarquables sont le guerrier de Grézan ou le linteau de Nages (Gard).

Des monnaies locales apparaissent à la fin du IIe siècle et au Ier : pièces d'argent des Volques, bronzes ibériques des Néroncen (Narbonne), bronzes gallo-grecs des Longostalètes du Biterrois et de la cité de Béziers dont le chef se pare en grec du titre de *basileus*. Ibères et Celtes s'habituent d'ailleurs à écrire leur langue en caractères grecs, ce qui est particulièrement étonnant pour les Ibères qui possédaient leur propre alphabet : on a une inscription ibéro-grecque sur une lame de plomb d'Elne (Pyr.-Orient.) et une vingtaine de gallo-grecques. Ces dernières, trouvées essentiellement dans la région de Nîmes, sont placées sur des monuments de type nettement gaulois : chapiteau ou fût de colonne votif (chapiteau de Montagnac dans l'Hérault) et hautes stèles funéraires couronnées d'une pyramide (monument d'Escingoreix à Nîmes).

La religion elle-même semble transformée. Strabon affirme que « les rites sacrificiels eux-mêmes s'hellénisèrent » (4, 1). L'ossuaire est désormais normalement constitué par un cratère. Des coupes sont brisées sur le bûcher funèbre et enfermées dans la tombe. C'est là le rituel grec des funérailles, qui voue le mort au Dionysos infernal pour assurer son salut éternel. Le commerce du vin et des vases à boire véhicule donc aussi des croyances dionysiaques. Sur l'*oppidum* de La Roque, près de Fabrègues (Hérault), on a découvert dans les maisons des autels-foyers pour le culte domestique, accompagnés de curieux vases percés dans le fond avant la cuisson : usages qui ne semblent pas locaux et qui doivent être importés. Certaines divinités locales reçoivent d'ailleurs des noms helléniques : le culte d'Héraclès est ancien le long de la voie qui porte son nom et l'on signale la nymphe Pyréné, que le héros aurait séduite au passage, et une Aphrodite Pyrénaia.

De ces apports, aucun témoignage ne fournit mieux la preuve que celui d'Ensérune, un *oppidum* situé entre Narbonne et Béziers où de belles fouilles ont été menées. Vers 250 une ville nouvelle s'étend largement, selon un plan en damier, jusqu'à sa destruction par les Cimbres vers 100. Reconstruite, elle subsiste jusque sous Tibère, époque où les habitants abandonnent définitivement les hauteurs pour la plaine. Le commerce marseillais y véhicule les produits méditerranéens, le vin en particulier (on y a retrouvé des amphores timbrées de Rhodes). Les monnaies sont nombreuses et plus du quart sont originaires de Marseille (les autres étant des frappes des cités indigènes de la région ou des Volques, des pièces des colonies espagnoles et des deniers républicains). De grands *pithoi* portent comme emblème des épis de blé, des grappes de raisin, des colonnes ioniques.

Ainsi, des Alpes aux Pyrénées, la Gaule méridionale est bien une « Gaule grecque », pour reprendre le mot de Justin, non que Marseille y exerce une suprématie politique, mais parce que son commerce y répand largement des goûts et un style de vie nouveaux. La différence reste capitale avec la pure Celtique de l'intérieur, où la civilisation reste plus fruste et plus strictement gauloise malgré d'indéniables apports grecs. À partir de 125, Rome, qui doit assurer ses communications avec ses provinces espagnoles, occupe le pays et, autour de Narbo Martius comme capitale, elle y crée bientôt une province, la Transalpine, qui portera à partir d'Auguste le nom de Narbonnaise. La conquête modifie rapidement les rapports de force, bien que jusqu'en 49 Marseille reste indépendante, dotée de surcroît par les Romains d'un vaste territoire. Mais les *oppida* de Provence, qui ont résisté, sont sauvagement détruits et, même dans le Languedoc où, ayant préféré se soumettre, ils subsistent, le commerce s'oriente délibérément vers l'Italie, comme en témoigne l'abondance des monnaies romaines. Déjà Marseille s'étiole, avant même sa ruine politique, et la grande route que les Romains construisent, la voie Domitienne, passe volontairement loin d'Agde, qui avait été le centre principal de son négoce. Rome a pris le relais de la cité phocéenne, qui n'est plus à l'époque romaine qu'une ville morte, une ville d'université, encore jalouse de son hellénisme préservé pendant tant de siècles. Mais l'empreinte qu'elle avait imposée au Midi français ne disparaît pas : si la Narbonnaise connaît une civilisation incomparable, c'est parce que depuis le haut archaïsme elle a été sillonnée par les marchands grecs et pénétrée de leur civilisation.

Les Ibères d'Espagne

Sur la côte méditerranéenne de l'Espagne et dans le pays de Tartessos, la population ibérique s'était maintenue, tandis que les Celtes occupaient toute la Meseta, se mélangeant d'ailleurs intimement aux autochtones dans la haute vallée de l'Èbre sous le nom de Celtibères. Chez eux aussi l'hellénisation était ancienne, comme chez leurs frères celtisés du Languedoc-Roussillon.

La principale colonie de Marseille, Emporion, connaît un brillant développement. Elle est située dans la riche terre à blé de l'Ampurdan, entre les embouchures du Fluvià et du Ter qui permettent des relations aisées avec l'hinterland. La ville neuve (Néapolis), qui s'était installée sur le continent peut-être dès la fin du VIe siècle en face de l'îlot de Palaiopolis, s'étend au point qu'il faut agrandir son enceinte. La plupart des monuments y datent de l'époque hellénistique : une agora bordée d'un portique à côté d'une grande citerne, un temple d'Asclépios et d'Hygie où l'on a retrouvé l'admirable statue du culte, de style phidiesque, des maisons d'ailleurs assez quelconques de trois à quatre pièces, parfois décorées de mosaïques dont l'une porte une dédicace au Bon Démon. Tout à côté, l'agglomération indigène d'Indica.

Les relations commerciales avec les indigènes restent fondées sur l'échange des produits miniers et du blé contre le vin, l'huile, les vases, les objets d'art. Là aussi elles entraînent une hellénisation rapide, visible surtout dans l'art ibérique. Les constructions, bien appareillées, utilisent à l'occasion des colonnes grecques. De véritables temples *in antis* sont construits au Cerro de los Santos et au Llano de la Consolación. La sculpture connaît son apogée dès le IVe siècle mais surtout au IIIe et elle continue à produire des œuvres intéressantes jusqu'au début de l'Empire. Les sanctuaires ont livré en grande abondance une statuaire très originale, qui représente un riche bestiaire (lions, taureaux, Sphinx) aussi bien que la figure humaine. Au seul Cerro de los Santos on a trouvé un ensemble impressionnant de 200 statues de femmes drapées ou d'orants.

La pièce maîtresse, la *Dame d'Elche*, jouit d'une réputation méritée. On ne sait ce que l'on y admire le plus, du visage chagrin à la majesté dure et hautaine ou de la surcharge décorative : coiffure compliquée surmontée d'une mitre, bandeau plat d'où pend de chaque côté de la tête une grosse roue à *umbo* central, riche collier à trois rangs. Cette femme énigmatique, reine ou prêtresse, a un type local très marqué et sa parure rappelle certaines œuvres carthaginoises, mais la technique est incontestablement grecque, en particulier dans le modelé du visage et dans le drapé de la chemise plaquée sur le corps et du manteau à gros plis. On a peine à croire qu'un artiste capable de réaliser un portrait d'une telle expressivité ait pu prendre des leçons ailleurs que dans un atelier hellénique. La date de cette œuvre est manifestement plus tardive qu'on ne l'a d'abord dit, quand on cherchait des parallèles dans l'art attique du ve siècle : elle doit remonter seulement au début de l'époque hellénistique (d'après certains au milieu du IVe), ainsi que les grandes statues du Cerro de los Santos.

L'art mineur n'est pas moins hellénisé. Les bronzes des sanctuaires de Despeñaperros et de Castellar de Satiesteban, très ornés eux aussi à l'orientale, manifestent fortement l'influence grecque. Les figurines de terre cuite, en particulier celles d'Ibiza (Baléares), témoignent d'apports à la fois puniques et grecs. Mais la grande peinture et la céramique sont bien helléniques d'inspiration. Sur les vases une riche décoration d'animaux et de figures humaines remplace dès le IVe siècle les motifs géométriques. La poterie de San Miguel de Liria représente des scènes de chasse, de pêche ou des cérémonies rituelles, avec une expressivité un peu barbare.

Il faut reconnaître les limites de cette hellénisation, qui décroît rapidement au fur et à mesure que l'on monte sur la Meseta et qui n'empêche pas d'autres influences, notamment la carthaginoise, de s'exercer. Mais la transformation qu'elle entraîne n'en est pas moins profonde, comme dans la Gaule méridionale : dans ces deux zones, il est caractéristique que l'une des créations les plus brillantes de la civilisation grecque, la statuaire, a fasciné les indigènes au point qu'ils l'imitent pour exprimer leurs propres conceptions. Là aussi, quand les Romains conquièrent l'Espagne pour l'arracher aux Puniques (l'intervention romaine commence dès 219, avec le premier débarquement de troupes à Emporion, donc beaucoup plus tôt qu'en Transalpine), ils trouvent grâce aux Grecs un pays qui n'est plus véritablement barbare.

2. LA MÉDITERRANÉE MOYENNE

La Méditerranée moyenne est partagée au début de la période hellénistique entre deux républiques aristocratiques, d'abord alliées, puis bien vite rivales, Carthage et Rome, où l'influence de l'hellénisme est encore plus forte que dans les nations barbares de l'Europe.

Les transformations de Carthage

La vieille colonie phénicienne ne se confine plus dans son isolement des siècles précédents. Mais son ouverture accroît la gravité des troubles sociaux. Le peuple, impatient du pouvoir de l'aristocratie, revendique ses droits après les défaites de la première guerre punique et la révolte des mercenaires. Une grande famille, les Barcides, en profite pour s'appuyer sur lui et se lancer en Espagne dans des entreprises personnelles qui rappellent celles d'Alexandre et des diadoques. Successivement Hamilcar (qui y débarque en 237), son gendre Hasdrubal et son fils Hannibal y étendent leur puissance. L'État qu'ils y créent, s'appuyant sur une armée de mercenaires, a bien des caractères d'une monarchie hellénistique. Ils mènent une politique d'assimilation, épousent des princesses ibères, fondent une Nouvelle Carthage (Carthagène) comme capitale, battent des monnaies où ils apparaissent en rois, la tête ceinte du diadème.

Carthage commerce à nouveau avec le monde grec, après une interruption de près de deux siècles. Les rapports sont particulièrement étroits avec l'Égypte lagide, avec Rhodes, avec la Campanie. La monnaie est apparue dès 350 (et même dans la Sicile punique dès le début du IVe pour la solde des mercenaires) : son étalon phénicien est le même que celui des Ptolémées. Les marchands carthaginois fréquentent Athènes et Délos. Thèbes a un proxène à Carthage. Plaute, s'inspirant d'une comédie grecque, fait débarquer un négociant punique à Calydon, où il a un hôte. Le négoce est fondé sur l'échange, contre des produits fabriqués grecs, de denrées alimentaires du Maghreb et de minerais importés par le commerce lointain avec l'Afrique noire (or des *placers* de Gambie) ou les îles Britanniques (étain). Les objets helléniques sont nombreux à Carthage même ou dans les nécropoles du cap Bon : poterie, bronzes, ivoires. Un beau vase plastique, originaire d'Alexandrie, porte une tête d'homme sur le couvercle, une grenouille dessous : symbole égyptien de la résurrection.

L'art se transforme en conséquence. Non pas sans doute le grand art : les temples restent du type phénicien et ce n'est que tardivement que leur ornementation sculptée s'inspire des modèles grecs. Mais la sculpture religieuse et funéraire s'hellénise. Les stèles du *tophet* affectent la forme d'un petit temple avec fronton, acrotères, entablement, colonnes ioniques. Des symboles religieux ou des éléments de décor originaires de Grèce y apparaissent (Hermès, Satyre, cratère, rinceaux). Les sarcophages découverts dans la « nécropole des Rabs » à Sainte-Monique ont un couvercle décoré de statues de divinités : le meilleur porte une Tanit identifiée avec Isis et vêtue d'un costume imitant la dépouille d'un oiseau. Les coroplastes copient les terres cuites siciliennes et les bronziers les oinochoés italiotes. Ces influences peuvent en partie s'expliquer par l'installation à Carthage d'artistes grecs, dont le plus fameux est le sculpteur Boéthos.

Les âmes sont sensibles aussi au prestige des cultes grecs. Lors du traité conclu entre Hannibal et Philippe V au lendemain de Cannes, les dieux invoqués dans le serment des Carthaginois portent des noms helléniques, comme si le Punique avait voulu montrer que les deux panthéons étaient proches. Déméter et Coré ont été solennellement introduites dès 396, en expiation d'un sacrilège commis par Hamilcar pendant le siège de Syracuse. Un temple leur est consacré sur la colline de Bordj Djedid et un culte à la grecque leur est rendu par des femmes grecques installées à Carthage. Les fouilles ont révélé de nombreux vases à libations multiples *(cernoi)* et dans les tombes des statuettes des deux déesses, l'une portant l'autre, de facture grecque. Dès le IVe siècle, Dionysos est identifié à un dieu enfant cananéen, Shadrapa. Sur des stèles funéraires du *tophet* on voit des signes dionysiaques : cratère, lierre, vigne, Satyre ithyphallique. Dans des sépultures on a retrouvé des grappes de raisin et des *phalloi*.

Une eschatologie nouvelle apparaît, répondant aux mêmes angoisses que celles du monde hellénistique. La pratique de l'incinération, empruntée aux Grecs, témoigne de la croyance en une âme subtile et que le feu libère. Les motifs qui symbolisent cette âme, Sphinx et Sirènes, sont nombreux sur les tombes : ainsi sur le mausolée d'un prince numide à Dougga (IIe siècle). On se tourne vers Déméter et vers Dionysos pour leur demander le salut éternel, parce que les vieilles croyances dans la sombre caverne du *schéol* ne suffisent plus.

Certes tous ces apports restent superficiels. L'art punique continue paresseusement à fabriquer sa pacotille traditionnelle. Les dieux essentiels restent Baal Hammon et Tanit et c'est à peine si l'horrible culte qui leur est rendu au *tophet* s'humanise par la substitution d'animaux aux enfants dans le sacrifice. Même largement ouverte sur la Méditerranée, c'est-à-dire sur le monde grec, Carthage reste fidèle à son passé sémitique.

Dans l'empire de Carthage

L'influence grecque semble partiellement véhiculée dans le vaste empire que Carthage s'est peu à peu créé.

Nous avons déjà signalé le cas de l'Espagne, où colonies puniques et grecques coexistent. La Corse et la Sardaigne, où l'élément indigène (ligure pour la première, ibère pour la seconde) reste prédominant, ont dû accepter l'hégémonie de Carthage et elles la subissent jusqu'à leur annexion par Rome en 238. Mais l'influence hellénique y est sensible. En Corse, les fouilles récentes ont montré qu'Alalia demeure en partie grecque. En Sardaigne, où l'on a retrouvé quelques inscriptions grecques, Olbia est en relations de commerce avec Marseille.

Le Maghreb, d'abord partiellement contrôlé par les Puniques, reste pénétré de traditions carthaginoises même après la chute de la métropole, mais l'hellénisme y progresse à son tour. Dès le IVe siècle apparaissent dans le Maroc septentrional et dans le Tell algéro-tunisien des royaumes berbères (il faudrait dire, à l'époque, maures et numides). Leurs rois adoptent par la suite un protocole aulique oriental, instituent un culte royal, battent monnaie, hâtent l'urbanisation de leurs États. Ils copient l'État barcide d'Espagne, ainsi qu'il appert de l'étude des types monétaires. C'est donc, au second degré, une influence grecque qui les transforme en principicules hellénistiques.

Les fouilles récentes du Maroc ont révélé plusieurs villes qui, tout en conservant les modes de vie puniques et en particulier des demeures rudimentaires, s'ouvrent à l'influence grecque. Tamuda, à 15 km de la mer dans la région de Tétouan, connaît un urbanisme hippodamien avec une agora et un plan en damier. Lixos, un ancien comptoir phénicien à l'embouchure du Louquos (en face de la moderne Larache), possède deux temples hellénistiques, sans doute dédiés à Héraclès-Melqart, construits en belle maçonnerie comme l'enceinte dont elle s'entoure vers 100. Sala, à l'estuaire du Bou Regreg, a un bâtiment en appareil hellénique. À l'intérieur, Volubilis, elle aussi munie d'un rempart soigné, a trois temples pré-romains, dont un est de type punique et les deux autres de type grec. Des monnaies de Tingi (Tanger) portent une tête de Déméter. On a trouvé à Lixos un Hadad représenté en Océanos. Les admirables bronzes grecs de Volubilis ou de Lixos ont-ils été introduits par le commerce dès l'époque hellénistique ou seulement rassemblés par Juba II : on en discute. Il est certain en tout cas qu'on constate partout la pénétration de l'hellénisme, malgré la résistance de la civilisation punico-maurétanienne, et qu'elle ne peut guère être attribuée qu'à la volonté délibérée des rois maures, hellénisés bien avant Juba II.

Une Rome grecque

À Rome l'hellénisation était chose ancienne. Les deux dates essentielles sont 343, accord signé avec Capoue qui oriente les intérêts et les curiosités vers une zone profondément hellénisée, et 272, prise de Tarente qui achève la conquête de la Grande-Grèce. Dès lors les contacts politiques et militaires avec le monde hellénistique, la conquête progressive du bassin oriental de la Méditerranée, l'afflux des esclaves orientaux accélèrent le mouvement. En vain des esprits chagrins cherchent-ils à l'arrêter : Caton l'Ancien impose des lois somptuaires, mais il apprend lui-même le grec sur ses vieux jours ; en 186, le Sénat réprime durement les Bacchanales, sans réussir à expulser Bacchos ni à vaincre le mysticisme. S'il est irrésistible, c'est que les conditions sociales ont profondément évolué. La cité est partagée entre l'aristocratie et la plèbe, également avides de jouissances. Le pouvoir autocratique des rois de l'Orient fascine les esprits les plus nobles et le moment n'est plus loin où des *imperatores* sans scrupule imposeront leur loi à l'État. Le peuple, lui, est sensible à la prédication radicale de certains penseurs politiques grecs.

Le grand commerce apparaît, suivant tout naturellement l'exemple grec. À partir de 326, Rome frappe en Campanie ses premières monnaies d'argent, les « didrachmes romano-campaniens ». Elle s'initie assez vite à l'économie monétaire pour abandonner dès 289 l'étalon grec au profit du système libral et pour transporter dès 269 ses ateliers dans la ville même. En 179 elle construit à Ostie un grand port de type hellénistique. Dès lors les *negotiatores* et les banquiers d'Italie ne se différencient plus de leurs concurrents orientaux que par plus d'avidité encore.

La transformation la plus manifeste se constate dans les habitudes de vie quotidienne. La maison traditionnelle à *atrium* se double à l'arrière d'un péristyle. Les sols se couvrent de mosaïques et les murs de peintures, dont Pompéi et Herculanum ont conservé de beaux spécimens. Au vieux mobilier de bois succèdent les tables de marbre et les lits de bronze. Les riches prennent goût aux vêtements somptueux, aux repas où se succèdent les mets les plus raffinés. Le cadre urbain s'embellit, non seulement parce qu'on construit de nouveaux édifices, mais parce que les pillages y accumulent les chefs-d'œuvre de l'Orient. Sylla ramène un chapiteau de l'Olympieion et le navire chargé d'œuvres d'art retrouvé au large de Mahdia (Tunisie) rapportait peut-être son butin. Verrès est loin d'être un isolé.

Les conséquences sur l'esprit public sont des plus funestes. La vieille société patriarcale s'effondre. L'autorité du père de famille est contestée. Mariages d'argent et divorces se multiplient. La recherche effrénée du plaisir succède à l'austérité d'antan.

Le cercle des Scipions

Mais l'hellénisme est semblable à la « boîte à Pandore ». Un raffinement nouveau apparaît dans certains cercles aristocratiques, autour des Scipions notamment. Déjà Scipion l'Africain, qui fait scandale en se rasant tous les jours et en se promenant en costume grec, est l'ami d'Ennius. Scipion Émilien, qui a eu des maîtres grecs et qui dispose de la bibliothèque du roi Persée, rapportée par Paul-Émile, s'entoure d'intimes de grande classe, grecs ou gagnés à l'hellénisme : Polybe, Lælius surnommé le Sage, Térence, Panaitios de Rhodes...

Dans le cercle on pense hardiment. On juge le gouvernement du peuple le plus mauvais de tous et on justifie la prise du pouvoir par des aristocrates éclairés. Le scepticisme se développe, encore que la religion passe pour un admirable instrument entre les mains d'un politique habile. Le stoïcisme exerce une grande attraction. De fait on méprise les formes vulgaires de l'hellénisme, corruptrices des mœurs. La censure de l'Émilien ressemble à celle de Caton : Scipion déclare au peuple « qu'il veut lui être utile comme un collier garni de clous l'est à un chien » et il exprime sa désapprobation violente en visitant une école de danse. On prêche et on pratique la simplicité et la pureté : Tubero offre pour les funérailles de Scipion un repas d'une telle frugalité que le peuple murmure. En bref, les représentants les plus avisés de l'aristocratie s'initient avec ravissement aux formes épurées de l'hellénisme, tout en dédaignant ses aspects les plus vils.

L'éveil de la littérature et de l'art

Il convient surtout de s'attacher aux formes épurées, grâce auxquelles Rome connaît un prodigieux éveil.

La littérature, jusque-là rudimentaire, naît véritablement dans la seconde moitié du IIIe siècle. Le théâtre et l'épopée apparaissent d'abord. Tragédie et comédie remplacent des formes dramatiques primitives, indigènes ou venues de chez les Étrusques ou les Osques, et empruntent leurs sujets à la Grèce. Cela est particulièrement net dans la comédie de mœurs grecque, la *palliata* (du nom du *pallium*, manteau grec). L'épopée trouve tout naturellement son inspiration dans les luttes grandioses de Rome contre Carthage, mais tous les procédés dont elle use sont grecs. Le vieux vers latin, le saturnien, disparaît vite au profit des mètres grecs. L'histoire se développe en même temps, mais les premiers annalistes, Q. Fabius Pictor et L. Cincius Alimentus, ne croient pouvoir écrire qu'en grec.

Considérable est le rôle joué dans cette création, qui est surtout une imitation, par les peuples de l'Italie hellénisée, et en particulier de l'Italie méridionale. Livius Andronicus, un esclave tarentin affranchi par la suite, traduit l'*Odyssée* et écrit des tragédies sur le cycle troyen (particulièrement cher à Rome où le mythe de l'arrivée d'Énée dans le Latium s'était répandu depuis longtemps) et des comédies. Il fonde un collège des poètes sur le modèle des associations de Grèce. Nævius, un citoyen d'origine campanienne, chante la première guerre punique dans son *Pœnicum bellum* et rédige des tragédies et des comédies. Plaute, un Ombrien, compose des comédies, toutes tirées de la comédie moyenne ou nouvelle, avec une verve bouffonne tempérée par la plus délicate des poésies. Ennius, un Messapien qui reçoit le droit de cité, exalte la grandeur de Rome dans ses *Annales* et imite Euripide dans des tragédies psychologiques.

L'influence hellénique ne diminue pas à la génération suivante. Accius, le plus grand des tragiques, imite lui aussi Euripide. Les comiques mêlent les intrigues de plusieurs comédies grecques par le procédé de la « contamination ». Le meilleur d'entre eux, Térence, tout pénétré de ce que l'hellénisme a de plus humain, est un ancien esclave africain. Est-il plus bel exemple de l'unité du monde méditerranéen que celui de ce Berbère qui traduit en latin des pièces grecques ?

Au Iᵉʳ siècle, Lucrèce donne une admirable expression lyrique à la philosophie d'Épicure, Cicéron manie avec une incomparable autorité la période d'Isocrate. Salluste prend Thucydide comme idéal. Catulle est un Alexandrin, aussi bien dans ses confidences intimes que dans son *Épithalame de Thétis et de Pelée*, mythologique et galant. Les poètes de l'âge augustéen hellénisent avec ravissement. Horace emprunte les mètres d'Alcée et de Sappho et il peut s'écrier (*Art poétique*, 324) : « Aux Grecs la Muse a accordé le génie, accordé de parler d'une bouche harmonieuse, aux Grecs avides de la gloire seule. » Virgile écrit successivement des bucoliques, un poème didactique et une épopée, comme les maîtres d'Alexandrie. L'influence hellénistique est plus visible encore dans les *carmina* enflammés et souvent conventionnels des élégiaques.

Toute la littérature romaine d'époque républicaine ou augustéenne ne se distingue de la littérature hellénistique contemporaine que par la langue dans laquelle elle est écrite. Ce qui ne veut pas dire qu'elle n'a pas ses caractéristiques propres, comme celles d'Alexandrie, de Cos ou d'Athènes. Nul exemple n'est plus typique que celui de Virgile. Ses *Bucoliques* et ses *Géorgiques* reprennent des thèmes inlassablement traités pas les Alexandrins, mais dans l'esprit nouveau du retour à la terre préconisé par Auguste. L'*Énéide* se veut à la fois une *Iliade* et une *Odyssée*, mais elle est pénétrée de patriotisme romain et de dévotion à l'empereur et à sa race.

Dans l'art, l'hellénisation était ancienne, puisque dès le début du Vᵉ siècle le temple de la triade aventine était décoré par des artistes grecs, Damophilos et Gorgasos. Mais Rome restait une ville modeste, dont les toits étaient encore de bardeaux au temps de Pyrrhos, nous dit-on. Elle s'embellit et prend peu à peu un caractère monumental. Le marbre y est de plus en plus en usage. On construit des basiliques sur le Forum : basiliques Porcia (184), Aemilia (179), Sempronia (169). Des architectes grecs viennent à Rome, tel cet Hermodore de Salamine (de Chypre) amené par Q. Cæcilius Metellus Macedonicus et qui édifie pour lui sur le Champ de Mars les temples de Jupiter Stator et de Junon au milieu d'un vaste portique (146), avant d'élever pour Junius Brutus, consul de 138, un temple de Mars : ce sont les premiers temples de marbre que Rome connaisse. En effet peu à peu se substitue au temple étrusco-italique en brique dressé sur un haut *podium* un temple grec en marbre et périptère. Les ordres grecs tendent à remplacer l'ordre toscan. Les sanctuaires du Largo Argentina montrent bien l'évolution : le temple C de la fin du IVe siècle est étrusco-italique, ainsi que le temple A du IIIe, mais on ajoute à ce dernier au Ier siècle une *péristasis* corinthienne ; le temple rond B (début du IIe) est de goût hellénique. Les temples voisins du *Forum olitorium* (IIe et Ier siècles) sont le premier dorique périptère, le deuxième ionique périptère, mais le troisième n'a des colonnes que sur trois côtés. Pompée dote le Champ de Mars d'un temple de Vénus, d'un théâtre de pierre – le premier à Rome – et de portiques. En dehors de Rome signalons au moins l'imposant sanctuaire de Fortuna Primigenia sur l'acropole de Préneste, qui, peut-être dès le IIe siècle ou tout au moins au temps de Sylla, déroule son harmonieux ensemble de terrasses et de portiques superposés, culminant dans un hémicycle et une *tholos*.

L'héllénisation n'est pas moins sensible dans la sculpture. Le culte des *imagines* familiales et la glorification des héros développent vite l'art du portrait, qui accentue encore le vérisme hellénistique. Parallèlement apparaît le bas-relief historique. Paul-Émile après Pydna consacre à Delphes un pilier orné de scènes de bataille pour célébrer sa victoire : c'est un artiste grec qui y magnifie pour l'*imperator* vainqueur la défaite des Grecs. À Rome même le premier exemple semble être l'« autel » dit de Domitius Ahenobarbus (vers 40). Les grandes œuvres classiques sont de plus en plus copiées par des sculpteurs néo-attiques, dont le plus célèbre est Pasitélès, qui reçoit le droit de cité en 89.

La peinture apparaît dès 300 avec Fabius Pictor qui, malgré sa haute noblesse, peint dans le temple de Salus sur le Quirinal des épisodes de la seconde guerre samnite. Le premier document conservé serait fourni (vers 140 ?) par une fresque de l'Esquilin figurant des scènes guerrières.

Spéculations et mysticisme

Le plus concret des peuples prend goût à la philosophie. Athènes en 155 envoie comme ambassadeurs les scolarques de ses plus fameuses écoles (Lycée, Académie, Portique). Carnéade y fait scandale par deux conférences contradictoires sur le même thème. Le cercle des Scipions est un foyer intense de pensée et ce n'est pas par hasard que Cicéron le choisit comme cadre de ses dialogues philosophiques. Bientôt les philosophes affluent à Rome et, souvent raillés, ils n'en exercent pas moins une influence durable.

L'évhémérisme plaît par son caractère pragmatique. La dure école du stoïcisme séduit les grandes âmes. Panaitios de Rhodes est le favori des Scipions. Tib. Gracchus est le disciple fervent du stoïcien Blossius de Cumes. Poseidonios d'Apamée, ami de Pompée, joue un certain rôle politique. Le néo-pythagorisme qui avait déjà exercé son attrait sur App. Claudius et sur Ennius, triomphe au Ier siècle, souvent uni au stoïcisme comme chez Diodote, que Cicéron héberge chez lui. Les chapelles pythagoriciennes se multiplient, sous l'influence de P. Nigidius Figulus, mystagogue et penseur, ami de Cicéron lui aussi. Le grand orateur, avec sa mobilité coutumière, embrasse tour à tour tous les systèmes : l'épicurisme de Lucrèce dont il est le premier éditeur, le stoïcisme dans les *Tusculanes*, le pythagorisme dans l'admirable *Songe de Scipion*, la doctrine de la Nouvelle Académie dans ses derniers dialogues.

Un droit nouveau apparaît, moins formaliste et plus humain, sous l'influence grecque. L'arbitrage devient une procédure courante. Les magistrats tiennent compte d'un principe jusque-là inconnu, la *bona fides*.

Si la vieille religion romaine subsiste avec son animisme foncier et ses rites bizarres, elle continue une hellénisation commencée dès l'archaïsme. Depuis longtemps les grands dieux du panthéon romain se sont identifiés avec des dieux grecs. Apollon, si grec qu'il est le seul à avoir gardé son nom, favorise avec le développement du rite grec, l'essor d'une religion ouverte et fraternelle en pleine opposition avec le froid ritualisme de la tradition. Il encourage successivement la renaissance du pythagorisme et le renouveau du sibyllinisme syllanien. Cérès prend le visage mystique et douloureux de

Déméter, mère de Perséphone, et est honorée à la grecque dans le *sacrum Cereris* pour lequel les matrones observent le jeûne et l'abstinence sexuelle pendant neuf jours. Vénus, un ancien démon de la fécondité féminine, se fait la protectrice des grands ambitieux, Sylla, Pompée, César.

Mais les dieux grecs traditionnels ne suffisent pas plus aux Romains qu'aux Grecs eux-mêmes. Le mysticisme oriental déferle à son tour sur Rome, notamment pendant l'atroce crise de la seconde guerre punique. Après Cannes on envoie consulter à Delphes et en 212 on offre à Apollon de nouveaux jeux à la grecque. Ces moyens se révélant inefficaces, en 204, on fait venir de Pergame la Grande Mère de Pessinonte, qui est solennellement intronisée sur le Palatin. Les mystères de Bacchus séduisent tous ceux qui séparent mal le mysticisme des cultes les plus naturistes. En 186 le Sénat doit sévir contre les orgies scandaleuses des Bacchanales. La répression est horrible : 7 000 arrestations, la plupart suivies d'exécutions capitales.

Certes, sous toutes ces formes d'hellénisation le vieux fonds romain subsiste avec son caractère concret et pragmatique et sa méfiance à l'égard des spéculations et des recherches pour une vie plus belle : on a joliment remarqué qu'en latin les noms des légumes sont latins, ceux des fleurs grecs. Mais la vague de l'hellénisme est irrésistible, parce que les mêmes besoins, les mêmes aspirations se font sentir en Italie et dans le bassin oriental de la Méditerranée. Depuis le IIIe siècle, Rome est une cité hellénistique. Les meilleurs de ses citoyens n'oublient pas leur dette, tel Cicéron qui rappelle à son frère dans une lettre qu'il commande à des Grecs, « une race qui, non contente d'être civilisée, passe pour être le berceau de la civilisation » (1, 1, 27).

Dans l'Italie soumise

Dans l'Italie, maintenant tout entière soumise à Rome politiquement, les influences grecques restent fortes, spécialement dans deux zones où elles avaient pénétré depuis l'archaïsme.

En Étrurie, les arts, qui connaissent une dernière floraison, manifestent partout l'influence hellénistique, aussi bien la statuaire, qui produit des pièces de classe comme la *Minerve* d'Arezzo ou l'*Arringatore* de Florence, que les arts funéraires, dont la production est variée : urnes décorées de bas-reliefs et souvent surmontées sur le couvercle de portraits qui outrent le réalisme jusqu'à la caricature, hypogées ornés de grandes fresques (tombe François de Vulci ou tombe du Typhon de Tarquinies, qui peuvent dater du Ier siècle). Les statues de terre cuite (*Apollon assis* de Falérie, fronton de *Dionysos et Ariane* et frise galate de Civita Alba) témoignent d'une parfaite connaissance de la technique grecque et montrent souvent un goût prononcé pour le baroque pathétique de Pergame.

En Campanie apparaît une céramique qui prend la relève de la poterie italiote (disparue au début du IIIe siècle) et inonde le marché occidental pendant plus de deux siècles. Fabriquée principalement à Cales et à Teanum Sidicinum, elle imite le décor floral hellénistique, blanc sur fond noir, ou les bols à reliefs, substitut bon marché des vases métalliques. Le grand art n'est pas moins hellénisé, notamment les fresques des hypogées osques de Pæstum ou les idoles du sanctuaire de Fondo Paturelli à Capoue, à la puissante saveur archaïsante. Le goût du spectacle y est vif, puisque Pompéi a son théâtre dès le début du IIe siècle.

3. L'AFRIQUE PROFONDE ET L'ARABIE

Même les déserts d'Afrique et d'Arabie ne sont pas un obstacle infranchissable à la pénétration de l'hellénisme, mais on ne s'étonnera pas qu'il y soit beaucoup plus superficiel.

Savants, marchands et soldats grecs en Nubie

Les relations entre l'Égypte et l'Afrique profonde par l'intermédiaire de la vallée moyenne du Nil étaient anciennes : Homère connaît les Pygmées dont il évoque les combats avec les grues et Hérodote décrit le voyage entre la 1re et la 2e cataracte, jusqu'à une Méroé qui ne peut être que Napata. Mais elles s'étaient ensuite interrompues, à cause de la très grande faiblesse de l'Égypte. Elles reprennent avec éclat lorsque les Ptolémées instaurent à nouveau un pouvoir fort.

Deux facteurs contribuent à cette reprise. Et d'abord la curiosité intellectuelle. Le problème de la crue du Nil continue à passionner. Au IVe, on se partageait entre deux théories : pour Éphore, qui prenait l'effet pour la cause, la crue était due à l'emmagasinement de l'eau dans des crevasses, d'où elle ressortait en été comme une sueur ; selon d'autres (peut-être Eudoxe de Cnide), le Nil prenait sa source dans la zone tempérée sud, où les pluies d'été, semblables à nos pluies d'hiver, faisaient grossir le fleuve. Les savants de l'époque hellénistique, suivant peut-être déjà Aristote qui aurait demandé à Alexandre de faire exécuter les vérifications nécessaires, admettent que les pluies d'été en Éthiopie sont la cause de l'inondation, explication partielle mais véridique.

Les cartographes suscitent aussi une exploration en profondeur. Ératosthène, utilisant les travaux antérieurs de Philon, connaît la latitude de Méroé, et il fait du parallèle de cette ville le côté méridional de sa carte du monde. Il sait que le Nil décrit une grande boucle en forme de N renversé entre la 2e et la 6e cataracte et il n'ignore ni l'Atbara ni le Nil bleu ni la grande « île » entre Nils blanc et bleu.

Ces progrès ne sont possibles que parce que les relations économiques ont repris, soutenues sans doute par des opérations militaires. Le Nil ne fournit pas une voie de pénétration praticable, coupé qu'il est par les cataractes et enserré dans un désert totalement inhospitalier. C'est par les pistes caravanières que se fait le trafic : à l'ouest par une route détachée du fleuve et s'appuyant sur des oasis, dite route des quarante jours ; à l'est surtout par une route qui coupe et recoupe le Nil à Kerma, Napata, Méroé et qui suppose en Égypte un pouvoir assez fort pour garder le passage désolé entre les 2e et 4e cataractes. Philadelphe y fait mener une expédition qui est aussi l'occasion de recherches scientifiques approfondies. Mais Pline l'Ancien affirme que les cités en aval de Méroé ont toutes disparu, ce qui confirme bien qu'à la basse époque hellénistique, mis à part le passage de quelques ambassades ou missions d'exploration, le *no man's land* n'est traversé que par de rares nomades qui vont vendre ou plutôt troquer leurs produits aux derniers postes égyptiens.

Seule reste fermement aux mains des Lagides la Dodécaschène, c'est-à-dire la région longue de 12 schènes au sud d'Assouan, avec de petits postes : Philæ, métropole religieuse où s'accumulent encore les offrandes des Ptolémées ; Ajuala, où autour du temple d'un dieu indigène, Mandoulis, s'établissent des échanges avec les nomades Blemmyes ; Pselchis, tout à fait au sud, poste frontière accroché sur un ganglion de terre arable surveillant l'entrée du Ouadi Alaki où l'on extrait l'or des quartz aurifères, marché important également puisqu'on y a découvert aussi bien des *ostraca* démotiques et grecs que des *graffiti* méroïtiques.

Faute de pouvoir utiliser véritablement les voies du Nil ou du désert, les Ptolémées tentent la reconnaissance de la mer Rouge, déjà fréquentée par les grands pharaons. Philadelphe y fonde une série de postes, Myos Hormos, Philotéra, Bérénicé et Ptolémaïs de la chasse. Les marchandises suivent une piste jalonnée de puits entre Méroé et Ptolémaïs, qui est sur la mer à peu près à la même latitude, s'embarquent jusqu'à Bérénicé ou Myos Hormos, d'où elles gagnent à nouveau la vallée du Nil à Coptos par des pistes de 12 jours dans le premier cas, de 6 dans le second, jalonnées de puits ou de citernes. Philadelphe fait également achever ou remettre en état le canal de Nécao, sorte de préfigure du canal de Suez réunissant le fond du golfe de Suez non à la Méditerranée, mais au Nil. Malgré tant d'efforts, le trafic reste faible sur cette route, à cause des difficultés de navigation sur la mer Rouge, où le vent souffle constamment du nord, rendant le retour difficile, et où la côte occidentale est un vrai désert minéral, peuplé de nomades sauvages, Troglodytes ou Ichthyophages. Cependant les navigateurs s'enhardissent à basse époque hellénistique et, dépassant le Bab-el-Mandeb, ils atteignent même la côte des Somalis (l'ancien pays de Pount).

Par une sorte de défi à la géographie, c'est par le détour de l'Arabie que se font les véritables échanges entre Afrique et monde méditerranéen. Les marchandises transitent dans le désert jusqu'à la mer, la traversent sur des barques de cuir, cheminent par voie caravanière le long de la côte occidentale de l'Arabie et, souvent par Pétra, gagnent Gaza.

Si les Ptolémées ont mis tant de soin à s'assurer de routes possibles pour drainer les richesses de l'Afrique, c'est que celles-ci sont de plus en plus recherchées. Les éléphants constituent un potentiel militaire d'autant plus important que leurs rivaux Séleucides s'en procurent aisément dans l'Inde : ils jouent un peu dans la tactique hellénistique le rôle des tanks dans les armées modernes. Ils continuent à venir par la voie maritime, sur des navires spécialement aménagés à leur intention. Mais il faut aussi et surtout songer à l'or du Haut Nil et des rivières éthiopiennes, aux topazes, aux émeraudes, à l'ébène, à l'ivoire, aux plumes et œufs d'autruche, aux grands fauves (vivants ou sous forme de peaux), aux esclaves nègres, voire au minerai de fer.

L'hellénisme en Éthiopie et en Afrique noire

Il n'est pas étonnant que la civilisation hellénique pénètre assez profondément en Afrique, comme d'ailleurs autrefois – et pour les mêmes raisons – la civilisation pharaonique. Elle est surtout sensible à Méroé, où se constitue un puissant royaume d'Éthiopie (au sens ancien du terme). Le climat n'y est point trop pénible : des pluies accompagnent en été la montée du soleil au zénith et autorisent une végétation épineuse, d'où un élevage florissant. Il y a des arbres, qui permettent le travail du minerai de fer, abondant dans toute la région : on a retrouvé dans les fouilles des crassiers d'époque hellénistique en telle abondance que le surnom de « Birmingham africaine » donné à Méroé par Sayce n'est point excessif. Une véritable croisée de voies fluviales et de routes terrestres explique enfin son rôle commercial : vallées du Nil blanc, du Nil bleu, de l'Atbara, réseaux de pistes menant vers l'Afrique centrale par le Kordofan et le Darfour, vers les hauts plateaux abyssins et la côte des Somalis, vers l'Égypte par Napata et Kerma, vers la mer Rouge.

Bien que la civilisation méroïtique garde une indéniable originalité, visible en particulier dans l'abandon de l'écriture égyptienne et dans l'apparition vers 200 d'une nouvelle écriture, l'influence de l'hellénisme est grande, autant d'ailleurs du syrien que de l'égyptien (ce qui s'explique aisément par l'intensité des rapports avec l'Arabie et Pétra). Le bain du palais royal de Méroé est de pur style hellénistique et les tombes des rois ou des grands recèlent en abondance des objets grecs (lampes et trépieds de bronze, gemmes, intailles).

L'influence grecque va d'ailleurs bien au-delà, mais elle est difficile à mesurer, faute de fouilles méthodiques. En pleine Abyssinie, non loin de Maqallé, on a découvert récemment quatre petites coupes de métal venues certainement de l'Égypte hellénistique. Mais on peut se demander si elles ont gagné ce haut plateau par une piste menant de Méroé à Axoum, où l'on a signalé un cippe d'Horus sur les crocodiles, ou si elles ont plutôt débarqué à Thio (sur la mer Rouge), où l'on a retrouvé des amphores alexandrines, pour traverser ensuite le désert Dankali.

En dehors même de ces milieux couchitiques où elle est intense, l'influence grecque atteint sans doute aussi l'Afrique noire. On a retrouvé au Katanga une statuette d'Osiris momiforme en cuivre, de basse époque, mais il n'est point exclu qu'elle ait été apportée beaucoup plus tard par des trafiquants arabes. En tout cas il est bien sûr, malgré d'aventureuses théories sur son origine locale, que la diffusion de la métallurgie du fer dans toute l'Afrique noire s'est faite principalement à partir de Méroé, ainsi qu'en témoignent des traditions indigènes qui attribuent ce don merveilleux à des hommes blancs. Comme Méroé doit à l'Égypte lagide le travail de ce métal, c'est indirectement à l'hellénisme que le continent africain est redevable de cette technique qui va y bouleverser la vie quotidienne et les structures sociales.

Le carrefour arabe

L'Arabie forme un énorme coin entre les royaumes des Séleucides et des Lagides. Le caractère inhumain de son climat l'avait soustraite aux entreprises d'Alexandre, comme déjà à celles des Perses. Elle joue pourtant un rôle important dans la vie économique du monde hellénistique, et cela d'une double manière.

D'une part, dans sa partie méridionale (Arabie heureuse), elle est relativement fertile et les aromates (notamment l'encens, la myrrhe et la cannelle) y viennent en abondance. Quatre petits royaumes sémitiques s'y sont formés vers 300, ceux des Minéens, des Sabéens, des Cattabaniens et des Chatramotites. Ils vivent largement du commerce des aromates, dont le monde grec fait un usage considérable, aussi bien pour la liturgie que pour la parfumerie et la cuisine.

D'autre part, l'Arabie forme comme la charnière entre l'Afrique, l'Asie et la monde méditerranéen. Baignée par la mer Rouge et le golfe Persique, elle reçoit par voie maritime les produits du continent africain et des Indes. Les nomades qui la peuplent – notamment les Gerrhéens qui bordent le golfe Persique – sont avant tout des caravaniers. Ils font converger vers Pétra les richesses de l'Orient et de l'Occident, comme celles de l'Arabie propre, aromates surtout, mais aussi or et animaux sauvages (lions, tigres, léopards, autruches). Le site admirable de cette ville, repaire inexpugnable au milieu de son cirque de montagnes, est déjà décrit par Diodore (2, 48) : « Rocher immense, forteresse naturelle : on n'y monte que par un sentier étroit, où quelques hommes passent en se dépouillant de leurs armes ; il y a aussi un grand lac qui produit beaucoup d'asphalte, dont ils tirent de grands revenus. » Les Nabatéens, dont Pétra est la capitale, acheminent ensuite les trésors qui s'y accumulent jusqu'à Gaza, centre de redistribution aussi bien vers les ports syriens que vers Alexandrie, que l'on peut gagner par mer ou par une route difficile *via* Péluse, organisée sans doute du temps de la domination perse à travers une contrée de lagunes et de dunes, sans eau potable. À partir du IIe siècle, des poteries et des monnaies grecques (les pièces sont beaucoup plus séleucides que lagides) montrent l'intensification des relations commerciales avec le monde méditerranéen.

L'importance économique de l'Arabie explique autant l'intérêt que lui portent les rois les plus énergiques (dès 312 Séleucos attaque Pétra ; Philadelphe mène en Arabie heureuse une campagne aussi décevante que plus tard celle d'Auguste) que celui des savants. Théophraste utilise dans son *Histoire des plantes* des renseignements rapportés par Anaxicrate dans un périple entrepris sur l'ordre d'Alexandre. Ératosthène décrit les quatre tribus sud-arabes. Agatharchide de Cnide évoque, non sans une excessive couleur locale, un pays fabuleux tout pénétré de l'odeur suave des aromates.

L'hellénisme en Arabie

Pourtant l'influence hellénique – d'ailleurs beaucoup plus syrienne qu'égyptienne – ne pénètre que lentement dans les tribus du Nord, qui restent farouchement attachées à leurs traditions. À Pétra elle n'apparaît véritablement qu'avec Arétas III dit le Philhellène (87-62), qui inaugure une politique d'expansion en Syrie et fait frapper une monnaie copiant des types séleucides (déjà Arétas II avait battu des pièces, mais qui ne portent aucune inscription). Les constructions se font plus soignées ; on commence à cuire des vases à décor floral, imitant la poterie hellénistique de Palestine et de Syrie. Mais il faudra attendre le IIe siècle de notre ère pour que l'on élève, dans le style gréco-romain, ces admirables tombeaux à façades classiques qui font la gloire de Pétra.

Ce n'est guère avant le Ier siècle de notre ère que l'hellénisme pénètre dans les royaumes sud-arabes, où il se manifeste avec force, dans la sculpture notamment, par exemple dans l'admirable statue de Timna dite Lady Bar'at, non sans d'indéniables influences parthes.

La faiblesse du monde hellénistique, née des rivalités entre monarchies, explique seule qu'il soit resté tributaire, pour ses produits de luxe les plus enviés, des Barbares d'Arabie qui exploitent à fond les goûts raffinés des Grecs. « De tout temps, écrit Strabon (16, 4), ces régions avaient passé pour très riches, car elles échangeaient contre de l'argent et de l'or les aromates et les pierres les plus précieuses et ne dépensaient à l'extérieur rien de ce qu'elles recevaient. »

4. LES ROYAUMES BACTRIENS, L'INDE ET LA CHINE

L'expédition d'Alexandre dans l'Inde ouvre à l'expansion hellénique des perspectives illimitées vers l'est. Certes le conquérant ne peut pénétrer jusqu'au bassin du Gange à cause de la mutinerie de ses vétérans, et ses héritiers les Séleucides vont voir amputer de ses satrapies orientales un royaume démesurément allongé. Mais les contacts une fois établis ne s'interrompent pas, ainsi qu'en témoigne dès le début du IIIe siècle l'histoire du plus grand des empereurs indiens de l'époque hellénistique, Asoka. Des princes grecs continuent à régner sur d'immenses régions partagées aujourd'hui entre les républiques de l'Asie centrale, l'Afghanistan, le Pakistan et même une partie de l'Union indienne. Mieux encore, les rapports commerciaux et culturels s'intensifient entre l'Inde et le monde méditerranéen.

Asoka et les Grecs

L'un des exemples les plus éclatants des rapports nouveaux est fourni par Asoka (261-224 ?), le plus puissant souverain des Maurya. Cette dynastie, fondée en 313 par Tchandragoupta (le Sandracottos des Grecs), qui avait chassé les préfets d'Alexandre, étend largement son pouvoir de l'Arachosie au Bengale et de l'Afghanistan au Mysore. Asoka est bien connu grâce aux inscriptions dont il parsème son empire. Ce magnifique ensemble épigraphique est composé d'ordonnances d'inspiration bouddhique, qui participent à la fois de la confession et du sermon : le souverain, récemment converti, prend comme règle le *Dharma* (le Bon ordre, la Loi) qui recommande les vertus essentielles. La vraie propagande consiste dans le don du *Dharma*, cadeau charitable inspiré par l'amour de l'humanité et qui exige un effort difficile et persévérant.

Ces inscriptions expriment un idéal de royauté qui peut être rapproché de celui du souverain hellénistique. Les titulatures se ressemblent : la formule souvent répétée « le roi ami des dieux, au visage amical » rappelle des formules lagides ou séleucides. Asoka aime les hommes, de même que les monarques grecs se proclament philanthropes (amis de l'humanité). L'essence du bon gouvernement est dans les deux cas la justice, qui inspire au maître le souci de se faire présenter tous les cas litigieux. Sans qu'il y ait d'influence dans un sens ni dans l'autre, une même conception se dégage dans deux mondes qui ne sont plus séparés.

Reste une différence essentielle : le roi grec n'est guidé que par la raison, Asoka est conduit par la foi, qu'il ne cesse de répandre en propageant la Loi. Cet esprit de prosélytisme est évidemment étranger au souverain hellénistique. D'autre part Asoka est inspiré par un idéal qui dépasse la terre : « Qu'y a-t-il de plus important que de gagner le ciel ? », s'écrie-t-il. Ailleurs on le voit en proie au remords, à la suite d'une campagne qui a entraîné un grand carnage : sentiment que l'on n'imagine pas dans la Méditerranée de la même époque.

Ces inscriptions font mention de rapports diplomatiques avec des souverains grecs, Antiochos II, Ptolémée II, Magas de Cyrène et Alexandre (d'Épire ?). Pline l'Ancien parle d'ailleurs d'une ambassade envoyée par Philadelphe à un prince indien, qui doit être le père d'Asoka. Ces textes témoignent d'une connaissance du monde occidental, appelé *iona* (ionien) d'un mot qui désigne aussi bien les Iraniens que les Hellènes : il sait qu'on n'y trouve pas de brahmanes. Il signale les progrès de la foi parmi les Grecs, assurément les colons des confins orientaux.

Cette indication énigmatique peut être éclairée, grâce à la découverte de deux inscriptions grecques dans l'Afghanistan du Sud, près de Kandahar, sur le site de l'Alexandrie d'Arachosie. La première, une bilingue en grec et en araméen, atteste l'ardent prosélytisme du roi, soucieux de propager la foi jusqu'aux marges de son empire, chez les Grecs et les Iraniens (parmi lesquels l'araméen s'était répandu comme langue de culture) : « Le roi s'abstient des êtres vivants ainsi que les autres hommes et tous les chasseurs et pêcheurs du roi ont cessé de pêcher. Et tous ceux qui étaient intempérants ont cessé d'être intempérants dans la mesure de leurs moyens. Et ils sont devenus obéissants à père et mère et aux gens âgés, contrairement à ce qui se faisait autrement. » Les deux versions sont d'ailleurs légèrement différentes, car il y a le net souci d'adapter la révélation à chaque peuple, afin de rendre le *Dharma* plus accessible : ainsi les Grecs peuvent reconnaître une prescription pythagoricienne dans la formule qui rappelle l'abstention de toute chair animale, principe fondamental du bouddhisme. La seconde est un fragment de la traduction de l'édit d'Asoka sur les sectes. Avec ces textes un nouveau et passionnant chapitre s'ouvre dans l'histoire de la contagion des cultes de l'Orient sur les Grecs de la *Diaspora*.

Les royaumes gréco-bactriens et gréco-indiens

Contemporains du règne d'Asoka, des événements de grande conséquence agitent les satrapies les plus orientales de l'Empire séleucide, Bactriane et Sogdiane. La Bactriane est la plaine située entre l'Hindou-Kouch et l'Oxos (aujourd'hui Amou-Darya), autour de Bactres comme capitale. Entre l'Oxos et l'Iaxarte (aujourd'hui Syr-Darya), sur les bords duquel Alexandre avait établi une Alexandrie dernière, c'est la Sogdiane avec la belle oasis de Maracanda (Samarcande). Ces deux provinces steppiques sont d'une merveilleuse fertilité, quand elles sont irriguées. Bactres est en outre un des grands nœuds de communication de l'Asie : les routes venant de l'Inde et de la Chine y confluent et se prolongent à travers l'Asie antérieure jusqu'à la côte méditerranéenne.

Ces régions étaient trop éloignées d'Antioche pour rester longtemps dans la mouvance séleucide. Peu avant 250, le satrape qui les gouverne se proclame indépendant, s'alliant même avec le Parthe contre son ancien souverain, et il prend le titre royal sous le nom de Diodote Ier : il inaugure une série de 39 rois, connus de nous essentiellement par leurs monnaies, mais aussi par quelques textes occidentaux, indiens ou chinois, et qui vont régner sur des royaumes gréco-bactriens, puis gréco-indiens pendant deux cents ans. Leur histoire est particulièrement obscure. Les monarques, dont l'effigie apparaît toujours sur leurs pièces (fig. 87), appartiennent à plusieurs familles qui ont pu constituer une sorte d'aristocratie militaire hellénique. Les limites de leurs États sont douteuses. Souvent plusieurs princes règnent simultanément, soit qu'il y ait fractionnement entre des rivaux, soit que des vice-rois assistent le roi dans l'administration de conquêtes trop étendues.

Pendant une première période, le royaume bactrien s'étend autour du noyau initial. Sous Euthydémos Ier, qui s'empare du pouvoir en assassinant Diodote II, et sous son fils Démétrios Ier, il comprend, outre la Bactriane et la Sogdiane, l'Arachosie (autour de Kandahar) et la Drangiane au sud, l'Arie et la Margiane à l'ouest, une partie du Ferghana à l'est. Euthydémos doit lutter contre un essai de reconquête, dirigé par Antiochos II, qui finalement a la sagesse de se réconcilier avec lui.

Un nouvel accroissement est dû à des princes hardis, qui osent s'aventurer au-delà de la haute barrière de l'Hindou-Kouch, l'une des plus infranchissables du monde, en direction de l'Inde, où, depuis l'effondrement de la puissance maurya consécutive à la mort d'Asoka, règne une grande confusion. Leur objectif est d'abord de conquérir la vallée du Caboul, affluent de rive droite de l'Indus, route naturelle de toutes les invasions : on y localise le Kapiça (haute vallée de la rivière, autour de Kapiçi) et le Gandhara (basse vallée, autour de Peschawer, vallée affluente du Kounar et sans doute partie du Pendjab avec l'important centre de Taxila).

Antimachos Théos et son fils Démétrios II y mènent des expéditions couronnées de succès et la numismatique témoigne de l'extension vers l'Inde d'un royaume jusqu'ici purement iranien ; Antimachos frappe des pièces carrées sur le modèle indien ; avec Démétrios, dont le casque est paré des dépouilles de l'éléphant, apparaissent les légendes bilingues où le titre grec est traduit dans un dialecte pracrit. Vers 190, Eucratidès prend le pouvoir par un coup de force en assassinant Démétrios II et il occupe largement la vallée du Caboul, assez pour se proclamer Mégas (Grand), mais il est tué par son fils au retour de sa campagne.

Fig. 87. Monnaies des dynastes grecs de Bactriane, qui témoignent d'un réalisme puissant. Chaque prince y apparaît avec sa physionomie propre : 1. Antimachos Ier (190-180), coiffé de la *causia* macédonienne, a « une tête intelligente qui évoque celle d'un *condottiere* italien » ; – 2. Hélioclès Ier (155-140) semble presque caricaturé ; – 3. Eucratidès Ier (171-155), casqué, le visage charnu, le menton préominent, l'encolure forte, paraît un aventurier résolu ; – 4. Euthydémos Ier (235-200), diadémé comme Hélioclès, a les traits adipeux, le regard méfiant.

Les années qui suivent la mort d'Eucratidès sont particulièrement troublées. C'est sans doute alors que s'établit une scission définitive entre deux royaumes de part et d'autre de l'Hindou-Kouch : État gréco-bactrien et État gréco-indien. Un Grec originaire d'Alexandrie du Caucase – peut-être un simple villageois par ses origines – Ménandre (en indien Milanda), commence un règne glorieux (155-130). Maître du Kapiça et du Gandhara, il étend sa puissance par les armes dans le Pendjab jusqu'au cours de la Ravi, sinon même plus loin. Allié à des princes indiens, il mène une expédition victorieuse jusqu'à Patalipoutra (Patna). Souverain d'un royaume considérable qui va au moins du Caboul à la Ravi et de l'Udyana à l'Arachosie, il mérite bien les titres dont il se pare sur ses monnaies : *basileus basiléon* (roi des rois) en grec, et *maharaja* (grand roi) en pracrit. Il meurt en campagne, peut-être en essayant d'annexer la Bactriane.

L'intérêt qu'il porte au bouddhisme est grand. On a retrouvé près de Peschawer un reliquaire à son nom et ses monnaies portent l'insigne bouddhique, la Roue de la Loi *(Dharmatchakra)*. Un texte en pali, le *Milandapañha (Questions de Milanda)*, le peint engageant de subtils dialogues philosophiques avec un bouddhiste. « Étonnante figure que celle de ce Grec avisé et disert, déjà si bien adapté au milieu colonial qu'il devait laisser dans l'Église du Bouddha la réputation d'un néophyte plein de déférence, presque d'un saint » (R. Grousset). On ne peut décider s'il y a vraiment eu conversion. Certains pensent que le changement d'épithète qui se constate à la fin de son règne sur ses monnaies marquerait le moment où il est devenu bouddhiste : en effet Soter (Sauveur) fait place à Dicaios (Juste), traduit *Dhramika* sur la légende indienne, c'est-à-dire peut-être celui dont l'idéal est le *Dharma*.

Le règne de Ménandre représente l'apogée de l'hellénisme oriental. Les querelles entre dynasties ou entre rois vont l'affaiblir. Surtout de vastes mouvements de population affectant les steppes de l'Asie centrale submergent les États grecs. Au-delà de l'Iaxarte nomadisent des Barbares, dans un tourbillon inquiétant : ce sont des Iraniens, les Saka (Scythes). Plus loin, dans les oasis du Tarim sont installés des Indo-Européens non iraniens, les Yue-tche des auteurs chinois (sans doute les Tochari des textes latins). Vers le milieu du IIe siècle, ces Yue-tche sont refoulés violemment par les Hiong-nou (conçus à tort comme les ancêtres des Huns). Ils exercent alors une terrible poussée sur les Saka, qu'ils suivent bientôt eux-mêmes dans leur ruée vers l'Afghanistan et vers l'Inde.

Dès 130 les Barbares s'emparent de la Sogdiane : c'en est fait de l'Hellade d'Ouzbékistan. Vers 100, ils conquièrent la Bactriane et les Grecs ne se peuvent maintenir au nord de l'Hindou-Kouch que dans les petits cantons du Badakshan. Les royaumes gréco-indiens subsistent plus longtemps, mais l'unité a fait place au morcellement (il faut sans doute distinguer 5 États) et l'instabilité politique est grande. Le pouvoir y passe de main en main et c'est à peine si l'on devine la figure d'un souverain énergique, Antialcidas. Les États grecs disparaissent vers 75 au Pendjab, vers 70 au Gandhara, vers 50 dans la haute vallée du Caboul qui constitue la dernière place forte de l'hellénisme.

Une civilisation eurasienne

Le plus étonnant, c'est encore que ces royaumes gréco-bactriens, puis gréco-indiens aient pu se maintenir deux siècles. Cette passionnante histoire n'a été possible que grâce à ces *condottieri* dynamiques et habiles dont les profils énergiques ou rusés s'enlèvent sur les monnaies et dont certains ont osé porter leurs armes beaucoup plus loin qu'Alexandre, jusqu'en pleine vallée du Gange. Parés du titre de rois, comme les monarques séleucides ou lagides, dotés des mêmes épithètes qu'eux et parfois même avant eux (Antimachos Théos, Platon Épiphane), ils semblent administrer leurs États à la grecque, avec l'aide de stratèges qui gouvernent les satrapies et ont sous leurs ordres des méridarques (commandants de fractions). La politique d'urbanisation est poursuivie et l'on connaît au moins une Démétrias d'Arachosie, fondée par un Démétrios, et une Dionysopolis dans le Gandhara.

Il est impossible de se faire une idée du nombre des Grecs implantés sur ces terres lointaines. Certains peuvent être les arrière-neveux d'Hellènes très anciennement installés, mais la plupart doivent descendre des colons fixés là par Alexandre ou par les premiers Séleucides. La part des indigènes semble considérable dans l'administration et dans le commerce. Certains paraissent avoir reçu le droit de cité dans des *poleis* grecques : des inscriptions dédicatoires faites dans des grottes près de Bombay conservent les noms d'Indiens qui se proclament *Yavanas*, c'est-à-dire Grecs.

La disproportion numérique, l'attrait de civilisations anciennes et brillantes expliquent que, beaucoup plus qu'ailleurs, les Grecs y subissent l'influence indigène. Les métissages doivent être nombreux : un prince bactrien comme Antimachos Théos a un visage typique d'Eurasien. Dans les royaumes gréco-indiens la contagion des cultes locaux est forte.

La sympathie des rois grecs pour le bouddhisme, qui y est alors très répandu, est visible : outre l'attirance vers une doctrine si humaine d'universelle compassion, il était naturel que des étrangers se tournassent vers la nouvelle religion, accessible à tous, plutôt que vers le brahmanisme traditionnel, dont le système de « couleurs » (classes) était par essence peu perméable à des non-Aryens. L'exemple des rois tel Ménandre est largement suivi. Près d'une dizaine d'inscriptions en pracrit, rédigées dans des alphabets locaux (il est d'ailleurs caractéristique que l'on n'ait point retrouvé dans toute cette zone de textes grecs), sont des dédicaces bouddhiques faites par des Grecs – l'un d'eux est un méridarque, Théodoros, qui offre une cassette à reliques – copies manifestes de formules rituelles indiennes.

Mais le brahmanisme traditionnel exerce aussi son attraction. Certains textes indiens semblent même admettre l'appartenance de l'élément hellénique à la seconde des « couleurs », celle des *kshatriyas* (guerriers). On a retrouvé à Vidiça un pilier offert vers 100 à Vasoudeva, avatar de Vishnou, par un ambassadeur d'Antialcidas, avec cette curieuse inscription : « Le pilier-Garouda [dieu-oiseau, hypostase de Vishnou] de Vasoudeva, le dieu des dieux, a été érigé par Héliodore, un Bhagavata [sectateur du Seigneur], fils de Dion, habitant de Taxila, venu comme légat grec du grand roi Antialcidas au roi Kosipoutra... ». Il n'est pas moins étonnant de voir sur les monnaies d'Antialcidas un type répété à l'envi, avec de multiples variantes : Zeus à l'éléphant. Le dieu grec majeur est représenté avec un symbole emprunté à la mythologie indienne, puisque l'éléphant est le *vahana* (véhicule) d'Indra, lui aussi roi des dieux.

La richesse de ces royaumes est considérable, due à la fertilité du sol comme à l'intensité des relations commerciales. Un grand axe de communication les traverse, qui, venant de Bactres par les passes de l'Hindou-Kouch, atteint Bégram, Taxila, puis, dans l'Inde indépendante, Mathoura, d'où une route gagne Patalipoutra sur le Gange et une autre Barygaza sur l'océan Indien. Tout au long s'alignent d'immenses caravansérails, comme Bactres, carrefour de la voie qui vient de l'Inde par Peschawer et va vers la Méditerranée et des routes de Chine par les oasis du Turkestan ou par la Mongolie, et dont l'ambassadeur chinois Tchang K'ien a laissé une étonnante description. Les fouilles récentes ont révélé une ville grecque à Ai-Khanoum en Afghanistan et, de l'autre côté de l'Hindou-Kouch, des cités quadrillées en damier : Bégram (ancienne Kapiçi, capitale du Kapiça) près de Caboul, fortifiée d'un rempart à double parement de briques sur socle de pierres, et Taxila, où la muraille de 1,2 km de tour englobe une acropole et une ville basse.

Partout circulent les abondantes et remarquables monnaies des souverains grecs, qui dépassent d'ailleurs de très loin l'aire de leur puissance politique. Si trois seulement d'entre eux, Euthydémos Ier, Eucratidès, Ménandre, battent l'or (et parfois des pièces d'un poids étonnant), les séries d'argent et de cuivre sont nombreuses. Au reste, la vraie richesse de ces royaumes provient de leur incomparable situation sur les grandes routes de commerce qui unissent l'Inde et même la Mongolie et la Chine au monde méditerranéen.

Le commerce grec avec les Indes

Une partie de la plaine indo-gangétique a pu s'ouvrir momentanément aux entreprises hardies de ces dynastes. Mais durant tout l'âge hellénistique s'inscrit une autre épopée, celle des marchands qui acheminent vers la Méditerranée les produits de luxe de l'Inde ou de l'Afghanistan : ivoire, pierreries, perles, parfums, épices, mousselines, bois précieux, sans oublier les animaux (éléphants surtout, mais aussi perroquets, chiens, bétail indien qui sont signalés à Alexandrie) et peut-être même des courtisanes.

On peut distinguer trois routes, qui resteront les grandes artères du trafic avec l'Inde à l'époque romaine, mais dont il est bien établi qu'elles existent dès l'époque hellénistique. La plus simple est la voie maritime qui aboutit en Arabie. Elle suppose l'utilisation de la mousson, qui permet d'aller et de revenir rapidement à des dates régulières. Or, la mousson ne semble avoir été connue des Grecs qu'assez tard, grâce à un certain Hippalos : vers 80 avant J.-C. pour les uns, vers 40 de notre ère pour les autres. Mais depuis longtemps marins arabes d'une part, indiens et cinghalais de l'autre avaient remarqué le phénomène et c'est entre leurs mains que se trouve l'essentiel du trafic. Les marchandises débarquent généralement dans le golfe Persique, soit à Gerrha, soit aux bouches du Tigre à Alexandrie-Charax (plus tard appelée

Antioche). Dans le premier cas, elles sont convoyées par les caravanes des Gerrhéens vers Pétra, d'où elles gagnent Gaza et les ports de Syrie ou Alexandrie. Dans le second cas, elles remontent jusqu'à Séleucie du Tigre où elles retrouvent la seconde route.

Une variante de grand avenir s'introduit à très basse époque hellénistique. Strabon nous apprend que 120 vaisseaux partent chaque année de Myos Hormos sur la mer Rouge vers l'Inde : il ajoute que ce sont des marchands d'Alexandrie qui ont pris depuis peu cette initiative, tandis que du temps des Ptolémées rares étaient ceux qui osaient entreprendre la traversée. Cette route, totalement maritime depuis les rives d'Égypte et qui permet donc d'échapper aux exigences des Gerrhéens et des Nabatéens, suppose apparemment – puisqu'il s'agit d'une flotte importante et régulière – que la mousson soit connue (d'où la date que nous proposerions volontiers pour cette « invention » par les Grecs : première moitié du Ier siècle av. J.-C.). Mais Strabon indique formellement qu'elle avait été frayée auparavant, au moins par des isolés.

Une seconde route, entièrement terrestre, part de la vallée de l'Indus ou des ports situés au sud de son delta, emprunte les passes de Peschawer, traverse les États des monarques gréco-bactriens, puis la Parthie (quand elle est devenue indépendante) et le royaume séleucide par Alexandrie de Margiane (Merv), les portes Caspiennes, Rhagai (près de Téhéran), Ecbatane, Séleucie du Tigre (où la rejoint le trafic provenant d'Alexandrie-Charax) et Doura-Europos, d'où elle bifurque soit par Damas ou Palmyre vers les ports phéniciens, soit vers Antioche et, par le Taurus, vers Éphèse. Une variante plus septentrionale permet de gagner directement la côte anatolienne par Nisibe, Édesse et Sardes.

Des indications complémentaires dans Strabon et dans Pline l'Ancien permettent sans doute de reconstituer une troisième route, commune avec la précédente jusqu'en Bactriane. Elle emprunte l'Oxos, de navigation fort aisée nous dit-on, la Caspienne (que pourtant Strabon déclare non navigable), remonte le Cyros et descend le Phase jusque dans le Pont, d'où l'on gagne facilement la Méditerranée. Il reste d'ailleurs des points obscurs, notamment le passage jusqu'à la Caspienne (certains ont été jusqu'à supposer, à tort, que l'Oxos se jetait alors non dans la mer d'Aral, mais dans la Caspienne) : peut-être était-il facilité par l'Ochos (auj. Tedjend ?), que son nom a souvent fait confondre par les anciens avec l'Oxos.

Sur chacune de ces trois voies le rôle des intermédiaires est considérable et il ne faut point imaginer que des marchands grecs aient convoyé les marchandises d'un bout à l'autre de leur long trajet. La route maritime est essentiellement entre les mains de marins arabes ou indiens, que relaient les caravaniers d'Arabie. La grande route terrestre suppose aussi une série de transmissions : le nom du poivre *(piperi)*, qui est indien, est donné comme perse dans un traité hippocratique de la fin du IVe siècle, parce que le produit arrive aux Grecs par la Perse. Le rétrécissement successif des États séleucides rend d'ailleurs les deux dernières routes de plus en plus difficiles : on est assez tôt obligé de traverser la Parthie indépendante, et même à partir de 100 les principautés saka qui se sont installées sur les ruines du royaume gréco-bactrien.

Dans ce commerce, la balance est nettement défavorable au monde grec, qui achète beaucoup plus qu'il ne vend, ce qui explique en partie son appauvrissement progressif en métaux précieux. Cependant des objets de grand luxe transitent vers l'Orient sur ces mêmes routes, ainsi qu'en témoignent les fouilles si instructives de Bégram.

Bégram devient aux premiers siècles de notre ère la capitale d'été des empereurs « indo-scythes », dont le grand Kanishka. Dans les ruines du palais royal, détruit lors de la prise de la ville par Sapor Ier en 241 ap. J.-C., on a découvert un extraordinaire trésor, lentement accumulé et composé de pièces hellénistiques, d'objets iraniens, d'ivoires indiens, de laques chinois : étrange rencontre de ce que quatre civilisations ont produit de plus beau ! Les documents grecs, variés de matière (bronze, verre coloré, cristal, porphyre, et même plâtre), proviennent pour la plupart d'Égypte, bien que certains puissent être attribués à la Syrie séleucide. Les sujets sont des plus divers : Phare d'Alexandrie, paysage portuaire, Homère, Sophocle et les Muses... Les figurations religieuses sont nombreuses : rapts de Ganymède et d'Europe, Tyché, Sarapis-Héraclès portant à la fois *modius* et massue, Éros joufflu avec un papillon représentant l'âme, Dionysos assistant à la cuisson rituelle du porc, Bacchos enfant,

On ne peut s'empêcher de méditer sur l'étonnante attirance de l'art hellénique sur les rois indiens, ni sur le chemin démesuré que ces pièces de grande valeur ont fait jusqu'à Bégram. Encore Bégram n'est-il qu'une étape sur la route qui, au cours des siècles suivants, véhiculera lentement l'influence grecque jusqu'en Chine !

L'art gréco-bouddhique et l'art gréco-bactrien

Les trouvailles de Bégram, auxquelles il faudrait ajouter celles de documents ioniens ou d'énigmatiques polyèdres alexandrins à Taxila, montrent que, dès l'époque hellénistique, donc bien avant que le commerce romain ne fasse affluer des objets gréco-romains, des pièces de haute qualité en provenance de la Méditerranée parviennent dans le monde indien. Ainsi s'explique l'influence profonde de l'art grec sur l'art bouddhique contemporain. Encore faudrait-il plutôt parler d'influence occidentale, car l'apport hellénique s'accompagne souvent de souvenirs iraniens, voire mésopotamiens.

L'innovation capitale qui caractérise l'art maurya est le remplacement du bois par la pierre, le grès généralement, et l'on a voulu y voir une imitation de l'art gréco-iranien. Les monuments d'Asoka semblent surtout dénoter des apports perses : la grande salle hypostyle du palais de Patalipoutra rappelle la salle du trône de Darius à Persépolis et les admirables colonnes à chapiteau campaniforme, surmontées d'animaux d'un extraordinaire poli, dont il parsème son empire ont des liens évidents avec des œuvres achéménides. Mais déjà la technique témoigne d'influences grecques qui tempèrent la sécheresse du modelé achéménide, à tel point que l'on a considéré comme possible la venue d'artistes séleucides à la cour de Patalipoutra.

Sous la dynastie des Çounga (176-64), l'influence grecque s'accentue, au moment même où se constitue définitivement l'iconographie des vies antérieures du Bouddha. L'œuvre maîtresse est représentée par le grand *stoupa* (dôme hémisphérique entouré d'une balustrade munie aux quatre points cardinaux de portiques ou *torana*) de Santchi. Si l'inspiration d'ensemble est bien bouddhique et si elle dénote plus profondément une passion spécifiquement indienne pour la vie végétale et animale, une sorte de paganisme dru animé par la croyance dans l'unité de toutes les formes du vivant, certains raccourcis audacieux ne s'expliquent que par une connaissance nouvelle des techniques helléniques. Les motifs grecs sont plus nets encore dans une œuvre à peu près contemporaine, l'enceinte de Bodh Gaya, où le quadrige cabré de Sourya, le dieu solaire, et mieux encore le Centaure d'un médaillon sont des thèmes d'importation.

L'art çounga, qui règne essentiellement sur l'Inde centrale, s'interdit formellement, sur les reliefs et à plus forte raison en ronde bosse, la représentation du Bouddha, seulement évoqué par des symboles transparents. D'autre part l'hellénisme y reste tamisé et modeste. Il appartient à l'époque suivante, l'ère kouchana, de développer dans le Gandhara une sculpture où le grand Compatissant lui-même est figuré et où les influences grecques se donnent libre cours. Bouddha y apparaît sous les traits juvéniles d'Apollon, le nez dans le prolongement du front, la bouche bien dessinée. Seules les lourdes paupières et l'empâtement du visage accusent le type oriental. Il porte des signes distinctifs : chignon, point de sagesse entre les yeux, lobes des oreilles allongés. Son manteau monastique est un véritable *himation* aux plis savamment concentriques. De même Zeus sert de modèle au génie de la foudre ou les Ménades aux Nagi, tandis que d'autres pièces montrent Athéna ou le cheval de Troie avec Cassandre.

Les plus beaux exemplaires de cet art du Gandhara – qui fait vite école tant à Mathoura qu'à Amaravati –, les reliefs et statues de schiste bleu du Ghandara et les figurines de stuc de Hadda (Afghanistan) ou de Taxila, datent de la période romaine (IIe-Ve siècles). Ils sont à mettre en liaison avec la protection éclairée accordée au bouddhisme par le plus grand des souverains kouchana, Kanishka, avec la prospérité incomparable de son empire, avec le développement du bouddhisme du Grand Véhicule. Mais il est certain à notre sens, bien que la chose soit contestée, que son apparition est beaucoup plus ancienne et qu'elle remonte aux environs de l'an 100 : c'est dans le royaume gréco-indien que les influences helléniques, venues d'Alexandrie et de Syrie, ont pu se manifester avec assez de force pour rompre les tabous de l'aniconisme. La création de la sculpture gandharienne est donc contemporaine des enceintes de Santchi ou de Bodh Gaya.

Ainsi les divinités et les héros de la religion grecque fournissent au bouddhisme son iconographie, comme ils le feront peu après pour le christianisme. Mais, paradoxalement, la tradition hellénique restera plus forte en Asie qu'en Occident. Au cours d'un millénaire environ, le Bouddha-Apollon conquiert peu à peu les Indes, l'Asie centrale, l'Indochine, la Chine, la Corée, le Japon, non sans évoluer et se déformer insensiblement. Il est peu de répercussions aussi inattendues de l'hellénisme. Le plus beau des dieux grecs chemine lentement avec les progrès de l'évangélisation bouddhique : tel un caillou lancé dans l'eau, autour duquel se développent des ondes de plus en plus lointaines.

Des fouilles récentes permettent de saisir un phénomène voisin de celui de la création d'un art gréco-indien : la naissance d'un art gréco-bactrien. À Khaltchayan, dans les ruines d'une ville située sur les bords d'un affluent de l'Amou-Darya, on a retrouvé un lot de sculptures manifestement inspirées de modèles hellénistiques, d'ailleurs profondément transformés selon le goût ou les usages iraniens. Une Athéna porte un casque bactrien et une robe collante à manches. Son visage, dénué de la sérénité virile propre à la fille de Zeus, a une expression d'une douceur féminine et si individuelle qu'elle doit reproduire les traits d'une reine saka. Niké apparaît sur plusieurs figurations, mais dans une ambiance religieuse ou politique nettement locale : sur un bas-relief, elle plane au-dessus d'un buste de Mithra ; sur un médaillon de terre cuite, elle couronne un roi assis sur un trône zoomorphe, coiffé d'un chapeau pointu, son vizir à son côté. Il est notable que ces remarquables créations datent de la période qui suit la ruine du royaume gréco-bactrien, ruine qui n'empêche pas la diffusion de l'hellénisme au moins dans l'art le plus officiel, car les statuettes de terre cuite du même site, d'une typologie extrêmement variée, restent indigènes.

Les contacts intellectuels

Les rapports de l'Inde avec l'Occident ne se limitent pas à l'échange de produits de luxe ni aux leçons de l'art grec. Une meilleure connaissance des deux mondes s'instaure. Certes ces contacts ne sont pas nouveaux. Certains éléments orientaux du pythagorisme peuvent être indiens. En tout cas, la « grande année » de 10 800 ans qui, d'après Héraclite, permet aux astres de retrouver leurs positions l'est vraisemblablement. Aristoxène de Tarente, disciple d'Aristote, rapporte la visite à Socrate d'un sage indien, qui lui enseigne qu'on ne peut connaître les choses humaines sans connaître les choses divines : vraie ou fausse, l'anecdote ne paraissait point absurde. L'histoire des sciences (astronomie et médecine surtout) fournirait aussi des exemples de cette même influence d'est en ouest. Les traités hippocratiques connaissent des médications indiennes. Le *Des vents* rend compte de la maladie par la circulation du vent dans le corps, selon les spéculations brahmaniques. Le Platon du *Timée* explique l'équilibre corporel par trois substances essentielles, air, phlegme et bile, doctrine classique dans la physiologie indienne.

Mais les ambassades et le commerce multiplient dans les royaumes méditerranéens les informations sur l'Orient lointain. On admire la vie exemplaire et les traits de sagesse des gymnosophistes. La fameuse conversation de Cinéas avec son maître Pyrrhos sur la vanité des ambitions rappelle de curieuse manière un dialogue entre le roi Koravyo et le Bouddha Ratthapalo.

Dans bien des cas d'ailleurs, on ne peut sans doute pas parler d'influence : par exemple dans le développement d'une véritable sophistique dans l'Inde et en Chine, contemporaine de celle de la Grèce ; de même si, un siècle après Zénon, le Chinois Houei-tseu soutient qu'un bâton qu'on raccourcit chaque jour de moitié n'a pas de fin, il n'a manifestement pas pu connaître son prédécesseur hellénique. Mais une osmose difficile à définir s'établit entre des zones de haute civilisation que tant de liens réunissent désormais : nous avons signalé que les conceptions de la royauté sont voisines, que l'apathie ou l'ataraxie ne sont point trop éloignées du *nirvana*. Déjà Mégasthène, légat de Séleucos Nicanor à Patalipoutra et qui avait laissé de son voyage un récit qui semble avoir été l'une des principales sources hellénistiques sur l'Inde, avait noté des rapprochements de mœurs ou d'idées.

Assurément il reste fort à faire. Strabon déplore encore l'indigence des informations sur l'Inde. L'époque romaine seule donne son vrai développement aux échanges intellectuels, grâce à l'intensification du commerce. Alors l'Inde s'initie à l'astronomie, à l'astrologie, à la médecine des Grecs et imite peut-être leur théâtre. Inversement on peut soupçonner une influence indienne sur le roman hellénique ou sur la pensée des Gnostiques et de Plotin. La mousson rapproche deux mondes qui depuis des siècles étaient déjà loin de s'ignorer.

Les Grecs, la steppe asiatique et la Chine

On a peine à admettre qu'il ait existé des relations plus lointaines encore, avec le monde de la steppe (occupée par des Iraniens, Saka et Sarmates, et plus à l'est par des Mongols) et la Chine. Elles sont pourtant indéniables, quoique sporadiques et entrevues seulement au hasard de quelque trouvaille archéologique.

Là encore la Bactriane joue un rôle capital. Des pistes interminables et où le voyageur doit franchir des passes difficiles et supporter les affres de la soif la réunissent de longue date au monde chinois. Deux surtout doivent être prises en considération. La première gagne Kachgar par les vallées du Pamir et contourne, soit au nord (par Aksou, Tourfan, Kantchéou), soit au sud (par Khotan, Touen-houang, Kantchéou), le bassin désertique du Tarim : ensuite le chemin n'est point trop malaisé vers la Chine. La seconde pique au nord vers Samarcande, d'où l'on peut rejoindre la section septentrionale de la première à Aksou, ou bien continuer vers le nord-est pour atteindre le fleuve Jaune par la Mongolie. Les textes chinois connaissent bien Ta-yuan (Ferghana), annexé au moins en partie par les dynastes bactriens, et Ta-hia (Bactriane). Ils fournissent des renseignements précis sur la conquête du royaume bactrien par les Yue-tche. L'empereur Wouti envoie en Bactriane une mission d'information, dirigée par Tchang K'ien (138-125 environ), dont le récit est utilisé et partiellement reproduit vers 100 par Sseu-ma Ts'ien : il mentionne en particulier au Ferghana de nombreuses villes fortifiées qui ne peuvent être l'œuvre que des Grecs.

Ce texte précise les difficultés des commerçants du Ferghana soucieux d'entrer en relations *directes* avec la Chine. Ces relations directes ne semblent réalisées qu'en 106, lors de la première caravane chinoise vers la Parthie par Bactres. Mais des échanges effectués par un chapelet d'intermédiaires existaient déjà auparavant, convoyant des étalons pour les haras chinois et en sens inverse des soieries, des fourrures, du minerai de fer à haute teneur et des métaux précieux. À preuve les pièces de cupronickel frappées vers 170 par des rois bactriens, Euthydémos III, Agathoclès et Pantaléon, et qui, vu le haut point de fusion du nickel, ne peuvent à cette époque provenir que d'un alliage naturel : s'il était sûr qu'un tel alliage ne se trouve qu'au Yunnan (ce qui a été récemment mis en doute), on aurait là le témoignage d'un trafic Chine-Bactriane dès le début du IIe siècle. D'autre part le nom de la soie est bien connu en Méditerranée avant l'ère chrétienne.

Fig. 88. Coupe d'or, provenant de Sibérie. Cette coupe hellénistique, ornée d'une riche décoration végétale, doit avoir été produite dans le monde grec oriental avant d'être introduite en Sibérie par le commerce bactrien. Leningrad, Musée de l'Ermitage.

Il y a aussi des objets occidentaux jalonnant l'une ou l'autre des routes. Des monnaies du Bosphore (IVe siècle) dans la vallée de l'Ili (tributaire du lac Balkhach). Des lainages d'Anatolie dans les « tombeaux gelés » des chefs sarmates (Altaï septentrional). Des tissus grecs, bactriens, syriens ou pontiques, de la fin du IIe siècle, découverts par la mission Koslov en pleine Mongolie, à Ourga. Un vase de verre alexandrin avec une tête d'Athéna (IIe siècle) au Ho-nan, dans la vallée moyenne du fleuve Jaune. On a parlé d'une influence artistique de l'hellénisme en Sibérie méridionale aux IIe-Ier siècles, la route du nord drainant aussi vers

Bactres l'or sibérien (fig. 88), voire sur l'art du royaume Han (cette dernière sans doute plus tardive). Dans des textes du Khotan (Turkestan chinois) du IIIe siècle de notre ère, on trouve des mots grecs signifiant statère, drachme, camp militaire, et d'aucuns ont supposé qu'ils remontaient au temps des royaumes gréco-bactriens. Le nom chinois de la vigne *(Pou T'ao)* pourrait être une transcription du grec *botrys* (la grappe), la vigne ayant peut-être été introduite en Chine à la suite des contacts sino-bactriens.

Au reste, la Bactriane n'est pas le seul centre de relations entre mondes grec et chinois. Des routes terrestres et maritimes relient la Chine à l'Inde. Les royaumes indo-grecs tirent sans doute leur or du Yunnan. Il y a dans la Taxila hellénistique des jades chinois, une coquille japonaise et aussi une statuette, apparemment grecque, représentant un gorille, unique témoignage d'un possible contact avec la péninsule indochinoise. Même après l'occupation de la Bactriane par les nomades, donc le ralentissement du commerce terrestre, il existe des liaisons par mer entre l'Inde et la Méditerranée, grâce auxquelles ont pu être envoyés des objets chinois, la soie notamment. Enfin, il semble bien établi que la piste septentrionale qui vient de Chine par la Mongolie, contournant très au nord l'énorme massif central de l'Asie, n'aboutit pas nécessairement à Samarcande et à Bactres, mais qu'une dérivation gagne directement Olbia sur la mer Noire.

Mais il faut bien reconnaître que tout cela est peu de chose et qu'on est loin encore de l'ambassade de Marc-Aurèle à l'empereur de Chine en 166.

Du Bou Regreg au Gange, de l'Elbe au Nil bleu, le seul facteur capable d'unifier quelque peu un monde à la chatoyante diversité, c'est la diffusion de l'hellénisme. Mais les modes de pensée et de vie des Grecs sont inégalement assimilables, selon l'éloignement, le caractère ethnique et surtout le degré de civilisation. Si Rome sort totalement transformée de son contact avec les royaumes hellénistiques, si les Celtes, les Ibères ou les Nubiens s'élèvent grâce à eux à une existence plus humaine, les Indiens ne lui doivent guère qu'un sens nouveau de la beauté.

Partout d'ailleurs l'hellénisme s'impose non par la force, mais par son indéfinissable séduction. Il gagne les peuples soumis, mais aussi les Romains politiquement victorieux des Grecs, les Parthes ou les Scythes affranchis de leur tutelle. Le fameux mot d'Horace (*Épîtres*, 2, 1, 156) sur « la Grèce vaincue qui a vaincu son farouche vainqueur » s'appliquerait à bien d'autres nations qu'à la Rome républicaine.

Aussi céder aux séductions de l'hellénisme n'est-il jamais, pour aucun peuple, renoncer à lui-même ; c'est trouver les moyens de s'accomplir pleinement, de mieux s'exprimer, d'accéder à une vie plus humaine. D'où l'importance de l'art, qui répand des formes suprêmement harmonieuses, un langage où matière et esprit semblent communier, une syntaxe qui recèle l'articulation la plus savante des apparences et de la réalité essentielle. Pour les meilleurs l'hellénisme a été une *libération*, l'accès aux temples sereins, la délivrance des superstitions et des ritualismes. Pour tous il a été une *révélation*, une prise de conscience aiguë de leurs propres virtualités, un moyen d'approfondir leurs croyances les plus intimes. L'austère visage des héros d'Entremont ou le sourire désabusé des Bouddha du Gandhara peuvent être ainsi également fils de la Grèce.

Conclusion générale

Une autre aventure commence, avec l'annexion progressive des royaumes hellénistiques par Rome. Mais elle n'est pas entièrement différente. D'une part, toute la partie orientale de l'Empire reste grecque, de langue et de culture. La Grèce elle-même connaît au IIe siècle apr. J.-C. une renaissance, marquée par des hommes aussi divers que Plutarque, Lucien et Pausanias. D'autre part, en Occident les provinces les plus dynamiques sont longtemps celles qui avaient été pénétrées par l'hellénisme : la Bétique, la Tarraconaise, la Narbonnaise, l'Afrique. Rome elle-même est entièrement hellénisée : elle répand partout une éducation rhétorique héritée des Grecs, un art qui reste dans la ligne de l'art hellénistique jusqu'à la rupture du IIIe siècle, une littérature fondée sur des modèles grecs, une religion qui résulte d'un syncrétisme gréco-oriental et la pensée stoïcienne qui devient sous les Antonins comme une philosophie d'État. La monarchie autocratique comme les rouages de l'administration provinciale sont un legs des royautés hellénistiques.

Lors de la crise qui, au IIIe siècle, ébranle le monde romain jusque dans ses fondements, c'est dans une résurrection du platonisme que Plotin et ses disciples trouvent de nouveaux ferments de vie spirituelle. Peu à peu gagne du terrain une religion orientale qui, dès le IIe siècle, n'a pas dédaigné d'assimiler le meilleur de la pensée ancienne. L'apologiste Justin ose écrire : « Socrate avait été une incarnation du *Logos* ; le

Christ en fut une autre plus complète, puisqu'il est la vérité absolue. »

Après la séparation définitive de l'Empire en deux moitiés, l'Occident est de moins en moins pénétré d'hellénisme, bien que les lettres grecques y soient encore pratiquées quelque temps. Mais dans l'Orient, où la pression des Barbares a été moins forte, le *basileus* byzantin peut jusqu'en 1453 se poser en héritier direct des empereurs romains et des monarques hellénistiques. Le platonisme éclaire de ses rayons Constantinople au XIe siècle avec Psellos, et Mistra au XVe avec Gémiste Pléthon. En Occident même l'hellénisme est un ferment puissant de renouveau dans la renaissance carolingienne comme dans le *Rinascimento*, dont érudits et poètes « feuillettent de main nocturne et journelle les exemplaires grecs ».

Sans même descendre plus avant dans le temps, il faut donc reconnaître que, non content de se survivre dans la civilisation de Rome, dont le rôle historique, indépendamment de sa brillante réussite politique dans l'unification du monde méditerranéen, aura été essentiellement de servir de relais à la culture grecque, l'hellénisme byzantin ou même antique jette bien des rayons dans les ténèbres médiévales et suscite le renouveau qui ouvre l'ère moderne.

L'ampleur et la permanence d'une telle influence ne peuvent laisser indifférent l'historien. Nous ne considérons plus, ainsi que Renan, le « miracle grec » comme une création absolue, comme un *Fiat lux*, et nous savons bien tout ce que les Grecs, dans leur souplesse, ont emprunté aux Orientaux et aux Préhellènes. Eux aussi servent de relais, entre les premières réussites de l'humanité historique dans les Empires d'Orient et Rome qui les a transmises au Moyen Âge et à nous-mêmes. D'autre part, nous ne saurions en aucun cas tourner nos regards vers la Grèce comme vers un âge d'or : que l'on songe seulement à l'esclavage, aux horribles expositions d'enfants, à la pédérastie institutionnalisée, dans laquelle Platon voyait, tout autant que dans la gymnastique ou dans la philosophie, une caractéristique des Grecs par rapport aux Barbares, ou à la désunion constante qui a fait de l'histoire grecque, de Mycènes à l'époque hellénistique, une suite quasi ininterrompue de sanglants conflits. « Athènes n'a été que l'image rudimentaire du paradis » (J. L. Borges).

Reste cependant ce dynamisme essentiel, élément permanent au cours de deux millénaires et qui survit même à l'écrasement politique du monde grec. Sa première cause, la plus patente, est à chercher dans l'énergie, dans la constance, dans l'obstination d'un petit peuple, non moins remarquables que celles qu'à juste titre nous admirons dans le développement continu de l'histoire romaine. Cet acharnement est aussi visible dans les efforts pour créer des formes politiques ou pour ouvrir des débouchés économiques que dans l'ardente et joyeuse inquiétude de l'esprit à la conquête de la vérité. Le Socrate du *Phèdre* ne veut pas que ses compagnons s'endorment pour la sieste : mieux vaut dialoguer, pour que les cigales messagères aillent dire aux Muses qu'ils pratiquent philosophie et musique, deux disciplines sœurs comme le sont leurs divines patronnes. Il y a tout au long des siècles une visée persévérante, que symbolise à basse époque la vieille image homérique de la chaîne d'or, devenue l'allégorie de ce lien puissant qui unit toutes les générations dans la recherche du vrai. D'où cette jeunesse qui entraîne et qui séduit dans l'hellénisme. « Vous autres Grecs, vous êtes toujours des enfants : un Grec n'est jamais vieux. Vous êtes tous jeunes par l'âme », disait déjà à Solon, d'ailleurs non sans quelque condescendance, le prêtre égyptien du *Timée* de Platon (22 b).

Au centre de cette recherche se devine comme une constante la quête des moyens qui permettent d'être pleinement homme. Homme parmi d'autres hommes, d'où cette préoccupation essentielle du politique et l'ardente aspiration vers des formes de société – fort variables d'ailleurs selon les temps : royaumes achéens ou hellénistiques, cités archaïques ou classiques – qui n'écrasent point l'individu. Homme dans un *cosmos* qui le dépasse infiniment, mais dont il peut se rendre maître, par l'établissement de relations harmonieuses avec les puissances surnaturelles, et surtout par l'élaboration d'une cosmologie et d'une science qui en pénètrent les arcanes. Homme enfin face à face avec lui-même et qui doit se donner les moyens de maîtriser ses instincts et de dominer son destin.

D'où les deux caractéristiques qui, dans une analyse sommaire, définissent au mieux l'hellénisme : ordre et mesure. L'ordre est le triomphe de l'esprit, ainsi que l'enseignait Anaxagore : il est subordination raisonnable des éléments inférieurs aux éléments supérieurs, obtenue par une dure victoire, où l'on doit d'abord se vaincre, ou mieux se dépasser soi-même. Non moins difficile à atteindre est la mesure, qui naît de l'appréciation raisonnée des puissances et des limites de l'homme et qui l'arrache aux excès des impérialismes orientaux comme à la violence des passions.

Rien d'étonnant donc que les Grecs se soient obstinément refusés à mutiler l'homme, à brimer l'une quelconque des composantes qui lui donnent son unité. Le corps a sa place, et qui est grande, dans l'éducation. Le sensibilité n'est maîtrisée que pour prendre sa pleine valeur. De fait, il n'est guère de sentiments humains qu'ils n'aient ressentis et auxquels ils n'aient donné une expression définitive, de la sollicitude troublée d'Hector faisant ses adieux à Andromaque aux frémissements amoureux des poètes bucoliques, de la fierté du citoyen se sacrifiant pour sa patrie à la dévotion la plus mystique.

Une part primordiale est accordée à l'esprit et le plus beau titre de gloire de l'hellénisme est peut-être d'avoir fondé la science rationnelle et la philosophie. Mais les créateurs du rationalisme ont fait leur place aux puissances les plus obscures de l'âme. Sur l'Acropole voisinent le temple de la Raison, personnifiée sous les traits d'Athéna, et le sanctuaire d'une antique déesse-ourse, Artémis Brauronia. L'époque hellénistique voit aussi bien le triomphe du mysticisme que l'apogée de la science antique.

Point d'harmonie sans un équilibre délibéré entre les puissances qui font l'homme. Et cette harmonie est essentielle, parce que, de toutes les valeurs, les Grecs n'en prisent aucune plus que le beauté. « Seule la beauté a obtenu, dit Platon (*Phèdre*, 250 d), le lot de pouvoir être ce qui est le plus en évidence et ce dont le charme est le plus aimable. » Elle est la qualité essentielle que les dieux estiment dans les consécrations qu'on leur offre. Elle ne se sépare point de la vertu, puisque l'idéal humain est le *calos cagathos*, l'homme à la fois beau et bon. Pour Platon, toute la dialectique de l'amour s'élance vers la Beauté, qui est Dieu, et les Stoïciens font un artiste du feu suprême qui anime le monde. Elle ne se sépare d'ailleurs point de l'intelligence, puisqu'elle naît de subtiles proportions mathématiques, de canons où l'esprit impose sa loi à la matière. Elle est à la fois conquérante et conquise au terme d'un violent arrachement. Elle est le lot des dieux immortels, mais aussi des hommes mortels qui trouvent en elle le plus sûr moyen de s'égaler à la divinité.

Ultime symbole de l'hellénisme, Hypatie la géomètre, fille du dernier des philosophes du Musée d'Alexandrie, platonicienne émérite, parcourant la ville suivie de ses disciples qu'elle enchaîne par sa beauté autant qu'en leur révélant la projection de la sphère, et qui meurt un jour de 415, lapidée par des chrétiens, assez ingrats pour persécuter en elle l'hellénisme auquel ils devaient l'une des meilleures parts de leur foi.

Postface à la troisième édition (1977)

L'AVENTURE GRECQUE DANS LE MOUVEMENT DE L'HISTOIRE

Il faudrait, pour réactualiser cet ouvrage, tenir compte des mutations en profondeur de l'histoire grecque depuis deux décennies. La problématique s'est considérablement élargie avec une réflexion qui porte à la fois sur les modes concrets et spécifiques d'évolution des formations sociales de l'Antiquité et sur la théorie de ces sociétés[1]. Cette réflexion se développe dans plusieurs directions et impose aujourd'hui de relire et de réorganiser les données pour les intégrer dans des analyses globales :

– *sur les voies et modes de développement des sociétés de l'Antiquité* : passage des sociétés tribales grecques (c'est-à-dire indo-européennes) aux despotismes mycéniens ; voies de transition aux royaumes homériques après l'effet de rupture des migrations doriennes ; genèse de la cité et évolution de cette forme étatique qui se révèle éminemment plastique ; mise en place des monarchies hellénistiques à partir de la royauté macédonienne, du constat d'échec de la *polis* dressé par des idéologues grecs du IVe siècle, des despotismes orientaux fondés sur le mode de production « asiatique » encore en place en Égypte et en Asie ;

– *sur la pluralité des formes et des rythmes de développement* : spécificité des cités archaïques selon leur degré de développe-

1. *Cf.* P. Lévêque, « Problèmes théoriques de l'histoire des sociétés antiques », dans *Aujourd'hui l'histoire*, Paris, 1974, pp. 71-93.

ment ou, à niveau quasiment égal, selon des facteurs complexes et difficiles à analyser (c'est le cas par exemple de Sparte et d'Athènes) ; spécificité des cités coloniales, en rapport notamment avec leur implantation géographique, avec l'évolution des « Barbares » avec qui elles sont en contact... ; spécificité des grands royaumes hellénistiques – ce qui exclut la possibilité de définir des « modèles » ;

– *sur les relations dialectiques qui unissent les diverses instances d'une formation sociale* : ainsi les décalages qui s'instaurent à l'intérieur des cités entre le niveau des forces productives d'une part et d'autre part les formes poliades, les rapports sociaux et les représentations idéologiques apparaissent comme fondamentaux, si l'on veut rendre compte de l'accroissement des contradictions, partant des mutations que l'on enregistre.

En conséquence, dans une histoire des États grecs (premières sociétés tribales, royaumes achéens, royaumes homériques, cités-États, monarchies hellénistiques), il faut prendre en compte :

– *les conditions de leur genèse*, avec une attention particulière à leur niveau de développement, aux rapports de force qu'ils entretiennent avec les États voisins, aux bricolages idéologiques qui contribuent à leur mise en place (par exemple la genèse du syncrétisme créto-mycénien) ;

– *les formes qu'ils revêtent aux différents moments de leur complexisation ou de leur dissolution* : l'évolution de la cité est particulièrement longue et intéressante depuis les premières formes autonomes – qui développent vite des impérialismes vigoureux (à Sparte et à Athènes par exemple), désormais facteur déterminant dans la mutation de la formation sociale – jusqu'aux cités-municipes des royaumes hellénistiques, entièrement soumises à l'autorité du roi malgré le respect apparent dont elles sont l'objet ; la dissolution des monarchies hellénistiques d'Orient ne peut s'expliquer uniquement, comme on l'a trop souvent fait, par la médiocrité et les tares des princes et par les intrigues auliques ;

– *les mutations de leur base sociale* en liaison avec l'évolution des rapports sociaux de production, avec les formes qu'y revêtent les antagonismes (la prise en charge des cultes chthoniens du *démos*, la possibilité pour ses membres d'accéder aux magistratures et au conseil apparaissent comme des revendications fondamentales dans les premiers siècles de la cité, d'une manière qui n'est paradoxale qu'en apparence), avec les modalités du prélèvement du surproduit, avec les formes de domination, avec le rôle de la contrainte extra-économique dans des sociétés où la force de travail principale est fournie par des dépendants (c'est-à-dire des travailleurs dont la condition est « intermédiaire entre la liberté et l'esclavage », tels les Hilotes de Sparte et les paysans des royaumes achéens ou de l'Égypte hellénistique) et par des esclaves (avec l'analyse nécessaire de ce mot, car le *doero* mycénien n'est ni l'esclave patriarcal des épopées, ni l'esclave-marchandise de l'Athènes classique).

Quant aux idéologies, trop longtemps analysées pour elles-mêmes et dans le morcellement de leurs formes spécifiques, elles jouent un rôle essentiel pour générer un consentement minimal des dominés à l'exploitation dont ils sont l'objet, partant pour organiser certaines conditions essentielles pour la reproduction sociale, qu'il s'agisse des cultes naturistes des royaumes mycéniens bien propres à aliéner les masses rurales, de l'idéologie poliade fondée sur la *koinonia* (communauté) et sur l'*homonoia* (union des cœurs) qui gomment la réalité des contradictions, de la théorie des inégalités naturelles développée par Aristote qui justifie l'esclavagisme, de la surnaturalisation du despote dans les monarchies hellénistiques. Par là, dans la diversité de leurs formes et de leurs modes d'intervention, elles se révèlent comme un lieu et un enjeu dans les luttes engendrées par toutes les contradictions au sein desquelles se transforment ces sociétés, où elles jouent un rôle moteur.

C'est dans le sens du renouvellement de la problématique que, faute de pouvoir procéder à une réfection générale de l'ouvrage, j'ai voulu insister ici sur la nature et les formes des rapports sociaux, sur les articulations qui les lient aux formes étatiques et aux systèmes idéologiques, sur la place qui revient à leurs transformations dans la dynamique des sociétés grecques aux divers moments de leur histoire.

Le deuxième millénaire

Les sociétés mises en place par les migrations des premiers Grecs sont des sociétés tribales indo-européennes, avec un roi de type *raja/rex/rix* qui n'est que le premier des chefs. Mais le développement des forces productives et les besoins de la défense entraînent un renforcement de la royauté. On passe d'un État tribal à un État rigoureusement organisé autour du *wanax* : la monarchie mycénienne est une monarchie palatiale et bureaucratique, s'appuyant sur un instrument technique indispensable, l'écriture, qui – par la médiation d'un corps de scribes – assure la circulation des informations et des décisions dans le corps social. L'emprunt à la Crète est patent pour l'ensemble de la structure, écriture évidemment comprise, et ce n'est pas un hasard si le terme même de *wanax* n'est pas d'origine grecque et si le palais comporte tant d'éléments empruntés au palais des minos, sans qu'il soit besoin de rappeler que cet emprunt ne s'est révélé possible qu'à un certain niveau de développement des forces productives, de la production, des échanges et devant l'urgence des menaces d'agression de la part de communautés voisines ou de puissances étrangères.

Il est donc maintenant rigoureusement impossible de se représenter l'État achéen comme de type féodal avec un roi entouré de grands vassaux. Le *wanax* est un despote oriental, comme les minos de Crète, un despote au petit pied certes, si on le compare aux pharaons ou aux souverains mésopotamiens. Il exploite des dépendants-paysans, des dépendants-bergers, des dépendants-artisans, dont il prélève le surproduit grâce à une bureaucratie pesante.

La religion fait partie du tout cohérent que forme l'État. Le roi l'organise dans les moindres détails, comme il veille à la mise en culture des terres, à l'élevage des moutons ou à la fabrication des objets de bronze. Les cultes naturistes du cycle végétatif, hérités du Néolithique, constituent un cadre idéologique simple pour un peuple de paysans, d'éleveurs, d'artisans ; ils déterminent leur insertion dans le *cosmos*, sous la bienveillante protection des dieux qui assurent leur vie dans ce monde et leur survie dans l'autre et sont donc partie intégrante des processus de reproduction sociale. Ces cultes intégrateurs sont centrés sur la personne du roi, incarnation à la fois réelle et imaginaire de l'unité de la communauté et, en tant que tel, médiateur naturel entre hommes et dieux et organisateur de toute activité humaine. Ainsi se réalise l'unité entre le pouvoir et la divinité, qui assume et justifie toutes les formes d'exploitation et toutes les inégalités dans un État (*wanax* + ses agents de tout grade) qui joue le rôle de classe par rapport aux masses laborieuses. Dans ces conditions, le religieux se révèle homogène au politique et à l'économique.

L'épopée archaïque

Genèse et contradictions de la cité

La société des épopées homériques n'est pas celle des royaumes achéens, mais bien celle des siècles (Xᵉ et IXᵉ) où de nouvelles formes d'État se structurent après la tourmente des invasions doriennes. La conquête aboutit à une appropriation privée de la terre qui est profondément inégalitaire. Les *aristoi* monopolisent les grands domaines *(oikoi)* dans les bons terroirs, qu'exploitent pour eux des journaliers (thètes) et des esclaves de type patriarcal. Ils s'imposent en face du roi, dont les pouvoirs sont faibles. La Grèce vit repliée sur elle-même, dans une économie de subsistance, et les seuls marchands qui permettent un minimum d'échanges sont des Phéniciens, grâce à qui les nobles peuvent se procurer des objets de luxe qui accroissent leur prestige, facteur essentiel de leur domination. Cependant une grande mutation est en cours : l'introduction et la diffusion de la métallurgie du fer.

Cette diffusion explique, avec l'essor démographique qu'elle engendre, le vaste développement des forces productives que l'on constate dès la fin du IXᵉ siècle. Les échanges se multiplient à nouveau tant avec l'Orient qu'avec l'Italie, comme en témoignent la création du comptoir d'Al Mina dans la dernière décennie du IXᵉ siècle et l'apparition du commerce précolonial dans la mer Tyrrhénienne dès le premier quart du VIIIᵉ siècle. L'intensification des échanges contribue à l'essor des fabrications artisanales. Les agglomérations urbaines croissent ou naissent du synoecisme de plusieurs villages ; elles s'entourent parfois de solides remparts, comme à Smyrne. C'est sous la pression du développement des forces productives, de la fabrication et de la circulation que, par des transitions insensibles, connues notamment à Athènes, la cité *(polis)* se substitue au royaume homérique. C'est une structure beaucoup plus solide, entièrement dominée par les aristocrates, qui non seulement monopolisent la plus grande et la meilleure partie de la terre, mais sont, en raison des surplus dont ils disposent, les premiers bénéficiaires des échanges qui accroissent leurs profits et aussi leur prestige, grâce aux produits de luxe qu'ils peuvent se procurer.

La cité est une structure qui intègre dans une communauté l'ensemble des citoyens, donc aristocrates et *démos*. Dans sa structuration les vieilles divisions tribales, sous-ensembles englobés dans des ensembles (tribus gentilices, phratries, *génê*), jouent un rôle primordial, mais, quasiment inconnues d'Homère, elles doivent être considérées non comme un héritage direct des migrateurs indo-européens, mais comme une reviviscence particulièrement nécessaire à ce moment de mutation brusque qu'est la genèse de la cité et qui se révèle très opératoire. La communauté poliade fonctionne comme un masque qui occulte efficacement les contradictions, très fortes, nées avant tout de l'appropriation inégalitaire de la terre opérée à l'aube des temps homériques. Les idéologies religieuses, qui sont alors l'objet de bricolages importants, œuvrent dans le même sens : on assiste au développement de cultes poliades, qui s'adressent soit aux dieux topiques, protecteurs immémoriaux de l'acropole, soit aux héros, réputés les ancêtres des grandes familles, ce qui augmente d'autant leur statut de prestige. Les aristocrates, qui dominent complètement le religieux, obtiennent ainsi un certain consentement du *démos* à l'hégémonie qu'ils exercent sur l'État.

Il est clair que la distinction entre aristocrates et peuple, qui est en apparence une distinction de statuts juridiques, recouvre en fait une contradiction de classes entre exploiteurs et exploités. Les grands propriétaires, qui exploitent directement des esclaves et des journaliers, tiennent aussi sous leur dépendance les petits propriétaires voisins, qui sont sans cesse contraints de recourir à eux, par exemple en cas de mauvaise récolte. Ils dominent non moins les échanges et la fabrication, étant les seuls à disposer de surplus et de possibilités d'investissement.

Dans la seconde moitié du VIIe siècle sans doute, une modification capitale s'introduit dans l'exploitation du travail servile : à l'esclave patriarcal des siècles précédents, fortement intégré dans la famille, commence à se substituer l'esclave-marchandise acheté sur un marché d'esclaves, l'un et l'autre coexistant longuement. C'est le développement des échanges et de la fabrication qui est le facteur moteur de cette mutation, dont un texte de Théopompe nous apprend qu'elle a commencé à Chios et dont nous savons qu'elle touche largement Athènes, où les esclaves sont nombreux à la fin du VIe siècle. La fin de l'archaïsme est ainsi le théâtre d'une profonde mutation des rapports sociaux avec la genèse de rapports de production esclavagistes, qui sont encore très loin d'être dominants, le mode dominant d'exploitation du travail étant fondé sur l'hégémonie que les aristocrates exercent non seulement sur leurs esclaves et leurs salariés, mais aussi sur l'ensemble des travailleurs.

Les contradictions, très fortes dès le début, s'exaspèrent au cours de l'archaïsme, selon le jeu de facteurs multiples : besoins de la défense qui contraignent à enrôler les ruraux aisés dans les milices paysannes de l'armée hoplitique ; crise du monde rural entraînée par l'endettement des petits paysans et par la confiscation de leurs domaines par les aristocrates qui, au moins à Athènes, tendent à monopoliser la terre ; développement de la circulation et des échanges qui contribue à la dissolution des anciens rapports sociaux de production, fondés essentiellement sur la propriété foncière, ce qu'accroît encore la création d'un instrument monétaire[1] qui est, dès le début, un adjuvant essentiel pour les échanges, quelles que puissent être ses autres finalités. L'essor constant

1. Les dates admises aujourd'hui pour le début des monnayages sont plus tardives que je ne l'avais indiqué : 640-630 pour les cités grecques d'Asie ; 610-600 pour Égine ; 575 pour les monnaies à blason d'Athènes ; 560 pour Corinthe.

des forces productives entraîne des mouvements qui se heurtent à la forme des rapports sociaux et aux structures poliades qui en freinent le développement. D'où les réajustements qui s'avèrent nécessaires au plus aigu des crises, en particulier lorsque des tyrans s'emparent du pouvoir contre les *aristoi* ou que des législateurs sont chargés de mettre les lois par écrit dans des moments de fausse unanimité où nobles et peuple sont contraints de composer plutôt que de courir le risque de voir éclater la cité.

Sparte

On arrive à une meilleure connaissance de la stratification des citoyens. Il y a à Sparte, comme dans toutes les cités, une classe dirigeante d'aristocrates. Vers 750, ils sont amenés à réaliser une répartition égalitaire de la « terre politique » en *cléroi* attribués, avec les Hilotes qui les travaillent, aux membres du peuple : c'est la réforme dite de Lycurgue, qui crée une couche de soldats-citoyens bien lotis et capables d'assurer la sécurité extérieure de la cité et sa sécurité intérieure contre les Hilotes. La réforme hoplitique est donc à Sparte plus précoce qu'ailleurs et l'on voit déjà ses effets, dans la seconde moitié du VIIIe siècle, lors de la première guerre de Messénie.

Les contradictions entre aristocrates et peuple restent vives au cours des VIIe-VIe siècles. La création des éphores (début du VIIe ?) marque certainement une victoire contre les aristocrates, qui sera accentuée vers 550 par le repli de Sparte sur elle-même, qui engendre l'austérité et empêche donc les nobles de bénéficier d'un statut de prestige.

Athènes

Le développement des forces productives y est constant depuis la fin du VIIe siècle. Les réformes de Solon facilitent la mutation des rapports sociaux : beaucoup de paysans pauvres vont s'installer à la ville, où l'on trouve du travail en raison de l'extension des activités de fabrication et d'échange ; des étrangers arrivent en nombre ; les esclaves-marchandises se multiplient. En même temps une nouvelle forme poliade apparaît, intégrant mieux le peuple et assurant donc mieux son consentement à la vie communautaire.

La tyrannie représente une époque de relative stabilité : sans qu'il y ait un repartage des moyens de production, la condition du *démos* est améliorée par la politique de lutte contre le paupérisme et par les facilités nouvelles à trouver du travail et de la nourriture. Mais des rapports sociaux en voie de dissolution et une forme poliade dépassée entravent l'essor des forces productives. Le peuple n'intervient pas pour défendre les tyrans et il se range au contraire dans l'hétairie de Clisthène, qui réalise un brassage *(anamixis)* grâce à une répartition sophistiquée des citoyens dans les nouvelles tribus et assure une base sociale plus large au pouvoir.

La colonisation

On ne peut plus considérer que la première phase est purement agraire. Le développement du négoce précolonial en Italie dans le premier quart du VIIIe siècle, l'emplacement des premières implantations (Pithécousses, Cumes, villes du détroit de Messine...) montrent bien l'importance motrice des échanges avec les « Barbares », et notamment avec les Étrusques.

Les rapports des Grecs avec les indigènes sont maintenant mieux connus, notamment les processus d'acculturation/déculturation que l'on désignait sous le terme d'hellénisation. Il faut que les sociétés indigènes atteignent un certain niveau de développement pour accepter le contact et l'échange avec les Grecs. Dès lors que cela est possible, la circulation accélère les mutations : la circulation renforce la richesse et le prestige des aristocraties locales ; l'urbanisation se poursuit et l'on voit apparaître des proto-cités, notamment en Italie et dans l'Extrême-Occident.

L'époque classique

La démocratie athénienne

Les réformes de Clisthène avaient en théorie remis le pouvoir au peuple, mais le *démos* n'avait pas pour autant échappé à la dépendance économique et idéologique où il vivait par rapport aux Eupatrides. Les aristocrates restent longtemps à la tête de l'État, et même après les guerres médiques sous Cimon. Les réformes d'Éphialte et de Périclès facilitent la mutation des rapports sociaux devenue nécessaire, compte tenu du développement des forces productives dans les conditions nouvelles d'un impérialisme très vigoureux, et donnent une assise sociale encore plus large à l'État. Il y a contrôle du peuple sur les affaires publiques et, grâce aux *misthoi*, plus large participation de ses membres, sans que ces novations nuisent beaucoup aux intérêts de ceux qui monopolisent l'essentiel des moyens de production et d'échange. Le développement de la démocratie, marqué par les étapes que constituent les réformes de Solon, de Clisthène et d'Éphialte-Périclès, est donc à la fois une émancipation relative du *démos* par rapport à l'hégémonie de la classe dirigeante et un frein au développement des antagonismes.

La dominance du mode de production esclavagiste

Guerres et échanges permettent de développer le nombre des esclaves-marchandises. En laissant de côté les esclaves publics (archers scythes), les esclaves domestiques, les esclaves hommes d'affaires (en particulier dans la banque), on constate que les esclaves engagés dans la production et dans les échanges sont de plus en plus nombreux, notamment dans les cités les plus évoluées. La fuite de 20 000 esclaves des mines de Laurion en 425 montre bien qu'ils sont utilisés en masse dans les mines. Les textes des orateurs attiques témoignent de l'existence d'équipes d'esclaves-ouvriers dans les ateliers athéniens. À la campagne le moindre paysan utilise des esclaves et, dans la seconde moitié du IVe siècle, il apparaît même des concentrations d'esclaves sur les grands domaines. Bien que partout le travail libre concurrence le travail servile, un procès de la plus grande importance s'accomplit au IVe siècle : le mode de production esclavagiste étend son emprise.

Ce qui n'exclut nullement :

1) qu'à Athènes même survit en se dissolvant le mode de production des cités archaïques fondé sur l'exploitation du

démos pauvre par une classe dirigeante qui monopolise l'essentiel des moyens de production et de circulation ;

2) que, dans différentes zones, les producteurs directs sont, non des esclaves ni des salariés, mais des dépendants-paysans : ainsi à Sparte (avec les Hilotes), dans plusieurs zones du monde colonial (Syracuse, Héraclée du Pont, colonies de la Pontide nord...), dans certaines cités de la côte anatolienne. Il s'agit toujours de situations concrètes, nées de la conquête, conquête dorienne à Sparte, conquête de terres barbares par des Grecs dans les colonies et en Asie Mineure.

Alexandre le conquérant

L'Alexandre que j'ai présenté est beaucoup trop idéalisé. Même s'il utilise les charismes que lui conférait le ralliement des prêtres égyptiens ou asiatiques, Alexandre est avant tout un politique qui, dès le départ, poursuit un objectif bien défini, conquérir l'Empire perse, comme il appert des réponses qu'il oppose aux offres de paix successives de Darios. Dans sa tâche de conquérant, il se heurte à des résistances dans son armée elle-même, qui sont celles de ses soldats découvrant peu à peu l'immensité de l'entreprise, mais aussi celles des compagnons *(hétairoi)*, qui constituent son état-major et qui le voient répudier le *nomos* macédonien (liant le roi à son peuple, donc à son armée, par une sorte de contrat) au profit de l'absolutisme des Grands Rois dont il se proclame le successeur légitime : à chaque fois, on le voit se débarrasser de ces opposants par l'assassinat ou par un procès dont l'issue n'est pas douteuse.

Alexandre n'a nullement conçu l'idée de l'unité de l'humanité, ni celle de la fusion nécessaire des races, si contraires à l'esprit grec, pour qui la contradiction du Grec et du Barbare est fondamentale. Il a largement utilisé les services des élites indigènes ralliées, sans lesquelles il ne pouvait ni administrer ni exploiter l'Empire. Il s'est essentiellement appuyé sur les Perses, administrateurs et soldats, sur qui s'appuyaient déjà les Grands Rois : c'est une politique réaliste et non point généreuse, qui se fonde non sur une collaboration universelle entre toutes les ethnies, mais sur une collaboration de classe entre Gréco-Macédoniens et Iraniens.

Il a pillé les trésors de l'Asie et exploité les masses laborieuses beaucoup plus que ne l'avaient fait les derniers Achéménides, car il devait pourvoir aux frais de ses campagnes, mener train royal, distribuer de l'argent à ses compagnons et à ses soldats. Le plus solide de son œuvre, c'est la récupération par un monarque grec des despotismes absolus de l'Orient ancien, permettant l'exploitation des travailleurs par la perception d'un surproduit maximal sous la forme d'un *phoros* (tribut) ; c'est aussi la création des Alexandrie qui rythment sa conquête. Il ne faut pas le voir sous les traits d'un conquérant pétri de générosité et de philanthropie, selon l'image qu'ont trop longtemps imposée des rhéteurs comme le Plutarque du *Sur la fortune d'Alexandre*.

L'époque hellénistique

Le despotisme oriental des rois grecs

Les successeurs directs d'Alexandre (diadoques) ont réussi à se tailler des royaumes à l'intérieur de l'Empire du conquérant en s'appuyant sur les élites indigènes et en se constituant des armées personnelles, liées à eux par un serment, qui se substituent aux armées poliades de citoyens ou à l'armée du peuple macédonien. C'est en 306/305 que les diadoques prennent le titre de roi, à l'imitation d'Antigone le Borgne qui se proclame lui-même roi à la suite des victoires de son fils Démétrios Poliocète : il s'agit non plus d'une monarchie nationale à la macédonienne, mais d'une monarchie personnelle fondée sur la victoire qui témoigne de la faveur des dieux, elle-même fondée sur les vertus du prince. Les rapports de force qui ont permis la constitution des nouvelles monarchies sont donc sublimés dans l'illusoire sous forme d'une idéologie monarchique qui exalte l'excellence et les charismes de l'homme providentiel, dans la suite de penseurs du IVe siècle comme Isocrate.

Pour les indigènes vaincus, le roi est le continuateur direct des pharaons ou des Grands Rois : comme eux, il est dieu ou vicaire des dieux, despote tout-puissant contre qui toute rébellion est crime de lèse-divinité, possesseur de la terre et des hommes qui la cultivent. Les prêtres ralliés ont donc accepté de sanctifier la conquête en fournissant aux conquérants gréco-macédoniens la justification idéologique de leur lourde mainmise sur les terres conquises.

Les réalités profondes des royaumes grecs d'Orient sont celles de l'exploitation. Rien ne pouvait être changé, sans les plus grands dangers, aux modes d'exploitation millénaires des producteurs directs, dépendants-paysans et dépendants-artisans. Le mode de production « asiatique » survit donc largement dans la *chora* des royaumes d'Égypte ou d'Asie.

Sur la terre royale, qui constitue la plus grande partie de la terre du royaume, le roi prélève un énorme surproduit par l'intermédiaire de sa bureaucratie. La condition des dépendants-paysans s'est aggravée avec la conquête, qu'il s'agisse des « paysans royaux » d'Égypte, qui concluent des contrats avec le roi, ou des *laoi* d'Asie qui constituent des communautés villageoises plus structurées, véritables unités de production et unités fiscales. Sur les terres concédées ou sur les propriétés privées le prélèvement est indirect, mais sans doute non moins lourd pour les producteurs. Les terres sacrées sont cultivées par des paysans dépendants du clergé qui, en Asie, forment des communautés importantes de *hiéroi* (hommes consacrés) ou *hiérodouloi* (littéralement : esclaves sacrés, mais ce ne sont pas des esclaves) : les revenus qu'en tire le monarque sont fonction de ses possibilités de soumettre le clergé. Les terres des cités sont exploitées soit par les citoyens eux-mêmes aidés par des dépendants indigènes, soit, pour celles qui ne sont pas appropriées et restent le bien de toute la communauté, par des dépendants organisés en villages (dépendants dits *laoi* ou *katoikoi*) : les cités versent au roi un tribut *(phoros)*, appelé parfois plus pudiquement contribution *(syntaxis)*, qui délivre le souverain des difficultés de la perception directe et l'on peut penser que les nombreuses cités créées en Asie par les Séleucides ont eu, entre autres objectifs, celui d'assurer une meilleure exploitation du sol dans un royaume manquant manifestement de cadres administratifs. Dans tous les cas, c'est le roi qui est le principal bénéficiaire du prélèvement du surproduit qui accable les producteurs directs.

On voit donc coexister à l'épopée hellénistique deux modes de production dominants :

1) dans les cités grecques traditionnelles, le mode de production esclavagiste est dominant, comme aussi dans les grandes métropoles nouvelles de l'Orient, telle Alexandrie qui semble compter au Iᵉʳ siècle 400 000 esclaves pour 600 000 libres (parmi les premiers il faut au reste compter une masse importante d'esclaves domestiques, qui ne sont pas des producteurs). Notons au surplus que certaines de ces cités, celles de la côte anatolienne notamment, utilisent aussi une main-d'œuvre de dépendants ruraux, mais c'est là un fait très ancien et sans rapport avec la conquête d'Alexandre ;

2) dans la *chora* des royaumes d'Orient, le mode de production « asiatique » domine, fondé sur l'exploitation de dépendants qui travaillent la terre et œuvrent dans les ateliers (huileries, tissages, ateliers de céramiques...), localisés sur la terre du roi ou sur celle des dieux. Les nouvelles cités créées dans l'Orient lointain par Alexandre ou ses successeurs séleucides (comme celles de Bactriane et de Sogdiane) utilisent certainement cette même main-d'œuvre de dépendants et l'on voit des cas où de véritables déportations transfèrent des indigènes pour fournir des travailleurs aux colons récemment implantés.

Que recouvre l'hellénisation ?

J'ai trop insisté sur les séductions de l'hellénisme à propos des relations établies par les « Barbares » avec les Grecs. Le problème est plus complexe. Une société indigène ne peut entrer en contact avec des Grecs que si elle a déjà atteint un certain niveau de développement. C'est en fonction de ce niveau que peuvent s'établir des échanges, qui supposent que l'on ne produise plus uniquement pour l'usage. Dès lors tendent à se modifier les rapports sociaux, en fonction de la partie de la production qui entre dans la circulation, ce qui dépend du mode de production qui prévaut dans ces sociétés. Les couches dominantes, en même temps qu'elles accroissent le prélèvement du surproduit et qu'elles s'enrichissent dans les activités marchandes, élèvent leur statut de prestige par les objets de luxe qu'elles acquièrent et les éléments nouveaux qu'elles adoptent à l'exemple des Grecs dans leur style de vie. Tel est le cas de la Gaule méridionale ou de l'Espagne méditerranéenne, où se développent les agglomérations – ce qui détermine un nouveau type de rapports entre ville et campagne –, où se renforcent les proto-cités, où l'on assiste à l'apparition de l'écriture, du monnayage, d'un art figuré hellénisé, tous domaines où il y a non pas des imitations simples et directes des Grecs, mais des emprunts qui se font en fonction des besoins propres aux sociétés indigènes. On a pu à juste titre comparer la génèse de ces cités indigènes à celle de la cité grecque archaïque.

Quand il s'agit d'États déjà puissamment organisés, le processus est différent, mais c'est encore le décalage entre les formes et les niveaux de développement des Grecs et des « Barbares » qui doit être pris en compte. Là encore le processus dit naguère d'hellénisation et qui est en fait d'acculturation/déculturation aboutit, par des processus complexes et parfois contradictoires, à renforcer les conditions de la reproduction sociale au profit des groupes dominants. Les cas de Rome et de l'Inde ne sont contradictoires qu'en apparence. Certes Rome conquiert peu à peu la Grèce et les royaumes grecs, tandis que des princes grecs dominent les hautes satrapies et s'emparent de l'Inde occidentale. Mais partout l'essor des échanges et l'accès à la culture grecque qui en résulte renforcent la richesse et le prestige des couches dirigeantes, *nobilitas* romaine, élites bactriennes et indiennes qui collaborent avec l'occupant grec. Au plan de l'idéologie, les syncrétismes religieux, où l'hellénisme a plus ou moins de part, constituent un apport précieux dans l'accès et le maintien au pouvoir, à Rome pour les *imperatores* surnaturalisés par leurs relations personnelles avec les dieux, dans l'Inde où un bouddhisme hellénisé aliène les masses en leur offrant l'espoir fantasmatique d'un au-delà qui les récompenserait de leur patience ici-bas[1].

1. Il est clair que cette idéologie continue à être opératrice après la fin de la domination grecque : on date aujourd'hui l'art dit gréco-bouddhique du Iᵉʳ siècle de notre ère, donc après la disparition des royaumes grecs.

Bibliographie

OUVRAGES GÉNÉRAUX

Études historiques

AYMARD (A.) et AUBOYER (J.), *L'Orient et la Grèce antique*, 6e éd., Paris, 1967.

AYMARD (A.) et CHAPOUTHIER (F.), dans *Les premières civilisations*, nouvelle édition, Paris, 1950.

BELOCH (K.J.), *Griechische Geschichte*, I-IV (en 8 vol.), 2e éd., Berlin-Leipzig, 1924-1927.

BENGTSON (H.), *Griechische Geschichte*, 3e éd., Munich, 1965.

BONNARD (A.), *La civilisation grecque*, I-III, Lausanne, 1959.

BUSOLT (G.) et SWOBODA (H.), *Griechische Staatskunde*, 3e éd., I, 1920, et II, 1926.

CHAMOUX (F.), *La civilisation grecque à l'époque archaïque et classique*, Paris, 1963.

COHEN (R.), *La Grèce et l'hellénisation du monde antique*, nouv. éd., Paris, 1948.

CROISET (M.), *La civilisation de la Grèce antique*, Paris, 1932.

EHRENBERG (V.), *The Greek State*, Oxford, 1960.

FRANCOTTE (H.), *La polis grecque*, Paderborn, 1907.

GLOTZ (G.), *La cité grecque*, nouvelle éd. revue par P. CLOCHÉ, Paris, 1968.

GLOTZ (G.) et COHEN (R.), *Histoire grecque*, Paris, réédité en 1945-1948, I : *Des origines aux guerres médiques* ; – II : *La Grèce au Ve siècle* ; – III : *La Grèce au IVe siècle : la lutte pour l'hégémonie* ; – IV : (1re partie) *Alexandre et l'hellénisation du monde antique* (ce dernier volume avec P. ROUSSEL).

HAMMOND (N.G.L.), *A History of Greece to 322 B.C.*, 2e éd., Oxford, 1967.

HATZFELD (J.), *Histoire de la Grèce ancienne*, 3e éd. revue par A. AYMARD, Paris, 1962.

LARSEN (J.A.O.), *Representative government in Greek and Roman history*, University of California, 1955.
MARTIN (V.), *La vie internationale dans la Grèce des cités*, Paris, 1940.
PETIT (P.), *Précis d'histoire ancienne*, 2e éd., Paris, 1965.
ROUSSEL (P.) et CLOCHÉ (P.), *La Grèce et l'Orient, des guerres médiques à la conquête romaine*, 2e éd., Paris, 1938.

Dictionnaires

DAREMBERG (C.), SAGLIO (E.) et POTTIER (E.), *Dictionnaire des antiquités grecques et romaines*, I-V (en 9 vol.), Paris, 1877-1919.
PAULY, WISSOWA et KROLL..., *Real-Encyclopädie der classischen Altertumswissenschaft*, depuis 1893 (inachevé).

Atlas et guides

BENGTSON (H.) et MILOJCIC (V.), *Grosser historischer Weltatlas*, I : *Vorgeschichte und Altertum*, 2e éd., Munich, 1954.
KIRSTEN (E.) et KRAIKER (W.), *Griechenlandkunde*, 4e éd., Heidelberg, 1962.
LÉVÊQUE (P.), *Nous partons pour... la Grèce*, 3e éd., Paris, 1966.
VAN DER HEYDEN (A.) et LAVEDAN (P.), *Atlas de l'Antiquité classique*, Paris-Bruxelles, 1961.

Chronologie

DELORME (J.), *Chronologie des civilisations*, 2e éd., Paris, 1956.
DELORME (J.), *Les grandes dates de l'Antiquité*, 2e éd., Paris, 1965.

Économie et société

CAVAIGNAC (E.), *L'économie grecque*, Paris, 1951.
CLOCHÉ (P.), *Les classes, les métiers, le trafic*, Paris, 1931.
COUISSIN (P.), *Les institutions militaires et navales de la Grèce*, Paris, 1932.
FLACELIÈRE (R.), *L'amour en Grèce*, Paris, 1960.
GLOTZ (G.), *La solidarité de la famille dans le droit criminel en Grèce*, Paris, 1904.
GLOTZ (G.), *Le travail dans la Grèce antique*, Paris, 1920.
JAEGER (W.), *Paideia*, I-III, trad. anglaise, Oxford, 1936-1945.
JARDÉ (A.), *Les céréales dans l'Antiquité grecque*, Paris, 1925.
MARROU (H.I.), *Histoire de l'éducation dans l'Antiquité*, 6e éd., Paris, 1965.
WESTERMANN (W.L.), *The Slave Systems of Greek and Roman Antiquity*, Philadelphie, 1955.

Religion

AMANDRY (P.), *La mantique apollinienne à Delphes*, Paris, 1950.
DEFRADAS (J.), *Les thèmes de la propagande delphique*, Paris, 1954.
DEFRADAS (J.), *Religions du monde, la Grèce*, Paris, 1963.
DELCOURT (M.), *Les grands sanctuaires de la Grèce*, Paris, 1947.
DELCOURT (M.), *L'oracle de Delphes*, Paris, 1955.
FESTUGIÈRE (A.J.) et NILSSON (M.P.), dans GORCE (M.) et MORTIER (R.), *Histoire générale des religions*, II, Paris, 1944.
FLACELIÈRE (R.), *Devins et oracles grecs*, Paris, 1961.
GERNET (L.) et BOULANGER (A.), *Le génie grec dans la religion*, Paris, 1932.
GRIMAL (P.), *La mythologie grecque*, Paris, 1953.
GRIMAL (P.), *Dictionnaire de la mythologie grecque et romaine*, 3e éd., Paris, 1963.
JEANMAIRE (H.), *Dionysos, Histoire du culte de Bacchus*, Paris, 1951.
MÉAUTIS (G.), *Les dieux de la Grèce et les mystères d'Éleusis*, Paris, 1959.
NILSSON (M.P.), *La religion populaire dans la Grèce antique*, Paris, 1954.
NILSSON (M.P.), *Geschichte der griechischen Religion*, I-II, 2e éd., Munich, 1955-1961.
PETTAZZONI (R.), *La religion dans la Grèce antique, des origines à Alexandre le Grand*, trad. fr., Paris, 1953.
DES PLACES (E.), dans BRILLANT (M.) et AIGRIN (R.), *Histoire des religions*, III, Paris, 1955.
ROHDE (E.), *Psyché. Le culte de l'âme chez les Grecs et leur croyance à l'immortalité de l'âme*, trad. fr., Paris, 1928.
SÉCHAN (L.) et LÉVÊQUE (P.), *Les grandes divinités de la Grèce*, Paris, 1966.

Vie intellectuelle

BRÉHIER (E.), *Histoire de la philosophie*, I (2 vol.), nouvelle édition, Paris, 1961.
GOMPERZ (Th.), *Les penseurs de la Grèce*, 3e éd., tr. fr., I-III, 1928.
IMBERT (J.), *Le droit antique*, Paris, 1961.
RIVAUD (A.), *Les grands courants de la pensée grecque*, Paris, 1929.
RIVAUD (A.), *Histoire de la philosophie*, I, 2e éd., revue par G. VARET, Paris, 1960.
ROBIN (L.), *La pensée grecque et les origines de l'esprit scientifique*, 3e éd., Paris, 1948.
ROBIN (L.), *La morale antique*, Paris, 1957.
SCHAERER (R.), *L'homme antique et la structure du monde intérieur*, Paris, 1958.
SINCLAIR (T.A.), *Histoire de la pensée politique grecque*, trad. fr., Paris, 1953.

TATON (R.) et collaborateurs, *La science antique et médiévale*, 2e éd., Paris, 1966.

Littérature

CROISET (A.) et (M.), *Histoire de la littérature grecque*, I-IV, 2e-4e éd., Paris, 1928-1951.
DEFRADAS (J.), *La littérature grecque*, Paris, 1960.
FLACELIÈRE (R.), *Histoire littéraire de la Grèce*, Paris, 1962.
LESKY (A.), *Geschichte des griechischen Literatur*, Berne, 1958.
MEILLET (A.), *Aperçu d'une histoire de la langue grecque*, 5e éd., Paris, 1938.
ROBERT (F.), *La littérature grecque*, 5e éd., Paris, 1963.

Arts

BABELON (J.), *La numismatique antique*, Paris, 1949.
CHARBONNEAUX (J.), *Les vases grecs*, Paris, 1958.
CHARBONNEAUX (J.), *L'art grec*, Paris, 1959.
COCHE DE LA FERTÉ (E.), *Les bijoux antiques*, Paris, 1956.
DEVAMBEZ (P.), *Sculptures grecques*, Paris, 1960.
DEVAMBEZ (P.), *Histoire de l'art*, I : *Le monde non chrétien*, Paris, 1961.
DINSMOOR (W.B.), *The Architecture of Ancient Greece*, Londres, 1950.
DUGAS (Ch.), *La céramique grecque*, Paris, 1924.
LAWRENCE (A.W.), *Greek Architecture*, Londres, 1957.
MARTIN (R.), *L'urbanisme dans la Grèce antique*, Paris, 1956.
MÉAUTIS (G.), *Les chefs-d'œuvre de la peinture grecque*, Paris, 1930.
METZGER (H.), *La céramique grecque*, Paris, 1953.
PICARD (Ch.), *La sculpture antique*, I-III, Paris, 1923-1926.
PICARD (Ch.), *Manuel d'archéologie grecque. La sculpture*, I-IV (en 7 vol.), Paris, 1935-1963.
RICHTER (G.M.A.), *The Sculpture and Sculptors of the Greeks*, 3e éd., Yale, 1950.
DE RIDDER (A.) et DEONNA (W.), *L'art en Grèce*, Paris, 1924.
ROBERTSON (D.S.), *A Handbook of Greek and Roman Architecture*, 2e éd., Cambridge, 1945.
ROBERTSON (M.), *La peinture grecque*, Genève, 1959.
SÉCHAN (L.), *La danse grecque*, Paris, 1930.
SELTMAN (Ch.), *Greek Coins*, 2e éd., Londres, 1955.
VILLARD (F.), *Les vases grecs*, Paris, 1956.
WYCHERLEY (R.E.), *How the Greeks Built Cities*, 2e éd., Londres, 1962.
ZERVOS (Ch.), *L'art en Grèce*, Paris, 1934.

Monographies régionales

CLOCHÉ (P.), *Thèbes de Béotie, des origines à la conquête romaine*, Louvain, 1938.
CLOCHÉ (P.), *Histoire de la Macédoine jusqu'à l'avènement d'Alexandre le Grand*, Paris, 1960.
EFFENTERRE (H. VAN), *La Crète et le monde grec, de Platon à Polybe*, Paris, 1948.
GUILLON (P.), *La Béotie antique*, Paris, 1948.
LA COSTE-MESSELIÈRE (P. DE) et MIRÉ (G. DE), *Delphes*, 2e éd., Paris, 1957.
LAIDLAW (W.A.), *A History of Delos*, Oxford, 1933.
LERAT (L.), *Les Locriens de l'Ouest*, I-II, Paris, 1952.
POUILLOUX (J.), *Recherches sur l'histoire et les cultes de Thasos*, Paris, I, 1954 ; II (avec Ch. DUNANT), 1958.
ROBERT (L.), *Villes d'Asie Mineure*, 2e éd., Paris, 1962.
ROUSSEL (P.), *Délos*, Paris, 1925.

BIBLIOGRAPHIE PAR PÉRIODES

L'âge des invasions

BLEGEN (W.) et RAWSON (M.), *A Guide to the Palace of Nestor*, Cincinnati, 1962.
BOSCH-GIMPERA (P.), *Les Indo-Européens, Problèmes archéologiques*, trad. fr., Paris, 1961.
DEMARGNE (P.), *Naissance de l'art grec*, Paris, 1964.
EVANS (A.), *The Palace of Minos*, I-IV (en 6 vol.), Londres, 1921-1935.
GLOTZ (G.), *La civilisation égéenne*, nouvelle éd. mise à jour par Ch. PICARD et P. DEMARGNE, Paris, 1959.
KARO (G.), *Führer durch Tiryns*, Athènes, 1934.
LORIMER (H.L.), *Homer and the Monuments*, Londres, 1950.
MATZ (F.), *Le monde égéen (Troie, Crète, Mycènes)*, trad. fr., Paris, 1956.
MATZ (F.), *La Crète et la Grèce primitive*, trad. fr., Paris, 1962.
MYLONAS (G.E.), *Ancient Mycenae*, Londres, 1957.
PAGE (D.), *History and the Homeric Iliad*, Berkeley, 1960.
PALMER (L.R.), *Mycenaeans and Minoans*, 2e éd., Londres, 1965.
PICARD (Ch.), *Les religions préhelléniques (Crète et Mycènes)*, Paris, 1948.
SCHACHERMEYR (F.), *Die ältesten Kulturen Griechenlands*, Stuttgart, 1955.
SEVERYNS (A.), *Grèce et Proche-Orient avant Homère*, Bruxelles, 1960.
VENTRIS (M.) et CHADWICK (J.), *Documents in Mycenaean Greek*, Cambridge, 1956.
WACE (A.J.B.), *Mycenae*, Princeton, 1949.

WACE (A.J.B.) et STUBBINGS (F.J.), *A Companion to Homer*, Londres, 1963.
WEBSTER (T.B.L.), *La Grèce, de Mycènes à Homère*, trad. fr., Paris, 1962.

Époques géométrique et archaïque

ANDREWES (A.), *The Greek Tyrants*, Londres, 1956.
BAYET (J.), *La Sicile grecque*, Paris, 1930.
BÉRARD (J.), *La colonisation grecque de l'Italie méridionale et de la Sicile dans l'Antiquité*, 2e éd., Paris, 1957.
BÉRARD (J.), *L'expansion et la colonisation grecques jusqu'aux guerres médiques*, Paris, 1960.
BOARDMAN (J.), *The Greeks Overseas*, Penguin Books, 1964.
CARRIÈRE (J.), *Théognis de Mégare*, Paris, 1948.
CHAMOUX (F.), *Cyrène sous la monarchie des Battiades*, Paris, 1953.
CHARBONNEAUX (J.), *La sculpture grecque archaïque*, Paris, 1938.
CHRIMES (K.M.T.), *Ancient Sparta*, Manchester, 1949.
CLERC (M.), *Massalia. Histoire de Marseille dans l'Antiquité*, I-II, Marseille, 1927.
DEMARGNE (P.), *La Crète dédalique*, Paris, 1947.
DUNBABIN (T.J.), *The Western Greeks*, Oxford, 1948.
GALLET DE SANTERRE (H.), *Délos primitive et archaïque*, Paris, 1958.
JARDÉ (A.), *La formation du peuple grec*, Paris, 1923.
JEANMAIRE (H.), *Couroi et Courètes*, Lille, 1939.
LÉVÊQUE (P.) et VIDAL-NAQUET (P.), *Clisthène l'Athénien*, Paris, 1964.
MALLET (D.), *Les premiers établissements des Grecs en Égypte*, Le Caire, 1893.
MICHELL (H.), *Sparte et les Spartiates*, trad. fr., Paris, 1953.
ROBERT (F.), *Homère*, Paris, 1950.
ROUSSEL (P.), *Sparte*, 2e éd., Paris, 1960.
SARTORI (F.), *Le eterie nella vita politica ateniese del VI e V secolo*, Rome, 1957.
SCHUHL (P.M.), *Éssai sur la formation de la pensée grecque*, 2e éd., Paris, 1949.
VALLET (G.), *Rhégion et Zancle*, Paris, 1958.
VERNANT (J.-P.), *Les origines de la pensée grecque*, Paris, 1962.
VILLARD (F.), *La céramique grecque de Marseille*, Paris, 1960.
WUILLEUMIER (P.), *Tarente, des origines à la conquête romaine*, I-II, Paris, 1939.

Le classicisme

BASTIDE (G.), *Le moment historique de Socrate*, Paris, 1939.
BATTISTINI (V.), *Trois contemporains : Héraclite, Parménide, Empédocle*, Paris, 1955.

BOUSQUET (J.), *Le trésor de Cyrène à Delphes*, Paris, 1952.
BRUN (J.), *Socrate*, Paris, 1960.
BRUN (J.), *Aristote et le Lycée*, Paris, 1961.
CARCOPINO (J.), *Histoire de l'ostracisme athénien*, 2e éd., Paris, 1934.
CHARBONNEAUX (J.), *La sculpture grecque classique*, I-II, Paris, 1943-1945.
CHATELET (F.), *La naissance de l'histoire. La formation de la pensée historienne en Grèce*, Paris, 1962.
CLOCHÉ (P.), *La démocratie athénienne*, Paris, 1951.
CLOCHÉ (P.), *La civilisation athénienne*, 5e éd., Paris, 1955.
CLOCHÉ (P.), *Démosthènes et la fin de la démocratie athénienne*, 2e éd., Paris, 1957.
CLOCHÉ (P.), *Le monde grec aux temps classiques*, Paris, 1958.
CLOCHÉ (P.), *Le siècle de Périclès*, 3e éd., Paris, 1960.
CLOCHÉ (P.), *Alexandre le Grand*, 2e éd., Paris, 1961.
CLOCHÉ (P.), *Isocrate et son temps*, Paris, 1963.
DELCOURT (M.), *Périclès*, Paris, 1939.
DELEBECQUE (E.), *Euripide et la guerre du Péloponnèse*, Paris, 1951.
DELEBECQUE (E.), *Essai sur la vie de Xénophon*, Paris, 1957.
DEVAMBEZ (P.), *L'art au siècle de Périclès*, Lausanne, 1956.
DUGAS (Ch.), *Aison et la peinture céramique à Athènes à l'époque de Périclès*, Paris, 1930.
EHRENBERG (V.), *The People of Aristophanes*, Oxford, 1951.
FLACELIÈRE (R.), *La vie quotidienne en Grèce au siècle de Périclès*, Paris, 1959.
GOOSSENS (R.), *Euripide et Athènes*, Bruxelles, 1962.
HATZFELD (J.), *Alcibiade*, Paris, 1951.
HEGE (W.) et RODENWALD, *L'Acropole*, trad. fr., Paris, 1930.
HOMO (L.), *Périclès, une expérience de démocratie dirigée*, Paris, 1954.
LÉVÊQUE (P.), *Agathon*, Paris, 1955.
MÉAUTIS (G.), *Le crépuscule d'Athènes et Ménandre*, Paris, 1954.
MÉAUTIS (G.), *Pindare le Dorien*, Paris, 1962.
METZGER (H.), *Les représentations dans la céramique attique au IVe siècle*, Paris, 1962.
MOSSÉ (Cl.), *La fin de la démocratie athénienne*, Paris, 1962.
PICARD (Ch.), *La vie privée dans la Grèce classique*, Paris, 1930.
RADET (G.), *Alexandre le Grand*, réédition, Paris, 1950.
ROBIN (L.), *Platon*, 1938.
ROBIN (L.), *Aristote*, Paris, 1944.
ROMILLY (J. DE), *Thucydide et l'impérialisme athénien*, Paris, 1947
SCHUHL (P.M.), *L'œuvre de Platon*, 2e éd., Paris, 1967.
WILCKEN (U.), *Alexandre le Grand*, trad. fr., Paris, 1952.

La période hellénistique

AYMARD (A.), *Les assemblées de la confédération achaïenne*, Bordeaux, 1938.
BIKERMAN (E.), *Institutions des Séleucides*, Paris, 1938.
BRÉHIER (E.), *Chrysippe et l'ancien stoïcisme*, 2e éd., Paris, 1951.
BRUN (J.), *Les Stoïciens*, 2e éd., Paris, 1961.
BRUN (J.), *Épicure et les Épicuriens*, Paris, 1960.
CLOCHÉ (P.), *La dislocation d'un empire. Les premiers successeurs d'Alexandre le Grand*, Paris, 1959.
DELORME (J.), *Gymnasion. Étude sur les monuments consacrés à l'éducation en Grèce (des origines à l'Empire romain)*, Paris, 1960.
FESTUGIÈRE (A.J.), *Épicure et ses dieux*, Paris, 1946.
FILLIOZAT (J.), *Inde, nation et traditions*, Paris, 1961.
GAGÉ (J.), *L'Apollon romain*, Paris, 1955.
GROUSSET (R.), *L'Inde*, Paris, 1949.
HOLLEAUX (M.), *Rome, la Grèce et les monarchies hellénistiques*, Paris, 1921.
JANNORAY (J.), *Ensérune*, I-II, Paris, 1955.
JOUGUET (P.), *L'impérialisme macédonien et l'hellénisation de l'Orient*, éd. révisée, Paris, 1961.
LAUNEY (M.), *Recherches sur les armées hellénistiques*, I-II, Paris, 1949-1950.
LÉVÊQUE (P.), *Pyrrhos*, Paris, 1957.
PÉDECH (P.), *La méthode historique de Polybe*, Paris, 1964.
PETIT (P.), *La civilisation hellénistique*, 2e éd., Paris, 1965.
PRÉAUX (Cl.), *L'économie royale des Lagides*, Bruxelles, 1939.
PRÉAUX (Cl.), *Les Grecs en Égypte d'après les archives de Zénon*, Bruxelles, 1947.
ROSTOVTZEFF (M.), *A Social and Economic History of the Hellenistic World*, I-III, Oxford, 1941.
TARN (W.W.), *La civilisation hellénistique*, trad. fr., Paris, 1936.
TARN (W.W.), *The Greeks in Bactria and India*, Cambridge, 1938.
WILL (E.), *Histoire politique du monde hellénistique (323-30 av. J.-C.)*, I-II, Nancy, 1966-1967.

Lexique

Le lecteur pourra se reporter aux index pour chercher la définition, donnée dans le texte, des termes qui ne sont pas expliqués ici.

Adyton : « saint des saints » d'un temple.

Agonistique : qui a rapport aux concours.

Agoranomes : magistrats chargés de l'inspection des marchés.

Aition : *littéralement*, cause. Explication d'un mythe, d'un rite d'un nom...

Alabastre et aryballe : vases à parfums, à goulot étroit et larges bords, servant à étendre l'onguent sur la peau. L'alabastre est cylindrique, l'aryballe globulaire ou piriforme.

Amphore : grand vase pansu à deux anses, servant à conserver liquides ou solides (fig. 89).

Anactoron : « saint des saints », du *télestérion* d'Éleusis.

Anodos : *littéralement*, montée. Apparition d'une divinité (par ex. : *anodos* de Coré revenant des Enfers sur terre).

Apadana : salle hypostyle renfermant le trône du Grand Roi dans un palais perse.

Apodectes : receveurs généraux.

Araméen : langue sémitique qui se répand dans tout l'Orient à l'époque hellénistique.

Archéologie : *littéralement*, connaissance du passé. Le début du livre I de Thucydide, consacré à l'histoire ancienne de la Grèce, est traditionnellement appelé *Archéologie*.

Aryballe : voir Alabastre (fig. 89).

Astynomes : magistrats chargés de veiller à la propreté et à la police des rues.

Autocrator : muni des pleins pouvoirs (se dit surtout en parlant d'un stratège).

Bomos : voir *Bothros*.

Bothros : autel rond creusé dans le sol pour les divinités chthoniennes (par opposition au *bomos*, table d'offrande quadrangulaire pour les dieux ouraniens).

Bouleute : membre de la *boulé*.

Causia : chapeau de feutre à larges bords, d'origine macédonienne, que portent certains rois hellénistiques.

Chiliarque : commandant de 1 000 hommes.

Chlamyde : manteau flottant que portent les soldats et qui est adopté, à l'imitation d'Alexandre, par les monarques hellénistiques.

Chœur cyclique : chœur évoluant en cercle, comme dans le dithyrambe (dans la tragédie le chœur évolue selon un rectangle).

Chora : plat pays (par opposition aux cités).

Chorégie : liturgie consistant à faire les frais entraînés par l'instruction et l'équipement d'un chœur.

Chryséléphantine (Sta-

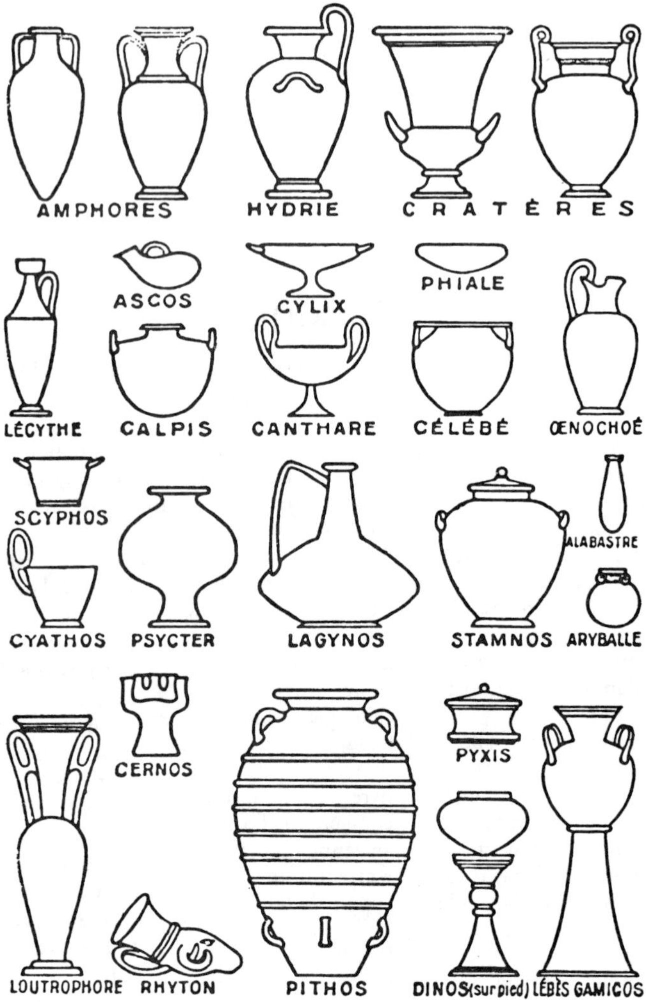

Fig. 89. Les différentes formes de vases grecs.

tue) : avec plaquage d'or et d'ivoire.

Chthonien : des profondeurs de la terre (de *chthon*, la terre). Les dieux chthoniens : les dieux d'en bas, des Enfers (par opposition aux divinités ouraniennes).

Ciste : corbeille.

Cléros : lot de terre attribué par le sort.

Clinamen : dans la théorie épicurienne, déviation des atomes par rapport à la verticale, servant notamment à expliquer la liberté du vouloir.

Cnémides : jambières.

Colonnes d'Héraclès : détroit de Gibraltar.

Cosmos : univers, *littéralement* : bon ordre.

Sur les divers sens du mot, voir p. 299.

Cratère : grand vase où l'on mélange l'eau et le vin (fig. 89).

Démos : peuple.

Dépas : coupe. Sur le *dépas* de Nestor, voir p. 98.

Dicastérion : tribunal.

Didrachme : pièce de deux drachmes.

Dinos : chaudron posé sur un pied mouluré (fig. 89).

Diptère : à deux rangées de colonnes.

Doryphore : porteur de lance.

Emblêma : motif central d'un vase de toreutique, d'une mosaïque...

Emporion : marché, comptoir.

Épiclèse : épithète d'une divinité.

Éponyme : qui donne son nom. Un héros éponyme donne son nom à un peuple, à une contrée ou à une ville (ex. : Doros, Thessalos, Corinthos, éponymes des Doriens, de la Thessalie, de Corinthe). Un prêtre ou un magistrat éponyme (à Athènes l'archonte éponyme) sert à dater l'année où il est en charge.

Évergète : bienfaiteur.

Fibule : agrafe servant à attacher le vêtement, épingle double.

Génos : clan, grande famille patriarcale, subdivision de la phratrie.

Géronte : membre de la *gérousia.*

Gnomique : qui comporte des maximes, des sentences.

Gnomon : instrument emprunté par les Grecs aux Chaldéens et composé d'une tige plantée verticalement dont on observe l'ombre. Il servait à mesurer les angles.

Harmoste : chef d'une garnison lacédémonienne.

Hellénion : sanctuaire commun des Grecs à Naucratis.

Hermès : buste d'Hermès (ultérieurement de tout autre dieu) engagé dans une gaine de pierre. Des hermès étaient installés aux carrefours. Sur les rapports avec le culte d'Hermès, voir p. 102.

Héroon : monument funéraire d'un héros.

Hiérogamie : *littéralement* union sacrée. Mariage de dieux, réputé source de fertilité et de fécondité.

Hiéron : sanctuaire.

Himation : manteau.

Hypostyle : soutenu par des colonnes.

Iliou persis : Prise de Troie.

In antis **(Édifice)** : ayant en façade deux colonnes entre les antes (c'est-à-dire entre les prolongements des murs).

Isodome (Mur) : à assises régulières.

Koiné **(Langue)** : commune. Par extension, civilisation commune.

Latomie : carrière. Les latomies de Syracuse servaient de prisons (les captifs athéniens y furent enfermés après le désastre de Sicile).

Lesché : local de réunion et de conversation. Ex. : la *lesché* des Cnidiens à Delphes.

Linéaire : écriture dont les signes sont schématisés (dans l'écriture hiéroglyphique, au contraire, ils représentent de véritables dessins).

Mantique : divination.

Médimne : mesure de capacité pour les solides. À Athènes, après la réforme de Solon, le médimne vaut 51,84 litres.

Métrète : mesure de capacité pour les liquides. À Athènes, après la réforme de Solon, le métrète vaut 38,88 litres.

Métronomes : magistrats chargés du contrôle des poids et mesures.

Misthos : salaire.

Monoptère : édifice composé d'une seule rangée de colonnes.

Moschophore : qui porte un veau. Type assez courant pour les *couroi* archaïques.

Myste : participant d'un culte à mystères.

Nome : 1. hymne liturgique exécuté par un soliste en l'honneur d'un dieu. 2. à

Fig. 90. Schéma et pose du péplos (d'après Ch. Picard).

l'époque hellénistique, province du royaume lagide.

Nymphée : bassin consacré aux Nymphes, généralement décoré de fontaines et de statues.

Obsidienne : pierre très dure, sorte de verre naturel de couleur sombre.

Oicouméné : terre habitée.

Oinochoé : vase de petite taille utilisé pour puiser le vin dans un cratère ou dans un *stamnos* (fig. 89).

Omphalos : *littéralement*, nombril. Delphes était censé être l'*omphalos* de la terre.

Ontonomisme : morale qui admet que l'individu n'est responsable que de ses propres actes (par opposition au phylonisme, selon lequel les fautes se transmettent de génération en génération).

Orphéotéleste : prêtre donnant une initiation orphique.

Ouranien : céleste (de *ouranos*, le ciel). Les dieux ouraniens : les dieux d'un haut (par opposition aux divinités chthoniennes).

Paradis : mot d'origine perse, désignant un parc à la végétation luxuriante.

Parthénée : poème lyrique exécuté par un chœur de jeunes filles.

Péplos : vêtement féminin composé d'une grande pièce d'étoffe (fig. 90).

Pérée : possession d'une cité insulaire sur le continent. Ex. : la Pérée thasienne, la Pérée rhodienne.

Périèques : habitants dotés d'un statut inférieur à celui des citoyens.

Péristasis : colonnade entourant un temple.

Phallophore : porteur d'un *phallos* (organe sexuel mâle) dans les processions en l'honneur de Dionysos.

Phratrie : *littéralement* fraternité. Subdivision de la tribu.

Phrourarque : chef d'une garnison athénienne.

Phylactère : talisman.

Phylé : tribu.

Phylonomisme : voir Ontonomisme.

Pinax : panneau.

Pithos : grande jarre ovoïde servant à conserver les provisions (fig. 89).

Polètes : magistrats chargés d'effectuer les ventes et adjudications pour le compte de l'État.

Polis (pluriel : ***poleis***) : cité.

Poros : tuf.

Potnia théron : Maîtresse des animaux (titre de la Grande Mère, dispensatrice de fécondité).

Pracrit : dialecte indien, dérivé du sanscrit.

Practores : magistrats chargés de faire rentrer les amendes.

Proscynèse : agenouillement devant le roi.

Proxène : citoyen chargé de recevoir les ambassadeurs ou voyageurs en provenance d'une autre cité.

Pyromancie : divination par le feu.

Pyxide : boîte ronde servant à contenir des onguents, des fards, des médicaments.

Rhétra : loi.

Rhyton : vase à libations en forme de corne, d'origine crétoise.

Schène : mesure itinéraire des Égyptiens, dont la valeur varie d'ailleurs selon les auteurs du simple au double (entre 6 et 12 km).

Scolarque : chef d'une école philosophique.

Sept Sages : groupe de 7 sages de l'époque archaïque dont les noms ne concordent d'ailleurs pas dans les différentes listes (elles contiennent toutes cependant les noms de Thalès, Bias, Pittacos et Solon).

Sitophylaques : magistrats chargés de contrôler le commerce du blé.

Sotériologie : doctrine de salut.

Sphyrélaton : statue métallique travaillée au marteau (par opposition aux statues fondues).

Stammos : vase à petites anses horizontales et à embouchure étroite, utilisé pour conserver le vin (fig. 89).

Sycophantes : maîtres chanteurs professionnels qui vivaient à Athènes en dénonçant les riches citoyens. Étymologie obscure : peut-être ceux qui dénoncent les figues (?).

Télestérion : salle d'initiation *(télété)* pour la célébration des mystères.

Téménos (pluriel : *téméné*) : sur le sens du mot à l'époque mycénienne, voir p. 71. Ultérieurement : enceinte sacrée.

Tessère : tablette, jeton. La tessère d'hospitalité sert de signe de reconnaissance entre deux individus ou communautés qui ont contracté des liens d'hospitalité.

Tétradrachme : pièce de 4 drachmes.

Théomachie : combat de dieux.

Théorodoque : celui qui fait les frais pour la réception d'un théore (ambassadeur sacré).

Théraménien : partisan d'une démocratie modérée (comme Théramène, dans la dernière décennie du Vᵉ siècle).

Thesmothètes : *littéralement*, législateurs (sur ce sens premier, voir p. 170). Ultérieurement, à Athènes, magistrats membres du collège des archontes (voir p. 245).

Thiasote : membre d'un thiase (association religieuse).

Toreutique : art de ciseler sur métaux.

Triérarchie : liturgie consistant dans l'entretien d'une trière.

Tableaux chronologiques

par Monique Clavel

I. L'ÈRE DES

	Mouvements de peuples	Évolution intérieure de la Grèce
4500	Arrivée des populations néolithiques.	
4500-2600		
3000-2600		Citadelle de Dimini avec pouvoir monarchique.
2700	Migrations anatoliennes en Crète.	
2600	Migrations anatoliennes en Crète.	
2600-1950		Palais fortifiés d'Égine et de Lerne.
2000		
1950	Première invasion grecque en Grèce (Ioniens).	
1900	Fondation de Troie VI.	
1700		
XVIIe s.		Première enceinte de Mycènes. Apogée de Dorion.
1610-1500		
1580	Seconde invasion grecque en Grèce (Achéens et peut-être Éoliens).	
1510		
XVe s.		
1400		
XVe-XIIIe s.		Synœcisme d'Athènes.
XIVe s.		
XIVe-XIIIe s.		Apogée de Mycènes.
1350		Seconde enceinte de Mycènes.

INVASIONS

Hors de Grèce	Civilisation	
		4500
	Civilisation agricole ; religion chthonienne.	4500-2600
		3000-2600
		2700
	Débuts de l'âge du Bronze.	2600
	Civilisation agricole et maritime. Apparition de la vigne et de l'olivier. Religion chthonienne. Céramique de l'*Urfiniss*.	2600-1950
Premiers palais crétois.		2000
	Apparition de la céramique minyenne. Introduction des dieux indo-européens.	1950
		1900
Premières incursions grecques en Crète ; destruction des premiers palais ; début des seconds palais.		1700
		XVIIe s.
	Cercles des tombes de Mycènes.	1610-1500
	Apparition de modes nordiques (ambre, casques à dents de sanglier).	1580
	Premières *tholoi*.	1510
Apogée de Cnossos.	Apparition des premières épopées. Invention du linéaire B.	XVe s.
Destruction de Cnossos.		1400
		XVe-XIIIe s.
Expansion commerciale et militaire des Achéens à Chypre, à Rhodes, en Occident. Fondation de Milet et de Colophon. Développement de la marine. Commerce avec l'Égypte.		XIVe s.
	Apogée de l'art mycénien : décoration crétoise des palais ; apparition de la sculpture monumentale ; large diffusion de la céramique. Syncrétisme religieux créto-mycénien.	XIVe-XIIIe s.
		1350

I. L'ÈRE DES

	Mouvements de peuples	Évolution intérieure de la Grèce
à partir de 1230		
1230-1225		
fin XIIIe s.		Renforcement des fortifications dans le Péloponnèse et à Athènes.
1200	Troisième invasion grecque (Doriens).	Destruction de Pylos.
XIIe s.		Destruction de Mycènes. Ruine des royautés achéennes.
1100-900		
1100-800	Migrations des Grecs en Anatolie.	

INVASIONS (suite)

Hors de Grèce	Civilisation	
	Nouvelle floraison épique.	à partir de 1230
Prise de Troie.		1230-1225
	Tablettes de Pylos.	fin XIIIe s.
		1200
	Destruction de la civilisation palatiale et disparition de l'écriture.	XIIe s.
	Début de l'âge de Fer. Céramique protogéométrique.	1100-900
		1100-800

II. L'ÉPOQUE GÉOMÉTRIQUE

	Les relations entre les cités	L'évolution intérieure des cités	Le monde colonial
1000			
900 (?)			
900-750			
IXe s.		Fondation de Sparte.	
fin IXe s.			
IXe-début VIIIe s.			
800		Apparition des *poleis*.	
776			
Ire moitié VIIIe s.		Grande *Rhêtra* de Sparte.	
VIIIe s. (?)		Passage de la monarchie à l'aristocratie.	
milieu VIIIe s.			
760			Fondation de Cumes.
757			Fondation de Naxos en Sicile.
754		Institution des éphores à Sparte.	
747-647		Les Bacchiades au pouvoir à Corinthe.	
736-720	Première guerre de Messénie.		
708			Fondation de Tarente.
fin VIIIe s.			
700			
début VIIe s.	Début de l'amphictionie ionienne.		
687			Fondation de Chalcédoine.
683-682		Début de la liste des archontes éponymes à Athènes.	
682			Fondation de Thasos.
680			
670			

ET L'ARCHAÏSME

Économies et sociétés	Les créations spirituelles	
	Installation d'Apollon à Délos.	1000
	Débuts de l'écriture.	900 (?)
	Céramique géométrique.	900-750
	Homère : l'*Iliade.*	IXᵉ s.
Apparition des bateaux de guerre.		fin IXᵉ s.
Éclatement des *géné.*		IXᵉ-début VIIIᵉ s.
	Premier *Héraion* de Samos.	800
	Début des olympiades.	776
		Iʳᵉ moitié VIIIᵉ s.
		VIIIᵉ s. (?)
	Homère : l'*Odyssée.*	milieu VIIIᵉ s.
		760
		757
		754
		747-647
		736-720
		708
	Hésiode. Eumélos de Corinthe.	fin VIIIᵉ s.
Apparition des hoplites.		700
	Terpandre.	début VIIᵉ s.
		687
		683-682
		682
Premières monnaies lydiennes.		680
Première monnaies ioniennes.		670

II. L'ÉPOQUE GÉOMÉTRIQUE

	Les relations entre les cités	L'évolution intérieure des cités	Le monde colonial
669	Victoire de Phidon sur Sparte à Hysiai.		
664	Première bataille navale.		
660			Zaleucos législateur à Locres. Fondation de Byzance.
VIIe s.			Fondation de Naucratis.
2e quart VIIe s.			
657-584		Les Cypsélides tyrans à Corinthe.	
650			Fondation de Sélinonte.
650-620	Seconde guerre de Messénie.		
640			Colaios à Tartessos.
640-550			
632-631		Conspiration de Cylon.	
631			Fondation de Cyrène.
630			Charondas législateur à Catane.
625			Fondation d'Olbia.
621		Lois de Dracon.	
612	Prise de Salamine par Athènes.		
fin VIIe s.			
fin VIIe-début VIe s.			
601-570		Clisthène tyran à Sicyone.	
600			Fondation de Marseille.
début VIe s.			Fondation de Panticapée.

ET L'ARCHAÏSME (suite)

Économies et sociétés	Les créations spirituelles	
		669
		664
		660
Apparition des grands bateaux de commerce. Crise agraire et concentration de la propriété. Naissance d'une économie mercantile : apparition des fortunes mobilières.	Céramique orientalisante.	VIIe s.
	Archiloque et Alcman.	2e quart VIIe s.
		657-584
		650
		650-620
		640
	Stésichore d'Himère.	640-550
		632-631
		631
		630
		625
		621
		612
Premières monnaies d'Égine. Débuts du grand commerce ionien. Multiplication des hectémores à Athènes.	*Hymne homérique à Déméter*. Mimnerme.	fin VIIe s.
	Alcée et Sappho. Thalès.	fin VIIe-début VIe s.
		601-570
	Nouvel *Héraion* d'Olympie.	600
	Décoration du temple d'Athéna Chalcioicos à Sparte.	début VIe s.

II. L'ÉPOQUE GÉOMÉTRIQUE

	Les relations entre les cités	L'évolution intérieure des cités	Le monde colonial
VIe s.	Formation de la ligue péloponnésienne.		
594-593		Réformes de Solon.	
590	Fin de la première guerre sacrée.	Autonomie de Delphes.	
580	Les Éléens s'emparent d'Olympie.		Fondation d'Agrigente.
580-485			
566			
560			
561-528		Pisistrate tyran à Athènes.	
2e quart VIe s.			
milieu VIe s.		Repli de Sparte sur elle-même.	
548			
545			
545-524		Lygdamis tyran de Naxos.	
532-522		Polycrate tyran de Samos.	
530			
2e moitié VIe s.			
530-525			
528-510		Tyrannie des Pisistratides à Athènes.	
520-450			
514		Assassinat d'Hipparque et exil des Alcméonides.	
511			Destruction de Sybaris par Crotone.
508-507		Réformes de Clisthène.	

ET L'ARCHAÏSME (suite)

Économies et sociétés	Les créations spirituelles	
Développement des vignobles et olivettes en Attique.	Céramique à figures noires.	VIe s.
Athènes adopte l'étalon euboïque.		594-593
	Artémision de Corcyre.	590
		580
	Xénophane de Colophon.	580-485
	Institution des Grandes Panathénées.	566
	Héra de Chéramyès à Samos.	560
		561-528
	Artémision d'Éphèse. Premier *Hécatompédon*. Théognis de Mégare.	2e quart VIe s.
Apparition de la trière.	Anaximandre. *Apollonia* de Syracuse et de Corinthe. Victoire d'Archermos à Délos. Exécias.	milieu VIe s.
	Incendie du temple de Delphes.	548
	Trésor de Cnide à Delphes.	545
		545-524
		532-522
	Tragédie de Thespis. « Basilique » de Poseidonia ; second *Hécatompédon* d'Athènes. Départ de Pythagore pour l'Italie. Début de la céramique à figures rouges.	530
	Anacréon.	2e moitié VIe s.
	Trésor de Siphnos à Delphes.	530-525
		528-510
	Temple G à Sélinonte.	520-450
	Temple des Alcméonides à Delphes.	514
		511
Début de la démocratie à Athènes.		508-507

II. L'ÉPOQUE GÉOMÉTRIQUE

	Les relations entre les cités	L'évolution intérieure des cités	Le monde colonial
506	Victoire d'Athènes sur les coalisés.		
501-500		Institution des stratèges à Athènes.	
fin VIe s.			
fin VIe-début Ve s.			

ET L'ARCHAÏSME (suite)

Économies et sociétés	Les créations spirituelles	
Fondation de la première colonie athénienne.		506
		501-500
	Anaximène.	fin VIe s.
	Hécatée de Milet.	fin VIe-début Ve s.

III. LE Vᵉ

	Athènes	L'Empire athénien	Les autres cités de Grèce
début Vᵉ s.			
499-493			
498			
490			
488-487	Premier usage de l'ostracisme.		
486			
485-478			
483-482	Découverte d'un nouveau filon au Laurion. Ostracisme d'Aristide.		
482			
481			
480			
470-460			
479			Dissolution de la confédération béotienne.
478			
477		Création de la ligue de Délos.	
474			
472			Fondation d'Élis.
472-471	Ostracisme de Thémistocle.		
470		Révolte de Naxos.	
468		Extension de l'Empire après la victoire de l'Eurymédon.	
465		Révolte de Thasos.	

SIÈCLE

Le monde colonial	Les relations internationales	La civilisation	
		Héraclite. Parménide. Débuts de Pindare.	début Ve s.
	Révolte de l'Ionie.		499-493
	Destruction de Sardes.		498
	Première offensive perse. Marathon.		490
			488-487
	Avènement de Xerxès.	Introduction de la comédie aux Dionysies urbaines.	486
Gélon tyran de Géla.			485-478
			483-482
Gélon à Syracuse.			482
	Fondation de la ligue hellénique.		481
Himère. Création du royaume du Bosphore cimmérien.	Seconde offensive perse. Thermopyles. Salamine.		480
		Temple E de Sélinonte.	470-460
	Platées. Mycale.		479
Avènement d'Hiéron Ier.			478
			477
		L'Aurige de Delphes.	474
Victoire de Cumes.		Eschyle : les *Perses.*	472
			472-471
		Reprise des travaux de l'*Olympieion* d'Agrigente. Naissance de Socrate. Débuts de Polygnote et de Myron.	470
	Eurymédon.	Début des travaux du temple de Zeus à Olympie.	468
Fin de la tyrannie en Sicile.			465

III. LE Ve

	Athènes	L'Empire athénien	Les autres cités de Grèce
464			Séisme à Sparte. Révolte des Hilotes.
462	Réformes démocratiques d'Éphialte.		
461	Ostracisme de Cimon.		
460			
459-454			
458			
458-456		Siège d'Égine.	
457-456	Accès des zeugites à l'archontat.		
456			
454		Transfert du trésor de Délos sur l'Acropole.	
451-450	Loi restrictive sur le droit de cité.		
450			
449-448		Décret de Cléarchos.	
448-447		Décret de Cleinias.	
447			Reconstitution de la confédération béotienne.
447-438			
446		Révolte de l'Eubée.	
443	Ostracisme de Thucydide. Apogée de Périclès.		
442			
441		Révolte de Samos.	

SIÈCLE (suite)

Le monde colonial	Les relations internationales	La civilisation	
			464
			462
			461
		Débuts de Polyclète. Zénon d'Élée. Fin de la céramique de style sévère et début de la céramique de style libre.	460
	Expédition athénienne en Égypte.		459-454
		Eschyle : l'*Orestie*.	458
			458-456
			457-456
		Anaxagore à Athènes.	456
			454
			461-450
		Débuts de la sophistique (Protagoras). « Temple de Neptune » à Poseidonia.	450
	Paix de Callias.		449-448
			448-447
			447
		Le Parthénon. Apogée de Phidias.	447-438
	Paix de trente ans entre Athènes et Sparte.	Hérodote à Athènes.	446
Fondation de Thourioi.			443
		Sophocle : *Antigone*.	442
			441

III. LE Ve

	Athènes	L'Empire athénien	Les autres cités de Grèce
440			
437-432			
436		Fondation d'Amphipolis.	
433			
432			
431-404			
430	Peste d'Athènes. Condamnation de Périclès.		
429	Mort de Périclès.		
428		Révolte de Mytilène.	
427			
426			
425	Révolte des esclaves du Laurion.		
424			
423			
422			
421			
420			
416		Prise de Mélos.	
415	Mutilation des hermès et profanation des mystères.		
415-413			
414			Alcibiade à Sparte.
411	L'oligarchie à Athènes.		
409-405			

SIÈCLE (suite)

Le monde colonial	Les relations internationales	La civilisation	
Chute des Battiades à Cyrène.		Apogée d'Empédocle.	440
		Les Propylées.	437-432
			436
		Réforme du calendrier à Athènes.	433
	Décret athénien contre Mégare.		432
	Guerre du Péloponnèse.		431-404
		Naissance d'Hippocrate.	430
			429
			428
		Première comédie d'Aristophane. Gorgias à Athènes.	427
		Purification de Délos.	426
	Capitulation des Spartiates à Sphactérie.		425
		Exil de Thucydide.	424
		Aristophane : les *Nuées*.	423
Fondation de Chersonésos.			422
	Paix de Nicias.	Temple d'Athéna Niké.	421
		Asclépios à Athènes. Temple de Phigalie. Débuts de la céramique de style fleuri.	420
			416
		Première attestation des fêtes d'Adonis à Athènes.	415
	Expédition de Sicile.		415-413
			414
		Aristophane : *Lysistrata*.	411
Offensive carthaginoise en Sicile.			409-405

III. LE Ve

	Athènes	L'Empire athénien	Les autres cités de Grèce
408			Synœcisme de Rhodes.
407			
406			
405			
404		Effondrement de l'Empire.	
400			

SIÈCLE (suite)

Le monde colonial	Les relations internationales	La civilisation	
		Euripide : *Oreste.*	408
		Consécration de l'*Érechtheion.*	407
	Les îles Arginuses.		406
	Aigos Potamos.	Aristophane : les *Grenouilles.*	405
	Chute d'Athènes.		404
		Monument des Néréides et *hérôon* de Trysa.	400

IV. LE IVe

	Les cités grecques	Les relations internationales	Les entreprises des Macédoniens
405-367			
404		Avènement d'Artaxerxès II.	
404-403	Tyrannie des Trente.		
403	Rétablissement de la démocratie à Athènes.		
401		Expédition des Dix-Mille.	
400	Institution du *misthos ecclésiasticos* à Athènes.		
400-399			Assassinat d'Archélaos.
début IVe s.	Loi d'Épitadeus à Sparte.		
399			
397	Conspiration de Cinadon à Sparte.		
395-394		Guerre de Corinthe.	
394		Victoire de Conon à Cnide.	
392-388			
392			
390			
388			
387			
386	Dissolution de la confédération béotienne.	Paix du Roi.	
après 385			
380			
377		Décret d'Aristotélès.	
377-353		Mausole satrape de Carie.	
376	Réorganisation de la confédération béotienne.		
375			
à partir de 375	Asphyxie économique de la Grèce.		

SIÈCLE

Le monde colonial	La civilisation	
Règne de Denys l'Ancien.		405-367
		404
		404-403
		403
		401
		400
		400-399
	Lysias logographe.	début IVe s.
	Mort de Socrate.	399
		397
		395-394
		394
	Dernières comédies d'Aristophane.	392-388
	Discours olympique de Gorgias.	392
	Xénophon : *Anabase.*	390
	Discours olympique de Lysias.	388
	Fondation de l'Académie.	387
		386
	Carrière de Scopas.	après 385
	Isocrate : *Panégyrique.*	380
		377
		377-353
		376
	Temple d'Asclépios à Épidaure.	375
		à partir de 375

IV. LE IVe

	Les cités grecques	Les relations internationales	Les entreprises des Macédoniens
374		Renouvellement de la paix du Roi.	
373			
371		Renouvellement de la paix du Roi. Leuctres.	
370			Mort d'Amyntas III.
après 370			
369	Fondation de Messène.		
368	Fondation de Mégalopolis.		
367		Rescrit de Suse.	
366			
364		Bataille de Cynoscéphales. Mort de Pélopidas.	
362		Bataille de Mantinée. Mort d'Épaminondas.	
360			
359			Philippe régent.
358		Avènement d'Artaxerxès III.	
358-330			
357			Philippe prend Amphipolis.
356		Défaite athénienne à Embata.	Philippe II roi.
355		Fin de la seconde confédération athénienne.	
354			Philippe prend Méthoné.
351			
350			
348			Philippe prend Olynthe.
347			
346			Paix de Philocratès.
344-337			

SIÈCLE (suite)

Le monde colonial	La civilisation	
		374
	Cataclysme de Delphes.	373
		371
	Renouveau de la céramique athénienne : vases de Kertsch.	370
	Carrières de Praxitèle et de Lysippe.	après 370
		369
		368
		367
Denys le Jeune exile Platon.		366
		364
		362
	Tholos d'Épidaure.	360
		359
		358
	Théâtre d'Épidaure.	358-330
		357
	Incendie du temple d'Éphèse.	356
		355
	Isocrate : *Aréopagitique.*	354
	Démosthène : *Première Philippique.*	351
	Carrière d'Apelle.	350
		348
	Mort de Platon.	347
	Isocrate : *Philippe.*	346
Timoléon à Syracuse.		344-337

IV. LE IVe

	Les cités grecques	Les relations internationales	Les entreprises des Macédoniens
341			
340			Athènes déclare la guerre à Philippe.
338	Début du gouvernement de Lycurgue à Athènes.		Bataille de Chéronée.
337		Fondation de la ligue de Corinthe.	
336		Avènement de Darius III.	Assassinat de Philippe. Avènement d'Alexandre.
334			Bataille du Granique.
333			Issos.
332			Siège de Tyr.
331			Fondation d'Alexandrie. Arbèles.
330			
329-327			Conquête des satrapies orientales.
326-325			Alexandre dans l'Inde.
324			Alexandre couronné d'or par les cités grecques. Noces de Suse.
323			Mort d'Alexandre.
322	Mort de Démosthène.		
322-321			
IVe s.			
fin IVe s.			

SIÈCLE (suite)

Le monde colonial	La civilisation	
Victoire de Timoléon sur les Carthaginois sur le Crimisos.		341
	Temple d'Aléa à Tégée.	340
	Aménagement de la Pnyx. Mort d'Isocrate.	338
		337
		336
		334
		333
		332
Assassinat d'Alexandre le Molosse.		331
Stèle des fournitures de blé à Cyrène.	Démosthène : *Sur la couronne.*	330
		329-327
		326-325
		324
		323
		322
	Mort d'Aristote.	322-321
Marseille : dévaluation ; fondation de colonies, expéditions d'Euthyménès et de Pythéas.		IVᵉ s.
	Fin de la céramique à figures rouges.	fin IVᵉ s.

V. L'ÉPOQUE

	La Grèce et la Macédoine	L'Occident	Les royaumes d'Orient
341-270			
2ᵉ moitié IVᵉ s.			
fin IVᵉ s.			
326-325			
323	Mort d'Alexandre.		Ptolémée satrape d'Égypte.
322-264			
321			
319-289		Agathoclès.	
316	Cassandre maître de la Grèce.		
313			Séleucos satrape à Babylone.
312-176			
306-305			Les diadoques prennent le titre de roi.
305			Premières monnaies royales lagides. Honneurs divins décernés à Ptolémée à Rhodes.
305-304			
303		Traité Tarente-Rome.	
301			
300			Fondation d'Antioche.
début IIIᵉ s.			Séleucos Iᵉʳ fonde 60 villes.
IIIᵉ s.		Apparition du monnayage celtique.	Diffusion du fer en Égypte.
297	Mort de Cassandre. Intervention de Pyrrhos.		

HELLÉNISTIQUE

Les relations internationales	Les confins hellénisés	La civilisation	
		Épicure.	341-270
		Apparition des mosaïques figurées.	2e moitié IVe s.
	Fondation de Teuthopolis. Tombeau de Kazanlik. Trésor de Panaguricht é.	Pyrrhon. Évhémère. Hérophile et Érasistrate.	fin IVe s.
	Alexandre dans l'Inde.		326-325
			323
		Zénon scolarque.	322-264
Partage de Triparadeisos.		Première comédie de Ménandre.	321
			319-289
			316
			313
	Dynastie des Maurya dans l'Inde.		312-176
			306-305
			305
Siège de Rhodes.			305-304
			303
Bataille d'Ipsos. Mort d'Antigone le Borgne.			301
	Ambassade de Mégasthène à Patalipoutra.	Euclide : *Éléments*. Tombeau de Pet-Osiris.	300
		Création de Sarapis. Assimilation Aphrodite-Isis. Fondation du Musée et de la Bibliothèque d'Alexandrie.	début IIIe s.
	Développement de la viticulture en Crimée.		IIIe s.
			297

V. L'ÉPOQUE

	La Grèce et la Macédoine	L'Occident	Les royaumes d'Orient
294	Démétrios Poliorcète s'empare de la Macédoine.		
289		Prise de Messine par les Mamertins.	
287-211			
283-246			Ptolémée II Philadelphe. Archives de Zénon. Institution des monopoles lagides.
282			Trahison de Philétairos.
281-280	Reconstitution du *koinon* achéen.		
281			Couropédion. Mort de Lysimaque.
280			Assassinat de Séleucos Ier Nicator.
280-261			Antiochos Ier Soter.
280-275		Pyrrhos en Occitent.	
279-278	Attaque de Delphes par les Galates.		Les Galates envahissent l'Anatolie.
276-239	Antigone Gonatas.		
276-272			
275-215		Hiéron II.	
275-194			
272	Mort de Pyrrhos.	Capitulation de Tarente.	
270			Antiochos écrase les Galates.
268-241			
267-261	Guerre de Chrémonidès.		
264-241		Première guerre punique.	
264-232			
263-241			Eumène Ier.
261-224			

HELLÉNISTIQUE (suite)

Les relations internationales	Les confins hellénisés	La civilisation	
			294
			289
		Archimède.	287-211
		Divinisation des souverains lagides. Début des Septante.	283-246
			282
			281-280
			281
		Bérose. Aratos. Phare d'Alexandrie.	280
			280-261
			280-275
			279-278
			276-239
Première guerre de Syrie.			276-272
			275-215
		Ératosthène.	275-194
			272
		Théocrite. Callimaque. Hérondas.	270
		Arcésilas de Pitané scolarque.	268-241
			267-261
			264-241
		Cléanthe scolarque.	264-232
			263-241
	Asoka. Inscriptions gréco-bouddhiques.		261-224

V. L'ÉPOQUE

	La Grèce et la Macédoine	L'Occident	Les royaumes d'Orient
260-255			
250			
249			
246-221			Ptolémée III Évergète.
246-241			
245	Aratos stratège.		
240			Attale Ier prend le titre de roi.
239-229	Démétrios II.		
232-204			
229-221	Antigone Doson.		
228	Athènes chasse la garnison macédonienne du Pirée.		
227	Réformes de Cléomène à Sparte.		
223-187			Antiochos III le Grand.
222	Bataille de Sellasia.		
221-204			Ptolémée IV Philopator.
221-179	Philippe V.		
219		Intervention romaine en Espagne (début de la seconde guerre punique).	
217			Mobilisation des soldats indigènes en Égypte.
212-205			
212		Sac de Syracuse.	
210			
210-125			
207-192	Nabis à Sparte.		
205			

HELLÉNISTIQUE (suite)

Les relations internationales	Les confins hellénisés	La civilisation	
Seconde guerre de Syrie.			260-255
	Indépendance de la Bactriane et de la Sogdiane.	Aristarque de Samos et Hipparque. Timée.	250
	Fondation du royaume parthe.	Apollonios de Rhodes. Manéthon.	249
			246-221
Troisième guerre de Syrie.			246-241
			245
			240
			239-229
		Chrysippe scolarque.	232-204
			229-221
			228
			227
			223-187
			222
			221-204
			221-179
			219
Raphia			217
Première guerre de Macédoine.			212-205
			212
		Salle hypostyle de Délos.	210
		Polybe.	210-125
			207-192
Paix de Phoinicé.			205

V. L'ÉPOQUE

	La Grèce et la Macédoine	L'Occident	Les royaumes d'Orient
204		Introduction de Cybèle à Rome.	
203-181			Ptolémée V Épiphane.
202		Zama.	
IIIe-IIe s.		Apogée des *oppida* de Provence-Languedoc.	
200-196			
début IIe s.			
IIe s.			Révoltes en Égypte.
197-159			Eumène II.
197			
196	Flamininus proclame la liberté des Grecs.		
189			
188			
186		Scandale des Bacchanales à Rome.	
184		Censure de Caton l'Ancien. Basilique Porcia à Rome.	
179-168	Persée.		
176-64			
175-168			Antiochos IV Épiphane.
172-168			
170			
170-168			

HELLÉNISTIQUE (suite)

Les relations internationales	Les confins hellénisés	La civilisation	
			204
			203-181
			202
			IIIᵉ-IIᵉ s.
Seconde guerre de Macédoine.			200-196
		Cratès de Mallos. *Bouleutérion* de Priène.	début IIᵉ s.
	Fondation de Néapolis de Scythie.		IIᵉ s.
		Grand autel de Pergame.	197-159
Cynoscéphales.			197
			196
Défaite d'Antiochos III à Magnésie.			189
Traité d'Apamée.			188
			186
			184
			179-168
	Dynastie des Çounga dans l'Inde. Enceintes de Santchi et de Bodh Gaya.		176-64
			175-168
Troisième guerre de Macédoine.			172-168
	Pièces de cupro-nickel en Bactriane.	Reprise des travaux de l'*Olympieion* d'Athènes.	170
Sixième guerre de Syrie.			170-168

V. L'ÉPOQUE

	La Grèce et la Macédoine	L'Occident	Les royaumes d'Orient
168			
166	Athènes reçoit Délos. Décadence de Rhodes.		
165			Purification du Temple par Judas Macchabée.
161		Philosphes expulsés de Rome.	
vers 160			
155		Ambassade de Carnéade à Rome.	
155-130			
150			
148	Réduction de la Macédoine en province.		
146	Sac de Corinthe.	Prise de Carthage. Premier temple de marbre à Rome.	
145-116			Ptolémée VII Évergète II. Égyptianisation de la monarchie.
138-125			
133			Mort d'Attale III.
130			
129			Réduction de l'Asie en province.
129-110			
125		Débuts de la conquête de la Transalpine.	
118		Fondation de Narbonne.	Immunité pour les temples égyptiens.
112-63			Mithridate IV Eupator.

HELLÉNISTIQUE (suite)

Les relations internationales	Les confins hellénisés	La civilisation	
Pydna. Popilius Laenas à Alexandrie.			168
			166
			165
			161
		Bibliothèque de Pergame.	vers 160
			155
	Ménandre.		155-130
		Transformation du théâtre de Priène. Débuts du néo-atticisme.	150
			148
			146
			145-116
	Mission de Tchang K'ien.		138-125
			133
	Extension du royaume parthe jusqu'à l'Euphrate. Conquête de la Sogdiane par les Yue-tche.		130
			129
		Panaitios scolarque à Athènes.	129-110
			125
			118
			112-63

V. L'ÉPOQUE

	La Grèce et la Macédoine	L'Occident	Les royaumes d'Orient
107			
104			Aristoboulos prend le titre de roi.
101			Réduction de la Cilicie en province.
100			
début Ier s.			
88	Sac de Délos.		
87-85			
86	Sac d'Athènes par Sylla.		
80-51			Ptolémée XI Aulète.
75-70			
74			Réduction de la Cyrénaïque et de la Bithynie en provinces.
66-62			
64			Annexion de la Syrie par Pompée.
63			Suicide de Mithridate IV. Prise du temple de Jérusalem par Pompée.
50			
49		Annexion de Marseille.	
48			César à Alexandrie.
31			
30			Suicide de Cléopâtre. Annexion de l'Égypte par Rome.
27	Création de la province d'Achaïe.		
2e moitié Ier s.			

HELLÉNISTIQUE (suite)

Les relations internationales	Les confins hellénisés	La civilisation	
	Annexion du Bosphore cimmérien par Mithridate.		107
			104
			101
	Perte de la Bactriane. Pilier d'Héliodore.	Taureau Farnèse.	100
		Poseidonios.	début Ier s.
			88
Sylla en Grèce.			87-85
			86
			80-51
	Perte du Pendjab et du Gandhara.		75-70
			74
Pompée en Orient.			66-62
			64
	Décadence du Bosphore.		63
		Groupe de Laocoon.	50
			49
		Incendie de la Bibliothèque d'Alexandrie.	48
Actium.			31
			30
			27
	« Invention » de la mousson.		2e moitié Ier s

Index des noms de dieux, de peuples et de personnes

N. B. *Sont exclus de cet index et des suivants les noms qui reviennent à chaque page : Grèce, Grecs, Hellade, Hellènes, Méditerranée, Orient, Occident, etc.*

Lorsqu'un nom de lieu et l'ethnique correspondant (par exemple : Athènes et Athéniens, Locride et Locriens) sont cités à la même page, ils ne figurent que dans l'un ou l'autre des deux premiers index.

Index des noms de lieux

Index des sujets

Au moment où je termine cet ouvrage, ma pensée va avec une fervente gratitude vers tous ceux qui m'ont encouragé à l'écrire et qui m'ont aidé à en réunir les matériaux et l'illustration et à lui donner une présentation moins imparfaite.

Table des cartes

Table et sources des illustrations

Table

LIVRE II. Les créations de l'hellénisme archaïque

Achevé d'imprimer en mars 2000
sur presse Cameron
par ***Bussière Camedan Imprimeries***
à Saint-Amand-Montrond (Cher)

Edition exclusivement réservée
aux adhérents du Club
Le Grand Livre du Mois
15, rue des Sablons
75116 Paris

N° d'impression : 001471/1.
Dépôt légal : mars 2000.

Imprimé en France